2025

COORDENADORES

Hugo de Brito **Machado Segundo**

Schubert de **Farias Machado**

Álisson José Maia **Melo**

Antônio de Pádua Marinho **Monte**

Antônio Gilson Aragão de **Carvalho**

Benedito **Gonçalves**

Bruno Nogueira **Rebouças**

Camile Sabino Bezerra **Corrêa**

David Montezuma **Monteiro**

Elba Suéllen Silva **Oliveira**

Fredy José Gomes de **Albuquerque**

Heleno Taveira **Tôrres**

Hugo de Brito **Machado Segundo**

Ítalo Farias **Pontes**

Ives Gandra da Silva **Martins**

José Eduardo Soares de **Melo**

Lara Ramos de Brito **Machado**

Letícia Soares **Machado**

Líslie de Pontes Lima **Lopes**

Márcio Severo **Marques**

Nícolas Monteiro **Pontes**

Paulo **Rosenblatt**

Ricardo Mariz de **Oliveira**

Sacha Calmon Navarro **Coêlho**

Schubert de Farias **Machado**

Victor Hugo **Mota**

O DIREITO COMO LIMITE AO PODER DE TRIBUTAR

Estudos em Homenagem ao
Hugo de Brito Machado

Dados Internacionais de Catalogação na Publicação (CIP) de acordo com ISBD

D598

O direito como limite ao poder de tributar / Álisson José Maia Melo ... [et al.] ; coordenado por Hugo de Brito Machado Segundo, Schubert de Farias Machado. - 1. ed. - Indaiatuba, SP : Editora Foco, 2025.

420 p. ; 17cm x 24cm.

Inclui bibliografia e índice.

ISBN: 978-65-6120-271-8

1. Direito. I. Melo, Álisson José Maia. II. Monte, Antônio de Pádua Marinho. III. Carvalho, Antônio Gilson Aragão de. IV. Gonçalves, Benedito. V. Rebouças, Bruno Nogueira. VI. Corrêa, Camile Sabino Bezerra. VII. Monteiro, David Montezuma. VIII. Oliveira, Elba Suéllen Silva. IX. Albuquerque, Fredy José Gomes de. X. Tôrres, Heleno Taveira. XI. Segundo, Hugo de Brito Machado. XII. Pontes, Ítalo Farias. XIII. Martins, Ives Gandra da Silva. XIV. Melo, José Eduardo Soares de. XV. Machado, Lara Ramos de Brito. XVI. Machado, Letícia Soares. XVII. Lopes, Líslie de Pontes Lima. XVIII. Marques, Márcio Severo. XIX. Pontes, Nícolas Monteiro. XX. Rosenblatt, Paulo. XXI. Oliveira, Ricardo Mariz de. XXII. Coêlho, Sacha Calmon Navarro. XXIII. Machado, Schubert de Farias. XXIV. Mota, Victor Hugo. XXV. Título.

2025-434   CDD 340   CDU 34

Elaborado por Vagner Rodolfo da Silva - CRB-8/9410

Índices para Catálogo Sistemático:

1. Direito 340
2. Direito 34

COORDENADORES

Hugo de Brito **Machado Segundo**

Schubert de **Farias Machado**

Álisson José Maia **Melo**
Antônio de Pádua Marinho **Monte**
Antônio Gilson Aragão de **Carvalho**
Benedito **Gonçalves**
Bruno Nogueira **Rebouças**
Camile Sabino Bezerra **Corrêa**
David Montezuma **Monteiro**
Elba Suéllen Silva **Oliveira**
Fredy José Gomes de **Albuquerque**
Heleno Taveira **Tôrres**
Hugo de Brito **Machado Segundo**
Ítalo Farias **Pontes**
Ives Gandra da Silva **Martins**
José Eduardo Soares de **Melo**
Lara Ramos de Brito **Machado**
Letícia Soares **Machado**
Líslie de Pontes Lima **Lopes**
Márcio Severo **Marques**
Nícolas Monteiro **Pontes**
Paulo **Rosenblatt**
Ricardo Mariz de **Oliveira**
Sacha Calmon Navarro **Coêlho**
Schubert de Farias **Machado**
Victor Hugo **Mota**

O DIREITO COMO LIMITE AO PODER DE TRIBUTAR

Estudos em Homenagem ao
Hugo de Brito Machado

2025 © Editora Foco
Coordenadores: Hugo de Brito Machado Segundo e Schubert de Farias Machado
Autores: Álisson José Maia Melo, Antônio de Pádua Marinho Monte, Antônio Gilson Aragão de Carvalho, Benedito Gonçalves, Bruno Nogueira Rebouças, Camile Sabino Bezerra Corrêa, David Montezuma Monteiro, Elba Suéllen Silva Oliveira, Fredy José Gomes de Albuquerque, Heleno Taveira Tôrres, Hugo de Brito Machado Segundo, Ítalo Farias Pontes, Ives Gandra da Silva Martins, José Eduardo Soares de Melo, Lara Ramos de Brito Machado, Letícia Soares Machado, Líslie de Pontes Lima Lopes, Márcio Severo Marques, Nícolas Monteiro Pontes, Paulo Rosenblatt, Ricardo Mariz de Oliveira, Sacha Calmon Navarro Coêlho, Schubert de Farias Machado e Victor Hugo Mota

Diretor Acadêmico: Leonardo Pereira
Editor: Roberta Densa
Coordenadora Editorial: Paula Morishita
Revisora Sênior: Georgia Renata Dias
Capa Criação: Leonardo Hermano
Diagramação: Ladislau Lima e Aparecida Lima
Impressão miolo e capa: META BRASIL

DIREITOS AUTORAIS: É proibida a reprodução parcial ou total desta publicação, por qualquer forma ou meio, sem a prévia autorização da Editora FOCO, com exceção do teor das questões de concursos públicos que, por serem atos oficiais, não são protegidas como Direitos Autorais, na forma do Artigo 8º, IV, da Lei 9.610/1998. Referida vedação se estende às características gráficas da obra e sua editoração. A punição para a violação dos Direitos Autorais é crime previsto no Artigo 184 do Código Penal e as sanções civis às violações dos Direitos Autorais estão previstas nos Artigos 101 a 110 da Lei 9.610/1998. Os comentários das questões são de responsabilidade dos autores.

NOTAS DA EDITORA:

Atualizações e erratas: A presente obra é vendida como está, atualizada até a data do seu fechamento, informação que consta na página II do livro. Havendo a publicação de legislação de suma relevância, a editora, de forma discricionária, se empenhará em disponibilizar atualização futura.

Erratas: A Editora se compromete a disponibilizar no site www.editorafoco.com.br, na seção Atualizações, eventuais erratas por razões de erros técnicos ou de conteúdo. Solicitamos, outrossim, que o leitor faça a gentileza de colaborar com a perfeição da obra, comunicando eventual erro encontrado por meio de mensagem para contato@editorafoco.com.br. O acesso será disponibilizado durante a vigência da edição da obra.

Impresso no Brasil (3.2025) – Data de Fechamento (3.2025)

2025
Todos os direitos reservados à
Editora Foco Jurídico Ltda.
Rua Antonio Brunetti, 593 – Jd. Morada do Sol
CEP 13348-533 – Indaiatuba – SP
E-mail: contato@editorafoco.com.br
www.editorafoco.com.br

PREFÁCIO

É com profunda admiração e respeito que o Instituto Cearense de Estudos Tributários (ICET) apresenta esta edição especial dedicada à memória e ao legado do professor Hugo de Brito Machado. Nessa primeira obra publicada depois de sua ausência, por iniciativa do professor Fredy Albuquerque, o ICET busca reverenciar não apenas o seu idealizador, um acadêmico brilhante, mas também um defensor incansável da justiça, da simplicidade e da clareza no Direito Tributário brasileiro.

O professor Hugo Machado dedicou sua vida ao aprimoramento do Direito. Sua trajetória é marcada por uma produção intelectual vasta e por uma integridade moral que transcendeu os círculos acadêmicos, atingindo profissionais do Direito, servidores públicos e cidadãos em geral. Hugo Machado era mais do que um jurista, era um pensador, alguém que refletia de maneira crítica e apaixonada sobre as normas tributárias e seus impactos na sociedade.

Ao longo de sua carreira, o professor Hugo Machado foi um dos principais defensores da simplicidade no sistema tributário, uma ideia que acreditava ser fundamental para garantir a justiça fiscal. Suas críticas à complexidade excessiva causada pela não cumulatividade e a consequente proliferação de obrigações acessórias que muito dificultam a vida dos contribuintes, tornaram-se referência obrigatória no debate tributário nacional, embora algumas vezes tenham sido mal compreendidas. Para ele, o sistema tributário não deveria ser um labirinto que aprisiona o cidadão, mas uma estrutura transparente e compreensível, acessível a todos. Como ele afirmava, a clareza é uma obrigação de todo sistema jurídico que se pretende justo.

A presente coletânea é composta por artigos de renomados juristas, estudiosos e admiradores que compartilham da visão e dos valores defendidos por Hugo Machado. Cada autor, à sua maneira, reflete sobre vários pontos da obra e do pensamento do professor Hugo, que envolvem a relação entre Direito e poder, passam pela responsabilidade pessoal do agente público, adentram nos crimes contra a ordem tributária e findam nos princípios da simplicidade e da transparência na legislação tributária, temas que ele explorou com maestria e rigor intelectual.

Segue o roteiro com os temas propostos aos autores convidados:

I – Direito e Poder (no âmbito da tributação)

O que diferencia uma relação jurídica de uma relação de poder? Sendo o Estado credor da relação tributária, e, ao mesmo tempo, autor da regra que a disciplina, responsável por sua regulamentação e aplicação, e, também, pelo equacionamento de conflitos que daí decorrem, quais institutos ou requisitos são necessários a que a relação tributária se diferencie de uma mera relação de poder?

II – Responsabilidade pessoal do agente público

O art. 37, §6.º da CF/88 autoriza que se responsabilize pessoal e diretamente o agente público, nos casos de dolo ou culpa, por dano causado ao cidadão contribuinte? A responsabilidade objetiva do Estado, historicamente, surgiu como proteção ao cidadão, caso este não queria ou não possa provar a presença do elemento subjetivo? Ou se trata de proteção à autoridade, para que não responda pelas arbitrariedades que praticar, salvo se a própria administração a quiser processar regressivamente? Seria a responsabilização um meio para a diminuição na prática de ilegalidades, ou da postura de insistir nelas e até mesmo sugerir ao cidadão que, "querendo, que vá ao Judiciário"?

III – Posição hierárquica da lei complementar

O que define, no plano da Teoria do Direito, a hierarquia de um ato normativo? O que faz uma norma da Constituição superior à de uma lei, de modo a não poder ser por ela alterada? O conteúdo, ou a autoridade que a elabora e o processo de elaboração? E no caso de uma lei, o que define sua superioridade em relação ao decreto? A matéria? Se uma lei tratar de matéria a ela não reservada (p.ex., prazo de recolhimento do tributo), poderá neste ponto ser alterada por decreto? Por que, no caso da lei complementar, seria diferente? Há alguma disposição constitucional específica que ampare conclusão diversa? Há maior, ou menor, segurança jurídica, quando não se tem critério preciso para determinar a natureza de um ato normativo (se dotado de status de lei complementar ou ordinária), suscitando-se a questão de saber se pode ser alterado por lei ordinária, ou medida provisória, mesmo veiculado a princípio em lei complementar. Há clareza na definição do que seja uma "norma geral" (art. 146). E no caso do art. 146-A da CF, qual o limite entre os âmbitos?

IV – Tributação oculta

O que são tributos ocultos? Fundado na soberania estatal, e sem decorrer de ato ilícito, causação de dano ou acordo de vontades, uma exigência inominada e disfarçada formulada pelo poder público pode ser considerada um tributo? Seria o caso do valor da outorga, cobrado de concessionários de serviço público pelo fato de estarem a prestar um serviço público? O que faz público um serviço? Sua essencialidade? Neste caso, o que justificaria fazer uso dessa essencialidade para atribuir a prestação do serviço ao Estado e este cobrar de particulares para que estes o explorem em seu nome?

V – O papel do assessor procurador

Há quebra da imparcialidade, ou violação ao devido processo legal substantivo, caso uma questão tributária seja julgada por um Tribunal cujos membros são assessorados por Procuradores da Fazenda que figura como parte? Há diferença caso o Procurador tenha sido convocado pessoalmente, por ser conhecido do julgador, independentemente do cargo que ocupa, ou caso tenha a Corte enviado ofício à respectiva procuradoria requisitando assessores procuradores, a serem escolhidos pela Procuradoria que os remeterá? Poderia um banco enviar seus advogados para assessorar ministro que julgará causa de direito bancário, ou consumerista, em que ele figura como parte? Qual a diferença entre as duas situações, em um Estado de Direito, republicano e democrático? Caso haja alguma irregularidade na atuação de assessores procuradores, como solucioná-la, se o recurso (se judicial) contra essa atuação seria julgado provavelmente também por um julgador assessorado por um procurador? Via legislativa?

VI – Crimes contra a ordem tributária

Nos crimes contra a ordem tributária, o que justifica a tipificação do inadimplemento, quando ausente a fraude? A inadimplência, ainda que proposital, pode figurar como crime? Não há incompatibilidade entre essa criminalização e a vedação constitucional à prisão por dívida? No caso de apropriação indébita, ausente a fraude e declarada a dívida, onde estaria o animus de fazer próprio o alheio? Aliás, em se tratando de dívida de responsável tributário, há apropriação, se o sujeito passivo da relação obrigacional é o próprio responsável? Se não houvesse o dever de retenção, ou mesmo se fosse revogado o tributo a ser retido, e o responsável (v.g., contratante) tivesse fracionado sua dívida com o contribuinte (v.g., contratado) em três parcelas, o não pagamento de uma delas configuraria apropriação? Por que a natureza muda, quando a lei determina que uma dessas parcelas seja entregue ao fisco? No caso, p.ex., de contribuições previdenciárias, caso não haja em caixa o valor suficiente para pagar toda a folha de salários, bruta, mas apenas o valor líquido a ser entregue a cada empregado, ou mesmo nem todo ele, o pagamento de todo ou parte do salário líquido, e o inadimplemento do restante, inclusive da contribuição previdenciária devida pelo empregado, implica apropriação? De que, se não havia o recurso? E, caso haja apropriação, em tese, poder-se-ia cogitar de inexigibilidade de conduta diversa? Ou seria o caso de pagar a contribuição e não pagar o valor líquido do salário ao empregado? Caso um contribuinte falsifique um documento (v.g., nota fiscal), e com isso suprima mais de um tributo (p.ex., ICMS, ISS, IPI, IRPJ, CSLL), há um crime, ou vários? Concurso formal, ou material? E se a falsificação ocorre em notas fiscais de vários meses, há um só crime? Crime continuado? É possível oferecer-se a denúncia por crime contra a ordem tributária antes do exaurimento da via administrativa? E se se incluem sócios e contadores no rol de acusados, para configuração do crime de associação criminosa, a denúncia poderia desde já ser oferecida por conta dele? A Súmula Vinculante 24 aplica-se ao crime de descaminho? Qual a diferença entre ele e o previsto no art. 1.º, I, II e III, da Lei 8.137/90? Se o artigo do Código Penal referente ao descaminho fosse revogado, a conduta nele descrita não se subsumiria ao tipo do art. 1.º, I, II e III, da Lei 8.137/90?

VII – Sanções políticas

O que são sanções políticas? A previsão, em lei, para que sejam utilizadas, as legitima? O que diferencia a retenção de mercadorias na importação e a apreensão de mercadorias em operações interestaduais, para fins de incidência, ou não, do entendimento firmado na Súmula 323 do STF? Não tendo o fisco a necessidade de provar a inadimplência para agir contra coobrigados de regresso, qual a finalidade do protesto de uma CDA? Sendo apenas a de compelir ao pagamento, não se estaria diante de uma sanção política? Caso o contribuinte que se submete à sanção política seja acusado de inadimplir tributo extrafiscal, a prática de aplicar a medida estaria justificada? A proteção à concorrência e aos fins extrafiscais do tributo o justificariam? Mesmo se o contribuinte for um produtor de pequeno porte, responsável por fração diminuta do mercado, e um ou dois de seus concorrentes juntos *forem responsáveis por mais de 95% dele? Fechar o tal pequeno contribuinte contribui ou desfavorece a concorrência, neste caso?*

VIII – Clareza e simplicidade da legislação

Quais as consequências, o conteúdo e o alcance do princípio inserido na CF pela EC 132/2023, segundo o qual o sistema tributário se deve pautar pela simplicidade e pela clareza. Uma lei confusa e cheia de remissões desnecessárias será inconstitucional? Quanto ao art. 212 do CTN, finalmente se poderá cogitar de uma sanção pelo seu descumprimento? Caso positivo, qual seria ela? O que custaria ao fisco cumprir tal disposição, anualmente, em benefício de suas próprias autoridades inclusive? Impedi-lo de cobrar multas no caso de mero equívoco ou erro, sem a presença de dolo, não seria uma sanção compatível com o tal princípio e com o mandamento do art. 212 do CTN? A cobrança de multas em razão de equívocos no cumprimento de obrigações tributárias, sem o dolo na conduta do sujeito passivo, configuraria a atribuição de responsabilidade objetiva? Isso é juridicamente possível? Qual a melhor interpretação do art. 136, do CTN?

Também compõem esta edição os quatro textos produzidos pelos ganhadores do prêmio Hugo de Brito Machado de monografias 2024, promovido pelo ICET, que abordaram o tema da responsabilidade pessoal do agente público, de especial predileção do professor Hugo e por ele apontado como uma arma poderosa no combate aos abusos cometidos pelos agentes do fisco.

Registramos a presença de duas especiais autoras nesta obra, as advogadas Lara Ramos Machado e Letícia Soares Machado, respectivamente neta e bisneta do professor Hugo, e destacamos que o fato de as duas se dedicarem ao estudo do Direito Tributário foi motivo de grande alegria para o mestre.

O professor Hugo Machado acreditava profundamente no papel da academia como espaço de transformação e debate. Ele via na educação e no Direito os melhores, senão os únicos, instrumentos para construir uma sociedade justa e democrática, onde o Estado e o cidadão pudessem interagir em uma relação de respeito e transparência. Com essa visão formou a escola Hugo Machado.

Este livro é, portanto, mais do que uma homenagem: é um convite à reflexão sobre a continuidade do legado do professor Hugo e sobre os rumos do sistema tributário brasileiro, inspirada nos ideais que ele tanto defendeu.

Em nome do Instituto Cearense de Estudos Tributários – ICET, esperamos que esta obra não seja apenas uma recordação, mas também inspire as novas gerações de juristas que, ao estudarem a obra de Hugo Machado, sintam-se compelidos a seguir os estudos defendendo um Direito Tributário como limite ao poder de tributar, promovendo a justiça e o respeito ao cidadão.

Schubert de Farias Machado
Presidente do ICET.

SUMÁRIO

PREFÁCIO
Schubert de Farias Machado V

MACHADO E A TRIBUTAÇÃO: AS LIÇÕES DO GRANDE MESTRE
Álisson José Maia Melo 1

LIVRO EM HOMENAGEM AO PROFESSOR HUGO DE BRITO MACHADO – ICET 2024
Ítalo Farias Pontes 43

I – DIREITO E PODER (NO ÂMBITO DA TRIBUTAÇÃO)

DIREITO E PODER (NO ÂMBITO DA TRIBUTAÇÃO)
Antônio de Pádua Marinho Monte 59

DIREITO, PODER E JUSTIÇA NO ÂMBITO DA TRIBUTAÇÃO – ESTUDO EM HOMENAGEM A HUGO DE BRITO MACHADO
Benedito Gonçalves e Camile Sabino Bezerra Corrêa 71

A RELAÇÃO TRIBUTÁRIA COMO RELAÇÃO JURÍDICA
Hugo de Brito Machado Segundo 83

ENTRE A AUTORIDADE E O DIREITO: COMO A RELAÇÃO TRIBUTÁRIA SE AFASTA DO PODER PURO
Lara Ramos de Brito Machado 93

ENTRE DIREITO E PODER: A TRIBUTAÇÃO COMO INSTRUMENTO DE JUSTIÇA E O LEGADO DE HUGO DE BRITO MACHADO
Letícia Soares Machado 101

II – RESPONSABILIDADE PESSOAL DO AGENTE PÚBLICO

RESPONSABILIDADE PESSOAL DO AGENTE FISCAL SOB A ÓTICA DA TEORIA DO DANO PUNITIVO: UMA ALTERNATIVA PARA A REDUÇÃO DE ILEGALIDADES DO FISCO

David Montezuma Monteiro 111

PRESSUPOSTO PARA CONTENÇÃO DE ILEGALIDADES: POSSIBILIDADE DE RESPONSABILIZAÇÃO PESSOAL DO AGENTE PÚBLICO

Elba Suéllen Silva Oliveira 127

REFLEXÕES CIDADÃS SOBRE O ARTIGO 37, § 6º, EM MATÉRIA TRIBUTÁRIA

Ives Gandra da Silva Martins 143

DIREITO FUNDAMENTAL À BOA ADMINISTRAÇÃO TRIBUTÁRIA: A RESPONSABILIDADE PESSOAL DO AGENTE PÚBLICO COMO CONTRIBUIÇÃO NA PREVENÇÃO DE PRÁTICAS ABUSIVAS

Nícolas Monteiro Pontes 149

A RESPONSABILIDADE EXTRACONTRATUAL DO ESTADO E DO AGENTE PÚBLICO SOB VIÉS DO CONSTRUTIVISMO LÓGICO-SEMÂNTICO: ANÁLISE DO ART. 37, § 6º, DA CONSTITUIÇÃO FEDERAL

Victor Hugo Mota 171

III – POSIÇÃO HIERÁRQUICA DA LEI COMPLEMENTAR

A QUESTÃO DA HIERARQUIA DA LEI COMPLEMENTAR EM MATÉRIA TRIBUTÁRIA NA CONSTITUIÇÃO DE 1988

Bruno Nogueira Rebouças 193

POSIÇÃO HIERÁRQUICA DA LEI COMPLEMENTAR E O ITCMD SOBRE TRANSMISSÕES DO EXTERIOR

Márcio Severo Marques 217

A LEI COMPLEMENTAR COMO AGENTE NORMATIVO ORDENADOR DO SISTEMA TRIBUTÁRIO E DA REPARTIÇÃO DAS COMPETÊNCIAS TRIBUTÁRIAS

Sacha Calmon Navarro Coêlho 239

IV – O PAPEL DO ASSESSOR PROCURADOR

DEVIDO PROCESSO LEGAL EM RISCO. A DELEGAÇÃO DA PRESTAÇÃO JURISDICIONAL AOS ASSESSORES PROCURADORES E OS VIESES COGNITIVOS
Líslie de Pontes Lima Lopes 263

V – CRIMES CONTRA A ORDEM TRIBUTÁRIA

CRIMES CONTRA A ORDEM TRIBUTÁRIA
José Eduardo Soares de Melo 287

VI – SANÇÕES POLÍTICAS

OS LIMITES CONSTITUCIONAIS ÀS SANÇÕES TRIBUTÁRIAS NÃO PATRIMONIAIS DE CARÁTER INTERVENTIVO
Heleno Taveira Tôrres 307

VII – CLAREZA E SIMPLICIDADE DA LEGISLAÇÃO

CLAREZA E SIMPLICIDADE DA LEGISLAÇÃO TRIBUTÁRIA: CONSEQUÊNCIAS E DESAFIOS DO PRINCÍPIO CONSTITUCIONAL DA EMENDA 132/2023
Antônio Gilson Aragão de Carvalho 341

A SIMPLIFICAÇÃO TRIBUTÁRIA E SEUS REFLEXOS SOBRE A EXIGÊNCIA DE DEVERES INSTRUMENTAIS
Fredy José Gomes de Albuquerque 349

A RELAÇÃO ENTRE O DEVER DE CONSOLIDAÇÃO DA LEGISLAÇÃO TRIBUTÁRIA COM O (NOVO) PRINCÍPIO CONSTITUCIONAL DA SIMPLICIDADE SOB O PARADOXO DO PENSAMENTO COMPLEXO
Paulo Rosenblatt 367

CLAREZA E SIMPLICIDADE DA LEGISLAÇÃO TRIBUTÁRIA
Ricardo Mariz de Oliveira 385

CLAREZA E SIMPLICIDADE DA LEGISLAÇÃO
Schubert de Farias Machado 399

MACHADO E A TRIBUTAÇÃO: AS LIÇÕES DO GRANDE MESTRE

Álisson José Maia Melo

Doutor em Direito da Universidade Federal do Ceará (UFC). Mestre e Bacharel em Direito (UFC). Especialista em Direito Tributário do Centro Universitário 7 de Setembro (UNI7). Analista de Regulação da Agência Reguladora do Ceará (ARCE). Professor permanente do Programa de Pós-Graduação em Direito da UNI7. Pesquisador em Tributação Ambiental e Democracia e Finanças Públicas (UFC). Advogado.

Sumário: Introdução – I – Direito e poder (no âmbito da tributação) – II – Responsabilidade pessoal do agente público – III – Posição hierárquica da lei complementar – IV – Tributação oculta – V – O papel do assessor procurador – VI – Crimes contra a ordem tributária – VII – Sanções políticas – VIII – Clareza e simplicidade da legislação – IX – Judicialização e encerramento da instância administrativa – X – Federalismo, tributação e reforma constitucional – XI – Liminares no mandado de segurança em matéria tributária – Considerações finais – Referências.

INTRODUÇÃO

Nascido no Piauí, Hugo Machado cedo radicou-se no Ceará, formando-se em Contabilidade (técnico) e, mais tarde, em Direito (bacharelado). Sagrou-se como fundador da escola cearense de Direito Tributário, desenvolvendo o estudo da tributação e de suas questões jurídicas de um modo peculiar, e responsável por formar várias gerações de tributaristas no Estado e no Brasil afora.

Ao longo de toda a sua carreira, construiu grandes teses que marcaram seu pensamento. Esta coletânea, sempre em boa hora, busca prestigiá-las. Fico particularmente muito envaidecido com o convite do Instituto Cearense de Estudos Tributários (ICET) para colaborar na obra em homenagem ao pensamento do professor Hugo de Brito Machado.

Conheci o professor Hugo Machado, ou pelo menos ao seu pensamento, desde minha juventude, quando absorvia as discussões que minha mãe, na condição de Auditora-Fiscal da Receita Federal do Brasil e posteriormente como estudante de graduação e de mestrado em Direito na Universidade Federal do Ceará (UFC), trazia para o ambiente doméstico, sempre mencionando o pensamento do homenageado. Desde então considerava-o um nome de autoridade no estudo dos tributos.

Durante a graduação, entre outras expectativas, a de conhecê-lo pessoalmente não foi satisfeita: meu contato com o professor Hugo Machado ateve-se à obra seminal do autor, seu *Curso de Direito Tributário*, que será o texto base do presente ensaio.

Tão logo conclui o curso de graduação, assumi o cargo de Analista de Regulação – Advogado na Agência Reguladora de Serviços Públicos Delegados do Estado do

Ceará (ARCE), autarquia da qual o professor Hugo Machado foi um dos conselheiros fundadores. Embora ele já tivesse se afastado da instituição há alguns anos, suas teses deixaram um legado que até hoje perdura nas súmulas e decisões da entidade reguladora.

O contato direto e imediato com o professor Hugo somente veio a acontecer quando cursei a Especialização em Direito Tributário do Centro Universitário 7 de setembro (à época ainda se chamava Faculdade 7 de setembro). Fui seu aluno em duas disciplinas: *Direito Constitucional Tributário* e *Ilícito Tributário*, oportunidade na qual criamos um laço mais estreito de estima e consideração (sempre que o encontrava, recordava-se de certa brincadeira de seu afilhado homônimo, ao que me respondia em bom-tom "Paolinelli não!").

O professor Hugo Machado também participou como avaliador da minha banca de defesa do Trabalho de Conclusão do Curso, sobre tributação indireta do consumo, sob orientação de seu benjamim, o professor Hugo Machado Segundo.

No mestrado em Direito pela UFC, fui novamente agraciado com suas lições durante o curso da disciplina *Direitos Fundamentais do Contribuinte*.

Mais recentemente, tive a honra de ser escrutinado por ele em concurso público para professor efetivo da UFC, tendo logrado o segundo lugar do certame.

Este pequeno relato serve, na verdade, para contextualizar o leitor para o fato de que boa parte do meu pensamento tributarista foi moldado pela forma de construção argumentativa e pelas teses do professor Hugo Machado. O que nunca foi um empecilho para que críticas pudessem ser formuladas, inclusive em sala de aula, para a escuta atenta das contracríticas fornecidas pelo grande mestre.

Opto por fazer um ensaio, em vez de um estudo mais profícuo com revisão ampla da literatura do autor, pois, conquanto a orientação dos organizadores tenha sido para que os autores escolhessem um dos sete eixos, o desejo de discutir, senão todos, a esmagadora maioria dos tópicos supera os limites oferecidos, sem prejuízo de que, futuramente, cada uma dessas dimensões possa ser tratada em escritos avulsos.

A escolha do formato de ensaio confere maior liberdade de discussão, sem o ônus argumentativo de apresentar, em maior envergadura, as fontes de pesquisa, centrando-se na discussão argumentativa. Sempre que se fizer necessária, a referência a alguma obra será feita oportunamente.

Adverte-se que o presente estudo não adota um parâmetro dogmático, isto é, não toma nenhum elemento positivo – constituição, legislação, jurisprudência, precedentes – como verdade inquestionável, mas busca a construção coerente de um raciocínio da tributação a partir de matrizes teóricas refutáveis, sem compromisso com a coincidência dos textos normativos.

Nem todos os tópicos e questionamentos apontados pela organização serão enfrentados, mas somente aqueles para os quais se considera trazer contribuições dignas da atenção de quem se propõe a ler este ensaio. Ao final, tomo a liberdade para introduzir ainda a discussão sobre mais três teses do autor.

I – DIREITO E PODER (NO ÂMBITO DA TRIBUTAÇÃO)

A tese fundamental do professor Hugo Machado nesta seção consiste na distinção entre relação de poder e relação de direito. Como fazia questão de esclarecer em sala como uma de suas primeiras lições, a relação de poder é aquela que nasce, se desenvolve e se encerra de acordo com a vontade exclusiva do poderoso; já a relação de direito seria a que nasce, se desenvolve e se encerra segundo regras previamente definidas (Machado, 2015, p. 34-36).

A bem da verdade, essa conceituação dualista proposta pelo autor é oferecida propositadamente de forma ingênua, como estratégia para a boa distinção entre os dois arquétipos: a relação de absoluta submissão e a relação de absoluto compromisso. Tecnicamente, devem ser considerados como dois modelos ideais para a melhor compreensão das relações sociais.

Na prática, as relações sociais revestem-se, em maior ou menor medida, de um certo grau de compromisso jurídico e de um certo grau de política. Mesmo em negociações privadas, a presença de vantagens econômicas, jurídicas e persuasivas se reveste de condição para a imposição da vontade na celebração de acordos. As formas de poder podem se apresentar de maneiras distintas e variar a depender do aspecto da relação social que se busca realizar.

Acerta o homenageado quando critica que a relação de tributação não é simples relação de poder (Machado, 2010a, p. 33). Embora em suas origens mais remotas a noção primitiva de tributo decorra da submissão do vencido nas guerras, pelo confisco de todos os bens e riquezas, o desenvolvimento da tributação passou necessariamente por uma evolução e desconstrução desse padrão submissivo.

Se o poder de tributar é de fato uma das dimensões do poder soberano do Estado, não menos verdade que o soberano teve que abrir mão de sua licenciosidade e do arbítrio no exercício desse poder. Não à toa, reitero sempre que posso a constatação de que o Direito Constitucional tem seus principais marcos históricos a partir de demandas tributárias:

a) na Inglaterra, a *Magna Charta Libertatum* do rei João Sem-Terra teve como estopim o abuso na tributação dos barões anglo-saxões, que passaram a exigir daquele a prévia concordância dos lordes para a cobrança de tributos;

b) nos Estados Unidos, o processo de formação da Constituição americana decorre da indignação, no contexto da relação metrópole-colônia, pela instituição de diversos tributos, sendo o de maior relevância o imposto sobre o chá;

c) em França, a Revolução Francesa é desencadeada em virtude da insatisfação do Terceiro Estado contra a cobrança abusiva de tributos, cuja incidência repercutia apenas para si.

É a partir da postura abusiva no exercício do poder de tributar que se passa, na Modernidade, a exigir a autolimitação do Estado para tanto e, com isso, iniciar um processo de transição da relação tributária, de uma relação de poder para uma relação cada vez mais jurídica, mediante o estabelecimento de compromissos e de regras a serem cumpridas.

Contudo, por mais jurídica que a relação possa ser, é inescapável que sempre haverá uma margem de relação de poder. Isso ocorre em diferentes frentes:

a) no processo de elaboração das leis (e de emendas constitucionais), a força dos grupos de pressão e dos blocos parlamentares conduzem à tomada de decisão legislativa que oferece um certo tipo de compromisso, mas que confere de forma subjacente posições de vantagens para as partes nas relações jurídicas;

b) na regulamentação dessas leis, através de decretos e instruções normativas, ou na execução das leis, através de atos administrativos, se não sempre, na grande maioria das vezes reside para o gestor uma margem discricionária de apreciação na tomada de decisão, com restrições até mesmo à tangibilidade pelo Poder Judiciário (mormente no mérito do ato);

c) no julgamento de conflitos concretos, seja em processos administrativos ou processos judiciais, a autoridade decisória é um órgão ou um agente público, sujeito tanto às próprias preconcepções quanto também a pressões políticas, sem ignorar ainda a margem de apreciação decisória que lhe é inerente (reserva de jurisdição).

Na relação tributária, a posição de vantagem do Estado é imensamente mais expressiva em todas essas etapas, o que conduz para que a relação jurídica existente seja permeada por razoável quantidade de poder. O professor Hugo Machado faz uma defesa franca de que a relação tributária no Estado moderno é indiscutivelmente uma relação jurídica porque ela deve ser realizada em observância à lei. Trata-se de um argumento mais normativo (como deve ser) do que descritivo (como realmente é) acerca da relação tributária.

Ainda assim, a relação jurídica estabelecida entre Estado e cidadão é em sua origem uma relação de direito potestativo: praticada a hipótese de incidência, a cobrança tributária é devida e o Estado pode se valer dos meios necessários para tanto, conforme limites estabelecidos pela Constituição e pelas leis. Em virtude disso, haveria espaço tentador para o agente arrecadador de tributos extrapolar os limites legais.

Nesse sentido, as ideias do professor Hugo Machado convergem com a situação de vulnerabilidade do contribuinte, ladeando o pensamento de outros autores no tema. O fortalecimento do Estado Democrático de Direito pode conferir instrumentos jurídico-políticos importantes para mitigar a intensidade do poder na relação tributária, como, exemplificativamente, os seguintes:

1. o estabelecimento de limitações constitucionais ao poder de tributar, as quais, se não obstaculizam definitivamente, geram maiores ônus políticos e burocráticos para práticas arbitrárias;

2. a previsão de direitos fundamentais do contribuinte nos textos constitucionais e de códigos de defesa do contribuinte, partindo da premissa de que o contribuinte é a parte mais fraca da relação, sob diversos prismas;

3. o fortalecimento da legalidade, seja pela determinação da reserva de legislação ao parlamento, garantindo-se a participação dos representantes do povo no processo de tomada de decisão quanto às leis tributárias, seja pelo estabelecimento de procedimento mais rígido para aprovação de leis tributárias;

4. a ampliação da governança tributária, com a inserção de instâncias de participação dos contribuintes e de seus representantes nos processos de tomada de decisão tributárias, mormente na elaboração de normas gerais, mas também em julgamentos de repercussão geral;

5. a redução da ingerência do Poder Executivo sobre os agentes públicos responsáveis pela tomada de decisão tributária (tanto para lançamento quanto para julgamento), conferindo maior independência decisória, desvinculada a políticas arrecadatórias (de governo) e mais voltadas ao interesse público primário (a justa tributação);

6. o desenvolvimento de instâncias de controle, interno e externo, responsáveis pela avaliação e revisão das decisões tomadas em diferentes momentos, bem como definindo boas práticas e formulando orientações aos gestores;

7. a valorização da doutrina tributarista, das entidades científicas e da advocacia tributária como ponto de inflexão crítica acerca de eventuais posturas arbitrárias provocadas pelos agentes públicos, bem como para a construção de uma interpretação crítica da legislação tributária.

À guisa de fechamento, cabe sinalizar no horizonte do Direito Tributário o surgimento de iniciativas que buscam transformar a relação tributária tradicional, de natureza potestativa e inquisitiva, para um modelo colaborativo, dialógico e consensual entre Fisco e cidadão. O próprio processo administrativo tributário, por si só, seria instrumento insuficiente para o desenvolvimento desse novo modelo, mas é o ambiente propício para que possa florescer novas estratégias administrativas para estimular a interação entre as partes interessadas.

A esse respeito, o professor Hugo Machado via com bastantes reservas a utilização concreta dos institutos da moratória de caráter individual, do parcelamento e da transação tributária, uma vez que via nesses expedientes brechas para fraudes e casuísmos legislativos e administrativos.

Um corolário de sua tese acerca da relação tributária replicaria na discussão sobre a interpretação do Direito Tributário. Para o professor Hugo Machado (2010a, p. 116-117), não prospera a tese de que a interpretação deva ser mais favorável ao Fisco, pois o interesse público financeiro não poderia prevalecer para fundamentar posições apriorísticas do intérprete. O interesse público consistiria na correta aplicação das leis. Esse entendimento não converge plenamente com o daqueles que sustentam a vulnerabilidade do contribuinte: para esse paradigma, a interpretação deveria tomar como ponto de partida a proteção do contribuinte.

O professor Hugo Machado, nesse ponto, aparenta sustentar uma postura mais neutra em relação ao debate. Busca evitar os abusos interpretativos de ambos os lados da relação jurídica. Particularmente, considero que uma técnica adequada de interpretação e aplicação das leis tributárias é a que considera a preponderância da sustentabilidade: tanto a sustentabilidade da relação tributária específica (para permitir a condução saudável da relação jurídica), quanto a sustentabilidade do tributo em espécie (que o desenho do tributo seja adequado em termos arrecadatórios), como ainda a sustentabilidade da tributação (de modo que o desenho das regras da tributação não esgote a capacidade contributiva).

II – RESPONSABILIDADE PESSOAL DO AGENTE PÚBLICO

A tese fundamental do professor Hugo Machado nesta seção consiste na possibilidade jurídica de responsabilização pessoal do agente público que age com abuso de poder, como alternativa à responsabilização objetiva do Estado. Pretendo fazer uma revisão dos argumentos expostos pelo autor, seguida de críticas e posteriormente de novos caminhos para a tese ventilada.

Em mais de uma oportunidade, o professor Hugo Machado trata do assunto (Machado, 2002c; 2003a; 2006b; 2009a, p. 200-231; 2009b, p. 238-243; 2010a, p. 272-273; 2012, p. 364-371; 2017; 2018). Entre os argumentos desenvolvidos, destaco a evolução do tratamento constitucional em três fases:

a) nas Constituições Imperial de 1824 e Republicana de 1891, a responsabilidade era aplicável aos agentes públicos, sem responsabilização estadual;

b) nas Constituições de 1934 e 1937, passou-se a adotar a regra da responsabilidade solidária entre agente público e Estado;

c) a partir da Constituição de 1946, restou consagrada a fórmula atual da responsabilidade do Estado, em termos equivalentes aos constantes na atual Constituição de 1988, no art. 37, § 6º, pela qual se prescreve a responsabilidade do Estado, conferindo-se a este o direito à ação regressiva contra o agente público em caso de culpa ou dolo.

É possível observar, pelo desenvolvimento constituinte, que o tratamento do tema, num primeiro instante, com a Constituição de 1934, caminhou em favor da responsabilização do Estado perante o cidadão, ainda solidariamente com o agente público. Num segundo momento, a partir da Constituição de 1946, consagrou-se a prioridade da responsabilização do Estado, agora de forma objetiva, perante o cidadão.

Se por um lado a responsabilidade objetiva do Estado facilitou o exercício do direito à reparação dos danos sofridos pelo cidadão por atos causados por seus agentes, ao dispensar qualquer discussão na esfera judicial sobre a presença do elemento culpa para a configuração da responsabilidade estatal, por outro lado, o afastamento da solidariedade sugere também uma proteção para o agente público, que também não deixa de ser um cidadão a serviço do Estado.

Responsabilidade objetiva e responsabilidade regressiva devem ser tratadas como coisas distintas, portanto. Contudo, há que se registrar eventual cooriginalidade, no texto constituinte de 1946, dessas duas circunstâncias.

A divergência doutrinária gravita justamente na interpretação do art. 37, § 6º, da Constituição de 1988. O entendimento majoritário entende que, pelo teor do dispositivo, haveria uma interpretação no sentido de que a responsabilidade do agente público seria somente aquela prescrita no dispositivo, ou seja, (1) regressiva (subsidiária), (2) perante o Estado e (3) subjetiva.

O professor Hugo Machado, em sentido diverso, defende que a previsão constitucional não implica a impossibilidade de responsabilização do agente público. Numa interpretação mais literal do dispositivo, entende-se que o que ali consta seria: uma garantia ao cidadão lesado à reparação, com a vantagem de afastar a discussão da culpa; e uma prerrogativa para o Estado reaver prejuízos que venha a sofrer contra seu próprio agente público. Em outras palavras, a responsabilidade regressiva não teria afastado a responsabilidade solidária.

Ademais disso, o homenageado arrola vantagens pragmáticas que justificariam a melhor interpretação do ordenamento jurídico, a saber, a insuficiência do instituto responsabilidade objetiva para evitar o descumprimento da lei, o estímulo à conduta precautória e preventiva pelo agente público, o fortalecimento da harmonia entre os poderes provocado pelo cumprimento ordinário das leis e decisões judiciais, e ainda um efeito moralizador das condutas do agente público para evitar a pessoalização de suas decisões.

A tese se escora em precedentes do próprio Supremo Tribunal Federal (STF), como o Recurso Extraordinário (RE) 90.071/SC, julgado pelo Pleno em 1980, o RE 94.121/MG, julgado pela Segunda Turma em 1982, e o RE 105.157/SP. julgado pela Primeira Turma em 1985, interpretando a regra na Emenda Constitucional (EmC) 1 de 1969. No entendimento do Pretório Excelso brasileiro, a regra constitucional não exclui a regra civil de responsabilidade subjetiva contra a pessoa que tenha causado dano.

Embora muito bem formulada a construção teórica, ela não passou incólume ao longo dos anos, sofrendo altos e baixos.

Em 2006, a Primeira Turma do Supremo Tribunal Federal (STF) julgou o RE 327.904/SP afastando a legitimidade passiva *ad causam* de agente público (prefeito). A tese sustentada pelo tribunal foi a de que o art. 37, § 6º, da Constituição sustenta a exclusividade da responsabilização do Estado e que a garantia constitucional também abrange um anteparo ao agente público, limitando sua responsabilidade exclusivamente perante o ente público ao qual seja vinculado.

A fórmula encontrada pelo professor Hugo Machado para afastar esse julgado foi enquadrar o precedente dentro dos limites da hipótese fática, para restringir o alcance do julgado apenas a agentes políticos, a exemplo do prefeito. Distinguindo-os dos agentes administrativos, sustenta que aos primeiros caberia a tomada de "decisões de conteúdo eminentemente político", enquanto que o agente administrativo, pois seus atos decisórios deveriam "ser pautados pelo princípio da estrita legalidade" (Machado, 2009a, p. 212-213, 2009b, p. 248; 2012, p. 369-370).

Esse julgado foi um duro golpe à tese do grande mestre tributarista, uma vez que a distinção proposta enfrenta grandes dificuldades em razão de implicações práticas.

Em contraponto, posteriormente, o Superior Tribunal de Justiça (STJ) passou a consolidar outros julgados favoráveis à sua tese. A Quarta Turma decidiu, nos Recursos Especiais (REsps) 731.746/SE, em 2008, e 1.325.862/PR, em 2013, sob a relatoria do Ministro Luis Felipe Salomão, que o art. 37, § 6º, da Constituição não previu uma demanda de curso forçado contra a Administração Pública, mas conferiu uma opção extra para o administrado recompor judicialmente seu dano. A Terceira Turma já possuía precedente no mesmo sentido, quando do julgamento do REsp 759.272/GO, em 2005.

Na época, um dos fundamentos para a referida tese era a previsão do art. 9º da Lei de Abuso de Autoridade, Lei 4.898/1965, pelo qual a vítima do abuso poderia promover a responsabilidade civil da autoridade culpada.

Mais recentemente, outros julgados reiteraram esse entendimento. No Agravo Interno (AgInt) no Agravo no Recurso Especial (AREsp) 583.842/MG, julgado em 2017 pela Segunda Turma, e no AgInt no AgInt no AREsp 1.062.833/SP, julgado pela Quarta Turma em 2018, foi reiterado o entendimento do Superior Tribunal de Justiça.

Utiliza-se como fundamento para a responsabilidade civil do agente público o próprio art. 927 do Código Civil, funcionando como norma geral do sistema jurídico. Deve-se considerar a aplicabilidade desse dispositivo para a esfera pública, uma vez que o mesmo Código Civil consagra a regra da responsabilidade do Estado no art. 43.

Ainda no âmbito legislativo, em 2018, foi editada a Lei 13.655, que reformou a Lei de Introdução às Normas do Direito Brasileiro (LINDB), Decreto-Lei 4.657/42, para dispor sobre segurança jurídica e eficiência, especificamente no processo de tomada de decisão pelos agentes públicos. Destaca-se a inserção do art. 28, no qual consta a expressa responsabilidade pessoal do agente público nas hipóteses de dolo ou de erro grosseiro. O tema foi objeto de regulamentação no art. 12 do Decreto 9.830, publicado em 2019.

Para o professor Hugo Machado (2018), mencionada inovação legislativa seria mais um fundamento que depõe a favor da sua tese de responsabilização pessoal do agente público.

Contudo, nesse mesmo ano de 2019, a Lei 13.869 revogou a então vigente Lei de Abuso de Autoridade. Esta lei tratava da responsabilidade administrativa, civil e penal em casos de abuso de autoridade; aquela, por sua vez, cuida dos crimes de abuso de autoridade. O art. 9º da lei revogada não recebeu um substitutivo à altura, pois enquanto esse artigo dispunha expressamente acerca da responsabilidade civil promovida pela vítima do ato abusivo, o art. 7º da lei vigente menciona apenas acerca da responsabilidade civil para disciplinar a relação com a esfera penal, havendo nítida perda de base textual de interpretação.

Desgraçadamente, o golpe fulminante à tese do homenageado veio com a decisão do STF, também do ano de 2019, pelo julgamento do RE 1.027.633/SP, no âmbito da sistemática da repercussão geral (Tema 940), no qual o Pleno assentou, a partir da interpretação do art. 37, § 6º, a ilegitimidade passiva do agente público para figurar em ação de responsabilidade, devendo figurar necessariamente o ente público ao qual vinculado. O STJ, por efeito dominó, respeitando o caráter vinculante do precedente introduzido, passou a decidir nos mesmos termos, como se verifica no AgInt nos Embargos Declaratórios (EDcl) no REsp 1.833.714/RS e nos AgInts nos AREsps 1.448.067/SC e 1.582.802/SP, julgados em 2020 pela Segunda Turma, no AgInt no REsp 1.230.776/RS, julgado em 2021 pela Primeira Turma, e no REsp 2.054.390/SP, julgado em 2023 pela Quarta Turma.

Considera-se, portanto, que tanto o STF quanto o STJ reviram seus precedentes para assentar a impossibilidade de responsabilização pessoal do agente público direta e imediatamente pelo cidadão lesado. O art. 37, § 6º, portanto, além de consagrar a responsabilidade objetiva do Estado, ao deixar de tratar da responsabilidade solidária (desde 1946), estabelecera um silêncio eloquente em favor da proteção do cidadão-agente, para que este não venha a sofrer retaliações pessoais no exercício da função pública.

Há que se considerar ainda eventual mutação constitucional do dispositivo, já caminhando para quarenta anos de vigência do texto constitucional. Merece destaque para a reforma administrativa do Estado preconizada especialmente pela EmC 19 de 1998, pela qual procedeu-se a uma reorganização da estrutura da máquina administrativa. Pela referida reforma, foi dada atenção para a necessidade de se racionalizar a estrutura das carreiras jurídicas, separando aquelas que detém maior grau de interferência na liberdade e propriedade dos cidadãos – em especial, pelas atividades de fiscalização e lavratura de autos de infração.

Um dos intuitos da reforma seria conferir a essas carreiras um regime jurídico mais favorável para que sua atuação fosse cada vez menos afetada por interesses políticos e econômicos, e a tomada de decisão tivesse menos interferências, de modo a conferir ao agente público a liberdade para agir segundo o interesse público. Algumas ferramentas já eram utilizadas para esse propósito, a exemplo da tradicional estabilidade do servidor público. Outras foram introduzidas, como a diferenciação das carreiras remuneradas por subsídios daquelas remuneradas por vencimentos.

A consideração da irresponsabilidade solidária e imediata do agente público, substituindo-a pela responsabilidade regressiva, converge para isso. Da mesma forma que o mau agente público ficaria sujeito a ações de reparação de danos, o bom agente também poderia ficar sujeito ao mesmo mal, e poderia ser vítima de perseguição por parte dos cidadãos e sociedades afetadas por suas decisões. O agente público não possuiria condições econômicas para atender a toda e qualquer demanda judicial que, no entender do cidadão afetado, tenha sido prejudicado.

A interpretação coloca o Estado como anteparo entre cidadãos, evitando a pessoalização das demandas provocadas pelo próprio poder público. Aplica-se a favor da tese vitoriosa o princípio da impessoalidade na Administração Pública, também consagrado no texto constitucional, mais precisamente no *caput* do art. 37, no sentido de que, para o cidadão, a decisão tomada foi dada pelo Estado, ou ainda que ela teria sido dada por qualquer agente público na mesma situação fática constatada; para o agente público, suas decisões deverão ser pautadas por aspectos objetivos do caso concreto, de modo que a mesma decisão seria tomada para diferentes pessoas nas mesmas circunstâncias.

A partir de uma teoria dos princípios, a interpretação a favor da responsabilidade subsidiária do agente público é a mais adequada para funcionar como padrão de normatividade geral.

Mas nem tudo está perdido. Considerando a natureza de permanente inconstância e evolução das normas constitucionais (enquanto interpretações do texto constitucional), bem como a possibilidade de diferenciação (*distinguishing*) dos precedentes vinculantes, conforme dispositivos do CPC, em especial o art. 1.037, § 9º, é possível construir uma hipótese excepcional que justifique a responsabilidade solidária do agente público.

Se por um lado o princípio da impessoalidade pode e deve ser utilizado como fundamento para afastar genericamente a responsabilidade imediata do agente público perante o cidadão, a adoção desse princípio para essa proteção deve guardar uma relação umbilical com o princípio da moralidade administrativa. Dessa relação, permite-se extrair que a proteção do agente público é legítima na medida em que este age dentro dos padrões razoáveis de moralidade. Ao fugir desses padrões, perde-se o âmbito de proteção do princípio da impessoalidade. O agente público que deixa de agir segundo o interesse público não age como agente público – ou seja, não estaria atuando nessa condição, mas valendo-se dessa condição para agir em interesse escuso – e, dessa forma, pode ser resguardado pela responsabilidade subsidiária.

Identifico três luzes a iluminar essa tese. O regulamento da reforma da LINDB, Decreto 9.830/19, sopesando a complexa trama normativa acerca do tema, estabelece no art. 12 as hipóteses em que o agente público possa vir a ser responsabilizado por suas decisões e opiniões no exercício da função, a saber: (i) dolo direto; (ii) dolo eventual; ou (iii) erro grosseiro.

O regulamento nitidamente no regulamento as hipóteses de culpa ordinária (negligência, imperícia ou imprudência). O dolo não possui uma definição clara, mas deve ser compreendida como a intenção específica de causar prejuízo ao particular (direto), ou aceitar, pelas circunstâncias de sua conduta, o risco de estar causando prejuízo infundado (eventual). Já o erro grosseiro possui definição no § 1º, devendo ter as seguintes características: manifestidade (notório, declarado), evidência (inequívoco, chapado), inescusabilidade (injustificável, inaceitável) e gravidade, caracterizado pelo elemento culpa em elevado grau.

Essa compreensão conjuga-se com a de abuso de autoridade. A Lei 13.869/18 obtempera que resta configurado o abuso de autoridade pela intenção do agente, o *animus abutendi*, caracterizado pela ação direcionada: (i) para intencionalmente prejudicar pessoa específica; (ii) para beneficiar a si próprio ou a terceiro; (iii) para satisfazer mero capricho; ou (iv) para satisfazer desejo íntimo.

A última luz se verifica em um julgado do STJ de 2022, no REsp 1.842.613/SP, da lavra da Quarta Turma e relatoria do Ministro Luis Felipe Salomão. Depura-se do caso se tratar de uma ação de indenização por danos morais contra procurador da República que conferiu entrevista coletiva e, mediante narrativa ofensiva, informa oferecimento de denúncia criminal incluindo ex-Presidente da República. O principal tema do julgado consiste na análise da legitimidade passiva *ad causam* do agente público, tendo-se enfrentado diversos argumentos.

Entre eles, convém mencionar a existência de jurisprudência pacífica no Tribunal de Justiça de São Paulo (TJSP) pela possibilidade de responsabilização, invocando-se o art. 186 do Código Civil, e a circunstância no caso concreto de que o agente público desviou-se de sua função persecutória. Ademais, enfrentando o Tema 940 do STF, o relator interpretou o julgado no sentido de que o particular não possui a opção de ingressar contra o agente público quando este atua no exercício das funções públicas regulares e, no caso concreto, a conduta irregular, estranha ao rol das atribuições funcionais, autorizaria o ajuizamento da reparação civil, porque descaracterizada como ato de Estado.

Dessa forma, a tese do professor Hugo Machado ainda sobrevive e certamente terá novos capítulos.

III – POSIÇÃO HIERÁRQUICA DA LEI COMPLEMENTAR

A tese fundamental do professor Hugo Machado nesta seção consiste na identificação da lei complementar como hierarquicamente superior à lei ordinária e, por isso, leis ordinárias não poderiam revogar leis complementares, mesmo em se tratando de matérias que não estejam inseridas no âmbito normativo da lei complementar.

Tal qual o tema anterior, em mais de uma oportunidade, o professor Hugo Machado trata do assunto (Machado, 1997; 2000, p. 100-105; 2005; 2006b; 2008a; 2008b; 2008c; 2010a, p. 84-87; 2010b; 2015, p. 117-147). Sua tese se baliza pelas seguintes premissas:

1. leis complementares são identificadas pelo aspecto material, quando a Constituição prevê as situações por ela reguladas, e pelo aspecto formal, pela previsão de quórum especial (art. 69);

2. a Constituição não traz definição para as leis complementares, nem estabelece restrição para que elas tratem exclusivamente dos assuntos que indica, ou seja, não há limitações constitucionais para o campo de atuação da lei complementar;

3. a posição hierárquica das espécies normativas seria definida a partir de elementos formais – o órgão competente e o rito legislativo, e não pelo seu conteúdo;

4. a tese da exclusividade temática da lei complementar, contrariando a omissão constitucional sobre o assunto, contribuiria para a insegurança jurídica, em virtude de impossibilidade de definição precisa das matérias;

5. lei complementar, por ser de hierarquia superior, não pode ser revogada por lei ordinária, ainda que seja sobre matéria fora do âmbito temático definido pela Constituição, salvo se a própria lei complementar autorizar expressamente, como ocorre com o art. 86 da Lei Complementar 123/06;

6. o Código Tributário Nacional não se transformou em lei complementar, permanecendo como lei ordinária, mas hoje somente pode ser alterada por lei complementar.

Reputo interessante fazer uma análise evolutiva do instituto da lei complementar no direito brasileiro. Não se conhecia desse tipo normativo até a Constituição de 1946. Até então havia as chamadas leis constitucionais na vigência da Constituição de 1937, que equivaleriam a emendas constitucionais. O professor Hugo Machado (2015, p. 117-118) aponta que, nessa época, a doutrina jurídica brasileira utilizava a expressão "lei complementar" como um conceito lógico-jurídico, ainda sem qualquer respaldo no Direito positivo brasileiro.

Mas a redação original da Constituição de 1946 não tratava de leis complementares, o que somente vai ocorrer por força do poder constituinte reformador.

A primeira previsão desse instituto é encontrada com a EmC 4, de 1961, autoapelidada de Ato Adicional, que institui o parlamentarismo no Brasil. A própria emenda, sem alterar a redação original da Constituição de 1946, prevê no art. 22 que leis votadas pelo Congresso Nacional poderão complementar a organização do sistema parlamentar instituído pelo próprio Ato Adicional, desde que aprovadas por maioria absoluta.

Duas leis complementares foram editadas, entendidas como leis complementares ao Ato Adicional.

O tema posteriormente vem a ser tratado no próprio contexto da Constituição de 1946, por modificação introduzida pela EmC 17, de 1965, introduzindo o § 8º ao art. 67, apenas para remeter que projetos de lei complementar teriam tratamento diferenciado de acordo com os respectivos regimentos internos. Foi uma medida inócua, uma vez que não foram editadas novas leis complementares sob o pálio dessa Constituição.

As leis complementares perseveram na Constituição de 1967, criando no art. 49 a lei complementar à Constituição e estipulando no art. 53 o quórum de maioria absoluta. Esse texto constitucional menciona expressamente quase vinte temas que seriam objeto de lei complementar.

As leis complementares, portanto, são atos legislativos vocacionados para servir como regulamentos da Constituição (ou de emendas constitucionais). Enquanto as emendas constitucionais são capazes de alterar e incrementar formalmente o texto constitucional, as leis complementares concretizam imediatamente os comandos constitucionais.

A noção de hierarquia, em Teoria do Direito, não guarda pertinência nem com o *nomen juris* do ato legislativo, nem com a finalidade de regulamentação, nem com a rigidez de sua aprovação. Considerem-se os seguintes cenários reais:

a) a Constituição Imperial de 1824 continha temas alteráveis por rito mais rígido do que outros (art. 178), e disso não se deduz que as normas constitucionais flexíveis seriam hierarquicamente inferiores que as normas constitucionais rígidas;

b) a Constituição de 1988 prevê que as leis orgânicas municipais deverão atender aos princípios da respectiva constituição estadual (art. 29), mas não é tecnicamente correto falar em hierarquia entre constituição estadual e lei orgânica, pois ambas derivam diretamente da Constituição da República;

c) a Constituição de 1988 prevê vários temas que serão objeto de regulamentação por lei ordinária, a exemplo da Lei de Acesso à Informação (art. 5º, XXXIII), da Lei dos Partidos Políticos (art. 17), do Estatuto da Cidade (art. 182) e da Lei da Reforma Agrária (art. 184), sem que com isso, embora pareçam complementares à Constituição, elas passem a ser leis complementares;

d) a Constituição de 1988 estabelece, nas competências legislativas concorrentes, a competência da União para legislar apenas sobre normas gerais, e a desnecessidade de lei federal para que a lei estadual possa ter validade e surta efeitos, de tal forma que a superveniência de lei federal não revoga a lei estadual (art. 24), bem como não se constata hierarquia entre lei federal e lei estadual;

e) a Constituição de 1988 estipula, em matéria de orçamentos, a necessária compatibilização entre plano plurianual (PPA), lei de diretrizes orçamentárias (LDO) e lei orçamentária anual (LOA), em ordem decrescente de prevalência, sendo que todos são aprovados por lei ordinária do mesmo ente federativo (art. 165), não cabendo se falar em hierarquia entre elas;

f) a Constituição de 1988 exige, para a lei ordinária que estabelecer diretrizes e bases do planejamento voltada para o desenvolvimento nacional equilibrado, a incorporação e compatibilização do plano nacional de desenvolvimento e dos planos regionais de desenvolvimento, cada qual editado em lei própria (art. 174, § 1º), não fazendo sentido falar em hierarquia entre referidas leis.

A hierarquia deve estar ligada ao que se entende como normas secundárias, na visão de Hart. São hierarquicamente superiores os documentos que preveem em seu conteúdo a competência para legislar ou regulamentar e, eventualmente, definem condições formais e materiais para essa normatização. Leis são hierarquicamente inferiores à Constituição porque esta define os tipos legislativos e confere as regras básicas para que eles possuam validade como fontes do Direito. Decretos regulamentares são hierarquicamente inferiores às leis porque estas estabelecem aspectos que serão tratados por regulamentos. Aliás, a própria Constituição prevê hipóteses em que decretos serão elaborados, como no caso de intervenção (art. 36, § 1º) e organização da administração pública (art. 84, VI), entre outras modalidades dos chamados decretos autônomos, vedada a disciplina em lei sob pena de inconstitucionalidade.

A Constituição estipula expressamente que os decretos regulamentares se prestarão para "fiel execução" das leis, razão pela qual sinaliza a necessidade de respeito aos ditames da lei que busca executar (art. 84, IV). É da essência dos decretos regulamentares a função executiva das leis e, nessa medida, seriam hierarquicamente inferiores. As leis muitas vezes fazem a remissão ao regulamentador.

A mesma relação não se verifica para a dinâmica entre leis complementares e leis ordinárias, pois inexiste previsão constitucional afirmando que as leis ordinárias deverão dar cumprimento às leis complementares. Também não se verificará, nas leis complementares, dispositivos que estabeleçam que a lei ordinária regulamentará a lei complementar.

Ao menos para a Constituição de 1988, a identificação de matérias que serão objeto de lei complementar se presta, mediatamente, a sugerir que essas leis seriam regulamentos constitucionais, ou seja, normas mais próximas do núcleo material da Constituição. Trata-se de um aspecto fraco, haja vista que a própria Constituição indica a lei ordinária para regulamentar certas matérias, inclusive os remédios constitucionais.

O outro aspecto, imediato e forte, consiste na definição de um rito de aprovação mais rígido, tanto do ponto de vista do próprio texto constitucional – no caso da Constituição de 1988, essa rigidez restringe-se tão somente ao quórum de maioria absoluta –, como também de tratamento especial pelos regimentos internos das casas legislativas. É uma faculdade das casas legislativas atribuir em seus regimentos internos um rito diferenciado para os projetos de leis complementares, assim como o mesmo rito diferenciado é atribuído a certos tipos de projetos de leis ordinárias (a exemplo dos projetos de Código).

O professor Hugo Machado (2015, p. 132) converge com esse entendimento ao salientar que a lei complementar, enquanto conceito jurídico-positivo, se qualifica pelo *nomen juris*, pela competência para legislar e pelo regime especial de aprovação.

Contudo, parece haver um equívoco grave na doutrina majoritária que entende haver hierarquia entre lei complementar e lei ordinária, ao associar rigidez com hierarquia. Essa lição é retirada dos estudos em Direito Constitucional. Uma constituição pode ser hierarquicamente superior às demais normas, e a essa característica se atribui a denominação de supremacia constitucional; por outro lado, essa constituição pode ser rígida ou flexível, e não deixará necessariamente de ter sua supremacia normativa. A diferença consiste apenas no fato de que ela poderá ser alterada pelo mesmo procedimento de aprovação das leis. Decerto que constituições flexíveis geram maiores inseguranças jurídicas, mas isso não desnatura o fato de elas possuírem supremacia no ordenamento jurídico, desde que em seu conteúdo constem as regras de competência e procedimento para elaboração das leis que integram o ordenamento jurídico.

Em termos práticos, as regras constitucionais relativas à lei complementar imprimem somente estes quatro deveres institucionais fundamentais:

1. regras referentes à matéria reservada à lei complementar não poderão ser veiculadas em projetos de lei ordinária;

2. projeto de lei que trate da matéria reservada à lei complementar deverá ser apresentado como projeto de lei complementar;

3. o quórum para aprovação do projeto de lei complementar deverá ser, pelo menos, o de maioria absoluta de cada casa; e

4. um projeto de lei ordinária aprovado pelo quórum de maioria absoluta não pode ser convolado em lei complementar.

Esses deveres se caracterizam como filtros *ex ante* para os projetos de lei. A avaliação do controle constitucional é feita como porta de entrada para o processo legislativo. Quero dizer com isso que os comandos constitucionais sobre o tema apenas determinam que, quando da propositura de projetos de lei, independentemente se existe ou não lei anterior sobre o tema, qualquer que seja a sua natureza, deverão ser observados esses critérios formais.

A existência de lei anterior sobre o tema não pode ser tratada como condição impeditiva para a atividade legislativa. Aliás, o fato de a lei anterior ter sido aprovada por rito especial não impede que lei posterior a altere por rito ordinário, pois o controle da lei é feito à luz dos limites constitucionais.

Desses deveres institucionais fundamentais se infere que:

a) projetos de lei complementar poderão tratar de matérias não reservadas à lei complementar, devendo nessa condição ser aprovadas por maioria absoluta;

b) projetos de lei complementar poderão tratar de matérias reservadas à lei complementar, ainda quando a matéria tenha sido regulamentada por lei ordinária na vigência da constituição anterior (a exemplo do Código Tributário Nacional) ou da atual (se a matéria originalmente não era reservada e passou a ser após emenda constitucional), devendo ser aprovadas por maioria absoluta;

c) projetos de lei ordinária poderão tratar de matérias não reservadas à lei complementar, ainda quando a matéria tenha sido regulamentada por lei complementar na vigência da constituição anterior (a exemplo da Lei Complementar 7/70) ou da atual (na forma indicada na inferência do item a), e poderão ser aprovadas por maioria simples.

Uma prova da tese ora proposta pode ser encontrada acidentalmente na disciplina constitucional das medidas provisórias. A Constituição estabelece que é vedada a edição pelo Presidente da República de medidas provisórias sobre matéria reservada à lei complementar (art. 62, § 1º, III). Disso se infere indiscutivelmente que poderá ser editada medida provisória sobre matéria não reservada à lei complementar, não havendo qualquer controle constitucional quanto ao fato de a matéria estar atualmente regulamentada por lei complementar.

Ou seja, se houvesse de fato hierarquia entre lei complementar e lei ordinária, o tratamento de uma matéria não reservada em lei complementar poderia impedir a edição de medida provisória sobre o assunto e, dessa forma, o legislador complementar se comportaria como verdadeiro constituinte reformador, criando novas matérias vedadas à edição de medida provisória. Como o legislador complementar não pode usurpar a competência para edição de emendas à constituição, estas sim sem dúvida alguma hierarquicamente superior, conclui-se iludivelmente que não haveria hierarquia.

Portanto, embora as teses da existência de hierarquia entre lei complementar e lei ordinária pareçam pragmaticamente mais explicativas e mais econômicas, elas partem de uma falsa premissa no raciocínio, como já apontado, sendo a tese tecnicamente correta, ao menos conforme as regras atuais da Constituição de 1988, a de que não existe hierarquia entre as duas espécies normativas. A busca pela simplificação da realidade jurídica complexa não pode ser feita às custas da integridade lógica do sistema.

Isso de maneira alguma se contradiz com o fato da possibilidade de existir uma relação de subordinação entre elas. Principalmente em temas mais complexos, para os quais o constituinte atribuiu diferentes tipos legislativos, adotou-se uma técnica de que a lei complementar deva estabelecer normas gerais, cabendo às leis ordinárias estabelecer normas específicas. Isso se verifica tanto no âmbito dos orçamentos públicos (arts. 163 e 165, § 9º), distinguindo-se das diversas leis orçamentárias (PPAs, LDOs e LOAs), de caráter temporário e específico para determinada gestão de cada um dos quase seis mil entes políticos que compõem a federação brasileira, e no âmbito da tributação (arts. 146, 146-A, 155, § 2º, XII, 156, § 3º, e 161), distinguindo-se das diversas leis instituidoras de tributos específicos (impostos, contribuições, taxas e contribuições de melhoria) de todos eles.

O argumento da segurança jurídica não pode servir de justificativa para sustentar a existência de uma hierarquia que não existe. A segurança jurídica das regras de lei complementar e de lei ordinária seria a mesma existente entre leis complementares ou entre leis ordinárias, pois o legislador pode a qualquer momento alterá-las. O fato de tornar o ordenamento jurídico mais complexo e intrincado não pode ser motivo para abandonar sua estrutura lógica para cair em uma discussão incoerente. Veja-se o caso seguinte.

A Lei Complementar 70, de 1991, instituiu a contribuição para o PIS / Pasep e previu, nos arts. 6º e 7º, regras de isenção da contribuição. Em 1996, a Lei 9.430, dispondo sobre a legislação tributária federal, determinou que as sociedades civis de prestação de serviços profissionais relativos ao exercício de profissão legalmente regulamentada passariam a contribuir para a seguridade social com base na receita bruta (art. 56). Essa regra dispôs em sentido literalmente contrário ao que consta na Lei Complementar 70, de 1991 (art. 6º, II), sem, contudo, revogar expressamente.

Nesse cenário de antinomia, presumindo-se que a Lei 9.430/96 é formal e materialmente constitucional, porque não tratou de matéria reservada à lei complementar, ela prevalece sobre regra divergente prevista em lei complementar. Poder-se-ia até alegar que lei ordinária não poderia revogar a lei complementar, mas a norma da lei ordinária prevalece na situação de antinomia, não pelo critério hierárquico, mas pelo critério cronológico. No entanto, há de se cogitar a ocorrência de revogação, pela interpretação do art. 2º, § 1º, da LINDB, pois lei ordinária posterior se tornou incompatível com a lei complementar anterior.

Sobre esse tema, o Pleno do STF decidiu em 2008, no RE 377.457/PR, pela tese ora defendida, de inexistência de relação hierárquica entre lei ordinária e lei complementar. Não se concorda, todavia, com o uso das terminologias adotadas pelo Pretório Excelso, de que a Lei Complementar 70/91, embora formalmente complementar, seria materialmente ordinária, pois a maneira de expor o raciocínio gera incompreensões desnecessárias. A verdade é que lei ordinária pode revogar lei complementar que trate de matéria não reservada à lei complementar.

Ainda mais impressionante é que, em 2001, a Medida Provisória 2.158-35 revogou expressamente os incisos I e III do art. 6º e integralmente o art. 7º, da Lei Complementar 70/91. Assim, o próprio Poder Legislativo ratifica a tese exposta pelo STF.

Logo, o que de fato gera insegurança jurídica é a permanência da tese, injustificadamente sustentada pela doutrina tributarista, da existência de hierarquia entre lei complementar e lei ordinária, fomentando nos aplicadores da lei entendimento equivocado.

Regras de uma LOA que contrariem a previsão em PPA ou LDO, naquilo que se encontre nos seus âmbitos de normatividade, pode padecer de vício de constitucionalidade. A interpretação dessa antinomia, no caso concreto, além de possibilitar uma declaração incidental de inconstitucionalidade, pode alternativamente implicar na ineficácia da regra da LOA contrária a meta ou prioridade da LDO ou a diretriz, objetivo ou meta da PPA, ainda que aquela seja posterior e de idêntica hierarquia. Regras estaduais em matéria de legislação concorrente que contrariem as regras gerais constantes nas leis federais também terão sua eficácia suspensa. As normas jurídicas veiculadas em leis complementares poderão tanto tornar ineficazes regras de leis ordinárias federais posteriores a ela, quanto suspender a eficácia de leis estaduais e municipais.

Uma questão de fato mais capciosa se verifica no tocante à previsão constitucional de matéria reservada à lei complementar para estabelecer normas gerais em matéria de legislação tributária (art. 146, III). Mas essa questão, na verdade, é em muito parecida com o problema entre as leis orçamentárias (PPA, LDO e LOA) e entre as leis da União sobre normas gerais e as leis estaduais e distritais sobre normas específicas em matéria de competências concorrentes, incluindo-se também o direito tributário (art. 24, I, primeira parte).

Se adotássemos a clássica técnica de solução de antinomias proposta por Bobbio, no conflito entre essas normas, a solução seria muito mais próxima de algo como o critério da especialidade do que do critério hierárquico. Conquanto a PPA ou a lei federal possa ser considerada mais genérica, elas é que são especiais em relação à LDO e à lei estadual quanto aos temas do seu campo de competência normativa.

Trata-se, na verdade, de uma discussão de estatura constitucional e que, embora possa gerar certa insegurança jurídica, o Estado possui o Poder Judiciário como instituição responsável por dirimir eventuais conflitos dessa natureza, para controlar, por um lado, quando o legislador ordinário disciplina matéria reservada à lei complementar, e quando o legislador complementar pretende tratar como matéria reservada à lei complementar coisa que, na verdade, não o seja.

Veja-se que o legislador complementar federal também pode exceder-se no seu poder normativo e criar normas não gerais que pudessem limitar a atuação legislativa de Estados e Municípios e, nesse quesito, o engessamento da lei complementar como hierarquicamente superior violaria o pacto federativo. No caso de eventual conflito entre lei complementar e lei ordinária federal, a situação é até mais simples, pois se está diante da mesma instituição responsável pela elaboração dos comandos normativos.

Porém, tratando-se de lei complementar em que não há discussão sobre a matéria se tratar de normas gerais, a lei ordinária deve subordinar-se ao seu conteúdo.

No caso do art. 146-A da Constituição de 1988, observa-se que esse dispositivo foi introduzido pela EmC 42/03. Essa EmC tramitou como Proposta de Emenda à Constituição 41/03 e, na versão original da mensagem encaminhada ao Congresso Nacional, não previa a inserção desse dispositivo no texto constitucional. Uma pesquisa genética permite inferir que o dispositivo somente veio a ser incorporado após a aprovação do substitutivo adotado pela Comissão Especial constituída para análise da PEC, surgindo na Emenda Aglutinativa Substitutiva de Plenário 27.

Embora o dispositivo encerre redação confusa, entendo que ele deva ser interpretado em consonância com os arts. 170, IV, 173, § 4º, e 174, *caput*, da Constituição. Em outras palavras, compete privativamente à União legislar amplamente sobre regras para prevenir desequilíbrios da concorrência. Entretanto, se essas regras consistirem no estabelecimento de critérios especiais de tributação, elas deverão necessariamente ser veiculadas por lei complementar. O detalhe da exigência da lei complementar está no caráter tributário desses critérios especiais a serem estabelecidos.

Em arremate, essa seria uma das raras teses do professor Hugo Machado que não mereceria prosperar em futuras pesquisas e investigações. A proteção da segurança jurídica e a preocupação em torno da precisão da noção de normas gerais podem ainda ensejar novas reflexões sobre o tema, mas partindo de premissa distinta.

IV – TRIBUTAÇÃO OCULTA

A tese fundamental do professor Hugo Machado nesta seção consiste na constatação da existência de tributos ocultos, ou disfarçados, caracterizado por se identificar, em situações concretas, prestações pecuniárias compulsórias, que não constituam sanções por ato ilícito, mas que é instituída e cobrada de forma distinta do regime jurídico tributário.

O homenageado discute o tema da tributação oculta em algumas publicações (Machado, 2002d; 2003b; 2004c; 2009a, p. 168-170; 2009b, p. 188-190; 2010a, p. 75-78), cuja provocação se dá em virtude da percepção de situações abusivas em virtude da sua experiência enquanto Conselheiro da ARCE e que posteriormente é desenvolvida, mormente nos trabalhos mais tardios. De forma sintética, a versão original da tributação oculta consiste na configuração de exações tributárias que são cobradas no contexto de serviços públicos e monopólios, indicando-se como modalidades: a cobrança do valor de outorga e seu repasse para os preços dos serviços públicos cobrados pela concessionária dos cidadãos; a cobrança de sobrepreços no contexto de monopólios estatais; e a cobrança de tarifas por serviços de uso compulsório.

Nesta oportunidade, faz-se um aprofundamento da teoria desenvolvida pelo professor Hugo Machado. Trata-se de uma tese muito interessante, pois ela estabelece diálogos com o Direito Administrativo e também com o Direito Financeiro. No âmbito do Direito Financeiro, tem-se que o tributo se classifica como receita derivada, como estabelecido na Lei Geral de Finanças, Lei 4.320/64 (art. 9º), definição que é compatível com o art. 3º do CTN (Machado, 1987, p. 23). Define-se como tal porque é uma receita que não decorre de uma riqueza produzida pelo Estado, mas que o Estado recolhe de outras pessoas que produzem referida riqueza, distinguindo-se das receitas originárias, que decorrem da exploração pelo Estado de sua própria atividade econômica e as decorrentes da exploração patrimonial.

Nesse sentido, tarifas e outros preços públicos seriam receitas originárias; as taxas, derivadas. Também se qualificam como receitas derivadas as decorrentes do pagamento de multas.

O debate sobre os tributos ocultos ou disfarçados guarda certa similitude com discussões travadas no passado mais remoto no Direito Tributário brasileiro, quando a doutrina questionava uma infinidade de contribuições instituídas pelo poder público que, na verdade, se configurariam como impostos ou taxas disfarçadas. Na época, adotava-se ainda a classificação tripartite das espécies tributárias, conforme o Código Tributário Nacional (art. 5º), afastando-se da definição da natureza específica da cobrança o seu *nomen juris* ou a destinação das receitas arrecadadas (art. 4º).

De maneira similar, os tributos ocultos ou disfarçados teriam arranjos distintos, mas que, ao fim e ao cabo, vão se tornar prestações pecuniárias compulsórias que não decorrem da exploração de atividade econômica ou patrimônio estatal, nem se configuram como sanção por ato ilícito. Por uma questão formal-legislativa, essas cobranças deixam de se caracterizar como tributo (art. 3º).

Quero nesta oportunidade expor uma distinção entre tributos ocultos e tributos disfarçados, como duas modalidades distintas desse fenômeno mais amplo. Serão tributos ocultos as exações cobradas de um agente econômico que se diluem ou se transformam em outra forma de cobrança para terceiros, que vão arcar com ônus econômico; serão tributos disfarçados as exações que, cobradas como se de outra natureza fossem, acabam se caracterizando como um tributo, em razão de suas próprias peculiaridades, ou indiretamente por imposição estatal de regras restritivas de escolha. Analisam-se a seguir alguns exemplos concretos.

O valor de outorga, ou outorga onerosa, nas licitações de serviços públicos se justifica formalmente como sendo uma receita originária do Estado, já que seria o preço a ser pago pelo licitante vencedor para que este faça jus ao uso das infraestruturas e da exclusividade da prestação do serviço público – uma forma de exploração do patrimônio estatal. No entanto, um exame consequencialista permite inferir que essa cobrança acaba sendo diluída nos custos da concessionária ao definir as tarifas de seus serviços, de forma que, ao final do contrato, a empresa tenha recuperado o investimento realizado, acrescido de lucro.

Se o poder público não tivesse cobrado o valor de outorga, o serviço seria menos oneroso para os usuários do serviço. Indiretamente, o poder público está cobrando do usuário um custo. Trata-se do caso padrão de tributo oculto: não se percebe a exação tributária, porque ela se dilui nos preços das tarifas, cuja cobrança fundamenta-se na relação contratual entre usuário e concessionária.

No mesmo sentido, o setor de petróleo e gás natural prevê também o bônus de assinatura, na Lei 9.478/97 (art. 45). No setor de telecomunicações, há também a cobrança de valores pelo exercício do poder de outorga do direito de uso de radiofrequência, cujas receitas serão destinadas ao Fundo de Fiscalização das Telecomunicações (FISTEL), conforme Lei 9.472/97 (art. 2º, e). Beira o absurdo se imaginar que um dos critérios licitatórios seja o da oferta do maior valor de outorga, indicando deliberadamente a elevação dos valores das tarifas.

Essas situações diferem daquelas em que o poder público é remunerado pelo uso de bens públicos, à semelhança de um contrato de locação.

A cobrança de encargos sobre as tarifas de energia elétrica, também conhecidos como encargos setoriais, são custos não gerenciáveis pelas concessionárias de energia para fins diversos, como Conta de Desenvolvimento Energético (CDE), Programa de Incentivo às Fontes Alternativas de Energia (PROINFA), Reserva Global de Reversão (RGR), Pesquisa e Desenvolvimento (P&D) e Compensação Financeira pela Utilização de Recursos Hídricos (CFURH). Similares às Contribuições de Intervenção no Poder Econômico (CIDE), esses encargos são repassados e discriminados na conta do usuário do serviço, também se configurando como uma modalidade de tributo oculto.

Por outro lado, a contraprestação de serviços públicos de uso compulsório, a exemplo da obrigatoriedade de conexão às redes públicas de esgoto, mas, por outro lado, a necessidade de contratação do serviço junto à concessionária do serviço público de esgotamento sanitário, faz com que a tarifa do serviço público se configure como um tributo disfarçado, no caso, uma taxa disfarçada de tarifa (Machado, 2015). Também se qualifica como tal a cobrança de tarifa do "lixo", sendo, na verdade, taxa porque obriga o usuário à contratação do serviço (Machado, 2004a).

Outro exemplo citado pelo professor Hugo Machado é o da exigência pelo Tribunal local de comunicação exclusivamente por meio de SEDEX. Embora o serviço de encomendas expressas seja uma atividade econômica em sentido estrito, com disponibilidade para contratação de diversas empresas, a determinação de exclusividade na modalidade SEDEX, ao impor ao cidadão um único prestador, também implica uma taxa disfarçada de preço público. É mais um exemplo de tributo disfarçado.

Trata-se de uma excelente tese do professor Hugo Machado. Situações variadas poderão ser verificadas no caso concreto da cobrança, que deve ser examinada caso a caso para se identificar de fato se a hipótese se enquadra na prática espúria. O efeito prático dessa teoria é justamente oferecer ao cidadão contribuinte a possibilidade de exigir o cumprimento das limitações constitucionais ao poder de tributar, mormente a legalidade estrita e as anterioridades tributárias, além do questionamento da própria cobrança em si.

V – O PAPEL DO ASSESSOR PROCURADOR

A tese fundamental do professor Hugo Machado nesta seção consiste na defesa da proibição de nomeação de procuradores da Fazenda para cargos de assessoria de desembargadores e ministros.

Das teses até agora apresentadas, esta é uma muito pouco explorada pelo homenageado (Machado, 2009a, p. 194; 2009b, p. 215). Ela está lastreada nas premissas de que (i) os ministros são dependentes dos assessores e influenciados pelo pensamento destes em sua tomada de decisão e que (ii) muitos ministros nomeiam procuradores de fazendas públicas para seus gabinetes.

Ele lamenta quanto às vicissitudes do modo de provimento dos cargos nos tribunais superiores, influenciando o processo decisório judicial em favor das Fazendas Públicas, e do sentimento entre os juízes de que a Fazenda Pública, presumivelmente inocente, deve ser protegida em detrimento do contribuinte, presumivelmente desonesto (Machado, 2015, p. 18).

No meu entender, trata-se de outra questão cuja análise é feita de forma deveras simplificada, desconsiderando variáveis significativas no exame.

Uma primeira dessas variáveis consiste no exame mais acurado do papel do assessor do julgador e a liberdade de nomeação conferida ao titular do cargo da magistratura. Argumenta-se quanto à necessidade de existência de relação de confiança entre assessor e magistrado, mas, por outro lado, abre-se espaço para o cometimento de abusos nessa dinâmica. A indicação pessoal não converge com o princípio republicano. Técnicas desenvolvidas para mitigar esse cenário seriam o estabelecimento de limites, como o provimento de cargos no tribunal mediante concurso público e a necessidade de indicação desses agentes concursados próprios para cargos de assessoria.

Outra variável consiste na escassez do material humano de qualidade para estudar e conhecer o Direito Tributário. Por mais que se argumente que bastaria exigir no concurso os requisitos para o cargo, ainda seria questionável se os aprovados terão condições suficientes para enfrentar as mais intrincadas teses tributaristas que chegam aos tribunais. Não se pode tolerar que, em virtude disso, a qualidade das decisões judiciais venha a ser prejudicada por inaptidão técnica.

É preciso considerar ainda que, antes de serem agentes do Fisco supostamente viciados na sanha arrecadatória, há um ser humano, um cidadão, um profissional e um jurista pensante, que possui direito a construir a própria carreira e não ser penalizado no futuro por decisões tomadas no início da vida profissional. E não deveria ser um empecilho para que o tributarista possa abandonar a carreira pública e seguir na privada, ou vice-versa, proibindo-se-lhe galgar certos espaços decisórios em virtude de suas escolhas de carreira.

O raciocínio parte de uma falsa premissa de que o procurador da Fazenda seja o eterno jogador de um mesmo time, sedento pela arrecadação de tributos a qualquer custo. O sentimento de pertencimento a uma instituição não é necessariamente presente, o tratamento da atividade como ofício e não como um sacerdócio é cada vez mais presente, e não implica sequer que o procurador concorde plenamente com as teses que apresenta, uma vez que há subordinação na estrutura da Administração Pública.

Ademais, pressupõe-se equivocadamente que todos os procuradores pensam da mesma forma e que a convocação deles para os cargos de assessores se dê por razões de estratégia institucional. Na verdade, a motivação para que o procurador da Fazenda aceite a missão de assessorar um desembargador ou ministro pode ser de variadas ordens, até mesmo o desgaste pessoal de sua relação com a instituição de origem. A mudança pode implicar a necessidade de deslocamento da família para outra cidade e uma reorganização da vida daquele servidor público, custos pessoais que, para ele, muitas vezes são superiores a uma agenda institucional.

Como afirmava o grande mestre, "autoridades são apenas alguns, e só durante algum tempo, enquanto cidadãos somos todos nós, e durante toda a nossa vida". De modo similar, o procurador da Fazenda muitas vezes o é só apenas no horário de expediente e pode naturalmente deixar de sê-lo quando convocado para assessorar magistrado.

De um ponto de vista republicano, deve-se considerar que quando um servidor público de um órgão é nomeado para assumir cargo comissionado em outra instituição, este é convocado para realizar novas tarefas, ou tarefas muito parecidas com as que fazia anteriormente, mas agora a partir da essência (missão, valores e princípios) dessa nova instituição. Não se trata de uma situação de sobreposição de atividades, mas de verdadeiro afastamento do órgão de origem. Aliás, no caso do procurador da Fazenda nomeado para o cargo de assessor, este necessita suspender seu registro na Ordem dos Advogados do Brasil, em razão de incompatibilidade para o exercício da atividade.

Não se discute que os assessores exercem uma influência no processo de tomada de decisão dos desembargadores e ministros. Mas isso não significa que necessariamente o entendimento do assessor procurador seja sempre prevalecente, mas apenas influente. Não se pode ignorar que a responsabilidade pela decisão é dada pelo assessorado, cabendo a este o ônus da escolha e da vigilância dos assessores indicados. A forma pela qual os votos são redigidos dentro do gabinete também pode variar, segundo o modelo de gestão interna adotado por cada magistrado.

Por fim, as más práticas sempre existem em qualquer cenário que se cogite, tanto no judiciário, quanto nas advocacias públicas e privadas. Há instrumentos de fiscalização e controle, interno e externos, de desvios de conduta. No caso do Poder Judiciário, inclusive, além das corregedorias, o Conselho Nacional de Justiça (CNJ) passa a ser mais uma instância. Os reflexos das decisões poderão repercutir inclusive na instituição original do assessor, culminando com a desoneração de ambos os cargos. Os abusos, quando existentes, deverão sempre ser combatidos.

Ao final, diante da complexidade do tema, sem mais desdobramentos, discorda-se da tese.

VI – CRIMES CONTRA A ORDEM TRIBUTÁRIA

No tocante ao tema dos crimes contra a ordem tributária, o professor Hugo Machado é profícuo desenvolvedor de teses, consubstanciadas em obra dedicada ao tema (Machado, 2002b; 2022). Peço vênias para fazer um recorte temático, para me concentrar em uma discussão específica, que tem em sua origem uma anedota que tive com o próprio homenageado.

Quando cursei Ilícito Tributário na especialização, uma das lições trazidas pelo professor Hugo Machado foi uma situação ocorrida durante sua graduação em Direito, em que certa feita um docente instigou-o em sala de aula a se manifestar sobre determinada questão e, ao prestar sua resposta perante a audiência, o então docente havia iniciado uma divergência de entendimento que teria perdurado durante todo o encontro.

Ocorre que, no dia da prova, uma das questões cobradas foi justamente aquela objeto da contenda e, na dita ocasião, o docente não foi aplicar a prova, mas um servidor do departamento. Eis que, em meio ao burburinho da sala em razão da mencionada questão, o discente Hugo Machado teria pedido licença ao servidor para orientar a turma que ele iria responder a questão pela seguinte fórmula: "Segundo o entendimento do professor fulano de tal, ...". Com isso, a situação da prova havia se normalizado e todos puderam responder à questão com isenção de consciência.

Voltando às aulas de Ilícito Tributário, no encerramento do curso, a avaliação tinha como primeira questão a indagação, formulada pelo professor Hugo Machado, se o pagamento posterior do tributo realmente justificaria a extinção da punibilidade. Como à época eu ainda não tinha formado opinião pessoal sobre o assunto, e naquele momento meu entendimento parecia ser contrário ao do professor Hugo Machado, para evitar ser penalizado em razão de uma discussão desnecessária na redação da questão, lembrei-me da lição anterior, ao que respondi na avaliação que "Segundo o entendimento do professor Hugo Machado, ...". Porque fui o primeiro a devolver a prova com as respostas, o homenageado prestou-se a lê-las durante a atividade e, ao se deparar com a minha resposta, esboçou um semblante misto de alegria e ironia, por ter sido vítima do mesmo feitiço que havia inventado.

Nesta oportunidade, volto a enfrentar essa temática, para oferecer um posicionamento próprio.

A regra da extinção da punibilidade dos crimes tributários remonta ao art. 14 da Lei 8.137/90, que estabelecia como marco temporal o recebimento da denúncia, decisão judicial que acolhe o pedido da acusação para persecução penal. Essa regra, todavia, foi revogada pela Lei 8.383/91, deixando o vácuo legislativo sobre o tema.

A regra retorna ao ordenamento jurídico com a Lei 9.249/95, cujo art. 34 reitera o marco temporal anterior. Versões especiais dessa regra foram introduzidas no caso das contribuições previdenciárias, com a introdução do § 2º do art. 168-A e do § 1º do art. 337-A ao Código Penal pela Lei 9.983/00, e na hipótese de regime de parcelamento, com o art. 9º, § 2º, da Lei 10.684/03, o art. 69 da Lei 11.941/09, e a introdução do § 4º ao art. 83 da Lei 9.430/96, pela Lei 12.382/11.

Forte na teoria geral do Direito Penal, a restrição à liberdade das pessoas, por ser um dos direitos mais fundamentais do ser humano, não pode ser vilipendiada por razões pequenas. Dessa lógica, posso inferir duas consequências.

A primeira delas considera que o desvalor da conduta típica deve possuir um elevado grau de imoralidade e reprovabilidade social para que ela mereça ser categorizada como crime. A segunda sustenta que o Direito Penal seja lastreado no princípio da *ultima ratio*, pela qual somente aquelas condutas mais graves é que ensejariam a punição mais severa do Estado.

Nesse sentido, minha inquietação sempre consistiu no fato da aparente incoerência do Direito Penal Tributário entre, de um lado, definir certos tipos como crimes tributários – em outras palavras, ações de alta gravidade moral, com dolo claro de prejudicar o interesse público – e, de outro, estipular a extinção da punibilidade do agente pelo simples pagamento do tributo – ou seja, não haveria quaisquer outras sanções que não eventualmente a pecuniária. Essa contradição aponta para uma mensagem evidente de que o Estado pactua com o cometimento de crimes pelo cidadão, desde que este pague o que for devido.

Desenvolvo o raciocínio para dizer que a satisfação do crédito tributário, por si só, não parece ser sanção satisfatória para o sistema tributário, uma vez que em muito pouco o criminoso doloso diferiria do cidadão probo. Sob tal prisma, aquilo que de fato merece a punição penal, que seria a conduta viciosa e a vontade reprovável do agente, coisa que persiste mesmo com o pagamento posterior do tributo, não seria sequer objeto de perdão, mas de verdadeiro esquecimento estatal.

O professor Hugo Machado (2010a, p. 524), sobre o tema, denuncia a existência de duas teses divergentes:

a) a que defende a necessidade de um embasamento moral para a criminalização do ilícito tributário, criticando a positivação da regra de extinção da punibilidade pelo pagamento em virtude do patente teor utilitarista, a minar o aspecto moral do crime e a produzir um favorecimento de desigualdade econômica entre criminosos; e

b) a que entende que a criminalização do ilícito tributário seria desprovida de qualquer conteúdo ético e sua positivação na verdade tem um objetivo utilitarista, pois o único intuito seria compelir o contribuinte ao pagamento do tributo, razão pela qual a regra de extinção da punibilidade pelo pagamento seria um benefício ao criminoso.

Discordo do posicionamento do professor Hugo Machado (2010a, p. 525), ao entender ser a criminalização do ilícito tributário desprovida de conteúdo ético. O pagamento de tributos é uma condição relevante do Estado fiscal moderno, necessária para a realização de políticas públicas essenciais à garantia de direitos fundamentais pelo

Estado. Formas espúrias e odiosas de furtar-se ao pagamento são tão prejudiciais quanto a malversação de recursos públicos. Aliás, os tributos uma vez devidos são tecnicamente recursos públicos em depósito do cidadão, ainda passíveis de eventuais procedimentos para que o seu pagamento ocorra, como o lançamento.

O pagamento do tributo devido antes do recebimento da denúncia equivale à hipótese de arrependimento posterior, prevista no art. 16 do Código Penal, pelo qual, quando o crime é cometido sem violência ou grave ameaça, se reparado o dano até o recebimento da denúncia por ato voluntário do agente, confere-se redução da pena de um a dois terços.

Partindo-se dessa lógica, ainda que o contribuinte pagasse o que lhe seria devido, este ainda deveria se submeter a outras sanções, e registrado o cometimento do crime para fins de reincidência. A alternativa lógica do sistema para o criminoso que procede ao pagamento seria a confissão do crime e a justa condenação penal, levando-se em conta, para a dosimetria da pena, a postura do acusado em mitigar o dano e colaborar com o Estado. A extinção da punibilidade é um verdadeiro tapa na cara da moral tributária.

Há, excepcionalmente, duas hipóteses legais em que o pagamento antecipado poderia ensejar a extinção da punibilidade: no caso do peculato culposo, para o agente público que concorre para o cometimento do crime por outrem, conforme art. 312, § 3º, do Código Penal; e no caso de pagamento de cheque sem fundo antes do recebimento da denúncia, afastando a aplicação do art. 171, § 2º, VI, do Código Penal, à luz da jurisprudência do STF. As hipóteses acima, todavia, diferem-se do objeto de exame: por um lado, nos crimes contra a ordem tributária inexiste a modalidade culposa; por outro lado, embora o estelionato fosse considerado como crime de ação penal pública incondicionada, os tributos não se configuram como interesses disponíveis. Há que se registrar, porém, a recente alteração da modalidade de ação penal no crime de estelionato, configurando-se hoje como condicionada à representação da vítima.

Por outro lado, é necessário analisar o tema do ponto de vista de uma política tributária e de uma política criminal-penitenciária, a partir de uma análise consequencialista ou econômica.

Com efeito, o criminoso tributário é um sujeito que de partida já está disposto a não pagar o tributo devido. Nesse sentido, a introdução de custos extras poderia ser um fator definitivo para desestimular o cumprimento desse dever legal. Muita vez prefere-se negar a ocorrência do ilícito, despender recursos com advogados para protelar as instâncias persecutórias do que efetivamente pagar tributos.

Noutra perspectiva, o processo penal é marcado de idiossincrasias que fazem com que a prescrição seja uma infeliz realidade, conduzindo a uma sensação de impunidade. Se não ocorre a prescrição, o processo penal se arrasta por longos anos. Tudo isso implica custos para o Estado e nem sempre o valor do tributo compensaria referido custo.

Ademais, as penas previstas para os tipos de crimes contra a ordem tributária são relativamente brandas, com penas de no máximo reclusão, por dois a cinco anos.

O sistema carcerário no País também não possui condições para atender à demanda prisional existente, razão pela qual há uma sinalização para o cumprimento da pena em regime aberto ou semiaberto, ou ainda a substituição para penas restritivas de direitos. Há ainda o argumento da discriminação social, pois o criminoso de colarinho branco terá maior certeza de um tratamento mais favorecido em comparação com outros criminosos.

A análise acima conduz a uma necessária revisita aos pressupostos iniciais. Reiterando a premissa de que o ilícito tributário possui conteúdo ético, passa-se a questionar a razoabilidade pela qual o legislador elegeu, para o ilícito tributário, a aplicação do regime penal. Ou seja, à luz do princípio da *ultima ratio*, é possível que o ilícito tributário não mereça o tratamento gravoso atribuído pelo Direito Penal.

Retoma-se a discussão em torno da relação tributária como relação jurídica, porém com feições de relação de poder, tratado na seção I deste ensaio. A vulnerabilidade do contribuinte apresenta-se em diferentes níveis, incluindo-se nele o legislativo. Se há uma legislação que prevê práticas fraudulentas em matéria tributária como crimes, essa legislação deveria ser cumprida de forma evidente e consistente com o ordenamento jurídico vigente.

Contudo, o que se verifica é a existência de um descompasso entre o sistema penal como um todo e os crimes contra a ordem tributária. Primeiramente, as regras específicas de extinção da punibilidade pelo pagamento não são consistentes com as demais regras do sistema penal, sinalizando eventual incompatibilidade dos tipos penais tributários em comparação com outros tipos penais semelhantes (como o estelionato). E, em segundo lugar, a prática tributária do Fisco também conduz à confirmação dessa inconsistência, haja vista a prevalência da intenção arrecadatória sobre o aspecto ético, como denunciado pelo professor Hugo Machado.

O problema não está na ausência de conteúdo ético no ilícito tributário, mas na incoerência entre o uso desse conteúdo ético de modo falseado para forçar o contribuinte ao pagamento do tributo. Nesse sentido específico, concordo com o professor Hugo Machado de que há um flagrante objetivo utilitarista na criminalização do ilícito tributário, mas não porque supostamente as autoridades fazendárias não respeitam os princípios éticos, como alega.

Todavia, considerando (i) a situação de vulnerabilidade do contribuinte na relação jurídica tributária e (ii) o desvio de finalidade da criminalização do ilícito tributário provocada pelo legislador, há que se defender, até mesmo a partir dos direitos fundamentais do contribuinte, que a regra de extinção da punibilidade pelo pagamento, a despeito de macular o sistema penal, se justifica como mecanismo de proteção do contribuinte, de um ponto de vista do devido processo legal substantivo. Parafraseando argumento repetidas vezes falado pelo saudoso mestre, a criminalização do ilícito tributário seria "a exceção que confirma a regra".

Pode-se corretamente argumentar que a redução dos crimes tributários ao pagamento dos tributos devidos induz a uma discriminação socioeconômica, pois a pena corporal somente vai ser aplicada para aqueles que não tiverem condições financeiras para pagar o tributo. Entretanto, a defesa dos direitos fundamentais do contribuinte aponta no sentido de buscar ampliar a proteção para os grupos mais vulneráveis – no âmbito legislativo, pela descriminalização; no âmbito judicial, pela consagração de teses como a do princípio da insignificância, como já ocorre para dívidas de até vinte mil reais, Tema 157 de recurso repetitivo no âmbito do STJ – e não pela restrição das limitações.

VII – SANÇÕES POLÍTICAS

A tese fundamental do professor Hugo Machado nesta seção consiste na constatação da existência de sanções administrativas, previstas ou não na legislação para o descumprimento de normas tributárias, cuja intenção é desvirtuada, pois a finalidade da sanção seria na verdade obrigar o contribuinte ao pagamento dos tributos. E que tais institutos seriam inconstitucionais, por afronta à livre iniciativa, à propriedade privada, à vedação do confisco, à livre concorrência e ao devido processo legal.

Trata-se de uma tese bem desenvolvida pelo homenageado (Machado, 1998; 2004b; 2007a; 2009a, p. 100-139; 2009b, p. 114-156; 2010a, p. 522-524), pela qual a sanção política seria sanção no sentido de ônus ou sacrifício e política por não decorrer de ilicitude, mas de conveniência do Fisco, consistente na imposição de restrições e proibições como meio indireto de cobrança dos tributos. As súmulas 70, 323 e 547 do STF resultam da confirmação dessa tese.

É interessante fazer um paralelo entre a discussão sobre direito e poder (travada na primeira parte deste estudo) para a dicotomia entre sanções jurídicas e sanções políticas. As sanções jurídicas são aquelas que, respaldadas em lei pelo descumprimento de norma jurídica, estabelecem restrições razoáveis à liberdade e propriedade do cidadão; já as sanções políticas são desvios oriundos da tentadora relação de poder subjacente à relação jurídica, que possibilita ao agente público, nos espaços de discricionariedade, extrapolá-los.

Por ser inescapável a vulnerabilidade do contribuinte, podem ocorrer situações em que a própria legislação estabeleça hipóteses de sanções com desvio de finalidade, cujo intuito seja forçar o pagamento dos tributos – ao que vou denominar de sanção política geral e abstrata. Em outras situações, quiçá mais corriqueiras, o agente público, diante da situação específica de um contribuinte, aplica a regra legal além de seus limites razoáveis impondo ônus ao contribuinte que somente se encerraria com o pagamento do tributo – o que denominaria de uma sanção política específica e concreta.

Do ponto de vista estritamente pecuniário, ainda que o legislador possa estabelecer limitações à liberdade e à propriedade dos contribuintes, o manejo de mecanismos explícitos de execução indireta, por se tratar de forma excepcional de intervenção no cidadão, deve ser necessariamente mediado pelo Poder Judiciário (como se pode inferir da análise do problema da extinção de punibilidade pelo pagamento nos crimes contra a ordem tributária). Não se pode tolerar o uso licencioso de restrições administrativas como meio de forçar o contribuinte ao pagamento, uma vez que o Fisco já possui ferramentas próprias para cobrança direta, configurando-se inconstitucionalidade por violação ao devido processo legal.

Em algumas hipóteses, a restrição é justificada e encontra amparo inclusive no Código Tributário Nacional, a exemplo da exigência de certidão negativa, em especial como condição para celebração de contratos com a Administração Pública (art. 193 do CTN).

A identificação da abusividade da conduta deve ser examinada caso a caso. Na hipótese de sanção política concreta, é possível que seja identificada uma situação de dolo do agente público que justificasse sua responsabilidade pessoal, nos termos defendidos na seção II deste ensaio, uma vez que ele deliberadamente abusa da regra vigente para buscar objetivo escuso.

Situação interessante é a que se verifica com a hipótese de protesto de certidão da dívida ativa (CDA). Para o professor Hugo Machado (2006a; 2009a, p. 117-120; 2009b, p. 133-136), trata-se de uma ferramenta inútil para o Fisco, pois nenhum dos efeitos do protesto seriam inovadores em relação à própria CDA, razão pela qual seu manejo seria abusivo e configuraria sanção política. A Lei de Protesto, Lei 9.492/97, nada dispunha acerca da CDA como título de dívida e o STJ, pelas Primeira e Segunda Turmas, havia firmado o entendimento do Tribunal quanto à impossibilidade de manejo do instituto.

Contudo, a Lei 12.767/12 procedeu à inovação legislativa, introduzindo o parágrafo único ao art. 1º da Lei do Protesto para dizer expressamente acerca da possibilidade de protesto de CDA. Tendo essa mudança legislativa como um de seus fundamentos, o STJ, no REsp 1.126.515/PR, passou a entender o protesto como instituto bifronte, que teria duas finalidades: (i) provar a inadimplência e constituir o devedor em mora; e (ii) servir de modalidade alternativa para a cobrança de dívida. Ademais, que a cobrança judicial do tributo pela Lei de Execuções Fiscais, Lei 6.830/80, não importaria em vedação à essa forma de cobrança extrajudicial.

Cabe ainda destacar a estratégia adotada pelas Fazendas Públicas, no sentido de dar tratamento díspar às dívidas tributárias com base em seu valor. Avaliando os custos judiciais para a execução da dívida ativa, passou-se a estabelecer valores mínimos (pisos) de dívidas para que estas mereçam o ingresso de uma execução judicial. Isso significa que a Administração Fazendária poderia recorrer a mecanismos extrajudiciais de cobrança das dívidas em valores inferiores.

Nesse sentido, e também fomentado pela alteração legislativa, o manejo do protesto especificamente para fins de cobrança pelas Fazendas Públicas modificaria a feição do instrumento e, respeitados os limites legais, passaria a valer como alternativa viável pela legislação, não se configurando necessariamente em uma ferramenta desarrazoada, notadamente se não há abusos no seu manejo de forma subsidiária pelo Poder Público, o que deve ser analisado caso a caso.

VIII – CLAREZA E SIMPLICIDADE DA LEGISLAÇÃO

O professor Hugo Machado não chegou a ver a reforma tributária preconizada pela EmC 132/23. Referida emenda, entre diversas outras alterações, introduziu o § 3º ao art. 145, positivando os princípios da simplicidade e da transparência do Sistema Tributário Nacional. O princípio da transparência já possuía uma versão especial na Constituição, pelo art. 150, § 5º, pelo qual os consumidores deveriam ser esclarecidos sobre impostos incidentes em mercadorias e serviços.

O homenageado não possui, ao menos conforme pesquisa bibliográfica realizada, escritos específicos sobre o tema da simplicidade e da transparência. Ademais, a despeito de conhecer a literatura sobre teoria dos princípios, no contexto do chamado pós-positivismo, o professor Hugo Machado foi adepto fiel da visão positivista de princípios, qual seja, a de que os princípios diferenciam-se das regras por uma questão de grau ou generalidade, como as normas mais gerais e importantes do sistema jurídico (Machado, 2001, p. 14-16; 2009a, p. 40-42; 2009b, p. 51-53; 2010a, p. 36-37).

Se tratados como princípios no sentido pós-positivista, a simplicidade e a transparência, cada qual, implicariam diversos deveres fundamentais em diferentes instâncias políticas (legislativo, executivo e judiciário). Para o princípio da simplicidade, o legislador não poderia criar leis que contribuíssem para a complexidade da legislação, elegendo modelos de tributação mais complicadas diante das opções possíveis; o executivo não poderia, no exercício da regulamentação e da fiscalização, impor exigências de difícil compreensão para o contribuinte; o Judiciário, entre duas interpretações possíveis, deve prestigiar aquela que prima pela simplicidade da tributação.

Para o princípio da transparência, essa resvala tanto no direito ao acesso à informação tributária quanto no princípio da publicidade da Administração Pública. Nesse sentido, a legislação não poderia criar obstáculos para esse acesso ou incrementar restrições para tanto; os Poderes Executivos devem criar uma agenda de fortalecimento da transparência fiscal, mormente pelos portais da transparência; o Poder Judiciário deve rechaçar interpretações que contribuam para a obscuridade informacional da tributação.

O professor Hugo Machado (2010a, p. 526) sustenta que o descumprimento do art. 212 do CTN, pelo qual os poderes executivos devam publicar anualmente a consolidação da legislação tributária vigente, deveria implicar excepcionalmente:

(i) a exclusão da punibilidade pelo ilícito tributário; e

(ii) a indenização por danos sofridos em razão de insegurança jurídica.

Para ele, portanto, não haveria a exclusão da obrigação tributária, mas apenas da punibilidade em caso de descumprimento, mormente em se tratando da modalidade culposa.

Sobre o art. 212 do CTN, essa tese é mais uma daquelas também pouco exploradas pelo homenageado (2002a). Assiste razão quando sustenta que referido dispositivo tem como fundamento, no sistema constitucional atual, o art. 146, III, da Constituição, disciplinando normas gerais em matéria tributária.

Convém deixar bem destacado, desde logo, que o objeto do art. 212 trata-se de um dever de consolidação da legislação vigente, para cada um dos tributos. Efetivamente, a questão gira em torno dessa missão de consolidar, ou seja, a reunião de diversos documentos legislativos vigentes em um único instrumento. O melhor exemplo que dispomos em nosso ordenamento jurídico é a Consolidação das Leis do Trabalho (CLT), embora datado de 1943, que compilou diversas leis esparsas sobre o tema do trabalho.

No âmbito estritamente da lei, a aprovação de uma CLT implica tecnicamente a revogação de todas as leis trabalhistas anteriores. Isso está previsto também no art. 13, § 1º, da Lei Complementar 95/98, que cuida de normatizar sobre legística. No caso do art. 212 do CTN a lógica é outra: determina o legislador complementar a edição anual de decreto que consolide a legislação vigente sobre determinado tributo em texto único. Essa regra deve ser conjugada com o art. 96 do CTN, que arrola como legislação tributária as leis, tratados e convenções internacionais, decretos e normas complementares que versem sobre os tributos e relações jurídicas a eles pertinentes.

Essa exigência de consolidação, embora estabelecida nos idos dos anos 60, parecer ter a ver com um problema crônico no Brasil, que é a profusão impressionante de leis tributárias no País. Somente desde o advento da Constituição de 1988, foram registrados quase meio milhão de atos legislativos. Se considerássemos que o Brasil possui algo em torno de seis mil entes políticos, num cálculo bem artesanal, ainda teríamos algo em torno de 80 atos legislativos por ente tributante e de 20 atos legislativos para cada tributo em espécie de cada unidade federativa.

Assim, a consolidação de certo imposto deve ser veiculada em forma de decreto do chefe do Poder Executivo, reproduzindo *ipsis litteris* e de forma compilada (sistematizada) os diferentes dispositivos constantes em diferentes fontes do Direito de matriz legislativa sobre o referido imposto. Esse decreto não teria o condão de revogar as leis, mas poderia tecnicamente se prestar a revogar a legislação infralegal.

Por outro lado, por absoluta imprevisão do dispositivo legal, a edição do decreto consolidador do tributo não é condição de existência, validade, vigência ou eficácia das normas tributárias. O dispositivo, aliás, não prevê sanções pelo descumprimento dessa regra, razão pela qual a jurisprudência aponta tratar-se de norma de somenos importância no sistema, seja alegando tratar-se de mera norma programática, seja alegando que a presença ou ausência de consolidação não poderia condicionar a constituição do crédito tributário.

O descumprimento do dever de consolidar previsto no art. 212, numa dimensão mais ordinária, naturalmente gera consequências para a responsabilidade fiscal do gestor público, como já apontado pelo Tribunal de Contas da União, pois a ausência da consolidação contribuiria para a insegurança jurídica acerca da interpretação das normas tributárias e para a complexidade do cumprimento das obrigações tributárias pelo excesso de normativos.

O decreto de consolidação não tem o condão de dar fiel cumprimento à determinada lei, como ocorre com o decreto regulamentar, razão pela qual é tecnicamente incorreto denominar de regulamento, mas de consolidação. O decreto em questão busca, através da simplificação da profusa malha legislativa, transparecer quais são as regras prevalentes do tributo e como elas devem ser consideradas dentro do âmbito de atuação do Fisco daquele ente federativo. Considere que as diferentes legislações podem conduzir a interpretações diferentes das regras tributárias, o que contribui para a insegurança jurídica da tributação.

Nesse sentido, a consolidação não é uma mera junção de dispositivos, mas implica seleção, reorganização e sistematização dessas regras; há decisão quanto à inclusão ou não dos dispositivos, e à ordem de prevalência deles dentro da consolidação, tanto em termos de ordem sequencial como de hierarquia, mediante inserção em parágrafos ou enquadramento em hipóteses excepcionais. Não é uma mera soma das partes; é algo que vai além disso.

Em outras palavras, o decreto consolidador, através da eleição das regras prevalecentes no âmbito da ação do Poder Executivo quanto a determinado tributo, implica ato decisório com efeitos normativos, mormente interpretativos e aplicativos, configurando a sistematização das regras que para aquele ente tributante deve ser adotada pelos contribuintes.

Imagine-se que em determinado ano o poder executivo de um ente federativo, dando cumprimento ao art. 212 do CTN, tenha publicado até 31 de janeiro o decreto de consolidação de um de seus impostos. No referido ano, foram editados novos atos legislativos sobre o imposto, mas o poder executivo deixou de atualizar a consolidação no prazo legal complementar. Teremos aqui quatro situações normativas:

1 – dispositivos anteriores ao regulamento que foram efetivamente consolidados (legislação consolidada);

2 – dispositivos anteriores ao regulamento que não foram efetivamente consolidados (legislação não consolidada);

3 – dispositivos posteriores ao regulamento que ainda não foram consolidados mas ainda estão dentro do prazo para tanto (legislação nova); e

4 – dispositivos posteriores ao regulamento que deveriam ter sido consolidados mas não foram por falta de nova consolidação (legislação velha).

Se os dispositivos anteriores ao regulamento não foram efetivamente consolidados (situação normativa 2: legislação não consolidada), deve significar que o ente tributante não as considerou como prevalentes e que, para a atuação do Fisco naquele imposto, essas regras somente seriam aplicadas de forma subsidiária, caso já não ocorra a revogação tácita.

Curiosa é a situação da falta de nova consolidação no ano seguinte. Isso porque o CTN é bem específico ao afirmar que essa providência, de consolidar em texto único a legislação vigente, deve ser repetido anualmente. Significa, inclusive, que a mera edição de decreto modificador de dispositivos de decreto anterior não cumpre o art. 212 do CTN. Esse tipo de procedimento padece dos mesmos problemas que originaram a necessidade da consolidação mesma. Logo, deveria ser editada uma nova consolidação inteira, revogando a anterior.

Ora, no caso da legislação editada no curso do ano, ainda pendente de consolidação tempestiva (situação normativa 3: legislação nova), deve ser entendido que se trata de documento legislativo recente, cuja novidade impediria eventual esquecimento pelo contribuinte.

Mas nesse momento é que deve ser trazida uma reflexão importante: a legislação posterior à consolidação não poderia ter a pretensão de revogar a consolidação. Volto ao que foi discutido sobre o debate da hierarquia entre lei complementar e lei ordinária. Somente um decreto consolidador poderia revogar a consolidação anterior, porque o CTN, no exercício da competência legislativa complementar, impôs o ônus de consolidação anual, tratando esse documento legislativo de uma temática específica e que, mesmo sem um rito diferenciado de aprovação, não poderia ser revogado por atos legislativos de diferente finalidade. Por força do art. 212 do CTN, que é lei complementar tratando de normas gerais para as quais até a lei ordinária se subordina, a nova legislação não teria o condão de revogar a consolidação, sendo uma exceção à regra geral constante na LINDB.

No caso da legislação nova (situação normativa 3), em caso de antinomia entre essa legislação e a consolidação quando da atuação do Fisco, aplica-se o critério cronológico, prevalecendo a norma mais recente.

Contudo, uma vez ultrapassado o 31 de janeiro do ano seguinte sem a edição da consolidação, a legislação perde sua novidade e pode cair no esquecimento pelo contribuinte (situação legislativa 4: legislação velha). A consolidação era providência determinada pelo legislador complementar para o Fisco. Reitero: não se está aqui defendendo que a consolidação seria uma condição de validade, vigência ou eficácia da legislação velha. Mas, veja bem, se o Poder Executivo deixou de renovar a consolidação, significa que as regras da consolidação anterior continuariam sendo válidas e aplicáveis ao contribuinte e, para a legislação velha, aplicar-se-ia a mesma inteligência atribuída à legislação não consolidada.

Ou seja, se o Fisco, mesmo depois de aprovadas novas legislações, não procedeu à consolidação tempestiva, tornando-se legislação velha, é porque essa legislação não teria tanta relevância quanto às que foram objeto de consolidação no passado. Essa legislação deveria passar a ser tratada como subsidiária em relação à consolidação perante a atuação do Fisco naquele tributo, ainda que essa consolidação seja mais antiga.

A implicação prática disso é que, no caso de um contribuinte que age em conformidade com a última consolidação vigente, ele não poderá ser prejudicado em razão de eventual descumprimento de legislação velha. Prestigia-se a boa-fé do contribuinte, mesmo que ele, na época em que a legislação velha ainda era nova, estivesse cumprindo-a naquele ano, pois haveria um ônus para o Poder Público consolidar essas novas regras e, ao não fazê-lo, teria colocado essa legislação em um patamar subsidiário, não estando o contribuinte obrigado a aplicar uma legislação esparsa quando a consolidação vigente lhe confere uma alternativa normativamente possível no ordenamento jurídico.

Isso não transforma a legislação velha numa espécie de lei temporária, mas que, enquanto era legislação nova, ela poderia ser exigida pelo Fisco de modo principal. Ao passar o 31 de janeiro, ela somente poderia ser exigida pelo Fisco de forma alternativa, ou seja, o cumprimento da legislação velha seria opcional ao contribuinte, que poderia optar por cumprir a regra prevista na consolidação. Excepcionalmente, a legislação velha poderia ser exigida, caso inexistisse qualquer interpretação para a situação diretamente dedutível da consolidação.

Uma variável nessa situação se dá mais precisamente quando a legislação velha se trate de lei. Isso porque a lei tributária via de regra seria hierarquicamente superior ao decreto do Poder Executivo, ainda que não se trate de decreto regulamentar. Nesse caso, o contribuinte não poderia se escusar de cumprir a lei. Assim, valeria a interpretação proposta pelo professor Hugo Machado quanto à permanência da obrigação tributária da lei velha, mas com a dispensa de aplicação de penalidades para o contribuinte que cumpre as obrigações tributárias conforme a consolidação.

Uma última questão consiste na omissão absoluta pelo Poder Executivo, ou seja, ele voluntariamente nunca teria editado uma consolidação do tributo, por uma questão pragmática. Nesse ponto, parece assistir razão a tese do professor Hugo Machado quanto à dispensa da aplicação de penalidades ao sujeito passivo da obrigação tributária. Mas é necessário observar alguns detalhes nessa questão.

Primeiramente, em se tratando de legislação nova (ou seja, de ato legislativo publicado desde o último 31 de janeiro), seu eventual descumprimento pelo contribuinte não poderia ensejar a dispensa da penalidade. Em outras palavras, essa sanção somente poderia ser cogitada nos casos de legislação velha.

No caso de legislação velha, o contribuinte também não poderia se escusar do cumprimento de obrigação tributária prevista nos atos legislativos mais recentes, ao argumento de que teria atendido à exigência de legislação mais antiga (revogada expressa ou tacitamente). Assim, o Fisco poderá exigir do contribuinte o cumprimento da obrigação tributária, mas não poderá imputar-lhe penalidades pelo descumprimento desta.

Contudo, se o contribuinte queda-se completamente inerte, ou seja, não cumpre nenhuma das regras existentes no complexo normativo, essa escusa de responsabilidade não poderia ser aplicada.

Em síntese, o que o art. 212 do CTN pode oferecer como implicações normativas é o seguinte:

1) se não existir consolidação da legislação do tributo, o contribuinte deve ser dispensado da imposição de penalidades, desde que:

(i) não se trate de legislação nova passível de consolidação tempestiva (atos legislativos editados desde o último 31 de janeiro); e

(ii) o contribuinte tenha ao menos cumprido obrigação prevista em legislação velha, porém mais antiga e revogada tacitamente, permanecendo o ônus ao contribuinte de atender à obrigação tributária determinada pelo Fisco conforme a legislação mais recente;

2) se existir consolidação da legislação do tributo, o contribuinte deve ser dispensado do próprio cumprimento da obrigação tributária, desde que:

(i) não se trate de legislação nova passível de consolidação tempestiva; e

(ii) o contribuinte tenha cumprido suas obrigações tributárias prevista na consolidação, exceto se a legislação velha for lei, hipótese em que o contribuinte deve atender à obrigação tributária determinada pelo Fisco, porém dispensado da imposição de penalidades.

De mais a mais, a aplicação do art. 136 do CTN, que estabeleceria suposta responsabilidade objetiva do contribuinte por infrações à legislação, ao estatuir que independeria da intenção do agente, deve ser contemporizada com a condição exposta na primeira parte, ou seja, salvo disposição de lei em contrário. Nesse sentido, não se poderiam afastar as causas gerais de exclusão da responsabilidade e, especificamente, se o contribuinte descumpre certa regra na legislação tributária porque ele cumpriu outra prevista em consolidação ou em lei mais antiga, essa situação deve ser levada em consideração para afastar a responsabilidade do agente, mormente se o Fisco deixa de consolidar a legislação do tributo.

Se por um lado a tese da dispensa de penalidades seja bastante razoável, por outro lado, causa certa espécie a interpretação proposta pelo professor Hugo Machado quanto à outra sanção possível pelo descumprimento do art. 212 do CTN. Isso porque essa inteligência não se coaduna com seus argumentos esposados acerca da interpretação da legislação, que não deve nem favorecer o Fisco, nem favorecer o contribuinte, mas deve respeitar a estrita legalidade.

A despeito de toda essa discussão, o art. 212 do CTN padece de um problema de eficácia. Como não há um tratamento claro pela doutrina sobre o tema, nem a advocacia faz um papel de manejo adequado desse dispositivo legal, o Poder Judiciário se sente confortável em negar ao dispositivo eficácia prática, qualificando-o ora como norma programática, ora como regra desprovida de sanção, ora como regra de prazo impróprio. É preciso que haja uma renovação das ações para que se proceda a uma interpretação adequada, efetiva e justificadora do art. 212 do CTN.

Pode-se alegar eventual rebatimento do art. 145, § 3º, sobre o art. 212 do CTN. Referido dispositivo legal impõe aos Poderes Executivos o ônus de publicar anualmente decreto consolidante da legislação vigente para cada um dos tributos. Nesse sentido, a publicação de regulamentos, mormente aqueles de cada imposto, se presta como concretização do princípio da simplicidade, pois a edição dessas consolidações configura-se como evidente forma de simplificar para o contribuinte a confusa malha legislativa. E também cumpre o princípio da transparência, pois oferece ao contribuinte uma referência legislativa para a qual ele possa se reportar em caso de buscar saber qual a regra prevalente.

De um ponto de vista da teoria positivista dos princípios, a inserção do art. 145, § 3º, da Constituição talvez não trouxesse nada de novo para o debate, pois esses dois princípios já seriam implícitos no sistema e a reforma tributária apenas tornou-os evidentes, a exemplo do que ocorreu no passado com o princípio da eficiência no art. 37 da Constituição.

Contudo, sob um ponto de vista da teoria pós-positivista dos princípios, haveria novos horizontes para a concretização do art. 212 do CTN, inclusive mediante o manejo do mandado de injunção, instituído no art. 5º, LXXI da constituição, considerando que agora a falta de norma regulamentadora torna inviável o exercício do direito fundamental do contribuinte à transparência.

Cabe ainda falar que as tecnologias da informação contribuíram muito para minar a eficácia do art. 212 do CTN. Hoje é cada vez mais viável e a um custo baixo que as Secretarias da Fazenda dos entes federativos disponibilizem em seus portais uma compilação da legislação de cada tributo para acesso à informação pelos contribuintes. Embora, como já afirmado, não seja exatamente o mesmo que consolidar a legislação, trata-se de uma maneira de mitigar o prejuízo ao contribuinte quanto ao acesso efetivo à legislação tributária.

IX – JUDICIALIZAÇÃO E ENCERRAMENTO DA INSTÂNCIA ADMINISTRATIVA

Dessa tese, tomei conhecimento quando ingressei na ARCE, no final dos anos 2000. Havia um entendimento na instituição, adotado pela Procuradoria Jurídica, de que, nas hipóteses de reclamações, caso o usuário ou o prestador do serviço público tenha ingressado com a respectiva ação judicial, o processo administrativo deveria ser encerrado.

A tese havia sido instituída pelo professor Hugo Machado durante sua gestão na agência. Essa tese tem como fundamentos basicamente dois: (i) a identificação da perda do interesse de agir na esfera administrativa; e (ii) a inocuidade da decisão administrativa diante de futura decisão judicial. Entendia-se que o ingresso de ação judicial com o mesmo tema implicaria a existência de pressuposto processual negativo a impedir o julgamento de mérito na instância administrativa. Por essas razões, aliadas a argumentos de economia processual e de eficiência administrativa, entendia-se que a instância administrativa havia sido esgotada.

A tese fundamenta-se numa interpretação do art. 52 da Lei 9.784/99, a Lei do Processo Administrativo Federal, pelo qual poderia ser declarada a extinção do processo se entendido que o objeto da decisão se tornou prejudicado por fato superveniente (no caso, o ingresso da ação judicial). O ingresso de demanda judicial implicaria renúncia à jurisdição administrativa.

Essa tese à época sempre me incomodou, haja vista a noção de jurisdição não ser exclusiva do Poder Judiciário, embora cedesse ao entendimento pacificado na instituição.

Anos depois, a partir de um exame mais profundo no tema e a reiteração de manifestações minhas no seio da Procuradoria Jurídica, a instituição reviu referido posicionamento, basicamente diante de dois argumentos.

Um deles consiste na relativa independência das instâncias. O fato de a decisão na instância judicial possuir ar de definitividade não significa necessariamente o esgotamento da instância administrativa. Isso porque o processo judicial pode ter seu objeto limitado ao que as partes suscitarem na referida ação judicial, e não implica a exata coincidência de medidas e de pedidos.

A esfera administrativa possui seus próprios meios de produção probatória, além de estar lastreada em outros parâmetros decisórios (como o princípio da verdade material). De mais a mais, caso a decisão administrativa seja tomada no curso do processo judicial, aquela poderia ser utilizada como fundamento para reforçar o direito da parte favorecida pela autoridade administrativa.

O segundo argumento consiste justamente no potencial efeito compositivo da decisão na esfera administrativa. Caso no curso do processo administrativo as partes venham a buscar uma composição, ou haja o acatamento da decisão pela parte vencida, inclusive mediante o cumprimento espontâneo, a continuidade do processo na esfera judicial perde seu sentido, devendo ser encaminhado para a homologação de acordo ou o seu encerramento em razão de reconhecimento da procedência do pedido pela parte.

Na verdade, trata-se de uma tese emprestada da dinâmica processual tributária. Contudo, no caso da tributação, a legislação traça de forma mais evidente esse cenário. No caso do processo administrativo federal, a previsão do art. 16, V, do Decreto 70.235/72 sugere a oportunidade de a Administração Fazendária conferir a amplitude da causa discutida para avaliar se há a sobreposição de instâncias. No processo de execução fiscal, o art. 38, parágrafo único, da Lei 6.830/80, pelo qual a propositura de ação implicaria renúncia ao direito de recorrer e desistência do recurso eventualmente interposto na esfera administrativa.

Estas seriam razões definitivas para sustentar que, no âmbito da tributação, prevaleça a tese do professor Hugo Machado. De fato, no caso da atuação da agência reguladora no tratamento de demandas de ouvidoria, a Administração Pública se coloca em posição semelhante ao do juiz, sendo a demanda particularmente entre usuário e prestador do serviço, que poderiam mais facilmente entrar em acordo.

O mesmo não se verifica precisamente para o âmbito tributário, porque se está diante de interesses indisponíveis e a transação tributária configura-se como situação excepcional. Tanto o Conselho Administrativo de Recursos Fiscais quanto a jurisprudência sinalizam pela aplicabilidade desses dispositivos, notadamente pela razoabilidade da restrição estabelecida.

Ouso discordar desse posicionamento, ainda que sufragado nas instâncias legislativa, executiva e judicial. Entendo que as razões que expus prevaleçam, sobretudo com o advento do atual Código de Processo Civil, que preconiza a pluralidade de jurisdições e a preponderância das jurisdições não judiciais como meios alternativos valiosos de composição das lides.

A dinâmica da relação entre contribuinte e Fisco, no processo administrativo fiscal, pode tomar um rumo verdadeiramente distinto daquela estabelecida na relação tripartite com a participação do juiz (e eventualmente de outros atores que porventura possam surgir no curso do processo judicial). Como já prefalado, as circunstâncias específicas de cada processo (administrativo e judicial) poderiam sinalizar para a manutenção das duas instâncias para, em paralelo, buscarem compor a lide.

A renúncia recursal por parte do contribuinte soa a mais uma corruptela estabelecida na instância legislativa, aproveitando-se de sua vulnerabilidade no espaço discricionário do Poder Legislativo e vai de encontro a direitos fundamentais valiosos, como a ampla defesa (com os meios e recursos a ela inerentes), a efetividade da tutela jurisdicional e a duração razoável das lides. Como vai ao encontro frontal à compreensão da relação tributária como relação de poder – visto na seção I deste ensaio –, penso que a propalada razoabilidade desses dispositivos legais, pretéritos à atual ordem constitucional, mereceria revisão.

X – FEDERALISMO, TRIBUTAÇÃO E REFORMA CONSTITUCIONAL

Sobre o tema da tributação no Estado Federal, pretendo resgatar aqui um *obiter dictum* que o professor Hugo Machado apresenta despretensiosamente em seu *Curso de Direito Tributário*. Logo no primeiro capítulo, sobre o poder de tributar do Estado, o homenageado discute o problema da repartição de receitas tributárias, quando ele afirma que sugeriu à Assembleia Nacional Constituinte da atual Constituição a criação de conselhos de representantes dos entes federativos para gerenciamento dos respectivos fundos de participação previstos no art. 159 da Constituição. Mais à frente, defende que todos os impostos deveriam ser federais e que a legislação exclusivamente federal, traria uniformidade e segurança jurídica para o contribuinte, bem como promoveria inestimável redução de custos da máquina fiscal para cobrar e arrecadar tributos (Machado, 2010a, p. 35-36).

Essa discussão volta a ser tratada com maior intensidade no *Curso de Direito Constitucional Tributário*, mormente na última parte da obra. Tratando da reforma e simplificação do sistema tributário, o professor Hugo Machado (2015, p. 383 *et seq.*) reforça que a principal causa para a complexidade do sistema tributário se verifica no conflito de interesses entre os diversos entes tributantes, dotadas de poder legislativo.

Reconhecendo que sua discussão transborda do Direito Constitucional Tributário em direção à política jurídica tributária, sustenta como pilares da reforma tributária, de um lado, a eliminação das contribuições e, de outro, a federalização dos impostos. Este, especificamente, teria grandes vantagens de um ponto de vista mercantil, pelas razões apresentadas pelo homenageado, a saber:

a) uniformização das regras de cumprimento das obrigações tributárias principais e, especialmente, acessórias;

b) centralização da fiscalização tributária no âmbito federal, com padronização dos procedimentos de fiscalização;

c) concentração dos conflitos entre Fisco e contribuinte na esfera federal, tanto no âmbito administrativo quanto no judicial; e

d) recolhimento dos impostos com discriminação das parcelas de cada nível federativo.

No que toca ao último item, ele destaca que sua finalidade seria para servir de contrapeso à concentração de poder fiscal nas mãos da União pois, com a discriminação prévia das parcelas e o depósito automático dos valores para os fundos constitucionais de participação, reforçado pelos já mencionados conselhos de representantes dos entes federativos de sua propositura, minorariam os riscos de usurpação pelo governo federal.

Em suma, propunha:

1. a manutenção de oito impostos, todos federais, criando-se o imposto sobre produção e circulação de bens (em substituição ao IPI e ao ICMS) e o imposto sobre patrimônio líquido das pessoas naturais (em substituição ao IPTU, ao IPVA e ao IGF).

2. a extinção das contribuições, salvo as da seguridade social.

3. a obrigatoriedade de indicação do valor dos tributos que compõem os preços de mercadorias e serviços.

4. o incremento da carga tributária nos impostos sobre patrimônio e renda, por serem impostos diretos, e a redução da carga nos impostos indiretos.

Diante desses aspectos, que poderiam facilmente merecer maiores análises, limito-me a cotejá-los com o teor da reforma tributária veiculada pela EmC 132/23.

Se, por um lado, a federalização da tributação não ocorreu, possivelmente pelas razões apontadas pelo professor Hugo Machado, qual seja, por razões de interesse político, houve um passo nesse sentido, mediante a instituição do Imposto sobre Bens e Serviços (IBS), para substituir o ICMS e o ISS em 2033, de competência concorrente entre Estados, Distrito Federal e Municípios, gerenciado por um Comitê Gestor, em novel sistemática de governança fiscal.

Quanto à redução dos impostos e extinção das contribuições, a reforma também foi bastante tímida. Além do IBS, a novidade foi a substituição das contribuições da seguridade social para o PIS e a Cofins, bem como do IPI, pela Contribuição sobre Bens e Serviços (CBS), de competência da União.

A extinção das contribuições, por outro lado, não se verificou. Da mesma forma, não houve alterações quanto ao esclarecimento dos consumidores quanto aos tributos incidentes em mercadorias e serviços, exceto pela positivação expressa do princípio da transparência no novo § 3º do art. 145, já objeto de comentário na seção VIII do presente ensaio.

Já com relação ao enxugamento da tributação indireta, a reforma também foi pouco expressiva. Porém, identificam-se oportunidades nesse sentido, com a positivação do princípio da justiça tributária, no supracitado § 3º do art. 145, mas especialmente com a introdução do § 4º, que confere um comando ao legislador para, na máxima medida possível, promover a atenuação da regressividade fiscal. Isso implica, necessariamente, um controle finalístico pelo legislador no momento da edição de um ato legislativo; em outras palavras, não poderá ser tramitado ou aprovado projetos de legislação que pretendam aumentar apenas a carga tributária dos tributos indiretos, pois eles são objetivamente regressivos, ou aumentar a carga desses tributos em percentuais superiores aos dos tributos diretos.

Pela análise realizada, guardados os limites metodológicos propostos, pode-se concluir que a reforma tributária não foi capaz de resolver os principais problemas da tributação brasileira. Venceu a complexidade tributária, contraditoriamente à positivação do princípio da simplicidade tributária.

XI – LIMINARES NO MANDADO DE SEGURANÇA EM MATÉRIA TRIBUTÁRIA

Um último tema que gostaria de trazer para este ensaio é o do mandado de segurança em matéria tributária, tema que foi objeto de trabalho dedicado do professor Hugo Machado (2024). Ponto que chama atenção, entre outros, é o da concessão de liminares em matéria tributária. Dois temas sobressaem a esse respeito.

O primeiro deles foi a introdução, na Lei 12.016/09, que consolidou a legislação e a jurisprudência em torno do mandado de segurança, para prever no art. 7º, § 2º, a proibição de concessão de medida liminar cujo objeto seja a compensação de créditos tributários ou ainda a entrega de mercadorias e bens provenientes do exterior. O dispositivo prevê outras matérias, todas elas objeto de entendimentos pretorianos.

No caso da compensação de créditos tributários, o STJ, em 1998, editou a Súmula 212, que proibia a concessão de compensação de créditos tributários por medida liminar. Posteriormente, a Medida Provisória 2.180-35/01 introduziu na Lei 8.437/92 o § 5º ao art. 1º, para proibir a concessão de liminar que deferisse compensação de créditos tributários.

O professor Hugo Machado (2010a, p. 500-501) sempre foi refratário a esse entendimento, sustentando que essas restrições, ao inviabilizar a tutela de urgência, contrariam o direito fundamental à jurisdição, sendo flagrantemente inconstitucional.

Na verdade, eu particularmente entendia que a vedação legal (norma-regra) deveria ser contemporizada à luz do direito fundamental (norma-princípio), no sentido de conferir interpretação conforme à Constituição para o art. 7º, § 2º, da Lei do Mandado de Segurança, para sustentar que as proibições ali constantes não poderiam implicar proibições *tout court* aos magistrados. Os juízes, no exame do caso concreto, sempre poderiam, conforme peculiaridades devidamente fundamentadas, superar a vedação legal em favor do princípio da inafastabilidade da jurisdição, mormente em situações de flagrante ilegalidade. Aliás, em virtude da reserva de jurisdição, eles nunca foram impedidos de julgar a inconstitucionalidade desse dispositivo legal nos casos concretos, mediante controle difuso.

Mas essa vedação legal, além de outros dispositivos, foi objeto de controle de constitucionalidade abstrato pela Ação Direta de Inconstitucionalidade 4.296/DF, sendo definitivamente julgado em 2021 em favor da tese do professor Hugo Machado. O Pleno do STF entendeu que a vedação geral e abstrata em lei configura verdadeiro obstáculo à efetividade da tutela jurisdicional e à proteção constitucional do direito líquido e certo.

Outro ponto merecedor de consideração diz respeito à suspensão de liminar em matéria de mandado de segurança. O professor Hugo Machado (2009a, p. 184; 2009b, p. 204-205) sustentava, nas primeiras edições da sua obra seminal, que a decisão do Presidente do Tribunal que suspendia a liminar ou a segurança tinha fundamento apenas político. Entretanto, afirma ter revisto seu posicionamento em virtude de evolução da jurisprudência do STF, configurando-se como provimento cautelar.

Sigo sustentando, a despeito desse entendimento, pela inconstitucionalidade da suspensão de liminar ou de segurança, por ser um instituto que decorre da relação de poder do Estado sobre o contribuinte, instrumento que fortalece sua vulnerabilidade. Há patente violação ao devido processo legal e ao juiz natural, que caberia, em sede de agravo, refazer o exame cautelar, sendo abusivo conferir que o Presidente do Tribunal o faça atendendo a pedido político.

CONSIDERAÇÕES FINAIS

Chego ao final do presente ensaio com a sensação de que este texto seria o embrião de um livro por si só em homenagem ao professor Hugo Machado, o qual, se o destino me conceder, um dia poderei fazê-lo. Evitei aprofundar em demasia muitos argumentos, sem trazer outros autores, ou até mesmo outros escritos meus que enfrentam ou tangenciam as temáticas ora discutidas, para possibilitar uma compreensão mais leve do raciocínio, da mesma forma como o homenageado fazia em sala de aula. Rogo para que os leitores da obra encontrem, nos demais capítulos, aquilo que este singelo estudo não tenha apresentado.

A oportunidade oferecida pelo ICET, a quem agradeço na pessoa dos organizadores desta obra, me permitiu revisitar temas os quais, conquanto eu já tivesse algum início de argumentação construída, ainda não havia me debruçado com um olhar mais profundo e crítico. Foi uma verdadeira aventura intelectual o desafio de analisar minuciosamente as teses do homenageado. Em algumas seções – nomeadamente as seções II, III, VI e VIII – foi necessário apresentar algo verdadeiramente original.

Das onze temáticas trazidas para discussão neste ensaio, em quatro delas apresentei entendimento contrário ao sustentado pelo professor Hugo Machado. Dos sete restantes, em cinco delas trouxe em determinado momento alguma variação, seja na fundamentação, seja na identificação de situações excepcionais, seja nas implicações práticas. Esse saldo de forma alguma significa uma ruptura com o pensamento do nosso grande mestre, mas na verdade deve ser entendido como evolução dentro da mesma linha de pensamento.

Parafraseando Sir Isaac Newton, se chego mais longe é porque estive sobre os ombros do gigante Hugo Machado. Por óbvio que, se vivo fosse, ele teria oferecido excelentes respostas à altura dos meus argumentos (como bem fazia em sala de aula); contudo, busquei a todo instante ser fiel à sua inteligência e apresentar a melhor versão de suas teses.

A despeito do acerto ou desacerto das teses do professor Hugo Machado, ou de minha concordância ou discordância a respeito delas, as discussões provocadas por elas e travadas ao longo de uma prolífera carreira com interlocutores de diferentes perfis sem dúvidas fomentaram e continuam fomentando o desenvolvimento de uma Ciência do Direito Tributário mais consistente, crítica, propositiva e defensora dos direitos fundamentais do contribuinte.

REFERÊNCIAS

MACHADO, Hugo de Brito. A identidade específica da lei complementar. *Revista Dialética de Direito Tributário*, São Paulo, n. 117, p. 51-69, jun. 2005.

MACHADO, Hugo de Brito. A Tarifa do lixo e o TJ do Ceará. Disponível em http://www.hugomachado.adv.br/artigos. Acesso em: 5 jun. 2024.

MACHADO, Hugo de Brito. Agente público e o contribuinte. *Diário do Nordeste*, Fortaleza, 12 maio 2018, arquivo. Disponível em: https://diariodonordeste.verdesmares.com.br/arquivo/agente-publico-e-o-contribuinte-1.1937531. Acesso em: 5 jun. 2024.

MACHADO, Hugo de Brito. Apreensão de mercadoria como sanção política: inteligência do acórdão do STF na ADIn 395-0. *Revista Dialética de Direito Tributário*, São Paulo, n. 146, p. 101-108, nov. 2007a.

MACHADO, Hugo de Brito. Consolidação das leis de cada tributo. *[Portal do] Prof. Hugo de Brito Machado*, Fortaleza, Estudos Doutrinários, Artigo, 2 ago. 2002a. Disponível em: http:// www.hugomachado.adv.br. Acesso em: 5 jun. 2024.

MACHADO, Hugo de Brito. *Crimes contra a ordem tributária*. 5. ed. Barueri: Atlas, 2022.

MACHADO, Hugo de Brito. *Curso de direito constitucional tributário*. 2. ed. São Paulo: Malheiros, 2015.

MACHADO, Hugo de Brito. *Curso de direito tributário*. 31. ed. São Paulo: Malheiros, 2010a.

MACHADO, Hugo de Brito. *Direitos fundamentais do contribuinte*: e a efetividade da jurisdição. São Paulo: Atlas, 2009a.

MACHADO, Hugo de Brito. *Estudos de direito penal tributário*. São Paulo: Atlas, 2002b.

MACHADO, Hugo de Brito. *Mandado de segurança em matéria tributária*. 11. ed. Salvador: JusPodivm, 2024.

MACHADO, Hugo de Brito. *O conceito de tributo no direito brasileiro*. Rio de Janeiro: Forense, 1987.

MACHADO, Hugo de Brito. *Os direitos fundamentais do contribuinte e a efetividade da jurisdição*. Tese (Doutorado em Direito) – Programa de Pós-Graduação em Direito, Faculdade de Direito do Recife, Universidade Federal de Pernambuco, Recife, 2009b, 265 f. Disponível em: https://attena.ufpe.br/bitstream/123456789/4003/1/arquivo5668_1.pdf. Acesso em: 5 jun. 2024.

MACHADO, Hugo de Brito. *Os princípios jurídicos da tributação na constituição de 1988*. 4. ed. São Paulo: Dialética, 2001.

MACHADO, Hugo de Brito. Posição hierárquica da lei complementar. *Themis*, Fortaleza, v. 1, n. 1, p. 103-107, 1997. Disponível em: https://revistathemis.tjce.jus.br/THEMIS/article/view/368. Acesso em: 5 jun. 2024.

MACHADO, Hugo de Brito. Protesto de certidão de dívida ativa. *Migalhas*, Ribeirão Preto, De Peso, 5 maio 2006a. Disponível em: https://www.migalhas.com.br/depeso/24224/protesto-de-certidao-de-divida-ativa. Acesso em: 5 jun. 2024.

MACHADO, Hugo de Brito. Responsabilidade do agente público: distinção entre agente político e agente administrativo. *Revista de Direito Tributário Atual*, São Paulo, n. 27, 2012. Disponível em: https://revista.ibdt.org.br/index.php/RDTA/article/view/1677. Acesso em: 5 jun. 2024.

MACHADO, Hugo de Brito. Responsabilidade pessoal do agente público por danos ao contribuinte. *Jus Navigandi*, Teresina, ano 7, n. 58, ago. 2002c. Disponível em: https://jus.com.br/artigos/3014. Acesso em: 5 jun. 2024.

MACHADO, Hugo de Brito. Responsabilidade pessoal do agente público por danos ao contribuinte. *Revista Dialética de Direito Tributário*, São Paulo, n. 95, p. 75-95, ago. 2003a.

MACHADO, Hugo de Brito. *Responsabilidade pessoal do agente público por danos ao contribuinte*: uma arma contra o arbítrio do fisco. São Paulo: Malheiros, 2017.

MACHADO, Hugo de Brito. Sanções Políticas no Direito Tributário. *Revista Dialética de Direito Tributário*. Rio de Janeiro, n. 30, p. 46-49, mar. 1998.

MACHADO, Hugo de Brito. Segurança jurídica e a questão da hierarquia da lei complementar. *Boletim de Direito Administrativo*, n. 11, p. 1219-1230, nov. 2006b.

MACHADO, Hugo de Brito. Segurança jurídica e a questão da hierarquia da lei complementar. *Revista da FESDT*, Porto Alegre, n. 5, p. 81-98, jan./jun. 2010b. Disponível em: https://www.fesdt.org.br/docs/revistas/5/artigos/5.pdf. Acesso em: 5 jun. 2024.

MACHADO, Hugo de Brito. Segurança jurídica e lei complementar. *Revista da Faculdade de Direito de São Bernardo do Campo*, São Bernardo do Campo, v. 14, p. 223-235, 2008a. Disponível em: https://revistas.direitosbc.br/fdsbc/article/view/198. Acesso em: 5 jun. 2024.

MACHADO, Hugo de Brito. Segurança jurídica e lei complementar. *Revista Dialética de Direito Tributário*, São Paulo, n. 152, p. 103-113, maio 2008b.

MACHADO, Hugo de Brito. Segurança jurídica e lei complementar. *Nomos*: Revista do Curso de Mestrado em Direito da UFC, Fortaleza, v. 28, n. 1, p. 179-190, jan./jun. 2008c. Disponível em: http://www.periodicos.ufc.br/index.php/nomos/article/view/11792. Acesso em: 5 jun. 2024.

MACHADO, Hugo de Brito. Teoria das sanções tributárias. In: MACHADO, Hugo de Brito (Coord.). *Sanções administrativas tributárias*. São Paulo: Dialética, 2004b.

MACHADO, Hugo de Brito. Tributação oculta. *[Portal do] Prof. Hugo de Brito Machado*, Fortaleza, Estudos Doutrinários, Artigo, 3 jul. 2002d. Disponível em: http:// www.hugomachado.adv.br. Acesso em: 5 jun. 2024.

MACHADO, Hugo de Brito. Tributação oculta e garantias constitucionais. *Interesse Público*, Porto Alegre, ano 5, n. 20, p. 107-114, jul./ago. 2003b.

MACHADO, Hugo de Brito. Tributação oculta e garantias constitucionais. *Revista Fórum de Direito Tributário – RFDT*, Belo Horizonte, ano 2, n. 10, p. 107-114, jul./ago. 2004c.

MACHADO, Hugo de Brito. *Uma introdução ao estudo do direito*. São Paulo: Dialética, 2000.

LIVRO EM HOMENAGEM AO PROFESSOR HUGO DE BRITO MACHADO – ICET 2024

Ítalo Farias Pontes
Advogado em Fortaleza e Membro do Instituto Cearense de Estudos Tributários.

Sumário: Breves considerações – I – Direito e poder (no âmbito da tributação) – II – Responsabilidade pessoal do agente público – VII – Sanções políticas – VIII – Clareza e simplicidade da legislação – Referências.

BREVES CONSIDERAÇÕES

É com muita alegria e satisfação que recebemos o convite para participar desse livro em homenagem ao Professor Hugo de Brito Machado, lançado pelo Instituto Cearense de Estudos Tributários – ICET. Tive a imensa honra de ter convivido com ele durante quase doze anos no início da minha carreira como advogado e as suas lições foram e são de grande importância no exercício da minha atividade profissional.

O Professor Hugo de Brito Machado foi um grande defensor das garantias e dos direitos fundamentais dos cidadãos. Foi um grande soldado na batalha contra a injustiça e na defesa do direito à liberdade. Seus textos, de linguagem simples e objetiva, sempre colocaram em evidência que não se pode permitir o arbítrio na relação jurídica tributária. Ele sempre defendeu que o Estado não só pode como deve exigir o tributo legalmente devido. Repudiava, no entanto, com muita veemência, o emprego de sanções indiretas como instrumento de cobrança de tributo, pois elas não têm amparo legal.

O presente livro, portanto, em homenagem ao Professor Hugo de Brito Machado, veio em boa hora. Nada como se debruçar sobre assuntos que ainda hoje são relevantes para quem milita na área tributária, o que será feito abaixo com a abordagem dos temas I, II, VII e VIII, adotando a metodologia sugerida para responder às perguntas.

I – DIREITO E PODER (NO ÂMBITO DA TRIBUTAÇÃO)

O que diferencia uma relação jurídica de uma relação de poder? Sendo o Estado credor da relação tributária, e, ao mesmo tempo, autor da regra que a disciplina, responsável por sua regulamentação e aplicação, e, também, pelo equacionamento de conflitos que daí decorram, quais institutos ou requisitos são necessários a que a relação tributária se diferencie de uma mera relação de poder?

Resposta

Desde os primórdios da humanidade,[1] sempre foi exigido dos cidadãos o pagamento de tributos, o que ocorria por diversas formas e meios, a exemplo de doações em forma de proteção; expropriação de bens daqueles que perdiam as guerras; pagamentos em pecúnia etc. Tudo começou com o emprego da força. Era através da força e das ameaças que o rei exigia dos seus súditos o pagamento de tributos, estabelecendo uma relação de poder que nascia, se desenvolvia e se extinguia segundo a sua vontade. Depois, com as revoluções, a sociedade já não passou a tolerar mais esses abusos na cobrança de tributos, o que gerou movimentos, em todo o mundo, para normatizar essa relação jurídica envolvendo o Estado e o cidadão.

Dito isso, é fácil entender a diferença entre uma relação jurídica e outra baseada no poder. Na relação jurídica, tudo ocorre segundo uma norma preestabelecida, que prescreve o modo de ser dessa relação desde o seu nascedouro até a sua extinção. Já na relação de poder, tudo ocorre segundo a vontade daquele que está no poder, que dita todas as regras dessa relação, não tendo qualquer compromisso em observar eventual regra preestabelecida.[2]

Para que uma relação jurídica, no âmbito da tributação, não se transforme em uma relação de poder, é necessário o cumprimento das normas preestabelecidas.[3] É necessário o cumprimento das leis. É necessário observar e cumprir as garantias e os direitos fundamentais do cidadão contribuinte, positivados em nossa Constituição Federal, pois representam uma luta da sociedade ao longo do tempo contra o arbítrio estatal. A ideia de que o Estado pode tudo é totalmente incompatível com o Estado Democrático de Direito, do qual a República Federativa do Brasil faz parte (art. 1º, da CF/88).

---

1. "... Desde os mais remotos tempos encontramos na história dos povos a tributação sob as mais variadas formas. O estudo das próprias denominações que foram tendo os tributos, em diferentes línguas, demonstra que foram considerados ora como auxílios, doações, presentes; ora como despojos de guerra, confiscos, e o soberano exigia de certas classes contribuições arbitrárias para armar cavaleiros, para casamentos e festas, para guerras e conquistas...". NOGUEIRA, Ruy Barbosa. *Curso de Direito Tributário*. 15 ed. São Paulo: Saraiva, 1999, p. 4-5.
2. "... Nos dias atuais, entretanto, já não é razoável admitir-se a relação tributária como relação de poder, e por isto mesmo devem ser rechaçadas as teses autoritárias. A ideia de liberdade, que preside nos dias atuais a própria concepção do Estado, há de estar presente, sempre, também na relação de tributação. Para que fique bem clara esta ideia, vamos definir "relação de poder" e "relação jurídica", embora saibamos que as definições são sempre problemáticas. Entende-se por relação de poder aquela que nasce, desenvolve-se e se extingue segundo a vontade do poderoso, sem observância de qualquer regra que porventura tenha sido preestabelecida. Já a relação jurídica é aquela que nasce, desenvolve-se e se extingue segundo regras preestabelecidas...". MACHADO, Hugo de Brito. *Curso de Direito Tributário*. 39. ed. São Paulo: Malheiros, 2018, p. 27-28.
3. "... Para um esclarecimento mais didático e fixação da evolução contrastante, observe-se que nos primórdios a prestação tributária ficava ao arbítrio dos particulares, como um favor ou auxílio destes à comunidade; numa nova fase essa requisição foi passando para o arbítrio do soberano que ia exigindo sem critérios, apenas dentro da relação de força ou poder e, finalmente, dentro da evolução do Estado de Direito, foi passando a ser exigida por meio da relação jurídica, que significa em virtude da lei, na medida por esta prevista e fixada, com a possibilidade de a lei ser interpretada e aplicada, conclusivamente, pelo Poder Judiciário...". NOGUEIRA, Ruy Barbosa. *Curso de Direito Tributário*. 15 ed. São Paulo: Saraiva, 1999, p. 6.

II – RESPONSABILIDADE PESSOAL DO AGENTE PÚBLICO

II – O art. 37, §6.º da CF/88 autoriza que se responsabilize pessoal e diretamente o agente público, nos casos de dolo ou culpa, por dano causado ao cidadão contribuinte? A responsabilidade objetiva do Estado, historicamente, surgiu como proteção ao cidadão, caso este não queria ou não possa provar a presença do elemento subjetivo? Ou se trata de proteção à autoridade, para que não responda pelas arbitrariedades que praticar, salvo se a própria administração a quiser processar regressivamente? Seria a responsabilização um meio para a diminuição na prática de ilegalidades, ou da postura de insistir nelas e até mesmo sugerir ao cidadão que, "querendo, que vá ao Judiciário"?

Resposta

A responsabilidade objetiva do Estado, positivada no art. 37, § 6º, da Constituição Federal de 1988, já não é mais suficiente para conter determinadas arbitrariedades na relação jurídica tributária, cometidas por alguns agentes fiscais.[4] Ações de indenização diretamente contra o Estado não têm gerado o efeito de inibir determinados comportamentos violadores das garantias e dos direitos fundamentais dos cidadãos, pois quem acaba pagando essa conta, quando o Estado é condenado, é toda a sociedade e não aquele que praticou o ato ilegal.

Na realidade, o que há hoje é um sentimento total de irresponsabilidade do agente fiscal. Por mais que o agente saiba que não é possível, por exemplo, aprender mercadorias como meio coercitivo para pagamento de tributo, todos os dias inúmeras mercadorias (até perecíveis, pasmem) são apreendidas nos postos fiscais de fronteira dos Estados além do tempo necessário para verificação de possíveis irregularidades. Às vezes, a mercadoria é apreendida e sequer o agente fiscal entrega o termo de apreensão como forma de dificultar o acesso do cidadão à justiça. Esse é apenas um dos exemplos que se pode citar, mas existem vários outros. Enquanto esse sentimento de irresponsabilidade do agente fiscal perdurar, os cidadãos ficarão reféns dos mais variados abusos.

Assim, uma das formas de acabar com certas arbitrariedades praticadas por alguns agentes fiscais, é responsabilizá-los, pessoalmente, junto com o Estado, por danos que eventualmente venham a causar ao cidadão toda vez que agirem com dolo ou culpa. Uma vez responsabilizado o agente fiscal, com o pagamento de indenização saindo do bolso dele, com toda a certeza esse sentimento de irresponsabilidade tende a diminuir ou até mesmo acabar.

A responsabilidade objetiva do Estado, por outro lado, não pode servir de escudo para a prática de ilegalidades por partes dos agentes do fisco. Não é essa a sua finalidade. Tanto é assim que a própria Constituição Federal de 1988, no § 6º, do art. 37, assegurou o uso da ação regressiva do Estado contra o agente que, em seu nome, causou-lhe dano por ter agido com dolo ou culpa.

---

4. O agente fiscal, citado várias vezes no texto, é servidor público da administração tributária. Também será citado no texto o servidor público que exerce cargo político, a exemplo de prefeitos.

A melhor interpretação do § 6º, do art. 37, da CF/88, portanto, é aquela que assegura ao cidadão o direito de acionar não só o Estado, mas também o agente fiscal pela prática de ato possivelmente ilegal (praticado com dolo ou culpa). Essa atribuição de responsabilidade deve ser feita incluindo o agente fiscal no polo passivo da ação na qual se busca o direito à indenização.

Destaque-se que há uma certa resistência jurisprudencial, por parte do Colendo Supremo Tribunal Federal, no que se refere à possibilidade de inclusão de agentes públicos no polo passivo de ações judiciais de indenização. Para o C. STF, isso seria uma forma de inibir o agente de exercer as suas funções, diante da ameaça de ser responsabilizado. O assunto, inclusive, já foi até julgado em Repercussão Geral pelo C. STF nos autos do Recurso Extraordinário 1027633, em caso envolvendo uma ex-prefeita, oportunidade em que foi fixado o Tema 940, com a seguinte redação:

> Tema 940: A teor do disposto no art. 37, § 6º, da Constituição Federal, a ação por danos causados por agente público deve ser ajuizada contra o Estado ou a pessoa jurídica de direito privado prestadora de serviço público, sendo parte ilegítima para a ação o autor do ato, assegurado o direito de regresso contra o responsável nos casos de dolo ou culpa.

Diante da resistência do C. STF na inclusão direta do agente fiscal no polo passivo de ação de indenização, e para evitar qualquer tipo de discussão acerca de qual é o agente público que pode ser acionado em ação de indenização, seria o caso de se pensar no instituto da denunciação à lide, previsto no art. 125, II, do CPC, o que já foi admitido pelo próprio C. STF no julgamento do Tema 940, nos seguintes termos:

> Percebam que esse entendimento não inviabiliza a possibilidade de denunciação à lide em ações nas quais a Administração Pública é demandada por dano causado por agente. O deferimento da referida intervenção não modificará a posição do autor da demanda. Apenas ao Estado cumprirá demonstrar a culpa ou o dolo na conduta do preposto, facilitando pretensão regressiva. Haverá duas relações processuais distintas: entre a vítima do dano e o Estado; e entre o Estado e o agente público denunciado.
> (Trecho do voto do Ministro Marco Aurélio no RE 1027633, Tribunal Pleno, julgado em 14.08.2019, processo eletrônico Repercussão geral – Mérito Dje-268 Divulg 05.12.2019 Public 06.12.2019).

VII – SANÇÕES POLÍTICAS

VII - O que são sanções políticas?
Resposta

No Direito Tributário, sanção política é toda e qualquer limitação ou proibição ao exercício de atividade econômica com o objetivo de compelir o contribuinte ao pagamento de tributo. É uma forma indireta/oblíqua de se exigir o pagamento de tributo, com o emprego da coação, da pressão ou da ameaça, sem assegurar ao contribuinte o devido processo legal. Exemplos clássicos de sanções políticas são: (a) a apreensão de mercadorias além do tempo necessário à identificação de eventual irregularidade; (b) a interdição de estabelecimentos comerciais; (c) a negativa de certidões de regularidade fiscal quando inexistente lançamento consumado; (d) a inscrição em cadastro de inadimplentes; (e) a inclusão em regimes especiais de fiscalização; (f) o cancelamento da inscrição do contribuinte nos cadastros fazendários; (g) o protesto de certidões de dívida ativa; (i) a negativa de autorização de emissão de documentos fiscais (j) a inclusão do CPF dos sócios em cadastros restritivos em razão de débitos de pessoa jurídica da qual fazem parte, sem qualquer processo administrativo prévio, próprio e específico para apurar possível responsabilidade tributária etc.

As sanções políticas[5] são utilizadas pelo fisco como forma de pressionar o contribuinte ao pagamento do tributo. Ou o contribuinte atende a exigência fiscal, ou simplesmente não terá como exercer, de modo regular e rotineiro, a sua atividade comercial/profissional. Trata-se de instrumento odioso de cobrança que há muito tempo é repelido pela jurisprudência do Colendo Supremo Tribunal Federal, que, sobre o assunto, já emitiu três verbetes sumulares:

> Súmula 70 – É inadmissível a interdição de estabelecimento como meio coercitivo para cobrança de tributos.
>
> Súmula 323 – É inadmissível a apreensão de mercadorias como meio coercitivo para pagamento de tributo.
>
> Súmula 547 – Não é lícito à autoridade proibir que o contribuinte em débito adquira estampilhas, despache mercadorias nas alfândegas e exerça suas atividades profissionais.

Tais sanções políticas são inconstitucionais porque violam os artigos 5º, XIII, e 170, parágrafo único, da Constituição Federal de 1988, os quais não admitem qualquer tipo de intromissão do Estado no exercício de atividade profissional ou econômica. É o que se verifica a seguir:

> Art. 5º. (...) XIII – é livre o exercício de qualquer trabalho, ofício ou profissão, atendidas as qualificações profissionais que a lei estabelecer.
>
> Art. 170. A ordem econômica, fundada na valorização do trabalho humano e na livre iniciativa, tem por fim assegurar a todos existência digna, conforme os ditames de justiça social, observados os seguintes princípios: (...) Parágrafo Único. É assegurado a todos o livre exercício de qualquer atividade econômica, independentemente de autorização de órgãos públicos, salvo nos casos previstos em lei.

Sobre o assunto, é clássica e didática a lição do professor Hugo de Brito Machado:[6]

> (...) Não obstante inconstitucionais, as sanções políticas, que no Brasil remontam aos tempos da ditadura de Vargas, vêm se tornando a cada dia mais numerosas e arbitrárias, consubstanciando as mais diversas formas de restrições a direitos do contribuinte, como forma oblíqua de obrigá-lo ao

---

5. "... Convencionou-se chamar de sanções políticas as indevidas restrições impostas ao exercício de direitos do contribuinte, de molde a compeli-lo ao cumprimento de suas obrigações. Em outras palavras, constituem meios coercitivos para o pagamento de tributos, tais como a recusa de autorização para a emissão de notas fiscais ou a inscrição do contribuinte em cadastro de inadimplentes que conduz restrições de direitos. Tais modalidades punitivas devem ser rechaçadas diante de sua evidente desproporcionalidade, tendo a jurisprudência se consolidado nesse sentido...". COSTA, Regina Helena. *Curso de Direito Tributário*: Constituição e Código Tributário Nacional. São Paulo: Saraiva, 2009, p. 286-287.
6. *Revista Dialética de Direito Tributário*, n. 30, p. 46-47, Dialética, mar. 1998.

pagamento de tributos, ou às vezes como forma de retaliação contra o contribuinte que vai a Juízo pedir a proteção contra cobranças ilegais.

São exemplos mais comuns de sanções políticas a apreensão de mercadorias sem que a presença física destas seja necessária para a comprovação do que o fisco aponta como ilícito; o denominado regime especial de fiscalização; a recusa de autorização para imprimir notas fiscais; a inscrição em cadastro de inadimplentes com as restrições daí decorrentes; a recusa de certidão negativa de débito quando não existe lançamento consumado contra o contribuinte; a suspensão e até o cancelamento da inscrição do contribuinte no respectivo cadastro, entre muitos outros.

Todas essas práticas são flagrantemente inconstitucionais, entre outras razões, porque: a) implicam indevida restrição ao direito de exercer atividade econômica, independentemente de autorização de órgãos públicos, assegurado pelo art. 170, parágrafo único, da vigente Constituição Federal; e b) configuram cobrança sem o devido processo legal, com grave violação do direito de defesa do contribuinte, porque a autoridade que a este impõe a restrição não é a autoridade competente para apreciar se a exigência do tributo é ou não legal (...).

VII – A previsão, em lei, para que sejam utilizadas, as legitima?

Resposta

Não. Ainda que haja previsão em Lei, estabelecendo esta ou aquela sanção política, ela não será válida e nem legítima por violar, flagrantemente, os arts. 5, XIII e 170, Parágrafo Único, da Constituição Federal de 1988.

VII – O que diferencia a retenção de mercadorias na importação, e a apreensão de mercadorias em operações interestaduais, para fins de incidência, ou não, do entendimento firmado na Súmula 323 do STF?

Resposta

O Colendo Supremo Tribunal Federal fixou tese, em Repercussão Geral (tema 1042 – Recurso Extraordinário 1090591[7]), de que "... *É constitucional vincular o despacho aduaneiro ao recolhimento de diferença tributária apurada mediante arbitramento da autoridade fiscal*". Na ocasião, foi afastada a aplicação da sua Súmula 323, sob o fundamento de que não se tratava de apreensão de mercadoria como meio coercitivo para pagamento de tributo, mas de operação de importação onde é necessário o pagamento do tributo para finalizar o processo de desembaraço e internalização da mercadoria.

A decisão proferida pelo C. STF, ao julgar o tema 1042, não nos parece acertada. Isso porque, naquele caso, eventual diferença arbitrada pelo fisco deve ser objeto de regular lançamento fiscal, com a garantia do contraditório e da ampla defesa, haja vista a divergência entre o valor declarado pelo contribuinte e aquele arbitrado pela autoridade administrativa. Enquanto não for decidida de forma definitiva essa divergência na via administrativa, a mercadoria não pode ficar apreendida/retida, mesmo que se trate de operação de importação. Se a liberação da mercadoria importada, naquele caso, foi condicionada ao pagamento do tributo objeto da divergência, não temos dúvida em

---

7. STF – RE 1090591, Relator(a): Marco Aurélio, Tribunal Pleno, julgado em 16.09.2020, Processo eletrônico repercussão geral – Mérito DJE-242 Divulg 02.10.2020 Public 05.10.2020.

afirmar que a apreensão está sendo utilizada como forma de pressionar o contribuinte ao pagamento do tributo, sendo evidente a aplicação ao caso da Súmula 323 do C. STF.

VII – Não tendo o fisco a necessidade de provar a inadimplência para agir contra coobrigados de regresso, qual a finalidade do protesto de uma CDA? Sendo apenas a de compelir ao pagamento, não se estaria diante de uma sanção política? Caso o contribuinte que se submete à sanção política seja acusado de inadimplir tributo extrafiscal, a prática de aplicar a medida estaria justificada?

Resposta

O protesto da certidão de dívida ativa – CDA é nítida sanção política. A sua única finalidade é pressionar o contribuinte ao pagamento do tributo. Essa situação torna-se ainda mais grave quando o nome do coobrigado (entendido aqui como responsável tributário) é protestado sem qualquer participação no processo administrativo de lançamento do tributo.

Realmente, o fisco não precisa protestar a CDA para atribuir responsabilidade tributária, pois esta decorre diretamente das hipóteses previstas no art. 135 do CTN. E para que serve o protesto? O protesto tem apenas por finalidade dificultar, impedir ou restringir o exercício das atividades econômicas do contribuinte. Com o protesto, o seu nome é lançado no rol de devedores, o que lhe impede de praticar inúmeros atos da vida civil, tais como, contrair empréstimos, realizar operações de crédito etc.

Nesse sentido, doutrina o Professor Hugo de Brito Machado:

> Ao que nos parece, o protesto de Certidão de Dívida Ativa na verdade configura verdadeira sanção política. Mais uma forma de sanção política utilizada pelo Fisco para compelir o contribuinte ao pagamento de tributo, sem que tenha oportunidade de se valer de proteção judicial para quem sejam respeitados os princípios constitucionais que constituem seus direitos fundamentais.[8]

Apesar dos fortes argumentos que demonstram a inconstitucionalidade do protesto da CDA, o C. STF[9] e o E. STJ[10] firmaram suas jurisprudências em sentido contrário, reconhecendo a sua validade.

Por fim, consideramos que, em nenhuma hipótese, o protesto da CDA se justifica. O fisco já dispõe de vários mecanismos de cobrança (ação de execução fiscal, ação cautelar fiscal, etc.) para exigir o pagamento do tributo. Nessa relação, de natureza tributária, o fisco (Estado) não precisa mais de qualquer proteção, pois é ele que faz as leis, estabelecendo a cobrança do tributo; é ele que lança o crédito tributário (tributo); é ele que julga se o lançamento do crédito tributário é válido, ou não, na via administrativa; e é ele que tem a prerrogativa de promover a ação de execução fiscal, com os mecanismos de proteção do crédito tributário legalmente previstos em lei (Lei 6.830/1980).

---

8. *Revista Dialética de Direito Tributário*, n. 236, p. 88. Dialética, maio 2015.
9. STF – ADI 5135, Relator(a): Roberto Barroso, Tribunal Pleno, julgado em 09.11.2016, Processo eletrônico DJe-022 Divulg 06.02.2018 Public 07.02.2018.
10. STJ – REsp 1.686.659/SP, relator Ministro Herman Benjamin, Primeira Seção, julgado em 28.11.2018, DJe 11.03.2019.

VII – A proteção à concorrência e aos fins extrafiscais do tributo o justificariam? Mesmo se o contribuinte for um produtor de pequeno porte, responsável por fração diminuta do mercado, e um ou dois de seus concorrentes juntos forem responsáveis por mais de 95% dele? Fechar o tal pequeno contribuinte contribui ou desfavorece a concorrência, neste caso?

Resposta

Nada justifica o protesto da CDA, conforme já demonstrado na resposta anterior. Essa realidade não se altera porque não se pode utilizar o protesto da CDA como castigo, visando a proteger a concorrência ou a inibir determinado comportamento no âmbito da relação jurídica tributária.

Na realidade, o protesto da CDA apenas prejudica o comerciante e/ou produtor de pequeno porte, que não detém, na grande maioria das vezes, recursos e nem estrutura necessária para enfrentar questões tributárias.

Por isso, entendemos que fechar estabelecimentos menores desfavorece a concorrência, pois acaba concentrado o mercado nas mãos de poucas empresas, que não terão interesse em reduzir o valor dos bens que produzem ou vendem, diante da ausência de concorrência. Quanto menor for a concorrência, maior será o valor dos bens.

VIII – CLAREZA E SIMPLICIDADE DA LEGISLAÇÃO

VIII – Quais as consequências, o conteúdo e o alcance do princípio inserido na CF pela EC 132/2023, segundo o qual o sistema tributário se deve pautar pela simplicidade e pela clareza. Uma lei confusa e cheia de remissões desnecessárias será inconstitucional?

Resposta

A Emenda Constitucional 132/2023 alterou o art. 145, da Constituição Federal de 1988, introduzindo o parágrafo terceiro a tal dispositivo, com a seguinte redação:

Art. 145. A União, os Estados, o Distrito Federal e os Municípios poderão instituir os seguintes tributos: (...)

§ 3º O Sistema Tributário Nacional deve observar os princípios da simplicidade, da transparência, da justiça tributária, da cooperação e da defesa do meio ambiente.

Como se vê, agora há expressa determinação constitucional de que o legislador deve simplificar e tornar mais claras as regras que envolvem o sistema tributário nacional.

A simplicidade pode ser obtida com a redução do número de obrigações, principais e acessórias, que os contribuintes são obrigados a cumprir. Unificar vários tributos em apenas dois ou três, por exemplo, pode, até de certa forma, simplificar o sistema, mas isso, por si só, não irá resolver o problema da tributação no País. É preciso parar com as exceções à legislação tributária, normalmente veiculadas em normas inferiores (decretos, instruções normativas, portarias etc.), restringindo a sua aplicação e o seu alcance. É necessário reduzir a quantidade de obrigações acessórias que os contribuintes são obrigados a transmitir ao fisco. É preciso pensar em uma obrigação acessória UNA ou em um sistema informatizado UNO, que atenda e seja de fácil manuseio por todas as Fazendas Públicas (Federal, Estadual e Municipal) e pelos contribuintes. Com isso, eliminam-se muitas horas de trabalho das equipes contábeis e vários litígios envolvendo erro no preenchimento de tais declarações.

As regras, envolvendo a tributação, também precisam ser simples e claras. Não adianta falar que o sistema tributário será pautado na simplicidade e clareza das normas de tributação se o interprete não consegue entender, de forma relativamente simples, o seu alcance e a sua finalidade, sendo necessário examinar um emaranhado de normas para se chegar a uma conclusão e/ou entendimento.

Na verdade, normas de tributação confusas não são interessantes nem para o contribuinte e nem para a Fazenda Pública, pois isso gera litígio e todos perdem. Uma lei confusa e cheia de remissões desnecessárias não atende ao princípio constitucional, positivado no art. 145, § 3º, da CF/88, de que o sistema tributário nacional deve ser pautado pela simplicidade e pela clareza de suas normas, podendo, a depender da gravidade da situação, ser declarada, sim, inconstitucional.

Dito isso, reforçamos o entendimento de que a ideia de simplificar e tornar mais claras as regras do sistema tributário nacional deve ser vista com bons olhos se o objetivo, de fato, for atingido.

VIII – Quanto ao art. 212 do CTN, finalmente se poderá cogitar de uma sanção pelo seu descumprimento? Caso positivo, qual seria ela? O que custaria ao fisco cumprir tal disposição, anualmente, em benefício de suas próprias autoridades inclusive? Impedi-lo de cobrar multas no caso de mero equívoco ou erro, sem a presença de dolo, não seria uma sanção compatível com o tal princípio e com o mandamento do art. 212 do CTN?

Resposta

Infelizmente, o art. 212, do CTN, nunca foi cumprido pela administração tributária e esse descumprimento nunca gerou qualquer tipo de penalidade aos entes públicos. Embora haja previsão expressa, nesse dispositivo, de que os Poderes Executivos federal, estaduais e municipais tem a obrigação de consolidar, ano a ano, em texto único, a legislação vigente relativa a cada tributo até o dia 31 de janeiro, isso nunca foi feito na prática e dificilmente o será com a reforma tributária, introduzida pela Emenda Constitucional 132/2023.

O ideal era que o art. 212, do CTN, fosse cumprido pela administração tributária desde a sua introdução ao ordenamento jurídico, uma vez que isso poderia ter evitado uma série de situações litigiosas. Quem trabalha com direito tributário, sejam advogados, contadores e até os agentes do fisco, têm muita dificuldade em acompanhar as inúmeras alterações da legislação, o que pode ser facilmente comprovado, na prática, a partir do exame de autos de infração, lavrados por autoridades fazendárias, com a aplicação de legislação já revogada. E isso ocorre com certa frequência.

Na verdade, o descumprimento, pela administração tributária, da obrigação prevista no art. 212, do CTN, deveria ter consequências. Não é razoável que, na relação jurídica tributária, apenas o contribuinte tenha deveres e apenas ele sofra punições por eventuais descumprimentos da legislação. Então, o mais justo ou correto seria avaliar em que ponto e em que medida a administração tributária, ao não publicar o texto consolidado de cada tributo no início de cada ano, contribuiu para eventual descumprimento da obrigação tributária por parte do contribuinte. Caso tenha contribuído, seria o caso de se afastar a aplicação da penalidade, com a cobrança apenas do tributo, pois o fisco não pode se beneficiar da sua própria torpeza.

VIII – *A cobrança de multas em razão de equívocos no cumprimento de obrigações tributárias, sem o dolo na conduta do sujeito passivo, configuraria a atribuição de responsabilidade objetiva? Isso é juridicamente possível? Qual a melhor interpretação do art. 136, do CTN?*

Resposta

O Código Tributário Nacional, em seu art. 136, estabelece o seguinte:

> Art. 136. Salvo disposição de lei em contrário, a responsabilidade por infrações da legislação tributária independe da intenção do agente ou do responsável e da efetividade, natureza e extensão dos efeitos do ato.

Parte da doutrina,[11-12] ao interpretar esse dispositivo, entende que a responsabilidade por infrações tributárias é de natureza objetiva, visto que independe da presença do dolo ou da culpa. Embora essa doutrina reconheça a responsabilidade do art. 136, do CTN, como sendo objetiva, ela defende certo grau de relatividade na sua aplicação.

Outra parte da doutrina[13] defende que a responsabilidade tributária por infração, prevista no art. 136, do CTN, seria de natureza subjetiva. Neste caso, não há necessidade de se provar o dolo na conduta do contribuinte para aplicar a sanção, mas é necessário investigar a culpa. O contribuinte teve, ou não, culpa no descumprimento da norma motivadora da sanção? Se não teve, não é o caso de se aplicar a sanção, no caso, a multa.

Na verdade, o art. 136 do CTN, não introduziu no ordenamento jurídico brasileiro a responsabilidade objetiva por infração à legislação tributária. Isso não seria possível,

---

11. "... Aderiu o CTN, em princípio, à teoria da objetividade da infração fiscal. Não importa, para a punição do agente, o elemento subjetivo do ilícito, isto é, se houve dolo ou culpa na prática do ato. Desimportante também que se constate o prejuízo da Fazenda Pública. Mas a tese objetiva admite temperamentos, como hoje aceita maior parte da doutrina, brasileira e estrangeira, e o próprio Supremo Tribunal Federal. Se o contribuinte age de boa-fé não pode ser penalmente responsável pelo ato...". TORRES, Ricardo Lobo. *Curso de Direito Financeiro e Tributário*. 11. ed. Rio de Janeiro: Renovar, 2004, p. 266.

12. "... Eis aqui uma declaração de princípio em favor da responsabilidade objetiva. Mas, como sua formulação não está em termos absolutos, a possibilidade de dispor em sentido contrário oferta espaço para que a autoridade legislativa construa as chamadas infrações subjetivas...". CARVALHO, Paulo de Barros. *Curso de Direito Tributário*. 17. ed. São Paulo: Saraiva, 2005, p. 515.

13. "Ora, quando a lei declara que a responsabilidade por infrações à legislação tributária independe da intenção do agente, há que se entender estar afastado tão somente o dolo, e não a culpa em sentido estrito. Logo, tal responsabilidade não exige dolo para a sua configuração. Mas, por evidente, exige a culpa do infrator, como é a regra em matéria de direito sancionatório, o que demonstra tratar-se de autêntica responsabilidade subjetiva..." COSTA, Regina Helena. *Curso de Direito Tributário*: Constituição e Código Tributário Nacional. São Paulo: Saraiva, 2009, p. 291.

sob pena de manifesta inconstitucionalidade e ilegalidade desse dispositivo por afrontar os princípios da presunção de inocência (art. 5º, LVII, da CF/88) e do "in dubio pro reo" (art. 112 do CTN).

Na realidade, para efeito da aplicação do art. 136, do CTN, não se exige a presença do dolo (vontade consciente e deliberada) para efeito de se atribuir responsabilidade ao agente por infração à legislação tributária. Isso, porém, não afasta a questão de se provar a culpa. É necessário que o agente tenha culpa na situação que ensejou a infração, pois, caso contrário, ele será punido mesmo que não tenha dado causa a situação infracional, o que é um grande absurdo e nos faz voltar a tempos sombrios da humanidade, conforme muito bem destacou o Professor Ruy Barbosa Nogueira, interpretando o art. 136, do CTN: "Isto é, punir alguém com base em "infração objetiva" ou sem culpa é impossível no Estado de Direito, porque isso foi prática só adotada ao tempo da barbárie".[14]

A situação, inclusive, é muito mais profunda do que se possa imaginar, sobretudo diante das inúmeras obrigações, principais e acessórias, que os contribuintes estão submetidos. Às vezes, e isso ocorre com uma certa frequência, até mesmo as autoridades fiscais do mesmo órgão tem dúvida de como cumprir determinada obrigação tributária prevista na legislação do ente tributante. Como, então, diante de situações assim, penalizar o contribuinte que cumpriu a obrigação, mas cometeu algum equívoco ou adotou interpretação da legislação tributária diferente daquela que o fisco reputa mais adequada? Admitir que, em casos assim, o contribuinte seja penalizado é o mesmo que lhe atribuir responsabilidade tributária objetiva, o que vai de encontro ao art. 136, do CTN, e ao próprio Estado de Direito.

Forte nessas premissas e sensível à questão aqui analisada, a jurisprudência atual do Conselho Administrativo de Recursos Fiscais, Órgão Colegiado de Julgamento do Ministério da Economia, tem afastado a aplicação de penalidades, conforme se verifica a seguir:

Assunto: Obrigações acessórias

Ano-calendário 2016, 2017 (...)

Multa prevista no artigo 8º-A, inciso II, do Decreto-lei 1.598 de 26.12.1977. ECF.

Não pode ser considerada como incorreção, para fins de aplicação da penalidade prevista no Artigo 8º-A, inciso II do Decreto 1.598/77, a divergência entre o contribuinte e a fiscalização, na interpretação da legislação tributária. *A penalidade não pode ser utilizada como forma de impor ao contribuinte o entendimento do agente autuante sobre a forma de quitação das estimativas mensais devidas durante o ano-calendário.* (...).

(Acórdão 1302-006.413 – 1ª Seção de Julgamento/3ª Câmara/2ª Turma Ordinária – sessão 15.03.2023 – Rel. Conselheiro Flávio Machado Vilhena Dias – Processo 15746.720390/2020-43).

Nesse sentido, também é o entendimento do Colendo Superior Tribunal de Justiça:

---

14. NOGUEIRA, Ruy Barbosa. *Curso de Direito Tributário*. 15 ed. São Paulo: Saraiva, 1999, p. 107.

Agravo interno no agravo em recurso especial. Tributário. Imposto sobre produtos industrializados – IPI. Não cumulatividade. Dever de "fiscalização cruzada". Responsabilidade por infrações. Responsabilidade objetiva do art. 136, CTN. Exceções. Arts. 62, 63 e 83, Lei 4.502/64. Presunção de culpa *in eligendo* que pode ser ilidida. Comprovação de boa-fé. Aplicação, por analogia, da súmula n. 509/STJ e do Repetitivo Resp. 1.148.444/MG.

1. O art. 136 do CTN dispõe que, "salvo disposição de lei em contrário, a responsabilidade por infrações da legislação tributária independe da intenção do agente ou do responsável e da efetividade, natureza e extensão dos efeitos do ato". Redação semelhante consta do art. 64, § 2º, da Lei 4.502/1964: "Salvo disposição expressa em contrário, a responsabilidade por infrações independe da intenção do agente ou do responsável da efetividade, natureza e extensão dos efeitos do ato" *Tal significa que a responsabilidade objetiva por infrações tributárias não é absoluta, pois admite exceções legais*(grifei).

2. No caso existe legislação especial constante dos arts. 62, 63 e 83 da Lei 4.502/1964, onde as obrigações de "fiscalização cruzada" dos adquirentes de produtos sujeitos ao IPI foram delimitadas. Trata-se de caso clássico de presunção de *culpa in eligendo*, restando ilidida a responsabilidade do adquirente se demonstrado nos autos que o estabelecimento foi diligente com seus deveres pois: a) examinou a documentação dentro dos limites que lhe eram possíveis; b) não encontrou falta; c) recebeu o produto apenas acompanhado de nota fiscal; d) foi demonstrada a veracidade da compra e venda, e e) não houve declaração pública anterior do Fisco no sentido de que havia irregularidade na documentação. Ou seja, o adquirente se exime da presunção de culpa in eligendo na utilização da nota irregular (art. 83, II, segunda parte, da Lei 4.502/64) se demonstrar que não foi negligente ou imprudente na escolha do fornecedor, caracterizando assim a sua boa-fé.

3. Caso concreto em que a Corte de Origem assentou como pressupostos fáticos: que houve pagamento efetivo das notas fiscais discriminadas (veracidade da compra e venda); que as notas fiscais expedidas continham todas as informações que conduziram à aparência de legalidade (exame da documentação dentro dos limites possíveis ao adquirente); e que não restou comprovado que os pagamentos, no valor integral das notas fiscais, foram efetuados de modo fraudulento pela adquirente, em conluio com a empresa fornecedora (ausência de dolo).

4. Aplica-se, por analogia, o recurso repetitivo REsp 1.148.444/MG, Rel. Ministro Luiz Fux, Primeira Seção, DJe 14/4/2010, DJe 27/4/2010, e a Súmula 509/STJ, in verbis: "É lícito ao comerciante de boa-fé aproveitar os créditos de ICMS decorrentes de nota fiscal posteriormente declarada inidônea, quando demonstrada a veracidade da compra e venda".

5. Agravo interno não provido.

(AgInt no AREsp 1.521.871/SP, relator Ministro Mauro Campbell Marques, Segunda Turma, julgado em 13.12.2022, DJe de 15.12.2022).

Assim, a melhor interpretação do art. 136, do CTN, é aquela que afasta a atribuição de responsabilidade por infração à legislação tributária quando ausente a culpa do agente/contribuinte. Quando ele consegue demonstrar/provar que cumpriu a legislação, que não ocultou qualquer fato relevante ao nascimento da obrigação tributária. Nestes casos, deve ser afastada a aplicação de penalidade, visto que agiu de boa-fé.

REFERÊNCIAS

CARVALHO, Paulo de Barros. *Curso de Direito Tributário*. 17. ed. São Paulo: Saraiva, 2005.

CONSELHO ADMINISTRATIVO DE RECURSOS FISCAIS. Acórdão 1302-006.413 – 1ª Seção de Julgamento/3ª Câmara/2ª Turma Ordinária – sessão 15.03.2023 – Rel. Conselheiro Flávio Machado Vilhena Dias – Processo 15746.720390/2020-43

COSTA, Regina Helena. *Curso de Direito Tributário*: Constituição e Código Tributário Nacional. São Paulo: Saraiva, 2009.

COSTA, Regina Helena. *Curso de Direito Tributário*: Constituição e Código Tributário Nacional. São Paulo: Saraiva, 2009. NOGUEIRA, Ruy Barbosa. *Curso de Direito Tributário*. 15. ed. São Paulo: Saraiva, 1999.

MACHADO, Hugo de Brito. *Curso de Direito Tributário*. 39. ed. São Paulo: Malheiros, 2018.

MACHADO, Hugo de Brito. *Revista Dialética de Direito Tributário*, n. 30, p. 46-47. Dialética, mar. 1998.

MACHADO, Hugo de Brito. *Revista Dialética de Direito Tributário*, n. 236, p. 88. Dialética, maio 2015.

NOGUEIRA, Ruy Barbosa. *Curso de Direito Tributário*. 15 ed. São Paulo: Saraiva, 1999.

STF. ADI 5135, Relator(a): Roberto Barroso, Tribunal Pleno, julgado em 09.11.2016, Processo eletrônico DJe-022 Divulg 06.02.2018 Public 07.02.2018.

STF. RE 1027633, Tribunal Pleno, julgado em 14.08.2019. Processo eletrônico Repercussão geral – Mérito Dje-268 Divulg 05.12.2019 Public 06.12.2019.

STF. RE 1090591, Relator(a): Marco Aurélio, Tribunal Pleno, julgado em 16.09.2020. Processo eletrônico repercussão geral – Mérito DJE-242 Divulg 02.10.2020 Public 05.10.2020.

STJ. AgInt no AREsp 1.521.871/SP, relator Ministro Mauro Campbell Marques, Segunda Turma, julgado em 13.12.2022, DJe de 15.12.2022.

STJ. REsp 1.686.659/SP, relator Ministro Herman Benjamin, Primeira Seção, julgado em 28.11.2018, DJe 11.03.2019.

TORRES, Ricardo Lobo. *Curso de Direito Financeiro e Tributário*. 11. ed. Rio de Janeiro: Renovar, 2004.

I – DIREITO E PODER
(NO ÂMBITO DA TRIBUTAÇÃO)

DIREITO E PODER (NO ÂMBITO DA TRIBUTAÇÃO)

Antônio de Pádua Marinho Monte

Doutor em Direitos e Garantias Fundamentais (FDV). Mestre em direito (UFSC). Bacharel em Direito e especialista em Direito e Processo Constitucionais, bem como em Direito e Processos Tributários. Bacharel em Ciências Contábeis e Especialista em Contabilidade Gerencial Pública e Privada. Membro da Academia Internacional de Letras Jurídicas (AINTERLJ). Membro do ICET – Instituto Cearense de Estudos Tributários. Professor universitário e advogado atuante na área tributária. Endereço eletrônico: paduamarinho@gmail.com. CV: http://lattes.cnpq.br/7688688633099021. ORCID 0000-0002-3781-5890.

Sumário: Introdução – I – A relação jurídica é uma relação meramente de poder? O que diferencia uma relação jurídica de uma relação de poder? Sendo o Estado credor da relação tributária, e, ao mesmo tempo, autor da regra que a disciplina, responsável por sua regulamentação e aplicação, e, também, pelo equacionamento de conflitos que daí decorrem, quais institutos ou requisitos são necessários a que a relação tributária se diferencie de uma mera relação de poder? – II – Qual a finalidade do Direito Tributário? Diante dessa finalidade, qual o conceito mais abrangente a ser dado ao Direito Tributário? – Conclusões – Referências.

O que diferencia uma relação jurídica de uma relação de poder? Sendo o Estado credor da relação tributária, e, ao mesmo tempo, autor da regra que a disciplina, responsável por sua regulamentação e aplicação, e, também, pelo equacionamento de conflitos que daí decorrem, quais institutos ou requisitos são necessários a que a relação tributária se diferencie de uma mera relação de poder?

INTRODUÇÃO

De início, o sentimento é de gratidão pelo convite gentilmente formulado pelos professores Schubert de Farias Machado e Hugo de Brito Machado Segundo enquanto dirigentes do *ICET – Instituto Cearense de Estudos Tributários*, entidade que muito colabora para a educação tributária, na incessante pesquisa e discussão de assuntos que interessam aos estudiosos dessa tão importante área jurídica. O ICET, como dizia o prof. Hugo de Brito Machado (aqui homenageado), é um espaço amplamente democrático em que se discute os mais variados temas de direito tributário, propiciando momentos de liberdade de pensamento e de expressão jurídica.

A presente contribuição para mais essa obra do Instituto tem por objeto central "Direito e Poder". Um tema cuja abordagem a ser dada neste articulado tem o propósito de servir para reflexão de todos – sejam agentes públicos, advogados, professores, juristas, acadêmicos de Direito, público em geral.

Partindo-se da premissa doutrinária do prof. Hugo de Brito Machado, segundo a qual "direito é sistema de limites", busca-se, no presente artigo, responder às seguintes indagações: A relação jurídica é uma relação meramente de poder? O que diferencia uma relação jurídica de uma relação de poder? Sendo o Estado credor da relação tributária, e, ao mesmo tempo, autor da regra que a disciplina, responsável por sua regulamentação e aplicação, e, também, pelo equacionamento de conflitos que daí decorram, quais institutos ou requisitos são necessários a que a relação tributária se diferencie de uma mera relação de poder? Qual a finalidade do Direito Tributário? Diante dessa finalidade, qual o conceito mais abrangente a ser dado ao Direito Tributário?

Uma das hipóteses que se pretende ver demonstrada é a de que a relação tributária não é uma simples relação de poder, embora em sua origem tenha sido assim concebida.

A outra hipótese é que, se o "Direito é sistema de limites", os conceitos formulados pela maioria dos doutrinadores não seriam tão abrangentes como deveriam ser, pois ignoram que o Direito Tributário serve para limitar o poder de tributar e não apenas para dispor de normas que disciplinam o processo de "instituição, lançamento, fiscalização, cobrança e arrecadação" das prestações pecuniárias compulsórias que se amoldam ao conceito jurídico de tributo.

O presente estudo está dividido em dois tópicos: um primeiro tópico que tem como eixo central *relação de poder e tributação* e um tópico seguinte que tem como eixo *finalidade e conceito do direito tributário*.

I – A RELAÇÃO JURÍDICA É UMA RELAÇÃO MERAMENTE DE PODER? O QUE DIFERENCIA UMA RELAÇÃO JURÍDICA DE UMA RELAÇÃO DE PODER? SENDO O ESTADO CREDOR DA RELAÇÃO TRIBUTÁRIA, E, AO MESMO TEMPO, AUTOR DA REGRA QUE A DISCIPLINA, RESPONSÁVEL POR SUA REGULAMENTAÇÃO E APLICAÇÃO, E, TAMBÉM, PELO EQUACIONAMENTO DE CONFLITOS QUE DAÍ DECORRAM, QUAIS INSTITUTOS OU REQUISITOS SÃO NECESSÁRIOS A QUE A RELAÇÃO TRIBUTÁRIA SE DIFERENCIE DE UMA MERA RELAÇÃO DE PODER?

A origem histórica do tributo diz respeito à própria origem do homem em sociedade, pois o início da cobrança do tributo remonta para os períodos mais remotos da vida em sociedade. Obviamente que nessa época longínqua, anterior inclusive à existência do Estado, a cobrança do tributo era na base da força bruta e sua receita não servia ao atendimento das necessidades públicas; mas sim à manutenção do senhor feudal, pois a este era pago.

É o que leciona Balthazar (2005, p. 17): "[...] Na Idade Média, os tributos não eram pagos a um Estado, mas sim a uma pessoa, o senhor feudal, perdendo desta forma o caráter fiscal".

O surgimento do tributo como uma relação meramente de poder é analisado pelo referido autor da seguinte forma (2005, p. 18), remontando para a ideia de tributo como penalidade imposta aos que sucumbiram em guerras:

> Se a história do tributo confunde-se com a própria história do Estado, como sociedade organizada, a atividade tributária, historicamente, sempre foi exercida pelos governos, sem exceção, de forma assistemática, desorganizada, com a cobrança de tributos, de regra, feita à base da força bruta. Neste

sentido, inclusive, o tributo, na remota antiguidade, tinha mais o sentido de cobrança imposta pelos vencedores aos vencidos em guerra de conquistas.

A mesma percepção histórica é narrada pelo professor aqui homenageado, ao defender a ideia de que a relação tributária não é uma simples relação de poder, embora alguns ainda a encarem dessa forma:

> Importante, porém, é observar que a relação de tributação não é simplesmente relação de poder como alguns têm pretendido que seja. É relação jurídica, embora seu fundamento seja a soberania do Estado. Sua origem remota foi a imposição do vencedor sobre o vencido. Uma relação de escravidão, portanto. E essa origem espúria, infelizmente, às vezes ainda se mostra presente em nossos dias, nas práticas arbitrárias de autoridades da administração tributária (Machado, 2020, p. 27).

Foi com o surgimento do Estado Moderno, notadamente do Estado de Direito, que essa concepção do tributo como simples relação de poder começou a ser revista, mediante as conquistas liberais, fruto das Revoluções existentes ao longo da história mundial.

Cita-se como um possível marco histórico que, em 1215, o Rei João I (Rei João Sem-Terra) foi forçado pelos barões ingleses a assinar um documento conhecido como Carta Magna de 1215 (Artigos dos Barões), através do qual foram reconhecidos direitos individuais aos súditos ingleses, bem como foi limitado o poder, até então absoluto, do Rei, em face do seu clero, nobres, barões e burgueses ingleses em ascensão no século XIII.

Embora elaborada apenas para o povo inglês (direitos dos ingleses), a *Carta Magna Libertatum* que limitativa os poderes reais, inspirou todas as constituições democráticas ao longo da história e representou, além de pedra fundamental para a Constituição inglesa, fonte de inspiração para o constitucionalismo no mundo, notadamente, Ocidental, sendo considerada a primeira declaração histórica dos direitos do homem reconhecidos de forma dogmática.

No plano tributário, inspirou os princípios da igualdade, da irretroatividade da lei, da legalidade e da tipicidade, da anterioridade, da capacidade contributiva, da vedação ao tributo com efeito de confisco, da liberdade de tráfego, do devido processo legal, do direito de petição, da inafastabilidade do controle jurisdicional, entre outros considerados como direitos e garantias fundamentais.

A atividade tributária começou então a evoluir, paulatinamente, de uma origem histórica em que a relação era simplesmente de poder (em que o governante impunha ao governado sem critério ou limitação alguma) para uma relação jurídica em que ambas as partes ("credor" e "devedor") são sujeitos de direitos e de obrigações.

Não se pretende aqui negar a importância da tributação, pois no Estado contemporâneo, notadamente, Estado de Direito, cuja finalidade é a pacificação social de forma justa e segura, é adotado o modelo Fiscal (e não patrimonial) que retira da sociedade os recursos financeiros suficientes (tributos) para o atingimento do bem comum (razão de existência do Estado).

O Estado Fiscal, tônica do Estado contemporâneo, se dá em contraposição à ideia de Estado Patrimonial, em que as riquezas estatais se confundem com a do senhor feudal.

No Estado Patrimonialista, a liberdade econômica sofre severas restrições, pois o direito fundamental à propriedade é tolhido sob vários aspectos. O Estado é o gestor dos negócios, "dono" dos fatores de produção, praticando atividade econômica, auferindo lucros e acumulando riquezas (*receita originária*).

Daí que prescinde da *receita derivada* dos particulares (tributos). Aufere suas próprias rendas ("receitas originárias"), decorrentes da exploração econômica de seus bens, da organização de seus (próprios) fatores de produção e, por conseguinte, não conta com a contribuição econômica compulsória dos particulares, até porque, nesse cenário de estatização da economia, em muito pouco os particulares poderiam concorrer para os gastos públicos.

Nesse sentido leciona Torres (1991, p. 98):

> O Estado Fiscal, por conseguinte, abriu-se para a publicidade e dilargou as fronteiras da liberdade humana, permitindo o desenvolvimento das iniciativas individuais e o crescimento do comércio, da indústria e dos serviços. Constituindo o preço dessas liberdades, por incidir sobre as vantagens auferidas pelo cidadão com base na livre iniciativa, o tributo necessitava de sua limitação em nome dessa mesma liberdade e da preservação da propriedade privada, o que se fez, pelo constitucionalismo e pelas declarações de direitos, antecipados ou contemplados pelas novas diretrizes do pensamento ético e jurídico.

O modelo adotado pelo Estado Nacional Brasileiro é o Fiscal, embora possa haver previsão constitucional para desempenho de atividade econômica pelo Estado, o que se dá por imperativos de segurança nacional ou relevante interesse coletivo, na forma definida em lei (art. 173/CF). Ou seja, a regra é que os fatores de produção pertençam aos particulares (livre iniciativa e liberdade econômica), que os explorarão, cujo fruto desta exploração será – invariavelmente – tributado.

Acerca disso, oportunas se mostram as lições do professor homenageado (2020, p. 23) acerca da dicotomia *atividade financeira do Estado* x *liberdade econômica*:

> Qualquer que seja a concepção de Estado que se venha a adotar, é inegável que ele desenvolve atividade financeira. Para alcançar seus objetivos precisa de recursos financeiros e desenvolve atividade para obter, gerir e aplicar tais recursos. Isto não significa que não possa atuar no campo econômico. E atua, com maior ou menor intensidade, ora explorando patrimônio seu, com o fim de lucrar, ora intervindo no setor privado da economia, na defesa da coletividade. De qualquer forma, pelo menos em princípio, o Estado não prescinde de recursos financeiros que arrecada do setor provado, no exercício de sua soberania.
>
> No Brasil vigora a regra da liberdade de iniciativa na ordem econômica. A atividade econômica é entregue à iniciativa privada. A não ser nos casos especialmente previstos na Constituição, o exercício direto da atividade econômica só é permitido ao Estado quando necessário aos imperativos da segurança nacional, ou em face de relevante interesse coletivo, conforme definidos em lei (CF, art. 173). Não é próprio do Estado, portanto, o exercício da atividade econômica, que é reservada ao setor privado, de onde o Estado obtém os recursos de que necessita [...].

Embora a tributação seja, sem sombra de dúvida alguma, "o instrumento de que se tem valido a economia capitalista para sobreviver", pois sem ela o Estado estaria privado de realizar seus fins sociais, salvo se monopolizasse a atividade econômica (Machado, *ob. cit.*, *idem*), ela deverá se dar de forma respeitosa aos limites impostos pela ordem jurídica.

Ou seja, a tributação que incide sobre o patrimônio, a renda, as operações econômicas em sentido amplo, embora seja necessária à consecução do bem comum (financiamento das despesas públicas), deverá se dar de forma obediente às balizas constitucionalmente impostas.

As limitações da atividade tributária encontram-se, também, dispostas nas normas gerais versadas nas leis complementares que deverão reger as espécies tributárias (em especial, os impostos), cuja observância é obrigatória para todos os entes da federação, conforme preceitua o art. 146 do texto constitucional.

A Constituição Federal de 1988 demonstra, a toda evidência, que a relação tributária não é uma simples relação de poder. A própria denominação dada à Seção II, do Capítulo I (Sistema Tributário Nacional) de seu Título VI (Tributação e Orçamento), como sendo "Das Limitações do Poder de Tributar", revela a superação dessa anacrônica ideia da relação tributária como uma relação simplesmente de poder.

Portanto, ao estabelecer limites, desde as constituições brasileiras mais pretéritas – seja na forma de princípios, seja na forma de imunidades tributárias – o legislador constituinte deixou claro que a relação entre fisco e contribuinte não pode ser encarada como uma simples relação de poder.

Neste sentido, leciona o nosso professor homenageado, Hugo de Brito Machado (2019, p. 19), destacando a importância dos princípios no disciplinamento jurídico da relação tributária:

> Constitui ponto pacífico, atualmente, a assertiva segundo a qual a relação tributária é uma relação jurídica e não uma relação simplesmente de poder. Assim, submetida que está a relação da tributação ao disciplinamento jurídico, tem-se que examinar, em primeiro lugar, as prescrições jurídicas mais importantes no disciplinamento dessa relação, as quais são geralmente designadas como princípios jurídicos da tributação.

A exigência de lei formal para criar o tributo, bem como para estabelecer os elementos essenciais da relação obrigacional tributária, revelam traços dessa juridicidade.

Por oportuno, se traz à baila as lições do prof. Hugo de Brito Machado (2019, p. 42), acerca dos sentidos formal e material da expressão "lei":

> Em nosso Curso de Direito Tributário, desde a primeira edição, publicada em 1979, até a última, temos explicado que nos estudos jurídicos a palavra lei tem um sentido formal e um sentido material, assim:
>
> *Em sentido formal, lei é o ato jurídico produzido pelo Poder competente para o exercício da função legislativa, nos termos estabelecidos pela Constituição. Diz-se que o ato tem a forma de lei. Foi feito por quem tem competência para fazê-lo, e na forma estabelecida para tanto, pela Constituição. Nem todos os atos dessa categoria, entretanto, são leis em sentido material.*
>
> *Em sentido material, lei é o ato jurídico normativo, vale dizer, que contém uma regra de direito objetivo, dotada de hipoteticidade. Em outras palavras, a lei em sentido material, é uma prescrição jurídica hipotética, que não se reporta a um fato individualizado no tempo e no espaço, mas a um modelo, a um tipo. É uma norma. Nem sempre as leis em sentido material são leis em sentido formal.*

Além da legalidade, existem outros limites impostos, em homenagem à segurança jurídica (anterioridades do exercício, nonagesimal e irretroatividade) e ao valor justiça na tributação (capacidade contributiva, isonomia, vedação ao confisco, liberdade de tráfego etc.) que reafirmam a ideia do direito como "sistema de limites", afastando a noção de mera relação de poder.

Acrescente-se a isso que tais limitações são consideradas como barreiras materiais ao poder de reforma ("cláusulas pétreas"), não podendo ser ultrapassadas, no sentido de serem revogadas ou ter seu conteúdo reduzido pelo legislador constituinte derivado.

Essa é a orientação reiterada do Supremo Tribunal Federal, segundo a qual os princípios, assim como as imunidades, são garantias fundamentais do indivíduo, em face do Estado; e, portanto, devem ser consideradas como "cláusulas pétreas":

> O princípio da anterioridade, que é garantia individual do contribuinte (art. 5º, par. 2º, art. 60, par. 4., inciso IV e art. 150, III, "b" da Constituição); 2. – o princípio da imunidade tributária recíproca (que veda à União, aos Estados, ao Distrito Federal e aos Municípios a instituição de impostos sobre o patrimônio, rendas ou serviços uns dos outros) e que é garantia da Federação (art. 60, par. 4., inciso I, e art. 150, VI, "a", da CF); 3. – a norma que, estabelecendo outras imunidades, impede a criação de impostos (art. 150, III) sobre: "b"): templos de qualquer culto; "c"): patrimônio, renda ou serviços dos partidos políticos, inclusive suas fundações, das entidades sindicais dos trabalhadores, das instituições de educação e de assistência social, sem fins lucrativos, atendidos os requisitos da lei; e "d"): livros, jornais, periódicos e o papel destinado a sua impressão. (Ação Direta de Inconstitucionalidade 939/DF) (Brasil, 1994).
>
> O poder constituinte derivado não é ilimitado, visto que se submete ao processo consignado no art. 60, §§ 2º e 3º, da Constituição Federal, bem assim aos limites materiais, circunstanciais e temporais dos §§ 1º, 4º e 5º do aludido artigo. 2. A anterioridade da norma tributária, quando essa é gravosa, representa uma das garantias fundamentais do contribuinte, traduzindo uma limitação ao poder impositivo do Estado. (Recurso Extraordinário com Repercussão Geral 587008/SP) (Brasil, 2011).
>
> O Sistema Tributário Nacional, encartado em capítulo próprio da Carta Federal, encampa a expressão "instituições de assistência social e educação" prescrita no art. 150, VI, "c", cuja conceituação e regime jurídico aplica-se, por analogia, à expressão "entidades beneficentes de assistência social" contida no art. 195, § 7º, à luz da interpretação histórica dos textos das CF/46, CF/67 e CF/69, e das premissas fixadas no verbete da Súmula 730. É que até o advento da CF/88 ainda não havia sido cunhado o conceito de "seguridade social", nos termos em que definidos pelo art. 203, inexistindo distinção clara entre previdência, assistência social e saúde, a partir dos critérios de generalidade e gratuidade. 8. As limitações constitucionais ao poder de tributar são o conjunto de princípios e demais regras disciplinadoras da definição e do exercício da competência tributária, bem como das imunidades. O art. 146, II, da CF/88, regula as limitações constitucionais ao poder de tributar reservadas à lei complementar, até então carente de formal edição. 9. A isenção prevista na Constituição Federal (art. 195, § 7º) tem o conteúdo de regra de supressão de competência tributária, encerrando verdadeira imunidade. As imunidades têm o teor de cláusulas pétreas, expressões de direitos fundamentais, na forma do art. 60, § 4º, da CF/88, tornando controversa a possibilidade de sua regulamentação através do poder constituinte derivado e/ou, ainda mais, pelo legislador ordinário (Recurso Extraordinário 636941/RS) (Brasil, 2014).
>
> O Princípio da Anterioridade (art. 150, III, "b", da CF), por configurar uma das maiores garantias tributárias do cidadão em face do Estado/Fisco, é consagrado pelo Supremo Tribunal Federal como cláusula pétrea, nos termos do art. 60, § 4º, IV, da CF (ADI 939, Rel. Min. Sydney Sanches, DJ de 18.03.1994). Além de constituir garantia individual, assegura a possibilidade de o contribuinte programar-se contra a

ingerência estatal em sua propriedade, preservando-se, pois, a segurança jurídica. (Ação Direta de Inconstitucionalidade 5.733/DF) (Brasil, 2019).

E não é apenas pela presença dos limites impostos ao exercício da competência tributária que a relação aqui estudada não pode ser reduzida a uma simples relação de poder.

As distinções entre uma relação jurídica e uma simples relação de poder são apresentadas pelo nosso saudoso mestre, aqui homenageado (Machado, 2020, p. 27-28):

> Entende-se por relação de poder aquela que nasce, desenvolve-se e se extingue segundo a vontade do poderoso, sem observância de qualquer regra que por ventura tenha sido preestabelecida. Já a relação jurídica é aquela que nasce, desenvolve-se e se extingue segundo regras preestabelecidas.

Sob este prisma, a relação tributária nasce, se desenvolve e se extingue, sob o manto de lei previamente editada, embora seja o Estado que a elabore. E, ainda que se saiba que o poder de tributar representa uma manifestação da soberania estatal, a sua realização deverá se dar nos precisos termos prescritos em lei aprovada mediante o consentimento da população contido – em tese – no parlamento.

> Justifica-se o poder de tributar conforme a concepção que se adote do próprio Estado. A ideia mais generalizada parece ser a de que os indivíduos, por seus representantes, consentem na instituição do tributo, como de resto na elaboração de todas as regras jurídicas que regem a Nação (Machado 2020, p. 28).

Reconhece-se que o fato de que o Estado é o credor da relação tributária, e, ao mesmo tempo, autor da regra que a disciplina, responsável por sua regulamentação e aplicação, e, também, pelo equacionamento de conflitos que daí decorrem, deixa grandes vestígios de uma relação de poder, fragilizando a moderna concepção de relação jurídica.

Acerca disso, nosso professor homenageado traz a seguinte recordação, em uma de suas obras escritas voltadas para os crimes contra a ordem tributária:

> Lembro-me muito bem da observação que diversas vezes ouvi de um colega professor da Faculdade de Direito da Universidade Federal do Ceará, que em tom de brincadeira me dizia referindo-se à matéria por mim lecionada: *esse teu Direito Tributário não é Direito coisa nenhuma. Se as leis são feitas pela parte interessada...* (Machado, 2011, p. 3).

A referência acima, embora tenha sido envidada em tom de brincadeira, se mostra desafiadora para uma seguinte reflexão: quais institutos ou requisitos são necessários a que a relação tributária se diferencie de uma mera relação de poder?

Ousa-se lançar uma resposta que parece ser adequada: é o respeito aos limites constitucionalmente impostos, por parte de todos os Poderes Públicos, observada a especialização ou divisão de suas funções. Melhor explicando...

Ao Poder Legislativo cabe aprovar exclusivamente as leis que forem respeitosas aos princípios e demais normas constitucionais (controle preventivo de constitucionalidade), de forma a prestigiar o caráter informativo dos princípios – algo que não se vê com frequência, haja vista que as leis têm sido elaboradas (por técnicos fazendários e não por juristas) e aprovadas visando unicamente os interesses arrecadatórios do Estado. Cabe ainda ao Legislativo, evitar os tão comuns mecanismos de superação da jurisprudência constitucional desfavorável ao Fisco, deixando de editar, por exemplo, emendas constitucionais que visam "ajustar" a "Lei Maior", de forma a afastar determinados óbices constitucionais ao exercício de competências tributárias.

Ao Poder Judiciário cabe julgar os casos concretos de aplicação da norma, prestigiando os postulados jurídicos, princípios constitucionais e as normas gerais tributárias postas no CTN e em outras leis complementares nacionais que estejam harmoniosas com o texto constitucional. Não deve o órgão julgador resolver as lides tributárias com base em pragmatismos orçamentários ou consequencialismo fiscal ("questões de caixa") – o que muito se observa hodiernamente.

Ao Poder Executivo cumpre respeitar a hierarquia das normas, os precedentes judiciais e, sobretudo, a força normativa da Constituição, no que toca às limitações ao poder de tributar, bem como ao correto exercício de suas competências.

Os três Poderes constituídos agindo da forma acima imaginada, se teria razoavelmente assegurado que, mesmo sendo o Estado credor tributário, aplicador e julgador da respectiva norma, a relação tributária estaria resguardada em sua juridicidade, se afastando de uma simples relação de poder no plano concreto.

II – QUAL A FINALIDADE DO DIREITO TRIBUTÁRIO? DIANTE DESSA FINALIDADE, QUAL O CONCEITO MAIS ABRANGENTE A SER DADO AO DIREITO TRIBUTÁRIO?

Machado (2020, p. 23), em sua clássica obra de mais de quatro décadas e que inspirou várias gerações de juristas e estudiosos da disciplina tributária, introduz as seguintes lições acerca do surgimento do Estado:

> Para viver em sociedade, necessitou o homem de uma entidade com força superior, bastante para fazer as regras de conduta, para construir o direito positivo. Dessa necessidade nasceu o Estado, cuja noção se pressupõe conhecida de quantos iniciam o estudo do direito tributário.

O autor (2011, p. 4) apresenta os três elementos essenciais do Estado, segundo a teoria de Kelsen: *a) povo* ou *população*: "é domínio pessoal de vigência da ordem jurídica estadual"; *b) território*: "apenas pode ser definido como domínio espacial da vigência de uma ordem jurídica estadual"; *c) poder*: "não é uma força ou instância mística que esteja escondida detrás do Estado ou do seu Direito" ("eficácia da ordem jurídica").

Embora Machado (2011, p. 4) qualifique como "sedutora" a argumentação contida nas ideias kelsenianas, discorda da total identidade entre Direito e Estado defendida pelo filósofo austríaco.

Machado (2011, p. 6), reconhecendo que o tema é polêmico, sustenta que o Direito não se reduz ao conjunto de normas produzidas pelo Estado:

Não há dúvida, portanto, de que Estado e Direito são inconfundíveis. A coletividade que tem o nome de Estado tem órgãos, tem unidade e tem vontade real, que adquire ao organizar-se. E o Direito é precisamente o instrumento dessa organização que lhe confere personalidade. Personalidade jurídica, portanto, mas não simplesmente fictícia.

Em pese a inegável polêmica em torno do tema, tem-se em mente que o Direito realmente não se confunde com o Estado, embora seja o Direito que: *a)* confere personalidade jurídica ao Estado, diferenciando-o das demais organizações sociais; *b)* dite as normas jurídicas atendendo – pelo menos, em tese – aos anseios do corpo social, visando a pacificação das complexas relações travadas entre os seus componentes e entre estes e o próprio Estado.

Partindo-se da premissa segundo a qual é o Estado quem produz as normas jurídicas, atendendo – via de regra – aos anseios sociais e visando a pacificação social de forma justa e segura, indaga-se qual seria a finalidade do Direito Tributário? Atender às "necessidades de caixa" do Estado, conferindo-lhe meios de receita advinda, compulsoriamente, do corpo social?

Para responder à indagação acima, se deve considerar, também, que a origem do "tributo" revela que o Estado nunca precisou do Direito Tributário para "decretar" tributos. Até porque a existência do tributo remonta época anterior à existência do próprio Estado, enquanto estrutura organizada de um povo, em um determinado território e sob uma ordem jurídica ("poder") por mais rudimentar que o seja.

Neste sentido, Baleeiro (1997, p. 1): "O tributo é vetusta e fiel sombra do poder político há mais de 20 séculos. Onde se ergue um governante ela se projeta sob o solo de sua dominação. Inúmeros testemunhos, desde a Antiguidade até hoje, excluem qualquer dúvida".

Nessa esteira de raciocínio, a finalidade do Direito Tributário, enquanto sistema de limites, não é "ensinar" o Estado a cobrar tributos, pois este já o faz antes mesmo da existência do Direito Tributário.

Por conseguinte, a finalidade do Direito Tributário é exatamente a de limitar o poder de tributar e proteger o cidadão contra abusos no exercício desse poder, conforme fartamente repetido pelo professor homenageado Hugo de Brito Machado (2007, p. 131): "O direito é um sistema de limites ao Poder, e o Direito Tributário é um sistema de limites do Poder de Tributar".

E prossegue o professor homenageado (*ob. cit., idem*), no sentido de que o Direito Tributário está em lenta e constante construção visando limitar o poder político de tributar:

> O Direito Tributário surgiu e vem sendo construído como instrumento destinado especialmente a limitar o poder político quando este se manifesta como poder de tributar. Mas a construção desse instrumento é lenta. O poder estatal sempre encontra meios para contornar cada limite edificado pelo Direito e em alguns casos chega a avançar de tal forma que termina obtendo recuo de limites já antigos e perfeitamente consolidados na doutrina e jurisprudência [...].

É inegável o caráter atemporal das palavras do prof. Hugo de Brito Machado, que parecia prever o futuro, haja vista, ilustrativamente, o que se tem hoje, no presente, em termos de projetos de leis complementares que visam regulamentar a "Reforma Tributária" de 2023 (EC 132/2023), ultrapassando limites constitucionais, desde os mais consagrados até aqueles impostos pela própria "reforma", bem como criando mecanismos de superação da jurisprudência constitucional que seja desfavorável aos anseios arrecadatórios.

São precisas as lições do professor Hugo de Brito Machado, acerca da finalidade do Direito Tributário (2020, p. 52) as quais não podem ser confundidas com a finalidade do tributo em si:

> A finalidade do direito tributário não se confunde com a finalidade do tributo, e a distinção – aliás, evidente, é muito importante. O tributo tem por finalidade suprir os cofres públicos dos recursos financeiros necessários ao custeio das atividades do Estado. [...] A finalidade do direito tributário não é a arrecadação de recursos financeiros para o Estado, mas o controle do poder de tributar a este inerente.

Portanto, partindo da ideia de que o direito tributário tem por finalidade impor limites (direito como "sistema de limites") ou controle ao poder de tributar do Estado em sua busca incessante por recursos para seu financiamento, o professor homenageado arremata seu raciocínio (Machado, 2020, p. 52):

> O direito tributário existe para delimitar o poder de tributar, transformando a relação tributária, que antigamente foi uma relação simplesmente de poder, em relação jurídica. A finalidade essencial do direito tributário, portanto, não é a arrecadação de tributo, até porque esta sempre aconteceu, e acontece, independentemente da existência daquele. O direito tributário surgiu para delimitar o poder de tributar e evitar os abusos no exercício deste.

A formulação de um conceito mais abrangente para essa importante disciplina jurídica deve partir de sua finalidade, de modo a afastar visões reducionistas no sentido de que o direito tributário é o ramo do direito público que disciplina o processo de instituição, fiscalização, cobrança e arrecadação de tributos.

O professor Hugo de Brito Machado sempre, em suas palestras e obras escritas, as introduzia fazendo menção à importância dos conceitos nos estudos jurídicos: "Os conceitos são muito importantes para o conhecimento da Teoria Geral do Direito, pois a teoria nada mais é do que o conjunto sistematizado de conceitos" (2014, p. 191).

E prossegue o mestre homenageado (2014, p. 192):

> Porque é expresso em palavras, o Direito exige muita atenção dos que o estudam para o significado de cada uma delas. E todo o cuidado no trato das palavras é de grande utilidade [...]. Realmente, um exame atento das divergências doutrinárias nos mostra que a maioria delas resulta muito mais de questões de linguagem do que de questões relativas propriamente às teses jurídicas.

Revelada a importância das palavras e dos conceitos nela contidos para a linguagem jurídica (direito como ciência conceitual), qual o conceito mais abrangente para o Direito Tributário? Seriam os conceitos usualmente dados pela maioria dos doutrinadores, que apontam para a instituição/fiscalização/cobrança/arrecadação de prestações de natureza tributária?

Com todo respeito, a maioria dos conceitos doutrinários atribuídos ao direito tributário são restritivos, por se aproximarem mais ao conceito de direito financeiro, mormente a um de seus elementos de estudo: a receita pública.

Não se deve conceber o direito tributário como se sendo apenas uma disciplina jurídica que cuida de disciplinar a tarefa atribuída compulsoriamente aos particulares de levar dinheiro ao erário. Uma simples *cartilha* ou *manual de instruções* sobre como "criar", "fiscalizar", "cobrar" e "arrecadar".

O conceito do professor Hugo de Brito Machado inaugurou uma nova forma de conceber o direito tributário, destacando o papel limitador e protetivo dos contribuintes que lhe é inerente: "Direto Tributário é o ramo do Direito que se ocupa das relações entre o fisco e as pessoas sujeitas a imposições tributárias de qualquer espécie, limitando o poder de tributar e protegendo o cidadão contra os abusos deste poder" (2012, p. 51).

Este é, no sentir da presente pesquisa, o conceito mais abrangente que pode ser dado ao Direito Tributário. Ademais, está de acordo com a ideia central do autor que concebe o direito como "sistema de limites" e com a referência histórica segundo a qual, o Estado nunca precisou do Direito Tributário para cobrar tributo.

CONCLUSÕES

O que diferencia uma relação jurídica de uma relação de poder é a existência de determinados limites a serem respeitados e a observância de normas previamente estabelecidas, bem como a divisão equânime de direitos e deveres a ambas as partes pertencentes a essa relação.

Desta forma, em face da exigência de regras e limites previamente estabelecidos, a relação tributária não pode ser encarada como uma simples relação de poder, embora em sua origem assim o fosse. Para tanto, os três poderes constituídos deverão concorrer para o respeito à força normativa da Constituição, em abandono ao simples pragmatismo arrecadatório.

Considerando que os governos – historicamente – nunca precisaram do Direito Tributário para cobrar tributos, a finalidade deste é limitar o poder e proteger o particular contra abusos no exercício desse poder de tributar. Do contrário, o "direito tributário" perderia até mesmo o caráter de disciplina jurídica, por se distanciar de um "sistema de limites".

A formulação de um conceito mais abrange do Direito Tributário deve necessariamente reconhecê-lo como um "sistema de limites", indo muito mais além da disciplina do processo de retirada compulsória de dinheiro dos particulares, via instituição, fiscalização, cobrança e arrecadação de tributos, por serem, estas, questões afetas à receita pública e não propriamente à função protetiva inerente à ordem jurídica.

Nessa ordem de ideias, é mais do que justo considerar a doutrina do prof. Hugo de Brito Machado como um "divisor de águas" no estudo do Direito Tributário, pois a esta se deve uma nova concepção do Direito Tributário, de forma a amplificá-lo em seu conteúdo e finalidade.

REFERÊNCIAS

BALEEIRO, Aliomar. *Limitações constitucionais ao poder de tributar*. 7. ed. Rio de Janeiro: Forense, 1997.

BALTHAZAR, Ubaldo Cesar. *História do tributo no Brasil*. Florianópolis: Boiteux, 2005.

MACHADO, Hugo de Brito. *Os princípios jurídicos da tributação na Constituição de 1988*. 6. ed. rev. e atual. São Paulo: Malheiros, 2019.

MACHADO, Hugo de Brito. *Curso de Direito Tributário*. 41. ed. São Paulo: Malheiros, 2020.

MACHADO, Hugo de Brito. *Curso de Direito Tributário*. 33. ed. São Paulo: Malheiros, 2012.

MACHADO, Hugo de Brito. *Crimes contra a ordem tributária*. 3. ed. São Paulo: Atlas, 2011.

MACHADO, Hugo de Brito. Revisão dos limites e possibilidades de atuação eficiente do Fisco. In: ROCHA, Valdir de Oliveira (Coord.). *Grandes questões atuais do Direito Tributário*. São Paulo: Dialética, 2007. 11. v.

MACHADO, Hugo de Brito. Obrigação tributária acessória e o princípio da legalidade. In: ROCHA, Valdir de Oliveira (Coord.). *Grandes questões atuais do Direito Tributário*. São Paulo: Dialética, 2014. 18. v.

TORRES. Ricardo Lobo. *A ideia de liberdade no Estado Patrimonial e no Estado Fiscal*. Rio de Janeiro: Renovar, 1991.

DIREITO, PODER E JUSTIÇA NO ÂMBITO DA TRIBUTAÇÃO – ESTUDO EM HOMENAGEM A HUGO DE BRITO MACHADO

Benedito Gonçalves

Mestre em Direito. Especialista em Direito Processual Civil. Formado em Ciências Jurídicas e Sociais pela Faculdade Nacional de Direito, da Universidade Federal do Rio de Janeiro (UFRJ). Ministro do Superior Tribunal de Justiça (STJ).

Camile Sabino Bezerra Corrêa

Pós-Graduada em Contratos e Responsabilidade Civil pelo Instituto de Desenvolvimento e Pesquisa – IDP. Especialização em Governo e Direito na Universidad Autonoma de Madrid. Especialização em Administração Pública na École Nationale D'administration – L'ÉNA, em Paris. Bacharel em Ciência Política pela Universidade de Brasília. Bacharel em Direito pelo Centro Universitário Unieuro. Assessora de Gabinete do Ministro Benedito Gonçalves.

Sumário: Introdução – 1. Os primórdios da justiça – 2. Diferença entre relação jurídica e relação de poder – 3. Espécies de tributos – 4. Garantias do contribuinte diante do poder normativo do Estado – 5. Da separação de poderes e intervenção estatal – 6. A importância do valor da solidariedade para construção da justiça fiscal – Conclusão – Referências.

INTRODUÇÃO

Em sentido amplo, a relação jurídica é a relação social tutelada pelo direito: "um liame entre duas ou mais pessoas, que se estabelece sobre uma base fática e que, por força de um valor socialmente relevante, foi disciplinado por uma norma de direito".[1] Por seu turno, em sentido estrito, poder e dever coexistem quando juridicamente protegidos, ao que se entende como relação jurídica obrigacional.

O conceito de tributo está previsto no art. 3º, do Código Tributário Nacional – CTN: "Tributo é toda prestação pecuniária compulsória, em moeda ou cujo valor nela se possa exprimir, que não constitua sanção de ato ilícito, instituída em lei e cobrada mediante atividade administrativa plenamente vinculada". O conceito legal traz várias informações relevantes que conformam o tributo e fundamentam sua cobrança.

A relação entre o credor e o devedor na relação jurídica obrigacional tributária sempre foi marcada por certa desconfiança. O contribuinte sofre com a invasão do Estado em seu patrimônio e reclama da ganância na arrecadação. O Estado está constantemente

---

1. DUARTE, Francisco. *Direito Tributário* – Ed. 2022. Disponível em: https://www.jusbrasil.com.br/doutrina/direito-tributario-ed-2022/1643176293. Acesso em: 13 jun. 2024.

vigilante contra fraude e outros meios usados na tentativa de escapar das obrigações legais, enfrentando altos índices de sonegação.

Essa mútua desconfiança entre o fisco e o contribuinte é prejudicial para ambas as partes e dificulta a criação de um sistema tributário baseado na justiça fiscal. Para alcançar esse objetivo, é essencial estabelecer as bases de uma teoria sobre a justiça, que forneça elementos para regular a conduta justa do fisco e do contribuinte.

Este artigo aborda, inicialmente, algumas ideias e conceitos sobre justiça nas filosofias grega, romana e contemporânea. Essas ideias de justiça nos auxiliam a entender o tributo como um dever social compartilhado e a refletir sobre como a prática dos princípios tributários pode alcançar a justiça fiscal.

Considerando o Estado credor da relação tributária, e, ao mesmo tempo, autor da regra que a disciplina, responsável por sua regulamentação e aplicação, e, também, pelo equacionamento de conflitos que daí decorrem, o artigo sintetiza os institutos ou requisitos necessários para que a relação tributária se diferencie de uma mera relação de poder.

Por derradeiro, concluiremos com a reflexão de que o tributo é, concomitantemente, dever fundamental compartilhado e instrumento de distribuição de bens e direitos.

1. OS PRIMÓRDIOS DA JUSTIÇA

Na Grécia antiga, a justiça era um valor fundamental que permeava toda a cultura. Era tão importante que estava sempre associada às divindades da justiça, Dike e Themis.[2] Essas deusas interferiam na vida das cidades, dependendo da conduta dos cidadãos.

---

2. De acordo com a mitologia grega, a deusa Thémis é considerada a figura feminina que representa a Justiça. Ela é filha de Urano (Céu) e Gaia (Terra) e é a própria deusa da Justiça. No entanto, alguns pensadores acreditam que Têmis é uma abstração das noções humanas de justiça de uma cultura específica. Sob uma perspectiva arquetípica, acredita-se que Têmis não é apenas um produto da organização social, mas sim um pressuposto para tal organização. Sua existência psicológica é anterior e fundamental para a compreensão humana do significado e ensinamento da justiça.
Essa visão arquetípica considera que a origem de Têmis está na natureza psíquica e no inconsciente coletivo, ao invés de estar na cultura e na consciência coletiva. Portanto, seu papel não é secundário, mas sim principal.
É importante ressaltar que um dos atributos de Têmis é sua incrível beleza, assim como o poder de atrair pela sua dignidade. Ela foi a segunda esposa de Zeus, depois de Métis e antes de Hera. Suas filhas são Eumônia (Disciplina), Dikê (Justiça) e Eiriné (Paz). É relevante mencionar que foi Têmis quem fez de sua filha Dikê a "Deusa da Justiça".
Têmis é representada segurando uma balança, simbolizando o equilíbrio entre razão e o julgamento. No entanto, nunca é representada segurando uma espada. Têmis seria uma espécie de termo intermediário entre a concepção divina de Justiça (ditada por Zeus) e Dikê, inspirada e aberta, que se atém a atender cos interesses de seus destinatários.
Dikê é representada segurando uma espada com a mão direita (simbolizando a força, elemento indispensável ao Direito) e uma balança com a mão esquerda (representando a igualdade como objetivo buscado pelo Direito), porém sem o fiel no meio, em equilíbrio. O fiel só é colocado no meio após a realização da justiça, quando um ato é considerado justo, promovendo o equilíbrio na balança. Percebe-se que, nessa concepção, para os gregos, o ideal de justo (Direito) era identificado com o de igual (Igualdade).
É importante mencionar que Dikê é representada com os olhos bem abertos, utilizando não apenas a audição, mas também a visão no julgamento.

Se agissem de forma justa, seriam abençoados com harmonia, paz, prosperidade e ordem. Porém, se agissem injustamente, seriam punidos com tempestades, guerras, más colheitas e tumultos.

Outra associação comum na filosofia grega era a justiça como equilíbrio da alma, assim como a saúde é o bom funcionamento do corpo. Os médicos gregos acreditavam que as doenças do corpo eram causadas pelos excessos cometidos. Nessa perspectiva, atos individuais abusivos são a origem dos males na sociedade. A justiça é a harmonia dos elementos da alma, assim como a saúde é a harmonia entre os elementos do corpo.

A justiça também era essencial para determinar a posição do ser humano no cosmos. Os princípios da vida humana são derivados dos princípios do cosmos, que são, de acordo com a filosofia grega, eternamente válidos. As leis da natureza, baseadas na relação de causa e efeito, estão subordinadas a uma norma suprema. Assim como a lei suprema abrange todas as leis, os mandamentos morais também não estão isentos dessa regra fundamental. A justiça faz parte da norma suprema do cosmos, da qual todas as leis humanas, de todos os Estados, tiram sua validade.

Para Platão, a justiça é a virtude que deve ser desenvolvida na alma humana através da educação. A razão e o conhecimento fazem com que o homem aprenda a distinguir o que é justo e a agir voluntariamente de acordo com isso, enquanto a maioria age apenas por coerção. A lei platônica deve ser a norma escrita elaborada pelo legislador filósofo, que regula a vida em todos os detalhes, como produto da razão correta e como instrumento de educação dos cidadãos.

No entanto, é com Aristóteles que encontramos as bases mais sólidas para compreender a justiça. De acordo com o filósofo, todo ser humano tem duas partes, uma irracional e outra racional. A parte irracional está sujeita às leis naturais e ao princípio da causalidade. A parte racional é o que diferencia e destaca o homem dos outros seres. A razão é dividida em sabedoria e prudência. Aristóteles relaciona o conceito de justiça com igualdade. A sabedoria é a qualidade que permite ao homem adentrar no vasto mundo do conhecimento. A prudência é a capacidade do homem de escolher fins bons e buscar os meios para alcançá-los.

A sabedoria seria responsável por preservar as virtudes humanas. Por seu turno, a virtude seria uma característica que permite que uma pessoa escolha, entre um conjunto de situações de falta ou excesso, aquela que está no meio desses dois extremos.

De acordo com Aristóteles, a justiça é a virtude mais valiosa, podendo ser classificada como universal ou particular. A justiça universal se preocupa com o respeito à lei cósmica. A justiça particular é a realização da igualdade. Portanto, o justo seria aquele que efetiva a equidade, seja de forma distributiva ou corretiva. Na distributiva, os bens devem ser distribuídos igualmente para os iguais e desigualmente para os desiguais, de

---

Ele ergue sua espada para fazer valer seus ideais e, com ela empunhada, ele se lança na luta incansável pelo equilíbrio do fiel da balança, personificando de forma única e pessoal a Justiça (Dikê).

acordo com suas desigualdades. Na corretiva, se um dano é causado, o prejuízo deve ser reparado e a vítima da ofensa deve ser compensada, como restauração da igualdade.

A igualdade tem duas acepções, segundo Aristóteles. Na justiça distributiva, ela é geométrica, pois deve oferecer bens de forma igual ou desigual, de acordo com os méritos dos destinatários. Na justiça corretiva, a igualdade é aritmética, pois o equilíbrio nas relações interpessoais só é restaurado com a reparação precisa do dano causado. Assim, a igualdade geométrica se refere a bens, enquanto a aritmética diz respeito a relações.

De maneira análoga, um ato injusto só poderia ser praticado se houver consciência, a vontade e a certeza de cometimento de injustiça. Ausente a consciência da injustiça, o ato é um erro.

Tecidas tais considerações, é possível afirmar que, para Aristóteles, a justiça particular remonta: ao direito de receber bens da sociedade, de acordo com os diferentes méritos; e ao direito de reparação de quaisquer danos causados, de forma que o autor do dano não permaneça com bens de quem foi ofendido.

Enquanto na filosofia grega a justiça era baseada na igualdade e na esfera moral, na Roma Antiga ela começou a ser centrada na liberdade e no direito. Durante esse período, o direito foi sistematizado e normatizado por meio de leis, doutrinas e jurisprudências. Todo homem, por ser livre, passou a ser considerado um sujeito universal de direitos e titular de poderes jurisdicionais para defender suas liberdades, respaldado pela força e coerção do Estado.

O direito, nesse contexto, tornou-se um meio para garantir a coexistência por meio da solução de conflitos e para proteger a comunidade e o bem comum de abusos cometidos por alguns em detrimento da liberdade de outros. Tanto a moral quanto o direito fazem parte da ética, mas o direito vai além da moral, pois transforma valores abstratos em normas. Essas normas valorizam e ordenam os fatos, reconhecem e limitam as liberdades e universalizam a justiça.

Na Roma Antiga, a justiça passou a ser vista de maneira diferente em relação ao pensamento grego. Enquanto na filosofia grega a justiça era baseada na igualdade e na esfera moral, na Roma Antiga ela começou a ser centrada na liberdade e no direito. Durante esse período, o direito foi sistematizado e normatizado por meio de leis, doutrinas e jurisprudências. Todo homem, por ser livre, passou a ser considerado um sujeito universal de direitos e titular de poderes jurisdicionais para defender suas liberdades, respaldado pela força e coerção do Estado.

O direito, nesse contexto, tornou-se um meio para garantir a coexistência por meio da solução de conflitos e para proteger a comunidade e o bem comum de abusos cometidos por alguns em detrimento da liberdade de outros. Tanto a moral quanto o direito fazem parte da ética, mas o direito vai além da moral, pois transforma valores abstratos em normas. Essas normas valorizam e ordenam os fatos, reconhecem e limitam as liberdades e universalizam a justiça.

Em Roma, a concepção de justiça é baseada na lei como elemento primordial, que normatiza as regras racionais, e é permeada pelo direito, por meio da doutrina e jurisprudência produzidas pelos juristas, bem como pela distribuição de bens e direitos conforme as normas disciplinam.

Consequentemente, é possível distinguir entre uma concepção formal e material de justiça na jurisprudência romana. A justiça formal está relacionada à legislação, especialmente à sua elaboração e aplicação. Durante o processo de elaboração da legislação romana, surgiu a preocupação com a segurança jurídica, que é um pressuposto do Estado de Direito. A limitação do poder pelo direito, a previsibilidade nas relações jurídicas, a proteção do direito adquirido, do ato jurídico perfeito e da coisa julgada, assim como a igualdade processual das partes na defesa de suas pretensões, são expressões do valor fundamental da segurança jurídica, originada em Roma e presente até hoje em países democráticos.

Atualmente, a justiça é um assunto que está relacionado tanto à política, que permite a participação do público na criação das leis e vontade do Estado, quanto ao direito, que é consequência dessas leis. O Estado Democrático de Direito é governado por normas estabelecidas com base na vontade do povo e no valor da dignidade humana. O poder legítimo é aquele que é capaz de declarar e garantir o exercício dos direitos fundamentais.

A ideia de justiça no mundo contemporâneo começa com a intuição de valores considerados universalmente importantes, seguida pela sua declaração e reconhecimento pelas constituições e, por fim, pela sua efetivação e exercício pelos indivíduos. A inclusão dos direitos fundamentais nas constituições modernas deu-lhes força normativa e tornou-os exigíveis. Ao se tornarem constitucionalizados, esses direitos adquirem clareza, definem seu alcance e orientam a atuação do Estado, passando a ser parte do patrimônio jurídico dos indivíduos a quem se destinam.

Para alcançar a justiça, ou seja, para garantir os direitos fundamentais, construir uma sociedade livre e justa e promover o desenvolvimento, o Estado precisa de recursos financeiros. A maior parte desses recursos provém da arrecadação de tributos, fazendo com que a atividade administrativa tributária tenha um propósito econômico imediato, ao gerar receitas para o Estado, e um propósito político indireto, ao instrumentalizar o sistema federalista, além de contribuir para a promoção dos direitos fundamentais.

2. DIFERENÇA ENTRE RELAÇÃO JURÍDICA E RELAÇÃO DE PODER

A princípio, a diferença fundamental entre uma relação jurídica e uma relação de poder está na existência de normas jurídicas que regem essa relação. Enquanto a relação de poder é baseada em um domínio unilateral exercido por uma das partes, a relação jurídica é regulada por normas que estabelecem direitos e obrigações para ambas as partes envolvidas.

No caso da relação tributária, em que o Estado atua como credor, legislador, regulador, aplicador de regras e solucionador de conflitos, alguns institutos são essenciais para que essa relação se diferencie de uma mera relação de poder. Dentre eles, destacam-se: a legitimidade, a legalidade, a proporcionalidade e o devido processo legal.

A legitimidade dita que a relação tributária deve estar baseada em uma norma jurídica válida, que defina as obrigações tributárias das partes envolvidas. A cobrança de impostos deve estar respaldada em uma lei específica e em conformidade com os princípios constitucionais e legais.

Os atos praticados pelo Estado no exercício do poder de tributar devem ser estritamente legais, ou seja, devem estar de acordo com as normas jurídicas existentes. Isso implica em respeitar os princípios constitucionais, leis tributárias, jurisprudência e demais normas aplicáveis.

A relação tributária deve ser estabelecida de forma proporcional, com base na capacidade contributiva do sujeito passivo. Isso significa que o valor do tributo deve ser compatível com a capacidade econômica do contribuinte, evitando-se excessos ou injustiças fiscais.

O contribuinte tem direito a um processo administrativo ou judicial justo, que assegure o contraditório e a ampla defesa, antes de serem impostas sanções fiscais. Isso garante que a relação tributária seja estabelecida com base na legalidade e no respeito aos direitos fundamentais do contribuinte.

Esses são apenas alguns dos institutos ou requisitos importantes para que a relação tributária se diferencie de uma relação de poder. No entanto, é importante ressaltar que a aplicação e o equacionamento dos conflitos decorrentes da relação tributária devem sempre estar conforme os princípios e normas de direito, visando assegurar a justiça e a legalidade em toda essa dinâmica.

3. ESPÉCIES DE TRIBUTOS

De acordo com o art. 5º, do CTN, os tributos são impostos, taxas e contribuições de melhoria. Na Constituição Federal são previstas duas outras figuras tributárias: os empréstimos compulsórios (art. 148) e as contribuições especiais ou parafiscais (art. 149).

Dessa forma, caso a interpretação esteja limitada ao CTN, é plausível concluir que só há três espécies de tributos no Brasil. No entanto, sob a ótica da Constituição Federal, são cinco os tributos brasileiros, quais sejam: impostos, taxas, contribuições de melhoria, empréstimos compulsórios e as contribuições especiais ou parafiscais.

Os tributos, devidos a um ente público (União, Estado, Distrito Federal ou Município), têm fundamento no poder soberano do ente tributante que é conferido pela própria Constituição Federal, cuja finalidade é servir de meio para o atendimento às necessidades financeiras do Estado de modo que este possa realizar sua função social.

Enquanto imposto é a quantia em legalmente exigida pelo poder público, que deverá ser paga pela pessoa física ou jurídica com o escopo de atender às despesas feitas em prol do interesse comum, sem levar em conta vantagens de ordem pessoal ou particular; as taxas "têm como fato gerador o exercício regular do poder de polícia, ou a utilização, efetiva ou potencial, de serviço público específico e divisível, prestado ao contribuinte ou posto à sua disposição" (CTN, art. 77).

A contribuição de melhoria, por seu turno, é instituída para fazer face ao custo de obras públicas de que decorra valorização imobiliária, tendo como limite total a despesa realizada e como limite individual o valor que da obra resultar para cada imóvel beneficiado.

Por seu turno, as contribuições especiais ou parafiscais podem ser classificadas como: contribuições sociais, fonte de financiamento do sistema de seguridade social; contribuições de interesse de categorias profissionais, responsáveis pelo custeio do exercício da atividade profissional; e contribuições de interesse de categorias econômicas, destinadas a financiar órgãos de defesa de interesse de empregados e empregadores.

4. GARANTIAS DO CONTRIBUINTE DIANTE DO PODER NORMATIVO DO ESTADO

Há uma extensa gama de princípios fundamentais do Direito Tributário, além dos expostos no capítulo anterior. É imprescindível, portanto, ressaltá-las, a fim de compreender como as teorias da justiça são relevantes para garantir uma justiça fiscal adequada.

Para alcançar um cenário de justiça fiscal, é necessário que as limitações constitucionais ao poder de tributar sejam efetivamente cumpridas. Essas limitações, expressas no art. 150 da Constituição Federal, estabelecem certas restrições constitucionais ao poder de tributar. Visam proteger o contribuinte dos excessos do Estado e incluem princípios como a legalidade, igualdade tributária, irretroatividade, anterioridade, espera nonagesimal, não confisco e não limitação do tráfego de pessoas ou bens por meio de tributos.

Além disso, tanto o sujeito passivo quanto a Administração Tributária devem estar vinculados a outros princípios, como a transparência, a boa-fé e a confiança, para garantir um ambiente justo e equitativo no campo fiscal.

Como abordado alhures, a legalidade é um princípio importante para garantir a segurança jurídica. A lei deve abordar todos os aspectos relevantes para questões tributárias e deve ser um requisito fundamental para todas as atividades administrativas fiscais. Ela deve observar o princípio da clareza, que se refere à precisão da norma tributária, de modo que os contribuintes possam conhecer antecipadamente todas as suas obrigações e planejar o pagamento dos tributos.

Além disso, a lei tributária deve preferir conceitos classificatórios, definitivos e específicos em sua maioria, em vez de termos abertos, fluidos e genéricos. Isso ajuda a delimitar a atuação do órgão fiscalizador.

A proporcionalidade, também anteriormente mencionada, é princípio fundamental, motivado na distribuição justa de bens e direitos, sempre através de comparação. De acordo com a Constituição, a capacidade econômica é o critério de comparação utilizado para determinar as obrigações tributárias de cada pessoa. Todos aqueles que possuem capacidade econômica têm a obrigação de pagar impostos (generalidade e universalidade). A quantidade de impostos que cada pessoa deve pagar, de acordo com sua capacidade de contribuição, é regulada pelas técnicas de progressividade e proporcionalidade.

A irretroatividade é o princípio que assegura que as leis tributárias tenham efeito somente para o futuro e não afetem situações passadas. A relação jurídica relacionada aos impostos deve ser previsível. Uma interpretação ampla da irretroatividade exige que a previsibilidade seja aplicada não apenas aos atos normativos, mas também a atos administrativos e decisões judiciais.

A não surpresa é garantida pelo princípio da anterioridade, que proíbe a cobrança de impostos no mesmo ano em que a lei que os instituiu ou aumentou foi publicada, e o princípio da espera nonagesimal, que proíbe a cobrança de impostos antes de noventa dias após a publicação da lei que os instituiu ou aumentou. No entanto, a anterioridade e a espera nonagesimal não são princípios absolutos, pois a própria Constituição estabelece uma série de exceções a eles. No entanto, essas exceções não devem ser ampliadas ou estendidas, pois isso iria contra o princípio da não surpresa protegida pela Constituição.

A proibição de confiscar protege a posse de um mínimo necessário de ativos contra qualquer forma de tributação, permitindo que indivíduos financiem suas despesas essenciais, como alimentação, moradia, saúde e educação, e que empresas adquiram, mantenham e gerem receitas. Mesmo que a proibição expressa não existisse, o confisco já seria rejeitado pelo sistema legal, pois viola direitos assegurados pela Constituição, como propriedade, liberdade, livre iniciativa e proteção da família.

A liberdade de locomoção é fortalecida pelo sistema tributário, pois a cobrança de impostos interestaduais ou intermunicipais não pode impedir a circulação de pessoas ou bens, com exceção da cobrança de pedágio para uso de rodovias conservadas pelo governo.

Considerando as limitações constitucionais ao poder de tributar, é necessário que o vínculo entre as partes do vínculo tributário seja permeado por princípios implícitos, como a transparência, a boa-fé e a confiança. São esses também os princípios utilizados com o escopo de coibir conflitos que, além de culminarem em morosos processos administrativos e judiciais, terminam por prejudicar não apenas o fisco, que não obtém a satisfação do seu crédito, mas também o contribuinte, que não se vê tolhidos seus direitos e suas atividades.

A transparência é um dos princípios que equilibram a liberdade e o consentimento e dão legitimidade ao poder de tributar, ao estabelecer certeza de direitos e obrigações na relação jurídica, reduzindo assim os riscos fiscais e beneficiando a relação tributária, tornando ambas as partes subordinadas.

A sociedade deve agir de forma transparente em seu relacionamento com o Estado, eliminando a opacidade de segredos e condutas abusivas baseadas na prevalência da forma sobre o conteúdo dos negócios jurídicos. Por sua vez, o Estado deve tornar sua atividade financeira mais clara e aberta, desde a instituição de impostos, taxas, contribuições e empréstimos, até a elaboração e controle do orçamento. A proteção da confiança se torna especialmente necessária quando uma parte cria expectativas em outra e depois age de forma contraditória.

Preservar a situação jurídica estabelecida com base na confiança significa afirmar o valor fundamental da segurança jurídica. Se houver uma proposta feita por uma parte que gera expectativas em outra, essa proposta deve ser mantida. Caso ocorra uma alteração na relação jurídica tributária, seja por uma mudança nas regras impostas pelo Poder Público (imputada ao fisco) ou pelo atraso ou inadimplência do contribuinte (alteração de responsabilidade do particular), deve-se procurar meios para restabelecer a situação anterior ao vínculo estabelecido, com o objetivo de restabelecer o *status quo* anterior.

É inevitável compensar financeiramente aquele que causou danos devido à quebra de confiança, uma vez que não é possível restaurar a situação jurídica que existia antes do incidente. Ao mesmo tempo, a pessoa lesada também tem o direito de ser compensada por ter confiado na outra parte.

A boa-fé objetiva requer que as partes de uma relação jurídica ajam de acordo com os termos acordados e cumpram deveres adicionais, como proteger mutuamente as pessoas e objetos envolvidos, fornecer informações relacionadas ao cumprimento do acordo e cooperar para garantir o cumprimento das obrigações. No campo do Direito Tributário, o princípio da confiança legítima é acompanhado pela boa-fé objetiva, com o objetivo de garantir previsibilidade nas relações jurídicas e evitar condutas contraditórias por ambas as partes.

5. DA SEPARAÇÃO DE PODERES E INTERVENÇÃO ESTATAL

É importante ressaltar que a teoria da separação dos poderes surge em um contexto de centralização do poder no Estado Moderno da Europa Ocidental. A reflexão sobre a necessidade de conter o exercício do poder para garantir os direitos individuais tem como ponto de partida o Estado absolutista. Locke e Montesquieu, cada um à sua maneira, desenvolvem a teoria da separação dos poderes, que visa estabelecer a organização do Estado Constitucional.

Uma das principais conclusões dos formuladores da teoria da separação dos poderes é que ela tem influência direta na garantia da liberdade individual e na construção do Estado de Direito. Portanto, o princípio da legalidade e o poder Legislativo têm um papel lógico decorrente da separação dos poderes.

Dessa forma, quando se menciona o princípio da legalidade, está se referindo ao resultado concreto da construção da teoria da separação dos poderes. A sujeição do Estado e dos indivíduos à lei é uma consequência direta da formulação principiológica da separação dos poderes.

Ao se estruturar um sistema de separação dos Poderes, a expectativa é que o trânsito funcional seja desempenhado na delimitação exata de suas linhas demarcatórias.

Todavia, não é preciso muito para concluir que somente o texto normativo, com suas funções típicas e atípicas, é insuficiente para garantir a efetiva harmonia no exercício do Poder estatal.

A intervenção estatal poderá ser feita de maneira direta ou indireta. O Estado interfere indiretamente na economia quando promove, por exemplo, a cobrança de tributos predominantemente extrafiscais, na concessão de subsídios, por meio de subvenções, de benefícios fiscais e creditícios e, de modo geral, quando regulamenta normativamente as atividades econômicas em sentido estrito.

Pode-se afirmar de maneira plausível que, na intervenção direta, o Estado desempenha um papel concreto na economia, atuando como produtor de bens ou serviços ao lado de particulares ou mesmo como um agente econômico independente. Nesse último caso, o Estado assume o papel de agente econômico.

A adoção da política intervencionista reflete a compreensão de que o poder econômico é essencial para o desenvolvimento, mas o Estado precisa manter sua presença e controle para garantir que as falhas de mercado sejam corrigidas.

Dessa forma, o Estado regulador é aquele que estabelece e fiscaliza as regras necessárias para o bom funcionamento de setores econômicos e socialmente relevantes, exercendo o poder de fiscalização administrativa. Nos termos do art. 174 da Constituição Federal:

> Art. 174. Como agente normativo e regulador da atividade econômica, o Estado exercerá, na forma da lei, as funções de fiscalização, incentivo e planejamento, sendo este determinante para o setor público e indicativo para o setor privado.

6. A IMPORTÂNCIA DO VALOR DA SOLIDARIEDADE PARA CONSTRUÇÃO DA JUSTIÇA FISCAL

Para garantir que o Estado arrecade receitas necessárias para seu funcionamento, sem causar grandes impactos sobre o patrimônio do contribuinte, é fundamental que sejam respeitados os limites constitucionais ao poder de tributar. Além disso, é necessário que as partes envolvidas na relação obrigacional ajam de forma transparente, confiável e de acordo com os princípios da boa-fé, criando assim um vínculo de confiança mútua.

Entender a questão tributária como a principal forma da sociedade demonstrar solidariedade em um país de enormes proporções, como o Brasil, leva à compreensão de que os cidadãos estão colaborando financeiramente através do pagamento de impostos para garantir que todos possam desfrutar dos benefícios de pertencer a uma nação que busca justiça, fraternidade e acesso aos direitos que proporcionam qualidade de vida de maneira igualitária e sustentável.

Essas medidas têm como consequência a maior aceitação do dever de pagamento dos tributos e um maior consentimento por parte dos contribuintes. Somente com essa aceitação e consentimento é possível perceber o tributo como um fator de solidariedade social. Porém, essa solidariedade social não deve ser interpretada apenas como caridade ou filantropia, mas sim como um compromisso solidário mais exigente, formado com base em valores sólidos.

Na medida em que a concepção atual de justiça se baseia na igualdade, liberdade e solidariedade, a ideia de tributo precisa ser reconsiderada e não deve ser encarada como uma punição, um abuso, ou o resultado de uma norma de rejeição social, mas sim como um instrumento de cooperação para objetivos comuns, que consiste na efetivação dos direitos fundamentais das pessoas e em sua emancipação política e social.

Longe de ser uma penalidade, o contribuinte deve estar ciente de que o tributo, além de ser uma forma de redistribuição de riquezas, ganhos e resultados em prol da comunidade, também é uma dimensão do princípio da igualdade perante a lei.

Para inspirar confiança nesse sistema, o Estado deve instituir os tributos com o objetivo primordial de atender às necessidades públicas e arrecadá-los de forma a respeitar a propriedade, a autonomia privada, a liberdade de iniciativa e profissão, entre outros.

CONCLUSÃO

Considerando a dificuldade na própria concepção de "justiça", conclui-se ser praticamente impraticável existir uma definição, ou fórmula precisa, para as espécies de justiça, dentre as quais se destaca a justiça fiscal.

Em uma análise perfunctória, a justiça fiscal deve ser entendida como um valor universal, para delimitar e aplicar os seus princípios fundamentais. Aristóteles ensinava que a justiça está relacionada à distribuição de bens de acordo com os méritos de cada um e à necessidade de reparação de danos causados por atos abusivos.

Além disso, em Roma, já se afirmava a pertinência da segurança jurídica, a distribuição de bens e direitos de acordo com o estabelecido nas normas, o poder de ação judicial para assegurar e proteger as liberdades individuais e as regras máximas de conduta de dar a cada um o que lhe pertence e não prejudicar a ninguém.

A necessidade de efetivação dos direitos fundamentais, elemento indispensável para a justiça contemporânea, requer a distribuição de bens e deveres, especialmente através da tributação. No entanto, a obrigação de pagar tributos deve ser cumprida de forma adequada e adequada, de acordo com os imperativos das ideias de justiça.

Para isso, as partes envolvidas na relação jurídica obrigacional tributária devem agir de forma honesta, de acordo com a confiança e a boa-fé, dando a cada um o que é seu.

Se o tributo não lhe for favorável, o contribuinte deve ter em mente que o tributo é um instrumento de solidariedade social e que a sua perda trará benefícios para a coletividade e o bem-estar geral.

Além disso, deve-se considerar o paradigma do tributo como fonte de solidariedade social como um norte para a atuação administrativa tributária, de forma transparente, clara, simplificada e eficiente na arrecadação e distribuição das receitas obtidas.

REFERÊNCIAS

AMARAL JÚNIOR, José Levi Mello do. Sobre a organização de poderes em Montesquieu: Comentários ao Capítulo VI do Livro XI de "O espírito das leis". *Revista dos Tribunais*, v. 868. São Paulo: RT, 2008.

ARISTÓTELES, *Ética a Nicômano*. Trad. Leonel Vallandro e Gerd Bornheim. São Paulo: Abril Cultural, 1973.

AZAMBUJA, Darcy. *Introdução à ciência política*. 17. ed. São Paulo: Globo, 2005.

BARROSO, Luís Roberto. Neoconstitucionalismo e constitucionalização do Direito (O triunfo tardio do direito constitucional no Brasil). *Revista de Direito Administrativo*, [S. l.], v. 240, p. 1-42, 2005. DOI: 10.12660/rda.v240.2005.43618.

BONAVIDES, Paulo. *Ciência política*. 10. ed. São Paulo: Malheiros, 2000.

BRITTO, Carlos Ayres. *O Humanismo como categoria constitucional*. Belo Horizonte: Fórum, 2007.

BUFFON, Marciano. *Tributação e dignidade humana*: entre os direitos e deveres fundamentais. Livraria do Advogado. Porto Alegre, 2009.

DERZI, Misabel Abreu Machado (Coord.). *Dos princípios gerais do Direito Tributário*. Belo Horizonte: Del Rey, 2004.

DUARTE, Francisco. *Direito Tributário* – Ed. 2022. Disponível em: https://www.jusbrasil.com.br/doutrina/direito-tributario-ed-2022/1643176293. Acesso em: 13 jun. 2024.

FONSECA, Tiago da Silva. O tributo como dever social compartilhado e como instrumento de distribuição de bens e direitos: um ensaio sobre a justiça fiscal. Biblioteca Digital. *Revista Fórum de Direito Tributário* – RFDT, Belo Horizonte, ano 8, n. 48, nov./dez. 2010. Disponível em: http://www.editoraforum.com.br/bid/bidConteudoShow.aspx?idConteudo=70711. Acesso em: 14 jun. 2024.

GODOI, Marciano Seabra de. Tributo e solidariedade social. *Solidariedade social e tributação*. São Paulo: Dialética, 2005.

GRILO, Renato Cesar Guedes. *A releitura da separação dos poderes no constitucionalismo fraternal*: os desafios para o poder regulatório do Estado no século XXI. Dissertação (Mestrado em direito e regulação econômica) – Faculdade de Direito, Universidade de Brasília (UnB). 2023.

SALGADO, Joaquim Carlos. *A idéia de justiça em Kant: seu fundamento na liberdade e na igualdade*. 2. ed. Belo Horizonte: Ed. UFMG, 1995.

TORRES, Ricardo Lobo. *Liberdade, consentimento e princípios de legitimação do Direito Tributário*.

VOGLER, Cleber Eduardo Lima. *A personificação da Justiça pautada na ética em uma Deusa Grega*. Disponível em: https://www.jusbrasil.com.br/artigos/a-personificacao-da-justica-pautado-na-etica-em-uma-deusa-grega/1329937943. Acesso em: 12 jun. 2024.

A RELAÇÃO TRIBUTÁRIA COMO RELAÇÃO JURÍDICA

Hugo de Brito Machado Segundo

Doutor e Mestre em Direito. Membro do Instituto Cearense de Estudos Tributários (ICET) e do Instituto Brasileiro de Direito Tributário (IBDT). Professor Associado da Faculdade de Direito da Universidade Federal do Ceará. Professor do Centro Universitário Christus. *Visiting Scholar* da *Wirtschaftsuniversität*, Viena, Áustria (2012-2013; 2015-2016; 2018). Advogado.

Sumário: Introdução – 1. Relação de poder e relação jurídica – 2. A tentativa de tornar jurídica a relação tributária – 3. Necessidade e insuficiência dos institutos atuais – Conclusões – Referências.

INTRODUÇÃO

Muito oportuna a iniciativa do Instituto Cearense de Estudos Tributários de organizar esta obra, em homenagem ao seu idealizador e fundador, o Professor Hugo de Brito Machado, convidando pesquisadores a escrever em torno dos temas que lhe eram mais caros.

Esta coleção iniciou-se em 1998 com volume em torno da imunidade tributária do livro eletrônico. Na época, uma iniciativa do Prof. Hugo de Brito Machado, a tanto provocado pelo Dr. Fugimi Yamashita, da IOB, que editou o primeiro volume da série. O tema então escolhido revelava já o caráter visionário do pensamento do Prof. Hugo, à época intrigado com tema que o Supremo Tribunal Federal só veio a enfrentar quase vinte anos depois.

Os anos se seguiram, em cada um deles escolhendo-se um relevante tema, em torno do qual se fizeram incontáveis e difíceis perguntas, a serem enfrentadas pelos artigos solicitados dos mais variados pesquisadores. Alguns já destacados e renomados, outros ainda iniciantes, mas todos muito talentosos, a responder, cada um à sua maneira e sob sua perspectiva, todas ou algumas das questões lançadas. Repetição do indébito, lançamento, decadência, contribuições, tributação de indenizações, coisa julgada tributária, planejamento tributário, interpretação, prova, os temas foram diversos, todos relevantes, atuais, às vezes até mesmo à frente de seu tempo. Não raras vezes, os livros, por meio de mais de um de seus coautores, repercutiram expressamente, citados, na jurisprudência que deslindou tais temas no âmbito das Cortes Superiores.

Pertinente, portanto, agora, no primeiro livro do ICET que se organiza depois do falecimento do Prof. Hugo de Brito Machado, que os temas a serem versados sejam os que mais lhe interessavam, assim definidos por perpassarem seu pensamento e sua obra, produzida ao longo de quase seis décadas de dedicação ao Direito Tributário. Para ele, que tanto gostava de ver o Direito divulgado e debatido, e que idealizara o ICET precisamente para isso, não poderia haver homenagem melhor.

Aderindo à iniciativa, escolhi, para trato neste pequeno texto, o tema da relação tributária como relação jurídica, ou como relação de poder. Tema mais abstrato, e geral, mas com repercussões práticas inegáveis, talvez por subjazer à maior parte dos problemas que se apresentam, de modo específico e concreto, no dia a dia das lides tributárias.

1. RELAÇÃO DE PODER E RELAÇÃO JURÍDICA

Lembro-me de ouvir, desde quando não tinha ainda plenas condições para entendê-lo, o Prof. Hugo de Brito Machado referindo a brincadeira de um colega professor da Faculdade de Direito da Universidade Federal do Ceará, Banhos Neto, que lhe perguntava se o Direito Tributário "era mesmo Direito". Isso porque, segundo o aludido e saudoso professor de Direito Penal, nele a parte credora era quem fazia as regras, aplicava-as, e depois julgava os conflitos daí decorrentes. A provocação do citado professor de Direito Penal não consta hoje apenas de minhas memórias: foi objeto de registro expresso nas obras de Hugo de Brito Machado, que revidou a brincadeira: com a criminalização do ilícito tributário, dava-se o mesmo com o ramo de seu colega de UFC.[1] Fato é que essa ideia foi percebida, e pontuada, também por outros autores. Foi o caso de Ramon Valdés Costa, que inspirou o imprescindível livro de James Marins, *Defesa e Vulnerabilidade do Contribuinte*.[2]

Daí a colocação do problema, de ser a relação tributária uma relação jurídica, ou uma relação de poder. Por relação de poder se entende aquela estabelecida entre duas partes ou polos, e que nasce, se desenvolve, e se extingue, conforme a vontade unilateral de uma delas. Daí o encaixe com a definição de poder, entendido como a aptidão de decidir e fazer valer a sua decisão.[3] Uma parte manda, a outra obedece. Uma submete, a outra é submetida. Uma impõe, a outra se sujeita à imposição. Como a relação entre o assaltante e o assaltado. Já a relação jurídica é aquela que nasce, se desenvolve e se extingue com base em normas preestabelecidas, devendo pautar-se por elas, às quais as partes devem conformar sua vontade.

No caso do Direito Tributário, mesmo quando há regras estabelecendo os termos da relação, na tentativa de fazê-la jurídica, a circunstância de o Estado credor elaborar as regras, aplicá-las às situações que entende serem a elas subsumíveis, e ao cabo julgar conflitos que daí decorram, torna a semelhança ou a aproximação entre as duas inevitável. Daí a brincadeira do Professor Banhos Neto.

---

1. MACHADO, Hugo de Brito. *Crimes contra a ordem tributária*. 3. ed. São Paulo: Atlas, 2011, p. 3.
2. COSTA, Ramón Valdés. *Instituciones de Derecho Tributario*. Buenos Aires: Depalma, 1992, p. IX; MARINS, James. *Defesa e vulnerabilidade do contribuinte*. São Paulo: Dialética, 2009, passim.
3. "O poder, como se sabe, é a aptidão dos seres humanos para decidir e fazer valer suas decisões. Apresenta-se de diversas formas e tem vários fundamentos. Fala-se de poder econômico, poder político, poder de liderança etc. A todas essas formas de poder o Direito impõe limites, para que os poderosos não abusem do poder". MACHADO, Hugo de Brito. *Uma introdução ao Estudo do Direito*. 3. ed. São Paulo: Atlas, 2012, p. 8.

2. A TENTATIVA DE TORNAR JURÍDICA A RELAÇÃO TRIBUTÁRIA

A História é rica de exemplos em que a relação tributária caracterizava-se, inteira e completamente, com uma relação de poder, materializando-se na relação entre o vencedor e o vencido em uma guerra.[4] Mas, mesmo quando cobrado o tributo dos próprios cidadãos ou súditos da cidade, independentemente de terem sido eles derrotados (e poupados) em alguma guerra, não se observavam muitas vezes limites preestabelecidos.

Aponta-se na Carta Magna do Rei João sem Terra, de 1215, o marco a partir do qual começariam a surgir institutos destinados a limitar o poder dos soberanos. Trata-se, de fato, de um marco importante, mas é preciso lembrar que a realidade não possui as divisões claras e estanques que a mente humana nela estabelece para melhor compreendê-la. Nem é simples, e composta apenas de determinado número de características determinadas e identificáveis, com a feitura dessas divisões sugere. Daí por que antes de 1215 houve exemplos de povos em que a tributação seguia limites prévios,[5] e mesmo depois desta data há incontáveis amostras nas quais esses limites inexistem.[6]

Observa-se, contudo, um lento e gradual processo de *tentativa e erro*, por meio do qual as sociedades humanas buscam corrigir os problemas que se colocam a elas. Assim, evolui a vida e várias outras realidades complexas, como os idiomas, as economias e o Direito. Tentaram-se e aprimoraram-se soluções, dando surgimento a uma tecnologia jurídica, composta por institutos por meio dos quais se tenta, tenta, estabelecer limites ao exercício do poder político, sobretudo quando este se manifesta no fenômeno da tributação.

Lembre-se que, em sua gênese, Direito e Estado encontram-se relacionados, o que levou autores como Hans Kelsen a mesmo identificá-los um com o outro, confundindo-

---

4. ADAMS, Charles. *For good and evil*: the impact of taxes on the course of civilization. 2. ed. New York: Madison Books, 2001, p. 37.
5. No Império Romano, por exemplo, existia rica e complexa regulamentação de tributos, como o imposto sucessório, cuja disciplina específica não era muito diversa da atual. Cf. BUJÁN, Antonio Fernández de. "Principios tributarios: una visión desde el Derecho Romano. Ius fiscale: instrumentos de política financiera y principios informadores del sistema tributario romano", MARTÍNEZ, Juan Arrieta; YURRITA, Miguel Ángel Collado; PÉREZ, Juan Zornoza. *Tratado sobre la Ley General Tributaria*. Navarra: Aranzadi/Thomsom Reuters, 2010, t. I; CORRÊA, Alexandre Augusto de Castro. Notas sobre a história dos impostos em direito romano. *Revista da Faculdade de Direito da Universidade de São Paulo*. ano LXVI, 1971, p. 103; LÓPEZ-RENDO, Carmen. De la vicesima hereditatium al impuesto sucesorio en el derecho español. *Revista internacional de derecho romano*. Abril 2015. Disponível em www.ridrom.uclm.es, acesso em 24.11.2016, p. 190; WILLEMS, Pierre. *Le Droit Public Romain* – ou les institutions politiques de Rome depuis l'origine de la ville jusq´à Justinien. 5.ed. Paris: Louvain, 1883, p. 485.
6. Embora usualmente se credite a separação de poderes a revoluções burguesas motivadas por insatisfação com excessos tributários, não se podem traçar divisões assim estanques na História, que é dotada de vagueza da mesma forma que as demais parcelas em que tentamos dividir a realidade. Mostra disso é que traços dessas ideias podem ser encontrados na Antiguidade. A título de exemplo, Políbio defendia um regime que mantivesse o equilíbrio pelo contraste de forças opostas, conciliando "a exigência democrática dos direitos do povo, a competência aristocrática de um Senado e o poder quase real dos cônsules" (GOYARD-FABRE, Simone. *O que é democracia? A genealogia filosófica de uma grande aventura humana*. Trad. Cláudia Berlinger. São Paulo: Martins Fontes, 2003, p. 35). Sobre a origem da tripartição de poderes, não só em Aristóteles, mas também entre teóricos chineses (v.g., Han Fei), confira-se: FLEINER-GERSTER, Thomas. *Teoria geral do Estado*. Trad. Marlene Holzhausen. São Paulo: Martins Fontes, 2006, p. 476.

-os.[7] Daí o problema ou a dificuldade de impor as regras do primeiro a quem corporifica o segundo. Dito de outro modo, embora Direito e Poder não se confundam,[8] o primeiro eventualmente depende do segundo para fazer-se efetivo,[9] o que põe a dificuldade de torná-lo efetivo quando contraria os interesses dos que exercem ou titularizam esse poder. No âmbito da relação tributária isso transparece de modo muito claro.[10]

Recordando da ressalva, feita anteriormente, de que não há divisões estanques na História, e de que esta tampouco é linear como parece de uma leitura dos livros escolares que cuidam dela, as revoluções burguesas que ocorreram entre o final da Idade Média e durante a Idade Moderna trouxeram algumas inovações institucionais especialmente neste terreno, a saber, o da limitação do poder. Não que não existissem institutos ou fórmulas no mundo antigo, mas os modernos[11] souberam aprimorá-las e sofisticá-las à luz dos abusos – em sua quase totalidade havidos no terreno da tributação, praticados ao longo do tempo pelos soberanos. É difícil apontar uma revolução, dentre as que legaram à humanidade instrumentos institucionais de limitação do poder e de garantia de direitos, que não tenha como estopim a insatisfação com o arbítrio fiscal. Daí o surgimento, ou o reaparecimento de modo aprimorado e revisitado, de Constituições, separação de poderes, legalidade, devido processo legal, e institutos decorrentes.

3. NECESSIDADE E INSUFICIÊNCIA DOS INSTITUTOS ATUAIS

A evolução, ou a adaptação por tentativa e erro (de seres vivos, institutos jurídicos, palavras e regras gramaticais, teorias etc.), é, contudo, um processo dinâmico. O aprimoramento que permite é contínuo, não havendo ponto no qual estacione pelo atingimento da perfeição. Nessa ordem de ideias, pelo menos no que toca ao processo de tentar aproximar a relação de tributação de uma relação jurídica (pautada não pela vontade de uma das partes, mas por regra prévia), ainda está longe de ter chegado a um ponto em que se permita razoável equiparação dela com uma relação civil, por maior que eventualmente seja a assimetria das partes nesta última.

---

7. Kelsen, como se sabe, considera que Direito e Estado são os dois lados da mesma moeda. KELSEN, Hans. *Teoria pura do direito*. Trad. João Baptista Machado. 6. ed. São Paulo: Martins Fontes, 2000, p. 317 a 321; Id. *Teoria geral do direito e do Estado*. Trad. Luis Carlos Borges. São Paulo: Martins Fontes, 2000, p. 261 e ss. Em razão disso, Herman Heller acusa-o de haver criado uma "teoria do Estado sem Estado" HELLER, Herman. *Teoria do Estado*. Trad. Lycurgo Gomes da Motta. São Paulo: Mestre Jou, 1968, p. 78.
8. SCHAUER, Frederick. *The force of law*. Cambridge, Massachusetts: Harvard University Press, 2015, *passim*; VASCONCELOS, Arnaldo. *Direito e força*: uma visão pluridimensional da coação jurídica. São Paulo: Dialética, 2001, passim.
9. BOBBIO, Norberto. *Direito e poder*. Trad. Nilson Moulin. São Paulo: Unesp, 2008, p. 139.
10. Sobre a pretensão histórica de submeter o poder ao Direito, tornando jurídicas as relações de poder, veja-se: SERRANO, Luis Sánchez. *Tratado de Derecho Financiero y Tributario Constitucional*. Madrid: Marcial Pons, v. I, 1997, p. 234.
11. Por isso mesmo, James Madison escreveu, nos *Federalist Papers*: "No political truth is certainly of greater intrinsic value, or is stamped with the authority of more enlightened patrons of liberty, than that on which the objection is founded. The accumulation of all powers, legislative, executive, and judiciary, in the same hands, whether of one, a few, or many, and whether hereditary, self-appointed, or elective, may justly be pronounced the very definition of tyranny". HAMILTON, Alexander; JAY, John; MADISON, James. *The federalist*. Indianapolis: Liberty Fund, 2001, n. 47, p. 249.

Dito de outro modo, a separação de poderes e a legalidade, impostas por uma Constituição hierarquicamente situada acima das leis, mesmo somadas a outros princípios constitucionalmente previstos, *minimiza* os efeitos de as três funções estarem concentradas nas mãos do credor, mas eles ainda se fazem presentes. E se podem pensar soluções ou aprimoramentos que contribuam para reduzi-los ainda mais. Como escreveu Hugo de Brito Machado a respeito da legalidade, trata-se de algo que "evidentemente não basta, mas é alguma coisa".[12]

A separação de poderes é o principal instrumento para tentar tornar jurídica a relação tributária, pois ela pressupõe que o cobrador de tributos, o Poder Executivo, submeter-se-á à regra previamente estabelecida pelo Legislativo. E, se houver conflito, quem o julgará será um terceiro, o Judiciário.

O problema é que o Legislativo também se vê, de alguma maneira, como parte integrante do credor da relação. A separação pode produzir mais consistentes efeitos em outras searas, em que os interesses do Executivo e do Legislativo não convirjam tanto. Mas, no campo tributário, Deputados e Senadores podem ser tão ou mais interessados no gasto que os integrantes do Executivo e de suas pastas.

O Poder Legislativo é permeável a múltiplos centros de poder e influência, refletindo, de algum modo, os valores e as concepções de uma sociedade plural. Em um regime democrático, setores conservadores e progressistas, defensores dos direitos dos animais e entusiastas do churrasco, trabalhadores e empregadores, produtores de soja, cana-de-açúcar ou pecuaristas, ambientalistas, adeptos do veganismo e conservadores religiosos, aposentados e defensores da causa LGBTQI+, entre outros grupos, encontram, com maior ou menor ênfase, representantes que apoiam ou se opõem a suas demandas. No entanto, quando o tema em questão é a tributação, esses representantes frequentemente se veem sob a influência do Poder Executivo, inclinando-se a atender suas diretrizes para garantir espaço em suas próprias agendas. É comum que projetos de lei tributários sejam formulados pelos órgãos fiscais e aprovados no parlamento sem um debate aprofundado,[13] uma vez que, como destacou Charles Adams, o parlamento se preocupa mais em agradar ao Executivo, que "passa a manteiga em seu pão", do que ao contribuinte, que se esforça para produzi-la.[14] Esse fenômeno, longe de ser recente

---

12. MACHADO, Hugo de Brito. *Direitos fundamentais do contribuinte e a efetividade da jurisdição*. São Paulo: Atlas, 2009, p. 43.
13. Os aspectos destacados no texto não são exclusivos da realidade brasileira. Confira-se, nesse sentido: HEINRICH, Johannes; PRINZ, Irina. Austria National Report. In: DOURADO, Ana Paula (Ed.). *Separation of powers in tax law*. European Association of Tax Law Professors and Authors, 2010, p. 58.
14. No original, "congressional representatives are more concerned with pleasing the tax man who butters their bread than with the plight of taxpayers who produce the butter". ADAMS, Charles. *For good and evil*: the impact of taxes on the course of civilization. 2. ed. New York: Madison Books, 2001, p. 449. Pensamento semelhante é o de Klaus Tipke, para quem, conquanto os parlamentares devessem proteger os contribuintes da tributação, eles são, paradoxalmente, as maiores fontes de gasto público e, nessa condição, de aumento de imposto. Cf. TIPKE, Klaus. *Moral tributaria del estado e de los contribuyentes*. Trad. Pedro M. Herrera Molina, Madrid: Marcial Pons, 2002, p. 57. No mesmo sentido: KIRCHHOF, Paul. *Tributação no Estado Constitucional*. Trad. Paulo Adamy. São Paulo: Quartier Latin, 2016, p. 17.

ou exclusivamente brasileiro, ocorre porque, em última instância, "a economia não é uma virtude parlamentar".[15]

No que se refere ao Judiciário, este mantém a percepção – e de fato o é – de ser parte integrante de uma estrutura diretamente interessada na arrecadação que a sustenta, apesar dos mecanismos jurídicos destinados a assegurar a autonomia e independência de seus membros. Com o aumento do protagonismo judicial, que leva Cortes a assumirem funções antes reservadas ao Legislativo e mesmo ao Executivo, o fenômeno se tem tornado ainda mais acentuado. Um exemplo elucidativo é a constante invocação, feita pelo Judiciário brasileiro, dos valores que "arrecada" aos cofres públicos, como justificativa e resposta às críticas sobre os gastos de seus órgãos e a remuneração de seus integrantes.[16]

Esse cenário enseja a criação de tributos, por lei, em moldes não autorizados pela Constituição. Essas leis são regulamentadas por normas infralegais que exorbitam seus termos, podendo-se mesmo dizer que há um princípio, sociológico, de *progressivo arbítrio das normas fiscais, inversamente proporcional à sua hierarquia*, pois, quanto mais se desce na hierarquia, menor a participação do cidadão contribuinte na feitura da norma, e maior o interesse de quem a elabora na relação por ela disciplinada. E, ao fim e ao cabo, o Judiciário, assumidamente interessado na arrecadação, não julga essas questões com o mesmo distanciamento e imparcialidade que adota nas que dizem respeito a interesses de particulares que litigam entre si. Não há como negar, nesse quadro, a semelhança com a relação de poder, embora a identidade completa, havida na antiguidade, naturalmente não exista mais.

Este tema sempre preocupou o Prof. Hugo de Brito Machado, que idealizava algumas soluções para tentar, tentar, aprimorar os institutos jurídicos destinados a limitar o poder de tributar, tornando a relação de tributação mais próxima de uma relação jurídica. Dizia ele que a relação de tributação era uma relação jurídica *embrionária*, que precisava da atenção do jurista para se desenvolver como autêntica relação jurídica.

Uma das soluções, examinada em outro conjunto de trabalhos que compõem este livro, é a responsabilização pessoal dos agentes públicos, por danos causados ao cidadão.[17] Outra seria a proibição de que, nas Cortes Superiores, atuem como assessores de Ministros Procuradores de Fazenda licenciados e convocados pelo Tribunal junto às Procuradorias para esse fim, os quais terminam por assessorar a feitura de acórdãos que julgarão recursos interpostos por seus colegas ou por eles próprios.[18] Preocupava-o,

---

15. CASTRO, Augusto Olympo Viveiros. *Tratado dos impostos*. Estudo theorico e pratico. Rio de Janeiro: Laemmert & Cia. Editores, 1901, p. V.
16. A afirmação consta do relatório "Justiça em Números" de 2019, elaborado pelo Conselho Nacional de Justiça: "Em razão da própria natureza de sua atividade jurisdicional, a Justiça Federal é a responsável pela maior parte das arrecadações: 53% do total recebido pelo Poder Judiciário (Figura 25), sendo o único ramo que retornou aos cofres públicos valor superior às suas despesas (Figura 26)". Disponível em: https://www.cnj.jus.br/wp-content/uploads/conteudo/arquivo/2019/08/justica_em_numeros20190919.pdf.
17. MACHADO, Hugo de Brito. *Responsabilidade pessoal do agente público por danos ao contribuinte*. São Paulo: Malheiros, 2017.
18. MACHADO, Hugo de Brito. *Direitos fundamentais do contribuinte e a efetividade da jurisdição*. São Paulo: Atlas, 2009, p. 194.

também, o critério de acesso às Cortes Superiores,[19] que depende da vontade do Chefe do Poder Executivo e assim favorece, ou cria incentivos, para que os julgadores que querem ascender na carreira tomem decisões para agradá-lo, sendo as questões tributárias terreno propício para tanto.[20]

Outra contribuição, que a estas se poderia acrescentar, seria a criação de organismos internacionais, distantes do Executivo Nacional interessado na cobrança do tributo, e encarregados de fazer valer normas internacionalmente pactuadas. Tem-se neste tópico um bom exemplo ao se comparar a jurisprudência do Tribunal de Justiça da União Europeia com as decisões dos tribunais nacionais de cada Estado membro, sobre temas semelhantes. A diferença não se manifesta tanto no direito material tributário em si, mas no âmbito do processo tributário. Alguns Estados membros adotam expedientes que parecem, à primeira vista, cumprir as normas do Direito Europeu destinadas a proteger certos direitos fundamentais dos contribuintes, mas que, na realidade, funcionam como disfarces para permitir sua violação indireta. Embora essas práticas sejam por vezes toleradas pelos tribunais domésticos, elas não resistem à análise do Tribunal da União, que acaba por definir, de forma contrária, os parâmetros de um devido processo legal tributário europeu. Sem isso, o respeito ao direito material tributário não pode ser garantido. A independência do Tribunal Europeu e seu afastamento das pressões e interferências do Poder Executivo de cada Estado membro talvez não sejam uma mera coincidência.[21]

Mas a principal contribuição que, para Hugo de Brito Machado, poderia ser dada para o aprimoramento do Direito, era a do jurista, no seu trabalho diário de tornar seu objeto efetivo e equânime. Dada a natureza do Direito, de *realidade institucional*, aquele que o estuda tem algum papel em sua constituição, de sorte que a construção de teses autoritárias, ou a defesa de posicionamentos protetores da cidadania, podem conduzir a ordem jurídica, e sua efetivação, para um sentido, ou para outro, sendo o nobre e importante papel do jurista o de construir teses que permitissem o aprimoramento

---

19. MACHADO, Hugo de Brito. *Direitos fundamentais do contribuinte e a efetividade da jurisdição*. São Paulo: Atlas, 2009, p. 192-193.
20. A própria biografia de Hugo de Brito Machado, a propósito, é exemplo disso, tendo um político influente do Ceará, seu amigo, que intercedia a seu favor para que fosse alçado ao Superior Tribunal de Justiça, dito a ele que o então Presidente Fernando Henrique Cardoso o recusara por suas posições "antifazendárias".
21. GALETTA, Diana-Urania. *Procedural autonomy of EU-members states*: paradise lost? Berlin: Springer, 2011, *passim*; WALDHOFF, Christian. Recent developments relating to the retroactive effect of decisions of the ECJ. *Commom Market Law Review* 46. Netherlands: Kluwer International, p. 173-190, 2009; MACHADO SEGUNDO, Hugo de Brito.; MACHADO, Raquel Cavalcanti Ramos. Autonomia versus efetividade. O devido processo legal tributário na jurisprudência do Tribunal de Justiça Europeu e o enfrentamento de questões análogas pelos Tribunais Brasileiros. In: SIQUEIRA, Natércia Sampaio; XEREZ, Rafael Marcílio. (Org.). *Desafios à Concretização dos Direitos Fundamentais na Sociedade da Informação*. Rio de Janeiro: Lumen Juris, 2017, v. 1, p. 59-80; MACHADO SEGUNDO, Hugo de Brito. *Poder Público e litigiosidade*. São Paulo: Foco, 2021, passim. Para uma visão de autores que defendiam as teses suscitadas pelo Fisco, e que foram rejeitadas pela Corte de Justiça Europeia, vista por eles como estando a castrar a autonomia dos Estados, confira-se: MICKLITZ, Hans-W; WITTE, Bruno de (Ed.). *The European court of justice and the autonomy of the member states*. Cambridge: Intersentia. 2012, p. 287; LANG, Michael. *Limitation of Temporal Effects of CJEU Judgments* – Mission Impossible for Governments of EU Member States. WU International Taxation Research Paper Series, n. 2013 – 06.

e a efetivação de normas mais justas. Merece transcrição, aqui, o trecho que escreveu, tendo em mente principalmente alunos iniciantes, do primeiro semestre dos cursos de graduação em Direito:

> A propósito do que se deve entender como *jurista*, em sentido estrito, parece-nos muito elucidativa a comparação que se pode fazer deste com o *médico*. Para ser médico não basta ser conhecedor das ciências da saúde. Não basta saber medicina. É preciso utilizar tais conhecimentos buscando a finalidade para a qual eles foram desenvolvidos e difundidos, que é a de melhorar a qualidade de vida do ser humano e adiar a morte tanto quanto possível. Da mesma forma, para ser jurista não basta ter conhecimento do Direito, escrever ou lecionar Direito. É preciso utilizar tais conhecimentos buscando a finalidade para a qual eles foram desenvolvidos e difundidos. Da mesma forma que para ser médico é preciso respeitar a finalidade da medicina, para ser jurista é preciso respeitar a finalidade do Direito.
>
> Aquele que, tendo conhecimentos de medicina os utilizar para matar alguém, certamente não merece o título de médico, e com certeza o perderá se restar comprovado o seu comportamento desviado, como consequência desse desvio, regularmente apurado pelo órgão competente. Para o que utiliza os conhecimentos do Direito invertendo sua finalidade essencial, infelizmente não se conhece sanção idêntica, mas a comunidade jurídica por certo sabe impor sua reprovação no plano moral.
>
> Na verdade, como jurista devemos entender o que conhece o Direito e utiliza seus conhecimentos na busca permanente da realização de sua finalidade essencial, que é a limitação do poder e consequente promoção da harmonia entre os homens.
>
> (...)
>
> Os que invertem essa finalidade essencial do Direito são pseudojuristas, pois o verdadeiro jurista não pode esquecer que o Direito deve ser construído para os cidadãos, deve ser instrumento da liberdade e da harmonia, não do poder e da opressão. O verdadeiro jurista não se pode esquecer de que autoridades são apenas alguns, e só durante algum tempo, enquanto cidadãos somos todos nós e durante toda a vida.[22]

Como se vê, o que estava ao alcance do homenageado, para contribuir, ainda que minimamente, para o aprimoramento do Direito Tributário, sobretudo neste ponto fundamental e fundante, que é o de fazê-lo (para tomar emprestado expressão de Becker) *Direito*, e não apenas *Tributário*, ele fez.

CONCLUSÕES

Ressalta a importância do pensamento de Hugo de Brito Machado no desenvolvimento de uma abordagem crítica sobre a relação tributária. Para ele, o debate sobre se essa relação seria de poder ou de natureza jurídica não é apenas uma questão teórica, mas um desafio constante na prática do direito tributário, refletindo-se em cada momento de sua concretização. Ao longo de sua obra, o Professor Hugo defendeu que, embora a tributação tenda historicamente a aproximar-se de uma relação de poder, os institutos jurídicos devem ser constantemente aprimorados para transformar essa relação em uma relação verdadeiramente jurídica, limitada por normas previamente estabelecidas e respeitadas.

---

22. MACHADO, Hugo de Brito. *Uma Introdução ao Estudo do Direito*. São Paulo: Dialética, 2000, p. 26-27.

O legado do Prof. Hugo está, sobretudo, em sua incansável busca por soluções que reforcem a independência dos órgãos jurisdicionais e assegurem a imparcialidade nas decisões em torno de questões tributárias. Ele insistia na necessidade de fortalecer os mecanismos de controle sobre o poder de tributar, sempre com o objetivo de garantir que o contribuinte não seja submetido a práticas arbitrárias.

Portanto, é inegável que o pensamento de Hugo de Brito Machado sobre a relação tributária, seu caráter "embrionário" e os desafios para torná-la uma relação jurídica plena, continuam a inspirar estudiosos do Direito. Ele nos lembra da importância de manter a atenção sobre os limites ao poder de tributar e a necessidade de mecanismos que garantam o respeito aos direitos fundamentais dos contribuintes. Sua obra permanece um norte para aqueles que, como ele, acreditam na força do Direito como instrumento de equilíbrio entre o poder do Estado e as garantias do cidadão, ou, em suas palavras, "o verdadeiro jurista não se pode esquecer de que o Direito deve ser construído para os cidadãos, deve ser instrumento da liberdade e da harmonia, não do poder e da opressão. O verdadeiro jurista não se pode esquecer de que autoridades são apenas alguns, e só durante algum tempo, enquanto cidadãos somos todos nós e durante toda a vida".[23]

REFERÊNCIAS

ADAMS, Charles. *For good and evil*: the impact of taxes on the course of civilization. 2. ed. New York: Madison Books, 2001.

BOBBIO, Norberto. *Direito e poder*. Trad. Nilson Moulin. São Paulo: Unesp, 2008.

BRASIL, Conselho Nacional de Justiça. Justiça em números. https://www.cnj.jus.br/wp-content/uploads/conteudo/arquivo/2019/08/justica_em_numeros20190919.pdf.

BUJÁN, Antonio Fernández de. Principios tributarios: una visión desde el Derecho Romano. Ius fiscale: instrumentos de política financiera y principios informadores del sistema tributario romano. In: MARTÍNEZ, Juan Arrieta; YURRITA, Miguel Ángel Collado; PÉREZ, Juan Zornoza. *Tratado sobre la Ley General Tributaria*. Navarra: Aranzadi/Thomsom Reuters, 2010, t. I.

CASTRO, Augusto Olympo Viveiros. *Tratado dos impostos*. Estudo theorico e pratico. Rio de Janeiro: Laemmert & Cia. Editores, 1901.

CORRÊA, Alexandre Augusto de Castro. Notas sobre a história dos impostos em direito romano. *Revista da Faculdade de Direito da Universidade de São Paulo*. ano LXVI, 1971.

COSTA, Ramón Valdés. *Instituciones de Derecho Tributario*. Buenos Aires: Depalma, 1992.

FLEINER-GERSTER, Thomas. *Teoria geral do Estado*. Trad. Marlene Holzhausen. São Paulo: Martins Fontes, 2006.

GALETTA, Diana-Urania. *Procedural autonomy of EU-members states*: paradise lost? Berlin: Springer, 2011.

GOYARD-FABRE, Simone. *O que é democracia? A genealogia filosófica de uma grande aventura humana*. Trad. Cláudia Berlinger. São Paulo: Martins Fontes, 2003.

HAMILTON, Alexander; JAY, John; MADISON, James. *The federalist*. Indianapolis: Liberty Fund, 2001, n. 47.

HEINRICH, Johannes; PRINZ, Irina. Austria National Report. In: DOURADO, Ana Paula (Ed.). *Separation of powers in tax law*. European Association of Tax Law Professors and Authors, 2010.

---

23. MACHADO, Hugo de Brito. *Uma Introdução ao Estudo do Direito*. São Paulo: Dialética, 2000, p. 27.

HELLER, Herman. *Teoria do Estado*. Trad. Lycurgo Gomes da Motta. São Paulo: Mestre Jou, 1968.

KELSEN, Hans. *Teoria pura do direito*. Trad. João Baptista Machado. 6.ed. São Paulo: Martins Fontes, 2000.

KELSEN, Hans. *Teoria geral do direito e do Estado*. Trad. Luis Carlos Borges. São Paulo: Martins Fontes, 2000.

KIRCHHOF, Paul. *Tributação no Estado Constitucional*. Trad. Paulo Adamy. São Paulo: Quartier Latin, 2016.

LANG, Michael. Limitation of Temporal Effects of CJEU Judgments – Mission Impossible for Governments of EU Member States. *WU International Taxation Research Paper Series*, n. 2013 – 06.

LÓPEZ-RENDO, Carmen. De la vicesima hereditatium al impuesto sucesorio en el derecho español. *Revista internacional de derecho romano*. Abril 2015. Disponível em: www.ridrom.uclm.es. Acesso em: 24 NOV. 2016.

MACHADO SEGUNDO, Hugo de Brito. *Poder Público e litigiosidade*. São Paulo: Foco, 2021.

MACHADO SEGUNDO, Hugo de Brito; MACHADO, Raquel Cavalcanti Ramos. Autonomia versus efetividade. O devido processo legal tributário na jurisprudência do Tribunal de Justiça Europeu e o enfrentamento de questões análogas pelos Tribunais Brasileiros. In: SIQUEIRA, Natércia Sampaio; XEREZ, Rafael Marcílio (Org.). *Desafios à Concretização dos Direitos Fundamentais na Sociedade da Informação*. Rio de Janeiro: Lumen Juris, 2017. v. 1.

MACHADO, Hugo de Brito. *Crimes contra a ordem tributária*. 3.ed. São Paulo: Atlas, 2011. MACHADO, Hugo de Brito. *Responsabilidade pessoal do agente público por danos ao contribu*inte. São Paulo: Malheiros, 2017.

MACHADO, Hugo de Brito. *Direitos fundamentais do contribuinte e a efetividade da jurisdição*. São Paulo: Atlas, 2009.

MACHADO, Hugo de Brito. *Uma introdução ao Estudo do Direito*. 3. ed. São Paulo: Atlas, 2012.

MACHADO, Hugo de Brito. *Uma Introdução ao Estudo do Direito*. São Paulo: Dialética, 2000.

MARINS, James. *Defesa e vulnerabilidade do contribuinte*. São Paulo: Dialética, 2009.

MARTÍNEZ, Juan Arrieta; YURRITA, Miguel Ángel Collado; PÉREZ, Juan Zornoza. *Tratado sobre la Ley General Tributaria*. Navarra: Aranzadi/Thomsom Reuters, 2010. t. I.

MICKLITZ, Hans-W; WITTE, Bruno de (Ed.). *The European court of justice and the autonomy of the member states*. Cambridge: Intersentia. 2012

SCHAUER, Frederick. *The force of law*. Cambridge, Massachusetts: Harvard University Press, 2015.

SERRANO, Luis Sánchez. *Tratado de Derecho Financiero y Tributario Constitucional*. Madrid: Marcial Pons, v. I, 1997.

TIPKE, Klaus. *Moral tributaria del estado e de los contribuyentes*. Trad. Pedro M. Herrera Molina, Madrid: Marcial Pons, 2002.

VASCONCELOS, Arnaldo. *Direito e força*: uma visão pluridimensional da coação jurídica. São Paulo: Dialética, 2001.

WALDHOFF, Christian. Recent developments relating to the retroactive effect of decisions of the ECJ. *Commom Market Law Review 46*. Netherlands: Kluwer International, p. 173-190, 2009.

WILLEMS, Pierre. *Le Droit Public Romain* – ou les institutions politiques de Rome depuis l'origine de la ville jusq'à Justinien. 5.ed. Paris: Louvain, 1883.

ENTRE A AUTORIDADE E O DIREITO: COMO A RELAÇÃO TRIBUTÁRIA SE AFASTA DO PODER PURO

Lara Ramos de Brito Machado

Mestranda na Universidade Federal do Ceará (UFC). Consultora tributária com experiência big four (EY). Embaixadora do clube Mulheres no Tributário. Professora de direito tributário no Método VDE (OAB). Advogada.

Sumário: Introdução – O que diferencia uma relação jurídica de uma relação de poder? – Sendo o Estado credor da relação tributária, e, ao mesmo tempo, autor da regra que a disciplina, responsável por sua regulamentação e aplicação, e, também, pelo equacionamento de conflitos que daí decorram, quais institutos ou requisitos são necessários a que a relação tributária se diferencie de uma mera relação de poder? – Referências.

INTRODUÇÃO

A célebre frase 'Ao Fisco não interessa o Direito, interessa-lhe apenas o dinheiro; as únicas semelhanças estão no 'DI' do começo e no 'O' no final' foi algo que sempre ouvi. Na infância, via essa expressão como uma brincadeira, um trocadilho inteligente. Hoje, compreendo que o Direito Tributário, enquanto disciplina que impõe limites ao poder de tributar do Estado, enfrenta desafios profundos, permeados pela intrincada relação entre poder e tributação. Aquela rígida separação de poderes, introduzida nos estudos iniciais de graduação, revela-se, no contexto do Direito Tributário, como uma divisão muitas vezes teórica, onde o Estado ocupa uma posição singular de credor que atua no processo legislativo, na aplicação das normas e em seu posterior julgamento.

Embora não tenha tido a oportunidade de expressar em vida como agora compreendo tais trocadilhos, faço-o em memória, sempre inspirada pelos lúcidos ensinamentos do Professor Hugo de Brito Machado. Neste artigo, escrevo com o olhar não mais de uma criança, mas de uma mestranda da Universidade Federal do Ceará e advogada em início de carreira sobre as lições que aprendi em minha breve vivência prática e as inevitáveis desilusões ao confrontar as ideias perfeitas da teoria aprendidas na graduação. Mais importante, compartilho o que aprendi na disciplina de mestrado 'Direitos Fundamentais do Contribuinte', cadeira que, inclusive, carrega o nome da tese de doutorado do Professor Hugo Machado. Agora, já mostrando a continuação de uma de suas mais valiosas heranças, a disciplina segue sendo ministrada pelo Professor Hugo de Brito Machado Segundo, que mantém o legado, a crítica e o profundo respeito pela norma jurídica tributária sempre ensinados pelo Professor Hugo "pai". Passemos então às perguntas.

O QUE DIFERENCIA UMA RELAÇÃO JURÍDICA DE UMA RELAÇÃO DE PODER?

O Direito representa um conjunto de limitações ao exercício do poder, resultado da racionalidade humana voltada à promoção de valores essenciais, como a segurança e a justiça.[1] Conforme defende o Professor Hugo de Brito Machado, um sistema jurídico que não busque alcançar justiça e segurança sequer pode ser considerado Direito.[2]

A relação tributária não deveria ser diferente de nenhuma outra de ramo jurídico diverso, isso porque a relação tributária é uma relação jurídica. Entretanto, a relação tributária é erroneamente, mas não por acaso, confundida com uma relação de poder. De fato, esta pode até ter sido sua origem, mas justamente com a racionalidade e evolução humana mencionadas no parágrafo anterior, em busca da redução de conflitos sempre causados pela exigência arbitrária de tributos, como foi o caso da Revolução Francesa, exigiu-se uma relação jurídica.

Privilegiando a importância dada pelo Professor Hugo Machado aos conceitos, a relação de poder é aquela que nasce arbitrariamente da vontade do poderoso. Já a relação jurídica é aquela que parte de regras preestabelecidas.[3]

Reconhece-se a necessidade do respeito ao princípio da autoridade; contudo, considera-se que apenas age com autoridade legítima aquele que atua em conformidade com a lei, pois é nela que reside a verdadeira autoridade. É o respeito à lei e às regras preestabelecidas que asseguram a liberdade, essencial ao cidadão, da mesma forma que a autoridade é indispensável ao Estado.[4]

Ou seja, é necessária uma conciliação entre o princípio da autoridade, fundamental para o Estado, e o princípio da liberdade, essencial ao indivíduo. Vale lembrar, que assim como dizia o Professor Hugo de Brito Machado, autoridades são só alguns, e por algum tempo, cidadãos somos todos nós e durante toda a vida. Portanto, até mesmo as autoridades deixarão de estar nessa posição um dia, mas serão sempre cidadãos, o que é uma percepção que certamente alteraria suas atitudes enquanto detentores de "poder".

Entretanto, apesar dos esforços empregados para descaracterizar esta relação de poder, ainda há prática de abusos por parte das Autoridades Fiscais, o que impede a criação de uma consciência fiscal e gera impactos, inclusive, na arrecadação. Por isso, defender os direitos fundamentais do contribuinte e reconhecer eventuais falhas em sua relação com o Poder Público não deveriam ser de interesse apenas dos particulares, mas sim da própria Fazenda. Passaremos agora a entender de que forma a relação de poder interfere na relação jurídico-tributária e o que pode ser feito para evitar esta interferência.

---

1. MACHADO, Hugo de Brito. *Os direitos fundamentais do contribuinte e a efetividade da jurisdição*. São Paulo: Atlas, 2009. p. 1.
2. MACHADO, Hugo de Brito. *Os Princípios Jurídicos da Tributação na Constituição de 1988*. 5. ed. São Paulo: Dialética, 2004. p. 123.
3. MACHADO, Hugo de Brito. *Curso de Direito Tributário*. 44. ed. Salvador: JusPodivm, 2024. p. 27.
4. MACHADO, Hugo de Brito. *Os direitos fundamentais do contribuinte e a efetividade da jurisdição*. São Paulo: Atlas, 2009. p. 4.

SENDO O ESTADO CREDOR DA RELAÇÃO TRIBUTÁRIA, E, AO MESMO TEMPO, AUTOR DA REGRA QUE A DISCIPLINA, RESPONSÁVEL POR SUA REGULAMENTAÇÃO E APLICAÇÃO, E, TAMBÉM, PELO EQUACIONAMENTO DE CONFLITOS QUE DAÍ DECORRAM, QUAIS INSTITUTOS OU REQUISITOS SÃO NECESSÁRIOS A QUE A RELAÇÃO TRIBUTÁRIA SE DIFERENCIE DE UMA MERA RELAÇÃO DE PODER?

Historicamente, para evitar arbitrariedades do Monarca que em tudo mandava delimitou-se uma separação entre os poderes, inclusive com os chamados "*checks and balances*",[5] com isso se objetivava que cada um dos Poderes – Executivo, Legislativo e Judiciário – se limitasse, coibindo qualquer forma de abuso.

Portanto, tomando como exemplo uma lei de Direito Civil, que trata da vida de particulares, o Poder Legislativo criará uma lei, e se, posteriormente, os particulares forem discutir a aplicação desta lei no Poder Judiciário, o juiz não terá qualquer relação ou interesse, mesmo que indireto, se um vizinho paga ou não suas cotas condominiais. Isso não guarda qualquer relação com sua remuneração, ou até mesmo com quanto ele pode ou não gastar enquanto magistrado.

No Direito Tributário a separação entre os Poderes é mais delicada, isso porque se consideramos o credor tributário como o "ente público", este mesmo credor criará a lei, aplicará a lei e julgará conflitos dela decorrentes.

Se, por exemplo, for editada norma tributária notadamente inconstitucional, e após anos de cobrança e de trâmites processuais o Supremo Tribunal Federal declarar sua inconstitucionalidade, mas modular seus efeitos – o que acontece sem qualquer fundamento,[6] a Fazenda acabará por arrecadar um valor que, mesmo indevidamente recolhido, pertencerá integralmente e perfeitamente aos cofres públicos sem necessidade de devolução.

Antes que se sustente que o Poder Judiciário é independente e que o modo de ingresso é apenas concurso público, isto acontece apenas para o primeiro grau de jurisdição. Esta é uma das críticas que o Professor Hugo de Brito Machado faz, apontando este como um dos motivos para a falta de independência do Poder Judiciário. O Supremo Tribunal

---

5. *Modern constitutional theory*: a reader, St. Paul: West Publishing, 1991, p. 238.
6. Sobre o assunto, Hugo de Brito Machado Segundo demonstra que a modulação de efeitos das decisões judiciais não segue critérios preestabelecidos – como acontece no Tribunal Europeu, que tem rígidos critérios para a modulação. No Brasil, o que acontece é a modulação em momentos nos quais a haveria uma devolução significativa de tributos pagos indevidamente, mesmo que a modulação aconteça em caso onde a declaração de inconstitucionalidade já era absolutamente esperada. O mesmo acontece em sentido contrário, decisões declarando a inconstitucionalidade de normas que eram pacificamente consideradas constitucionais pela jurisprudência deixam de ser moduladas, vide MACHADO SEGUNDO, Hugo de Brito. *Poder Público e Litigiosidade*. São Paulo: Foco, 2021. p. 83. No mesmo sentido Humberto Ávila afirma que este comportamento pode incentivar a criação de leis tributárias inconstitucionais, justamente porque invocando a segurança jurídica para modular sem critérios, se atinge a insegurança, vide ÁVILA, Humberto. *Segurança jurídica*: entre permanência, mudança e realização no direito tributário. 2. ed., rev., atual. e ampl. São Paulo: Malheiros, 2012., p. 690.

Federal depende de indicação do Presidente da República, minando parcialmente sua independência.[7]

O Professor Hugo de Brito Machado destaca também que, em razão do alto volume de processos, o Poder Judiciário, em especial o Supremo Tribunal Federal e o Superior Tribunal de Justiça, dependem cada vez mais de assessores para a elaboração de suas decisões. Ocorre que, diante da falta de contato e interesse com a matéria tributária, é prática comum que Magistrados e Ministros solicitem assessoria da Procuradoria da Fazenda para elaboração de seus julgados. Ao assumirem o cargo de assessores – que naturalmente já é um cargo de confiança – os procuradores não deixam, no entanto, de estarem vinculados às suas funções de origem, o que também contribui para a parcialidade e mina a independência do Poder Judiciário.[8]

Outro ponto que se pode levantar é de que os juízes jamais arrecadariam ferindo a lei, até porque não é tarefa de juiz arrecadar coisa alguma, mas sim aplicar a norma ao caso concreto. Arrecadar é dever do Fisco. Esse comportamento, no entanto, não é a prática. O próprio Ministro do Supremo Tribunal Federal Luis Roberto Barroso publicou em seu artigo intitulado "Quanto vale o Judiciário?" que não deveria haver preocupação com os gastos deste Poder já que, em suas próprias palavras "para quem preza a questão financeira, o Judiciário arrecada para os cofres públicos cerca de 70% do que despende".[9]

Não se nega aqui a importância da Justiça e do poder Judiciário que, em muitos momentos, faz um excelente trabalho. Não se pretende aqui reduzir o trabalho de todo o Judiciário a parcialidades, mas tão somente reconhecer que elas existem, até porque relação jurídica pura não admite que o magistrado arrecade, esta tarefa está fora do âmbito de sua competência.[10]

Mas é relevante lembrar também que os conflitos nem mesmo precisariam da guarda e análise do Poder Judiciário se as cobranças, na esfera administrativa, fossem diversas. Sabe-se, porque isto está no conceito legal de tributo contido no artigo 3º do Código Tributário Nacional, que a Administração Pública cobra o tributo por ato plenamente vinculado.

---

7. MACHADO, Hugo de Brito. *Os direitos fundamentais do contribuinte e a efetividade da jurisdição*. São Paulo: Atlas, 2009. p. 191-194.
8. MACHADO, Hugo de Brito. *Os direitos fundamentais do contribuinte e a efetividade da jurisdição*. São Paulo: Atlas, 2009. p. 194.
9. BARROSO, Luís Roberto. Quanto vale o Judiciário? *Conselho Nacional de Justiça*, 2021. Disponível em: https://www.cnj.jus.br/artigo-quanto-vale-o-judiciario/. Acesso em: 27 out. 2024.
10. Outra questão interessante sobre a atuação sem critérios bem definidos por parte do Poder Judiciário, o que acarreta insegurança são as discussões sobre a aplicação do artigo 85, §3º, do Código de Processo Civil (CPC), em causas em que a Fazenda Pública é parte. A lei processual, de forma muito clara e evidente, proíbe a aplicação da equidade na fixação de honorários advocatícios quando o valor da causa é elevado. Esse entendimento foi consolidado pelo Superior Tribunal de Justiça (STJ) em sede de recurso repetitivo vinculante, pois trata-se de questão infraconstitucional (aplicação do Código de Processo Civil). No entanto, o Supremo Tribunal Federal (STF) reconheceu a repercussão geral da questão – que não é constitucional – e intervirá na matéria já pacificada que tanto incomoda a Fazenda por pagar o trabalho de profissionais que logram êxito em causas de valor elevado decorrentes de cobranças indevidas.

Em outras palavras, de fato não cabe ao Fisco fazer um juízo de valor sobre a constitucionalidade de norma vigente e, em tese, válida até que se declare o contrário. No entanto, também não deve o Auditor realizar cobrança irregular ou contrária a própria lei. Nem mesmo pode o Auditor ser estimulado a autuar a todo custo.

Uma possível solução para o problema de autuações irregulares seria a responsabilização, de forma pessoal, do Agente Público ao causar danos injustificados ao contribuinte, defendida pelo professor Hugo de Brito Machado.

Não se defende uma responsabilização irrestrita que prejudique o agente público. O agente que atuou de acordo com os termos legislativos e regulamentares, mesmo que tais normas venham a ser declaradas inconstitucionais ou ilegais, não está sujeito à responsabilização. Isso porque, exceto nos casos de ordens manifestamente ilegais, suas ações estarão amparadas em disposições legais que fundamentam a adequação de sua atuação estatal, como o mencionado artigo 3º do CTN.

Para o Professor Hugo de Brito Machado, o agente pode ser diretamente responsabilizado em razão de atos ilegais, cuja exigência não possui nenhum fundamento legal ou, pior, contrariam entendimento vinculativo à Administração Pública.[11]

Na prática, devido ao interesse arrecadatório da Administração, o agente fiscal que realiza autuações ilegais não é responsabilizado civilmente pelos danos causados ao contribuinte, mesmo quando caberia a possibilidade de ação de regresso. Isto porque, conforme abordado pelo Professor Hugo Machado, "há sempre uma coincidência entre a atitude ilegal do agente fiscal que causa danos ao contribuinte e o interesse, embora escuso, da Administração Tributária, no aumento da arrecadação".[12]

O Direito atua no plano do "dever ser" e, mesmo que tenhamos regras claras e justas sobre como alcançar a segurança jurídica ou sobre como deveriam se dar as cobranças tributárias, com poderes teoricamente independentes sempre em busca da justiça, nem sempre é isso que a prática nos mostra.

Mesmo que a Constituição assegure o direito à moradia, nem todos os cidadãos terão uma casa. Ainda que a Constituição estabeleça a separação entre os Poderes, nem sempre isso será observado na prática de forma clara. Mesmo que a Constituição reserve certas matérias para tratamento legal, leis podem, erroneamente, na prática, repassar esta atribuição para um decreto.

Respondendo objetivamente à pergunta posta "quais institutos ou requisitos são necessários para que a relação tributária se diferencie de uma mera relação de poder?"

Assim como ensina o Professor Hugo Machado e os diversos professores também mencionados, é essencial garantir a independência entre os Poderes, vez que o grande

---

11. MACHADO, Hugo de Brito. *Os direitos fundamentais do contribuinte e a efetividade da jurisdição*. São Paulo: Atlas, 2009. p. 248-250.
12. MACHADO, Hugo de Brito. *Os direitos fundamentais do contribuinte e a efetividade da jurisdição*. São Paulo: Atlas, 2009. p. 249.

problema entre a relação jurídico-tributária e a relação de poder surge diante de um tríplice credor onipotente.

Com relação ao Poder Judiciário, é necessário estabelecer critérios rígidos e sérios para a modulação de decisões, não é possível que o Estado invoque a segurança jurídica para se proteger, pois este é um princípio criado para a proteção dos indivíduos contribuintes frente ao Estado. Também não deveria ser permitido que a Procuradoria da Fazenda enviasse assessores aos Ministros e Magistrados, vez que quem auxilia no julgamento não deveria ter qualquer vinculação institucional com o Poder Público. Aqui, adentrando nas perguntas formuladas no "Tópico V" da carta convite para este Livro de Homenagem, responde-se que um banco não poderia enviar seus advogados para assessorar o Ministro que julgará causa de direito bancário, ou consumerista, em que ele figura como parte.

Ressalta-se que há grande diferença entre o caso de um procurador/assessor tenha sido convocado pessoalmente, por ser conhecido do julgador, independentemente do cargo que ocupa e caso em que a Corte tenha enviado ofício à respectiva procuradoria requisitando assessores/procuradores, a serem escolhidos pela Procuradoria que os remeterá. Neste segundo caso, a Procuradoria poderia escolher aqueles que são naturalmente mais fazendários, e não aqueles que melhor assessorariam o magistrado.

Há, portanto, que haver um limite legislativo para a indicação institucional de procuradores da Fazenda a cargos de assessores/procuradores de Ministros para a preservação da relação jurídica.

A responsabilização pessoal do agente público também se apresenta como solução para que se evite uma relação de poder, isso porque com a responsabilização do Fisco por autuações absolutamente sem fundamento estas certamente diminuirão.

Mesmo diante das injustiças e das relações que, em muitas ocasiões, ultrapassam o âmbito jurídico para adentrar no domínio do poder, é meu papel, como advogada tributarista, lutar pela preservação do Direito. Assim aprendi com meu avô e Professor Hugo de Brito Machado, e continuo a carregar esses ensinamentos, não apenas como profissional do Direito, mas também como cidadã e contribuinte, afinal, como já mencionado, autoridades são só alguns, e por algum tempo, cidadãos somos todos nós e durante toda a nossa vida. O respeito ao Direito, que se coloca acima de qualquer poder, é essencial para uma sociedade justa e para que todos tenham a garantia de que suas liberdades e direitos sejam protegidos. E assim seguirei, incansavelmente, estudando os direitos fundamentais dos contribuintes.

REFERÊNCIAS

ÁVILA, Humberto. *Segurança jurídica*: entre permanência, mudança e realização no direito tributário. 2. ed., rev., atual. e ampl. São Paulo: Malheiros, 2012.

BARROSO, Luís Roberto. Quanto vale o Judiciário? *Conselho Nacional de Justiça*, 2021. Disponível em: https://www.cnj.jus.br/artigo-quanto-vale-o-judiciario/. Acesso em: 27 out. 2024.

MACHADO, Hugo de Brito. *Os Princípios Jurídicos da Tributação na Constituição de 1988*. 5. ed. São Paulo: Dialética, 2004.

MACHADO, Hugo de Brito. *Os direitos fundamentais do contribuinte e a efetividade da jurisdição*. São Paulo: Atlas, 2009.

MACHADO, Hugo de Brito. *Curso de Direito Tributário*. 44. ed. Salvador: JusPodivm, 2024.

MACHADO SEGUNDO, Hugo de Brito. *Poder Público e Litigiosidade*. São Paulo: Foco, 2021.

ENTRE DIREITO E PODER: A TRIBUTAÇÃO COMO INSTRUMENTO DE JUSTIÇA E O LEGADO DE HUGO DE BRITO MACHADO

Letícia Soares Machado

Mestranda em Direito Constitucional, Sustentabilidade e Tributação pela Universidade Federal do Ceará (UFC). Pós-graduanda em Direito Tributário pela Fundação Getúlio Vargas (FGV-Rio) e bacharel em Direito pela Universidade de Fortaleza (UNIFOR). Pesquisadora no Grupo de Tributação Ambiental (GTA) da Universidade Federal do Ceará e no Women in Tax Jovem (WIT). Advogada-sócia do escritório Martins e Lemos Advogados.

Sumário: Introdução – 1. A evolução histórica da tributação: de imposição à relação jurídica – 2. O direito como limite ao poder: princípios e institutos da relação tributária – Conclusão – Referências.

INTRODUÇÃO

Minha admiração pelo direito tributário foi incentivada por meu avô, Schubert Machado, e por meu bisavô, Hugo de Brito Machado. Quando já estava na faculdade, iniciei um estágio em uma sala ao lado da sala de meu bisavô, e essa proximidade se mostrou um marco relevante na minha formação.

Em uma dessas ocasiões, ele me entregou um de seus artigos, pedindo que eu o "corrigisse". Levei a tarefa a sério e li cada frase com atenção. Descobri ali que ele escrevia sobre direito tributário com a naturalidade de quem conta uma boa história. Incapaz de mudar qualquer parte, limitei-me a anotar algumas perguntas, aguardando o momento de discutir essas dúvidas com ele.

Algum tempo depois, ele me entregou um calhamaço de folhas: a nova edição de seu *Curso de Direito Tributário*, já prestes a ser publicada. Ele pediu que eu lesse e corrigisse o que fosse necessário. Dessa vez, ainda mais envergonhada e impressionada pela profundidade daquele trabalho, relutante, tomei coragem e apontei 96 modificações, todas de pequenas vírgulas que inseri para tentar contribuir, mesmo que minimamente, diante daquela imensidão de conteúdo.

Ao receber de volta as páginas marcadas, ele riu e batizou-me de "Virgulanda". Depois, colocou a mão sobre o ombro dizendo: "Não perca sua curiosidade. Ela é o que a levará adiante.". Desde então, essas palavras tornaram-se um mantra, um estímulo constante para me aperfeiçoar e não temer o novo, sobretudo quando o direito tributário me desafia e me fascina.

Assim, inicio este artigo em homenagem ao Professor Hugo de Brito Machado, um tributo a seu legado intelectual e pessoal. É minha esperança que sua influência se estenda a todos os leitores, inspirando-os a trilhar um caminho no direito tributário com o mesmo compromisso com a justiça e respeito ao contribuinte que ele tão fortemente defendeu.

1. A EVOLUÇÃO HISTÓRICA DA TRIBUTAÇÃO: DE IMPOSIÇÃO À RELAÇÃO JURÍDICA

Para compreender a evolução da tributação e sua transformação em um instituto jurídico moderno, é necessário olhar para o contexto histórico em que os tributos surgiram como extensão do poder autoritário. Nos primeiros sistemas tributários, a cobrança de impostos era essencialmente uma manifestação de força e domínio.

Reis, imperadores e senhores feudais utilizavam os tributos não com o objetivo de promover o bem-estar de seus governados, mas para consolidar sua autoridade e ampliar suas posses. A tributação funcionava, nesse sentido, como uma ferramenta de submissão: a obrigatoriedade de pagar era imposta de maneira coercitiva, reforçando o poder absoluto do soberano sobre os súditos e reafirmando o controle político e social.

Com o passar do tempo e o desenvolvimento das sociedades, especialmente a partir do Iluminismo e do estabelecimento do Estado de Direito, surgiu uma nova concepção da relação tributária, em que a imposição de tributos começou a ser regulada por normas e princípios.

O tributo passou, em tese, a ser visto não mais como um ato de dominação, mas como um meio de financiamento das atividades públicas, orientado por objetivos de bem comum e regulado por preceitos de legalidade, justiça e transparência.

Hugo de Brito Machado, a esse respeito, pronuncia: "Tributação é, sem sombra de dúvida, o instrumento de que se tem valido a economia capitalista para sobreviver. Sem ele não poderia o Estado realizar os seus fins sociais, a não ser que monopolizasse toda a atividade econômica. O tributo é inegavelmente a grande e talvez única arma contra a estatização da economia" (Machado, 2022, p. 24).

A transição para um sistema tributário mais justo e normatizado representa uma evolução, mas não elimina totalmente os desafios. Atualmente, a relação tributária ainda demanda a imposição de limites claros ao poder estatal, a fim de garantir que o tributo seja aplicado de acordo com a lei e em prol do bem comum, e não como uma expressão de autoritarismo.

É nesse contexto que princípios como a legalidade, a responsabilidade dos agentes públicos, a segurança jurídica e o respeito aos direitos fundamentais se tornam cruciais, assegurando que a relação tributária não se reduza a uma mera imposição de poder, mas se consolide como uma verdadeira relação jurídica, pautada pela justiça e pelo respeito ao cidadão contribuinte, fatores estes que serão melhor detalhados mais à frente.

O entendimento de que o direito derivaria da mera força é uma característica do positivismo *imperativista*, como preconizavam Jeremy Bentham e John Austin. Segundo essa corrente, o direito seria essencialmente uma imposição daqueles que detêm o poder, baseado na capacidade de aplicar sanções e na coerção direta, reduzindo o direito a atos de violência (Costa Matos e Perini Milão, 2013).

Em contraste com essa visão, Hans Kelsen e Carl Schmitt desenvolveram teorias que buscam afastar o direito da força bruta ou "lei da selva", estruturando-o como uma ordem normativa autônoma e evitando a sua identificação com o poder (Kelsen, 1998; Schmitt, 2007).

Para Hans Kelsen, o direito é um sistema normativo puro, que deve ser compreendido de forma independente da política ou da força. Em sua Teoria Pura do Direito, Kelsen argumenta que o direito constitui um sistema de normas que regula a vida social, sem confundir-se com o poder que o sustenta. Ele introduz o conceito de "norma fundamental" para justificar a validade das normas sem que precisem de respaldo externo, afirmando que o direito é um sistema objetivo que não depende da vontade de quem o exerce (Kelsen, 1998, p. 12).

Esse conceito "kelseniano" busca assegurar que o direito se mantenha como um sistema autônomo, onde as decisões são aplicadas dentro de um quadro normativo que exclui a arbitrariedade. Kelsen propõe que, para ser considerado verdadeiramente jurídico, o sistema normativo deve ser imparcial e operar sem a interferência direta de quem exerce o poder (Kelsen, 1998).

Carl Schmitt, por outro lado, introduz a ideia de que o direito está intimamente ligado ao poder, especialmente em situações de crise ou exceção. Ele afirma que o soberano é aquele que decide sobre a exceção, ou seja, aquele que detém o poder de suspender a norma para preservar a ordem social (Schmitt, 2009, p. 13).

Schmitt sustenta que o direito, em última instância, é uma expressão de decisão política, pois cabe ao poder soberano manter ou reconstruir a ordem jurídica quando confrontado com situações extraordinárias. Portanto, enquanto Kelsen busca dissociar direito da política, Schmitt argumenta que o direito e o poder são interdependentes, especialmente em tempos de instabilidade (Schmitt, 2007).

Hugo de Brito Machado, inicialmente influenciado pela teoria kelseniana, ao longo de sua trajetória passou a enxergar o direito como um instrumento voltado à justiça, distanciando-se do rigor normativo de Kelsen e aproximando-se de uma visão pautada por valores como equidade e o ideal de justiça, que vão além da mera forma normativa. Em seu soneto, ele expressa essa transição ao afirmar: "A Justiça é muito mais, é sentimento de harmonia, de paz e de igualdade" (Machado, 2004, p. 14).

Para o jurista, o direito tributário deve afastar-se de práticas abusivas e arbitrárias que possam comprometer a justiça na relação com o contribuinte (Machado, 2022), diferenciando-se do poder ao refletir valores de justiça que superam a imposição normativa e promovem igualdade e paz social. Em sua perspectiva, o direito precisa ser aplicado com proporcionalidade e respeito aos direitos fundamentais, configurando-se como uma verdadeira relação jurídica, e não como uma simples relação de poder.

2. O DIREITO COMO LIMITE AO PODER: PRINCÍPIOS E INSTITUTOS DA RELAÇÃO TRIBUTÁRIA

Na relação tributária, o Estado desempenha um papel multifacetado e complexo que vai muito além de ser apenas o credor dos tributos. Ele é, simultaneamente, *criador*, *regulamentador* e *aplicador* das normas que disciplinam a cobrança e o processo fiscal, o que configura uma posição de poder que pode facilmente gerar desequilíbrios na relação com o contribuinte. Essa sobreposição de funções coloca o contribuinte em uma situação de especial vulnerabilidade, pois o Estado não só define as obrigações fiscais, como também controla seu cumprimento e exerce autoridade no julgamento de eventuais controvérsias.

Hugo de Brito Machado (2009) explora essa dinâmica, observando que o exercício multifacetado do poder tributário pelo Estado, quando sem a devida limitação, pode transformar a relação tributária em uma mera imposição de poder unilateral, desprovida de características jurídicas. Para o autor, "o exercício multifacetado do poder tributário pelo Estado, sem a devida limitação, converte a relação em uma mera submissão ao poder estatal, transformando o contribuinte em alvo de um sistema desequilibrado e unilateral" (Machado, 2009, p. 47).

Para garantir que a relação tributária seja verdadeiramente jurídica, e não uma mera relação de poder coercitivo, é fundamental que o sistema se ampare em princípios como a *legalidade* e a *responsabilização pessoal dos agentes públicos*, por exemplo.

O princípio da legalidade é um dos fundamentos centrais do ordenamento jurídico brasileiro, expressamente previsto no artigo 5º, inciso II, da Constituição Federal de forma mais geral e ganha contorno específico do direito tributário por meio do artigo 150, I, que proíbe a exigência ou aumento de tributo sem lei que os estabeleçam.

O Código Tributário Nacional reforça essa exigência no artigo 97, que especifica que somente uma lei pode estabelecer a criação, extinção ou alteração de tributos, bem como definir seus aspectos essenciais, como fato gerador, base de cálculo e alíquota. O princípio visa impedir, assim, que interpretações extensivas ou analógicas sejam aplicadas na criação ou modificação de tributos, protegendo o contribuinte de arbitrariedades do poder público.

Hugo de Brito Machado (2009) afirma que se trata da "garantia fundamental do contribuinte contra o arbítrio estatal", portanto, essencial para transformar a relação de tributação em uma relação jurídica verdadeira, e não em uma mera relação de poder (Machado, 2009, p. 58).

A previsibilidade trazida pelo princípio da legalidade também representa um importante estímulo ao desenvolvimento econômico, pois promove um ambiente de estabilidade fiscal que atrai investimentos e incentiva a atividade empresarial.

A inobservância do princípio da legalidade afeta diretamente o Estado de Direito, uma vez que a criação de tributos sem respaldo normativo desrespeita a estrutura jurídica do país e compromete a função essencial da legislação tributária.

Machado observa que a legalidade é a base sobre a qual se fundamenta o poder de tributar, e que, ao ignorá-la, o Estado compromete a legitimidade de todo o sistema de arrecadação fiscal, transformando-o em um instrumento de opressão, em vez de um meio de financiamento das necessidades públicas (Machado, 2009, p. 50).

A Fazenda Pública, frequentemente pressionada por metas de arrecadação, recorre a práticas que tangenciam ou até violam os limites estabelecidos pela legalidade tributária, seja através do uso excessivo de medidas provisórias e normas infralegais para alterar tributos, do frequente uso de sanções políticas como meio de pressão para a quitação de débitos tributários, ou da chamada "tributação oculta", que envolve o uso de interpretações fiscais extensivas para expandir a base de cálculo de tributos ou limitar deduções.

Machado defende, portanto, que a observância estrita ao princípio da legalidade é indispensável para manter o equilíbrio e a justiça na relação tributária, prevenindo que o sistema fiscal se torne uma ferramenta de opressão em vez de um mecanismo de arrecadação justo e legítimo.

No que se refere à responsabilização pessoal do agente público, tem ganhado relevância crescente no direito tributário brasileiro, especialmente por seu papel na proteção dos direitos dos contribuintes. Hugo de Brito Machado enfatiza que esta responsabilização é fundamental para evitar abusos de poder e manter uma relação jurídica equilibrada entre Fisco e contribuinte (Machado, 2009, p. 249).

O princípio da legalidade, consagrado na Constituição Federal e no Código Tributário Nacional, exige que a atuação do poder público tenha restrição vinculada à lei, especialmente na criação e cobrança de tributos. Contudo, sua efetividade depende diretamente da conduta dos públicos, que deverá responder pessoalmente por agentes eventualmente abusos de autoridade.

Embora a Constituição Federal de 1988 estabeleça a responsabilidade objetiva do Estado pelos danos causados por seus agentes, Machado aponta uma limitação significativa neste modelo: os custos das indenizações recaem sobre os próprios contribuintes, sem afetar diretamente o agente causador do dano. Esta dinâmica pode promover condutas negligentes, já que o agente não sofre consequências diretas de suas ações (Machado, 2009, p. 368).

A responsabilização direta do agente público, especialmente daqueles que atuam na fiscalização e cobrança tributária, serve como importante mecanismo preventivo contra práticas arbitrárias. Segundo Machado, esta responsabilização pessoal incentiva uma atuação mais alinhada com a lei e respeitosa aos direitos dos contribuintes, evitando o comportamento autoritário que pode surgir quando o agente se sente protegido pela impessoalidade da responsabilidade estatal (Machado, 2009, p. 369).

Para além do aspecto preventivo, Machado ressalta o efeito moralizador da responsabilidade pessoal na administração pública. A consciência de que podem responder por atos ilegais motiva os agentes a refletirem sobre a justiça de suas ações e evitarem abusos de poder. Este efeito é especialmente relevante no setor tributário, onde a relação com a tributação deve se basear em confiança e transparência (Machado, 2009, p. 370).

O direito tributário deve respeitar prioritariamente os direitos fundamentais dos contribuintes, e a responsabilidade pessoal dos agentes públicos constitui mecanismo essencial para esta garantia. Ao serem pessoalmente responsáveis por seus atos, os agentes são obrigados a agir de maneira mais ética e justa, promovendo uma administração tributária equilibrada e respeitosa com os cidadãos.

A perspectiva de Hugo de Brito Machado evidencia como este instituto fortalece a legalidade e a confiança na administração pública, promovendo uma relação genuinamente jurídica entre Estado e contribuinte. O direito tributário encontra na responsabilidade pessoal dos agentes um instrumento eficaz para garantir tanto a proteção dos direitos fundamentais quanto a manutenção de uma gestão tributária ética e responsável.

CONCLUSÃO

A trajetória do direito tributário brasileiro, enriquecida pelo legado intelectual de Hugo de Brito Machado, demonstra que a tributação só se legitima quando transcende a mera manifestação de poder estatal e se consolida como autêntica relação jurídica, pautada pela justiça e pelo respeito aos direitos fundamentais do contribuinte.

A evolução histórica da tributação, desde sua origem como instrumento de dominação até sua configuração atual como meio de financiamento do bem comum, revela uma transformação paradigmática: o tributo deixado de ser expressão da força do soberano para se tornar instituto jurídico regulado por princípios e garantias constitucionais. No entanto, esta evolução exige vigilância constante para que não haja retrocessos.

O pensamento de Hugo de Brito Machado ilumina este caminho para demonstrar que a relação tributária equilibrada depende de três pilares fundamentais: a estrita observância do princípio da legalidade, a responsabilização pessoal dos agentes públicos e o respeito incondicional aos direitos do contribuinte. Sem estes elementos, corre-se o risco de ver a tributação degenerar-se novamente em mero instrumento de poder e opressão.

O legado de Hugo de Brito Machado nos ensina que o direito tributário deve ser, acima de tudo, um instrumento de justiça. Sua obra e seu exemplo pessoal demonstram que é possível construir um sistema tributário que, sem descobrir as necessidades do Estado, preserve e respeite os direitos fundamentais do defensor.

Em tempos em que frequentemente se observam tentativas de flexibilização de garantias constitucionais e relativização de direitos fundamentais em nome de uma pretensa eficiência arrecadatória, o pensamento de Machado permanece atual e necessário. Suas lições nos registraram que a verdadeira eficiência do sistema tributário não se mediu apenas pela quantidade de recursos arrecadados, mas principalmente pela justiça e equidade com que trata seus contribuintes.

Assim, honrar o legado de Hugo de Brito Machado significa defender incansavelmente um direito tributário que seja expressão de justiça e não de poder, que promova o desenvolvimento econômico sem sacrificar direitos fundamentais, e que realize sua função arrecadadora sem jamais perder de vista sua finalidade específica: servir ao bem comum e à dignidade da pessoa humana. Somente assim a tributação cumprirá seu papel constitucional como instrumento de justiça fiscal e social, perpetuando o ideal de um direito tributário mais justo e humano pelo qual Machado tanto recusou.

REFERÊNCIAS

KELSEN, Hans. *Teoria Pura do Direito*. São Paulo: Martins Fontes, 1998. MACHADO, Hugo de Brito. *Curso de Direito Tributário*. 42. ed. São Paulo: Atlas, 2022

MACHADO, Hugo de Brito. *Introdução ao Estudo do Direito*. 2. ed. São Paulo: Atlas, 2004.

MACHADO, Hugo de Brito. *Os direitos fundamentais do contribuinte e a efetividade da jurisdição*. São Paulo: Atlas, 2009.

SCHMITT, Carl. *Teologia Política*: quatro capítulos sobre a doutrina da soberania. Belo Horizonte: Del Rey, 2007.

II – RESPONSABILIDADE PESSOAL DO AGENTE PÚBLICO

RESPONSABILIDADE PESSOAL DO AGENTE FISCAL SOB A ÓTICA DA TEORIA DO DANO PUNITIVO: UMA ALTERNATIVA PARA A REDUÇÃO DE ILEGALIDADES DO FISCO

David Montezuma Monteiro

Pós-graduando em Direito Tributário pela Pontifícia Universidade Católica do Rio Grande do Sul – PUCRS. Graduado em Direito pela Universidade de Fortaleza. Membro da Comissão de Direito Tributário da OAB/CE. Coordenador de pesquisa do Grupo de Estudos Processuais da Universidade de Fortaleza. Advogado tributarista.

Sumário: Introdução – 1. A responsabilidade extracontratual da administração pública – 2. Responsabilização pessoal do agente público – 3. A potencial diminuição de ilegalidades contra os contribuintes – Conclusão – Referências.

INTRODUÇÃO

A responsabilidade pessoal do agente público tem sido um tema de complicado debate no ordenamento jurídico brasileiro, sobretudo frente aos atos cometidos pelo ente fiscal que ocasionam lesão ao contribuinte.

A Constituição Federal de 1988 esculpiu em seu art. 37, § 6º, a responsabilização de pessoas jurídicas de direito público e direito privado prestadora de serviços públicos, adotando a responsabilidade objetiva com base na teoria do risco administrativo, caso em que não havia necessidade de comprovar dolo ou culpa para ensejar o dever de ressarcimento. Além disso, assegurou-se ao Estado que, caso fosse apurado dolo ou culpa por parte do agente público, haveria o direito de ação regressiva em face deste, visando o ressarcimento do valor retirado dos cofres públicos.

Em primeiro plano, o presente artigo traz o questionamento de que se historicamente tal disposição constitucional visa garantir o ressarcimento em razão de um ônus sofrido pelo administrado, como preservação da eficácia vertical dos direitos fundamentais, frente ao desequilíbrio existente entre o cidadão e o ente público, ou então se tal norma age como escudo para a proteção do agente público, que nada sofreria de imediato, somente em caso de comprovação de dolo ou culpa, mediante contraditório ou ampla defesa em procedimento a ser instaurado pela própria Administração.

Em segundo momento, investigou-se a possibilidade de responsabilização pessoal do agente público em razão de ato ilícito no ordenamento jurídico brasileiro como sujeito passivo direto na relação processual, destacando posicionamentos doutrinários favoráveis e contrários a tal hipótese.

Por fim, em terceiro momento, averíguam-se os impactos da adoção da responsabilidade pessoal do agente público fiscal em atos lesivos aos contribuintes, mediante análise das função preventiva da responsabilidade civil, aliada a teoria do dano punitivo (*punitive damage*), sobretudo no que tange a possibilidade de diminuição das ilegalidades.

No que tange à metodologia do trabalho, trata-se de pesquisa qualitativa, bibliográfica e exploratória, utilizando-se, para tanto, de análise doutrinária e legislativa.

1. A RESPONSABILIDADE EXTRACONTRATUAL DA ADMINISTRAÇÃO PÚBLICA

O primeiro tópico trata da contextualização histórica da responsabilidade civil do Estado no ordenamento jurídico brasileiro, bem como os requisitos necessários para a sua configuração na perspectiva da legislação e da literatura especializada.

Sob a ótica do ordenamento jurídico brasileiro, a responsabilidade civil do Estado constitui instrumento de defesa dos indivíduos administrados em face do administrador. Nesse contexto, as regras devem ser desequilibradas de modo a permitir uma maior paridade de armas entre as duas partes, visto a desigualdade da relação instituída.[1]

No que concerne ao conceito de responsabilidade civil de Caio Mário da Silva Pereira, entende-se que há a presença de um binômio formado pelo sujeito passivo e pela reparação por um dano ilícito causado por um agente. A culpa seria elemento primordial que diferenciaria a responsabilidade subjetiva da objetiva.[2]

Sobre a cláusula geral da responsabilidade civil constante no art. 186 do Código Civil, observa-se o disposto que "aquele que, por ação ou omissão voluntária, negligência ou imprudência, violar direito e causar dano a outrem, ainda que exclusivamente moral, comete ato ilícito".[3] Outrossim, o art. 187 dispõe, de maneira complementar, que "também comete ato ilícito o titular de direito que, ao exercê-lo, excede manifestamente os limites impostos pelo seu fim econômico ou social, pela boa-fé ou pelos bons costumes".[4]

Ambos os artigos citados dizem respeito à responsabilidade civil subjetiva. Segundo Gonçalves "diz-se, pois, ser subjetiva a responsabilidade quando se esteia na ideia de culpa. A prova da culpa do agente passa a ser pressuposto necessário do dano indenizável". Nesse caso, é necessário que seja averiguado que o autor do ato ilícito – o agente – tenha agido ao menos com culpa, não sendo suficiente o mero nexo causal para lhe imputar o dever de indenizar.[5]

---

1. TOALDO, Adriane Medianeira; TOALDO, Andréia Maria. A responsabilidade civil do estado pela demora na prestação da tutela jurisdicional face à EC 45/2004 garantidora da duração razoável do processo. *Revista de Processo*, São Paulo, v. 202, p. 183-218, dez. 2011.
2. PEREIRA, Caio Mário da Silva. *Responsabilidade civil*. 9. ed. Rio de Janeiro: Forense, 2000. p. 11.
3. BRASIL. Lei 10.406, de 10 de janeiro de 2022. Institui o Código Civil. *Diário Oficial da União*, Brasília, DF, 11 jan. 2002. Disponível em: https://www.planalto.gov.br/ccivil_03/leis/2002/l10406compilada.htm. Acesso em: 15 jul. 2024.
4. Ibidem.
5. GONÇALVES, Carlos Roberto. *Direito civil: responsabilidade civil – direito de família – direito das sucessões*. 11 ed. São Paulo: Saraiva, 2024, p. 23.

Entretanto, ao tratar do tema sob a ótica do poder público como agente do ato ilícito, conforme Mello, incumbe ao Estado "reparar economicamente os danos lesivos à esfera juridicamente garantida de outrem e que lhe sejam imputáveis em decorrência de comportamentos unilaterais, lícitos ou ilícitos, comissivos ou omissivos, materiais ou jurídicos".[6] Portanto, basta que esteja evidenciado o dano ao particular, mesmo que decorrente de ato lícito, para que reste caracterizada a responsabilidade civil do Estado, conforme art. 37, § 6º, da Carta Magna.[7]

Cumpre mencionar que os mecanismos que buscam responsabilizar civilmente o Estado por seus atos que gerem danos aos administrados, sob a ótica da Constituição Federal de 1988, decorre também do fato de que a República Federativa do Brasil constitui Estado Democrático de Direito, sob o prisma do art. 1º da Carta Maior.[8]

No Código Civil de 2002, a responsabilidade objetiva foi contemplada, primeiramente, no art. 43, elencando que "as pessoas jurídicas de direito público interno são civilmente responsáveis por atos de seus agentes que nessa qualidade causem danos a terceiros, ressalvado direito regressivo contra os causadores do dano, se houver, por parte destes, culpa ou dolo". Não contemplou o Código Civil, portanto, as pessoas jurídicas de direito privado prestadoras de serviço público constantes no § 6º do art. 37 da Constituição Federal.

Ainda, como norma da responsabilidade objetiva, o parágrafo único do art. 927 do Código Civil dispôs que "haverá obrigação de reparar o dano, independentemente de culpa, nos casos especificados em lei, ou quando a atividade normalmente desenvolvida pelo autor do dano implicar, por sua natureza, risco para os direitos de outrem". Desse modo, conceitua Cavalieri Filho:[9]

> "[...] não basta que o agente tenha praticado uma conduta ilícita; tampouco que a vítima tenha sofrido um dano. É preciso que esse dano tenha sido causado pela conduta ilícita do agente, que exista entre ambos uma necessária relação de causa e efeito. Em síntese, é necessário que o ato ilícito seja a causa do dano, que o prejuízo sofrido pela vítima seja resultado desse ato, sem o quê a responsabilidade não ocorrerá a cargo do autor material do fato. Daí a relevância do chamado *nexo causal*."

Dito isso, passa-se à discussão acerca das fases pela qual a responsabilidade do Estado passou no ordenamento jurídico brasileiro.

A irresponsabilidade do Estado, ideal que foi exprimido nas monarquias absolutistas, como a francesa pré-revolução, não se fez presente no sistema jurídico brasileiro. A Constituição do Império de 1824 já trouxe disposição que responsabilizava "estri-

---

6. MELLO, Celso Antônio Bandeira de. *Curso de direito administrativo*. 19 ed. São Paulo: Malheiros, 2005. p. 923.
7. Art. 37. [...] § 6º As pessoas jurídicas de direito público e as de direito privado prestadoras de serviços públicos responderão pelos danos que seus agentes, nessa qualidade, causarem a terceiros, assegurado o direito de regresso contra o responsável nos casos de dolo ou culpa.
8. PORTO, Éderson Garin. Responsabilidade civil da administração tributária e a possibilidade de condenação em dano moral. *Direito Tributário Atual*, São Paulo, v. 35, p. 111-130, jun. 2016.
9. CAVALIERI FILHO, Sérgio. *Programa de responsabilidade civil*. 6. ed. rev., aum. e atual. São Paulo: Malheiros. 2005. p. 70.

tamente" os empregados públicos em razão do abuso praticados em suas funções,[10] consagrando a concepção civilista da responsabilidade do Estado. Ideia replicada na Constituição de 1891.[11]

O fundamento da teoria civilista era o condicionamento da responsabilidade do Estado à natureza dos atos cometidos por seus funcionários, sendo eles divididos em atos de império e atos de gestão. Enquanto no primeiro não havia qualquer responsabilidade em razão do resguardo do interesse público sob o privado, no segundo havia a responsabilidade da administração pública em razão da culpa de agente público. No caso dos atos de gestão, aplicava-se ao Estado as mesmas regras patrimoniais dos particulares, como por exemplo em alienações, contratos, trocas, contratos. Simplificando, considerava-se que o Estado praticava tais atos como um particular administrando seu patrimônio.[12]

Tratou-se então do Estado como responsável pelos atos dos seus agentes públicos, de forma semelhante à responsabilidade do empregador pelos atos de seus empregados, sendo necessário, entretanto a comprovação de conduta culposa de tal agente, além da imputação de responsabilidade ao fato praticado pelo servidor.[13] O referido entendimento também teve forma no Código Civil de 1916, que elencou em seu art. 15 que "as pessoas jurídicas de Direito Público são civilmente responsáveis por atos de seus representantes que nessa qualidade causem danos a terceiros, procedendo de modo contrário ao Direito ou faltando a dever prescrito por lei".[14]

O texto do art. 15 gerou certa ambiguidade acerca das características da responsabilidade estatal. Entretanto, conforme Cavalieri Filho "[...] a melhor doutrina acabou firmando entendimento no sentido de ter sido nele consagrada a teoria da culpa como fundamento da responsabilidade civil do Estado". Além disso, ainda na vigência do dispositivo, inspirado no direito europeu, a teoria do risco administrativo galgou espaço na jurisprudência brasileira, sendo a responsabilidade objetiva do Estado positivada, posteriormente, na Constituição de 1946.[15]

Em continuidade, o texto expresso na Constituição de 1946 destacou a responsabilidade objetiva do Poder Público, dispondo também sobre a ação regressiva contra funcionários causadores do dano, em caso de culpa destes. Já no texto constitucional de 1967, optou-se por adicionar o "dolo" de forma alternativa ao cabimento da ação

---

10. CAVALIERI FILHO, Sergio. *Programa de Responsabilidade Civil*. 16 ed. Rio de Janeiro: Grupo GEN, 2023.
11. Conforme Di Pietro (2024, p. 735) "nesse período, contudo, havia leis ordinárias prevendo a responsabilidade do Estado, acolhida pela jurisprudência como sendo solidária com a dos funcionários; era o caso dos danos causados por estrada de ferro, por colocação de linhas telegráficas, pelos serviços de correio".
12. TOALDO, Adriane Medianeira; TOALDO, Andréia Maria. A responsabilidade civil do estado pela demora na prestação da tutela jurisdicional face à EC 45/2004 garantidora da duração razoável do processo. *Revista de Processo*, São Paulo, v. 202, p. 183-218, dez. 2011.
13. CAVALIERI FILHO, Sergio. *Programa de Responsabilidade Civil*. 16 ed. São Paulo: Grupo GEN, 2023.
14. BRASIL. Lei 3.071, de 1º de janeiro de 1916. Código Civil dos Estados Unidos do Brasil. Código Civil. *Diário Oficial da União*, Rio de Janeiro, 1 jan. 1916. Disponível em: https://www.planalto.gov.br/ccivil_03/leis/l3071.htm. Acesso em: 06 mar. 2024.
15. CAVALIERI FILHO, Sergio. *Programa de Responsabilidade Civil*. 16 ed. São Paulo: Grupo GEN, 2023.

regressiva contra o funcionário público. Por fim, na Carta Magna de 1988, no art. 37, § 6º, positivou-se o entendimento vigente atualmente.[16]

A responsabilidade civil da Constituição Federal de 1988 trouxe o tema sob a ótica da teoria publicista, sobretudo no que tange a sua vertente chamada "teoria do risco administrativo",[17] abandonando a culpabilidade como requisito para a responsabilização extracontratual do Estado enquanto conjunto de pessoas jurídicas de direito público e as de direito privado prestadoras de serviço público. No que tange ao direito de regresso, manteve-se a culpa e o dolo como requisitos alternativos para a medida.[18]

Sobre a teoria do risco administrativo, conforme aponta Diniz: "Não se exige qualquer falta do serviço público, nem culpa de seus agentes. Basta a lesão, sem o concurso do lesado". Dito isso, em razão de ação ou omissão, comprovado o nexo de causalidade – requisito este que pode ter sua ocorrência contestada, visto a presença de excludentes – restaria configurado o dever de indenizar do Estado.[19]

Nota-se que, em análise ao artigo 37, § 6º, da Constituição Federal, a cláusula geral da responsabilidade civil do Estado, restou vedada a responsabilidade pessoal do agente público decorrente de erro cometido, assegurando apenas o direito de regresso, caso houvesse comprovação do dolo ou culpa em face da pessoa física que cometeu o ato. A legitimidade passiva direta do agente público foi tema de discussão no Supremo Tribunal Federal, no julgamento do Tema 940, que firmou a seguinte tese:

> A teor do disposto no art. 37, § 6º, da Constituição Federal, a ação por danos causados por agente público deve ser ajuizada contra o Estado ou a pessoa jurídica de direito privado prestadora de serviço público, sendo ilegítima para a ação o autor do ato, assegurado o direito de regresso contra o responsável nos casos de dolo ou culpa.[20]

Conforme o referido entendimento, restou consolidada a impossibilidade de se ajuizar a ação em face exclusivamente do agente público que cometeu o ato, atuando a figura da Administração Pública como uma espécie de "muro" para a responsabilização do agente, estando sujeito a direito de regresso apenas após o trânsito em julgado da ação principal, em procedimento que assegure contraditório e ampla defesa, quando instaurado. Importante mencionar que, após uma decisão favorável ao sujeito ativo da

---

16. DI PIETRO, Maria Sylvia Zanella. *Direito administrativo*. 36. ed. São Paulo: Grupo GEN, 2023.
17. Ainda cabe mencionar a etapa posterior à teoria do risco administrativo, a "teoria do risco integral". Segundo Venosa (2003, p. 22) é "[...] modalidade extremada que justifica o dever de indenizar até mesmo quando não existe nexo causal. O dever de indenizar estará presente tão só perante o dano, ainda que com culpa exclusiva da vítima, fato de terceiro, caso fortuito ou força maior".
18. TOALDO, Adriane Medianeira; TOALDO, Andréia Maria. A responsabilidade civil do estado pela demora na prestação da tutela jurisdicional face à EC 45/2004 garantidora da duração razoável do processo. *Revista de Processo*, São Paulo, v. 202, p. 183-218, dez. 2011.
19. DINIZ, Maria Helena. *Curso de direito civil brasileiro*: responsabilidade civil. 38 ed. São Paulo: Saraiva, 2024, p. 256.
20. BRASIL. Supremo Tribunal Federal. *Recurso Extraordinário 1.027.633*. Recorrente: Maria Felicidade Peres Campos Arroyo. Recorrido: Jesus João Batista. Relator: Min. Marco Aurélio. Brasília, DF, 06 de dezembro de 2019. Disponível em: https://portal.stf.jus.br/processos/downloadPeca.asp?id=15341907260&ext=.pdf. Acesso em: 15 jul. 2024.

ação, condenando o Estado a ressarcir o prejuízo, poucas são as vezes que são ajuizadas ações de regresso em face do agente público, retornando este a praticar ilegalidades que ocasionam lesão ao Erário.[21]

Todavia, embora o Supremo Tribunal Federal tenha manifestado posicionamento desfavorável à responsabilização pessoal do agente público em interpretação à norma constitucional, parcela da doutrina diverge do posicionamento, que será mais amplamente discutido no próximo tópico.

Em suma, a responsabilidade objetiva do Estado, em intenção do legislador, foi galgada no texto constitucional como um meio de garantir que o cidadão não tenha obstáculos para obter ressarcimento frente a dano sofrido decorrente da atividade estatal. Entretanto, com o posicionamento do Supremo Tribunal Federal no Tema 940, demonstra-se restrição quanto a possibilidade de escolha pelo administrado de quem processar, havendo somente a possibilidade de o agente público responder de maneira mediata.

2. RESPONSABILIZAÇÃO PESSOAL DO AGENTE PÚBLICO

Analisa-se, no segundo tópico, a possibilidade de responsabilidade pessoal do agente público à baliza das principais características da indenização, sobretudo o caráter preventivo norteador de comportamento para aquele que comete o ato ilícito que causou dano a outrem.

Tem-se que a responsabilidade civil, em desenho contemporâneo, especificamente na ideia de reparação, punição ou precaução, tem contextualização na sociedade do risco de Ulrich Beck. De fato, vive-se atualmente em um contexto de segurança muito forte em detrimento dos avanços científicos e tecnológicos na sociedade contemporânea. Porém, de forma paradoxal, os avanços descritos também se tornam fatos geradores de perigos e danos para a civilização. Riscos advindos de terrorismo, dos efeitos colaterais de novos medicamentos, do uso em excesso de aparelhos eletrônicos e até mesmo do serviço público prestado pela Administração Pública direta ou indireta são realidades a serem elencadas e discutidas.[22]

No âmbito da atuação estatal, a ideia elencada por Beck serviu de embasamento para os princípios do Direito Ambiental, sobretudo no que tange aos princípios da precaução e da prevenção, atuando como forma de prevenir até mesmo danos ambientais incertos, não tendo sua ocorrência ou possibilidade confirmada por autoridades competentes ou técnicos com expertise em matéria ambiental.[23]

---

21. OLIVEIRA, Joyce Chagas de. *Responsabilidade pessoal do agente público por dano decorrente de violação a direito fundamental do cidadão*: uma contribuição para o resgate da legalidade na atividade estatal. 2014. Dissertação (Mestrado) – Programa de Pós-Graduação em Direito, Universidade Federal do Ceará, Fortaleza, 2014.
22. LOPEZ, Teresa Ancona. Responsabilidade civil na sociedade do risco. *Revista da Faculdade de Direito da Universidade de São Paulo*, v. 105, jan./dez. 2010, p. 1223-1234.
23. Ibidem.

Isto posto, uma sociedade que constitui ameaça para si própria, resta aberto espaço para a responsabilidade civil como um mecanismo estabilizador e, sobretudo, de segurança. Destaca Rosenvald que "na obra deste sociólogo [Ulrich Beck], abre-se o diálogo com o direito pelo viés da *segurança*. Este é o vocábulo que exprime o reverso projeto normativo que serve de impulso para a sociedade de risco".[24]

Para relacionar o tema com a responsabilidade pessoal do agente público, destaca-se o posicionamento de Mello, ressaltando o caráter pedagógico e modelador de comportamento da indenização:[25]

> [...] o entendimento de que o lesado por ação do servidor público praticada a título de exercício de suas funções só contra o Estado pode ser movida, tem uma consequência manifestamente perversa: ao invés de desestimular o mau servidor a agir com dolo, negligência, imprudência ou imperícia, estimula-o a proceder como bem queira, pois o coloca a salvo das consequências de seus atos.

Conforme o posicionamento do autor, a Administração Pública atuaria como uma barreira em face do dolo e da culpa do servidor público, protegendo seu patrimônio e desestimulando sua boa atuação, pois não haveria consequências concretas para seus atos, visto que, como já foi afirmado, são raras as vezes em que o Estado efetiva ação de regresso em face do agente público. Tal omissão ainda é tida como ilegal, visto que a ação de regresso não se trata de ato discricionário do Estado, mas sim vinculado quando verificadas as razões para que proceda à responsabilização do agente público.[26]

Em razão disso, o dispositivo constante no art. 37, § 6º, da Constituição Federal teve como principal objetivo a garantia de que a vítima encontrasse patrimônio solvente para ressarcir os danos sofridos. Entretanto, o dispositivo, conforme o entendimento do Supremo Tribunal Federal, acaba por representar um limitador do polo passivo da ação indenizatória.[27] Ensina Oliveira que "pensar assim seria distorcer o comando legal exposto na Constituição Federal para dar uma garantia ao agente público que ocasionou um dano ao cidadão".[28]

Sustenta-se ainda que a propositura da ação de indenização em face do agente público deveria ser possível em detrimento de ação contra o Estado sobretudo em causas que são notórias as intenções do servidor em lesar o particular. Tepedino destaca, por exemplo, o caso de que um médico servidor público, cujo patrimônio parece mais atrativo ao exequente, deveria ser sujeito passivo da ação indenizatória em detrimento de modesto município de cofres endividados ao qual o médico é vinculado.[29]

---

24. ROSENVALD, Nelson. *As Funções da Responsabilidade Civil*. 4 ed. São Paulo: Saraiva, 2024, p. 11.
25. MELLO, Celso Antônio Bandeira de. *Curso de direito administrativo*. 19 ed. São Paulo: Malheiros, 2005, p. 1057.
26. OLIVEIRA, Joyce Chagas de. *Responsabilidade pessoal do agente público por dano decorrente de violação a direito fundamental do cidadão*: uma contribuição para o resgate da legalidade na atividade estatal. 2014. Dissertação (Mestrado) – Programa de Pós-Graduação em Direito, Universidade Federal do Ceará, Fortaleza, 2014.
27. RIBEIRO, Ana Cecília Rosário. *Responsabilidade civil do Estado por atos jurisdicionais*. São Paulo: LTr, 2003, p. 87.
28. OLIVEIRA, Joyce Chagas de. *Responsabilidade pessoal do agente público por dano decorrente de violação a direito fundamental do cidadão*: uma contribuição para o resgate da legalidade na atividade estatal. 2014. Dissertação (Mestrado) – Programa de Pós-Graduação em Direito, Universidade Federal do Ceará, Fortaleza, 2014.
29. TEPEDINO, Gustavo. A responsabilidade médica na experiência brasileira contemporânea. In: TEPEDINO, Gustavo (org.). *Temas de direito civil*. Rio de Janeiro: Renovar, 2006. t. II. p. 109.

Outro ponto favorável à responsabilização pessoal do agente público seria o regime de precatórios ao qual estaria submetido o valor indenizatório. O valor haveria de obedecer à regra constitucional insculpida no art. 100 da Carta Magna, o que não haveria de ocorrer em caso de responsabilidade do servidor.[30] Sob a perspectiva da vítima, esta receberia sua indenização de forma mais rápida, reparando o dano sofrido. Enquanto isso, o Estado não precisaria ingressar com ação de regresso em face do servidor para recuperar o desfalque nos cofres públicos.

Nesse sentido, sob uma ótica pragmática, sobretudo em atendimento à proteção dos direitos fundamentais do administrado frente ao administrador, vislumbra-se a possibilidade de pleito indenizatório em face do agente público em razão de ato lesivo que venha a ser praticado em razão de sua função.[31]

Em contraponto, defendem Nazaré e Costa (2021) que a ausência de possibilidade de indenização em face do agente público não macula os direitos fundamentais do cidadão, visto que o direito a receber a indenização é reconhecido de forma objetiva, sendo apenas necessário a comprovação do nexo de causalidade. Outrossim, destaca-se também que a problemática na demora do pagamento das indenizações pela via precatória não possui relação com a responsabilidade civil dos agentes públicos, visto que se trata de matéria fiscal.[32]

Além disso, outro argumento que se mostra desfavorável à responsabilização pessoal do agente público é o de que este atua fazendo as vezes do Estado, explicitando o princípio da impessoalidade insculpido na Constituição Federal.[33] Evidencia-se também que a teoria do risco administrativo se aplica em razão de que o dano causado pela atividade estatal é sentido por toda uma comunidade, razão pela qual não seria justo que pessoas específicas suportasse tal ônus, razão pela qual o Estado deve suportar tal encargo independente do dolo e culpa de seus agentes.[34]

Entretanto, há de se discordar dos referidos posicionamentos. Ao tratar do Direito como limitador substancial do poder, Machado afirma que aquele não pode ser concebido apenas sob a perspectiva de controle do poder formal, devendo ser submetido também ao controle os agentes públicos investidos em funções de poder. Destaca ainda que "a responsabilidade pessoal dos agentes públicos, portanto, é um ponto importante a ser trabalhado quando se pretende dar efetividade aos direitos fundamentais contra o Estado".[35]

---

30. NAZARÉ, Paulo Emilio Dantas; COSTA, Guilherme Spillari. Responsabilidade civil por atos judiciais: evolução legislativa na Itália e no Brasil. Revista de Direito Civil Contemporâneo. v. 27. 2021, p. 775-111.
31. Ibidem.
32. Ibidem.
33. BRASIL. [Constituição (1988)]. *Constituição da República Federativa do Brasil de 1988*. Brasília, DF: Presidência da República, [2016]. Disponível em: http://www.planalto.gov.br/ccivil_03/Constituicao/ Constituiçao.htm. Acesso em: 15 jul. 2024.
34. CAVALIERI FILHO, Sergio. *Programa de Responsabilidade Civil*. 16 ed. São Paulo: Grupo GEN, 2023.
35. MACHADO, Hugo de Brito. *Os direitos fundamentais do contribuinte e a efetividade da jurisdição*. Tese (Doutorado) – Programa de Pós-Graduação em Direito do Centro de Ciências Jurídicas, Universidade Federal de Pernambuco, Recife, 2009.

Destarte, conforme o entendimento do Supremo Tribunal Federal no Tema 940, o art. 37, § 6º, da Constituição Federal não admite que o agente público possa figurar como sujeito passivo em ação que vise a responsabilização do Estado em qualquer hipótese. Entretanto, posicionamentos doutrinários como o de Celso Antônio Bandeira de Mello, Gustavo Tepedino e Hugo de Brito Machado evidenciam a possibilidade, pelo menos em âmbito de discussão, de responsabilizar pessoalmente o ato ilícito praticado pelo agente público contra o administrado e, consequentemente ao contribuinte, destacando o posicionamento de que deve preceder de regulamentação constitucional no art. 37 da Constituição Federal.[36]

3. A POTENCIAL DIMINUIÇÃO DE ILEGALIDADES CONTRA OS CONTRIBUINTES

Neste último tópico, investiga-se se a responsabilização pessoal do agente público em danos ocorridos ao contribuinte seria um meio para a diminuição da prática de ilegalidades, da insistência em tais práticas ou até mesmo do oferecimento de que o contribuinte recorra ao judiciário para sanar tais ilegalidades.

Dentre as funções da indenização, possui esta não somente a função reparatória, mas também as funções compensatória, punitiva e pedagógica. Aliada a isso, retoma-se a ideia de prevenção e precaução dos danos. Sobre o tema, ensina Rosenvald (2022) que o "dever de agir com prudência em vista de um potencial dano para outros logicamente precede a responsabilidade por compensá-los. Assim, a aspiração à prevenção de ilícitos por meio de standards *ex ante* é uma forma de aprimorar a efetividade das regras substantivas".[37]

Dito isso, a função preventiva possui um caráter autônomo e também acessório. Quanto ao primeiro, revela-se pela cessação de um comportamento que seja antijurídico, seja patrimonial ou extrapatrimonial, sendo também chamada de tutela inibitória. Enquanto sob a perspectiva acessória, se caracteriza sob a perspectiva de desestímulo de atos ilícitos, não se dirigindo tão somente ao ofensor, mas também àqueles que potencialmente podem vir a ser praticantes de atos ilícitos, de forma mediata.[38]

Portanto, admitir dissociação entre os direitos fundamentais do administrado e a possibilidade de responsabilização pessoal do agente público em caso de ato ilícito praticado equivale a subverter aquela em função da proteção deste.[39]

Relembra-se que a Administração Pública se trata de pessoa jurídica de direito público, uma ficção jurídica, não possuindo *per si* receio de praticar ato ilícito que possa gerar consequências para seu patrimônio. Ocorre que tais atos são praticados por

---
36. Ibidem.
37. ROSENVALD, Nelson. *As Funções da Responsabilidade Civil*. 4 ed. São Paulo: Saraiva, 2024.
38. Ibidem.
39. MACHADO, Hugo de Brito. *Os direitos fundamentais do contribuinte e a efetividade da jurisdição*. Tese (Doutorado) – Programa de Pós-Graduação em Direito do Centro de Ciências Jurídicas, Universidade Federal de Pernambuco, Recife, 2009.

pessoas físicas, os agentes públicos, que possuem patrimônio particular protegido em função da regra esculpida no art. 37, § 6º, da Constituição Federal. Portanto, reduzir a responsabilidade por atos ilícitos praticados por agentes públicos à regra constitucional da responsabilidade objetiva ocasionaria eliminação do caráter acessório da função preventiva.

Aliado a isso, o administrado possui direito fundamental a uma boa administração tributária, tendo em vista que a dignidade da pessoa humana deve ser preservada e respeitada pelo Estado de Direito. Tal entendimento é extraído da ordem jurídica vigente, sobretudo no que tange ao direito à igualdade, legalidade e ao devido processo legal, a ser observado tanto em sede de processo judiciário quanto administrativo.[40] Além disso, a ética fiscal deve ser o principal norteador na relação entre contribuinte e fisco, não sendo o interesse público uma arma a ser utilizada em detrimento da arrecadação, não podendo a atividade administrativa buscar alcançar fins que não os determinados pelo legislador.[41]

Todavia, não são raras às vezes que o Estado ultrapassa os direitos fundamentais do contribuinte em função da arrecadação. Tal conduta ocorre em razão de que a responsabilidade civil por ato do fisco não acompanhou a evolução da responsabilidade civil ou até mesmo da responsabilidade civil da administração pública em geral.[42] Acerca do tema, destaca Machado:

> Qualquer pessoa que analise as relações entre o Estado e o cidadão há de concluir que o ente público é contumaz violador da lei. Disso, aliás, é eloquente atestado o número cada vez maior de ações ajuizadas contra o Poder Público, perante um Judiciário que se revela cada dia menor e menos eficaz no controle da legalidade dos atos da Administração Pública. Quem exerce atividade direta ou indiretamente ligada à tributação sabe muito bem que os agentes do fisco geralmente não respeitam os direitos do contribuinte e tudo fazem para arrecadar mais, ainda que ilegalmente. Pode-se mesmo afirmar, sem exagero, que na relação tributária quem mais viola a ordem jurídica é a Fazenda Pública. Desde as violações mais flagrantes, como a não devolução de empréstimos compulsórios, e de tributos pagos indevidamente até as violações oblíquas, como as denominadas sanções políticas, que configuram verdadeiros desvios de finalidade ou abusos de poder.[43]

Ainda, conforme preceitua Szklarowsky, o tributo é a fonte primordial para a satisfação das necessidades públicas, sendo submetido a normas rígidas do qual o Estado não pode se dissociar, não havendo espaço para que o Estado fiscalista se sobreponha ao Estado legalista. Tanto que, para preservação da legalidade, o contribuinte pode se utilizar de diversos instrumentos de defesa, como o direito de obtenção de certidões

---

40. PORTO, Éderson Garin. Responsabilidade civil da administração tributária e a possibilidade de condenação em dano moral. *Direito Tributário Atual*, São Paulo, v. 35, p. 111-130, jun. 2016.
41. LIMA, Liana Maria Taborda; SÉLLOS-KNOERR, Viviane Coêlho de. A responsabilidade civil no caso de abuso de poder fiscal. *Revista Jurídica – Unicuritiba*, Curitiba, v. 4, n. 37, p. 480-506, 2014.
42. Ibidem.
43. MACHADO, Hugo de Brito. Responsabilidade pessoal do agente público por danos ao contribuinte. *Jus Navigandi*, Teresina, ano 7, n. 58, 1 ago. 2002. Disponível em: http://jus.com.br/artigos/3014. Acesso em: 15 jul. 2024.

para esclarecimento de situação de interesse pessoal, além do direito de apreciação pelo Poder Judiciário, consulta e processo administrativo fiscal.[44]

Menciona-se também o princípio da cooperação, introduzido pela Emenda Constitucional 132/2023. Tal mandamento de otimização tem como objetivo de intensificar a discussão sobre diversos planos cooperativos na interação entre o fisco e o contribuinte, visando o equilíbrio da assimetria existente entre os dois polos. A cooperação deve ser entendida como um meio pelo qual o contribuinte e o fisco buscam, em conjunto e em respeito às diretrizes constitucionais, a finalidade de buscar a apuração e a satisfação do crédito tributário.[45]

Aliado a esses mecanismos, à luz da função preventiva da responsabilidade civil, busca-se coibir os atos lesivos cometidos pelo agente fiscal em detrimento da arrecadação, além de reparar os danos causados por atos lesivos de tal natureza. Para isso, passa-se a investigar a teoria do dano punitivo, bem como a sua perspectiva de diminuir as ilegalidades cometidas pelo fisco quando da sua aplicação.[46]

No contexto da *common law*, aplicado inicialmente na Inglaterra e posteriormente nos Estados Unidos da América, tem-se a teoria do dano punitivo (*punitive damage*) em que se discute que a reparação do dano deve vir acompanhada com o desestímulo de atitudes lesivas. Tal teoria, no âmbito brasileiro, galgou espaço sobretudo em razão da ideia de função preventiva da responsabilidade civil, aliada à supremacia dos direitos de personalidade e da dignidade humana.[47]

Em entendimento contrário e anterior ao do STF, o Superior Tribunal de Justiça entendeu que a ação pode ser ajuizada diretamente em face do agente público causador do dano, defendendo a tese de que cabe àquele que sofreu o dano escolher contra quem deve ingressar a ação. Destaca-se a referida ementa:

Na hipótese de dano causado a particular por agente público no exercício de sua função, há de se conceder ao lesado a possibilidade de ajuizar ação diretamente contra o agente, contra o Estado ou contra ambos. De fato, o art. 37, § 6º, da CF prevê uma garantia para o administrado de buscar a recomposição dos danos sofridos diretamente da pessoa jurídica, que, em princípio, é mais solvente que o servidor, independentemente de demonstração de culpa do agente público. Nesse particular, a CF simplesmente impõe ônus maior ao Estado decorrente do risco administrativo. Contudo, não há previsão de que a demanda tenha curso forçado em face da administração pública, quando o particular livremente dispõe do bônus contraposto; tampouco há imunidade do agente público de não ser demandado diretamente por seus

---

44. SZKLAROWSKY. Instrumentos de defesa do contribuinte. *Revista de Direito Administrativo*, Rio de Janeiro, n. 196, p. 20-31, abr./jun. 1994.
45. SANTOS, Marivaldo Andrade dos. O princípio constitucional da cooperação tributária introduzido pela emenda n. 132/2023. *Revista Direito Tributário Atual*, São Paulo, v. 56, p. 523-545, 2024.
46. LIMA, Liana Maria Taborda; SÉLLOS-KNOERR, Viviane Coêlho de. A responsabilidade civil no caso de abuso de poder fiscal. *Revista Jurídica – Unicuritiba*, Curitiba, v. 4, n. 37, p. 480-506, 2014.
47. LEITE. Luciana Wolf. A responsabilidade civil e o dano punitivo. *Revista EJEF*, Belo Horizonte, p. 1-5, 2007.

atos, o qual, se ficar comprovado dolo ou culpa, responderá de qualquer forma, em regresso, perante a Administração. Dessa forma, a avaliação quanto ao ajuizamento da ação contra o agente público ou contra o Estado deve ser decisão do suposto lesado. Se, por um lado, o particular abre mão do sistema de responsabilidade objetiva do Estado, por outro também não se sujeita ao regime de precatórios, os quais, como é de cursivo conhecimento, não são rigorosamente adimplidos em algumas unidades da Federação. Posto isso, o servidor público possui legitimidade passiva para responder, diretamente, pelo dano gerado por atos praticados no exercício de sua função pública, sendo que, evidentemente, o dolo ou culpa, a ilicitude ou a própria existência de dano indenizável são questões meritórias.[48]

Passa-se a analisar se a possibilidade de responsabilização do agente público possui o condão de diminuir as ilegalidades cometidas em razão da arrecadação, de forma favorável à Fazenda Pública, desrespeitando o interesse público primário em detrimento do secundário.

Importa mencionar que o interesse público foi historicamente concebido com os alicerces de superioridade do Estado e de seu interesse sobrepujando os dos particulares, de forma a atribuir uma hierarquia notória, colocando a pretensão estatal muitos degraus acima, chegando, inclusive, a gozar de *status* de primazia absoluta sob a égide dos Estados autoritários.[49]

Com a promulgação da Constituição Federal de 1988, houve a necessidade de uma maior baliza entre os direitos fundamentais e os privilégios os quais gozava a Administração Pública, antes fundamentados tão somente na sobreposição do interesse público sobre o particular, partindo de um paradigma clássico para um novo, interessado na legitimação democrática do direito administrativo e na dignidade da pessoa humana. Partiu de tal pressuposto a distinção entre o interesse público primário e interesse público secundário.[50] Desse modo, enquanto o interesse público primário estaria focado em assegurar formas justas de tributação, destinação correta dos recursos, o secundário restaria vinculado tão somente ao interesse arrecadatório do Poder Público.[51]

Retornando a ideia da teoria do dano punitivo, nota-se que o incentivo ou ônus econômico podem operar como um norteador de comportamento, seja no âmbito do direito tributário, como também em outros ramos do direito. Segundo Araújo Filho "por meio de um acréscimo econômico significativo no valor da reparação do dano moral,

---

48. BRASIL. Superior Tribunal de Justiça, Quarta Turma, REsp 1.325.862-PR. Recurso Especial. Relator: Min. Luis Felipe Salomão. Brasília/DF, 5 set. 2013. *Informativo 532*. 19 dez. 2013.
49. PARISI, Fernanda Drummond. *Transação tributária no Brasil*: supremacia do interesse público e a satisfação do crédito tributário. 2016. Tese (Doutorado) – Curso de Direito, Pontifícia Universidade Católica de São Paulo, São Paulo, 2016.
50. FERREIRA, Daniela Figueiredo Oliveira França. Transação tributária e interesse público. *Cadernos de Finanças Públicas*, Brasília, n. 12, p. 255-281, dez. 2012.
51. PISCITELLI, Tathiane. Arbitragem no direito tributário: uma demanda do Estado democrático de Direito. *In*: PISCITELLI, Tathiane, MASCITTO, Andréa; MENDONÇA, Priscila Faricelli de (coord.). *Arbitragem tributária*: desafios institucionais brasileiros e a Experiência Portuguesa. 2. ed. São Paulo: Thomson Reuters Brasil, 2018.

busca-se, além de satisfazer o sofrimento do lesado, punir o ofensor com o pagamento de elevada quantia pecuniária, dando à reparação nítido caráter punitivo-pedagógico".[52]

Dito isso, conforme afirma Hans Kelsen, "uma ordem normativa que regula a conduta humana na medida em que ela está em relação com outras pessoas é uma ordem social".[53] Segundo o autor, caso seja realizada uma conduta A, haverá uma consequência jurídica B, entendendo-se como uma sanção esse resultado. Sob a perspectiva do direito econômico, tem-se o conceito de sanções premiais, instituídas com foto a atingir metas de cunho econômico, ocasião em que empresas que aderem aos objetivos estabelecidos serão premiadas de alguma forma, seja com subsídios, empréstimos e outros benefícios autorizados.[54]

Já no âmbito do direito tributário, tem-se a noção de função extrafiscal do tributo, esta que alguns tributos possuem que permitem a regulação de algum setor econômico, incentivando ou coibindo alguma prática em função do interesse público.[55] Tem-se, por exemplo, reflexões sobre tributação ambiental que revelam a capacidade do aumento ou diminuição da carga tributária nortearem o comportamento do contribuinte de modo a adotar a opção menos nociva ao meio ambiente, desestimulando atividades poluidoras com foco a garantir o meio ambiente ecologicamente equilibrado, objetivo esculpido no art. 225 da Constituição Federal.[56]

Portanto, busca a teoria do dano punitivo coibir a reiteração da conduta ilícita, o que se pode observar em atos de agentes públicos que buscam a arrecadação tributária predatória, devendo se levar em consideração as condições econômicas e pessoais das partes quando do arbitramento da indenização.[57]

CONCLUSÃO

A responsabilidade pessoal do agente fiscal decorrente de danos causados ao contribuinte é um tema bastante complexo, sobretudo em razão do entendimento contrário à sua aplicação mediante a interpretação do Supremo Tribunal Federal no Tema 940, o qual decidiu pela ilegitimidade passiva do agente público face a pleito indenizatório, em razão de que este faz as vezes do Estado.

Observa-se, ao longo do histórico da responsabilidade civil do Estado brasileiro, que passou pelas fases de responsabilização subjetiva de funcionários públicos decorrentes de atos de gestão – enquanto os atos de império não eram passíveis de responsabilida-

---

52. ARAÚJO FILHO, Raul. Punitive damages e sua aplicabilidade no Brasil. BRASIL. Superior Tribunal de Justiça. *Doutrina*: edição comemorativa – 25 anos. Brasília, p. 329-345, 2014.
53. KELSEN, Hans. *Teoria pura do direito*. São Paulo: Martins Fontes, 1985.
54. CORDOVIL, Leonor Augusta Giovine. A sanção premial no direito econômico. *Revista do CAAP*, Belo Horizonte, p. 145-163, 2004.
55. PAULSEN, Leandro. Curso de direito tributário completo. 15 ed. São Paulo: Saraiva, 2024.
56. BARICHELLO, Stefania Eugenia; ARAÚJO, Luiz Ernani Bonesso de. Tributação ambiental: o tributo extrafiscal como forma de proteção do meio ambiente. *Scientia Iuris*, Londrina, v. 11, p. 113-131, 2007.
57. Ibidem.

de - até o advento da Constituição Federal de 1988 que consagrou a cláusula geral da responsabilidade civil do Estado no art. 37, § 6º.

Entretanto, observa-se que a restrição quanto a não possibilidade de inclusão do agente público no sujeito passivo de ação que vise o ressarcimento em razão de algum dano pelo administrado se mostrou uma barreira aos direitos fundamentais do cidadão, visto que o procedimento instaurado pelo Estado para responsabilizar o agente público pouco ocorre, não sendo o seu patrimônio efetivamente atingido.

Entretanto, embora não seja possível formalmente a responsabilização pessoal do agente público fundada em seu dolo ou culpa, observam-se posicionamentos doutrinários contrários, como o de Celso Antônio Bandeira de Mello, Gustavo Tepedino e Hugo de Brito Machado, destacando-se o último que entende pela mudança no texto constitucional para que seja permitida expressamente a regra no texto do art. 37 da Constituição Federal.

No âmbito fiscal, a responsabilidade pessoal do agente público em razão de danos causados aos contribuintes não acompanhou as discussões provenientes da responsabilidade civil, o que deixou em evidência certa despreocupação do ente fiscal com os direitos fundamentais do contribuinte. Em razão disso, evidencia-se comportamentos reiterados do agente público fiscal que são prejudiciais ao contribuinte em função do interesse público de arrecadar, este que seria interesse público secundário, sobrepujando o interesse público primário, o qual seria de uma administração tributária justa e isonômica, prezando pela justiça fiscal.

Por fim, mostra-se a responsabilidade pessoal do agente público fiscal uma potencial redutora de ilegalidades cometidas pelo fisco, visto que as sanções em geral, sob a ótica do direito civil, direito econômico e direito penal, surgem como um regulador de comportamento, desestimulando determinada prática.

Como embasamento no âmbito da responsabilidade civil, mostra-se pertinente, quanto a responsabilidade pessoal do agente público fiscal, a adoção da teoria do dano punitivo – *punitive damages* – possibilitando a escolha do contribuinte em ajuizar a demanda em face do Estado ou do agente praticante do ilícito, preservando o caráter pedagógico e preventivo da responsabilidade civil, desestimulando os atos arbitrários e ilegais da administração tributária.

REFERÊNCIAS

ARAÚJO FILHO, Raul. Punitive damages e sua aplicabilidade no Brasil. BRASIL. Superior Tribunal de Justiça. *Doutrina*: edição comemorativa – 25 anos. Brasília, 2014.

BARICHELLO, Stefania Eugenia; ARAÚJO, Luiz Ernani Bonesso de. Tributação ambiental: o tributo extrafiscal como forma de proteção do meio ambiente. *Scientia Iuris*, Londrina, v. 11, p. 113-131, 2007.

BRASIL. *Constituição da República Federativa do Brasil de 1988*. Brasília, DF: Presidência da República, [2016]. Disponível em: http://www.planalto.gov.br/ccivil_03/Constituicao/ Constituiçao.htm. Acesso em: 15 jul. 2024.

BRASIL. Lei 3.071, de 1º de janeiro de 1916. Código Civil dos Estados Unidos do Brasil. Código Civil. *Diário Oficial da União*, Rio de Janeiro, 1 jan. 1916. Disponível em: https://www.planalto.gov.br/ccivil_03/leis/l3071.htm. Acesso em: 06 mar. 2024.

BRASIL. Lei 10.406, de 10 de janeiro de 2022. Institui o Código Civil. *Diário Oficial da União*, Brasília, DF, 11 jan. 2002. Disponível em: https://www.planalto.gov.br/ccivil_03/leis/2002/l10406compilada.htm. Acesso em: 15 jul. 2024.

BRASIL. Superior Tribunal de Justiça, Quarta Turma, REsp 1.325.862-PR. Recurso Especial. Relator: Min. Luis Felipe Salomão. Brasília/DF, 5 set. 2013. *Informativo 532*. 19 dez. 2013.

BRASIL. Supremo Tribunal Federal. *Recurso Extraordinário 1.027.633*. Recorrente: Maria Felicidade Peres Campos Arroyo. Recorrido: Jesus João Batista. Relator: Min. Marco Aurélio. Brasília, DF, 06 de dezembro de 2019. Disponível em: https://portal.stf.jus.br/processos/downloadPeca.asp?id=15341907260&ext=.pdf. Acesso em: 15 jul. 2024.

CAVALIERI FILHO, Sérgio. *Programa de responsabilidade civil*. 6. ed. rev., aum. e atual. São Paulo: Malheiros. 2005.

CAVALIERI FILHO, Sergio. *Programa de Responsabilidade Civil*. 16 ed. São Paulo: Grupo GEN, 2023.

CORDOVIL, Leonor Augusta Giovine. A sanção premial no direito econômico. *Revista do CAAP*, Belo Horizonte, p. 145-163, 2004.

DINIZ, Maria Helena. *Curso de direito civil brasileiro*: responsabilidade civil. 38 ed. São Paulo: Saraiva, 2024.

DI PIETRO, Maria Sylvia Zanella. *Direito administrativo*. 36. ed. São Paulo: Grupo GEN, 2023.

FERREIRA, Daniela Figueiredo Oliveira França. Transação tributária e interesse público. *Cadernos de Finanças Públicas*, Brasília, n. 12, p. 255-281, dez. 2012.

GONÇALVES, Carlos Roberto. *Direito civil*: responsabilidade civil – direito de família – direito das sucessões. 11 ed. São Paulo: Saraiva, 2024.

KELSEN, Hans. *Teoria pura do direito*. São Paulo: Martins Fontes, 1985.

LEITE. Luciana Wolf. A responsabilidade civil e o dano punitivo. *Revista EJEF*, Belo Horizonte, p. 1-5, 2007.

LIMA, Liana Maria Taborda; SÉLLOS-KNOERR, Viviane Coêlho de. A responsabilidade civil no caso de abuso de poder fiscal. *Revista Jurídica* – Unicuritiba, Curitiba, v. 4, n. 37, p. 480-506, 2014.

LOPEZ, Teresa Ancona. Responsabilidade civil na sociedade do risco. *Revista da Faculdade de Direito da Universidade de São Paulo*, v. 105, p. 1223-1234, jan./dez. 2010.

MACHADO, Hugo de Brito. *Os direitos fundamentais do contribuinte e a efetividade da jurisdição*. Tese (Doutorado) – Programa de Pós-Graduação em Direito do Centro de Ciências Jurídicas, Universidade Federal de Pernambuco, Recife, 2009.

MACHADO, Hugo de Brito. Responsabilidade pessoal do agente público por danos ao contribuinte. *Jus Navigandi*, Teresina, ano 7, n. 58, 1 ago. 2002. Disponível em: http://jus.com.br/artigos/3014. Acesso em: 15 jul. 2024.

MELLO, Celso Antônio Bandeira de. *Curso de direito administrativo*. 19 ed. São Paulo: Malheiros, 2005.

NAZARÉ, Paulo Emilio Dantas; COSTA, Guilherme Spillari. Responsabilidade civil por atos judiciais: evolução legislativa na Itália e no Brasil. *Revista de Direito Civil Contemporâneo*. v. 27. 2021.

OLIVEIRA, Joyce Chagas de. *Responsabilidade pessoal do agente público por dano decorrente de violação a direito fundamental do cidadão*: uma contribuição para o resgate da legalidade na atividade estatal. Dissertação (Mestrado) – Programa de Pós-Graduação em Direito, Universidade Federal do Ceará, Fortaleza, 2014.

PAULSEN, Leandro. *Curso de direito tributário completo*. 15 ed. São Paulo: Saraiva, 2024.

PEREIRA, Caio Mário da Silva. *Responsabilidade civil*. 9. ed. Rio de Janeiro: Forense, 2000.

PORTO, Éderson Garin. Responsabilidade civil da administração tributária e a possibilidade de condenação em dano moral. *Direito Tributário Atual*, São Paulo, v. 35, p. 111-130, jun. 2016.

RIBEIRO, Ana Cecília Rosário. *Responsabilidade civil do Estado por atos jurisdicionais*. São Paulo: LTr, 2003.

ROSENVALD, Nelson. *As Funções da Responsabilidade Civil*. 4. ed. São Paulo: Saraiva, 2024.

SANTOS, Marivaldo Andrade dos. O princípio constitucional da cooperação tributária introduzido pela emenda n. 132/2023. *Revista Direito Tributário Atual*, São Paulo, v. 56, p. 523-545, 2024.

SZKLAROWSKY. Instrumentos de defesa do contribuinte. *Revista de Direito Administrativo*, Rio de Janeiro, n. 196, p. 20-31, abr./jun. 1994.

TEPEDINO, Gustavo. A responsabilidade médica na experiência brasileira contemporânea. In: TEPEDINO, Gustavo (org.). *Temas de direito civil*. Rio de Janeiro: Renovar, 2006. t. II.

TOALDO, Adriane Medianeira; TOALDO, Andréia Maria. A responsabilidade civil do estado pela demora na prestação da tutela jurisdicional face à EC 45/2004 garantidora da duração razoável do processo. *Revista de Processo*, São Paulo, v. 202, p. 183-218, dez. 2011.

VENOSA, Silvio de Salvo. *Direito civil*: responsabilidade civil. 3. ed. São Paulo: Atlas, 2003..

PRESSUPOSTO PARA CONTENÇÃO DE ILEGALIDADES: POSSIBILIDADE DE RESPONSABILIZAÇÃO PESSOAL DO AGENTE PÚBLICO

Elba Suéllen Silva Oliveira

Mestranda em Direito pela Universidade Federal do Ceará. Pós-graduanda em Direitos Humanos e Contemporaneidade pela Universidade Federal da Bahia. Bacharela em Direito pela Universidade do Estado da Bahia. Membro do Grupo de Pesquisa Tributação e Gênero da FGV Direito São Paulo. Endereço eletrônico: elbaoliveira.adv@gmail.com. Lattes: https://lattes.cnpq.br/8591184737795859.

Sumário: Introdução – 1. Prelúdio à pacificação sem distinção: posição atual do STF.; 1.1 Teologia da responsabilidade civil por ato estatal e a admissibilidade da responsabilização pessoal do agente público – 2. Caminho institucional atual: sede arrecadatória e garantia de impunidade ao agente público infrator – 3. Por que a responsabilização pessoal do agente público? Analisando direitos e efeitos. – 4. A responsabilidade pessoal gera insegurança jurídica ao agente público? – Conclusão – Referências.

INTRODUÇÃO

A responsabilidade civil extracontratual do Estado subsiste, independentemente de aferição de culpa ou dolo, em casos nos quais as ações ou omissões do Poder Público resultem em prejuízos ao administrado. Assim, existente o dano e o nexo causal entre o ato estatal e o prejuízo experimentado pelo lesado, há o dever de reparação indenizatória do dano.

Como fundamento desse dever constitucional expresso no § 6º, art. 37, da Constituição Federal, tem-se a teoria publicista da responsabilidade civil pautada no risco administrativo, segundo o qual recai sobre o ente o dever de indenizar independentemente da aferição da intenção do agente público responsável pelo ato estatal.

Um ponto relevante na esfera de interpretação e aplicação da responsabilidade civil por ato estatal é verificar se a previsão constitucional tem o fim de expandir a garantia ao cidadão contra arbítrios estatais – e, assim, não obstaculiza a responsabilização pessoal e direta do agente público, que pode ser demandado pelo administrado –, ou se, ao contrário, limita a possibilidade de busca de reparação contra ato estatal resultante de prejuízos ao particular.

Partindo do questionamento acima proposto, a presente pesquisa analisa os fundamentos que advogam pela possibilidade de responsabilização pessoal e direta do agente público por atos ilegais. Para tanto, a abordagem inicial trata acerca da posição atual adotada pelo Supremo Tribunal Federal (STF) e da suposta "dupla garantia" sustentada pela Corte como meio de restringir, indevidamente, a plena efetividade dos direitos fundamentais do cidadão.

Com base na posição defendida pelo professor Hugo de Brito Machado, são analisados os fundamentos que evidenciam a ausência da diferenciação necessária quanto à categoria do agente público e à natureza do ato precursor do dano ao cidadão nos julgamentos realizados pelo STF.

Além disso, são tecidas considerações acerca da origem e finalidade da responsabilidade civil estatal, tendo em vista a posição de vulnerabilidade do cidadão perante as prerrogativas, arbítrios, abusos ou ilegalidades provenientes do Poder Público.

O tópico subsequente discute o viés institucional atual, sobretudo no direito tributário, analisando o quanto a prioridade arrecadatória e a imunidade do agente público na responsabilização por seus atos ilegais são elementos que fomentam a irresponsabilidade, impunidade, insegurança jurídica e violação aos direitos fundamentais do contribuinte.

Em acréscimo ao teor argumentativo da pesquisa, foram apresentados os fundamentos e condicionantes – *hipóteses de ilegalidade, associada com a evidência de culpa ou dolo* – da responsabilização pessoal direta do agente público, com a discussão dos direitos e efeitos vinculados, bem como as possíveis repercussões.

1. PRELÚDIO À PACIFICAÇÃO SEM DISTINÇÃO: POSIÇÃO ATUAL DO STF.

Atualmente, diversos acórdãos do Supremo Tribunal[1] que, em alguma medida, tratam acerca da responsabilidade pessoal do agente público, possuem como ponto comum a referência ao RE 327.904/SP, de relatoria do Min. Ayres Britto, como marco da alteração[2] e pacificação do entendimento da Corte pela limitação da responsabilidade pessoal do agente público.

Na ocasião do julgamento, o julgador fixou conclusão, que passou a ser seguidamente replicada, sobre a existência de uma "dupla garantia" proveniente do art. 37, § 6º, da Constituição Federal, segundo a qual, de um lado, é garantido ao particular a indenização contra a pessoa jurídica de direito público sob perspectiva objetiva e, por outro lado, garantia em prol do servidor público.

> Vê-se, então, que o § 6º do art. 37 da Constituição Federal consagra uma dupla garantia: uma, em favor do particular, possibilitando-lhe ação indenizatória contra a pessoa jurídica de direito público, ou de direito privado que preste serviço público, dado que bem maior, praticamente certa, a possibilidade de pagamento do dano objetivamente sofrido. Outra garantia, no entanto, em prol do

---

1. A título exemplificativo, o RE 470.996/RO-AgR, RE 593.525 e AG.REG. RE 939.966/MG, todos posteriores ao RE 327.904/SP, com consignação do argumento pela "dupla garantia" proveniente do § 6º, art. 37, da CF/88.
2. A posição adotada na jurisprudência do STF, no contexto da evolução da responsabilidade civil direcionada apenas ao agente estatal até a declaração da responsabilidade objetiva do Estado incidente sobre o próprio ente, foi analisada por Arnoldo Wald em sua pesquisa intitulada "Os fundamentos da Responsabilidade Civil", na qual há menção, entre outros, ao RE 90.071 em RTJ 96 e ao RE 94.121/MG, relator Min. Moreira Alves, RTJ 105, como julgamentos que fixaram a possibilidade de responsabilização do agente público.

servidor estatal, que somente responde administrativa e civilmente, perante a pessoa jurídica a cujo quadro funcional se vincular.

A replicação, contudo, tem sido firmada e reiterada sem considerar um ponto central para a discussão da matéria: a necessária distinção proveniente dos atos que abrangem o campo político discricionário dos agentes políticos, e os atos vinculados, que devem ser calcados na legalidade, realizados pelos agentes administrativos.

O ponto nodal da necessária distinção foi discutida pelo Professor Hugo de Brito Machado, que, ao tempo da elaboração da tese de doutorado,[3] na qual, dentre outras especificidades, abordou a perspectiva de responsabilidade pessoal do agente público por danos causados ao contribuinte, foram tecidas considerações acerca da jurisprudência antecedente do STF e da necessidade de evitar a indevida pacificação sem distinção.

Isto porque, antecedente ao julgamento colacionado, a jurisprudência do STF, corroborada também por posições doutrinárias, tais como a defendida pelo administrativista Celso Antônio de Mello, era firmada na possibilidade de responsabilização direta do agente público por danos causados ao cidadão.

Nesse contexto, era franqueado ao cidadão prejudicado por ato estatal, ou por atos daqueles que atuavam em representação do Estado, demandar contra a pessoa jurídica de direito público, com fundamento na responsabilidade objetiva do Estado e, adicionalmente, contra o agente público responsável pela ilicitude, o qual poderia vir a ser responsabilizado diretamente, se comprovada a culpa ou dolo, em indenizar civilmente o contribuinte prejudicado.

O RE 327.904/SP tratava-se de demanda apresentada por instituição beneficente de um município paulista contra o ex-Prefeito, buscando a condenação ao pagamento de indenização por danos que teriam resultado de um decreto de intervenção do município em hospital de propriedade da entidade demandante. Assim, o ato justificador da busca pela responsabilização era próprio do Chefe do Poder Executivo, com conteúdo eminentemente político e integrante da margem de discricionariedade do agente.[4]

Antevendo o risco de aplicação irrestrita do entendimento manifestado, sem o cuidado distintivo necessário quanto à categoria do agente e à natureza do ato, o professor Hugo Machado, como dito, teceu considerações sobre o julgamento.

Dentre as considerações, aduziu a necessidade de promoção à adequada interpretação do julgado e respectivos fundamentos, a fim de evitar o fomento à impunidade aos agentes públicos em razão de atos ilegais e contrários à atuação proba da Administração Pública.

Nesse viés, dispôs acerca da distinção necessária entre as categorias dos agentes públicos, argumentando não ser possível replicar a mesma conclusão para atos realiza-

---

3. MACHADO, Hugo de Brito. *Os direitos Fundamentais do Contribuinte e a efetividade da jurisdição*. 2009. Tese de Doutorado. Programa de Pós Graduação em Direito, Centro de Ciências Jurídicas. Universidade Federal de Pernambuco. Recife, 2009.
4. MACHADO, Hugo de Brito. Responsabilidade do Agente Público. Distinção entre Agente Político e Agente Administrativo. *Revista Direito Tributário Atual* n. 27, p. 365.

dos por agentes políticos, fundados em margem de discricionariedade que não implica ilegalidade, e atos de agentes administrativos, cuja atuação é estritamente vinculada ao critério de legalidade.

Contudo, a discussão acerca do risco da pacificação sem distinção parece ter sido um prelúdio à ação do STF. Isto porque, desde então, mesmo em casos que tratam acerca da busca pela responsabilidade do agente público administrativo, a Corte replica o entendimento proveniente do RE 327.904/SP.

A título de exemplo, os trechos colhidos do agravo vinculado ao RE 908331/RS, no qual agentes administrativos, também figurantes enquanto réus na ação originária proposta pelo cidadão, foram excluídos do polo passivo:

> Tribunal de origem divergiu da jurisprudência da Corte no sentido de não reconhecer a legitimidade passiva do agente público em ações de responsabilidade civil fundadas no art. 37, § 6º, da Constituição Federal, devendo o ente público demandado, em ação de regresso, ressarcir-se perante o servidor quando esse houver atuado com dolo ou culpa.
>
> É o que o Ministro Ayres Britto, Relator do RE 327.904/SP, citado na decisão ora recorrida, julgou por bem nomear de "dupla garantia".

A ementa do acórdão, prolatado pela Segunda Turma da Corte, foi fixada nos seguintes termos:

> Agravo regimental no recurso extraordinário com agravo. Administrativo. Responsabilidade civil do estado. Inclusão do agente público no polo passivo da demanda. Impossibilidade. Ilegitimidade passiva. Precedentes.
>
> 1. A jurisprudência da Corte firmou-se no sentido de não reconhecer a legitimidade passiva do agente público em ações de responsabilidade civil fundadas no art. 37, § 6º, da Constituição Federal, devendo o ente público demandado, em ação de regresso, ressarcir-se perante o servidor quando esse houver atuado com dolo ou culpa.
>
> 2. Agravo regimental não provido.

Outros casos, como por exemplo: RE 470.996/RO,[5] RE 593.525/DF[6] e o RE 1027633 (Tema de repercussão geral 940, julgado em plenário em 2029),[7] também seguiram a mesma linha de reafirmação pela impossibilidade de responsabilização direta do agente público, corroborando uma espécie de blindagem dissonante da proteção aos direitos de reparação do cidadão contribuinte, sem qualquer fundamentação ou análise efetiva do *distinguish* necessário no que tange à categoria dos agentes públicos.

Verificada a pacificação do entendimento sobre prismas inadequados e omissos na diferenciação entre as categorias de agentes e a natureza dos atos administrativos, mostra-se atual a expressão que integra o julgamento que marca o início da superação

---

5. STF. RE 470.996/RO-AgR, Segunda Turma, Relator o Ministro Eros Grau, publicação do acórdão no DJe de 11.09.2009
6. STF. RE 593.525. Segundo agravo regimental em RE. Primeira Turma. Relator Min. Roberto Barroso. Data de julgamento: 09.08.2016.
7. STF. RE 1027633/SP. Tema de Repercussão Geral 940. Plenário. Relator Min. Marco Aurélio. Data de julgamento: 14.08.2019.

da responsabilidade estatal exclusiva pelo aspecto de culpa para o da responsabilidade objetiva, datado de 1943, no qual o Min. Philadelpho Azevedo dispôs que "o problema da responsabilidade civil do Estado ainda não encontrou, entre nós, terreno sedimentado, em que pudesse descansar, após tormentoso embate da doutrina e na jurisprudência".[8]

Nesse contexto, faz-se necessário tecer considerações acerca das razões de ser da responsabilidade do Estado e dos atos dos seus agentes, sobretudo aqueles que devem respeito à legalidade em perspectiva vinculada, bem como dos fundamentos que evidenciam a necessidade de adoção de alternativa inversa à tese declarada pelo STF.

1.1 Teologia da responsabilidade civil por ato estatal e a admissibilidade da responsabilização pessoal do agente público

Para o momento, é oportuno acentuar que, embora atualmente a possibilidade de responsabilização estatal tenha ares de pacificação, nem sempre esses termos estiveram presentes. Na verdade, o cabimento da responsabilização estatal. sobretudo a objetiva, independentemente da aferição de dolo ou culpa, é fenômeno relativamente recente, cujo desenvolvimento propulsor remonta ao século XIX,[9] com o desenvolvimento de teorias publicistas pela responsabilização estatal, visto que, até então, sob a égide dos regimes monárquicos, vigorava a teoria da irresponsabilidade estatal.

Destaca-se que até a sedimentação da teoria da responsabilidade objetiva, sob a égide do risco administrativo, pelo qual o estado responde pelos prejuízos causados aos administrados independente de aferição de culpa, bastando a caracterização do dano e do nexo causal, critérios diversos acerca da possibilidade de responsabilização de agentes e entes públicos por prejuízos aos particulares.

Inclusive, previamente à regra geral de responsabilidade direta do Estado, foi adotada a possibilidade de responsabilização direta do agente público que houvesse agido em desconformidade com as regras legais, lesando o administrado. Nesse período, "a pessoa estatal poderia escapar à responsabilização; não, porém, o agente direto do dano, aquela pessoa física cuja conduta injurídica agravasse terceiro ao desempenhar funções públicas".[10]

Obviamente, a garantia de reparação limitadamente ao patrimônio do agente e apenas quando evidenciada sua conduta ilegal, culposa ou dolosa, é manifestamente insuficiente para proteger os administrados contra os possíveis arbítrios ou ilícitos estatais. Essa insuficiência é evidenciada por diversas razões, a de que o agente público pode não dispor de patrimônio suficiente e a sua responsabilização direta pressupõe a ocorrência de dolo ou culpa na realização de ato necessariamente ilícito dotado de ilegalidade.

---

8. WALD, Arnoldo. *Os fundamentos da responsabilidade civil do Estado*. R. Inf. Legisl. Brasília. ano 30. n. 117, p. 07, jan./mar. 1993.
9. DI PIETRO, Maria Sylvia Zanella. *Direito Administrativo*. 33. ed. Rio de Janeiro: Forense, 2020. p. 1492.
10. MELLO, Celso Antônio Bandeira de. *Curso de Direito Administrativo*. 32. ed. São Paulo: Malheiros, 2015. p. 1063.

O cenário de limitação da responsabilidade estatal, por consectário lógico, resultava em lesão ao administrado, sobretudo tendo em vista que os aspectos para responsabilização não decorrem, em todas as hipóteses, de atos ilícitos. Condutas lícitas, geradoras de prejuízo ao administrado, podem gerar o dever de indenizar.

Nesse contexto, as teorias publicistas da responsabilização estatal evoluíram ao aspecto nodal de pressupor que a adequação do Estado de direito pressupõe a possibilidade de responsabilização objetiva do Estado, também considerando o poderio estatal, diametralmente maior que o disponível ao administrado.

Vê-se, portanto, que o aspecto teleológico da teoria da responsabilidade por atos estatais tem como cerne a necessária proteção ao administrado, e não meio de garantia aos agentes que atuam em nome e proveito do Estado. O fim da responsabilidade objetiva do Estado é dispor ao administrado prejudicado, parte vulnerável, proteção mais completa diante dos prejuízos advindos da iniciativa estatal.

O objetivo pretendido, diferentemente do expresso nos acórdãos prolatados pelo STF, não é anuir posição de vulnerabilidade, abrandamento ou impunidade ao agente o público e, menos ainda, impedir que os lesados por atos estatais procurem a reparação integral do prejuízo, inclusive por intermédio de ação própria contra o respectivo agente desviante da legalidade.

Nesse mesmo sentido, a doutrina de Celso Antônio Bandeira de Mello, ao aduzir que a ampliação do aspecto da responsabilidade dos prejuízos originados por atos estatais tem o fim de ampliar garantias ao cidadão, e não proteção ao agente público:

> A difusão e o acatamento, nos vários países, da tese da responsabilidade estatal objetivou e significa tão só a ampliação das garantias de indenização em favor dos lesados. Nada traz consigo em favor do funcionário, e muito menos em restrição ao administrado em seu direito de demandar contra quem lhe tenha causado dano.

O autor adota posicionamento também partilhado pelo Professor Hugo de Brito, no sentido de que integra a margem de escolha do cidadão prejudicado decidir se aciona apenas o Estado, conjuntamente a ambos, ou se demanda apenas o agente público.

A posição adotada pelo STF, além de omissa na aferição da diferenciação dos agente e na natureza dos atos, ignora o aspecto histórico e teleológico da garantia consagrada ao cidadão por intermédio do art. 37, § 6º, da Constituição Federal, a qual fundamenta a garantia ao cidadão de acionar diretamente o Estado, sem tolher, em nenhuma medida, a possibilidade de o lesado demandar diretamente contra o agente.

O cabimento da responsabilização pessoal agente decorre, para além da inexistência de vedação constitucional, da Teoria Geral do Direito, cujas bases são fincadas na impossibilidade de garantir impunidade aquele que, por ato ilegal, causa dano a outrem.

Esse ponto é relevante para evidenciar a posição aqui defendida: não se pretende a possibilidade de responsabilização irrestrita em prejuízo do agente. Ou seja, o agente que agiu conforme os termos legislativos e regulamentares, ainda que estes sejam declarados inconstitucionais ou tenham sua ilegalidade reconhecida, não se sujeitam à possibilidade de responsabilização.

Isto porque, salvo para o contexto proveniente de ordem manifestamente ilegal, seus atos estarão substanciados em disposições legais que lastreiam a adequação da sua atuação estatal. O que se discute e, nesse prisma, pela defesa quanto a possibilidade de responsabilização pessoal do agente público em âmbito civil, é a posição capitaneada pelo professor Hugo de Brito Machado, no sentido de que o agente pode ser diretamente acionado em razão de atos ilegais, cuja exigência não possui nenhum fundamento legal ou, pior, contrariam entendimento vinculativo à Administração Pública.

Não obstante o tema seja intrínseco à Teoria Geral do Direito e, por conseguinte, possa ser aplicado nas mais diversas áreas, a abordagem sob o prisma do Direito Tributário tem especial relevo, isto porque, o agente fiscal, na condição de servidor público que exerce a incumbência de verificação, lançamento e cobrança associadas às obrigações fiscais, seja principal ou acessória, está adstrito à legalidade.

Nesse contexto, exigências escusas ou insatisfação em relação ao contribuinte como fundamento, ainda que reflexo, para autuações ou exigências fiscais, na prática, figuram como instrumentos de retaliações em prejuízo do contribuinte, com a evidente subversão da legalidade, atraindo a possibilidade de responsabilização pessoal.

Também há contextos nos quais o agente, por não dispor de previsão legal de cognição clara, ainda assim, escolhe onerar o contribuinte. Nesse contexto, não havendo previsão legal obrigacional basilar da exigência, de igual modo, há violação à legalidade e subsiste a possibilidade de responsabilização, caso seja evidenciado prejuízo ao contribuinte e o dolo ou culpa imputável ao agente.

Adicionalmente, também subsiste situações nas quais, mesmo diante da pacificação sumular e vinculativa à atuação da administração pública, por exemplo, o verbete sumular 323 do STF, que especifica a inadmissibilidade da apreensão de mercadorias como meio coercitivo para pagamento de tributos, persiste a atuação ilegal da administração, que justifica a impetração de mandados de segurança, a fim de assegurar o direito do contribuinte.

Diante da persistência na adoção de sanções políticas ilegais, materializadas por apreensões e exigências adicionais, que efetivam meio indireto e ilegal para exigência de tributo, subsiste a possibilidade de responsabilização do agente administrativo.

Em conclusão, as situações e exemplos acima relatados cumprem a finalidade de clarear o argumento defendido, no sentido de que o § 6º, art. 37, da Constituição, ao impor a responsabilidade objetiva estatal, assegurando o direito de regresso a ser exercido pelo ente contra o agente, não o fez com o fim de consignar garantia ao agente público, mas sim em proveito do cidadão, adotando a perspectiva de expansão de todos os meios legais de direito para coibir e reparar a lesão resultando dos atos estatais, inclusive mediante ação própria buscando a responsabilidade civil pessoal do agente público que, por dolo ou culpa, incorreu em ato causador de prejuízo ao contribuinte.

Na matéria, é importante não perder de vista que a posição de vulnerabilidade na relação jurídica fiscal é ocupada pelo contribuinte, uma vez que, além das prerrogativas impositivas sob o aspecto funcional, o agente fiscal consigna o exercício da plena dominação do Estado, que acumula a tríplice função na relação.

Isto porque o Estado, por intermédio de seus agentes, produz a lei obrigacional da relação tributária, executa os comandos normativos por si mesmo produzidos, gozando de prerrogativas próprias da condição de sujeito ativo e, por fim, executa o título constituído e julga o eventual litígio.[11]

Conforme assinala James Marins, é necessária a superação do falso estigma de debilidade da Fazenda Pública perante os atos do contribuinte, inclusive sob a perspectiva jurisdicional, para o fim de regular os termos e alcances da relação fiscal reconhecendo a posição de vulnerabilidade do contribuinte.

O posicionamento acerca da vulnerabilidade do contribuinte é relevante, sobretudo, para evidenciar o contrassenso em equacionar uma garantia própria da condição de cidadão sujeito aos impositivos estatais enquanto garantia também extensível como meio de proteção ao agente administrativo que, em verdade, é quem representa e materializa, em sentido corpóreo, o poder estatal.

Em plano de fundo, a análise é aferir se, perante atos abusivos e ilegais na relação tributária, "deve prevalecer o poder, inerente ao Estado, ou o Direito, que a este incumbe construir".[12] Isto porque, conforme detalhado nos tópicos subsequentes, a limitação à responsabilização pessoal do agente, além de figurar como limitador da dimensão integral dos direitos fundamentais do contribuinte, fomenta problemas sistêmicos, institucionais e morais adicionais, garantindo, na prática, a impunidade do agente fiscal que atue ilegalmente lesando contribuintes.

2. CAMINHO INSTITUCIONAL ATUAL: SEDE ARRECADATÓRIA E GARANTIA DE IMPUNIDADE AO AGENTE PÚBLICO INFRATOR

No contexto institucional atual, faz-se necessário também reconhecer o fomento, promovido pelo próprio Estado, ainda que por meios indiretos, a realização de atos abusivos e ilegais pela Administração Tributária. A título exemplificativo, cita-se as gratificações criadas, pelos mais diversos entes, em benefício dos servidores públicos que atuam junto à administração fazendária, cujo incremento é avaliado sob perspectiva percentual de arrecadação.

Em Fortaleza, a Lei Complementar 23/05, responsável pela regência do plano de cargos e carreiras do referido segmento, instituiu a Gratificação de Estímulo à Fiscalização e à Arrecadação Tributárias (Gefat). Posteriormente a lei mencionada foi revogada pela Lei Complementar 342/22 que, junto a outras alterações no plano de carreira, manteve

---
11. MARINS, James. *Defesa e Vulnerabilidade do contribuinte*. São Paulo: Dialética, 2009, pp. 05.
12. MACHADO, Hugo de Brito. *Direitos fundamentais do contribuinte e a efetividade da jurisdição*. São Paulo: Atlas, 2009, p. 187.

a gratificação com nova nomenclatura, agora referida de Gratificação de Desempenho Fazendário (GDF), cuja apuração pode ser realizada em até 40% (quarenta por cento) do vencimento básico.

Por óbvio, a abordagem aqui empreendida referida não é no sentido de advogar pela impossibilidade de pagamento de gratificações aos servidores, mas sim ao fato de que adotar como premissa do pagamento adicional o viés arrecadatório, deixa um recado, no mínimo, discutível, acerca da prioridade da administração sob viés arrecadatório, ainda que ele resulte em atos de abuso de poder ou ilegalidades.

Esse recado estatal é corroborado ao levar-se em consideração que é de fácil verificação, por consulta jurisprudencial,[13] casos atuais nos quais são reconhecidos os abusos e sanções políticas ilegais que buscam o pagamento de tributos, não obstante exista teor sumular que veda apreensão de mercadorias como meio para exigir o pagamento de tributos aprovado desde 1963.[14] súmula do próprio Tribunal Estadual[15] vedando a mesma medida e, em acréscimo, entendimento vinculante já manifestado pelo STF acerca da vedação da aplicação de sanções políticas como meio para cobrança de tributos.

Na prática, diante do evidente interesse arrecadatório da Administração, o agente fiscal responsável pelas autuações ilegais, não será responsabilizado civilmente pelos danos causados ao contribuinte, mesmo em hipótese que seja cabível o exercício da ação de regresso. Isto porque, conforme abordado pelo Professor Hugo Machado, "há sempre uma coincidência entre a atitude ilegal do agente fiscal que causa danos ao contribuinte e o interesse, embora escuso, da Administração Tributária, no aumento da arrecadação".[16]

Como consequência da prioridade arrecadatória, o ente tributante garante ao agente fiscal uma espécie de proteção, mantendo a impunidade pelas ilegalidades praticadas e promovendo corrosão às garantias constitucionais do contribuinte. Isso sem contar a problemática adicional para o contribuinte que, temeroso de retaliações ou "tratamento diferenciado" em futuras tratativas com a administração fiscal tributária, conhecedor do grau de impunidade, muitas vezes hesita em buscar a tutela jurisdicional para coibir a continuidade da sanção política ilegal e cede a exigência ilegal.

---

13. A título de exemplo, reconhecendo ilegalidades que manifestam sanções políticas contrárias a entendimentos pacificados pelos Tribunais Superiores através de súmulas, os seguintes processos, cujo trâmite ocorreu no Tribunal de Justiça do Estado do Ceará: Remessa Necessária Cível Relator: Inacio De Alencar Cortez Neto, Data de Julgamento: 1º.03.2021, 3ª Câmara Direito Público, Data de Publicação: 1º.03.2021. Apelação cível 0190567-26.2012.8.06.0001, Relator: Lira Ramos De Oliveira, 6ª Câmara Cível, Data de Publicação: 16/09/2015. Apelação cível 00517568320218060094 Ipaumirim, Relator: Joriza Magalhaes Pinheiro, Data de Julgamento: 13.03.2023, 3ª Câmara Direito Público, Data de Publicação: 13.03.2023. Apelação cível 0000174-44.2019.8.06.0149 Porteiras, Relator: Francisco Luciano Lima Rodrigues, Data de Julgamento: 13.02.2023, 3ª Câmara Direito Público, Data de Publicação: 13.02.2023.
14. Súmula 323 do STF: É inadmissível a apreensão de mercadorias como meio coercitivo para pagamento de tributos. Data de aprovação do enunciado: Sessão Plenária de 13.12.1963.
15. Súmula 31 do TJ-CE: É abusiva e ilegal a retenção de mercadoria pelo fisco, inclusive por transportadora em virtude de convênio firmado com o Estado, como meio coercitivo de pagamento de tributos.
16. MACHADO, Hugo de Brito. *Os direitos Fundamentais do Contribuinte e a efetividade da jurisdição*. Tese de Doutorado. Programa de Pós-Graduação em Direito, Centro de Ciências Jurídicas. Universidade Federal de Pernambuco. Recife, 2009, p. 249.

No Estado fiscal, cujas exigências devem ser baseadas em uma relação de direito, e não de poder, sobretudo quando este é exercido de forma imunizante a ilegalidades, não há fundamento em inviabilizar a responsabilização pessoal e direta do agente público responsável pela promoção de ilegalidades, inclusive, tendo em vista o dogma próprio da teoria da responsabilização, segundo a qual aquele que promove danos tem o dever de reparar.

A defesa pela responsabilização pessoal, em nenhuma medida pode ser confundida como incentivo ao litígio em prejuízo de agentes administrativos ou meio indireto de contenção da ação estatal, associado a eventual receio da atuação de cobrança dos agentes públicos. O que se defende é a possibilidade de responsabilização pessoal contra agente que, dolosa ou culposamente, atua na promoção de atos ilegais, como meio de contenção de arbítrios e do contexto de impunidade ora vigente.

3. POR QUE A RESPONSABILIZAÇÃO PESSOAL DO AGENTE PÚBLICO? ANALISANDO DIREITOS E EFEITOS.

Pode-se questionar, a possibilidade de ação direta contra o Estado não seria suficiente ao contribuinte? A ação regressiva capitaneada pelo Estado não seria suficiente? Conforme já discutido, a perspectiva de responsabilização estatal, seja contra o agente ou o próprio ente, representa garantia ao contribuinte, como meio de, querendo, buscar por todos os meios possíveis, a reparação dos prejuízos provenientes do ato estatal abusivo e ilegal.

O efeito de impunidade que acaba por ser promovido pela Administração Tributária, em nada servem como instrumento para obstaculizar atos ilegais e, menos ainda, como desestímulo à ilegalidades. Adicionalmente, é de se notar que o valor reparatório eventualmente arcado pelo Estado, ao fim, tem origem nas receitas arrecadadas através dos tributos. Nesse contexto, na prática, ainda que o Estado seja eventualmente responsabilizado, o agente público responsável pelo ato ilegal, muito provavelmente, não sentirá qualquer repercussão e, por consectário lógico, a ótica de impunidade é mantida em todos os seus termos.

Não obstante a Administração, na prática, possa manifestar interesses escusos, é de conhecimento que, ao menos oficialmente, os entendimentos flagrantemente ilegais e violadores da ordem jurídica não são adotados em perspectiva regulamentar. Assim, desde que o agente, conforme já dito, atue segundo os termos legais e regulamentares, não incorrerá na possibilidade de responsabilização.

Nessa perspectiva, além de promover maior segurança jurídica, sobretudo no que tange ao aspecto de previsibilidade do funcionamento da administração tributária, a responsabilidade pessoal do agente fomenta a probidade administrativa.

Isto porque, ciente do risco de ser demandado diretamente por atos ilegais, com o risco de responder, com seu próprio patrimônio, pela reparação, com o acréscimo do ônus de contratação de defesa, haverá relevante desestímulo à manutenção de condutas ilegais ou abusivas. Ao fim, será fomentado o que o Professor Hugo Machado intitula de efeito preventivo, através do qual a indenização proveniente da responsabilização cumprirá finalidade dupla.

A primeira, o restabelecimento do patrimônio do contribuinte, lesado pela conduta originada por ato estatal, e a segunda, de efetivamente prover meio para desestimular a manutenção de condutas ilícitas, uma vez que, ciente da responsabilidade pessoal, será afastada do agente a sensação de plena impunidade, a qual, conforme debatido, fomenta a materialização de irresponsabilidade no agir estatal.

As garantias do agente público, pela condição de servidor público, se sujeitam a regime administrativo próprio, responsável por garantir, por exemplo, a estabilidade e as limitações às dispensas arbitrárias, direitos que também encontram amparo constitucional. Essas garantias, inerentes ao cargo ou exercício da função pública pelos agentes administrativos, não devem ser confundidas ou interseccionadas com garantias próprias do contribuinte-cidadão.

A previsão do § 6º, art. 37, baseia-se na garantia própria do administrado que, na condição de contribuinte prejudicado por ato estatal, pode demandar a reparação objetiva junto ao ente e, concomitantemente, contra o agente responsável pela ilegalidade, o qual poderá ser responsabilizado, quando evidenciada a existência de culpa ou dolo.

Não incumbe ao Estado tolher o direito de escolha do contribuinte na busca pela efetivação da proteção aos direitos fundamentais, sobretudo quando fundado em garantia constitucional cuja finalidade é, justamente, buscar a reparação por danos provenientes do agir arbitrário estatal.

Além do efeito preventivo mencionado no presente tópico, potencialmente inibitório contra a perpetuação de atos ilegais, o professor Hugo Machado também capitaneou a análise e consideração de efeitos adicionais, tais como o moralizador e da própria relação institucional entre os poderes.

A possibilidade de responsabilização pessoal promoverá efeito moralizador porque evitará que o agente utilize as prerrogativas e poderes para lavratura de autos de infração como meio de retaliação ou abuso de poder. E, adicionalmente, nos casos em que subsista ausência de clareza, ao invés de optar por, liminarmente, onerar o contribuinte, como tem sido atualmente realizado, o agente, ciente do dever de diligência para afastar negligência no exercício da função, tenderá a buscar consulta oficial acerca da providência a ser realizada.

O efeito da harmonia entre os poderes, como uma espécie de corolário do efeito preventivo, é relacionada aos efeitos das leis declaradas inconstitucionais pelo Supremo Tribunal Federal em sede de controle concentrado ou difuso de constitucionalidade, cuja consequência é impor que a autoridade administrativa deixe de aplicar a lei declarada inconstitucional.

A perspectiva de harmonia é evidenciada ao levar-se em consideração que as autoridades administrativas precisam obedecer ao entendimento consagrado pelo Poder

Judiciário, que, em decisão definitiva, consagra a inconstitucionalidade de determinado ato, sob pena de lesão ao impositivo Constitucional regulatório da separação dos poderes, que pressupõe a coexistência harmoniosa entre os poderes.

Na prática, como consequência da irresponsabilidade dos agentes públicos pelas consequências de seus atos, subsistem atos provenientes da Administração Tributária que insistem na aplicação de leis declaradas inconstitucionais, cujo conteúdo, em alguns casos, chega a ser renovado por novo ato normativo pelo ente, com o fim de prover arrecadação e valer-se da inconstitucionalidade útil perante os Tribunais, sobretudo os superiores.

Nesse contexto, a possibilidade de responsabilização do agente público que insiste na aplicação de lei declarada inconstitucional ou em contrariedade com entendimento definitivo vinculante pacificado pelo STF promoverá maior harmonia entre os poderes, na medida em que, ciente do risco de responder diretamente, o agente priorizará atuar conforme entendimento manifestado pelo Poder Judiciário, com o consequente afastamento do cerne de impunidade atual pelo qual o agente manifesta que, caso insatisfeito com a providência administrativa, o contribuinte busque o judiciário para reclamar.

4. A RESPONSABILIDADE PESSOAL GERA INSEGURANÇA JURÍDICA AO AGENTE PÚBLICO?

A discussão acerca da insegurança jurídica merece abordagem própria, sobretudo ao levar-se em consideração as alegações contrárias, as quais defendem a impossibilidade de responsabilização pessoal direta do agente, tendo em vista a insegurança jurídica originada pela imprecisão de termos adotados pela legislação.

Essa alegação, como meio de inviabilizar a responsabilidade pessoal, não se sustenta pelos mais diversos argumentos. O primeiro é uma questão preliminar à vigência da própria norma, isto porque, não raro, as regulamentações que tratam acerca de obrigações tributárias, são realizadas pela própria Administração Tributária.[17] Reitera-se o argumento anteriormente consignado, defendido por James Marins: é do Estado, e não do contribuinte, o poder de deliberar integralmente sobre todos os termos da relação jurídica tributária.

Nessa perspectiva, recai sobre o Estado o dever de busca pela promoção da segurança jurídica por intermédio da atividade legislativa e executiva dos seus atos, priorizando a formação de um sistema normativo dotado de cognoscibilidade, confiabilidade e calculabilidade,[18] que não atue como empecilho ao desenvolvimento de atividades econômicas e a efetivação dos direitos fundamentais do contribuinte.

---

17. MACHADO, Hugo de Brito. *Os direitos Fundamentais do Contribuinte e a efetividade da jurisdição*. Tese de Doutorado. Programa de Pós Graduação em Direito, Centro de Ciências Jurídicas. Universidade Federal de Pernambuco. Recife, 2009, p. 251.
18. ÁVILA. Humberto. *Segurança Jurídica* – Entre permanência, mudança e realização no direito tributário. São Paulo: Malheiros, 2011.

Na realidade fática, mesmo sob o prisma de pretensa simplificação das obrigações tributárias e desburocratização alardeada pela Reforma Tributária, recentemente aprovada pela Emenda Constitucional 132/23, subsiste um sistema tributário complexo na realidade brasileira, o qual, de fato, tem caminhado no sentido inverso ao da segurança jurídica.

Contudo, a insegurança jurídica resultante não prejudica prioritariamente a ação do agente fiscal. Pelo contrário, o maior ônus decorrente da insegurança sistemática recai sobre o contribuinte, parte vulnerável que sofre o ônus dos impositivos estatais arbitrários. Nesse contexto, a responsabilização pessoal do agente acaba por promover, nos dizeres do Professor Hugo Machado, uma "divisão equitativa"[19] da insegurança jurídica.

Isto porque, tendo em vista a potencial responsabilização indenizatória pessoal pelo ato ilegal, o agente tenderá a robustecer sua atuação com consultas e autorizações provenientes dos superiores hierárquicos. Inclusive, é relevante considerar que, para exercer o poder deliberativo e de manifestação, a Fazenda Pública continua a gozar de prerrogativas que sequer se justificam mais, especialmente tendo em vista a equiparação tecnológica e institucional muito superior à disponível para a maioria dos contribuintes.

A título de exemplo, cita-se a regulamentação proposta pelo executivo no PLP 108/2024, justificado pelas alterações estruturais determinadas pela Emenda Constitucional 132/23, que além de instituir o Comitê Gestor, dispõe sobre o processo administrativo tributário relacionado ao Imposto sobre bens e produtos (IBS).

Na regulação acerca das pretensões recursais, é garantido à Fazenda Pública, quando parte vencida, gozar de prazo em dobro em relação ao concedido ao contribuinte, resultando no período de 40 dias para consignar suas razões de insurgência.

> Art. 92. Observados os requisitos específicos previstos nesta Lei Complementar e em ato do CG-IBS, poderão ser interpostos os seguintes recursos no âmbito do contencioso administrativo:
>
> I – Recurso de Ofício;
>
> II – Recurso Voluntário;
>
> III – Recurso de Uniformização; e
>
> IV – Pedido de Retificação.
>
> § 1º Exceto se houver disposição em contrário a este Título, o prazo
>
> para a interposição de recursos e das respectivas contrarrazões, quando cabíveis,
>
> será de vinte dias, contados da intimação do ato recorrido.
>
> § 2º O prazo previsto no § 1º será contado em dobro quando a parte vencida for a Administração Tributária estadual, distrital ou municipal.

Além disso, a regulamentação também garante a composição dos órgãos de julgamento de forma mais favorável à Fazenda Pública.[20] No mais, não bastassem as prerrogativas institucionais, a responsabilidade pessoal aqui defendida não é irrestrita.

---

19. MACHADO, Hugo de Brito. *Direitos fundamentais do contribuinte e a efetividade da jurisdição*. São Paulo: Atlas, 2009, pp. 187.
20. Nesse sentido, as previsões do art. 104 e do § 5º do art. 106, todos do PLP 108/2024, que regulam a primeira instância de julgamento exclusivamente por servidores e, na segunda instância, embora prevista a representação

Cumprido o dever de cuidado e diligência – apto, portanto, a afastar eventual culpa – e sem submissão à ordem superior manifestamente ilegal, não haverá hipótese de responsabilização ao agente, na medida em que será evidenciada a obediência à determinação oficial de superior hierárquico.

De igual modo, conforme já mencionado, se a ilegalidade ou abusividade for decorrente do próprio ato normativo regulamentar, ainda não declarado inconstitucional de forma definitiva pelo Supremo Tribunal Federal, não haverá responsabilidade pessoal a ser apurada diretamente contra o agente que atuou aplicando norma dotada de presunção de constitucionalidade.

Assim, é possível concluir que a responsabilização pessoal e direta do agente público não gera uma insegurança jurídica específica ou de maior relevo para o agente público. Na verdade, quando existente a insegurança jurídica, seus termos são provenientes do próprio sistema normativo e não justificam tratamento favorecido aos agentes que representam a Administração Tributária, que além de, muitas vezes, participar da fase preliminar que culmina na regulamentação normativa, é dotada de relevantes prerrogativas institucionais.

Ao fim, o ônus da insegurança jurídica recai em medida muito superior no contribuinte, figurando a possibilidade de responsabilização civil pessoal e direta contra o agente público prolator de atos ilegais como meio de buscar a divisão equitativa, já que, ciente dos riscos de responsabilização por atos ilegais e da possível inexistência do manto da impunidade, o agente tenderá a robustecer sua atuação de forma mais responsável.

CONCLUSÃO

No RE 327.904/SP, que tratava acerca da busca de responsabilização de agente político em razão dos efeitos provenientes de ato discricionário, o STF declarou a impossibilidade de responsabilização, pessoal e direta, do agente público, em demanda promovida pelo administrado lesado em razão do ato estatal.

Contudo, conforme risco antevisto pelo Professor Hugo de Brito Machado, a Corte passou a replicar o entendimento em vários casos posteriores, sedimentando uma jurisprudência omissa na distinção necessária quanto à categoria do agente e natureza do ato.

Assim, mesmo em casos que tratam de agente administrativo, sujeito à atuação funcional vinculada, tais como os agentes fiscais responsáveis pela fiscalização e lavratura de autos de infração fiscal, persiste uma indevida restrição à garantia do contribuinte-cidadão na busca pela recomposição de esfera jurídica lesada pelo ato estatal.

A natureza indevida da restrição decorre, sobretudo, do equívoco na equiparação da previsão do § 6º, art. 37, da Constituição Federal, enquanto garantia do contribuinte e também do servidor público.

---

pelo contribuinte, há a consignação de limitação do exercício do cargo de presidência para voto de desempate, exclusivamente para servidor administrativo.

Entretanto, o aspecto teleológico e histórico concernente às teorias e meios para responsabilização do Estado pelos prejuízos ocasionados pelos seus atos aos cidadãos, evidenciam que o § 6º, art. 37, da Constituição, ao impor a responsabilidade objetiva estatal, assegurando o direito de regresso a ser exercido pelo ente, não o fez com o fim de consignar garantia ao agente público, mas sim como meio de expansão, em proveito do cidadão, de todos os meios legais de direito para coibir e reparar a lesão resultando dos atos estatais, inclusive mediante ação própria buscando a responsabilidade civil pessoal do agente público que, por dolo ou culpa, incorreu em ato ilícito causador de dano ao contribuinte.

A adoção de perspectiva diversa, além de contrariar o viés teleológico e histórico que baseia a Constituição Federal e, especialmente, a responsabilidade civil estatal, existentes em um Estado de direito como meio de limitação ao poder do Estado e enquanto proteção ao cidadão contra atos arbitrários e ilegais, subverte os ditames da própria Teoria Geral do Direito, na medida em que admite que o causador do dano, mesmo em atuação abusiva e ilegal, na prática, seja protegido pelo manto da impunidade.

O parâmetro de impunidade, além de violador da ordem jurídica, tem o condão de fomentar o agir irresponsável do agente público, viabilizando a manutenção de exigências e cobranças que constituem sanções políticas já pacificadas como indevidas, ou mesmo continuidade ao descumprimento de entendimento vinculante declarado pelo STF em caráter definitivo. Conforme visto, o comportamento institucional dos entes, premiador ao maior nível de arrecadação e omisso na responsabilização por atos ilegais, fomenta a manutenção do quadro de possíveis arbítrios contra o cidadão-contribuinte.

O direito à reparação indenizatória do contribuinte por ato proveniente do Estado tem origem no exercício de uma garantia constitucional, através da qual, na condição de cidadão prejudicado, pode demandar a reparação objetiva junto ao ente e, concomitantemente, contra o agente responsável pela ilegalidade, o qual poderá ser responsabilizado quando evidenciada a existência de culpa ou dolo.

Nesse contexto, não é consentâneo com o direito permitir que o próprio Estado restrinja o direito de escolha do contribuinte na busca pela efetivação da proteção aos direitos fundamentais, sobretudo quando essa escolha é baseada no exercício de uma garantia constitucional cuja finalidade é justamente a busca pela reparação por danos provenientes do agir arbitrário estatal.

Em sentido contrário ao que defendido, são tecidas alegações de que o processo será mais demorado, já que pressupõe a demonstração de culpa ou dolo, aspectos inexistentes no caso de demanda exclusiva contra o Estado, o que tornaria essa via mais vantajosa ao contribuinte.

De fato, o trâmite processual, provavelmente, seria mais demorado, contudo, conforme dito, a escolha pela alternativa possível integra a esfera direta exclusiva do contribuinte que, enquanto parte vulnerável e prejudicada pelo agir estatal, poderá exercer seu direito de busca pelo ressarcimento somente contra o ente estatal, ou, concomitante, contra ele e seu agente público promotor da ilegalidade.

Nesse contexto, não se admite a denunciação à lide pelo ente, buscando o exercício da ação de regresso em proveito do ente público, justamente por figurar como um meio de tolher o direito à escolha do cidadão, uma vez que viabiliza a postergação do feito e a inclusão de fundamento novo na demanda, referente ao direito de regresso, gerando, por consequência, benefício em proveito de um dos réus cujo arbítrio é imputado.

Conclui-se que o § 6º, art. 37, da Constituição Federal, consigna uma garantia autoaplicável em proveito do cidadão, materializando a expansão dos meios para busca da recomposição do patrimônio jurídico lesado por ato estatal. Nesse sentido, em nada conflita ou restringe a possibilidade de o contribuinte demandar concomitantemente contra o ente e o respectivo agente público responsável pela ilegalidade, de modo que os dois meios, sob o prisma de interpretação do ordenamento, compõem uma instrumentalização voltada à contenção dos arbítrios estatais.

REFERÊNCIAS

ÁVILA. Humberto. *Segurança Jurídica* – Entre permanência, mudança e realização no direito tributário. São Paulo: Malheiros, 2011.

BRASIL. Supremo Tribunal Federal. Recurso Extraordinário 470.996/RO-AgR. Segunda Turma, Relator o Ministro Eros Grau, publicação do acórdão no DJe de 11.09.2009.

BRASIL. Supremo Tribunal Federal. Recurso Extraordinário 593.525. Segundo agravo regimental em RE. Primeira Turma. Relator Min. Roberto Barroso. Acórdão prolatado em 09.08.2016.

BRASIL, Supremo Tribunal Federal. Recurso Extraordinário 327.904/SP. Primeira Turma. Relator Min. Carlos Britto. Acórdão prolatado em 15.08.2006.

BRASIL, Supremo Tribunal Federal. Agravo Regimental no Recurso Extraordinário com Agravo 939.966/MG. Segunda Turma. Relator Min. Dias Toffoli. Acórdão prolatado em 15.03.2016.

BRASIL. Supremo Tribunal Federal. Recurso Extraordinário 1027633/SP. Tema de Repercussão Geral 940. Plenário. Relator Min. Marco Aurélio. Data de julgamento: 14,08.2019.

DI PIETRO, Maria Sylvia Zanella. *Direito Administrativo*. 33. ed. Rio de Janeiro: Forense, 2020.

MACHADO, Hugo de Brito. *Direitos fundamentais do contribuinte e a efetividade da jurisdição*. São Paulo, Atlas, 2009.

MACHADO, Hugo de Brito. Responsabilidade do Agente Público. Distinção entre Agente Político e Agente Administrativo. *Revista Direito Tributário Atual*. n. 27, p. 365.

MACHADO, Hugo de Brito. *Os direitos Fundamentais do Contribuinte e a efetividade da jurisdição*. 2009. Tese de Doutorado. Programa de Pós-Graduação em Direito, Centro de Ciências Jurídicas. Universidade Federal de Pernambuco. Recife, 2009.

MARINS, James. *Defesa e Vulnerabilidade do contribuinte*. São Paulo. Dialética, 2009.

MELLO, Celso Antônio Bandeira de. *Curso de Direito Administrativo*. 32. ed. São Paulo: Malheiros, 2015.

WALD, Arnoldo. *Os fundamentos da responsabilidade civil do Estado*. R. Inf. Legisl. Brasília. ano 30. n. 117. jan./mar. 1993.

REFLEXÕES CIDADÃS SOBRE O ARTIGO 37, § 6º, EM MATÉRIA TRIBUTÁRIA

Ives Gandra da Silva Martins

Doutor Honoris Causa das Universidades de Craiova (Romênia) e das PUCs-Paraná e RS, e Catedrático da Universidade do Minho (Portugal). Professor Emérito das Universidades Mackenzie, UNIP, UNIFIEO, UNIFMU, do CIEE/O Estado de São Paulo, das Escolas de Comando e Estado-Maior do Exército – ECEME, Superior de Guerra – ESG e da Magistratura do Tribunal Regional Federal – 1ª Região. Professor Honorário das Universidades Austral (Argentina), San Martin de Porres (Peru) e Vasili Goldis (Romênia). Presidente do Conselho Superior de Direito da Fecomercio – SP. Ex-Presidente da Academia Paulista de Letras-APL e do Instituto dos Advogados de São Paulo-IASP.

Não pretendo, neste breve artigo em homenagem ao meu querido e saudoso amigo Hugo de Brito Machado, deixar de realçar a grande estima e enorme admiração que sempre tive por ele. Nossa amizade começou no distante ano de 1975, quando da realização do II Congresso Interamericano de Direito Tributário que coordenei no CEU Centro de Extensão Universitária, com o Professor Catedrático Manuel de Juano, Reitor da Universidade do Rosário, na Argentina.

Da nossa participação naquele Congresso brotou uma amizade que durou até sua morte, tendo eu o privilégio de ter prefaciado a 1ª edição de seu admirável "Curso de Direito Tributário" e apresentando-o a seu editor, à época, Vaner Bicego da Resenha Tributária.

Escrevemos inúmeros livros juntos, tendo nossa amizade se estendido às nossas esposas, minha Ruth e sua Zezé e a seus filhos e nora, até por força de ser minha esposa filha de um militar cearense nascido em Massapê.

Honrou-me presidir sua banca para titulação do Direito Tributário da Universidade Federal do Ceará, onde se houve com brilhantismo na arguição de banca em que nomes como o Professor Dr. Roque Carrazza e Ministro do STJ Cláudio Santos também participaram.

Escolhi por tema deste breve trabalho, ao nível de Direito Constitucional, examinar a repercussão, embora em perfunctória análise, do artigo 37, §§ 5º e 6º da CF que declaram:

> Art. 37. A administração pública direta e indireta de qualquer dos Poderes da União, dos Estados, do Distrito Federal e dos Municípios obedecerá aos princípios de legalidade, impessoalidade, moralidade, publicidade e eficiência e, também, ao seguinte:
>
> (...)
>
> § 5º A lei estabelecerá os prazos de prescrição para ilícitos praticados por qualquer agente, servidor ou não, que causem prejuízos ao erário, ressalvadas as respectivas ações de ressarcimento.

§ 6º As pessoas jurídicas de direito público e as de direito privado prestadoras de serviços públicos responderão pelos danos que seus agentes, nessa qualidade, causarem a terceiros, assegurado o direito de regresso contra o responsável nos casos de dolo ou culpa.

Em matéria tributária, infelizmente, sinto uma fantástica carência de exegese do dispositivo à luz do prejuízo que passa oferecer ao contribuinte sua negação. Sempre que o Poder Público erra, o Judiciário altera sua jurisprudência e o contribuinte, por força do equívoco do Judiciário e do Poder Público fica com o ônus de sofrer o encargo, em face permanente de o Judiciário negar-se a aplicar a sanção ao Poder Público desidioso, negligente e equivocado.

Minha visão que vem do passado sobre o tema é a seguinte.

O princípio da moralidade administrativa é o mais relevante princípio da Administração. O art. 37 da CF contém quatro princípios fundamentais a conformar o perfil de administrador público. São a saber: os princípios da legalidade, da moralidade, da publicidade e aquele da impessoalidade.

Um exame mais pormenorizado dos quatro princípios demonstra que, de rigor, todos terminam por desaguar na moralidade pública. O princípio da legalidade reveste todo o sistema jurídico do país. O art. 5º, inc. I da CF, elenca, como seu alicerce, a obediência à lei, que nos regimes democráticos, aprovada pelos representantes do povo, garante a ordem, oferta segurança e protege os cidadãos.

Dizer, pois, que os administradores devem cumprir a lei é reiterar formulação essencial e postada no mais relevante artigo da Constituição Federal, que é voltada ao cidadão mais do que àqueles que o devem servir.

Por outro lado, determinar que o administrador público deve ser impessoal, pois está à disposição da sociedade, não podendo privilegiar amigos, parentes ou interesses em detrimento do bem-servir, é afetar faceta da ética administrativa, sendo, pois, a impessoalidade dimensão parcial da moralidade.

O mesmo se dá com o princípio da publicidade. Exceção feita às questões de segurança nacional, os atos administrativos devem ser transparentes, não se admitindo decisões escusas, resoluções de gaveta, visto que o administrado não pode desconhecer as regras da Administração.

O princípio da moralidade administrativa, portanto, é princípio essencial. O mais relevante, aquele que se destaca de forma absoluta. Que torna a Administração confiável perante a sociedade e que faz do administrador público um ser diferenciado.

Quem presta concurso para servir ao povo sabe de antemão que sua probidade deverá ser absoluta, pois seu exemplo é fundamental para que as instituições sejam estáveis.

Por esta razão, houve por bem o constituinte tomar o princípio da moralidade como o mais relevante do concerto daqueles que perfilam a Administração Pública, não havendo setor desta, direta ou indireta, que não deva ser por ele revestido.

E a moralidade é aquela que se vincula não só à obediência estrita da lei que deve ser aplicada, mas também à preocupação de não gerar problemas de nenhuma espécie ao administrado, podendo, inclusive, ser responsabilizado o servidor, civilmente, nos termos do art. 37 § 5º da Lei Suprema, se não agir eticamente.

Tal concepção, em matéria tributária, leva evidentemente a uma atuação do Fisco em orientar o contribuinte, mais do que persegui-lo, de exigir os tributos devidos de forma não vexatória, de devolver sem procrastinações as quantias que a título de tributo arrecadou indevidamente, a gerar leis que não sejam confiscatórias, nem políticas tributárias desarrazoadas, assim como não provocar publicidade indevida sobre a vida dos pagadores de tributos, visto que, de rigor, são servidores sustentados pelos contribuintes, a quem devem servir.

Sempre que uma autoridade fiscal não seguir tal perfil, estará, à evidência, violentando o princípio da moralidade e sujeita à penalidade prevista no art. 316 do CP.

A defesa do Erário não pode ser ilegal, nem a fiscalização arbitrária. A função ética do agente fiscal é, de início, orientar, apenando tão somente aqueles contribuintes que agirem de má-fé e ofertando oportunidade para a correção dos contribuintes de boa-fé, sempre que leis dúbias gerarem mais problemas que soluções.

O princípio da moralidade pública constitui-se, pois, no mais relevante princípio a ser seguido pelos agentes do erário, em suas relações com o contribuinte.

Houve aí um alargar-se da noção de direito para colher um campo que antes ficava adstrito à moral.

A primeira consequência, a nosso ver, da encampação desse princípio é o aumento do âmbito do controle jurisdicional sobre a atividade administrativa. Aliás, a concretização desse princípio dá-se em diversos pontos da Constituição. Lembra Diógenes Gasparini que o próprio § 4º do art. 37 da CF postula que os atos de improbidade administrativa importarão a suspensão dos direitos políticos, a perda da função pública, a indisponibilidade dos bens e o ressarcimento ao erário, na forma e gradação previstas em lei, sem prejuízo da ação penal cabível (*Curso de Direito Administrativo*, Saraiva, 1994, p. 36).

Entendo que as hipóteses são aquelas em que o dano moral ou pecuniário se caracterizar. O Estado deve ressarcir o cidadão e deve procurar, junto ao agente que causou o prejuízo, seu ressarcimento, em ação de regresso.

Como a ação de regresso é sempre posterior ao pagamento da indenização pelo dano causado, houve por bem – e acertadamente – o constituinte tornar imprescritível tal ação, visto que, se houvesse prescrição, haveria, na prática, impossibilidade efetiva de o Estado buscar, junto ao agente, reembolso do que foi obrigado a pagar aos cidadãos.

Sempre que o Estado cobrar tributo indevido, terá que restituí-lo, podendo, o contribuinte, quantificar o prejuízo que teve ao ser obrigado a pagar o indevido, pedindo a indenização necessária.

Admitindo-se que, por ser obrigada a pagar o que não devia, ficou a empresa em sérias dificuldades financeiras, não tendo o retorno, de imediato, à evidência, tal prejuízo, a ser quantificado, além do valor do tributo, deverá, por força do dispositivo, ser exigido do Estado. Este, quando pagar, deve ressarcir-se junto ao agente que deu início à ação indevida, que poderá ser, inclusive, a autoridade fiscal maior ou – a meu ver – os próprios legisladores que, com plena consciência do Direito, impuseram lei inconstitucional aos cidadãos, gerando tais prejuízos.

A questão, à evidência, é de mais difícil determinação dos responsáveis sempre que uma pluralidade deles tenha provocado o prejuízo, nos casos de imposições ilegais, sendo mais fácil quando a lesão decorre de interpretação incorreta da lei, provocada pelo agente fiscal.

De qualquer forma, a responsabilidade objetiva do Estado sempre ocorrerá, cabendo a este pagar, de imediato, o prejuízo e o agente, que tiver retardado o pagamento, deverá ser responsabilizado pelas consequências da mora, em caso de culpa ou dolo.

À nitidez, a questão torna-se mais simples sempre que o excesso de exação tiver provocado o dano, inclusive moral, se, em função de uma atuação arbitrária do agente fiscal, a questão tiver chegado à imprensa e os efeitos danosos à imagem do contribuinte se tornarem irreversíveis ou perfeitamente detectáveis.

O certo é que os §§ 5º e 6º são aplicáveis, não só à fiscalização tributária, mas aos próprios produtores de legislação inconstitucional.

Ora, em face desta minha exegese, a decisão do STF que desfigurou a coisa julgada nos autos do RE 949297 (Tema 881), desfazendo decisões transitadas em julgado a períodos muito superiores a dois anos é inequívoca demonstração de que o contribuinte é mal tratado e a lesão a que se refere o §6º do artigo 37, assim como os incisos XXXV e XXXVI do artigo 5º, tornam-se apenas tertúlias acadêmicas e não garantias do cidadão.

Os referidos dispositivos estão assim escritos:

XXXV – a lei não excluirá da apreciação do Poder Judiciário lesão ou ameaça a direito;

XXXVI – a lei não prejudicará o direito adquirido, o ato jurídico perfeito e a coisa julgada.

Eis, pois, a ementa proferida no RE 949297, julgado com repercussão geral:

Ementa: Direito constitucional e tributário. Recurso Extraordinário com Repercussão Geral. Contribuição Social sobre Lucro Líquido (CSLL). Obrigação de trato sucessivo. Hipóteses de cessação dos efeitos da coisa julgada diante de decisão superveniente do STF. 1. Recurso extraordinário com repercussão geral reconhecida, a fim de decidir se e como as decisões desta Corte em sede de controle concentrado fazem cessar os efeitos futuros da coisa julgada em matéria tributária, nas relações de trato sucessivo, quando a decisão estiver baseada na constitucionalidade ou inconstitucionalidade do tributo. 2. Em 1992, o contribuinte obteve decisão judicial com trânsito em julgado que o exonerava do pagamento da CSLL. O acórdão do Tribunal Regional Federal da 5ª Região considerou que a lei instituidora da contribuição (Lei 7.869/1988) possuía vício de inconstitucionalidade formal, por se tratar de lei ordinária em matéria que exigiria lei complementar. 3. A questão debatida no presente recurso diz respeito à subsistência ou não da coisa julgada que se formou, diante de pronunciamentos supervenientes deste Supremo Tribunal Federal em sentido diverso. 4. O tema da cessação da eficácia da coisa julgada, embora complexo, já se encontra razoavelmente bem equacionado na doutrina, na legislação e na jurisprudência desta Corte. Nas obrigações de trato sucessivo, a força vinculante da decisão, mesmo que transitada em julgado, somente permanece enquanto se mantiverem inalterados os seus pressupostos fáticos e jurídicos (RE 596.663, Red. p/ o acórdão Min. Teori Zavascki, j. em 24.09.2014). 5. As decisões em controle incidental de constitucionalidade, anteriormente à instituição do regime de repercussão geral, não tinham natureza objetiva nem eficácia vinculante. Consequentemente, não possuíam o condão de desconstituir automaticamente a coisa julgada que houvesse se formado, mesmo que em relação jurídica tributária de trato sucessivo. 6. Em 2007, este Supremo Tribunal Federal, em ação direta de inconstitucionalidade julgada improcedente, declarou a constitucionalidade da referida Lei 7.869/1988 (ADI 15, Rel. Min. Sepúlveda Pertence, julgamento em 14.06.2007). A partir daí, houve modificação substantiva na situação jurídica subjacente à decisão transitada em julgado, em favor do contribuinte. Tratando-se de relação de trato sucessivo, sujeita-se, prospectivamente, à incidência da nova norma jurídica, produto da decisão desta Corte. 7. Na parte subjetiva desta decisão referente ao caso concreto, verifica-se que a Fazenda Nacional pretendeu cobrar a CSLL relativa a fatos geradores posteriores à decisão deste Tribunal na ADI 15. Como consequência, dá-se provimento ao recurso extraordinário interposto pela Fazenda Nacional. 8. Já a tese objetiva que se extrai do presente julgado, para fins de repercussão geral, pode ser assim enunciada: "1. As decisões do STF em controle incidental de constitucionalidade, anteriores à instituição do regime de repercussão geral, não impactam automaticamente a coisa julgada que se tenha formado, mesmo nas relações jurídicas tributárias de trato sucessivo. 2. Já as decisões proferidas em ação direta ou em sede de repercussão geral interrompem automaticamente os efeitos temporais das decisões transitadas em julgado nas referidas relações, respeitadas a irretroatividade, a anterioridade anual e a noventena ou a anterioridade nonagesimal, conforme a natureza do tributo" (RE 949297, Relator(a): Edson Fachin, Relator(a) p/ acórdão: Roberto Barroso, Tribunal Pleno, julgado em 08.02.2023, Processo eletrônico repercussão geral – Mérito DJE-s/n Divulg 28.04.2023, Public 02.05.2023).

É de se lembrar de que no caso, com quebra também do instituto da decadência (artigo 173 do CTN), a decisão de 2007, reiterada pela Suprema Corte em 2022, foi sistematicamente rejeitado pelo próprio Pretório Excelso, sempre que, vencida a Fazenda no STJ, recorria extraordinariamente a Corte Máxima ou agravara de recurso de subida negada, e o STF não acolhia nem agravos, nem recursos, anos a fio, numa demonstração indireta da concordância com as decisões do Superior Tribunal de Justiça.

Ora, se o Poder Judiciário errou ao não hospedar a tese de 2007, por anos a fio, com o aval tácito do STF nas negativas de recursos e agravos, por seu erro deve agora o contribuinte pagar?

Parece-me, embora a tese cause arrepios aos ínclitos defensores do Erário, que como dizia antigo Ministro da Fazenda, Francisco Dornelles, tributo "indevido" – o termo causa-me espanto apesar de legalizado, recebido e não reclamado –, passa a ser tributo "devido", mas me parece, não como tributarista, mas como constitucionalista que o artigo 37, § 6º deve ser utilizado para compensar o que se pretende arrecadar por julgamento equivocado da Justiça com despreço a garantia da coisa julgada ofertada pelo próprio Judiciário.

Em outras palavras, o que pretende agora o governo arrecadar por força da correção dos rumos jurisprudenciais deverá ser compensado com o que deveria pagar ao contribuinte pelo prejuízo que lhe está causando por lesão provocada pelo próprio Poder Judiciário.

Sei que a tese não tem merecido aceitação dos Erários sempre necessitados de mais recursos para sustentar das mais onerosas máquinas burocráticas do mundo, mas como modesto constitucionalista de província, continuo entendendo que se se exige o ressarcimento do prejuízo causado pelo Poder Público, que este prejuízo seja ressarcido compensando os valores a receber na exata medida dos valores pretendidos pela Fazenda, à luz da desfiguração da coisa julgada e da imposição da decisão de 2007 não respeitada pelo próprio STF, que negava subida de agravos e recursos com teses opostas.

Como um velho professor de 89 anos, sabendo da inviabilidade de o próprio Judiciário reconhecer que errou, não creio que possa a tese prosperar, o que não impede, todavia, de entender ser a única tese realmente democrática a preservar o princípio da boa-fé e do cívico exercício da cidadania.

REFERÊNCIAS

GASPARINI, Diógenes. *Curso de Direito Administrativo*. São Paulo: Saraiva, 1994.

STF, RE 949297, Relator(a): Edson Fachin, Relator(a) p/ acórdão: Roberto Barroso, Tribunal Pleno, julgado em 08.02.2023, Processo eletrônico repercussão geral – Mérito DJE-s/n Divulg 28.04.2023, Public 02.05.2023.

DIREITO FUNDAMENTAL À BOA ADMINISTRAÇÃO TRIBUTÁRIA: A RESPONSABILIDADE PESSOAL DO AGENTE PÚBLICO COMO CONTRIBUIÇÃO NA PREVENÇÃO DE PRÁTICAS ABUSIVAS

Nícolas Monteiro Pontes

Graduando em Direito pela Universidade Federal do Ceará (UFC).

Sumário: Introdução – 1. O direito fundamental à boa administração tributária – 2. A responsabilidade extracontratual do Estado e do agente público por danos causados ao contribuinte – 3. Entendimento do STJ e do STF sobre a responsabilidade extracontratual do Estado e a responsabilidade civil da administração tributária – Conclusões – Referências.

INTRODUÇÃO

Não seria um exagero afirmar que a atividade de fiscalizar e arrecadar tributo é a mais importante atividade-meio do Estado, pois é por meio dos recursos dela advindos que este pode pôr em prática suas finalidades.[1] Assim, Administração Tributária deve compreender que a cobrança de tributos existe somente para benefício da população, mantendo sua atividade alinhada à finalidade essencial do Estado de garantir e promover os direitos fundamentais dos cidadãos, sendo o tributo apenas um meio para esse fim.[2]

Contudo, na prática, a relação entre o Fisco e o cidadão é desigual, com a ocorrência de abusos e desrespeito aos direitos fundamentais do contribuinte por parte de agentes fiscais que, muitas vezes, atuam de forma arbitrária. Nesse sentido, o estudo investiga se o ajuizamento da reparação civil pode ser uma arma à disposição do contribuinte para conter o Fisco e garantir efetividade ao direito fundamental à boa Administração Tributária, sendo este o seu objetivo principal.

A pesquisa buscará atingir sua finalidade voltando o olhar para os diversos debates doutrinários que circundam o tema da responsabilidade civil do Estado, bem como para as divergências existentes no Judiciário, destacando-se a recente tese do Tema 940, fixada pelo Supremo Tribunal Federal sob o regime de repercussão geral.

No primeiro tópico, explicaremos a atuação dos agentes fiscais e a importância da sanção civil para a garantir o direito fundamental à boa Administração Tributária, seguindo a concepção de Juarez Freitas. Em seguida, abordaremos a evolução histórica

---
1. ALEXANDRE, Ricardo. *Direito Tributário*. 15. ed. Salvador: JusPodivm, 2021, p. 658.
2. MACHADO SEGUNDO, Hugo de Brito. *Manual de Direito Tributário*. São Paulo: Atlas, 2009, p. 30.

da responsabilidade civil do Estado até o modelo atual no Brasil, destacando as possibilidades de responsabilização do agente público. Por fim, não só trataremos do dissídio jurisprudencial acerca da responsabilidade civil do Estado e do agente público, focando na tese do STF no Tema 940 (RE 1027633/SP) e no "Caso PowerPoint", julgado pelo STJ, como também apresentaremos casos tributários de reparação civil.

Portanto, este estudo busca contribuir para o aprimoramento da discussão acerca da responsabilidade civil dos agentes públicos, propondo ideias e soluções que possam trazer melhorias à relação Fisco e contribuinte, principalmente em relação à proteção e garantia dos direitos fundamentais deste último, promovendo uma Administração Tributária mais eficiente e alinhada aos preceitos constitucionais.

1. O DIREITO FUNDAMENTAL À BOA ADMINISTRAÇÃO TRIBUTÁRIA

O Estado necessita de recursos para alcançar suas finalidades. Em tempos modernos, os recursos que o Estado possui se originam principalmente dos tributos pagos pelos cidadãos, caracterizando o, assim chamado, Estado Fiscal.[3]

Como ensina Hugo de Brito Machado Segundo, o fundamento do poder estatal para cobrar tributos reside nos mesmos elementos que dão suporte ao seu poder político.[4] Portanto, tal cobrança só é legítima e eficaz quando a população passa a enxergar o pagamento de tributos ao Estado como um meio útil para a realização de fins comuns.

Além disso, é necessário também que a tributação seja realizada em conformidade com a legislação elaborada democraticamente pela população, de modo que seu fiel cumprimento por parte do Estado conduzirá a um maior reconhecimento e adesão por parte dos contribuintes.

Sendo assim, foi com o objetivo de promover uma cobrança legítima de tributos que o legislador instituiu a Administração Tributária, responsável pela execução das atividades de arrecadação e fiscalização. Considerada como uma instituição nacional, é regulada pela Constituição Federal de 1988, de modo que os artigos 37, XXII; 52, XV e 167, IV conferem a ela tratamento especial.

O Código Tributário Nacional, por sua vez, trata da Administração Tributária no Título IV, elencando como seus pilares a dívida ativa, as certidões e a fiscalização. A competência para fiscalizar é atividade essencial desta instituição, sendo a sua principal função típica, com expressa previsão no Art. 145, § 1º da Constituição Federal.

Em linhas gerais, a atividade fiscalizatória consiste no controle que o agente público realiza em face do contribuinte, de modo a verificar se este está adimplente com suas obrigações tributárias.

Nesse sentido, no exercício dessa atividade, a Administração Tributária e seus agentes gozam de certas prerrogativas que visam facilitar o alcance de seus fins e melhorar o

---
3. MACHADO SEGUNDO, op. cit., p. 30-32.
4. MACHADO SEGUNDO, op. cit., p. 29.

desempenho de seus papéis, como por exemplo: apreender mercadorias e documentos para formação de prova do ilícito, interditar estabelecimentos, realizar fiscalizações sem aviso prévio, realizar auditorias fiscais e requisitar o auxílio da força pública.

Entretanto, "a fiscalização não é uma caça às bruxas",[5] de modo que a atuação do agente público, ainda que respaldada com base na legislação, está sujeita a limites, que surgem a partir do momento em que ela passa a se tornar arbitrária e, consequentemente, ilícita.

Segundo Hugo de Brito Machado Segundo, existem dois limites de observação obrigatória ao exercício da atividade fiscalizatória: a legalidade e o respeito aos direitos individuais do contribuinte.[6] Desse modo, além de sustentar seu ato pela previsão legal, a autoridade fiscal deve avaliar se a medida a ser tomada não fere os direitos fundamentais do contribuinte.

A par disso, é possível concluir que a legitimidade das decisões das autoridades fiscais pressupõe a observância das obrigações resumidas, na linha do entendimento de Juarez Freitas, no direito fundamental à boa Administração Pública:

> ...trata-se do direito fundamental à administração pública eficiente e eficaz, proporcional cumpridora de seus deveres, com transparência, sustentabilidade, motivação proporcional, imparcialidade e respeito à moralidade, à participação social e à plena responsabilidade por suas condutas omissivas e comissivas. A tal direito corresponde o dever de observar, nas relações administrativas, a cogência da totalidade de princípios constitucionais e correspondentes prioridades.[7]

Se por um lado há, por parte do contribuinte, um dever fundamental ao pagamento dos tributos que lhe sejam devidos,[8] por outro, corresponde a esse dever o direito à boa Administração Tributária, consistente em uma tributação justa, adequada, e que tenha como norte a observância dos direitos fundamentais do contribuinte.

Como destaca Hugo de Brito Machado Segundo, a história demonstra que o Estado não precisa da ordem jurídica para proceder à cobrança de tributos, de modo que, se esta existe, é com a finalidade essencial de regular e limitar a forma como a cobrança e a fiscalização será dada, em defesa dos contribuintes.[9]

Dessa forma, conclui-se que a tomada de decisão administrativa pelo agente fiscal não pode ser utilizada de modo arbitrário (um mero juízo de conveniência) mas sim buscando a realização de atos administrativos constitucionalmente legítimos, mesmo quando porventura venham a causar algum dano aos contribuintes. Com isso, é dever do agente público estar sempre amparado por motivos de fato realmente válidos, além de boas razões de direito.[10]

---

5. ALEXANDRE, op. cit., p. 661.
6. MACHADO SEGUNDO, op. cit., p. 376.
7. FREITAS, Juarez. *Discricionariedade administrativa e o direito fundamental à boa administração pública*. 2. ed. São Paulo: Malheiros, 2009, p. 22.
8. MACHADO SEGUNDO, op. cit., p. 144.
9. MACHADO SEGUNDO, op. cit., p. 376.
10. FREITAS, op. cit., p. 22.

Além disso, Juarez Freitas aponta dois principais vícios comuns no exercício da função administrativa, que acabam por caracterizar ilícitos por parte do agente público.[11] O primeiro deles ocorre por atos abusivos, enquanto o segundo ocorre por omissão.

Um exemplo trazido por Hugo de Brito Machado ilustra bem a primeira hipótese: um agente fiscal, após concluir a fiscalização em uma empresa que não tinha nenhuma irregularidade, pede que o diretor da empresa lhe pague um valor, sob ameaça de lavrar um auto de infração.[12] Diante da recusa daquele, a autoridade fiscal procede à lavratura do auto.

Por outro lado, o segundo vício apontado por Juarez Freitas se dá quando o agente atua de forma arbitrária por omissão, seja deixando de exercer a melhor escolha administrativa, seja exercendo sua função com inoperância. Pode-se tomar como exemplo a omissão em retirar o nome do contribuinte do cadastro de inadimplentes, mesmo este já havendo pago a dívida.

Além disso, pode-se enquadrar como vícios no exercício da função a utilização das chamadas sanções políticas, consideradas inconstitucionais pelo Supremo Tribunal Federal. Estas consistem em meios pelos quais, de maneira oblíqua, o Estado utiliza para obrigar o contribuinte a pagar o tributo, sem a observância do devido processo.[13]

Um exemplo de sanção política é a recusa de certidão negativa de débito quando não existe lançamento consumado contra o contribuinte. Tal prática não se justifica, uma vez que tal certidão apenas indica não existir crédito efetivamente constituído contra o Interessado.[14] Nesse sentido, entendeu o Superior Tribunal de Justiça no julgamento do REsp 831.975/SP.

Logo, é fundamental que as prerrogativas que os agentes fiscais trazem consigo se voltem unicamente em satisfazer as finalidades principais da administração, sempre sob o crivo da legalidade, uma vez que o administrador não pode ir além do que aquilo que a própria lei determina.

Se em relação à Administração Pública em geral há esse dever de observar a lei, das autoridades fiscais se exige ainda mais, uma vez que para elas não há margem para decisões discricionárias, dado que exercem atividade plenamente vinculada à legislação.[15] Como observa Éderson Porto, haja vista a vinculação dessa atividade administrativa, qualquer desvio na aplicação da lei torna o ato administrativo viciado, demonstrando uma violação do dever de proteção estatal para com o contribuinte.[16]

Contudo, não obstante o ordenamento possibilitar meios suficientes para o exercício da fiscalização e arrecadação de tributos, o direito fundamental à boa Administração

---

11. FREITAS, op. cit., p. 27.
12. MACHADO, Hugo de Brito. *Responsabilidade pessoal do agente público por danos ao contribuinte*: (uma arma contra o arbítrio do fisco). São Paulo: Malheiros, 2017, p. 58-59.
13. MACHADO SEGUNDO, op. cit., p. 520.
14. MACHADO, op. cit., p. 60.
15. MACHADO SEGUNDO, op. cit., p. 76.
16. PORTO, Éderson Garin. Responsabilidade Civil da Administração Tributária e a Possibilidade de Condenação em Dano Moral. *Revista Direito Tributário Atual*, (35), p. 125.

Tributária ainda está longe de ser uma realidade concreta. A bem da verdade, ocorre que a relação Fisco-contribuinte ainda hoje se alicerça com base no poder, prevalecendo a lei do mais forte, ou seja, do Estado em face do contribuinte.

Desse modo, é discrepante a posição assumida entre as partes na relação tributária, com a igualdade ficando limitada tão somente ao seu aspecto formal. Essa dinâmica conflituosa, entre a Administração Tributária e o contribuinte, funda um contexto em que, por um lado, os agentes do Fisco se sentem "legitimados" a agir de modo arbitrário, enquanto, de outro, o contribuinte se sente desmotivado a cumprir a lei diante dos inúmeros abusos sofridos por parte do Fisco.

No entanto, parece que a situação de descumprimento só costuma prejudicar uma das partes. Enquanto o contribuinte é prontamente responsabilizado, os agentes públicos parecem estar imunes a qualquer responsabilização.[17] Conforme aponta Éderson Porto, se o contribuinte pode sofrer multas e, até mesmo, persecuções penais, o mínimo que se esperaria é que o Fisco também fosse de algum modo responsabilizado por seus atos, não havendo nenhum motivo que justifique o tratamento distinto às partes.[18]

Agrava ainda mais a situação o fato de a legislação tributária não prever sanções para os agentes fiscais que, nessa qualidade, causem prejuízos aos contribuintes. A multa prevista na legislação tributária pelo cometimento de infrações, em regra, é aplicável contra a pessoa jurídica e não contra o agente responsável pela infração.[19] Sendo assim, a atuação da Administração Tributária é dotada de vaga responsabilidade dos agentes públicos por seus atos ilícitos.

Isso também ocorre em âmbito penal. O crime de excesso de exação é previsto no art. 316, § 1º, do Código Penal, consistente, em síntese, na exigência arbitrária, por parte da autoridade administrativa, de tributo indevido, ou na cobrança a maior de tributo. Apesar da expressa tipificação, há uma complacência no que tange à efetiva punição dos agentes que cometem este delito, criando a impressão de que suas ações são legitimadas tão somente por estarem em sintonia com supostos interesses arrecadatórios estatais.[20]

Nesse sentido, como já afirmado, o funcionamento eficaz da Administração Tributária é essencial para a arrecadação de recursos e o cumprimento dos objetivos estatais. Entretanto, a tributação só contará com a cooperação dos contribuintes quando estes virem o Estado como um meio útil para que se atinja um fim partilhado por todos,[21] o que não ocorrerá enquanto os agentes fiscais adotarem condutas irregulares, sem que com isso sejam penalizados.

Dessa forma, é possível concluir que para que haja um real comprometimento por parte dos agentes, são necessárias sanções para responsabiliza-los por seus atos arbitrários. Como ensinava o jurista alemão Rudolf Von Ihering, "uma regra de Direito

---

17. MACHADO, op. cit., p. 91.
18. PORTO, op. cit., p. 120.
19. ALEXANDRE, op. cit., p. 456.
20. MACHADO SEGUNDO, op. cit., p. 533.
21. MACHADO SEGUNDO, op. cit., p. 30.

desprovida de coação jurídica não tem sentido, é fogo que não queima, chama que não ilumina".[22]

Assim, a saída parece estar na responsabilidade civil dos agentes administrativos, considerada por Hugo de Brito Machado como uma verdadeira "arma contra o arbítrio do Fisco",[23] sendo a principal, senão a única, forma de sanção legal disponível quando do cometimento de danos ao contribuinte.[24]

A partir disso, grande discussão emerge acerca da possibilidade de responsabilização direta e pessoal dos agentes públicos em âmbito civil.

A Constituição Federal estabelece, em seu Art. 37, § 5º, a responsabilidade civil objetiva do Estado, com direito de regresso em relação ao agente público causador do dano. A partir disso, surge a questão: a responsabilidade do agente público pode ser cobrada diretamente pela vítima do dano, ou somente o Estado pode acionar o agente regressivamente? Questão essa a ser abordada com maiores detalhes no próximo tópico.

Adiantamos que, independentemente da via eleita – seja por meio da responsabilização pessoal, seja por meio da ação regressiva estatal ou pela denunciação à lide – o importante é que haja a devida responsabilização civil do agente, sancionando-o por seu ato ilícito, pois só assim o servidor público terá a certeza de que haverá de responder pelos danos que causar ao contribuinte, mudando sua conduta e agindo prudentemente, dentro da legalidade.

Contudo, como será trazido à discussão, o panorama atual da responsabilização civil tem favorecido consideravelmente o arbítrio por parte da administração, visto que, se por um lado, não é possível responsabilizar diretamente os servidores públicos, por outro, o Estado não costuma promover as devidas ações de regresso contra os agentes causadores de danos.

A ausência de sanção compromete gravemente a administração pública, especialmente a Administração Tributária, minando a confiança dos contribuintes no sistema tributário. A falta de responsabilização dos agentes prejudica a eficácia preventiva da indenização. Como observado por Hugo de Brito Machado, "a responsabilidade objetiva do Estado não atua como fator desestimulante da ilegalidade, pois quem a pratica não suporta o ônus da indenização, que, sendo paga pelos cofres públicos, recai afinal sobre o próprio universo dos contribuintes".[25]

Assim, é por meio da função pedagógica da sanção civil que as autoridades fiscais passarão a compreender a importância de zelar pela eficácia direta e imediata do direito fundamental à boa Administração Tributária. Por outro lado, enquanto a impunidade imperar, longe estaremos da efetiva concretização dos direitos do contribuinte.

---

22. JHERING, Rudolf von. *Der Zureck in Rechet (L'evolution du Droit)*. Trad. De Meulerrasse. Paris, 1901, p. 216.
23. MACHADO, op. cit.
24. MACHADO, Hugo de Brito. *Direitos fundamentais do contribuinte e a efetividade da jurisdição*. São Paulo: Atlas, 2009, p. 218-219.
25. MACHADO, op. cit., 2009, p. 219.

2. A RESPONSABILIDADE EXTRACONTRATUAL DO ESTADO E DO AGENTE PÚBLICO POR DANOS CAUSADOS AO CONTRIBUINTE

Antes de abordarmos propriamente a responsabilidade civil do Estado e de seus agentes, é interessante que façamos uma breve introdução acerca da evolução teórica e histórica que nos levou ao modelo de responsabilização que temos hoje, fundado na teoria do risco administrativo.

A primeira das fases ficou marcada pela não responsabilização do Estado por danos causados a terceiros, ou melhor, aos cidadãos. Não é por outro motivo que foi denominada como fase da irresponsabilidade estatal.

Logo, tamanha era a confusão entre a figura do Rei e do Estado, que, para além deste ser seu próprio criador, estaria acima dela, não devendo ser responsabilizado por quaisquer de seus atos.[26] Tal fase vigorava durante o período das monarquias absolutistas, em que, sendo o Estado o próprio elaborador das leis, não poderia aparecer como violador, de modo que tal época é muito bem representada pela célebre frase "The King can do not wrong". Ou seja, o rei não poderia errar.

Superando-se a fase de irresponsabilidade total, chega-se à fase das teorias civilistas, que iniciou em meados do século XIX, introduzindo a ideia de responsabilidade subjetiva. A distinção doutrinária feita à época entre os atos estatais de gestão e de império, permitiu que o Estado fosse responsabilizado pelos primeiros, no caso de culpa do agente público, adotando-se, portanto, uma espécie de responsabilidade subjetiva parcial.

Enquanto os atos de império eram aqueles impostos unilateralmente pela Administração ao particular, fazendo uso de sua autoridade – como por exemplo, julgar, legislar –, os atos de gestão eram aqueles em que a Administração figurava em uma posição de igualdade com os particulares – como por exemplo, ao alugar um imóvel.

Assim, nesse primeiro momento, com base na culpa civil, o Estado se responsabilizava pelos atos de gestão de seus agentes, devendo o lesado provar a existência de dolo ou culpa.

No entanto, diante da confusão que havia em distinguir os atos de gestão dos atos de império, as teorias civilistas foram deixadas de lado para dar espaço às teorias publicistas, que passaram a priorizar a proteção do cidadão, o polo mais fraco da relação jurídica, em face do Estado.

A primeira das teorias publicistas, que representa o início da terceira fase, é de origem doutrinária francesa, denominada de culpa administrativa. Consistia em responsabilizar o Estado a partir da simples comprovação do mau funcionamento do serviço público ("faute du service") – não funcionou, funcionou atrasado ou funcionou mal. Dessa forma, não só os atos de gestão, mas também os atos de império, passaram a ensejar responsabilização.

---

26. MELLO, Celso Antônio Bandeira de. *Curso de direito administrativo*. 29. ed. São Paulo: Malheiros, 2012, p. 990.

Sendo assim, sua diferença para as teorias civilistas é que não baseava a responsabilidade na culpa civil comum, do agente, mas na culpa anônima, imputada ao próprio serviço público. Dessa forma, somente o próprio Estado poderia responder pelos danos causados.

Contudo, apesar de a referida teoria trazer uma presunção de culpa ao Estado, manteve-se o caráter subjetivo da responsabilidade, uma vez que a presunção era apenas relativa, podendo o Estado provar o contrário. Ou seja, se o "Poder Público demonstrar que se comportou com diligência, perícia e prudência – antítese de culpa –, estará isento da obrigação de indenizar, o que jamais ocorreria se fora objetiva a responsabilidade".[27]

Por fim, foi a teoria do risco administrativo que deu origem à última fase, que se perpetua até os dias atuais: a responsabilidade objetiva do Estado. No Brasil, sua origem se deu ainda sob a égide da Constituição de 1946, em seu artigo 194.

Supera-se a teoria anterior, uma vez que a teoria do risco administrativo não leva em consideração se o funcionamento do serviço público foi bom ou ruim, bastando que haja um nexo de causalidade entre o ato do agente público e o dano sofrido pela vítima. Assim, preenchidos os três pressupostos necessários – a ação administrativa, o dano a terceiro e o nexo causal –, configurada estará a responsabilidade objetiva, devendo o Estado responder civilmente pelos danos. Nas palavras de Celso Antônio Bandeira de Mello, "...basta, pois, a mera relação causal entre o comportamento e o dano".[28]

Por sua vez, a teoria do risco administrativo não se confunde com a teoria do risco integral, uma vez que, enquanto aquela comporta as causas excludentes de responsabilidade civil (caso fortuito, culpa exclusiva da vítima, fato de terceiro, entre outros), a última enseja responsabilidade civil independentemente da existência de excludentes no caso concreto.

Não obstante essas raras previsões legais, predomina amplamente a teoria do risco administrativo no Brasil, consagrada a responsabilidade objetiva do Estado na Constituição de 1988, que estabelece em seu Art. 37, § 6º: "As pessoas jurídicas de direito público e as de direito privado prestadoras de serviços públicos responderão pelos danos que seus agentes, nessa qualidade, causarem a terceiros, assegurado o direito de regresso contra o responsável nos casos de dolo ou culpa".

Dessa forma, a Constituição pôs a salvo os interesses da parte mais fraca da relação, o cidadão, em face do Estado, que responde objetivamente. Enquanto o Estado tem o dever de reparar os danos sofridos pela vítima, esta não tem o ônus de provar a culpa ou o dolo dos agentes públicos. Ou seja, parte-se do pressuposto fático de que a própria atividade estatal envolve riscos, que lhe são inerentes. Sendo o Estado o ente mais forte da relação, há uma desigualdade frente ao administrado, devendo essa ser compensada pela garantia da responsabilidade objetiva.[29]

---

27. MELLO, op. cit., p. 1004.
28. DI PIETRO, Maria Sylvia Zanella, *Direito Administrativo*. 20 Ed. São Paulo: Atlas, 2007, p. 610.
29. CARVALHO FILHO, José dos Santos. *Manual de Direito Administrativo*. 25. ed. São Paulo: Atlas, 2012, p. 546.

Logo, o objetivo inicial não era proteger a autoridade pública, estabelecendo a obrigatoriedade de que esta respondesse apenas diante da ação regressiva estatal, como veremos depois que passou a ser o entendimento do STF com a criação da tese da dupla garantia. Pelo contrário, o objetivo era garantir a proteção dos direitos dos indivíduos, com base no princípio da repartição igualitária dos ônus e encargos sociais.[30]

Nos casos de omissão estatal, a doutrina diverge sobre o assunto. Há quem entenda que a responsabilidade é subjetiva, sendo necessária a apuração do dolo e culpa no caso concreto, posição defendida por Celso Antônio Bandeira de Mello.[31] Ademais, há quem entenda pela responsabilidade objetiva, vez que não cabe excepcionar se o legislador constituinte não o fez, tese defendida por Nelson Rosenvald e Cristiano Chaves.[32]

Contextualizado o panorama geral e a evolução histórica das fases de responsabilidade estatal, chega-se ao tema central deste estudo: a responsabilização civil dos agentes administrativos por danos causados ao cidadão, o que inclui, por óbvio, o contribuinte.

Ao final do § 6º do Art. 37, ao prever a responsabilidade objetiva do Estado pelos atos ilícitos de seus agentes, a Constituição assegura ao ente público a possibilidade de acionar regressivamente o agente, exigindo que este responda pelo dano cometido, desde que fique comprovado seu dolo ou culpa. Logo, a responsabilidade do agente perante o Estado é subjetiva.

Antes de se tratar propriamente da ação regressiva, é válido destacar a existência de um instituto pouco utilizado, mas que se apresenta como um recurso processual disponível ao Estado: a denunciação à lide. Consiste em "uma demanda regressiva, proponível em face daquele contra quem o denunciante terá uma pretensão de reembolso, caso venha a sucumbir na demanda".[33]

Não obstante sua não obrigatoriedade – consoante entendimento firmado em sede jurisprudencial, vide RE 93.880/RJ[34] –, esta pode ser utilizada sempre que a parte autora traga ao processo elementos que indiquem o dolo ou a culpa do agente causador do dano.[35]

Do contrário, caso o dolo ou culpa do servidor não seja arguido pelo demandante, entende-se que a utilização do instituto não é viável, uma vez que dificulta o ressarcimento do autor, que teria de aguardar o Estado comprovar a responsabilidade subjetiva de seu agente, para, só então, poder ser indenizado.[36]

Feita essa breve explanação acerca do instituto da denunciação à lide, passemos a tratar acerca da ação regressiva estatal em face do agente público. Esta "tem natureza

---

30. DIOM, Irene Patrícia. *Direito Administrativo*. São Paulo: Atlas, 2022, p. 734-735.
31. MELLO, op. cit., p. 121-122.
32. FARIAS, Cristiano Chaves de; ROSENVALD, Nelson; BRAGA NETTO, Felipe. *Manual de Direito Civil*. 8. ed. São Paulo: JusPodivm, 2023, p. 330.
33. CÂMARA, Alexandre Freitas. *Manual de Direito Processual Civil*. 2. ed. São Paulo: Atlas, 2022, p. 223.
34. STF – RE: 93880 RJ, Relator: Decio Miranda, Data de Julgamento: 1º.12.1981, Segunda Turma, Data de Publicação: DJ 05.02.1982.
35. DI PIETRO, op. cit., p. 721.
36. CAHALI, Yussef Said. *Responsabilidade Civil do Estado*. 4. ed. São Paulo: RT, 2012. p. 152.

civil e destina-se a recompor o desequilíbrio gerado ao erário em razão do ressarcimento dos danos sofridos pelo contribuinte".[37]

Por exemplo, em caso que inclusive chegou até a 1ª Turma do STJ sob o REsp 721.569/ES, caso a autoridade fiscal se recuse a fornecer Certidão Negativa de Débito à pessoa física por conta de dívida em aberto de empresa da qual é sócia-cotista, entende--se violado o direito fundamental do contribuinte,[38] ensejando responsabilização civil.

No caso examinado pelo STJ, consideram-se duas possibilidades: o agente público recusou-se a fornecer a certidão com dolo de prejudicar o sócio-cotista, ou negligenciou o cumprimento de uma norma interna do Fisco que impunha essa obrigação.

Nessa hipótese, caso o contribuinte venha a ajuizar ação reparatória contra o ente público, vindo a ser indenizado, este tem o dever de, averiguando o dolo ou a culpa do agente fiscal, propor uma ação regressiva contra ele, cobrando o valor pago a título de indenização.

Contudo, o que efetivamente ocorre no país, revela um verdadeiro cenário de impunidade, para com os agentes, e desprezo, para com o patrimônio público, dado que as ações de regresso simplesmente não são propostas. Diante disso, indaga-se: trata-se de um direito (faculdade) ou de um dever estatal?

A Constituição é silente quanto ao assunto, limitando-se a estabelecer que é "assegurado o direito de regresso contra o responsável nos casos de dolo ou culpa". Não deixa claro, portanto, se a ação de regresso é obrigatória, havendo, por isso, quem interprete o texto constitucional como sendo uma mera faculdade do ente público.

Mas, afinal, seria essa a melhor interpretação? Poderia se dizer, então, que a Administração Pública pode decidir se irá, ou não, ajuizar a ação regressiva em face do agente causador do dano? A resposta é negativa, entrando em conflito com a realidade vista no país.

Um dos princípios orientadores e inafastáveis à Administração é o da indisponibilidade dos interesses públicos. Desse modo, muitos doutrinadores criticam a falta de ações regressivas, argumentando que não se trata de uma prerrogativa, mas de um dever estatal, uma vez que "na administração os bens e interesses não se acham entregues à livre disposição de vontade do administrador."[39]

Nesses casos, haveria "uma renúncia, não autorizada pela Constituição nem pela legislação, a verbas públicas (princípio da indisponibilidade da coisa pública)".[40] Na mesma linha segue Juarez Freitas, ao afirmar ser "inafastável o dever de promover (presente culpa ou dolo) a regressiva".[41]

---

37. SCAPIN, Andreia. Agentes da administração tributária devem ressarcir danos ao contribuinte. *Conjur*, 2017. Disponível em: www.conjur.com.br/2017-jun-04/andreia-scapin-administracao-ressarcir-danos-contribuinte. Acesso em: 10 jul. 2024.
38. MACHADO, op. cit., 2017, p. 58-59.
39. MELLO, op. cit., p. 74.
40. FARIAS; ROSENVALD; NETTO, op. cit., p. 347-348.
41. FREITAS, Juarez. A responsabilidade extracontratual do estado e o princípio da proporcionalidade: vedação de excesso e de omissão. *Revista De Direito Administrativo*, 241, p. 23.

Em estudo recente, Ana Cláudia Oliveira consultou diversas Procuradorias estaduais a fim de coletar informações acerca da propositura das ações regressivas, no que concluiu pela baixa frequência de ajuizamento destas por conta, dentre outros motivos, da ausência de cultura de responsabilização no país.[42]

Além disso, vale trazer à baila a Lei 4.619/65, que, não obstante ser praticamente esquecida, está em vigor e dispõe justamente sobre a ação regressiva da União contra seus agentes, estabelecendo em seu artigo 1º:

> Art. 1º Os Procuradores da República são obrigados a propor as competentes ações regressivas contra os funcionários de qualquer categoria declarados culpados por haverem causado a terceiros lesões de direito que a Fazenda Nacional, seja condenada judicialmente a reparar.

O dispositivo legal é claro: "são obrigados". Não se trata de uma mera liberalidade, mas de um dever que é indisponível, sendo a propositura da ação de regresso, bem como a busca pela averiguação do dolo ou da culpa do agente, um ato vinculado.

Além disso, o Art. 3º da lei supramencionada (Lei 4.619/65) adverte que: "A não obediência, por ação ou omissão, ao disposto nesta lei, apurada em processo regular, constitui falta de exação no cumprimento do dever".

A título de exemplo, é injustificável que, sendo a Fazenda Pública condenada ao pagamento de danos morais em razão da inscrição indevida de contribuinte em dívida ativa, a respeito do que aconteceu no REsp 2028756/PE, fique o servidor público que ocasionou o dano sem sofrer a devida responsabilização regressiva.

Assim, quem mais sai prejudicado com toda essa situação é o próprio contribuinte, já que, para além de pagar indiretamente, por meio de seus impostos, as indenizações devidas pelo Estado, permanece inseguro de que haverá uma melhora no âmbito da Administração haja a vista a ausência de responsabilização dos agentes por seus atos.

Por outro lado, é imperioso ressaltar que de nada adiantará a propositura das ações regressivas se os agentes públicos não contarem com uma boa estrutura administrativa, modernizada, em que sejam fornecidas a eles boas condições de trabalho, de modo que não exerçam sua função de forma sobrecarregada ou sem contar com os recursos necessários, o que, com certeza, reduzirá eventuais erros, não advindos de má-fé.[43]

Discordando que a única maneira de responsabilizar o agente público seria por meio da ação regressiva, figura na doutrina, entre outros autores, Hugo de Brito Machado. Na visão dele, o cidadão poderia optar entre ajuizar a ação reparatória somente em face do agente, somente em face do Estado, ou, conjuntamente, em face de ambos.

---

42. SILVA, Ana Cláudia Oliveira da. *A Responsabilidade Civil do Estado e o Direito de Regresso*: um estudo sobre os desafios da ação regressiva. TCC (Graduação), Universidade Federal de Pernambuco. Recife, Centro de Ciências Jurídicas.
43. SANTOS, Ludmila. Servidor deve ser responsabilizado por seus atos. *Conjur*, 2010. Disponível em: www.conjur.com.br/2010-nov-08/acoes-regressivas-favor-uniao-responsabilizam-agente-publico/. Acesso em: 10 jul. 2024.

Exemplifica-se: considerando a hipótese de dano ao contribuinte consistente no cancelamento da inscrição no cadastro de contribuintes por parte de um agente da Receita Federal como uma forma de sanção pela não apresentação de declaração de rendimentos durante certo período. O lesado poderia optar por ajuizar a ação em face do próprio agente público, caso assim entendesse, havendo de provar o dolo e a culpa deste.

Destaca-se que, por mais que Hugo Machado acreditasse possível que o cidadão propusesse a ação somente contra o servidor público, não considera uma opção viável por conta dos riscos envolvidos, entre eles a necessidade de comprovação do dolo ou culpa, que podem levar, ao fim, à ausência de indenização. Assim, o tributarista sugeria, sempre que possível, a demanda em face do Estado e do agente público, simultaneamente.

Por outro lado, importa ressaltar a distinção enfatizada pelo autor no tocante às duas espécies do gênero agente público: o agente político e o agente administrativo.

Em sua visão, os agentes políticos, como, por exemplo, os chefes do Executivo e os deputados, enquanto funcionários que atuam em nome do Estado, sem subordinação hierárquica, não podem ser responsabilizados diretamente pelos cidadãos, enquanto os agentes administrativos, que atuam como simples representantes do Estado, podem.[44]44.

Hugo Machado defendia especialmente a tese da responsabilização direta e pessoal do agente por entender que essa seria a melhor maneira de repudiar a prática da ilegalidade cometida por parte das autoridades fiscais. Desde o início do processo, o agente público teria de contratar advogado, arcando com as despesas, bem como, ao final, poderia ser condenado ao pagamento indenizatório pelo dano que ele próprio causou.[45]

De fato, se o autor do dano for responsabilizado civilmente, a função preventiva e punitiva da indenização se fará presente, sendo um excelente meio para a diminuição da prática de ilegalidades. Contudo, ousamos discordar, em parte, do entendimento de Hugo Machado, ao entender que, para haver represália ao ato danoso, independe de que a ação seja feita diretamente contra o agente ou não, já que o mesmo efeito decorre diante da ação de regresso estatal.

A exemplo do que aconteceu em caso julgado pela 2ª Turma do STJ sob o REsp 88.786/SP, se uma autoridade fiscal causa um dano ao contribuinte ao se recusar indevidamente a aceitar uma certidão positiva de débitos com efeito de negativa, é indiferente para o agente ser acionado pelo lesado ou, regressivamente, pelo ente público. A sanção se configurará da mesma maneira.

Por sua vez, a maior parte da doutrina se posiciona de maneira contrária à possibilidade de acionar diretamente o agente público. Esses argumentam que caso o servidor público pudesse figurar no polo passivo da demanda o seu trabalho seria muito preju-

---
44. MACHADO, op. cit., 2017, p. 49.
45. MACHADO, op. cit., 2009, p. 218-219.

dicado, dado que geraria grande insegurança ante o medo de ser processado de maneira recorrente pelos cidadãos, reduzindo sua liberdade de atuação.[46]

Desse modo, não existiria qualquer possibilidade de responsabilização pessoal do agente fiscal, a não ser perante o ente público a que serve, titular da ação regressiva contra ele nos casos de dolo ou culpa. Por outro lado, restaria à vítima buscar o ressarcimento somente em face do ente público, visto que "o legislador constituinte bem separou as responsabilidades: o Estado indeniza a vítima; o funcionário indeniza o Estado, regressivamente".[47]

Discordando desse entendimento, Celso Antônio Bandeira de Mello recorda que o direito de regresso é uma garantia para o administrado e não uma proteção para o agente, o que não justificaria conduzir a interpretação em um sentido mais benéfico para o autor do dano.[48] Além disso, o administrativista ressalta os prejuízos decorrentes de tal interpretação, em especial o estímulo à permanência da arbitrariedade por parte do servidor, dado que "o coloca a salvo das consequências de seus atos".[49]

As duas teses – seja a da responsabilização direta do agente, seja a da ação somente em face do Estado – têm vantagens e desvantagens para o cidadão. Na primeira, destaca-se a execução rápida da sentença contra o agente, com a possibilidade subsidiária de execução contra o ente público. Contudo, há desvantagens como o processo mais demorado para provar dolo ou culpa do agente e possíveis indenizações menores devido à capacidade financeira inferior do agente em comparação ao ente público. Na segunda abordagem, há a vantagem da facilidade em ter o direito reconhecido pela responsabilidade objetiva do Estado e receber indenizações mais altas.[50] No entanto, a desvantagem é o pagamento por precatórios ou Requisição de Pequeno Valor (RPV), processos frequentemente demorados.

Ao nosso ver, sob a ótica do autor, talvez seja mais interessante, de fato, demandar somente do ente público, já que prescindirá de provar o dolo ou a culpa do agente. Por mais que o efetivo pagamento possa demorar a acontecer, ao menos se sabe que ele é certo e, por ser oriundo dos cofres públicos, será quantificado em uma proporção maior do que se fosse retirado das finanças do agente.

De fato, conforme será exposto no próximo tópico, é isso o que acontece na grande maioria das vezes, havendo uma tendência muito maior dos contribuintes em buscarem um ressarcimento direto em face do ente público diante da maior facilidade que a responsabilidade objetiva traz.

Em síntese, ainda que se considere possível a responsabilidade pessoal do agente, ao que se verá que se criou uma restrição a partir da tese fixada no Tema 940 do STF, partindo-se do pressuposto de que o contribuinte preferirá optar por demandar dire-

---

46. LOPES, Hely; BALESTERO, Délcio Aleixo; BURLE FILHO, José Emmanuel. *Direito Administrativo Brasileiro*. São Paulo: Malheiros, 2013, p. 733.
47. LOPES; BURLE FILHO, op. cit., p. 735.
48. MELLO, op. cit., p. 1018.
49. MELLO, op. cit., p. 1059.
50. MELLO, op. cit., p. 1064.

tamente do Estado, por norma restará à Administração Tributária se utilizar da ação de regresso contra a autoridade fiscal, de modo a reaver aquilo que perdeu a título de indenização e sancionar o agente.

Por conta disso, reforça-se a necessidade de que as entidades públicas passem a promover as ações regressivas de modo que esta funcione como um verdadeiro mecanismo de prevenção e punição.

Assim, diante do atual panorama, a solução parece perpassar muito mais o caminho de um maior rigor à lei no que tange à obrigatoriedade da propositura das ações regressivas, do que propriamente a eventual possibilidade de o cidadão demandar diretamente do agente público, algo que seria pouco utilizado ante a segurança que a responsabilidade objetiva estatal traz.

Por fim, ressalte-se que é imprescindível a individualização da conduta do agente público e sua identificação na ação regressiva, com a observância da apuração da culpa ou dolo, respeitado o devido processo legal, visto que é vedado ao Estado descontar da remuneração do servidor público de forma automática, pois representaria violação ao contraditório e à ampla defesa.

Contudo, de nada adianta se ater tão somente às discussões na literatura se é no próprio Poder Judiciário que as demandas surgem. Desse modo, o próximo tópico tratará acerca da responsabilidade dos agentes públicos e da Administração Tributária, agora trazendo a visão dos Tribunais Superiores, em especial do STF e do STJ, que sempre costumaram perfilhar caminhos opostos.

3. ENTENDIMENTO DO STJ E DO STF SOBRE A RESPONSABILIDADE EXTRACONTRATUAL DO ESTADO E A RESPONSABILIDADE CIVIL DA ADMINISTRAÇÃO TRIBUTÁRIA

Historicamente, até o ano de 2006, a jurisprudência do Supremo Tribunal Federal era pacífica no sentido de que a responsabilidade objetiva estatal não impede o direito do cidadão de ajuizar a ação diretamente em face do servidor causador do dano. Nesse sentido, encontram-se inúmeros julgados antigos do STF, os quais citamos como exemplo apenas alguns: RE 105157, RE 92.214259; RE 90.071260, RE 77.169 e RE 99.214.

Contudo, em 2006, a 1ª Turma do STF, ao julgar o RE 327.904, firmou tese oposta àquela que vinha defendendo em julgados anteriores, passando a entender que, conforme o texto constitucional, o legitimado passivo para a ação reparatória é somente o Estado, que possui o direito de regresso em face do agente.

Nessa oportunidade, o Ministro Carlos Ayres Britto destacou que esse entendimento do dispositivo constitucional consagra uma dupla garantia:

> uma, em favor do particular, possibilitando-lhe ação indenizatória contra a pessoa jurídica de direito público, ou de direito privado que preste serviço público, dado que bem maior, praticamente certa, a possibilidade de pagamento do dano objetivamente sofrido. Outra garantia, no entanto, em prol do

servidor estatal, que somente responde administrativa e civilmente perante a pessoa jurídica a cujo quadro funcional se vincular. Recurso extraordinário a que se nega provimento.[51]

O caso concreto julgado pelo STF tratava de um dano causado por um prefeito – agente político, portanto – motivo pelo qual se justificaria o afastamento da responsabilização direta.

Hugo de Brito Machado, em interessante análise do referido julgado, destacou que "o acórdão em referência não implicou mudança na orientação jurisprudencial da Corte Maior, que é favorável à responsabilização pessoal do agente público enquanto agente administrativo".[52] No mesmo sentido, Celso Antônio Bandeira de Mello: "é improvável que esta orientação prevaleça, dada a cópia de razões que, como aduzimos, concorrem em desfavor dela".[53] Até mesmo o Superior Tribunal de Justiça interpretava a manifestação do Supremo no RE 327.904 como sendo uma exceção à regra, justificada por se tratar, no caso, de um agente político.[54]

No entanto, apesar da expectativa da doutrina e do STJ de que este houvesse sido um entendimento isolado, o Supremo passou a consolidar a tese da dupla garantia em vários julgados posteriores que envolviam, também, agentes administrativos – não políticos. *Verbi gratia:* RE 470.996/RO-AgR, RE: 344133 PE e RE 720.275.

Por outro lado, a jurisprudência do STJ sempre foi pacífica no sentido de que deveria se "franquear ao particular a possibilidade de ajuizar a ação diretamente contra o servidor, suposto causador do dano, contra o Estado ou contra ambos, se assim desejar".[55] Cita-se como exemplo: REsp 731.746, REsp 545.613262 e REsp 481.939.

Com isso, durante pouco mais de uma década os Tribunais Superiores se dividiram: enquanto o STF passou a defender a tese da dupla garantia, o STJ manteve o entendimento de que não deveria existir benefício de ordem em favor do agente público.

Entretanto, tal divergência durou apenas até o ano de 2019, quando o Supremo Tribunal Federal publicou acórdão em que julgou o *leading case* RE 1027633/SP, atribuindo repercussão geral à seguinte tese, sob o Tema 940:

> A teor do disposto no art. 37, § 6º, da Constituição Federal, a ação por danos causados por agente público deve ser ajuizada contra o Estado ou a pessoa jurídica de direito privado prestadora de serviço público, sendo parte ilegítima para a ação o autor do ato, assegurado o direito de regresso contra o responsável nos casos de dolo ou culpa.[56]

---

51. STF, RE 327.904-SP, Rel. Min. Carlos Britto, Data de julgamento: 15.08.2006, Data de Publicação: 08.09.2006.
52. MACHADO, op. cit., 2017, p. 33.
53. MELLO, op. cit., p. 1058.
54. STJ, REsp 731.746/SE, Relator: Ministro Luis Felipe Salomão, Data de Julgamento: 05.08.2008, T4 – Quarta Turma. DJe: 04.05.2009.
55. STJ – REsp: 1325862 PR 2011/0252719-0, Relator: Ministro Luis Felipe Salomão, Data de Julgamento: 05.09.2013, T4 – Quarta Turma, Data de Publicação: DJe 10.12.2013.
56. STF – RE: 1027633 SP, Relator: Marco Aurélio, Data de Julgamento: 14.08.2019, Tribunal Pleno, Data de Publicação: 06.12.2019.

Desde então, essa tese fixada pelo STF em repercussão geral, obrigou o STJ, que até então entendia pela possibilidade de o cidadão demandar diretamente do agente público, a mudar seu entendimento. Já se observa isso nos acórdãos mais recentes exarados quanto ao tema, como por exemplo: AgInt no AREsp 1448067/SC.

Compulsando o Acórdão do RE 1027633/SP, que resultou na fixação da tese do Tema 940, verificam-se algumas questões interessantes atinentes à questão da já mencionada distinção entre os agentes políticos e os agentes administrativos.

O caso concreto examinado pelo Plenário do Supremo traz uma ação de indenização por danos materiais e morais de um funcionário público em face de uma prefeita. Conforme aduzido pelo autor, a prefeita teria sido responsável por promover uma perseguição política contra ele, uma vez que ele fazia oposição à sua gestão.

Portanto, colhe-se da decisão, escolhida como paradigma pelo STF, justamente um caso que envolve um agente político, o que pode gerar grande confusão, similar àquela causada em 2006 com o julgado que fundou a "teoria da dupla garantia", qual seja o RE 327.904, pois, como já exposto, dentre os que defendem a tese da responsabilização direta do agente, é pacífico que o agente político não pode figurar no polo passivo da demanda.

Seguindo os passos de Hugo Machado, que tanto enfatizava a diferença entre os conceitos de agente administrativo e agente político, é possível dizer que a decisão do Supremo falha em não trazer uma distinção mais clara entre as duas categorias, aplicando o mesmo tratamento dado a um agente político a todo e qualquer agente público, ignorando as diferenças essenciais existentes entre ambos.

Portanto, apesar das críticas que se podem tecer à resolução dada pelo Supremo, fato é que a partir desse entendimento o cidadão passou a poder acionar tão somente o ente público. Por consequência, não se vislumbra outra saída para que o agente seja responsabilizado pelo dano causado senão por meio da ação de regresso.

A par disso, reforça-se ainda mais o já dito anteriormente: é estritamente necessário que as ações de regresso sejam propostas. Não pode a responsabilidade objetiva do Estado ser vista como um escudo que torna o agente imune a quaisquer responsabilizações.

Em interessante julgado, ao analisar a responsabilidade civil dos tabeliães e registradores no RE 842846/SC, o Supremo firmou tese de repercussão geral sob o Tema 777, em que destacou o dever de regresso estatal, sob pena de improbidade administrativa, contra o tabelião ou registrador que, no exercício da função, cause danos a terceiros".[57]

Observa-se um grande avanço no sentido de tornar claro que, embora a Constituição se limite a afirmar que é "assegurado o direito de regresso", trata-se, em verdade, de um dever estatal, que, caso descumprido, pode inclusive ser motivo para pena de improbidade administrativa. Esse entendimento reforça a necessidade de que as ações de regresso sejam promovidas, sob pena de se perpetuar um sistema de impunidade,

---

57. STF – RE: 842846 SC, Relator: Luiz Fux, Data de Julgamento: 27.02.2019, Tribunal Pleno, Data de Publicação: 13.08.2019.

em que os agentes públicos se sintam encorajados a proceder de maneira arbitrária, confiantes de que não serão chamados a responder pelas consequências de suas escolhas.

Não obstante a tese vinculante firmada pelo Supremo no Tema 940, a questão ganhou novos contornos em 2022, com julgado do Superior Tribunal de Justiça.

O "Caso PowerPoint", como ficou conhecido, chegou à 4ª Turma STJ sob o REsp 1.842.613/SP.[58] Tratava de ação reparatória do presidente Lula em razão da realização de uma coletiva de imprensa por Deltan Dallagnol, à época Procurador da República. Dallagnol estava no exercício de sua função no momento em que utilizou slides para ilustrar as acusações feitas contra Lula, sustentando, entre outras coisas, ser ele o "comandante máximo do esquema de corrupção".

A defesa de Dallagnol invocou o Tema 940 do STF, argumentando que ele não seria parte legítima no polo passivo da demanda, dado que estava no exercício de sua função como Procurador, motivo pelo qual ficaria resguardado de uma eventual ação direta, segundo a teoria da dupla garantia.

Contudo, ao julgar o caso, o Superior Tribunal de Justiça deu provimento ao recurso, fixando o valor de R$ 75.000,00 (setenta e cinco mil reais) a título de indenização, com o voto vencedor desconsiderando a ilegitimidade passiva de Dallagnol com base em dois principais fundamentos.

O primeiro, de natureza infraconstitucional, foi de que a matéria – ilegitimidade passiva – estaria preclusa, além de não ter sido prequestionada. A defesa do então Procurador não teria levantado a questão em momento oportuno, o que criou um óbice para análise da questão pela 4ª Turma do STJ.

Apesar de já poder dar por encerrado o seu voto com base nesse primeiro fundamento, o ministro Relator, Luis Felipe Salomão, optou por adentrar, *ad argumentandum tantum*, a discussão da legitimidade passiva do agente público na demanda, trazendo um segundo fundamento.

O Ministro Luis Felipe Salomão entendeu que, mesmo na qualidade de agente público, este pode responder diretamente e pessoalmente por seus atos quando o dano decorrer do exercício irregular da função, ou seja, quando a autoridade administrativa atuar fora de suas atribuições legais.

> nas situações em que o dano causado a terceiro é provocado por conduta irregular do agente público, compreendendo-se "irregular" como conduta estranha ao rol das atribuições funcionais, a ação com desígnio indenizatório, cujo objeto seja a prática do abuso de direito, que culminou em dano, pode ser ajuizada em face do agente. Isso porque, não pertencendo o atuar abusivo ao rol dos atos funcionais, não se reconhece no ordenamento jurídico fundamento capaz de legitimar a inclusão do ente estatal na demanda.[59]

---

58. STJ – REsp: 1842613 SP 2019/0235636-7, Relator: Ministro Luis Felipe Salomão, Data de Julgamento: 22.03.2022, T4 – Quarta Turma, Data de Publicação: DJe 10.05.2022.
59. STJ – REsp: 1842613 SP 2019/0235636-7, Relator: Ministro Luis Felipe Salomão, Data de Julgamento: 22.03.2022, T4 – Quarta Turma, Data de Publicação: DJe 10.05.2022.

Destaca-se o intrigante voto vencido da Ministra Maria Isabel Gallotti, que entendeu pela ausência de preclusão da matéria e se posicionou contrária à possibilidade de demandar diretamente o agente público, mesmo em caso de atuação irregular, tendo em vista o Tema 940 do STF.

A Ministra afirmou que a tese do Supremo é clara, contemplando, inclusive, os casos de atuação irregular do agente público. Além disso, ressaltou que, prevalecendo o entendimento do ministro relator, "seria tornada letra morta essa orientação do Supremo, porque saber se houve excesso do agente público (...) será precisamente o mérito dessa ação de responsabilidade".[60]

Apesar das duras e válidas críticas feitas pela Ministra Isabel Galotti, o voto do Ministro Luis Felipe Salomão prevaleceu, sendo acompanhado pelos demais ministros, criando um precedente que, novamente, abre margem para possibilitar a responsabilidade pessoal dos agentes públicos, como sempre foi a tendência no âmbito do STJ.

A defesa de Dallagnol ainda interpôs recurso extraordinário, chegando o caso ao Supremo Tribunal Federal sob o RE 1.433.814, que, contudo, sequer conheceu do recurso ante a existência de óbice processual.[61]

Feito esse panorama geral dos entendimentos jurisprudenciais acerca da possibilidade de se demandar diretamente o agente público, é preciso destacar também como o STF e o STJ têm julgado casos envolvendo a Administração Tributária.

Inicialmente, é interessante ressaltar que, dentre os casos existentes relativos às ações reparatórias por parte do contribuinte, a imensa maioria, para não dizer todos, indicam uma preferência daquele de ajuizar em face do próprio ente público. É o que se verifica mesmo diante de casos que chegaram ao STJ, que, como visto, até a fixação da tese do Tema 940, permitia a inserção do agente público no polo passivo da demanda.

Diante disso, os casos aqui trazidos irão tratar tão somente da responsabilidade objetiva da Administração Tributária por danos ocasionados ao contribuinte.

Dentre as hipóteses mais comuns de responsabilização civil do Fisco, surgindo frequentemente na jurisprudência, está o ajuizamento de Execução Fiscal de maneira indevida. Conforme demonstra Andreia Scapin, este pode se dar de diversas maneiras, desde cobranças de crédito tributário quitado ou com exigibilidade suspensa, até cobranças contra homônimos do verdadeiro contribuinte devedor.[62]

O REsp 773470/PR, julgado em 2007 pela 2ª Turma do Superior Tribunal de Justiça, é um marco no sentido da responsabilização da Administração Tributária por danos decorrentes de execuções fiscais indevidas. Firmou-se no acórdão a natureza *in re ipsa*

---

60. STJ – REsp: 1842613 SP 2019/0235636-7, Relator: Ministro Luis Felipe Salomão, Data de Julgamento: 22.03.2022, T4 – Quarta Turma, Data de Publicação: DJe 10.05.2022.
61. STF – RE: 1433814 SP, Relator: Cármen Lúcia, Data de Julgamento: 23.05.2023, Data de Publicação: Processo Eletrônico DJe-s/n Divulg 24.05.2023 Public 25.05.2023.
62. SCAPIN, op. cit.

(presumida) do dano moral nessa hipótese, de modo que esse entendimento ficou consolidado na jurisprudência pátria.

Nesse sentido, Éderson Garin Porto destaca que, apesar de o ajuizamento de execuções fiscais ser uma prerrogativa do Estado, esta não pode ser utilizada de maneira abusiva, violando o preceito do *neminem laedere*, haja vista o grande dever de proteção que o Estado deve ter em relação ao contribuinte.[63]

Outra hipótese de responsabilidade civil da Administração Tributária se dá diante dos casos de protestos indevidos de CDA. A orientação do STJ é de que o mero protesto indevido do título enseja indenização, sendo o dano presumido. Assim tem se posicionado em diversos casos, os quais cita-se como exemplo: AgInt no AREsp 1867219/SP.

Da mesma maneira, as inscrições irregulares em dívida ativa, ante a inexistência de quaisquer débitos em nome do contribuinte, configuram dano moral presumido, conforme jurisprudência consolidada do STJ. *Verbi gratia*: AgRg no AREsp 521894/RS.

Há também dever de indenizar por parte da Administração Tributária quando a consulta fiscal prestada vier a causar prejuízos ao contribuinte de boa-fé. Foi isso que entendeu o STF no julgamento do RE 131.741/SP. Em casos como esse, não é difícil identificar a culpa por parte do agente, uma vez que é seu dever conhecer a legislação tributária, fornecendo uma informação pertinente ao contribuinte.[64]

Como abordado no início deste estudo, dentre as práticas que mais causam danos ao contribuinte figuram as sanções políticas, sendo mais uma hipótese apta a ensejar reparação civil. O STF sempre rechaçou a adoção desse tipo de medida, inclusive elaborando vários enunciados sumulares nesse sentido, como as Súmulas 70, 323 e 547. Exemplifica-se, no entanto, com a tese fixada no tema 732 do STF.

Era prática comum dos conselhos de fiscalização proceder à suspensão do exercício profissional dos inscritos que possuíam débito referente à anuidade, com a finalidade de compelir estes a pagarem. Assim, por ocasião do julgamento do RE 647885,[65] o Supremo estabeleceu que, consistindo a medida em uma sanção política tributária, tal prática seria vedada e inconstitucional.

Ressalta-se, por fim, que, em todas as hipóteses aqui trazidas fica claro o dever de reparação que a Administração Tributária tem para com o contribuinte por conta do abalo e constrangimento causados à sua esfera moral e patrimonial. Portanto, deve a autoridade fiscal exercer sua função se utilizando dos mecanismos disponíveis pela ordem jurídica, pois, do contrário, caracteriza-se uma violação à proteção devida ao contribuinte.[66]

---

63. PORTO, op. cit., p. 125.
64. MACHADO, op. cit., 2017, p. 53.
65. STF – RE: 647885 RS, Relator: Edson Fachin, Data de Julgamento: 27.04.2020, Tribunal Pleno, Data de Publicação: 19.05.2020.
66. PORTO, op. cit., p. 126.

A evolução da jurisprudência sobre a responsabilidade civil dos agentes públicos torna evidente uma trajetória marcada por muitas mudanças e incertezas.

Diante da fixação da tese vinculante pelo STF no Tema 940, tem-se que, em regra, a responsabilidade civil dos agentes só poderá acontecer por meio da ação regressiva, apurando-se o dolo e a culpa do servidor público, motivo pelo qual se enfatiza mais ainda a indisponibilidade da propositura desta.

Por outro lado, apesar da clareza trazida pela tese definida pelo Supremo, casos emblemáticos, como o "Caso PowerPoint", suscitam novamente a discussão acerca da possibilidade de responsabilidade direta do agente administrativo, demonstrando que a questão ainda permanece aberta.

Em especial, o referido precedente do Superior Tribunal de Justiça abre margem para que o agente público figure no polo passivo da demanda quando, mesmo no exercício da função, atuar de maneira irregular, ou seja, fora de suas atribuições legais.

Trazendo a linha do entendimento do STJ para o contexto tributário, podemos imaginar, por exemplo, um auditor da Receita Federal que utilize suas redes sociais para fazer acusações contra um contribuinte, imputando-lhe a prática de crimes fiscais. Entende-se que, nesse caso, embora as alegações possam guardar relação com o exercício de sua função, deve o auditor responder pessoalmente pelos danos causados, haja vista que sua conduta extrapola suas atribuições funcionais.

Em suma, é fundamental para o bom funcionamento da Administração Tributária que seja assegurada a responsabilização civil dos agentes que atuem de forma arbitrária, garantindo que os atos ilícitos não fiquem impunes.

Isso só deverá acontecer quando as ações regressivas de fato passarem a ser propostas, conforme atenta os recentes julgados do Supremo Tribunal Federal, que, para além de assentar ser um dever estatal, começaram a prever pena de improbidade administrativa por seu descumprimento.

Dessa maneira, a efetiva responsabilização dos agentes fortalecerá a confiança dos contribuintes na Administração Tributária, promovendo maior zelo no exercício da função administrativa e coibindo condutas arbitrárias e abusivas.

CONCLUSÕES

Diante do exposto, para fins de simplificação, podem-se firmar as seguintes conclusões:

1ª) A responsabilização pessoal do agente público é, de fato, um meio útil para a redução da prática de ilegalidades por parte das autoridades fiscais. Contudo, verifica-se que esta não é a única maneira, haja vista que a propositura da ação regressiva tem o mesmo efeito pedagógico sobre o agente, contribuindo para coibir práticas abusivas e garantindo a efetivação do direito fundamental à boa Administração Tributária.

2ª) Apesar de historicamente se mostrar possível a interpretação do Art. 37, § 6º, da Constituição no sentido de facultar ao lesado mover a ação reparatória contra a autoridade pública, a partir do Tema 940 do STF ficou estabelecido que essa só pode ser ajuizada em face do Estado, sendo dever deste último acionar regressivamente o servidor. Nesse sentido, regra geral, não será possível responsabilizar pessoalmente os agentes.

3ª) O "Caso PowerPoint" é um precedente do STJ que excepciona a regra estabelecida pelo STF, de modo que se entende possível a responsabilização pessoal do agente público quando este atue de modo irregular, fora de suas atribuições legais, a exemplo de um auditor fiscal que cobre um valor para não autuar ou mesmo que exija documentos que o contribuinte não consiga apresentar.

4ª) Apesar da possível exceção, a tendência que se observa para a maioria dos casos é a aplicação da tese firmada pelo STF no Tema 940, de modo que restará apenas a ação regressiva como meio para responsabilização civil do agente.

5ª) Entretanto, como se observou ao longo deste estudo, as ações de regresso não costumam ser ajuizadas, de modo que é fundamental que as Procuradorias se compenetrem deste dever, responsabilizando os servidores que atuam de modo abusivo. Para a propositura da ação de regresso, a conduta do agente público deve ser devidamente apurada e individualizada, de modo que seja verificado o dolo ou a culpa existente, apto a justificar o exercício do regresso.

Essas são conclusões provisórias. Tanto as premissas iniciais quanto as conclusões delas deduzidas podem ser questionadas, bem como há aspectos que não estão completamente claros e que podem ser abordados em pesquisas posteriores. O tema ainda gera inquietude e não parece ter chegado a um ponto final. Por fim, conclui-se que, em busca de uma boa Administração Tributária, a responsabilização civil dos agentes é a chave para evitar a perpetuação dos arbítrios cometidos contra os contribuintes

REFERÊNCIAS

ALEXANDRE, Ricardo. *Direito Tributário*. 15. ed. Salvador: JusPodivm, 2021.

CAHALI, Yussef Said. *Responsabilidade Civil do Estado*. 4. ed. São Paulo: RT, 2012, p. 165.

CÂMARA, Alexandre Freitas. *Manual de Direito Processual Civil*. 2. ed. São Paulo: Atlas, 2022.

CARVALHO FILHO, José dos Santos. *Manual de Direito Administrativo*. 25. ed. São Paulo: Atlas, 2012.

DI PIETRO, Maria Sylvia Zanella, *Direito Administrativo*. 20. ed. São Paulo: Atlas, 2007.

DIOM, Irene Patrícia. *Direito Administrativo*. 11. ed. São Paulo: Atlas, 2022.

FARIAS, Cristiano Chaves de; ROSENVALD, Nelson; NETTO, Felipe Braga. *Manual de Direito Civil*. 8. ed. São Paulo: JusPodivm, 2023.

FREITAS, Juarez. *Discricionariedade administrativa e o direito fundamental à boa administração pública*. 2. ed. São Paulo: Malheiros, 2009.

FREITAS, Juarez. A responsabilidade extracontratual do estado e o princípio da proporcionalidade: vedação de excesso e de omissão. *Revista De Direito Administrativo*, 241, 21-38.

FREITAS, Juarez. *Sustentabilidade: direito ao futuro*. Belo Horizonte: Fórum, 2011.

JHERING, Rudolf von.: *Der Zureck in Rechet (L'evolution du Droit)*. Trad. Meulerrasse, Paris, 1901.

LOPES, Hely; BALESTERO, Délcio Aleixo; BURLE FILHO, José Emmanuel. *Direito Administrativo Brasileiro*. São Paulo: Malheiros, 2013.

MACHADO, Hugo de Brito. *Responsabilidade pessoal do agente público por danos ao contribuinte*: (uma arma contra o arbítrio do fisco). São Paulo: Malheiros, 2017.

MACHADO, Hugo de Brito. *Direitos fundamentais do contribuinte e a efetividade da jurisdição*. São Paulo: Atlas, 2009.

MACHADO SEGUNDO, Hugo de Brito. *Manual de Direito Tributário*. São Paulo: Atlas, 2009.

MELLO, Celso Antônio Bandeira de. *Curso de direito administrativo*. 29. ed. São Paulo: Malheiros, 2012.

PORTO, Éderson Garin. Responsabilidade Civil da Administração Tributária e a Possibilidade de Condenação em Dano Moral. *Revista Direito Tributário Atual*, (35), 111-130.

SANTOS, Ludmila. Servidor deve ser responsabilizado por seus atos. *Conjur*, 2010. Disponível em: www.conjur.com.br/2010-nov-08/acoes-regressivas-favor-uniao- responsabilizam-agente-publico/. Acesso em: 10 jul. 2024.

SCAPIN, Andreia. Agentes da administração tributária devem ressarcir danos ao contribuinte. *Conjur*, 2017. Disponível em: www.conjur.com.br/2017-jun-04/andreia- scapin-administracao-ressarcir-danos-contribuinte. Acesso em: 10 jul. 2024.

SILVA, Ana Cláudia Oliveira da. *A Responsabilidade Civil do Estado e o Direito de Regresso*: um estudo sobre os desafios da ação regressiva. TCC (Graduação), Universidade Federal de Pernambuco. Recife, Centro de Ciências Jurídicas.

A RESPONSABILIDADE EXTRACONTRATUAL DO ESTADO E DO AGENTE PÚBLICO SOB VIÉS DO CONSTRUTIVISMO LÓGICO-SEMÂNTICO: ANÁLISE DO ART. 37, § 6º, DA CONSTITUIÇÃO FEDERAL

Victor Hugo Mota

Bacharel em Direito pela Universidade Estadual de Londrina/PR. Advogado. E-mail hvmotta@gmail.com.

Sumário: Introdução – 1. Sistema constitucional e a norma jurídica; 1.1 Definição de sistema e sistema constitucional; 1.2 Norma jurídica; 1.2.1 Definição de norma jurídica; 1.2.2 Estrutura da norma jurídica em sentido estrito; 1.3 Do prestígio do sistema constitucional ao princípio da legalidade – 2. Responsabilidade extracontratual do Estado e do agente público; 2.1 Conceitos iniciais sobre a responsabilidade extracontratual do Estado; 2.1.1 Da evolução histórica da responsabilidade civil do Estado; 2.1.2 Dos pressupostos da responsabilidade extracontratual do Estado: conduta, dano e nexo causal; 2.1.3 Da interpretação do Art. 37, § 6º, da Constituição Federal, como norma jurídica em sentido estrito – 3 questionamentos a respeito do Art. 37, § 6º, da Constituição Federal; 3.1 O agente público pode ser responsabilizado pessoal e diretamente pelo dano causado ao contribuinte, nos casos de dolo ou culpa?; 3.2 A responsabilidade objetiva do Estado surgiu como forma de proteção ao cidadão ou à autoridade que praticou a conduta danosa?; 3.3 A responsabilização é um meio para diminuir a prática de ilegalidades e a insistência em sua prática, e até mesmo para sugerir ao cidadão a busca pelos seus direitos? – Conclusão – Referências.

INTRODUÇÃO

A responsabilidade extracontratual do Estado é temática cujas particularidades são objeto do presente estudo. Com o reconhecimento de que o sistema positivo é composto por normas jurídicas, o primeiro capítulo se destina a trazer a conceituação de sistema, fixar a Constituição Federal como modelo de referência e, por fim, elucidar a definição de norma jurídica e sua estrutura lógica, partindo da teoria do Construtivismo Lógico-Semântico.

Na segunda parte, centraliza-se a investigação na responsabilidade extracontratual do Estado, abordando o art. 37, § 6º, da Constituição Federal, de modo a apontar os requisitos necessários para a configuração da relação jurídica de responsabilidade civil entre o Estado e o particular. Nessa etapa, vimos que a norma constitucional estabelece duas relações jurídicas: a primeira é destinada a reparar o dano que o particular sofreu, sendo o Estado o sujeito passivo do dever jurídico; a segunda, por sua vez, refere-se ao direito material de regresso do Estado em detrimento da autoridade que praticou a conduta geradora do dano.

Por fim, o estudo se encerra com o enfrentamento de três quesitos: (i) há possibilidade de o agente público responder direta e pessoalmente pelo dano causado em face do cidadão contribuinte, no caso de dolo ou culpa?; (ii) a responsabilidade prevista no art. 37, § 6º, da Constituição Federal, é uma forma de proteger o cidadão, dispensando-o de comprovar o elemento subjetivo da responsabilidade extracontratual, ou de proteger a autoridade, que não será responsabilizada direta e pessoalmente pelas arbitrariedades que praticar?; e (iii) a responsabilidade extracontratual do Estado é uma forma de diminuir a prática de ilegalidades e coibir a postura de insistir nelas, e até mesmo de sugerir ao cidadão que, querendo, procure o Judiciário?

A metodologia utilizada foi dedutiva, fundamentada na análise da norma jurídica constitucional e com base em doutrinas e estudos pertinentes aos objetos examinados.

1. SISTEMA CONSTITUCIONAL E A NORMA JURÍDICA

Fixada a compreensão de que o direito é um conjunto de normas jurídicas, a análise de qualquer objeto que o integre requer o estudo de um modelo de referência perante o qual são construídas as proposições extraídas dos enunciados normativos. No presente capítulo, investiga-se a existência de um sistema constitucional e a estrutura das normas jurídicas, em razão de serem elementos indispensáveis para a análise da responsabilidade pessoal do agente público, sob o viés do Construtivismo Lógico-Semântico.

1.1 Definição de Sistema e Sistema Constitucional

Devido ao fato de as normas jurídicas pertencerem a um ordenamento, o exame de qualquer enunciado normativo exige, antes de mais nada, que seja fixado um sistema de referência. No âmbito da Filosofia, a expressão "sistema" é utilizada para designar um discurso cuja organização é executada por meio do método dedutivo. Este discurso forma um conjunto no qual todos os elementos a ele pertencentes possuem uma relação entre si, uma vez que derivam uns dos outros.[1]

Para a jurista Aurora Tomazini de Carvalho,[2] a palavra "sistema" possui uma acepção mais complexa, pois corresponde à noção de que existe uma totalidade formada por diversas partes, as quais possuem um referencial em comum. Assim, tais partes formam um grupo organizado, de forma a viabilizar a interação de seu conteúdo umas com as outras.

Fixado o que é sistema, é possível falarmos na existência de um sistema do direito como forma de nos referirmos a um conjunto organizado por meio de uma estrutura hierárquica, cujo objetivo é classificar as distintas espécies de normas jurídicas integrantes do ordenamento. Por meio de tal concepção, também é possível concluir que o sistema

---

1. ABBAGNANO, Nicola. *Dicionário de Filosofia*. 2. ed. São Paulo: Martins Fontes, 1998, p. 908.
2. CARVALHO, Aurora Tomazini de. *Curso de Teoria Geral do Direito*: o Construtivismo Lógico-Semântico. 6. ed. rev. e atual. São Paulo: Noeses, 2019, p. 142.

do direito possui dinamicidade, uma vez que é apto a regular, por si próprio, a criação e a transformação das normas jurídicas que o integram.[3]

É dizer, a mencionada estrutura hierárquica garante a harmonia entre as normas jurídicas. Se analisado o sistema do direito de cima para baixo, observamos que todas as normas superiores funcionam como suporte material e fático para a produção e transformação das normas inferiores, ao passo que, se analisado de baixo para cima, verificamos que toda unidade normativa possui origem material e formal em uma norma que lhe é hierarquicamente superior. Com efeito, todos os elementos integrantes do sistema positivo convergem para um único ponto: a norma fundamental que atribui validade às suas respectivas construções normativas.[4]

Nas lições de Norberto Bobbio,[5] as normas constitucionais derivam do Poder Constituinte, razão pela qual o jurista considera este como o poder supremo que deu origem a todo o ordenamento jurídico. E, com razão, Paulo de Barros Carvalho[6] menciona que a dignidade da ciência do direito depende da possibilidade de o intérprete isolar o objeto de estudo, sendo esta a importância de ser fixada uma norma fundamental para a construção de todas as demais.

Para nós, as normas jurídicas são unidades de um conjunto, de um sistema. E este sistema possui, como norma fundamental, a Constituição Federal, uma vez que as disposições contidas no Texto Maior estão no maior grau hierárquico e introduzem comandos a serem observados por toda a sociedade e, inclusive, pelo próprio Estado. A norma fundamental é, portanto, o instrumento por meio do qual podemos avaliar a validade formal e material das demais unidades normativas.[7]

Em prestigiosa síntese, Rodrigo Dalla Pria[8] expõe que, ao admitirmos a existência de um sistema normativo, estamos dizendo que há um conjunto que reúne elementos em uma relação de coordenação e subordinação entre si, os quais possuem, como ponto em comum, a origem material e formal em uma norma constitucional.

Desse modo, compreendemos que a análise de qualquer norma jurídica exige, antes de mais nada, a fixação de um sistema de referência para a construção da significação a ser construída. Não há como desvincular uma norma jurídica de seu contexto referencial, o qual é imprescindível para que a mensagem legislativa seja compreendida com exatidão.

1.2 Norma Jurídica

Diante do objeto de estudo (responsabilidade pessoal do agente público), entendemos ser necessário compreender, antes de iniciar a análise efetiva da temática, o que

---

3. CARVALHO, Paulo de Barros. *Curso de Direito Tributário*. 30. ed. São Paulo: Saraiva Educação, 2019, p. 144.
4. CARVALHO, P., op. cit., p. 186.
5. *Teoria do ordenamento jurídico*. 6. ed. Brasília: Editora Universidade de Brasília, 1995, p. 58.
6. *Direito Tributário*: linguagem e método. 3. ed. São Paulo: Editora Noeses, 2009, p. 255.
7. CARRAZZA, Roque Antonio. *Curso de Direito Constitucional Tributário*. 29. ed. São Paulo: Malheiros Editores, 2013, p. 35-61.
8. *Direito Processual Tributário*. São Paulo: Noeses, 2020, p. 54.

é uma norma jurídica e como é formulada a sua estrutura sob o viés do Construtivismo Lógico-Semântico.

Isso nos será útil para a posterior compreensão do art. 37, § 6º, da Constituição Federal, uma vez que nos serão dados instrumentos suficientes para extrair a mensagem deôntica completa da norma jurídica de responsabilidade civil do agente público.

1.2.1 Definição de Norma Jurídica

Assim como os demais vocábulos, a expressão "norma jurídica" possui diversas significações, o que pode nos levar a um ruído comunicacional. Para nós, a definição de norma jurídica pode ser extraída dos estudos de Marina Vieira de Figueiredo,[9] que compreende o termo como a denominação atribuída aos enunciados prescritivos que pertencem ao sistema do direito.

No mesmo sentido, Rodrigo Dalla Pria[10] expõe que os elementos que compõem o sistema do direito são as normas jurídicas, as quais representam as mensagens prescritivas anunciadas por uma autoridade competente, construídas a partir dos textos positivados.

Por sua vez, Eurico Marcos Diniz de Santi[11] define "norma jurídica" como a significação que o intérprete extrai do texto fornecido pelo legislador em suporte físico na forma prescritiva.

Neste contexto, o vocábulo "norma jurídica" pode ser empregado tanto em sentido amplo quanto em sentido estrito. No primeiro caso, ao dizermos que uma norma é jurídica, estamos querendo afirmar que é uma unidade integrante do sistema do direito, mesmo que não se extraia um significado deôntico completo do texto positivado. No segundo caso, estamos nos referindo à construção de um enunciado sob a estrutura hipotético-condicional como forma para relatar a mensagem do legislador.[12]

Para o Construtivismo Lógico-Semântico, a norma jurídica é o produto da atividade intelectual que promove um intérprete ao possuir contato com o texto escrito pelo legislador. Na mente do exegeta, serão construídas paulatinas passagens a partir das palavras, das regras gramaticais e das relações de lógica que interligam e dão forma à mensagem legislativa. Toda essa construção é subjetiva, pois o intérprete a realiza conforme o seu sistema de referência, inclusive cultural.[13]

É dizer, o significado da norma jurídica não está expresso no texto impresso da lei, pois será construído na mente do exegeta conforme o intérprete vá absorvendo as

---

9. *Lançamento tributário*: revisão e efeitos. Orientador: Paulo de Barros Carvalho. 2011. Dissertação (Mestrado em Direito Tributário) – Pontifícia Universidade Católica de São Paulo, São Paulo, 2011. Disponível em: https://sapientia.pucsp.br/bitstream/handle/5595/1/Marina%20Vieira%20de%20Figueiredo.pdf. Acesso em: 9 jul. 2024, p. 31.
10. Op. cit., p. 54.
11. *Lançamento tributário*. São Paulo: Max Limonad, 1996, p. 143.
12. CARVALHO, A., op. cit., p. 300.
13. CARVALHO, A., op. cit., p. 303.

informações dispostas no chamado "suporte físico". Inclusive, é por este motivo que podem ser atribuídos diversos significados a um único suporte físico: a construção da interpretação da mensagem legislativa é feita a partir dos valores culturais do sujeito, bem como de acordo com o sistema referencial que este optou em adotar.[14]

Ao possuir contato com o texto escrito, o intérprete não obtém, de imediato, a mensagem deôntica que pretendeu o legislador transmitir por meio da norma jurídica. Esta somente será obtida se o intérprete se dispor a investigar minuciosamente o conteúdo do texto, isto é, as palavras, as regras gramaticais, as operações lógicas e afins, com o objetivo de estruturar o comando legal em uma fórmula hipótese-consequente, como se estivesse em um verdadeiro diálogo com o legislador.[15]

Admitido o sentido amplo e estrito de "norma jurídica", temos que a produção de uma norma pode ocorrer por meio de dois métodos. O primeiro é um modo direto e imediato, por meio do qual o legislador introduz no sistema positivo determinado enunciado prescritivo. Por sua vez, o segundo é indireto e mediato, consistente na interpretação construída pelo exegeta a partir do suporte físico fornecido pelo legislador.[16]

Em resumo, para nós, "norma jurídica" pode designar qualquer enunciado prescritivo que seja introduzido no sistema positivo por uma autoridade (sentido amplo), bem como a organização do discurso legislativo em uma estrutura hipótese-condicional (sentido estrito).

1.2.2 Estrutura da Norma Jurídica em Sentido Estrito

Conforme mencionado, admitimos o uso da expressão "norma jurídica" em sentido estrito para se referir à construção de uma proposição em estrutura hipótese-consequente a partir do contato que o intérprete realiza com o conteúdo materializado pelo legislador no suporte físico (ou seja, no texto da lei).

Com o sentido estrito da norma jurídica, percebemos que o legislador não possui apenas o escopo de transmitir um comando a ser observado e/ou executado pelos destinatários da mensagem positivada. Pelo contrário, a interpretação da norma jurídica é uma atividade complexa por exigir que o intérprete vá além dos limites escritos no texto, ou seja, busque o sentido completo da norma a partir de uma minuciosa construção do enunciado.

---

14. CARVALHO, A., op. cit., p. 303.
15. BRITTO, Lucas Galvão de. *A regra-matriz de incidência tributária e as definições produzidas pelas agências reguladoras*: O princípio da legalidade tributária e o uso de definições técnicas expedidas pelas agências reguladoras na construção da regra-matriz de incidência tributária. Orientador: Paulo de Barros Carvalho. 2016. Tese (Doutorado em Direito Tributário) – Pontifícia Universidade Católica de São Paulo, São Paulo, 2016. Disponível em: https://tede2.pucsp.br/bitstream/handle/19879/2/Lucas%20Galv%C3%A3o%20de%20Britto. pdf. Acesso em: 7 nov. 2023.
16. CARVALHO, A., op. cit., p. 303.

É por tal razão que entendemos ser complexa a estrutura de uma norma jurídica, uma vez que é dividida em três partes: hipótese, mandamento e sanção, de modo que, se for verificada no mundo fenomênico a ocorrência da hipótese descrita pelo legislador na norma, deverá incidir o mandamento também nela prescrito.[17]

Significa que a mensagem exposta pelo legislador poderá ser interpretada por meio do encaixe de seu conteúdo a uma fórmula composta por dois elementos: (i) um antecedente, também denominado hipótese, no qual é descrita uma situação fático-social; e (ii) um consequente, termo que anuncia uma qualificação deôntica a ser atribuída à conduta, de modo a estabelecer um vínculo entre os sujeitos de direito.[18]

Além destes dois elementos, a estrutura da norma jurídica em sentido estrito também acompanha um conectivo condicional, cujo objetivo é estabelecer um vínculo implicacional entre a hipótese e o consequente, de tal sorte que, se for verificada a ocorrência fática da situação descrita no antecedente, deverá ser imputada a relação que se estabelece no consequente.[19]

É por tal razão que defende Paulo de Barros Carvalho[20] que, para atribuirmos sentido às normas jurídicas e ao seu conteúdo prescritivo, é necessário construir as suas respectivas proposições na estrutura formal em sentido estrito, ou seja, formular uma estrutura lógica que seja capaz de responder às perguntas que se fazem diante do contato com os comandos prescritivos fornecidos pelo suporte físico.

Com a apuração da hipótese (antecedente) e do mandamento (consequente), é possível visualizarmos qual será a relação jurídica constituída, bem como a característica atribuída ao nexo implicacional, o qual poderá ser "obrigatório", "proibido" ou "permitido".[21]

Em brilhante síntese, Aurora Tomazini de Carvalho[22] desvenda a estrutura da norma jurídica em sentido estrito a partir da fórmula "D (H → C)", em que "D" representa o "dever-ser" que conecta hipótese e consequente, de modo que, se determinado acontecimento fático for vertido em linguagem jurídica, a sua ocorrência ("H") deverá implicar o consequente "C", sendo que a previsão da conduta – obrigatória, permitida ou proibida – é formada no consequente da norma jurídica.

Para o Construtivismo Lógico Semântico, toda norma jurídica possui a seguinte estrutura:

---

17. ATALIBA, Geraldo. *Hipótese de incidência tributária*. 5. ed. São Paulo: Editora Malheiros, 1999, p. 39.
18. PRIA, op. cit., p. 54-55.
19. CARVALHO, A., op. cit., p. 309.
20. *Direito Tributário*: Fundamentos jurídicos da incidência. 9. ed. São Paulo: Editora Saraiva, 2011, p. 40.
21. TOMÉ, Fabiana del Padre; MESSIAS, Adriano Luiz Batista. Construtivismo Lógico-Semântico como Metódica para Estudo do Direito. *Revista Jurídica Cesumar*, [s. l.], v. 22, n. 1, p. 36, 2022. Disponível em: https://periodicos.unicesumar.edu.br/index.php/revjuridica/article/view/9703. Acesso em: 3 nov. 2023.
22. Op. cit., p. 315.

$$NJ \begin{cases} H \longrightarrow (f) \\ \quad \downarrow \text{Dsn} \\ C \longrightarrow (S'\ R\ S'') \end{cases}$$
$$\underset{\text{Dsm}}{\longleftrightarrow} \begin{cases} O \\ V \\ P \end{cases}$$

- **Nj**: norma jurídica;
- **H**: hipótese;
- **(f)**: referência a um acontecimento factual;
- **Dsn**: 'dever-ser' neutro, que instala o nexo interproposicional;
- **→**: conectivo implicacional;
- **C**: consequente;
- **S' e S''**: termos de sujeitos;
- **R**: variável relacional;
- **Dsm**: 'dever-ser' modalizado, que instala o nexo intraproposicional;
- **↔**: nexo relacional;
- **O,V,P**: modais do nexo relacional: obrigatório(O), proibido (V) e permitido (P).

Fonte: CARVALHO, Aurora Tomazini de. *Curso de Teoria Geral do Direito*: o Construtivismo Lógico-Semântico. 6. ed. São Paulo: Noeses, 2019, p. 310.

Leia-se: se relatado um acontecimento factual "(f)" na linguagem jurídica, que se enquadre na hipótese "H" prevista na norma jurídica "NJ", deverá ser implicado ("Dsn") o consequente "C", por meio do qual se instaura uma relação jurídica "R" entre sujeitos "S'" e "S''", cujo objeto poderá ser uma conduta obrigatória "O", proibida "V" ou, ainda, permitida "P", por meio do functor deôntico modalizado "Dsm".[23]

Para nós, a compreensão completa de uma norma jurídica em sentido estrito somente será adquirida a partir de seu estudo cuja investigação seja promovida com o objetivo de promover a leitura da mensagem legislativa a partir da estrutura lógica destacada.

1.3 Do Prestígio do Sistema Constitucional ao Princípio da Legalidade

As normas jurídicas possuem não somente o escopo de introduzir comandos, mas também de introduzir princípios. No sistema constitucional, merece destaque o princípio da legalidade, que se revela objeto de suma importância para que seja analisado o surgimento de obrigações e direitos entre as pessoas (físicas e jurídicas, de direito público e privado).

Para Roque Antonio Carrazza,[24] os princípios são normas qualificadas que fornecem a interpretação a ser atribuída a todas as demais normas, indicando de que modo devem ser aplicadas, além de delimitar os seus respectivos alcances.

Por sua vez, Hugo de Brito Machado Segundo[25] elucida que a importância dos princípios jurídicos reside no fato de que se trata de normas jurídicas que não se destinam a descrever hipóteses ou comandos, mas cujo escopo primordial é a introdução

---

23. CARVALHO, A., op. cit., p. 310.
24. Op. cit., p. 53.
25. *Processo Tributário*. 15. ed. Barueri: Atlas, 2023, p. 13.

de determinados valores, os quais serão aplicados, na medida do possível, no processo de interpretação e construção das normas jurídicas.

No entendimento de Hugo de Brito Machado,[26] o princípio da legalidade é um dos princípios por meio do qual se protege o cidadão contra o abuso estatal, servindo como um elemento teleológico para que o intérprete, conhecendo tal finalidade e positivação, busque efetivar a proteção assegurada ao particular, de modo a fazer com que o Direito seja um instrumento de defesa do particular contra condutas arbitrárias do Estado.

Andrea Darzé[27] sustenta que, pelo princípio da legalidade, toda norma jurídica que insira no sistema positivo comandos inaugurais deve ser introduzida pelo instrumento competente, qual seja, a lei. Trata-se de uma exigência derivada do Estado Democrático de Direito, perante o qual não se admite o estabelecimento de direitos e deveres se não estiverem manifestados de acordo com a vontade dos cidadãos, ou seja, introduzidos pela lei.

Assim, Hugo de Brito Machado Segundo[28] leciona que o princípio da legalidade é uma garantia constitucional de que ninguém será obrigado a fazer ou deixar de fazer algo sem que haja previsão legal que assim o determine, inclusive sendo aplicado nos atos praticados pelo Poder Público.

2. RESPONSABILIDADE EXTRACONTRATUAL DO ESTADO E DO AGENTE PÚBLICO

O presente capítulo possui o objetivo de expor os conceitos iniciais a respeito da responsabilidade extracontratual do Estado e do agente público, para que, em seguida, seja construída a norma jurídica em sentido estrito com a devida apuração das relações jurídicas que são estabelecidas pelo art. 37, § 6º, da Constituição Federal.

2.1 Conceitos iniciais sobre a responsabilidade extracontratual do Estado

Elucida Hugo de Brito Machado[29] que "responsabilidade" é o nome que se atribui ao estado de estar sujeito à sanção.

Quando se fala em responsabilidade do Estado, estão implícitas em tal ideia as esferas administrativa, jurisdicional e legislativa do Poder Público. De início, torna-se importante destacar o equívoco na expressão "responsabilidade da Administração Pública", pois esta não é uma pessoa jurídica, ou seja, não possui direitos e obrigações. A

---

26. *Curso de Direito Tributário*. 19. ed. São Paulo: Malheiros Editores, 2001, p. 35-36.
27. DARZÉ, Andréa Medrado. *Responsabilidade tributária*: solidariedade e subsidiariedade. São Paulo: Noeses, 2010, p. 71-72.
28. Op. cit., p. 20.
29. MACHADO, Hugo de Brito. *Os direitos fundamentais do contribuinte e a efetividade da jurisdição*. Orientador: Prof. Dr. Raymundo Juliano do Rego Feitosa. 2009. Tese (Doutorado em Direito) – Universidade Federal de Pernambuco, Recife, 2009. Disponível em: https://repositorio.ufpe.br/bitstream/123456789/4003/1/arquivo5668_1.pdf. Acesso em: 15 jul. 2024, p. 235.

responsabilidade é sempre do Estado, pessoa jurídica, e das pessoas jurídicas de direito público e/ou das privadas prestadoras de serviços públicos.[30]

Na Constituição Federal, a responsabilidade do Estado é trazida pelo art. 37, § 6º, cuja redação abaixo se transcreve:

> Art. 37. A administração pública direta e indireta de qualquer dos Poderes da União, dos Estados, do Distrito Federal e dos Municípios obedecerá aos princípios de legalidade, impessoalidade, moralidade, publicidade e eficiência e, também, ao seguinte:
>
> § 6º As pessoas jurídicas de direito público e as de direito privado prestadoras de serviços públicos responderão pelos danos que seus agentes, nessa qualidade, causarem a terceiros, assegurado o direito de regresso contra o responsável nos casos de dolo ou culpa.

O mencionado dispositivo constitucional consiste no objeto de estudo por nós, razão pela qual foi necessário, antes de sua exposição, que definíssemos o que é uma norma jurídica e a sua estrutura lógica.

2.1.1 Da evolução histórica da responsabilidade civil do Estado

Embora atualmente a responsabilidade civil do Estado seja objetiva, o estudo de sua evolução histórica nos revela que não foi sempre assim. No período do Estado absolutista, predominava-se a crença de que o Estado era uma figura política intocável, ou seja, que não poderia ser responsabilizada. O que se permitia era tão somente reclamação dos particulares em face do(s) funcionário(s) causador(es) do dano, mas jamais contra a pessoa jurídica do Estado, pois se compreendia que os atos praticados por este(s) não causavam quaisquer obrigações para o Poder Público.[31]

É por tal motivo que Hugo de Brito Machado Segundo[32] defende que a aplicação do direito foi, por muito tempo, arbitrária, pois as normas jurídicas não disciplinavam as condutas praticadas pelo Estado, além de o Poder Judiciário não se submeter às normas, inclusive quando o Estado era parte processual, já que este era tido como infalível e incapaz de ser imputado como sujeito passivo de uma relação de responsabilidade civil.

Este cenário foi modificado com o surgimento do Estado de Direito, no qual, por influência do liberalismo, surgiram as teorias civilísticas da responsabilidade estatal pautada nos atos de gestão praticados pelos agentes do Estado e, em um segundo momento, na teoria da culpa civil.[33]

De início, era realizada uma distinção entre "atos de império" e "atos de gestão" para fins de responsabilização do Estado. Os atos de império correspondiam às condutas praticadas pelo Estado, amparadas por uma legislação específica, cuja aplicação era possível somente à Administração, que detinha direitos e prerrogativas unilaterais e coercitivas.

---

30. PIETRO, Maria Sylvia Zanella Di. *Direito Administrativo*. 37. ed. Rio de Janeiro: Forense, 2024, p. 731.
31. CAVALIERI FILHO, Sérgio. *Programa de Responsabilidade Civil*. 16. ed. Barueri: Atlas, 2023. p. 303.
32. Op. cit., p. 15.
33. GREGÓRIO, Rita de Cássia Zuffo. *A responsabilidade civil do Estado-Juiz*. Orientador: Prof. Dr. Edmir Netto de Araújo. 2009. Dissertação (Mestrado em Direito) – Universidade de São Paulo, São Paulo, 2009, p. 28.

Por sua vez, os atos de gestão eram os praticados pela Administração com fundamento em uma legislação comum, que também poderia ser aplicada pelos particulares, destinados tais atos à gestão dos serviços públicos e à conservação e ao desenvolvimento do patrimônio público. Assim, o Estado somente poderia ser responsabilizado pelos atos de gestão, pois não se confundiam a figura política do governante (insuscetível ao erro) com a máquina estatal movida pelos seus prepostos.[34]

Posteriormente, com a teoria da culpa, admitiu-se a responsabilidade extracontratual do Estado pelos danos praticados por seus agentes públicos em tal função. Essa teoria era fundamentada na proposta de equiparar o Estado à figura do empregador, este responsável pelos seus prepostos e trabalhadores.[35]

Até então, a responsabilidade extracontratual do Estado estava firmada em preceitos do direito privado (Código Civil). Ato contínuo, surgiram as chamadas "teorias publicistas", baseadas na teoria da culpa do serviço (ou da culpa administrativa) e na teoria do risco (a qual é dividida, por alguns autores, em teoria do risco administrativo e teoria do risco integral).[36]

Por meio da teoria da culpa do serviço, não mais se falava em responsabilidade do Estado justificada pela culpa do funcionário. O foco da culpa deixou de ser a pessoa que age em nome do Estado, para ser centralizado na figura do serviço público. Assim, admitia-se a existência de dois conceitos distintos: (i) a culpa individual do funcionário, circunstância na qual a responsabilidade recairia sobre ele mesmo; e (ii) a culpa do serviço público, hipótese em que não se identifica o funcionário público, pois a falha decorre do mau funcionamento do serviço, respondendo, então, o Estado pela omissão (quando o serviço público deixou de funcionar), pelo funcionamento atrasado ou pelo mau funcionamento.[37]

Por sua vez, a teoria do risco era baseada na ideia de equilíbrio entre os sujeitos. Tal teoria se inspirou na Declaração dos Direitos do Homem (1789), na qual se consagrou que, assim como os benefícios decorrentes da atuação estatal devem ser repartidos entre todos, os prejuízos devem ser suportados pela coletividade. Assim, se houver o rompimento do equilíbrio subjetivo entre Estado e particular, este terá o direito de ser indenizado, ou seja, poderá exigir que o Estado arque com seus próprios recursos a prestação decorrente da responsabilidade extracontratual.[38]

Em outro dizer, a teoria do risco compreendia que o sentido de justiça é decorrente da solidariedade social, de modo a impedir que o ônus decorrente do dever jurídico de indenizar recaia sobre uma única pessoa, fazendo com que toda a coletividade suporte a distribuição deste encargo. Dessa forma, a mera execução de atividade estatal poderá

---

34. PIETRO, op. cit., p. 732.
35. SANTOS, Romualdo Baptista dos. Responsabilidade civil do Estado. In: HIRONAKA, Giselda Maria Fernandes Novaes. Direito civil: responsabilidade civil. São Paulo: *Revista dos Tribunais*, 2008. v. 5, cap. XVI, p. 185.
36. PIETRO, op. cit., p. 733.
37. PIETRO, op. cit., p. 733.
38. PIETRO, op. cit., p. 733.

implicar responsabilidade do erário, independentemente do grau de cautela com que se comporta o agente público, devido à crescente complexidade dos serviços prestados pelo Estado.[39]

Atualmente, o sistema positivo brasileiro consagra a teoria da responsabilidade objetiva do Estado, mediante a qual se dispensa a comprovação de culpa para fins de constituição da relação jurídica entre Estado e o particular cujo direito foi lesado.[40]

Concluímos, portanto, que a responsabilidade do Estado não foi sempre temática uniforme ao longo da história. A evolução do direito nos mostrou que, no início, o Estado era equiparado a uma entidade contra a qual era impossível exigir reparação por danos causados em face dos particulares, uma vez que este não seria suscetível a erros. Paulatinamente, foi sendo mitigada essa característica intocável do Estado, de modo a ser admitida a possibilidade de responsabilização extracontratual, cujos encargos serão suportados pelo erário, sob o prestígio da solidariedade social.

2.1.2 Dos pressupostos da responsabilidade extracontratual do Estado: conduta, dano e nexo causal

A doutrina divide os pressupostos da responsabilidade extracontratual do Estado em três elementos: (i) conduta, também denominada fato administrativo; (ii) dano; e (iii) nexo de causalidade.[41]

Ao articulá-los, Di Pietro[42] expõe que a regra do art. 37, § 6º, da Constituição Federal, exige que (i) o autor da conduta lesiva seja um agente de pessoa jurídica de direito público o ou então, de direito privado prestadora de serviço público; (ii) o dano seja causado em detrimento de particulares, necessariamente decorrente da prestação de determinado serviço público; e (iii) o autor, ao praticar a conduta que resulta no dano, tenha agido na qualidade de agente.

A conduta causadora do dano pode ser tanto um comportamento lícito quanto ilícito. Frequentemente, os doutrinadores mencionam que a responsabilidade civil do Estado somente será operada se o dano decorrer de um ato antijurídico. Aqui, cabe um destaque: por antijurídico, compreendem-se tanto as condutas ilícitas quanto as lícitas causadoras de um dano anormal. Significa dizer: a responsabilidade civil do Estado não diferencia as condutas lícitas e ilícitas para fins de configuração da relação jurídica entre o Poder Público e o particular cujo direito foi lesado, exigindo, tão apenas, que haja uma conduta implicadora do dano, articulada com os demais elementos já comentados.[43]

Assim, toda e qualquer omissão cujo resultado seja a geração de um dano ao particular é conduta implicadora da responsabilidade extracontratual do Estado, inde-

---

39. GREGÓRIO, op. cit., p. 32-33.
40. OLIVEIRA, Rafael Carvalho Rezende. *Curso de Direito Administrativo*. 12. ed. Rio de Janeiro: Forense, 2024, p. 777.
41. OLIVEIRA, op. cit., p. 781.
42. Op. cit., p. 736.
43. PIETRO, op. cit., p. 737.

pendentemente de culpa ou ilicitude.⁴⁴ No entanto, é imperativo que seja indicado que o dano possui vínculo com o exercício de atuação, ou seja, que o agente causador do dano atuava em tal qualidade.⁴⁵

2.1.3 Da interpretação do art. 37, § 6°, da Constituição Federal, como norma jurídica em sentido estrito

Pela leitura do *caput* do art. 37 da Constituição Federal, tem-se que o destinatário da norma jurídica é o Estado, independentemente da esfera do Poder Público (Legislativo, Executivo ou Judiciário), constatação que se extrai do excerto "A administração pública direta e indireta de qualquer dos Poderes da União, dos Estados, do Distrito Federal e dos Municípios *obedecerá* aos princípios [...]" (grifo nosso).

Isso porque a redação constitucional é inequívoca no sentido de positivar uma conduta obrigatória ao Estado: a de observar os princípios ali indicados, bem como as disposições contidas nos parágrafos que também integram o art. 37, dentre os quais se destaca o § 6°, que é o nosso objeto de estudo.

Não há dúvidas de que o art. 37, § 6°, da Constituição Federal é referente à responsabilização civil do Estado (seja das pessoas jurídicas de direito público, seja das pessoas jurídicas de direito privado que prestam serviços públicos), inclusive pela expressa menção à palavra "responderão". O ato de responder é, portanto, o de ser responsabilizado.

Conforme sustentamos, toda e qualquer norma jurídica em sentido estrito poderá ter sua mensagem extraída a partir da estrutura lógica hipótese-consequente. Neste sentido, o que buscou positivar a Constituição Federal foi uma norma de responsabilidade civil do Estado, na medida que, se um agente da Administração Pública direta ou indireta promover dano a terceiros (hipótese), deverá a Administração Pública repará-lo (consequente).

Com efeito, o consequente do art. 37, § 6°, da Constituição Federal, instaura uma relação jurídica perante a qual o terceiro, cujo direito foi lesado, poderá exigir reparação em face do Estado, que terá o dever jurídico de reparar o dano causado pelo agente público decorrente de determinada conduta praticada nessa qualidade. Assim, o terceiro será o sujeito ativo da relação instaurada, ao passo que o Estado será o sujeito passivo.

Porém, não é esta a única relação jurídica que o consequente da norma instaura. O trecho final do dispositivo reserva o direito de o Estado ingressar com o direito de regresso contra o responsável, na circunstância de este ter agido com dolo ou culpa. Assim, o Estado será sujeito ativo desta específica relação jurídica, ou seja, terá o direito de exigir a devolução do objeto da prestação da primeira relação jurídica (terceiro-Estado) em face do agente público (sujeito passivo), que terá o dever jurídico de devolver ao Estado o desembolso que teve.

---

44. ARAGÃO, Alexandre Santos de. *Curso de Direito Administrativo*. 2. ed. Rio de Janeiro: Forense, 2013, p. 578.
45. OLIVEIRA, op. cit., p. 781.

Vale destacar que a norma de responsabilização civil do Estado pelo dano causado por seu agente público em tal qualidade em face de terceiros é de vínculo obrigacional, ou seja, o Constituinte pretendeu com que o Estado obrigatoriamente suportasse figurar no polo passivo da relação jurídica indenizatória instaurada entre o particular e o Poder Público.

É dizer, o Estado não poderia se esquivar de participar de tal relação jurídica reparadora, sob argumento de que foi o agente público que causou o dano a terceiro. Se o dano for ocasionado pelo agente público que agiu nesta qualidade, obrigatoriamente o Estado deverá suportar o ônus subjetivo de reparar o dano.

Podemos estruturar a responsabilidade civil do Estado, à luz do art. 37, § 6º, da Constituição Federal, pela fórmula lógica D {F → [(S R S') . (S' R S")]}, em que D é o functor-deôntico não modalizado; F é a conduta praticada pelo agente público da qual se originou o dano; S é o terceiro que sofreu o dano; R é o vínculo relacional; S' é o Estado; e S" é o agente público. Leia-se: dada a conduta F causadora de um dano pelo agente público S" em tal função, exercendo serviço público, deve ser instaurado o dever de o Estado S' reparar o dano praticado em detrimento do particular S, assegurado o direito de o Estado S', posteriormente, ingressar com direito de regresso em face do agente público S".

É importante destacar que não é todo e qualquer dano que implicará o surgimento da relação jurídica em estudo. Carlos Roberto Gonçalves[46] adverte que, com frequência, são indevidamente tratados na doutrina como sinônimos a "teoria do risco administrativo" e a "teoria do risco integral". Na primeira, temos que o Estado poderá provar a culpa parcial ou exclusiva da vítima, como forma de atenuação ou extinção do dever de responsabilidade civil, e esta é a adotada pela Constituição Federal. Na segunda, o Estado seria responsabilizado por todo e qualquer dano, sem serem admitidas quaisquer excludentes.

No entanto, quanto ao elemento subjetivo (dolo), este não se exige da conduta praticada pelo agente público em tal qualidade para fins de configuração do dever de responsabilização extracontratual do Estado. É dizer, o Estado deverá suportar o ônus de reparar o dano causado pelo seu agente público em tal função, independentemente de este ter atuado com dolo ou culpa.[47]

3 QUESTIONAMENTOS A RESPEITO DO ART. 37, § 6º, DA CONSTITUIÇÃO FEDERAL

De acordo com o nosso entendimento fixado em torno do conceito de norma jurídica, admitimos que cada intérprete poderá elaborar significação própria a um suporte físico, de modo que várias significações podem ser atribuídas a um mesmo texto positivado. Assim, os questionamentos a seguir serão respondidos de acordo com a nossa

---

46. *Direito civil brasileiro*: responsabilidade civil. 19. ed. São Paulo: Editora Saraiva, 2024, p. 72.
47. CANDEIA, Remilson Soares. *Curso de direito administrativo*: atualizado de acordo com a jurisprudência do STF, STJ e TCU. Belo Horizonte: Dialética, 2024.

construção da norma constitucional de responsabilidade extracontratual do Estado, pautada no sistema constitucional.

3.1 O agente público pode ser responsabilizado pessoal e diretamente pelo dano causado ao contribuinte, nos casos de dolo ou culpa?

Ao questionarmos se o agente público pode responder pessoal e diretamente pelo dano causado em detrimento do cidadão contribuinte no caso de dolo ou culpa, nada mais estamos fazendo do que construindo a norma jurídica de responsabilidade civil do Estado em sentido estrito.

Em específico, esta indagação se refere ao critério subjetivo do consequente da norma, ou seja, o seu escopo é delimitar quem é a figura competente para responder pelo dano causado em detrimento do cidadão contribuinte: o Estado ou o agente público?

Em primeiro lugar, devemos recordar que nosso sistema referencial adotado é a Constituição Federal. Para nós, as normas constitucionais ocupam o maior grau hierárquico do sistema positivo, de sorte que não será formal ou materialmente válida qualquer norma jurídica que contrarie o texto constitucional.

Disso, concluímos que a responsabilidade extracontratual, prevista no art. 37, § 6º, da Constituição Federal, é uma norma que instaura uma relação jurídica entre o Estado e o particular cujo direito foi lesado. Não há, de imediato, responsabilização pessoal e direta do agente público, pois quem responde pelo dano causado por este (no exercício de suas funções) é o Poder Público, cujo ônus será suportado pelo erário, ou seja, por toda a coletividade.

Aqui vale destacar: a responsabilidade do agente público será direta e pessoal se, e somente se, a conduta que deu origem ao dano for praticada fora da qualidade de agente.

É dizer, o art. 37, § 6º, da Constituição Federal determina que não é suficiente, para fins de responsabilização do Estado, que o agente público tenha praticado uma conduta lesiva a terceiro. É necessário que tal conduta seja praticada em exercício da qualidade de agente, pois, caso contrário, não haverá responsabilização do Estado.[48]

Em primeiro lugar, se admitirmos como válida a proposição de que o agente público responderá pessoal e diretamente pelo dano causado em detrimento do cidadão contribuinte, nos casos de dolo ou culpa, no exercício de suas funções, estaremos introduzindo ao sistema positivo uma norma de responsabilização distinta da que é preconizada pela Constituição Federal.

Isso porque estaríamos admitindo a sujeição passiva do agente público de modo direto e pessoal, isto é, imputando-lhe obrigações, sem haver um amparo legal para tanto. No nosso entendimento, tal proposição seria inválida por contrariar o expresso comando constitucional no sentido de que o Estado é o sujeito legítimo para figurar no polo passivo da norma jurídica de responsabilidade extracontratual, sendo ele o deten-

---

48. ARAGÃO, op. cit., p. 583.

tor do direito de regresso em face do agente público. Em tal cenário, não há, portanto, responsabilização direta e pessoal do agente público pelos danos causados por ações executadas em tal qualidade de agente.

Em segundo lugar, restaria dificultado o direito do contribuinte em ser indenizado. Ao ingressar com pedido de reparo pelo dano em detrimento do agente público que o causou, haveria discussão a respeito da legitimidade passiva deste para responder pelo dano, e tal circunstância violaria o comando do art. 37, § 6º, da Constituição Federal, uma vez que, em tal dispositivo, o Constituinte estabeleceu como dever da Administração Pública o reconhecimento de que o Estado é responsável pelos danos causados pelos seus agentes em tal qualidade. Por outro lado, não há norma que obrigue o agente público a aceitar a mesma condição.

Em terceiro lugar, o agente público age sob o interesse do Estado. Se alguma conduta praticada vier a lesar o direito do cidadão contribuinte, ainda que lícita, o erário deverá suportar o ônus da reparação civil, e não o agente público.

Estaríamos diante de um erro de direito se admitíssemos a elaboração de uma norma jurídica individual e concreta na qual o agente público é o sujeito passivo da relação de responsabilidade civil do Estado perante o particular que sofreu dano, uma vez que a norma constitucional expressamente estabelece que é o Estado quem deve figurar no polo passivo perante o particular cujo direito foi lesado.

No entanto, é digna de notabilidade a discussão que se faz a respeito da inexistência de responsabilidade direta e pessoal do agente público.

Para Hugo de Brito Machado,[49] o fato de existir a norma constitucional que imputa responsabilidade objetiva ao Estado não é suficiente, por si só, para evitar que as autoridades pratiquem condutas arbitrárias e/ou abusivas, já que seria o Estado o responsável pelo pagamento do *quantum* indenizatório.

É como se a autoridade sentisse que estaria isenta de responsabilidade pela prática de seus atos que se revelem abusivos e arbitrários, já que possui o conhecimento de que, em eventual discussão na via jurisdicional, será o Estado quem arcará com a possível condenação imediata ao reparo do dano.

A crítica que Hugo de Brito Machado[50] faz em relação à inexistência de responsabilidade direta e pessoal do agente público é exemplificada por uma autuação fiscal lavrada por agente que possui conhecimento de que a cobrança é indevida. Embora seja tal conduta tipificada como crime (excesso de exação), o agente público não responde pela consequência do ilícito que praticou.

Concordamos com o jurista. Afinal, não há como admitir que, no Estado Democrático de Direito, os agentes atuem como pessoas intocáveis, tal como era nos primórdios da evolução da responsabilidade extracontratual do Estado. Caso contrário, estaríamos

---

49. Op. cit., p. 240.
50. Op. cit., p. 241.

admitindo que os agentes públicos não respondem pelas consequências dos ilícitos praticados, haja vista a satisfação com a responsabilidade exclusiva do Estado.

É por este motivo que Hugo de Brito Machado[51] expõe que, em sua compreensão, a responsabilidade direta e pessoal do agente público frente aos danos causados em face do contribuinte, nos casos de culpa e dolo, seria uma medida para coibir a prática de arbitrariedades dos agentes, já que estariam cientes da sanção que lhes seria aplicável em tal circunstância. Isso faria com que houvesse uma prevenção de litígios, pois a existência de uma sanção expressa legalmente produziria a abstenção de arbitrariedades por parte dos agentes.

Não obstante, Hugo de Brito Machado[52] defende que a positivação de uma responsabilidade pessoal e direta do agente público também produziria um efeito moralizador, posto que impediria, por exemplo, a lavratura de autos de infração injustificados ou com o simples objetivo de retaliar o contribuinte. Ciente de que poderá responder pela lavratura indevida, haveria uma motivação para que o agente público deixasse de praticá-lo.

Com a impossibilidade de se imputar responsabilidade direta e pessoal ao agente público, temos que a relação jurídico-tributária permanece contaminada com a ideia de que haveria uma relação de poder entre as partes, e não uma relação jurídica.[53]

Concluímos, portanto, que a mensagem do art. 37, § 6º, do Texto Maior é inequívoca no sentido de inaugurar duas relações jurídicas: a primeira entre o particular e o Estado; e a segunda, por sua vez, entre o Estado e o agente público. Contudo, a inexistência de responsabilidade direta e pessoal do agente público é temática que merece discussão à luz da efetividade dos direitos constitucionais dos particulares.

3.2 A responsabilidade objetiva do Estado surgiu como forma de proteção ao cidadão ou à autoridade que praticou a conduta danosa?

Quanto ao questionamento se a responsabilidade objetiva do Estado teria surgido como uma forma de proteção ao cidadão (na medida que dispensa a comprovação do elemento subjetivo) ou como uma forma de proteção à autoridade que praticou a conduta geradora do dano (haja vista ser responsabilizada somente em ação de regresso promovida pelo Estado), temos que a evolução histórica da responsabilidade extracontratual do Estado elucida bem a temática.

Com a transformação do Estado absolutista em um Estado de Direito, não mais haveria que se falar em responsabilização exclusiva do agente público. O Estado passou a ser visto como um sujeito de direitos e deveres, de tal sorte que, se algum agente público

---

51. Op. cit., p. 241.
52. Op. cit., p. 243.
53. MACHADO, Hugo de Brito. Responsabilidade do Agente Público: Distinção entre Agente Político e Agente Administrativo. *Revista Direito Tributário Atual*, [s. l.], n. 27, p. 364-371, 2012. Disponível em: https://revista.ibdt.org.br/index.php/RDTA/article/view/1677. Acesso em: 15 jul. 2024, p. 371.

em tal função vier a praticar uma conduta geradora de dano em face do particular, é o Estado quem deverá responder pelo dever de reparo.

Isso nos revela que a responsabilidade objetiva do Estado é uma forma de proteger o cidadão. Em primeiro lugar, porque reconhece o Estado como uma pessoa jurídica detentora de direitos e deveres. Em segundo lugar, porque permite uma maior facilidade à obtenção do reparo pelo sujeito cujo direito foi lesado, uma vez que este não terá de discutir se o agente público agiu com dolo/culpa, mas meramente demonstrar que o Estado é prestador de serviço público e que, se em tal operação houver uma falha, deverá o erário responder pelo dano causado. Em terceiro lugar, porque a prestação de serviços públicos se revela mais complexa a cada dia, razão pela qual a sujeição passiva do Estado como detentor do dever jurídico de promover o reparo traz uma maior segurança jurídica ao particular.

A primeira observação, inclusive, foi objeto de enunciação pelo Supremo Tribunal Federal, que, em Recurso Extraordinário 327.904-1/SP, mencionou:

> [...] O § 6º do art. 37 da Constituição Federal consagra uma dupla garantia: uma, em favor do particular, possibilitando-lhe ação indenizatória contra a pessoa jurídica de direito público, ou de direito privado que preste serviço público, dado que bem maior, praticamente certa, a possibilidade de pagamento do dano objetivamente sofrido.

Isso porque a própria norma constitucional estabelece o direito material de o Estado ingressar com ação de regresso em face do agente público, com o objetivo de obter o ressarcimento do ônus suportado pelo erário.

Explica Sergio Cavalieri Filho:[54]

> [...] a teoria do risco administrativo importa atribuir ao Estado a responsabilidade pelo risco criado pela sua atividade administrativa. Esta teoria, como se vê, surge como expressão concreta do princípio da igualdade dos indivíduos diante dos encargos públicos. É a forma democrática de repartir os ônus e encargos sociais por todos aqueles que são beneficiados pela atividade da Administração Pública. Toda lesão sofrida pelo particular deve ser ressarcida, independentemente de culpa do agente público que a causou.

No entanto, a responsabilidade objetiva também é uma forma de proteção à autoridade que praticou a conduta que gerou o dano, posto que o particular se encontra inviabilizado de exigir, em detrimento do agente, a indenização pelo dano causado.

Expõe Hugo de Brito Machado:[55]

> Sempre que sustentamos a possibilidade de responsabilização direta do agente administrativo, especialmente do agente fiscal, por danos causados ao contribuinte, os que reagem a essa tese utilizam o argumento de que a legislação tributária é complicada, além de extremamente instável, com frequentes alterações, não se podendo exigir dos agentes fiscais que tenham dela conhecimento seguro. O argumento é curioso. Se o contribuinte é obrigado a conhecer a legislação tributária e muita

---

54. Op. cit., p. 306.
55. Op. cit., p. 249.

vez sofre pesadas multas porque não a conhece, como se justifica que o fiscal, cuja preocupação essencial é exatamente a aplicação da legislação tributária, seja poupado de responsabilidade? Por outro lado, não se pode desconhecer o fato de que a Administração Tributária tem grande interesse em arrecadar e por isto busca todos os meios para compelir o contribuinte ao pagamento, sem se preocupar com a legalidade. Um agente fiscal que pratique autuações ilegais, portanto, jamais seja responsabilizado pelo Estado por danos que eventualmente cause ao contribuinte, ainda quando seja obrigado à indenização correspondente. Há sempre uma coincidência entre a atividade ilegal do agente fiscal que causa danos ao contribuinte e o interesse, embora escuso, da Administração Tributária, no aumento da arrecadação.

Assim, oferecer ao agente fiscal a garantia de que não será responsabilizado diretamente pelo contribuinte, em razão de ilegalidades que pratique no exercício de suas atividades, é amesquinhar as garantias constitucionais do contribuinte, e isto não se deve de nenhum modo admitir.

Ora, se o agente competente para praticar determinado ato não o faz, incorrendo em omissão, é certo que não há sanção constitucionalmente prevista para ser aplicada. Contudo, se existisse uma norma de responsabilidade direta e pessoal, também é certo que o agente empregaria esforços para não ser responsabilizado por determinado objeto em razão exclusiva da omissão.

Assim, concluímos que o art. 37, § 6º, da Constituição Federal, fornece uma dupla garantia de proteção, tanto ao particular quanto ao agente público.

3.3 A responsabilização é um meio para diminuir a prática de ilegalidades e a insistência em sua prática, e até mesmo para sugerir ao cidadão a busca pelos seus direitos?

Por fim, o terceiro questionamento ao qual o presente estudo visa a elaborar uma resposta se refere à possibilidade de se compreender responsabilização extracontratual do Estado como um meio de coibir a prática de ilegalidades e de insistir nelas e até mesmo de sugerir ao cidadão que, querendo, ingresse na via judicial para proteger seus direitos.

Entendemos que a responsabilidade civil do Estado não possui necessariamente o objetivo de coibir práticas ilegais pela Administração Pública, posto que até mesmo os atos lícitos são capazes de ensejar a relação jurídica reparatória. Para nós, o art. 37, § 6º, da Constituição Federal, não é uma norma introdutora do dever de o Estado não praticar ilegalidades, pois se confundiria com o princípio da legalidade (art. 5º, II, do Texto Maior).

No entanto, a conduta praticada pelo agente público que gere dano ao cidadão será o fato jurídico que se submeterá ao critério material da norma jurídica constitucional de responsabilidade extracontratual do Estado. É dizer, o objetivo do art. 37, § 6º, não é coibir a prática de ilegalidades, mas este é um dos reflexos que será produzido no campo social a partir do dever de o Estado suportar o ônus reparatório do dano.

Por outro lado, compreendemos que a norma constitucional em estudo não é uma forma de sugerir ao cidadão que, querendo, ingresse na via judicial para discutir seus direitos. Para nós, o dispositivo serve como um veículo introdutor de uma relação jurídica por meio da qual o particular poderá se servir como instrumento para exigir o reparo do dano que sofreu, mas não há qualquer sugestão do Constituinte no sentido de influenciar o ingresso na esfera judicial.

Inclusive, Maria Sylvia Zanella Di Pietro[56] destaca que o reparo do dano pode ser realizado logo na esfera administrativa, desde que a Administração Pública reconheça sua responsabilidade extracontratual, podendo as partes acordarem a respeito do *quantum* indenizatório. No entanto, não havendo consenso entre as partes quanto à existência da conduta, ao nexo de causalidade ou ao *quantum* indenizatório, a via judicial é alternativa para que o particular busque seus direitos.

Não há, portanto, uma recomendação do Constituinte para que seja providenciado o ajuizamento de ações em âmbito judicial, pois tal circunstância é mera garantidora da juridicidade do direito material do cidadão.

Na nossa compreensão, o Constituinte não introduziu a responsabilidade extracontratual do Estado como forma de coibir a prática de atos ilegais, tampouco de sugerir ao particular que busque pelo seu direito de ser reparado na via judicial. A norma constitucional apenas prescreve como deverá ser interpretada a relação jurídica entre as partes, isto é, objetivamente entre o Estado e o cidadão, assegurado o direito de regresso do Estado em face do agente público.

CONCLUSÃO

A responsabilidade extracontratual do Estado percorreu uma evolução histórica que nos revela profundas alterações no tratamento do Estado enquanto figura política e sujeito de direitos e deveres. Positivado pelo art. 37, § 6º, da Constituição Federal, o dever jurídico de o Estado reparar o dano causado em face dos particulares por seus agentes públicos é uma forma de igualar o particular e a Administração Pública, inclusive ao garantir que a configuração desta relação jurídica se opere de modo objetivo, facilitando o acesso do particular à efetivação do seu direito material.

Contudo, há diversas críticas à inexistência de uma responsabilidade pessoal e direta do agente público, temática que merece continuidade de seu debate, inclusive no atual contexto político em que nos encontramos de Reforma Tributária, que nos revela aumento da complexidade das legislações e das relações jurídico-tributárias.

REFERÊNCIAS

ABBAGNANO, Nicola. *Dicionário de Filosofia*. 2. ed. São Paulo: Martins Fontes, 1998.

ATALIBA, Geraldo. Hipótese de incidência tributária. 5. ed. São Paulo: Malheiros, 1999.

BOBBIO, Norberto. *Teoria do ordenamento jurídico*. 6. ed. Brasília: Editora Universidade de Brasília, 1995.

BRITTO, Lucas Galvão de. *A regra-matriz de incidência tributária e as definições produzidas pelas agências reguladoras*: O princípio da legalidade tributária e o uso de definições técnicas expedidas pelas agências

---

56. Op. cit., p. 748.

reguladoras na construção da regra-matriz de incidência tributária. Orientador: Paulo de Barros Carvalho. 2016. Tese (Doutorado em Direito Tributário) – Pontifícia Universidade Católica de São Paulo, São Paulo, 2016. Disponível em: https://tede2.pucsp.br/bitstream/handle/19879/2/Lucas%20Galv%C3%A3o%20de%2 0Britto.pdf. Acesso em: 7 nov. 2023.

CANDEIA, Remilson Soares. *Curso de direito administrativo*: atualizado de acordo com a jurisprudência do STF, STJ e TCU. Belo Horizonte: Dialética, 2024.

CARRAZZA, Roque Antonio. *Curso de Direito Constitucional Tributário*. 29. ed. São Paulo: Malheiros Editores, 2013.

CARVALHO, Aurora Tomazini de. *Curso de Teoria Geral do Direito*: o Construtivismo Lógico-Semântico. 6. ed. rev. e atual. São Paulo: Noeses, 2019.

CARVALHO, Paulo de Barros. *Curso de Direito Tributário*. 30. ed. São Paulo: Saraiva Educação, 2019, p. 144.

CARVALHO, Paulo de Barros. *Direito Tributário*: Fundamentos jurídicos da incidência. 9. ed. São Paulo: Saraiva, 2011.

CARVALHO, Paulo de Barros. *Direito Tributário*: linguagem e método. 3. ed. São Paulo: Editora Noeses, 2009.

DARZÉ, Andréa Medrado. *Responsabilidade tributária*: solidariedade e subsidiariedade. São Paulo: Noeses, 2010.

FIGUEIREDO, Marina Vieira de. *Lançamento tributário*: revisão e efeitos. Orientador: Paulo de Barros Carvalho. 2011. Dissertação (Mestrado em Direito Tributário) – Pontifícia Universidade Católica de São Paulo, São Paulo, 2011. Disponível em: https://sapientia.pucsp.br/bitstream/handle/5595/1/Marina%20Vieira%20de%20Figueiredo.pdf. Acesso em: 9 jul. 2024, p. 31.

GONÇALVES, Carlos Roberto. *Direito civil brasileiro*: responsabilidade civil. 19. ed. São Paulo: Editora Saraiva, 2024.

GREGÓRIO, Rita de Cássia Zuffo. *A responsabilidade civil do Estado-Juiz*. Orientador: Prof. Dr. Edmir Netto de Araújo. 2009. Dissertação (Mestrado em Direito) – Universidade de São Paulo, São Paulo, 2009.

MACHADO SEGUNDO, Hugo de Brito. *Processo Tributário*. 15. ed. Barueri: Atlas, 2023.

MACHADO, Hugo de Brito. *Curso de Direito Tributário*. 19. ed. São Paulo: Malheiros Editores, 2001.

MACHADO, Hugo de Brito. *Os direitos fundamentais do contribuinte e a efetividade da jurisdição*. Orientador: Prof. Dr. Raymundo Juliano do Rego Feitosa. 2009. Tese (Doutorado em Direito) – Universidade Federal de Pernambuco, Recife, 2009. Disponível em: https://repositorio.ufpe.br/bitstream/123456789/4003/1/arquivo5668_1.pdf. Acesso em: 15 jul. 2024.

MACHADO, Hugo de Brito. Responsabilidade do Agente Público: Distinção entre Agente Político e Agente Administrativo. *Revista Direito Tributário Atual*, [s. l.], n. 27, p. 364-371, 2012. Disponível em: https://revista.ibdt.org.br/index.php/RDTA/article/view/1677. Acesso em: 15 jul. 2024.

OLIVEIRA, Rafael Carvalho Rezende. *Curso de Direito Administrativo*. 12. ed. Rio de Janeiro: Editora Forense, 2024.

PIETRO, Maria Sylvia Zanella Di. *Direito Administrativo*. 37. ed. Rio de Janeiro: Forense, 2024.

PRIA, Rodrigo Dalla. *Direito Processual Tributário*. São Paulo: Noeses, 2020.

SANTI, Eurico Marcus Diniz de. *Lançamento tributário*. São Paulo: Max Limonad, 1996.

SANTOS, Romualdo Baptista dos. *Responsabilidade civil do Estado*. In: HIRONAKA, Giselda Maria Fernandes Novaes. Direito civil: responsabilidade civil. São Paulo: *Revista dos Tribunais*, 2008. v. 5, cap. XVI.

TOMÉ, Fabiana del Padre; MESSIAS, Adriano Luiz Batista. Construtivismo Lógico-Semântico como Metódica para Estudo do Direito. *Revista Jurídica Cesumar*, [s. l.], v. 22, n. 1, p. 36, 2022. Disponível em: https://periodicos.unicesumar.edu.br/index.php/revjuridica/article/view/9703. Acesso em: 3 nov. 2023.

III – POSIÇÃO HIERÁRQUICA DA LEI COMPLEMENTAR

A QUESTÃO DA HIERARQUIA DA LEI COMPLEMENTAR EM MATÉRIA TRIBUTÁRIA NA CONSTITUIÇÃO DE 1988

Bruno Nogueira Rebouças

Mestre em Direito Tributário pela PUC-SP. Pós-graduado em Direito Empresarial pela FGV-SP. MBA em Gestão Tributária pela USP. Professor do Curso de Especialização em Direito Tributário do Instituto Brasileiro de Direito Tributário (IBDT). Membro associado do Instituto Cearense de Estudos Tributários (ICET). Vice-presidente do Comitê de ISS, ICMS e IBS da Associação Brasileira de Advocacia Tributária (ABAT). Membro fundador do Instituto Tax Moot Brazil. Advogado.

Sumário: Introdução – 1. Argumentos jurídicos em prol da inexistência de hierarquia normativa entre lei complementar e lei ordinária – II. Posição de que sustenta a existência de uma efetiva hierarquia sob o aspecto formal entre as espécies normativas, independente do conteúdo – III. Posição do Supremo Tribunal Federal frente à posição hierárquica da lei complementar – IV. Fragilidade suscitada na tese que sustenta a inexistência de hierarquia normativa entre lei complementar e lei ordinária – V. Afirmação do poder legiferante por meio da hierarquia superior de lei complementar em matéria de legislação tributária – Conclusão – Referências.

INTRODUÇÃO

Primeiramente, queria agradecer aos meus mestres Schubert de Farias Machado e Hugo de Brito Machado Segundo pela honra do convite e, com isso, poder escrever para tão dileta e primorosa obra em homenagem ao professor Hugo de Brito Machado, com quem tive a imensa felicidade de aprender sobre Direito à época em que trabalhei no escritório Machado Sociedade de Advogados, em Fortaleza (CE), e quando exerci a função de secretário do Instituto Cearense de Estudos Tributários (ICET).

Nesse contexto, a escolha do presente tema, relativo especificamente à posição hierárquica da lei complementar em nosso sistema constitucional, possui relação com lições que tive a oportunidade de colher do professor Hugo de Brito Machado, não só pelos excelentes estudos publicados (livros e artigos), mas também em conversaras despretensiosas que foram memoráveis aulas de Direito Tributário.

Alerto, entretanto, que o aquilo se passa a desenvolver neste trabalho a partir de então, embora tenha inspiração no pensamento do professor cearense, é de inteira responsabilidade do autor do presente artigo quanto às suas incorreções, imprecisões e incompreensões, em nada afetando os brilhantes estudos já produzidos acerca do tema em nossa doutrina pátria, notadamente em relação àqueles que mais a ela se dedicaram há muito, como é o caso do ilustre professor homenageado nesta obra.

Com essas considerações preliminares, passa-se à introdução da temática que se busca desenvolver no decorrer do presente trabalho, trazendo um pouco do seu contexto histórico-político, que se julga extremamente importante para a sua abordagem, com o fito de facilitar a análise da discussão posta em pauta.

Trazendo uma breve retrospectiva histórica, importante mencionar que, para antes de 1967, não se poderia falar da lei complementar como categoria jurídico-formal de norma jurídica, de modo existiam como categorias ínsitas ao sistema, mas sem serem tratadas formalmente como espécies normativas diferentes das leis ordinárias, sendo lei complementar em seu conteúdo, mas não em sua forma.[1]

Antes da Constituição de 1967, segundo Victor Nunes Leal, diziam respeito àquelas leis que se destinam a desenvolver princípios básicos enunciados no texto constitucional.[2] Em outras palavras, em sentido material, as leis complementares teriam a precípua função de complementar dispositivos constitucionais em seu conteúdo, em disposições *not self executing* da Constituição.[3]

De outro modo, na esteira trazida por Hugo de Brito Machado, ao se embasar em lições de Celso Antonio Bandeira de Mello, pode-se afirmar que o que havia era o conceito lógico-jurídico acerca do que seria lei complementar, e não um conceito jurídico-positivo,[4] que só adveio com entrada em vigor da Constituição de 1967, tornando-se, assim, uma categoria jurídica própria sob o aspecto formal, com quórum de aprovação específico e diferente daquele imposto à lei ordinária.

Dentro desse contexto é que se forma a discussão acerca da existência, ou não, de hierarquia normativa entre a lei complementar e a lei ordinária, tema que não se restringe ao aspecto meramente teórico, tendo em vista as repercussões práticas e sensíveis de se poder ou não revogar, por meio de uma lei ordinária, uma norma que formalmente foi aprovada como lei complementar, sob o argumento de que materialmente não seria lei complementar, justamente por versar sobre matéria não compreendida no campo reservado a essa espécie normativa.

1. ARGUMENTOS JURÍDICOS EM PROL DA INEXISTÊNCIA DE HIERARQUIA NORMATIVA ENTRE LEI COMPLEMENTAR E LEI ORDINÁRIA

Antes de começar uma explanação acerca das posições doutrinárias contrárias à existência de hierarquia normativa entre lei complementar e lei ordinária, faz-se mister definir qual o sentido de hierarquia normativa que se busca aqui explorar.

Assim, mister advertir que as posições aqui colacionadas tiveram como premissa a ideia de uma hierarquia de *per si*, ou *a priori*, entre tais espécies legislativas, não condicionada ao conteúdo ou à matéria tratada em seu bojo.

---

1. MELLO, Marcos Bernardes. *Direito Tributário Moderno*. In: BORGES, José Souto Maior (Coord.). São Paulo: José Bushatsky, 1977, p. 59.
2. LEAL, Victor Nunes. Leis complementares na Constituição. *Revista de Direito Administrativo*, n. 7, p. 381.
3. MELLO, Marcos Bernardes. *Direito Tributário Moderno*. In: BORGES, José Souto Maior (Coord.). São Paulo: José Bushatsky, 1977, p. 58.
4. MACHADO, Hugo de Brito. *Lei complementar tributária*. São Paulo: Malheiros, 2010, p. 80-86.

Assim, hierarquia que esteja condicionada à matéria veiculada em lei complementar estaria condicionada ao conteúdo tratado nessa norma, de modo que não se trataria de uma espécie legislativa essencialmente superior à outra, podendo-se concluir que, *a priori*, nunca haveria uma efetiva hierarquia entre lei complementar e lei ordinária, o que estaria sempre a depender de uma averiguação *a posteriori* acerca do seu conteúdo.

No mais, sob o ponto de vista pragmático, a discussão se ganha força quando se questiona acerca da possibilidade de a lei complementar tratar de matéria não reservada a ela pelo texto constitucional (de forma supostamente exaustiva), de sorte a se questionar acerca de uma superior hierarquia de *per si* e *a priori* da lei complementar em relação à ordinária, formatada a partir do seu processo qualificado de aprovação pelo Congresso Nacional.

Com fundamento nessa premissa, os casos em que a doutrina se posiciona em reconhecer uma hierarquia superior da lei complementar somente naquelas situações em que versar acerca de conteúdo/ matéria a ela reservado pela Constituição foram classificados, no bojo do presente estudo, como circunstâncias de não reconhecimento de uma verdadeira ou genuína hierarquia entre as espécies legislativas.

Nesse contexto, quem sustenta a inexistência de uma hierarquia normativa entre lei complementar e lei ordinária em matéria tributária, geralmente o faz com fundamento na ideia pressuposta de que a diferenciação entre as duas categorias legislativas, veiculadoras de normas jurídicas, se perfaz a partir de uma questão de matéria restrita a cada uma dessas espécies, ou melhor, por uma razão de competência materialmente predefinida pelo próprio texto constitucional, sem gerar necessariamente conflitos hierárquicos.

Sob esse ponto de vista teórico, supostamente não haveria como ocorrer um real e efetivo conflito normativo entre norma superior e outra inferior, sob o ponto de vista hierárquico, ao passo que as matérias que a Constituição reservasse à lei complementar não poderiam ser objeto de tratamento via lei ordinária. Por exclusão, as demais matérias que viessem a inovar na relação jurídico-tributária e que não fossem reservadas estritamente à lei complementar, somente essas poderiam ser veiculadas via lei ordinária.

Em outras palavras, para essa corrente, a lei complementar só se qualifica substancialmente tal se de fato tratar de matérias e ela reservadas, sob o risco de não ser materialmente uma lei complementar, e sim substancialmente ordinária. Nesse sentido, poderia, inclusive, ser revogada por uma lei ordinária, embora formalmente aprovada como lei complementar em quórum específico. Nesse sentido, o rol de materialidade que deve ser veiculado por lei complementar estaria exaustivamente disposto na Constituição, explícita ou implicitamente.

É claro que há variantes dessa teoria, mas vamos nos ater – sempre de forma breve – à opinião que julgamos mais conhecida e reproduzida de seus defensores no âmbito da doutrina pátria, e que influenciou a jurisprudência de nossos Tribunais Superiores, como ocorre com os estudos produzidos por José Souto Maior Borges e Geraldo Ataliba. Também serão pinceladas as opiniões emitidas na doutrina por outros autores, como

Paulo de Barros Carvalho, Regina Helena Costa, Roque Antonio Carazzai, Marcos Bernardes de Mello, dentre outros.

Com isso, pode-se seguir o presente estudo para uma nova etapa, na qual se tentará compor essas respeitadas opiniões com aquelas que divergem dessa corrente de pensamento, ao entender, por outro viés, pela efetiva existência de hierarquia normativa entre referidas espécies legislativas, notadamente sob o ponto de vista formal, entre lei complementar e ordinária.

Nesse contexto, José Souto Maior Borges parece ter sido o primeiro que se manifestou ferrenhamente contra a possibilidade de ser considerar a superioridade de *per si*, ou sempre, da lei complementar em relação à lei ordinária, como se demonstra do seguinte trecho de importante estudo seu acerca do tema:

> Causa surpresa que doutrina mais recente tente sustentar o criticado maniqueísmo com o declarar, sem nenhuma demonstração, ser praticamente pacífico (?) o entendimento de que lei complementar é superior, sempre, à lei ordinária, mera opinião indemonstrada. Em que consiste essa superioridade é algo não esclarecido. (...) Noutros termos, só o que vale, para essa doutrina, é o procedimento especial previsto para a elaboração da lei (...)[5]

Souto Maior Borges sustenta que o quórum qualificado para a sua aprovação, como único argumento da doutrina que isso defende, não se vê como suficiente de convencimento, devendo ser afastado esse entendimento.[6]

Ocorre que, há época, a esmagadora doutrina já reconhecia a superioridade da lei materialmente complementar, ou seja, que já estivesse dentro da reserva material que o texto constitucional estabeleceu, que, embora não admitisse sua superioridade hierárquica de *per si*, *a priori* e, consequentemente, em todos os casos (sempre), já era algo contraditório com o que o ilustre jurista pernambucano vinha defendendo.

De outro modo, parece que a própria doutrina, assim como a jurisprudência, não impediu que o Poder Legislativo viesse a tratar de temas "não reservados" à lei complementar por meio deste instrumento legislativo. Só o que ocorreu é que, caso uma matéria fosse formalmente tratada por lei complementar, mas estivesse formalmente fora de sua reserva de conteúdo constitucionalmente predefinido, não poderia ser tida como uma lei materialmente complementar, mas mera lei ordinária sob o ponto de vista material. A consequência lógica seria é a possibilidade de revogação dessa lei complementar que extrapola sua reserva constitucional por eventual lei ordinária que a contrarie.

Outro grande defensor da inexistência de uma efetiva e incondicionada superioridade hierárquica, de per si, da lei complementar me relação à lei ordinária, foi Geraldo Ataliba, reconhecendo expressamente uma superioridade da lei materialmente complementar, ou seja, reconhecia-se uma superioridade material nos casos que a

---

5. BORGES, José Souto Maior. Hierarquia e sintaxe constitucional da lei complementar tributária. *Revista Dialética de Direito Tributário*, p. 99, n. 150, mar. 2008.
6. BORGES, José Souto Maior. Hierarquia e sintaxe constitucional da lei complementar tributária. *Revista Dialética de Direito Tributário*, n. 150, p. 99, mar. 2008.

Constituição reservasse essa competência, de modo que seriam necessárias para a configuração daquela espécie normativa forma e conteúdo.[7] Nessa linha de pensamento, a lei complementar, fora de seu campo específico de competência constitucional, seria em essência nada mais que uma lei ordinária.

Mais uma vez se reconhece a essa espécie normativa uma hierarquia em termos, ou seja, subordinada à matéria ou conteúdo por meio dela veiculado, sem o qual não poderia ser considerada superior à lei ordinária.

Em interessante estudo acerca do tema da hierarquia normativa da lei complementar, Marcos Bernardes de Mello desenvolve uma diferenciação entre os sistemas jurídicos que adotam as normas complementares à Constituição "(...) sob dois aspectos: (a) quanto ao conteúdo e (b) quanto à forma".[8]

O primeiro, *quanto ao conteúdo*, diria respeito àqueles sistemas que tema a norma complementar como aquela destinada a dar plena aplicabilidade às regras constitucionais *not self executing*, ao passo que, *quanto à forma*, se refeririam sistemas que adotassem a lei complementar que estivesse expressamente indicada na Constituição, com um processo legislativo específico e diferente para ser editada.[9]

Por conta disso – explica o jurista alagoano – é que se tem o costume de classificar a lei complementar em formalmente complementar ou materialmente complementar,[10] a depender do caso que se observa.

Nesse contexto, essa diferenciação entre substância e forma, a ser apreciada por cada sistema constitucional que venha a adotar normas complementares, faria com que pudéssemos concluir que o Brasil adotou, a partir de 1967, aspecto formal da distinção.[11] Com isso, Marcos Bernardes de Mello conclui pela inexistência – ao menos *a priori* – de hierarquia entre lei complementar e lei ordinária, a não ser naqueles casos em que a matéria em discussão é reservada à lei complementar, como explica:

> No caso da lei complementar, em razão de que se adotou o critério de indicação do campo específico reservado a ela, a sua hierarquia relativamente à lei ordinária somente existe quando se trata de matéria e ela reservada.
>
> Mas, dentro de sua reserva específica, a lei complementar tem posição de superioridade em relação à lei ordinária e demais atos de natureza legislativa (leis delegadas, decretos-lei, decretos legislativos, resoluções, decretos etc.).
>
> Disto decorre que, se a lei complementar extrapola seu campo de reserva e edita normas que deveriam ser contidas em leis ordinárias, evidentemente essas normas não podem ser consideradas

---

7. ATALIBA, Geraldo. *Lei Complementar na Constituição*. São Paulo: RT, 1971, p. 36.
8. MELLO, Marcos Bernardes. *Direito Tributário Moderno*. In: BORGES, José Souto Maior (Coord.). São Paulo: José Bushatsky, 1977, p. 58.
9. MELLO, Marcos Bernardes. *Direito Tributário Moderno*. In: BORGES, José Souto Maior (Coord.). São Paulo: José Bushatsky, 1977, p. 58.
10. MELLO, Marcos Bernardes. *Direito Tributário Moderno*. In: BORGES, José Souto Maior (Coord.). São Paulo: José Bushatsky, 1977, p. 58.
11. MELLO, Marcos Bernardes. *Direito Tributário Moderno*. In: BORGES, José Souto Maior (Coord.). São Paulo: José Bushatsky, 1977, p. 59.

complementares nem hierarquicamente superiores à lei ordinária. Com isso queremos afirmar que, nesse caso, a lei ordinária poderá revogar a lei complementar naquilo que usurpou o seu campo de competência, sem necessidade de *quorum* qualificado.[12]

Em outras palavras, a lei complementar só poderia ser materialmente superior à lei ordinária, em relação ao conteúdo nela contido; mas não em razão de ser uma espécie legislativa que de *per si* goza de superior hierarquia em relação à lei ordinária, isto é, não seria superior em que pese a sua posição "privilegiada" no rol do art. 59 da Constituição, *caput* e parágrafo único, e de seu específico rito de aprovação mais qualificado.

Em outras palavras, para essa corrente doutrinária, *a priori*, antes de se definir a matéria veiculada pela lei complementar, não se pode ela ser considerada hierarquicamente superior à lei ordinária, tendo em vista que o rito de aprovação da norma pouco importaria nesse aspecto.

Remanesce uma pergunta, por fim, que não parece de fácil resolução: se adotamos, em nosso sistema constitucional, a teoria segundo a qual as normas complementares à Constituição se qualificam como tal "quanto à forma", e não "quanto ao conteúdo", por que cogitamos da matéria nela vinculada para posicioná-la entre as outras espécies normativas do nosso ordenamento? Parece-nos que esse ponto de contradição precisaria ter sido mais detalhadamente explorado por essa corrente de pensamento.

Humberto Ávila sustenta que, para haver hierarquia, tem de haver duas normas, de modo que, caso a matéria seja constitucionalmente de competência de lei complementar, mas for tratada via lei ordinária, esta última deveria ser declara inválida por invasão de competência,[13] mas não por afronta à hierarquia normativa, ao passo que, quando editada lei ordinária que não trate de normas gerais, mas venha a contrariar lei complementar que veicule normas gerais, essa lei ordinária deveria ser declara inconstitucional por contrariar lei hierarquicamente superior.[14]

Isso quer dizer que, para o autor, havendo duas normas, uma lei ordinária e outra lei complementar, uma servindo de fundamento de validade normativa à outra, como ocorre no caso das normas gerais em matéria de legislação tributária, deve ser a norma inferior que contraria aquela declarada inconstitucional.

Como visto, isso tudo vai depender da matéria tratada pela lei, tendo em vista que a lei complementar que traça normas gerais veicula categorias elementares da obrigação tributária em matéria que estaria reservada a esta espécie de lei, sem ter como destinatário direito o contribuinte, mas sim destinada ao legislador ordinário que venha a criar o tributo, possibilitando a sobreposição hierárquica de normas, sendo duas, uma superior e outra inferior.

---

12. MELLO, Marcos Bernardes. *Direito Tributário Moderno*. In: BORGES, José Souto Maior (Coord.). São Paulo: José Bushatsky, 1977, p. 60.
13. ÁVILA, Humberto. Limites Constitucionais à Instituição do IBS e da CBS. *Revista Direito Tributário Atual*, (56), 701-730, 2024, p. 711.
14. ÁVILA, Humberto. Limites Constitucionais à Instituição do IBS e da CBS. *Revista Direito Tributário Atual*, (56), 701-730, 2024, p. 711-712.

Também para essa corrente doutrinária, a lei complementar não pode ser considerada aprioristicamente, de *per si* (só com base no seu rito de aprovação no Congresso Nacional) como uma categoria legislativa hierarquicamente superior à lei ordinária, aspecto que permanece condicionado à matéria ou ao conteúdo contido na lei complementar. Na classificação aqui adotada, faz parte da doutrina que não reconhece na essência uma hierarquia entre a lei complementar e a lei ordinária, isto é, que independa da matéria tratada por essas espécies normativas.

Noutro giro, Paulo de Barros Carvalho,[15] Regina Helena Costa[16] e Roque Antonio Carrazza,[17] em que pese não reconheçam uma hierarquia ao mesmo tempo formal e material entre lei complementar e lei ordinária, admitem que pode haver uma reserva implícita à lei complementar, de modo que não necessariamente se restringe a situações clara e expressamente dispostas no texto constitucional. Seria, com isso, uma reserva constitucional implícita.[18]

Importante ressaltar a interessante posição da professora Regina Helena Costa, particular na doutrina, que chega a admitir a hierarquia, sob o aspecto formal, da lei complementar em relação à lei ordinária com fundamento no art. 59, parágrafo único, do diploma constitucional, e uma hierarquia material entre as espécies normativas a depender da matéria tratada pelo legislador, ou seja, se circunscrita implícita ou explicitamente às matérias a reservadas à lei complementar pela Constituição.[19]

Com isso, já se apresenta um desafio hercúleo ao intérprete/aplicador do direito, que é saber os limites de tal amplitude de forma clara e inequívoca nos mais diversos casos, como sói ocorrer frente à amplitude e indeterminação da ideia de "normas gerais", como será analisado mais à frente.

Vale ressaltar, ainda, que esse desafio ao intérprete/aplicador chega a ser de algum modo percebido por Luiz Eduardo Schoueri,[20] em que pese o ilustre jurista venha a negar que a lei complementar deva tratar de tema a ela não reservado expressa e exaustivamente,[21] já que "(...) uma vez que o assunto fosse regulado por lei complementar, apenas nova lei complementar é que poderia regulá-lo de modo diverso".[22]

Parece que o reconhecimento desse trabalho a ser executado pelo intérprete/aplicador é um primeiro passo, mas que não acaba por aí, ao passo que se faz mister compreender a dificuldade no empenho desse papel. Em outras palavras, o interprete/aplicador do direito não pode se ver numa situação complexa de (i) definir sempre o que está implicitamente reservado à lei complementar pela Constituição ou (ii) subjetiva-

---

15. CARVALHO, Paulo de Barros. *Curso de Direito Tributário*. 18. ed. São Paulo: Saraiva, 2007, p. 219-220.
16. COSTA, Regina Helena. *Curso de Direito Tributário*. São Paulo: Saraiva, 2009, p. 18-20.
17. CARRAZZA, Roque Antonio. *Curso de Direito Constitucional Tributário*. 26. ed. São Paulo: Malheiros, 2010, p. 1008-1011.
18. MACHADO, Hugo de Brito. *Lei complementar tributária*. São Paulo: Malheiros, 2010, p. 96.
19. COSTA, Regina Helena. *Curso de Direito Tributário*. São Paulo: Saraiva, 2009, pp. 18-20.
20. SCHOUERI, Luiz Eduardo. *Direito Tributário*. 2. ed. São Paulo: Saraiva, 2012, p. 83.
21. SCHOUERI, Luiz Eduardo. *Direito Tributário*. 2. ed. São Paulo: Saraiva, 2012, p. 82.
22. SCHOUERI, Luiz Eduardo. *Direito Tributário*. 2. ed. São Paulo: Saraiva, 2012, p. 82.

mente entender, por exemplo, se uma determinada lei complementar está tratando do "normas gerais" em matéria tributária, o que se demonstrou tarefa difícil em diversas situações, como no caso das alterações implementadas pela Lei Complementar 160 na redação original da Lei 12.973/14 (assunto retomado em tópico específico).

Trata-se de uma tarefa que parece fácil, mas notoriamente não o é se vista concretamente. As situações concretas sempre que postas em discussão se veem como sensíveis, seja para o lado da Fazenda, seja do contribuinte, de modo que demandam uma tarefa complexa e hercúlea do intérprete/aplicador do direito, chegando-se a circunstâncias em que não há uma única solução que se possa dizer indubitavelmente correta acerca da matéria que deva ser objeto de reserva legal, que não precise sequer aguardar – necessariamente – o pronunciamento do Judiciário para se ter uma mínima certeza e clarividência acerca das matérias reservadas à lei complementar pelo texto constitucional.

Sob o aspecto pragmático, pode-se dizer que os referidos casos são inúmeros em exemplos, justamente pela indefinição acerca das matérias que devem ou não ser reservadas à lei complementar quando analisadas na prática os casos concretos em relação aos quais os contribuintes e Fazenda Pública se deparam, de modo que a função do Poder Legislativo parece ser de suma relevância nesse aspecto, como será mais detidamente tratado em tópico específico.

II. POSIÇÃO DE QUE SUSTENTA A EXISTÊNCIA DE UMA EFETIVA HIERARQUIA SOB O ASPECTO FORMAL ENTRE AS ESPÉCIES NORMATIVAS, INDEPENDENTE DO CONTEÚDO

Com base nas premissas que adotamos desde o início do presente estudo, pode-se dizer que, reconhecidamente, o maior expoente dessa corrente doutrinária em nosso País, que defende com propriedade uma efetiva hierarquia da lei complementar em relação à lei ordinária, sem condicionantes de matéria/conteúdo veiculado pela norma, foi, e ainda é, Hugo de Brito Machado.

Segundo o professor cearense, com base em lições extraídas a partir de conceitos de Teoria Geral do Direito e dos ensinamentos de Hans Kelsen, a "(...) validade formal de uma norma jurídica é verificada em função da norma reguladora de sua produção, vigente no momento em que tal produção ocorreu".[23] E explica, ainda, que é por isso que o Código Penal é um decreto-lei e o Código Tributário Nacional uma lei ordinária, não obstante a matéria tratada neste último seja reservada à lei complementar.[24] Assim, o Código Penal só por lei poderá ser alterado, assim como o Código Tributário Nacional só por lei complementar o poderá sê-lo. E por fim, arremata Hugo de Brito Machado:

---

23. MACHADO, Hugo de Brito. Posição hierárquica da lei complementar. *Themis*, Fortaleza, v. 1, p. 103-107, 1997, p. 105.
24. MACHADO, Hugo de Brito. Posição hierárquica da lei complementar. *Themis*, Fortaleza, v. 1, p. 103-107, 1997, p. 105.

A doutrina segundo a qual a lei complementar, naquilo em que cuida de matérias a ela não reservadas pela Constituição, pode ser alterada por lei ordinária, amesquinha o princípio da segurança jurídica, na medida em que o campo das matérias atribuídas pela Constituição à lei complementar é impreciso. Abre ensejo a que muitas questões sejam suscitadas, por exemplo, a respeito do que se deve entender por *normas gerais de direito tributário*.[25]

Essa preocupação cientificamente demonstrada por Hugo de Brito Machado, concernente à imprecisão do campo material da lei complementar, assim como a indefinição das matérias que devem ter por fundamento de validade a ideia de "normas gerais" ou, até mesmo, que tenham o propósito de dirimir conflitos de competência entre entes federais, ou regular limitações ao poder de tributar, será retomada em tópico mais a frente, que se se tentará explorar um pouco mais as fragilidades da posição que não reconhece uma hierarquia formal, ou seja, de *per si*, ou *a priori*, da espécie normativa lei complementar, independente do conteúdo tratado.

Além disso, qual o impedimento constitucional para que a lei complementar verse sobre matéria não expressamente a ela designada. Simplesmente essa suposta prescrição constitucional que se prega nunca existiu de fato, o que reforça o argumento de que o Poder Legislativo pode deliberar acerca das matérias que pretende tratar por meio de lei complementar, sem comprometer sua posição hierárquica.

Além de tudo isso, Hugo de Brito Machado que o ordenamento jurídico, como sistema escalonado de normas, infere-se que nenhuma espécie normativa se caracteriza como tal em função do seu conteúdo, de forma que todas ganhas específica identidade por critérios formais, indicando o poder normativo em que são produzidas.[26]

E ressalta ainda que tal confusão se dá por não se reconhecer devidamente a lei complementar em seu sentido jurídico-positivo, mas tão somente confundir sua qualificação com o seu conceito lógico-jurídico,[27] este anterior às Constituições de 1967 e 1988. Na Constituição atual, sua qualificação hierárquica estaria positivada a partir não só do quórum qualificado de sua aprovação, mas pela própria posição privilegiada frente a outras espécies normativas que se revela a partir da redação do art. 59 da Constituição federal.

Por fim, importante lembra que, frente à enorme imprecisão do campo reservado à lei complementar, o que mais se evidencia como um incômodo a essa corrente doutrinária, que reconhece uma hierarquia formal, ou seja, que se dá de *per si* ou *a priori*, da lei complementar em relação à lei ordinária, é a evidente *insegurança jurídica* de se condicionar a hierarquia somente à existência de lei "materialmente" complementar.

Por último, só a título de menção, importante dizer que festejados doutrinadores, como Agostinho Tofolli Tavolaro, Walter Barbosa Corrêa, Francisco Rezek, Fábio Fanucchi, o festejado constitucionalista Manuel Gonçalves Ferreira Filho e jurista da

---

25. MACHADO, Hugo de Brito. Posição hierárquica da lei complementar. *Themis*, Fortaleza, v. 1, p. 103-107, 1997, p. 106.
26. MACHADO, Hugo de Brito. *Lei complementar tributária*. São Paulo: Malheiros, 2010, p. 237.
27. MACHADO, Hugo de Brito. *Lei complementar tributária*. São Paulo: Malheiros, 2010, p. 80-86 e p. 237.

altura de Miguel Reale, todos listados e citados na obra *Lei Complementar Tributária*,[28] do professor Hugo de Brito Machado, foram ali mencionados como arautos da tese segundo a qual a lei complementar é superior à lei ordinária, independente da matéria tratada, ou seja, mesmo que verse sobre matéria não a ela reservada constitucionalmente.

Assim, com base no exposto até então, passa-se a explorar os elementos que demonstram a variação de entendimentos e compreensões – inclusive dentro do próprio Supremo – acerca da posição adotada em relação à superioridade hierárquica da lei complementar.

III. POSIÇÃO DO SUPREMO TRIBUNAL FEDERAL FRENTE À POSIÇÃO HIERÁRQUICA DA LEI COMPLEMENTAR

Em sede do julgamento da medida cautelar em Ação Direta de Inconstitucionalidade 2036/DF, de relatoria do eminente Min. Moreira Alves, o Supremo chegou a pontificar seu entendimento de forma unânime nos seguintes termos:

> De há muito se firmou a jurisprudência desta Corte no sentido de que só é exigível lei complementar quando a Constituição expressamente a ela faz alusão com referência a determinada matéria, o que implica dizer que quando a Carta Magna alude genericamente a "lei" para estabelecer princípio e reserva legal, essa expressão compreende tanto a legislação ordinária nas suas diferentes modalidades quanto a legislação complementar. No caso, o artigo 195, §7º, da Carta Magna, com relação a matéria específica (as exigências a que devem atender as entidades beneficentes de assistência social para gozarem da imunidade aí prevista), determina apenas que essas exigências sejam estabelecidas em lei. Portanto, em face da referida jurisprudência desta Corte, em lei ordinária.[29]

Em que pese esse entendimento, sempre ficou como algo difícil de compreensão, notadamente por parte de alguns ministros, essa ausência ou inexistência de hierarquia entre as espécies legislativas, o que se demonstra pelo meio de trecho do voto-vencedor proferido pelo Min. Marco Aurélio Mello, quando do julgamento do Recurso Extraordinário 556.665-1/RS, de relatoria do Exmo. Min. Gilmar Mendes, que se passa a reproduzir:

> Digo, mais uma vez, que o Código Tributário Nacional foi editado em 1966, sob a égide da Constituição de 1946, e que, mediante o artigo 18, § 1º, da Constituição de 1967, passou-se a ter a regência das normas gerais do Direito Tributário por diploma de hierarquia maior que é a lei complementar.[30]

Mesmo que o ministro não reconheça uma hierarquia superior da lei complementar de per si, isto é, só com base em seu rito específico de aprovação pelo Congresso, de modo a se diferenciar formalmente das outras espécies normativas em razão disso, pode-se inferir que reconhece pelo menos uma espécie de hierarquia material em relação à lei materialmente complementar, justamente por tratar de normas gerais no caso analisado, destinada ao legislador ordinário, e não diretamente ao contribuinte.

---

28. MACHADO, Hugo de Brito. *Lei complementar tributária*. São Paulo: Malheiros, 2010, p. 113-116.
29. STF – Medida Cautelar em Ação Direta de Inconstitucionalidade 2036/DF, Plenário, Rel. Min. Moreira Alves, DJ 16.06.2000, unânime.
30. STF – Recurso Extraordinário 556.665-1/RS, Rel. Min. Gilmar Mendes, DJ: 12.06.2008, Publicação: 14.11.2008.

Por último, nesse mesmo julgado, o Min. Gilmar Mendes chega a reconhecer o reduzido avanço realizado pela doutrina – até então – na investigação do que seriam "normas gerais" no que diz respeito ao seu sentido, alcance e definição, de modo que, em alguns casos, só seria possível identificar matéria reservada à lei complementar, como espécie legislativa, por meio de uma composição de diversos dispositivos constitucionais:

> Embora pouco se tenha avançado na doutrina no sentido da busca da adequada definição para "normas gerais", é possível extrair na interpretação dos diversos dispositivos constitucionais que estabeleceram reserva de matéria à disciplina da lei complementar que a esta espécie legislativa foi atribuída a missão de fixar normas com âmbito de eficácia nacional e não apenas federal.[31]

Mesmo assim, embora anuncie que a eficácia nacional pode ser deduzida a partir dos diversos dispositivos da Constituição que preveem a reserva de lei complementar para determinadas matérias, é fato que não há um conceito claro e certo do que se poderia entender acerca dessa eficácia nacional da lei materialmente complementar – ao menos de modo preciso.

Cremos ainda, como será mais a frente explanado, que a confusão se dá justamente em casos em que a composição com outros dispositivos não é suficiente à inequívoca conclusão acerca da reserva de lei complementar para determinadas matérias, sendo tarefa ainda difícil saber quais matérias teriam caráter de norma geral com pressuposta eficácia nacional, o que deverá ser objeto de investigação em tópico à parte do presente estudo.

Ainda em relação à função exercida pela lei complementar, segundo o eminente ministro relator, "Na realidade, quando a Constituição atribuiu à lei complementar a função de disciplinar apenas em âmbito federal, o fez expressamente".[32] Em outros termos, a lei ordinária seria cabível por exclusão, justamente para aqueles casos ou matérias que não estivessem reservadas *exclusivamente* à primeira espécie normativa.

A *contrario sensu*, não haveria um impeditivo constitucional expresso para que outras matérias não fossem veiculadas por lei formalmente complementar, o que cria outro grau de tensão nas posições doutrinárias, como visto em tópico anterior que tratou da defesa de uma superior hierarquia de per si da lei complementar em relação à ordinária.

Aproximadamente um mês depois desse julgado, em sede de apreciação do Tema 71 de Repercussão Geral, nos autos do Recurso Extraordinário 377.557,[33] também de relatoria do Min. Gilmar Mendes, o Excelso Tribunal entendeu não se poder falar em hierarquia entre lei complementar e lei ordinária no caso, tendo em vista se referir no caso à lei materialmente ordinária.

Vale mencionar, por último, outra decisão proferida dez anos depois,[34] de relatoria do Min. Alexandre de Moraes, em 2018, em que o plenário do Supremo reafirma o

---

31. STF – Recurso Extraordinário 556.665-1/RS, Rel. Min. Gilmar Mendes, DJ: 12.06.2008, Publicação: 14.11.2008.
32. STF – Recurso Extraordinário 556.665-1/RS, Rel. Min. Gilmar Mendes, DJ: 12.06.2008, Publicação: 14.11.2008.
33. STF – Recurso Extraordinário 377.457-3/PR, Rel. Min. Gilmar Mendes, DJ: 17.09.2008, Publicação: 19.12.2009.
34. STF – Ag. Reg. nos Emb. Div. no Ag. Reg. nos Emb. Decl. no Recurso Extraordinário 516.195/RJ, Rel. Min. Alexandre de Moraes. DJ: 26.10.2018.

entendimento de 2008 acerca da inexistência de hierarquia entre lei complementar e lei ordinária, reiterando o seu entendimento de que dizem respeito a matérias diferentemente reservadas a cada uma dessas espécies normativas, sendo a competência da lei ordinária definida somente por exclusão, em que se reproduz trecho da ementa:

> É assente nesta CORTE o entendimento pela legitimidade do art. 56 da Lei 9.430/96 para revogação da isenção prevista na LC 70/91, uma vez que (a) esta é, materialmente, lei ordinária e (b) não há hierarquia entre lei ordinária e lei complementar. O posicionamento foi firmado pelo Tribunal Pleno nos autos do RE 377.457 (Rel. Min. Gilmar Mendes, DJe de 19.12.2008, Tema 71 da repercussão geral).[35]

Em que pese haja uma predominância de as decisões do Supremo se embasarem nesse entendimento do Tribunal Pleno, é fato que muitos anos já decorreram desde a fixação inicial desse entendimento, de modo que seria válido um estudo acerca da possibilidade de revisão desse posicionamento jurisprudencial por parte dos nossos Tribunais Superiores, notadamente frente às incertezas e insegurança jurídicas instauradas a partir da adoção dessa corrente de pensamento, como se tentará demonstrar.

IV. FRAGILIDADE SUSCITADA NA TESE QUE SUSTENTA A INEXISTÊNCIA DE HIERARQUIA NORMATIVA ENTRE LEI COMPLEMENTAR E LEI ORDINÁRIA

Entendemos que a fragilidade pragmática da tese que sustenta a inexistência de hierarquia normativa entre lei complementar e lei ordinária decorre da evidente amplitude das matérias a ela reservadas e do caráter implícito de diversas matérias adstritas à lei complementar pela Constituição, o que se reforça ainda mais por conta da notória indefinição e subjetividade ínsitas a termos e/ou sentenças que definem essa materialidade, como ocorre com as expressões "normas gerais" e em matéria de legislação tributária constante do art. 146, inciso III, da Constituição Federal, além dos casos sensíveis em que uma norma de incidência pode ser confundida com uma norma com evidente intuito de dirimir um conflito de competências entre entes tributantes.

Quanto à necessidade de se reconhecer o caráter nacional da lei complementar tributária que trata (i) de conflitos de competência entre entes federados, (ii) de regulação de limitações constitucionais ao poder de tributar e/ou (iii) de normas gerais em matéria de legislação tributária, conforme prevê o art. 146 da Constituição, Renato Lopes Becho bem observa que "A própria Carta Magna possui textos nacionais e federais. A lei complementar determinada no art. 146 é de caráter nacional, regulando a atuação de todas as esferas tributantes".[36]

Daí surge uma pergunta: a lei complementar nacional, diferentemente do que ocorre com a lei federal, pode ser direcionada a todas as esferas tributantes somente se a elas se destinar indistintamente (União, Estados, Distrito Federal e Municípios), não

---

35. STF - Ag. Reg. nos Emb. Div. no Ag. Reg. nos Emb. Decl. no Recurso Extraordinário 516.195/RJ, Rel. Min. Alexandre de Moraes. DJ: 26.10.2018.
36. BECHO, Renato Lopes. *Lições de Direito Tributário*. 3. ed. São Paulo: Saraiva, 2015, p. 365.

as discriminando, ou pode se destinar a todas as esferas tributantes distinguindo-as ou não, de acordo com a conveniência do legislador, em cada caso?

A pergunta é relevante, porque, inclusive, temos leis complementares ditas nacionais que tratam tão somente de um tributo (ao menos na grande maioria de suas disposições normativas), como sói ocorrer, por exemplo, em relação à Lei Complementar 87/96, do ICMS, e com a Lei Complementar 116/03, do ISS.

A ideia de "norma geral", por exemplo, é geralmente atrelada ao estabelecimento dos "(...) elementos estruturais ou as categorias elementares das obrigações tributárias",[37] como ensina Humberto Ávila, isto é, relacionada aos aspectos essenciais ou fundamentais[38] ligados à relação jurídico-tributária. Ao passo que, em relação a tais elementos estruturais, leciona Ávila:

> Todos esses elementos são, por assim dizer, estruturais ou elementares na medida em que dizem respeito ao funcionamento minimamente eficaz, efetivo, estável, compreensível e previsível do sistema tributário em nível nacional. Daí *deverem eles ser configurados de maneira uniforme em todo o território nacional, para todos os tributos e para todos os entes federados*.[39] (grifos próprios)

Vale mencionar que, na visão do professor gaúcho, a indistinção que caracteriza a configuração desses elementos na norma geral se dá tanto em relação a todos os entes federados, como também a todos os tributos, o que voltaremos a explorar.

Assim, a própria ideia de "normas gerais" parece induzir e, até mesmo, fundar a necessidade de que seja veiculada por uma lei nacional, afastando a ideia da norma que tenha a função de efetivamente criar ou instituir o tributo ("lei de tributação", na expressão de Pontes de Miranda), com exceção daqueles casos em que a Constituição exige lei complementar para tanto (empréstimos compulsórios, competência residual etc.) somente como uma exceção da regra geral.

Ocorre que, muitas vezes, é difícil dizer até que ponto a lei tributária está tratando de "normas gerais" em matéria de legislação tributária ou, na verdade, está tratando de elementos concernentes à criação do tributo, mesmo que tenham que ser complementados por outra lei, de modo que passaremos a explicar melhor esse ponto.

Isso porque além da concepção do que sejam "normas gerais", a ideia de elementos estruturais ou categorias elementares, como elementos de definição desse caráter geral e indistinto a todos os entes federados também se veem como igualmente subjetivos e complexos frente a casos concretos em que o intérprete/ aplicador é provocado a dizer se se trata de norma geral em matéria de legislação tributária ou norma de criação e incidência/ não incidência do tributo.

---

37. ÁVILA, Humberto. Limites Constitucionais à Instituição do IBS e da CBS. *Revista Direito Tributário Atual*, (56), 701-730, 2024, p. 708.
38. SOUZA, Hamilton Dias de Souza. *Comentários ao Código Tributário Nacional*. v. 1. Arts. 1º a 95. 7. ed. São Paulo: Saraiva, 2013, p. 43.
39. ÁVILA, Humberto. Limites Constitucionais à Instituição do IBS e da CBS. *Revista Direito Tributário Atual*, (56), 701-730, 2024, p. 709.

Nesse sentido, dizer que a lei complementar, justamente pelo seu caráter nacional, quando trata de "normas gerais" se caracterizaria por "(...) se destinar *indistintamente* a todos os entes federados que compõem a federação, isto é, à União, aos Estados, ao Distrito Federal e aos Municípios (subjetivamente gerais)"[40] (grifos próprios), como propõe Humberto Ávila, não parece dar solução definitiva ao problema, tendo em vista que várias normas que são reputadas como "normas gerais" em matéria de legislação tributária, como ocorre em relação à Lei Complementar 87/96 (Lei Kandir) e à Lei Complementar 116/03, assim como dispositivos do Código Tributário Nacional (a exemplo do art. 43), não se destinam indistintamente e necessariamente a todos os entes federados (União, Estados, Distrito Federal e Municípios).

Em verdade, a alínea "a" do inciso III do art. 146 da Constituição não parece se referir a essa destinação de forma necessária e indistinta a todos os entes da federação, o que funda leis complementares como normas gerais que tratam especificamente de tributos discriminados na Constituição, como ocorre em relação ao ICMS e ao ISS, por exemplo.

Em cada um desses casos, a lei complementar serve ao propósito prescrito pelo texto constitucional de definir, em relação a esses tributos individualmente considerados, seu respectivo fato gerador, base de cálculo e contribuintes, não sendo uma norma aplicável indistintamente a todos os entes tributários.

O caráter nacional parece prevalecer, mesmo assim, tendo em vista a amplitude dessas normas sobre os entes federados estaduais (Lei Complementar 87/96) e sobre os entes federados municiais (Lei Complementar 116), tendo ainda a função de dirimir potenciais conflitos de competência, o que fica notório a partir de diversos dispositivos constantes dessas leis. Além disso, tais leis seriam destinadas a entes federados, e não a contribuintes.

Embora a opinião sustentada por Humberto Ávila acerca de quem seriam os destinatários das "normas gerais" trate da indistinção dos entes federados (União, Estados, Distrito federal e Municípios) como destinatários dessas normas, o próprio autor chega a reconhecer a função da lei complementar em tais casos, particularmente no que se refere à sua função de dirimir conflitos de competência:

> É dizer, respectivas leis complementares não dizem respeito a categorias elementares das obrigações tributárias em geral, mas sim à definição de peculiaridades de determinado imposto, tendo em vista a exigência de se dirimir potenciais conflitos de competência quando há uma pluralidade de entes federados competentes para instituir o mesmo imposto em locais diversos.[41]

Ocorre que tais leis complementares, a exemplo da Lei Kandir e de Lei Complementar 116/03, não tratam somente de matérias atreladas a potenciais conflitos de competência impositiva entre entes federados, trazendo igualmente a definição quanto

---

40. ÁVILA, Humberto. Limites Constitucionais à Instituição do IBS e da CBS. *Revista Direito Tributário Atual*, (56), 701-730, 2024, p. 708.
41. ÁVILA, Humberto. Limites Constitucionais à Instituição do IBS e da CBS. *Revista Direito Tributário Atual*, (56), 701-730, 2024, p. 706.

a aspectos estruturantes e fundamentais da obrigação tributária relativa ao ICMS e ao ISS, com fundamento no que prescreve o art. 146, inciso III, alínea "a", da Constituição, tratando "(...) especialmente sobre: a) a *definição de tributos e de suas espécies*, bem como, em relação aos *impostos* discriminados nesta Constituição, a dos respectivos *fatos geradores, bases de cálculo e contribuintes*" (grifos próprios), o que afasta a alegação que tais normas só serviriam supostamente para tratar de conflitos de competência, e nada mais.

Por outro lado, pode-se propor que tais dispositivos estruturais ou elementares da obrigação tributária, que concernem à definição dos fatos geradores, bases de cálculo e contribuintes dos tributos discriminados na Constituição, seriam, ao fim e ao cabo, matérias relativas ao propósito de dirimir conflitos de competência, com fundamento no inciso I, e não no inciso III do art. 146.

Ocorre que isso fica difícil de ser sustentado em situações, por exemplo, em que não necessariamente em que a harmonia federativa está em jogo, isto é, em que não há como se deduzir que se tratam de situações que ensejam conflitos de competência entre entes tributantes, como ocorre em relação à disposição que tratam do momento de exteriorização do fato gerador atrela do ISS e ao ICMS, assim como da substituição tributária do ICMS na Lei Complementar 87/96, dentre outros exemplos que poderiam ser aqui mencionados e aprofundados.

Assim também não parece razoável presumir-se, sempre e indubitavelmente, que o intuito das leis complementares do ISS e do ICMS, com base em seus dispositivos, sempre foi dirimir potenciais conflitos de competência, tendo em vista ser uma presunção que poder ser tida como exagerada e desarrazoada frente a situações que se buscou regular. Além disso, nada impede que o fundamento de validade dessas leis complementares possa ser extraído tanto do disposto no inciso I quanto no inciso III do art. 146, sem prejuízo ao que prevê o texto constitucional, que não traz prescrição textual de lei complementar como lei de caráter nacional, um fundamento sem excluir o outro.

Ademais desses aspectos, a questão fica um pouco mais interessante e de difícil resolução em relação ao dispositivo normativo constante do art. 43 do Código Tributário Nacional, utilizado como um de nossos exemplos, que é restrito ao Imposto de Renda, e que não tem como tratar de qualquer conflito de competência entre entes tributantes (trata-se só da União), de modo que o que o distancia de uma norma que cria tributo seria o fato de se destinar ao legislador ordinário (e não ao contribuinte), para que assim faça fazer valer suas disposições, mas sem haver mais de um ente federado subordinado a essa prescrição normativa e sem qualquer potencial conflito que possa ser cogitado na esfera federativa.

A impossibilidade de a lei complementar, conforme desenhada no art. 146 da Constituição, possuir como destinatário diretamente ao contribuinte, não se confundindo com a norma de tributação, que tem essa função, já havia sido notada por Pontes de Miranda, quando dos comentários realizados ao dispositivo constitucional que precedeu o art. 146 da Constituição de 1988, que foi o art. 19, §1º, da Carta Magna de 1967, que chamou referidas normas de "(...) lei sobre leis de tributação",[42] diferenciando das regras jurídicas sobre tributos ou leis sobre tributação.

Esse critério, já há muito observado por Pontes de Miranda, parece justificar com maior fundamento que o caráter nacional dessas leis aquelas situações em que se encontram as leis complementares que possuem fundamento de validade no art. 146 da Constituição Federal, trazendo mais um elemento de discussão ao tema, que não invalida o que está disposto no texto constitucional e nem em relação a ele nada acrescenta.

Uma linha possível de interpretação, forçando o caráter nacional da lei complementar tributária, poderia se dar no sentido de entender que a Lei Complementar 87/96, a Lei Complementar 116/03 e o disposto no art. 43 do Código Tributário Nacional, (i) seja por conta de não se tratarem de *genuínas* "normas gerais" em matéria de legislação tributária, por não se destinarem indistintamente a todos os entes federados (União, Estados, Distrito Federal e Municípios), (ii) seja por conta de possuírem dispositivos que não necessariamente tem inevitável relação com a propósito de dirimir conflitos de competência, poderiam possuir dispositivos que materialmente não estão dentro da reserva material da lei complementar.

Com base nisso, chegar-se-ia a alto grau de insegurança jurídica no momento em que se constatasse que, a depender da preexistência de fundamento de validade (normas gerais ou de conflito de competências ou que regulam limitações ao poder de tributar) ou não para a norma, haveria dispositivos de uma mesma lei ou diploma normativo, formalmente aprovado como lei complementar, que seriam materialmente lei complementar, enquanto outros não o seriam. Isso parece atrair, sem dúvidas, um altíssimo grau de imprevisibilidade e incerteza ao nosso sistema, não se podendo olvidar das fragilidades de tal raciocínio.

Com base nisso, a conclusão lógica por quem não reconhece uma hierarquia de *per si*, *a priori*, da lei complementar tributária, seria de que tais matérias que fogem à reserva material da lei complementar e que, portanto, poderiam ser objeto de revogação por lei ordinária. Isso só reforça nossa preocupação quanto à necessidade de se rever tais concepções acerca da inexistência de hierarquia efetiva entre as espécies legislativas em comento, de modo a evitar-se abrir a um subjetivismo enorme acerca das matérias que materialmente devem ser ou não objeto de lei complementar.

Ocorre que essa não parece ser a melhor solução, tendo em vista que a própria constituição não exige em seu art. 146, *textualmente*, um caráter nacional à lei complementar que venha a dispor sobre "normas gerais", especialmente com o intuito de definir os fatos geradores, bases de cálculo e contribuintes dos tributos discriminados na nossa Constituição.

Mesmo assim, o tema não parece de fácil resolução, tendo em vista que implicaria em reconhecer que a lei complementar tributária, no caso em que tratar de matéria re-

---

42. MIRANDA, Francisco Cavalcanti Pontes de. *Comentários à Constituição de 1967*. São Paulo: RT, 1967, t. II (Arts. 8º – 33), p. 369.

servada constitucionalmente a ela, a exemplo do art. 146, não necessariamente precisa ser lei de caráter nacional, ao menos no sentido do que seria esse caráter "nacional" a ela proposto por parte da doutrina hoje, como analisado.

A partir daí, pode-se tem em conta que a lei complementar, como o fizeram a Lei Kandir e a Lei Complementar 116/03, pode trazer elementos definitórios relativos à hipótese tributária desses tributos (ICMS e ISS, respectivamente), sem desnaturar, em nossa opinião, o seu caráter nacional, tendo em vista ser aplicável a todos os entes federais, funcionando ainda como fundamento de validade às leis ordinárias que deve instituir o ICMS e o ISS em cada Estado e Município considerado.

Para uma ideia de abrangência nacional atribuída à lei complementar com base nas disposições do art. 146, pode-se inferir que o caráter nacional não estaria atrelado tão somente ao fato de a norma se destinar indistintamente a todos os entes da Federação na formulação de categorias elementares à obrigação tributária, mas sim podendo se referir a elementos fundamentais ou categorias elementares à hipótese de incidência de um só tributo (v.g., ICMS, ISS, IR etc.) justamente fazendo valer a sua função na definição do fato, gerador, base de cálculo etc. de cada tributo, de modo que, antes de estar atrelado à ideia de conflito de competência, o caráter nacional estaria vinculado à sua abrangência na funcionalidade como fundamento de validade para as normas criadores/ instituidoras de tributos, em linha com o pensamento de Pontes de Miranda.

De todo modo, parece que o aprofundamento do tema não cabe ao propósito do presente estudo, que implicaria em uma investigação do que seria o *caráter nacional* que pode ser atribuído a lei complementar tributária em tais casos, valendo mais como provocação para um oportuno aprofundado do assunto, a fim de se explorar as questões que se revelam ínsitas a essa discussão.

É fato que essa questão irradia problemas na interpretação do que possa ser ou não considerado, frente a casos concretos, como lie complementar em sentido material e que, por via de consequência, não pudesse ser revogada por lei ordinária, incrementando a presente discussão, de tal modo que tais problemas, como já mencionado, só reforçam a necessidade de revisão, tanto pela doutrina, como pela jurisprudência, dessas concepções pré-formatadas, que tendem a ver hierarquia na lei complementar tão somente naquelas situações em que a lei trata de matérias e ela reservadas, o que, como se vê, não é de fácil aferição pelo intérprete/ aplicador quando analisados casos concretamente postos com maior grau de atenção.

Compreende-se, assim, que há casos em que até mesmo a composição com outros dispositivos constitucionais não se torna suficiente à inequívoca conclusão acerca da reserva de lei complementar para determinadas matérias tributárias, o que demanda uma real reflexão acerca de posições há muito pontificadas acerca do assunto, ao passo esses posicionamentos precisam ser, ao menos, criticados e revisitados hoje no âmbito da jurisprudência de nossos Tribunais Superiores.

Além de toda essa discussão acerca da amplitude e subjetividade acerca do alcance da expressão "normas gerais" constante do inciso III do art. 146, cumpre explorar, também, a discussão concernente às circunstâncias que fundamentam a dificuldade de definição do que se denomina de "conflito de competências" de que trata o inciso I do art. 146, ou seja, se uma determinada lei no caso concreto, devido ao seu caráter dúbio ou ambíguo, estaria tratando (i) de norma de criação ou incidência/ não incidência do tributo ou, por outro viés, (ii) de norma que traz ínsito o propósito de remediar ou dirimir conflitos de competência entre os entes federados, como União, Estados, Distrito Federal e Municípios (inciso I do art. 146).

Para efeitos didáticos, escolhemos um famigerado caso para essa análise, concernente às alterações trazidas pela Lei Complementar 160 no tema das subvenções para investimentos – ainda não enfrentado, no que concerne ao seu *status* de lei materialmente complementar, por nossos Tribunais Superiores –, o que se revela de suma importância ao presente estudo.

Como mencionado, o caso sugerido pode ser contextualizado a partir da aprovação e entrada em vigor da Lei Complementar 160, de 7 de agosto de 2017, que, dentre outros aspectos, alterou dispositivo constante da Lei 12.973/14 que trata da qualificação da subvenção como de investimento para efeitos de sua não tributação pela União. O art. 9º da referida lei alterou e acrescentou texto à redação original constante do art. 30 da Lei 12.973/14, particularmente em seus §§ 3º e 4º, de modo a fomentar mais discussões acerca da temática.

Muito se sustentou e ainda se sustenta que a referida norma, que pode ser extraída do referido dispositivo que alterou a lei anterior, é norma isentiva, portanto sendo considerada uma exceção à regra de incidência, composta assim dentro de seu âmbito de compreensão, ao passo que isso faria concluir que a matéria ali tratada, tendo em vista o seu conteúdo, não precisaria ser veiculada por meio de lei complementar, de forma que seria materialmente considerada lei ordinária.

Ocorre que a referida interpretação normativa traz alguns problemas sensíveis sob o ponto de vista constitucional, como se passa a demonstrar.

Como bem sustentado por Luis Eduardo Schoueri e Ricardo André Galendi Júnior, justamente com a finalidade de definir a campo de competência da União, evitando ou até encerrando conflito federativo nesse sentido, decorrente de interpretação expansiva do art. 30 da Lei 12.973/14, lavadas a cabo pela jurisprudência administrativa federal, é que os autores reconhecem lei materialmente complementar à Lei Complementar 160/17.[43]

Sustentam ainda os autores que a qualificação da Lei Complementar 160/2017 como lei complementar em sentido material também possui fundamento de validade nos dois

---

43. SCHOUERI, Luis Eduardo. JÚNIOR, Ricardo André Galendi. A Lei 14.789/2023 e a jurisprudência do STJ: incompatibilidades e suas consequências. In: MARTINS, Ives Granda da Silva; PEIXOTO, Marcelo Magalhães (Coord.). Subvenções fiscais: comentários à Lei 14.789/2023. *Cadernos de Pesquisas Tributárias*. Série APET n. 4, 2024, p. 314.

últimos incisos do art. 146 da Constituição Federal,⁴⁴ de modo que se faz interessante a reprodução dos argumentos expostos:

> Ao estabelecer parâmetros claros para a definição de subvenção para investimentos (constituição de reserva, sem necessidade de exame da intenção do ente federado) a LC 160/2017 lida de maneira específica com a limitação constitucional ao poder de tributar (inciso II), já que não permite que poder de tributar da União alcance recurso dos demais entes federais. Por outro lado, ao delimitar os contornos da subvenção para investimentos, a LC 160/2027 também traz elementos definitórios relativos à hipótese tributária de tributos federais, restringindo-a a situações que revelem capacidade contributiva e estabelecendo normas gerais em matéria de legislação tributária.⁴⁵

A base de sustentação do argumento de que o inciso III do art. 146 pode ser utilizado como fundamento de validade à Lei Complementar 160, nesse sentido, não pode ser simplesmente que se tratam de "normas gerais" indistintamente destinadas a todos os entes federados (União, Estados, Distrito Federal e Municípios), porque não é o caso. A norma veiculada a partir do art. 9º da Lei Complementar 160, alterando o art. 30 da Lei 12.973/14, "lei sobre leis de tributação", na feliz acepção de Pontes de Miranda,⁴⁶ sendo destinada tão somente a traçar elementos da obrigação tributária relativos a tributos de competência da União, não compreendendo os demais entes federados.

Seja com fundamento no inciso I, II ou III do art. 146, é fato que, caso se trate realmente de lei materialmente complementar, não poderia ela ser revogada por lei ordinária, e nem muito menos objeto de medida provisória, conforme se prescreve que é vedada a edição de medidas provisórias sobre matéria reservada à lei complementar (parágrafo 1º, inciso III, do art. 62 da Constituição Federal).

Tais incompreensões demonstram mais uma vez a dificuldade suscitada pelo tema, notadamente quando se desvenda o desafio de entender quais as matérias que o legislador entendeu reservadas à lei complementar pela Constituição, tendo em vista que cada intérprete/aplicador pode chegar – e, provavelmente, chegará – a uma conclusão particular e diferente acerca da melhor solução a ser tomada acerca da consideração da superioridade hierárquica dessa espécie normativa, assim como a possibilidade de sua revogação por lei ordinária, sem qualquer harmonia de entendimento acerca do tema, ademais de sobrecarregar demasiadamente o Judiciário com tais questões.

A fragilidade está, nos parece, justamente em deixar na mão do intérprete/ aplicador da norma a definição acerca da materialidade que está sendo alcançada, sem se respeitar a opção já realizada pelo legislador em sua função constitucional, notadamente quando

---

44. SCHOUERI, Luis Eduardo; GALENDI JÚNIOR, Ricardo André. A Lei 14.789/2023 e a jurisprudência do STJ: incompatibilidades e suas consequências. In: MARTINS, Ives Granda da Silva; PEIXOTO, Marcelo Magalhães (Coord.). Subvenções fiscais: comentários à Lei n. 14.789/2023. *Cadernos de Pesquisas Tributárias*. Série APET n. 4, 2024, p. 316.
45. SCHOUERI, Luis Eduardo; GALENDI JÚNIOR, Ricardo André. A Lei 14.789/2023 e a jurisprudência do STJ: incompatibilidades e suas consequências. In: MARTINS, Ives Granda da Silva; PEIXOTO, Marcelo Magalhães (Coord.). Subvenções fiscais: comentários à Lei 14.789/2023. *Cadernos de Pesquisas Tributárias*. Série APET n. 4, 2024, p. 316.
46. MIRANDA, Francisco Cavalcanti Pontes de. *Comentários à Constituição de 1967*. São Paulo: RT, 1967, t. II (Arts. 8º – 33), p. 369.

optou por um rito de aprovação qualificado para aquela matéria, o que passamos a tecer comentários em mais detalhes.

Mais uma vez reforça-se, com base nos ensinamentos de Hugo de Brito Machado,[47] que é justamente a permanente constatação acerca da impressão do campo atribuído pela Constituição às matérias atribuídas à lei complementar que revela, sempre mais, a insegurança jurídica pela qual paira a posição que sustenta uma hierarquia somente sob o condicionante material ou substancial da norma.

V. AFIRMAÇÃO DO PODER LEGIFERANTE POR MEIO DA HIERARQUIA SUPERIOR DE LEI COMPLEMENTAR EM MATÉRIA DE LEGISLAÇÃO TRIBUTÁRIA

Acreditamos que a questão relacionada à posição hierarquicamente superior da lei complementar, com base no seu rito qualificado de aprovação e na sua posição de prestígio apontada claramente pelo legislador constituinte originário no art. 59, *caput* e parágrafo único, da Constituição, é ainda reforçada pela função que deve ser exercida constitucionalmente pelo Poder Legislativo.

Justamente porque é o órgão responsável pela sua produção, cabe ao Poder Legislativo definir quando e por qual motivo deseja que uma determinada norma nasça por meio de um rito mais solene, sem a necessária rigidez das normas constitucionais, mas também sem a flexibilidade das leis ordinárias, evitando a sujeição da lei complementar a modificações que se deem ao sabor de maiorias ocasionais do Congresso Nacional.[48]

O intuito do quórum qualificado é senão esse, o de garantir uma maior segurança jurídica para aqueles temas que o próprio Congresso Nacional julgue que devem estar minimamente protegidos de alterações legislativas abruptas e circunstâncias, como uma forma, inclusive, de preservação de uma maior previsibilidade e segurança jurídica em relação a matérias assim eleitas pelo poder legiferante democraticamente instituído. E é nisso que o propósito democrático deita suas raízes, preservando a essência de nossas instituições republicanas.

Nesse contexto, não se quer dizer que a opção realizada pelo Legislativo não seja completamente alheia à averiguação do Judiciário, mesmo que encapada em ato ou atos administrativos que definem poderes *meramente* políticos, desde que, mesmo sendo questão política, tenha uma face judicial, como já alertara Oswaldo Aranha Bandeira de Mello,[49] justificando a intervenção do terceiro poder. Em outros termos, tão somente casos excepcionalíssimos deveriam justificar a intervenção do Poder Judiciário na matéria, sendo deixado ao Legislativo a prerrogativa de avaliar a pertinência se a matéria deve ser objeto de lei complementar, nesse sentido, evidentemente de superior hierarquia.

---

47. MACHADO, Hugo de Brito. Posição hierárquica da lei complementar. *Themis*, Fortaleza, v. 1, p. 103-107, 1997, p. 106.
48. AMARO, Luciano. *Direito Tributário Brasileiro*. 16. ed. São Paulo: Saraiva, 2010, p. 192.
49. MELLO, Oswaldo Aranha Bandeira de. *A teoria das Constituições rígidas*. São Paulo: publicação da Prefeitura do Município de São Paulo, 1948, p. 128.

Faz-se mister pontuar que a democrática deliberação do Poder Legislativo, além de dar legitimidade a essa decisão política deixada propositalmente em suas mãos, já parte de um primeiro paço para sua intentada *eficácia nacional*, que é sua formação como lei aprovada pelo Congresso Nacional, mas não por outras quaisquer casas legislativas.

Por fim, o princípio e, além disso, um postulado hermenêutico maior de nosso sistema constitucional estaria sendo prestigiado com base nessa interpretação, que se transfigura da denominada *Separação dos Poderes* (inciso III, §4°, do art. 60 da Constituição Federal), como cláusula pétrea e garantidora, nos dizeres de Geraldo Ataliba, de uma Constituição *rigidíssima*.[50] Assim, a ideia de *Separação dos Poderes* deve ser vista como um diretriz que guia e se espraia na interpretação de todo ordenamento jurídico, inclusive constitucional, sendo válido reproduzir, mais uma vez, as sempre atuais e percucientes lições de Geraldo Ataliba:

> Tratados constitucionalmente da mesma forma, assim como protegidos pela mesma super-rigidez (...), obrigam todos os intérpretes, desde o primeiro – lógica e cronologicamente (Biscaretti), o legislador – até o último – o judicial –, a submeterem às suas exigências todos os demais princípios e regras constitucionais e, com maior razão, infraconstitucionais.[51]

Existe um motivo, assim, implícito no momento em que o texto constitucional não vetou a possibilidade de a lei complementar versar sobre temas não expressamente por ele exigidos, nem explícita, nem implicitamente, qual seja a necessidade de que esse julgamento de pertinência seja realizado primeiramente e originalmente pelo Poder Legislativo, a fim de uma maior preservação às instituições e à segurança jurídica.

Com fundamento ainda nas fragilidades que se evidenciam – como comentado – na interpretação que prestigia os argumentos que já foram desenvolvidos em contrário sentido, sustenta-se que o prestígio ao Poder Legislativo deve ser garantido por meio da prerrogativa na escolha das matérias que intenta imprimir um maior grau de segurança jurídica por meio de edição de lei complementar, com o fito de proteção contra ânimos políticos momentâneos e passageiros, e que deixam de prestigiar – evidentemente – nosso propósito nacional.

CONCLUSÃO

A discussão acerca da hierarquia da lei complementar em relação à lei ordinária passa por diversas questões, como quórum especial/qualificado de aprovação, posição privilegiada no rol de espécies normativas (art. 59 da Constituição Federal), possibilidade ou não de revogação da lei complementar que não respeita a reserva constitucional por lei ordinária, exaustividade ou não dos caso em que cabe lei complementar em matéria

---

50. ATALIBA, Geraldo. *República e Constituição*. 3. ed. Atual. Rosolea Miranda Folgosi. São Paulo: Malheiros, 2011, p. 39.
51. ATALIBA, Geraldo. *República e Constituição*. 3. ed. Atual. Rosolea Miranda Folgosi. São Paulo: Malheiros, 2011, p. 45.

tributária, discussão acerca do teor do caráter nacional que lhe é exigido, dentro outras tantas temáticas que tangenciam a matéria.

Sob a perspectiva jurisprudencial, constata-se que o próprio Supremo Tribunal Federal reconhece a pouca ou reduzida evolução doutrinária no estudo do sentido da expressão "normas gerais em matéria de legislação tributária", constantes do art. 146, inciso III, alínea "a", da Constituição.

Ademais disso, constata-se como a maior fragilidade da corrente que recusa a superioridade hierárquica da lei complementar de *per si* está relacionada à abrangência e imprecisão acerca da amplitude das matérias que são reservadas pela Constituição à lei complementar, o que se sugere que possa ser solucionado por meio de um recurso hermenêutico à *Separação dos Poderes*, como guia interpretativo de todo o ordenamento jurídico, constitucional e infraconstitucional, por se tratar de cláusula pétrea e sedimentar a *super-rigidez* no nosso sistema constitucional tributário.

Assim, reitera-se que existe um motivo, assim, implícito no momento em que o texto constitucional não vetou a possibilidade de a lei complementar versar sobre temas não expressamente por ele exigidos, nem explícita, nem implicitamente, qual seja a necessidade de que esse julgamento de pertinência seja realizado primeiramente e originalmente pelo Poder Legislativo, a fim de uma maior preservação às instituições e à segurança jurídica.

A fragilidade da tese que advoga em sentido contrário está justamente em deixar na mão do intérprete/ aplicador da norma a definição acerca da materialidade que está sendo alcançada, sem se respeitar a opção já realizada pelo legislador em sua função constitucional.

Ademais da posição privilegiada que se deduz do art. 59, *caput* e parágrafo único, importante, ainda, pontuar que a democrática deliberação do Poder Legislativo, além de dar legitimidade a essa decisão política deixada propositalmente em suas mãos, já parte de um primeiro paço para sua intentada *eficácia nacional*, que é a sua formação como lei aprovada pelo Congresso Nacional, mas não por outras quaisquer casas legislativas.

Noutro giro, não se defende aqui a impossibilidade de intervenção do Judiciário em qualquer caso. Se pretende tão somente defender que casos excepcionalíssimos deveriam justificar a intervenção do Poder Judiciário na matéria, sendo deixado ao Legislativo sua prerrogativa de avaliar a pertinência se a matéria deve ser objeto de lei complementar, nesse sentido, evidentemente de superior hierarquia.

Concluímos, assim, com inspiração e à semelhança de Hugo de Brito Machado, que há uma hierarquia que se justifica formalmente pelo seu quórum qualificado de aprovação por parte de uma opção do Poder Legislativo, sem depender da matéria tratada, o que ora classificamos como uma hierarquia de *per si*, ou *a priori*, da lei complementar como espécie normativa particularmente eleita pelo Poder Legislativo em casos que entende necessária a sua edição.

Ademais de toda a discussão aqui posta, fica a provocação ao leitor em relação à função da lei complementar no contexto da Emenda Constitucional 132/23, que trouxe à baila a Reforma Tributária atrelada ao consumo em nosso País.

REFERÊNCIAS

AMARO, Luciano. *Direito Tributário Brasileiro*. 16. ed. São Paulo: Saraiva, 2010.

ATALIBA, Geraldo. *Lei Complementar na Constituição*. São Paulo: RT, 1971.

ATALIBA, Geraldo. *República e Constituição*. 3. ed. Atual. Rosolea Miranda Folgosi. São Paulo: Malheiros, 2011.

ÁVILA, Humberto. *Limites Constitucionais à Instituição do IBS e da CBS. Revista Direito Tributário Atual*, (56), 701-730, 2024.

BECHO, Renato Lopes. *Lições de Direito Tributário*. 3. ed. São Paulo: ed. Saraiva, 2015.

BORGES, José Souto Maior. Hierarquia e sintaxe constitucional da lei complementar tributária. *Revista Dialética de Direito Tributário*. n. 150, mar. 2008.

CARRAZZA, Roque Antonio. *Curso de Direito Constitucional Tributário*. 26. ed. São Paulo: Malheiros, 2010.

COSTA, Regina Helena. *Curso de Direito Tributário*. São Paulo: Saraiva, 2009.

LEAL, Victor Nunes. Leis complementares na Constituição. *Revista de Direito Administrativo*, n. 7.

MACHADO, Hugo de Brito. Posição hierárquica da lei complementar. *Themis*, Fortaleza, v. 1, p. 103-107, 1997.

MACHADO, Hugo de Brito. *Lei complementar tributária*. São Paulo: Malheiros, 2010.

MELLO, Marcos Bernardes. *Direito Tributário Moderno*. In: BORGES, José Souto Maior (Coord.). São Paulo: José Bushatsky, 1977.

MELLO, Oswaldo Aranha Bandeira de. *A teoria das Constituições rígidas*. São Paulo: publicação da Prefeitura do Município de São Paulo, 1948.

MIRANDA, Francisco Cavalcanti Pontes de. *Comentários à Constituição de 1967*. São Paulo: RT, 1967. t. II (Arts. 8º – 33).

SCHOUERI, Luiz Eduardo. *Direito Tributário*. 2. ed. São Paulo: Saraiva, 2012.

SCHOUERI, Luiz Eduardo; GALENDI JÚNIOR, Ricardo André. A Lei 14.789/2023 e a jurisprudência do STJ: incompatibilidades e suas consequências. In: MARTINS, Ives Granda da Silva; PEIXOTO, Marcelo Magalhaes (Coord.). Subvenções fiscais: comentários à Lei 14.789/2023. *Cadernos de Pesquisas Tributárias*. Série APET n. 4, 2024.

SOUZA, Hamilton Dias de Souza. *Comentários ao Código Tributário Nacional*. 7. ed. São Paulo: Saraiva, 2013. v. 1. Arts. 1º a 95.

POSIÇÃO HIERÁRQUICA DA LEI COMPLEMENTAR E O ITCMD SOBRE TRANSMISSÕES DO EXTERIOR

Márcio Severo Marques

Doutor e Mestre em Direito do Estado pela PUC/SP. Professor Licenciado da PUC/SP. Advogado em São Paulo.

Escrevemos essas linhas em homenagem ao nosso festejado professor Hugo de Brito Machado.

Vamos abordar a questão relativa à posição hierárquica da lei complementar, a partir da análise de suas funções, tais como definidas pela Constituição.

Em seguida, então, abordaremos um caso prático, envolvendo discussão jurídica originária das divergências doutrinárias a respeito da matéria, examinando a incidência do ITCMD[1] sobre a transmissão de bens em decorrência da sucessão de residentes no exterior e de doações por eles realizadas.

Comecemos por fixar nossas premissas, para assim guiarmos nosso raciocínio.

Sumário: 1. Direito positivo como sistema de normas jurídicas – 2. Normas de estrutura e normas de comportamento – 3. A lei complementar, no âmbito da constituição – 4. Hierarquia da lei complementar – forma e substância – 5. Lei complementar e normas de estrutura com funções distintas – 6. O ITCMD sobre transmissões do exterior - constituição, legislação ordinária e o entendimento do STF – Considerações finais – Desdobramentos – Referências.

1. DIREITO POSITIVO COMO SISTEMA DE NORMAS JURÍDICAS

Distinguimos a norma jurídica dos enunciados normativos veiculados pelos dispositivos legais.

Sobre o tema, Humberto Ávila esclarece, com sua costumeira didática:

Normas não são textos nem o conjunto deles, mas os sentidos construídos a partir da interpretação sistemática de textos normativos. Daí se afirmar que os dispositivos se constituem no objeto da interpretação; e as normas, no seu resultado. O importante é que não existe correspondência entre norma e dispositivo, no sentido de que sempre que houver um dispositivo haverá uma norma, ou sempre que houver uma norma deverá haver um dispositivo que lhe sirva de suporte.[2]

---

1. Ou ITCD, dependendo da legislação da unidade federada.
2. *Teoria dos Princípios*. 13. ed. São Paulo: Malheiros, 2012, p. 33. Esclarece Humberto Ávila:
   "Em alguns casos há norma mas não há dispositivo. Quais são os dispositivos que preveem os princípios da segurança jurídica e da certeza do Direito? Nenhum. Então há normas, mesmo sem dispositivos específicos que lhes deem suporte físico.
   Em outros casos há dispositivo mas não há norma. Qual norma pode ser construída a partir do enunciado constitucional que prevê a proteção de Deus? Nenhuma. Então, há dispositivos a partir dos quais não é construída norma alguma.

Esclarecida essa distinção, concebemos o direito positivo – ou ordenamento jurídico – como o conjunto de normas jurídicas que disciplinam as condutas dos jurisdicionados, em suas relações recíprocas e com o Estado, assim viabilizando o convívio social. E esse conjunto de normas jurídicas conforma um sistema, um todo unitário, conforme lecionava nosso saudoso professor Geraldo Ataliba:

> O caráter orgânico das realidades componentes do mundo que nos cerca e o caráter lógico do pensamento humano conduzem o homem a abordar as realidades que pretende estudar, sob critérios unitários, de alta utilidade científica e conveniência pedagógica, em tentativa do reconhecimento coerente e harmônico da composição de diversos elementos em um todo unitário, integrado em uma realidade maior. A esta composição de elementos, sob perspectiva unitária, se denomina sistema.

Essa unidade do ordenamento jurídico, por sua vez, exige a hierarquia das normas jurídicas que o compõem, as quais se inter-relacionam por meio de um sistema de fundamentação e derivação, como explica A. L. Machado Neto:

> A primeira condição lógica, o pressuposto, mesmo, de todos os princípios teóricos configuradores da teoria do ordenamento jurídico é que as normas – constituição, leis, regulamentos, decretos, contratos, sentenças, atos administrativos – não se encontram soltas, mas, mutuamente entrelaçadas. Sem isso, não se poderia falar em sistema, de ordem, de ordenamento jurídico.
>
> A forma ou modo desse enlace é uma forma tipicamente normativa a que se chama de fundamentação e derivação. Isto é, uma norma tem validez se se fundamenta em outra que por isso lhe é superior. Assim, por exemplo, uma dada sentença tem validade porque se funda materialmente no estabelecido pelo Código Civil, e se funda formalmente no disposto pelo Código de Processo Civil, porque foi ditada segundo o procedimento ali previsto. Por sua vez, tanto o código de direito material ou substantivo (civil) como o código de direito formal ou adjetivo (processo) referidos aplicam-se na sentença do nosso exemplo. Em outros termos, poderíamos dizer que a sentença deriva dos referidos códigos. Fundamentação e derivação são, pois, as duas faces do modo de enlace das normas num sistema (...). Se temos em mira que esse enlace normativo de fundamentação e derivação cria uma hierarquia entre as normas, onde as mais gerais se situam acima e as mais particulares, até a norma individualizada (sentença, contrato), se situam abaixo, poderemos visualizar a estrutura hierárquica das normas como uma pirâmide.[3]

Fundamentação e derivação representam, assim, as formas de conexão (estrutura) entre as normas jurídicas (repertório), assegurando a unidade do direito positivo, como sistema.

2. NORMAS DE ESTRUTURA E NORMAS DE COMPORTAMENTO

Outra premissa importante, no contexto de nossa análise, diz respeito à distinção, no âmbito do direito positivo, entre normas de estrutura e normas de comportamento.

Em outras hipóteses há apenas um dispositivo, a partir do qual se constrói mais de uma norma. Bom exemplo é o exame do enunciado prescritivo que exige lei para a instituição ou aumento de tributos, a partir do qual pode-se chegar ao princípio da legalidade, ao princípio da tipicidade, à proibição de regulamentos independentes e à proibição de delegação normativa" (idem, ibidem).

3. *Compêndio de Introdução à Ciência do Direito*. São Paulo: Saraiva, 1988, p. 147-148.

Na análise das funções da lei complementar e sua posição hierárquica, essa distinção é sobremaneira relevante.

Como mencionamos acima, o direito positivo tem por objeto regular as condutas humanas, nas suas relações intersubjetivas. E ao fazê-lo, regula a própria conduta de produzir as normas jurídicas a que estarão sujeitos os jurisdicionados.

Assim, no âmbito do ordenamento jurídico, haveremos de encontrar dois tipos de normas de conduta distintas, em razão da peculiar finalidade a que se destinam: um primeiro tipo, que são as normas dirigidas diretamente à conduta dos jurisdicionados, à disciplina do comportamento dos indivíduos em sociedade, nas suas relações recíprocas (e com o Estado); e um segundo tipo, correspondente às normas que veiculam procedimentos, critérios e condições para a produção daquelas primeiras normas, ou seja, dispõem sobre a conduta de produzir normas.

As primeiras são denominadas pela doutrina como normas de comportamento ou de conduta, enquanto as últimas, como normas de estrutura ou de competência. A lição é de Norberto Bobbio:

> Existem normas de comportamento ao lado de normas de estrutura. As normas de estrutura podem também ser consideradas como as normas para a produção jurídica: quer dizer, como as normas que regulam os procedimentos de regulamentação jurídica. Elas não regulam o comportamento, mas o modo de regular um comportamento, ou, mais exatamente, o comportamento que elas regulam é o de produzir regras.[4]

Ao permitirem ou exigirem a conduta de criar normas de comportamento, podem as normas de estrutura prescrever a forma procedimental a ser observada e o próprio conteúdo material do comando a ser por elas veiculado (obrigatório, proibido ou permitido), comando este que, inclusive, delimita a competência normativa para sua produção (delas, as normas de comportamento). Significa que o produtor da norma de comportamento fica condicionado ao cumprimento dessas exigências, sob pena de invalidade da norma editada, em razão de sua desconformidade à norma de estrutura que lhe fundamenta a validade, circunscrevendo os limites da respectiva competência normativa.

---

4. *Teoria do Ordenamento Jurídico*. Trad. Maria Celeste Cordeiro Leite dos Santos. 2. reimp. Brasília: Editora Polis, 1991, p. 45. Bobbio salienta a relevância das normas de estrutura, qualificando-as como normas imperativas de segunda instância:
"Basta-nos ter chamado a atenção sobre esta categoria de 'normas para a produção de outras normas': é a presença e frequência dessas normas que constituem a complexidade do ordenamento jurídico; e somente o estudo do ordenamento jurídico nos faz entender a natureza e a importância dessas normas. Do ponto de vista formal, a teoria da norma jurídica havia parado na consideração das normas como imperativos, entendendo por imperativo a ordem de fazer ou de não fazer.
Se levarmos em consideração também as normas para a produção de outras normas, devemos colocar, ao lado das imperativas, entendidas como comandos de fazer ou de não fazer, e que poderemos chamar 'imperativas de primeira instância', as 'imperativas de segunda instância', entendidas como comandos de comandar etc." (idem, p. 47). Verifique-se, também, CARVALHO, Paulo de Barros. *Direito Tributário, Fundamentos Jurídicos da Incidência*. São Paulo: Saraiva, 1998, p. 35.

Assim, ao lado do aspecto formal, o conteúdo material das normas de comportamento também pode ser delimitado pelas normas de estrutura que fundamentam sua validade.

A distinção entre esses dois tipos de normas nos permitirá compreender, com maior facilidade, as funções da lei complementar, tais como definidas pela Constituição. Então estaremos aptos para tratar da questão relativa à hierarquia da lei complementar.

3. A LEI COMPLEMENTAR, NO ÂMBITO DA CONSTITUIÇÃO

As disposições pertinentes ao processo legislativo estão previstas na Seção VIII do Capítulo I (Do Poder Legislativo) do Título IV (Da Organização dos Poderes) da Constituição.

Iniciam-se em seu artigo 59, que indica os veículos formais aptos para a produção e introdução de normas jurídicas no sistema do direito positivo, assim dispondo:

> Art. 59. O processo legislativo compreende a elaboração de:
> I – emendas à Constituição;
> II – leis complementares;
> III – leis ordinárias;
> IV – leis delegadas;
> V – medidas provisórias;
> VI – decretos legislativos;
> VII – resoluções.
> Parágrafo único. Lei complementar disporá sobre a elaboração, redação, alteração e consolidação das leis.

O parágrafo único do transcrito dispositivo constitucional atribui à lei complementar a definição do procedimento a ser observado para a elaboração, redação, alteração e consolidação das leis. Ou seja, confere ao legislador infraconstitucional competência para dispor sobre a produção de normas de estrutura por meio de lei complementar, as quais veiculam comandos que autorizam e delimitam o exercício da competência para a produção das normas de comportamento, que por sua vez também podem ser introduzidas por meio de lei complementar.

De fato, a Constituição atribuiu à lei complementar funções distintas, ora servindo como veículo para a produção de normas de estrutura, como no caso do transcrito parágrafo único do seu artigo 59, ora para veicular normas de comportamento, como no caso da competência tributária atribuída à União para a instituição de empréstimos compulsórios (artigo 148) e impostos de sua competência residual (artigo 154, I).[5]

---

5. Como já dizia o emérito professor José Souto Maior Borges, há "dois grupos básicos de leis complementares: 1º) leis complementares que fundamentam a validade de atos normativos (leis ordinárias, decretos legislativos

Como veículo introdutor de normas de comportamento, não vislumbramos na lei complementar posição hierárquica superior, em comparação com as leis ordinárias que também veiculem normas de comportamento (tais como aquelas que instituem os demais tributos autorizados pela Constituição). E isso pela singela circunstância de que não há conexão por fundamentação ou derivação entre elas, já que são vocacionadas a disciplinar diretamente a conduta dos jurisdicionados, não a conduta de produzir normas de comportamento.

Como veículo introdutor de normas de estrutura, no entanto, a nosso ver transparece a superioridade hierárquica da lei complementar sobre a lei ordinária, na medida em que o fundamento de validade desta última também derive da primeira.

Nesse sentido, explica Carlos Mario da Silva Velloso, exemplificando com o referido parágrafo único do artigo 59 da Constituição, transcrito acima:

> A lei complementar existente no processo legislativo brasileiro decorre de comando constitucional. Se fundamenta ela a validade de outros atos normativos, impõe-se reconhecer a sua superioridade. A lei complementar, por exemplo, inscrita no parágrafo único do art. 59 da Constituição – lei complementar disporá sobre a elaboração, redação, alteração e consolidação das leis' ostenta posição hierárquica superior, dado que servirá de fundamento de validade dos demais atos normativos. Correto, entretanto, o entendimento de que as leis complementares, na linha da lição de Souto Maior Borges, que não fundamentam a validade de outros atos normativos, não têm posição hierárquica superior.[6]

Aprofundemos a análise da questão.

4 HIERARQUIA DA LEI COMPLEMENTAR – FORMA E SUBSTÂNCIA

Ao tratar de *Segurança Jurídica e Lei Complementar*, o professor Hugo de Brito Machado assim sintetizou as correntes doutrinárias a respeito da relação de hierarquia entre a lei complementar e a lei ordinária:

> No questionamento das relações existentes entre lei complementar e lei ordinária três teses foram formuladas pela doutrina, a saber: a) a que afirma a inexistência de hierarquia entre lei complementar e lei ordinária, sendo a reserva constitucional de lei complementar apenas uma questão de competência; b) a que afirma a existência de hierarquia entre lei complementar e lei ordinária, mas sustenta que só se qualifica com lei complementar aquela que trata matéria constitucionalmente reservada a essa espécie normativa, e finalmente, c) a que afirma a existência de hierarquia entre lei complementar e lei ordinária, independentemente da matéria tratada.[7]

---

e convênios); e 2º) leis complementares que não fundamentam a validade de outros atos normativos". *Lei Complementar Tributária*. São Paulo: RT, 1975.
6. *Lei Complementar Tributária*. Texto básico de palestras proferidas no VIII Simpósio Nacional de Estudos Tributários, realizado em São Paulo, sob o patrocínio da Academia Brasileira de Direito Tributário, em 06.06.97 e no I Congresso de Direito Tributário, realizado em Recife, PE, em 02.10.2001, sob o patrocínio do Instituto Pernambucano de Estudos Tributários. Disponível em: http://www.velloso.adv.br/wp-content/uploads/2015/12/Artigo-Velloso-LEI-COMPLEMENTAR-TRIBUTÁRI1.pdf (sem paginação).
7. Disponível em: http://periodicos.ufc.br/nomos/article/view/11792/9872, p. 180.

O mestre cearense, adepto da última corrente, erigia os elementos formais pertinentes ao procedimento legislativo para a produção de lei complementar como critério para a sua identificação, assim justificando sua superioridade hierárquica frente à lei ordinária. Em suas palavras:

> A nosso ver, a identidade específica da lei complementar não deve ser buscada na matéria de que a mesma se ocupa, mas no procedimento adotado para sua elaboração. Além da Constituição Federal, do Regimento do Congresso Nacional alberga normas disciplinando o procedimento para a discussão e votação das leis, com regras específicas cuja aplicação caracteriza a espécie normativa como lei complementar.
>
> ... a identidade de uma espécie normativa deve ser buscada em seus elementos formais, a saber, na competência do órgão e no procedimento adotado para a elaboração da norma jurídica.[8]

O procedimento formal adotado para a elaboração da lei permite a identificação da espécie normativa produzida como lei complementar, independentemente do seu conteúdo. Concordamos com a assertiva, mas com a ressalva de que esse procedimento formal permite apenas identificar a *existência* de uma lei complementar, daí não resultando necessariamente sua *validade*.

Deveras, para nós, uma lei – no caso, complementar – que tenha sido editada de acordo com o procedimento legislativo competente, sob o aspecto formal, torna-se existente a partir de sua publicação. A sua existência, contudo, não se confunde e nem coincide com a sua validade, a qual depende da conformidade de suas disposições com normas de estrutura que a fundamentam.

Nosso saudoso mestre Hugo de Brito Machado reconhecia que certas matérias, por exigência constitucional, só poderiam ser veiculadas por meio de lei complementar. Mas para ele isso não excluiria a possibilidade de a lei complementar vir a tratar de outras matérias, para as quais a Constituição tenha atribuído competência ao legislador ordinário. Nesse sentido, esclarecia o seguinte:

> Certamente a lei ordinária não pode invadir o campo reservado à lei complementar, porque isso implica desrespeito à Constituição que formulou aquela reserva em favor da lei complementar. Nada impede, todavia, que a lei complementar extrapole o campo a ela reservado, disciplinando matéria que poderia ser tratada por lei ordinária.[9]

Para nosso professor cearense, nesses casos, por se tratar de espécie normativa de superioridade hierárquica, a lei complementar não poderia ser revogada por lei ordinária:

> Na verdade, a lei complementar é espécie normativa superior à lei ordinária, e tem sua identidade específica independentemente da matéria que regula. Mesmo que disponha sobre matéria a ela não reservada pela Constituição, não poderá ser alterada ou revogada por lei ordinária.[10]

---

8. *Segurança Jurídica e a Questão da Hierarquia da Lei Complementar.* Disponível em: chrome-extension://efaidnbmnnnibpcajpcglclefindmkaj/https://www.fesdt.org.br/docs/revistas/5/artigos/5.pdf, p. 82.
9. Idem, p. 95.
10. Idem, p. 92.

É conhecida a posição do nosso saudoso mestre e seu entendimento sobre a primazia da lei complementar sobre a lei ordinária, assim como sua convicção quanto à hegemonia dos aspectos formais envolvidos na produção das normas jurídicas em geral, e em especial na produção daquelas veiculadas por lei complementar, como critério para a sua identificação como espécie normativa (veículo introdutor de normas jurídicas no sistema do direito positivo), independentemente da matéria que dela fosse objeto. Em sua homenagem não poderíamos tratar do tema sem mencioná-la, embora nossa opinião seja divergente, em certa medida.

A nosso ver, a circunstância de dada matéria, reservada à lei ordinária, vir a ser veiculada por lei complementar, não leva à invalidade das normas assim editadas.

Mas, por outro lado, também não leva à conclusão de que lei ordinária posterior não poderia vir a revogar aquelas normas, simplesmente porque foram introduzidas por meio de lei complementar. Do contrário, o legislador complementar poderia, atuando além dos limites do âmbito material da competência que lhe foi constitucionalmente outorgada, restringir a competência do legislador ordinário. De fato, ficaria a seu critério a decisão sobre as matérias que só pudessem ser tratadas por lei complementar, bastando para tanto alterar uma única vez as leis ordinárias que tratassem da matéria, o que comprometeria sobremaneira a ininterrupta dinâmica do respectivo processo legislativo.

Deveras, a Constituição determinou que certas matérias deveriam ser disciplinadas por lei complementar, pois em razão de sua relevância e de outros valores constitucionais considerou a necessidade de nesses casos se exigir quórum de votação mais bem qualificado (maioria absoluta).

Para outras matérias, todavia, em função da natural evolução da sociedade organizada e o acelerado desenvolvimento de seus processos tecnológicos, com a consequente necessidade de constante atualização da respectiva legislação, o texto constitucional determinou a utilização de lei ordinária. Assim, assegurou melhor dinâmica ao respectivo processo legislativo e maior agilidade na deliberação das matérias, em função da exigência de quórum menos qualificado (maioria simples).

A par dessa circunstância, as competências dos órgãos do Estado foram atribuídas e delimitadas em função da matéria, de forma que a legitimidade do exercício de suas funções depende de sua atuação dentro dos limites daquelas competências que lhe foram assim – materialmente – atribuídas. Significa, portanto, que a outorga de competência aos órgãos do Poder Legislativo impõe sua atuação nos limites daquela competência, que é conferida em função da matéria.

Assim, entendemos que nas hipóteses em que a lei complementar transcende a matéria constitucional que lhe foi atribuída, invadindo o âmbito material da competência conferida à lei ordinária, sua superioridade hierárquica não se faz presente. E como consequência, as normas veiculadas pela lei complementar podem vir a ser alteradas por meio de lei ordinária.

5. LEI COMPLEMENTAR E NORMAS DE ESTRUTURA COM FUNÇÕES DISTINTAS

Já mencionamos acima que a Constituição atribui à lei complementar funções diferentes, servindo como veículo para a produção de normas de comportamento e de normas de estrutura.

A singela leitura do parágrafo único do artigo 59 da Constituição nos dá um exemplo claro da função da lei complementar como veículo introdutor de normas de estrutura, no sistema do direito positivo.

De fato, conforme já mencionamos, dispor sobre *a elaboração, redação, alteração e consolidação das leis* significa disciplinar a conduta a ser adotada para a produção de normas jurídicas de comportamento, função atribuída à lei complementar, por meio da veiculação de normas de estrutura.

Assim também consideramos a função da lei complementar nas hipóteses previstas pelo artigo 146 da Constituição, em que o veículo normativo deve ser utilizado para delimitar o alcance ou o conteúdo de certas normas de comportamento, desenhando os contornos da competência tributária constitucionalmente outorgada aos entes federados. Eis sua redação:

> Art. 146. Cabe à lei complementar:
> I – dispor sobre conflitos de competência, em matéria tributária, entre a União, os Estados, o Distrito Federal e os Municípios;
> II – regular as limitações constitucionais ao poder de tributar;
> III – estabelecer normas gerais em matéria de legislação tributária, especialmente sobre: ...

O comando constitucional permite-nos inferir que as normas de estrutura a serem veiculadas por meio de lei complementar têm funções distintas. E também nos conduz à conclusão de que dispor sobre conflitos de competência em matéria tributária é diferente de regular as limitações constitucionais ao poder de tributar e de estabelecer normas gerais em matéria tributária. Essa é a nossa leitura.[11]

---

11. Essas disposições já constavam da Constituição de 1967, mas a redação do seu texto adotava outra ordem cronológica para as mesmas expressões utilizadas, que constavam de uma única frase, o que deu margem a interpretações distintas a respeito do alcance do conceito de *normas gerais em matéria de legislação tributária*, dando origem a duas correntes de pensamento. Cario Mario da Silva Velloso bem sintetizou a questão:
"A Constituição de 1967, no art. 18, § 1º, estatuía que 'lei complementar estabelecerá normas gerais de direito tributário, disporá sobre os conflitos de competência nessa matéria entre a União, os Estados, o Distrito Federal e os Municípios e regulará as limitações constitucionais ao poder de tributar'.
Duas correntes doutrinárias surgiram. A primeira, a corrente dicotômica, capitaneada por Geraldo Ataliba, sustentava que a lei complementar do § 1º do art. 18 da CF/67 tinha por finalidade editar normas gerais de direito tributário sobre a) conflitos de competência entre a União, os Estados, o Distrito Federal e os Municípios e b) regular as limitações constitucionais à tributação. A segunda, a corrente tricotômica, sustentava, a seu turno, que a citada lei complementar do § 1º do art. 18 da CF/67 tinha por finalidade a) emitir normas gerais de direito tributário; b) dispor sobre conflitos de competência nessa matéria entre a União, os Estados, o Distrito Federal e os Municípios; c) regular as limitações constitucionais ao poder de tributar...

De fato, a nosso ver, os três incisos do transcrito artigo 146 da Constituição tratam de matérias diferentes, a serem reguladas por lei complementar, por meio de normas de estrutura que servem para delimitar as respectivas competências impositivas. Como suas disposições alcançam a produção legislativa de todos os entes federados, poderiam ser qualificadas como *normas gerais* em matéria de legislação tributária, porém em uma acepção diferente (no sentido de *aplicável a todos*) da adotada especificamente pelo inciso III daquele dispositivo constitucional.

Deveras, a nosso ver é outro o conteúdo semântico da expressão *normas gerais* utilizada na redação do referido inciso III do artigo 146 da Constituição. Ainda que também aplicáveis a todos os entes federados, nesse caso o conceito de *normas gerais* deve se contrapor à noção de especificidade. Ou seja, no trato da matéria tributária, as especificidades das normas de tributação devem ser veiculadas pela pessoa política titular da respectiva competência tributária, enquanto os aspectos gerais dos tributos devem ser tratados por lei complementar.

Observe-se que os conceitos são distintos, mas ambos podem ser referidos pela mesma expressão (*normas gerais*). Daí a confusão semântica que se deve buscar evitar, na medida em que se reconheça as limitações da linguagem, como instrumento de comunicação.

Relembremos. As palavras ou expressões de um idioma (os signos ou suportes físicos) são utilizadas – na comunicação – para representar e referir objetos e conceitos de objetos, dentre eles os objetos do mundo real, onde se verificam as condutas que as normas jurídicas pretendem regular, e os objetos do mundo cultural, concebido pelo homem, onde se situam as normas jurídicas.

Daí a importância de se distinguir os conceitos dos objetos a que eles – os conceitos – se referem. A professora Maria Helena Diniz, com sua costumeira didática, adverte:

> É necessário que se distinga, claramente, o conceito de seu objeto. O objeto é o dado envolvido pela forma conceitual, é aquilo que o pensamento delimita. Sob o prisma ontológico o conceito é um objeto ideal e o dado pode ser um objeto natural, cultural ou até mesmo ideal. O dado tem propriedades, caracteres e o conceito é constituído de notas que correspondem aos caracteres do objeto. O conceito é, pois, formado por elementos essenciais e permanentes do dado; retém, apenas, o elemento comum, a essência que em toda a multiplicidade se encontra, logo, o conceito não poderia

---

O fundamento básico sobre o qual se apoiava a corrente dicotômica seria o respeito e "para que se tivesse por respeitado o princípio federativo". Predominou, entretanto, como registra André Luiz Borges Netto, a corrente tricotômica, que "sempre foi amplamente aceita pelos tribunais e entre os juristas da 'escola bem comportada do Direito Tributário'", com prejuízo, acrescenta, forte em Paulo de Barros Carvalho, para "a integridade dos princípios da Federação e da autonomia dos Municípios Lei Complementar Tributária. Texto básico de palestras proferidas no VIII Simpósio Nacional de Estudos Tributários, realizado em São Paulo, sob o patrocínio da Academia Brasileira de Direito Tributário, em 06.06.97 e no I Congresso de Direito Tributário, realizado em Recife, PE, em 02.10.2001, sob o patrocínio do Instituto Pernambucano de Estudos Tributários. Disponível em: http://www.velloso.adv.br/wp-content/uploads/2015/12/Artigo-Velloso-LEI-COMPLEMENTAR-TRIBUTÁRI1.pdf (sem paginação).

ser uma duplicação, uma reprodução do real, do objeto, uma vez que funciona como um princípio de simplificação, tendo uma função seletiva.[12]

O conceito, portanto, é necessariamente distinto do objeto a que se refere, pela singela circunstância de que a linguagem não é capaz de reproduzi-lo em toda sua integridade. Daí porque os conceitos, expressos por palavras para referir objetos, só podem ser mais ou menos precisos, delimitados apenas em certa medida.

Enfatizamos essa questão relativa à imprecisão da linguagem e a fluidez dos conceitos porque eles interferem no processo de comunicação, seja quando o mesmo suporte físico denota mais de um objeto ou conota mais de um conceito, daí derivando uma pluralidade de significações possíveis, seja quando o conceito referido pelo suporte físico é impreciso.

E isso é o que ocorre, justamente, com a redação do transcrito artigo 146 da Constituição, que se utiliza de alguns termos que denotam conceitos imprecisos, como, por exemplo, em seu inciso III, quando refere a função da lei complementar de estabelecer *normas gerais em matéria de legislação tributária*. E essa imprecisão se agiganta quando se verifica que, em função dos termos e expressões utilizados em suas alíneas, adotada a amplitude semântica dos conceitos a que se referem (tributos, fato gerador, obrigação, lançamento etc.), a lei complementar poderia praticamente exaurir a matéria tributária, relegando aos titulares da competência legislativa para criar tributos reduzida margem de liberdade de atuação, o que certamente comprometeria o princípio federativo.

É preciso, portanto, adequadamente dimensionar o alcance do conceito de normas gerais a que faz referência o inciso III do artigo 146 da Constituição, inicialmente contrapondo-o ao conceito de normas específicas, no contexto de uma interpretação sistemática das demais disposições constitucionais que – veiculam normas de estrutura e – autorizam e delimitam a competência legislativa outorgada às pessoas políticas de direito público interno, a fim de se assegurar e se preservar o princípio federativo, cláusula pétrea do nosso sistema.

Essas competências legislativas estão dispersas em diversas disposições constitucionais. As matérias de competência legislativa privativa da União foram elencadas pelo artigo 22 do texto constitucional, enquanto as de competência comum entre as pessoas políticas de direito público interno, em seu artigo 23. E no seu artigo 24 a Constituição dispôs sobre as matérias de competência concorrente entre União, Estados e Distrito Federal, dentre elas a competência para legislar sobre direito tributário, estabelecendo o seguinte em seus parágrafos:

> Art. 24. Compete à União, aos Estados e ao Distrito Federal legislar concorrentemente sobre:
>
> I – direito tributário, financeiro, penitenciário, econômico e urbanístico;
>
> (...)

---

12. O Conceito de Norma Jurídica como Problema de Essência. *Revista dos Tribunais*, 1985, p. 54.

§ 1º No âmbito da legislação concorrente, a competência da União limitar-se-á a estabelecer normas gerais.

§ 2º A competência da União para legislar sobre normas gerais não exclui a competência suplementar dos Estados.

§ 3º Inexistindo lei federal sobre normas gerais, os Estados exercerão a competência legislativa plena, para atender a suas peculiaridades.

§ 4º A superveniência de lei federal sobre normas gerais suspende a eficácia da lei estadual, no que lhe for contrário.

Observe-se que, nos termos dos § 1º a 4º transcritos acima, no âmbito da legislação concorrente a competência da União deve se limitar à produção de normas gerais, a qual não exclui a competência suplementar dos Estados; e inexistindo lei federal sobre normas gerais, os Estados exercerão a competência legislativa plena, mas na superveniência de lei federal sobre normas gerais, suspende-se a eficácia da lei estadual, no que lhe for contrário.

Essas disposições constitucionais balizam a interpretação do alcance – dentre outras – das normas gerais em matéria de legislação tributária previstas pelo inciso III do artigo 146 da Constituição, que não podem tolher a competência legislativa dos Estados para dispor sobre direito tributário.

De fato, nesse caso cabe à lei complementar estabelecer normas aplicáveis a todos os tributos, sem adentrar nas especificidades de cada qual, para assim delimitar os contornos da competência impositiva outorgada pela Constituição, porém sem a comprometer.

No âmbito do direito positivo é o que fazem várias das disposições do Código Tributário Nacional ("CTN"), que nessa exata medida foram recepcionadas pela Constituição de 1988 com vestuário de lei complementar.

Por meio dessas normas gerais, por exemplo, o CTN disciplina o lançamento e trata das suas modalidades, mas cabe aos entes federados, por meio de lei ordinária, definir o tipo de lançamento aplicável aos tributos de sua competência impositiva. Da mesma forma, o CTN tratou de disciplinar a obrigação e o crédito tributário (como nascem, como são constituídos e como se extinguem), mas é a lei ordinária de cada tributo que irá definir o respectivo fato gerador, base de cálculo, alíquotas e sujeitos passivos. Exemplificativamente, a norma geral – veiculada por lei complementar – define o fato gerador da obrigação tributária, enquanto a norma específica – veiculada pelo titular da competência tributária – define o fato gerador específico do tributo assim instituído.

Mas a lei complementar prevista pelo artigo 146 do texto constitucional, como veículo introdutor de normas de estrutura, não se limita a veicular normas gerais em matéria de legislação tributária, cabendo-lhe também dispor sobre conflitos de competência em matéria tributária entre os entes federados e regular as limitações constitucionais ao poder de tributar.

Não pretendemos nos aprofundar na análise dessas outras funções, nem discutir se estão ou não contidas no conceito de *normas gerais* (em sua acepção mais ampla). Mas apenas evidenciar que a confusão semântica quanto ao alcance da expressão *normas gerais*, tanto na doutrina quanto na jurisprudência, ensejou disputa longeva entre os Estados federados e os contribuintes, no que diz respeito a incidência do ITCMD sobre transmissões por doação e sucessão de residentes no exterior, com reflexos até os dias atuais. Vejamos.

6. O ITCMD SOBRE TRANSMISSÕES DO EXTERIOR - CONSTITUIÇÃO, LEGISLAÇÃO ORDINÁRIA E O ENTENDIMENTO DO STF

A Constituição dispõe sobre o ITCMD em seu artigo 155, I, outorgando competência tributária aos Estados e ao Distrito Federal para sua instituição nos seguintes termos:

> Art. 155. Compete aos Estados e ao Distrito Federal instituir impostos sobre:
> I – transmissão causa mortis e doação, de quaisquer bens ou direitos.

No caso de bens imóveis e respectivos direitos, a Constituição outorgou competência tributária para a instituição do ITCMD ao Estado da situação do bem (artigo 155, §1º, I), enquanto em relação a bens imóveis, títulos e créditos, a competência tributária foi atribuída ao Estado onde era domiciliado o *de cujus* ou tiver domicílio o doador, ou ao Distrito Federal (artigo 155, § 1º, II).

E na hipótese de doação por residente no exterior ou de transmissão *causa mortis* de bens deixados por residentes no exterior, a Constituição estabeleceu que a competência para a instituição do ITCMD deve ser regulada por lei complementar, assim dispondo em seu artigo 155, §1º, III:

> Art. 155....
> § 1º O imposto previsto no inciso I: ...
> III – terá competência para sua instituição regulada por lei complementar:
> a) se o doador tiver domicílio ou residência no exterior;
> b) se o de cujus possuía bens, era residente ou domiciliado ou teve o seu inventário processado no exterior.

Como sabido, essa lei complementar exigida pela Constituição até hoje não foi editada. Mas apesar dessa determinação constitucional e da inexistência de lei complementar regulando a competência para a instituição do ITCMD nessas hipóteses, por meio de lei ordinária os entes federados instituíram a incidência do imposto estadual sobre as transmissões por doação ou sucessão de residentes no exterior (ou simplesmente, sinteticamente, "transmissões do exterior", para facilitar a fluência do raciocínio).

À guisa de exemplo, vejamos as disposições da Lei ordinária 10.705/00, do Estado de São Paulo, a qual estabeleceu o seguinte em seus artigos 3º, § 1º e 4º:

> Art. 3º Também sujeita-se ao imposto a transmissão de:
> § 1º A transmissão de propriedade ou domínio útil de bem imóvel e de direito a ele relativo, situado no Estado, sujeita-se ao imposto, ainda que o respectivo inventário ou arrolamento seja processado

em outro Estado, no Distrito Federal ou no exterior; e, no caso de doação, ainda que doador, donatário ou ambos não tenham domicílio ou residência neste Estado.

Artigo 4º O imposto é devido nas hipóteses abaixo especificadas, sempre que o doador residir ou tiver domicílio no exterior, e, no caso de morte, se o "de cujus" possuía bens, era residente ou teve seu inventário processado fora do país:

I – sendo corpóreo o bem transmitido:

a) quando se encontrar no território do Estado;

b) quando se encontrar no exterior e o herdeiro, legatário ou donatário tiver domicílio neste Estado;

II – sendo incorpóreo o bem transmitido:

a) quando o ato de sua transferência ou liquidação ocorrer neste Estado;

b) quando o ato referido na alínea anterior ocorrer no exterior e o herdeiro, legatário ou donatário tiver domicílio neste Estado.

Essas disposições legais ensejaram a insurgência dos contribuintes, por meio de ações judiciais em que a incidência do ITCMD sobre as transmissões do exterior foi contestada. O argumento da Fazenda do Estado de São Paulo era no sentido de que, na ausência da referida lei complementar, os Estados poderiam exercer sua competência legislativa plena, invocando como fundamento o artigo 24, § 3º da Constituição, cuja redação novamente transcrevemos, para facilitar a fluência do raciocínio:

Art. 24. Compete à União, aos Estados e ao Distrito Federal legislar concorrentemente sobre:

I – direito tributário, financeiro, penitenciário, econômico e urbanístico;

(...)

§ 1º No âmbito da legislação concorrente, a competência da União limitar-se-á a estabelecer normas gerais.

(...)

§ 3º *Inexistindo lei federal sobre normas gerais, os Estados exercerão a competência legislativa plena*, para atender a suas peculiaridades (...)

Realmente, dispõe o transcrito parágrafo 3º do artigo 24 do texto constitucional que, na ausência de lei complementar sobre normas gerais, os Estados exercerão a competência legislativa plena.

Observe-se, contudo, que o referido artigo 24 da Constituição trata de matérias – incluindo direito tributário – em relação às quais outorga competência *concorrente* à União, aos Estados e ao Distrito Federal para legislar. E é no âmbito dessa legislação concorrente que o texto constitucional determina expressamente que a competência da União limitar-se-á a estabelecer normas gerais, e que, na sua ausência, os Estados exercerão a competência legislativa plena.

Ocorre, todavia, que o artigo 155, § 1º, III da Constituição não atribui à lei complementar competência para veicular normas *gerais* em matéria de legislação tributária, mas sim para veicular normas *específicas*, que disponham *sobre conflitos de competência, em matéria tributária, entre a União, os Estados, o Distrito Federal e os Municípios*. E a competência para dispor sobre essa matéria foi outorgada com exclusividade à União, que deve exercê-la por meio de lei complementar, não se tratando, portanto, de legislação concorrente.

Foi exatamente nesse sentido o entendimento do Supremo Tribunal Federal ("STF"), nos autos do Recurso Extraordinário com Repercussão Geral 851.108/SP. Transcrevemos as seguintes passagens da Ementa dessa decisão:

> *Recurso extraordinário. Repercussão geral. Tributário. Competência suplementar dos estados e do Distrito Federal. Artigo 146, III, a, CF. Normas gerais em matéria de legislação tributária. Artigo 155, I, CF. ITCMD. Transmissão causa mortis. Doação. Artigo 155, § 1º, III, CF. Definição de competência. Elemento relevante de conexão com o exterior. Necessidade de edição de lei complementar. Impossibilidade de os estados e o Distrito Federal legislarem supletivamente na ausência da lei complementar definidora da competência tributária das unidades federativas.*
>
> (...)
>
> 3. A combinação do art. 24, I, § 3º, da CF, com o art. 34, § 3º, do ADCT dá amparo constitucional à legislação supletiva dos estados na edição de lei complementar que discipline o ITCMD, até que sobrevenham as normas gerais da União a que se refere o art. 146, III, a, da Constituição Federal. De igual modo, no uso da competência privativa, poderão os estados e o Distrito Federal, por meio de lei ordinária, instituir o ITCMD no âmbito local, dando ensejo à cobrança válida do tributo, nas hipóteses do § 1º, incisos I e II, do art. 155.
>
> 4. Sobre a regra especial do art. 155, § 1º, III, da Constituição, é importante atentar para a diferença entre as múltiplas funções da lei complementar e seus reflexos sobre eventual competência supletiva dos estados. Embora a Constituição de 1988 atribua aos estados a competência para a instituição do ITCMD (art. 155, I), também a limita ao estabelecer que cabe a lei complementar – e não a leis estaduais – regular tal competência em relação aos casos em que o *"de cujus* possuía bens, era residente ou domiciliado ou teve seu inventário processado no exterior" (art. 155, § 1º, III, b).
>
> 5. Prescinde de lei complementar a instituição do imposto sobre transmissão *causa mortis* e doação de bens imóveis – e respectivos direitos –, móveis, títulos e créditos no contexto nacional. Já nas hipóteses em que há um elemento relevante de conexão com o exterior, a Constituição exige lei complementar para se estabelecerem os elementos de conexão e fixar a qual unidade federada caberá o imposto.

Do voto do Ministro Relator, Dias Toffoli, destacamos a seguinte passagem, em que tratou das funções da lei complementar e relembrou as duas correntes doutrinárias que se formaram sobre o tema:

> O detalhamento dado ao art. 146 deixa claro que à lei complementar cabe não apenas tratar dos conflitos de competência e da regulação das limitações ao poder de tributar, mas também estabelecer normas gerais em matéria de legislação tributária. Especialmente em relação aos impostos discriminados na Constituição Federal, cabe a lei complementar a definição dos respectivos fatos geradores, das bases de cálculo e de quais serão os contribuintes do tributo (art. 146, III, a, CF).
>
> Duas correntes doutrinárias procuram definir o papel das normas gerais em matéria tributária. Uma atribui duas funções à lei complementar (corrente dicotômica), e outra, três funções (corrente tricotômica).
>
> A corrente dicotômica, liderada por Geraldo Ataliba, defende que a regra constitucional que prevê a instituição de normas gerais em matéria de legislação tributária deve ser interpretada com base no princípio federativo e na autonomia dos estados e dos municípios. Para seus defensores, a Constituição já predeterminou o conteúdo das regras de competência. Como o sistema tributário é rígido e exaustivo, caberia às leis complementares tão somente regular conflitos de competência ou especificar as

limitações ao poder de tributar, mas não instituir normas gerais em matéria de legislação tributária, já que a hipótese de incidência, a base de cálculo e os contribuintes dos impostos dos estados e dos municípios já estariam definidos pela própria Constituição. Por princípio, a lei complementar de normas gerais somente poderia disciplinar o fato gerador, a base de cálculo e os contribuintes de determinado imposto "no pressuposto de dispor sobre conflitos de competência".

A corrente tricotômica defende que as leis complementares possuem exatamente as funções que a Constituição atribuiu a elas. Para essa corrente, as hipóteses de incidência, as bases de cálculo e os contribuintes dos impostos dos estados e dos municípios, assim como a obrigação, o lançamento, o crédito, a prescrição e a decadência tributários relativos aos impostos devem ser harmonicamente definidos na federação. Para seus defensores, a exigência de normas gerais não se contrapõe ao princípio federativo, mas o concretiza. Humberto Ávila concorda com a segunda corrente, destacando a necessidade de se atribuir um conteúdo mínimo ao dispositivo constitucional. Para ele, não há um princípio federativo de um lado e regras de competência de um outro, "como se fossem entidades separadas e pudessem ser interpretadas em momentos distintos". O que haveria seria "um princípio federativo resultante da conexão com as regras de competência, e regras de competência devidamente interpretadas de acordo com o princípio federativo".

Em seguida, o Ministro analisou o alcance do artigo 24, § 3º, da Constituição, concluindo que suas disposições não se aplicam à hipótese da lei complementar prevista pelo inciso III do § 1º do artigo 155 do texto constitucional. Transcrevemos abaixo algumas passagens da fundamentação do seu voto:

> Na jurisprudência da Corte, a competência dos estados e do Distrito Federal a que alude o art. 24, § 3º, da Constituição somente os autoriza a legislar, de maneira plena, sobre direito tributário para atender a suas peculiaridades. Nesse sentido, essa competência não se estende ao tratamento de matéria de direito tributário que, inevitavelmente, se imiscua em outras unidades federadas ou envolva conflito federativo.
>
> (...)
>
> Avançando agora para a análise do Imposto Sobre Heranças e Doações (ITCMD), de competência estadual, é inegável que esse imposto pode constituir campo fértil para o surgimento de conflito horizontal de competências, e a solução desses conflitos pelo ordenamento, *a priori*, não prescinde de lei complementar.
>
> (...)
>
> No caso do ITCMD, o mecanismo para se evitar potencial conflito federativo entre os entes da federação foi acionado pelo próprio constituinte, ao exigir, no inciso III do referido § 1º, a edição de lei complementar para regular a competência e a instituição do ITCMD quando o doador tiver domicílio ou residência no exterior ou o de cujus possuir bens, tiver sido residente ou domiciliado ou tiver seu inventário processado no exterior. Nessa hipótese, é a lei complementar que, 'desempenhando a função que lhe foi atribuída pelo art. 146, I, da Magna Carta, vai disciplinar o assunto, dando critérios para que se saiba, com exatidão, a qual unidade federativa compete o imposto em tela', nos dizeres de Roque Antonio Carrazza.
>
> (...)
>
> Já no tocante à lei complementar referida no inciso III do § 1º do art. 155, necessária para se instituir o imposto nas hipóteses em que o doador tem domicílio ou residência no exterior, ou em que o de cujus possuía bens, era residente ou domiciliado ou teve o seu inventário processado no exterior, o Professor Alberto Xavier, no entanto, entende que nem a competência concorrente do art. 24, § 3º, da Constituição, nem a autorização do art. 34, § 3º, do ADCT, podem ser invocadas para fundamentar a

existência de um direito dos estados e do Distrito Federal de legislar imediatamente sobre a matéria, sem a interposição necessária da lei complementar. Vide: (...)

Fato é que, em virtude da inexistência de lei complementar sobre o assunto – agravada pela omissão do legislador federal há mais de 25 anos –, várias unidades federativas já instituíram a cobrança do ITCMD nas hipóteses referidas no art. 155, § 1º, III, da Constituição, com fundamento no art. 24, § 3º, da CF, e no art. 34, § 3º, do ADCT, como é o caso do Estado de São Paulo, o qual editou a Lei 10.705/00, cujo art. 4º incidiu em inconstitucionalidade formal por afronta ao referido dispositivo constitucional.

Todavia, embora a Constituição de 1988 atribua aos estados a competência para a instituição do ITCMD (art. 155, I), também a limita, ao estabelecer que cabe a lei complementar – e não a leis estaduais – regular tal competência em relação aos casos em que o "de cujus possuía bens, era residente ou domiciliado ou teve seu inventário processado no exterior" (art. 155, § 1º, III, b). Em outras palavras, a Constituição de 1988 não concedeu aos estados a competência para instituir o ITCMD nessa hipótese, pois tal competência deve ser regulada por lei complementar.

Nesse julgamento foi pacificado o entendimento do STF a respeito da questão, definindo-se que (i) a lei complementar prevista pelo inciso III do §1º do artigo 155 da Constituição deve dispor sobre conflitos de competência em matéria tributária, (ii) que essa matéria não é de competência legislativa concorrente entre os entes federados, mas sim privativa da União, e que, portanto, (iii) nesse caso não se aplica o disposto no parágrafo 3º do artigo 24 da Constituição, (iv) sendo vedado aos Estados e Distrito Federal invocar o exercício se sua competência legislativa plena para suprir a ausência de lei complementar.

Deveras, no referido *leading case* o STF fixou a seguinte tese de repercussão geral: "É vedado aos estados e ao Distrito Federal instituir o ITCMD nas hipóteses referidas no art. 155, § 1º, III, da Constituição Federal sem a edição da lei complementar exigida pelo referido dispositivo constitucional".

Após essa decisão, foi ajuizada a Ação Direta de Inconstitucionalidade (ADI) 6.830 pela Procuradoria-Geral da República, na qual o STF, com base naquele precedente, reconheceu a inconstitucionalidade das disposições da Lei paulista 10.705/00 (artigo 3º, §1º e artigo 4º) que estabeleciam a incidência do ITCMD sobre as transmissões por doação e sucessão de residentes no exterior, em razão da ausência de lei complementar.[13]

Também foram ajuizadas outras tantas ADIs para a impugnação de disposições semelhantes constantes das legislações dos demais Estados da federação. E nessas ações o STF também declarou a inconstitucionalidade daquelas disposições locais, em face da ausência de lei complementar. Veja-se o quadro abaixo:

---

13. Eis a Ementa dessa decisão:
 "Ementa: Ação Direta de Inconstitucionalidade. Tributário. Instituição do imposto sobre transmissão causa mortis ou de doação de quaisquer bens ou direitos – ITCMD. Hipóteses previstas no art. 155, § 1º, III, da Constituição Federal. Ausência de lei Complementar Federal. Inexistência de competência legislativa plena dos estados e do Distrito federal. Precedentes. Procedência do pedido. Inconstitucionalidade formal da expressão "no exterior", constante do § 1º do art. 3º e da integralidade do 4º da Lei 10.705, de 28.12.2000, do Estado de São Paulo. Modulação dos efeitos da decisão".

Ação	Relator	Estado
ADI 6817	Ricardo Lewandowski	Pernambuco
ADI 6818	Rosa Weber	Paraná
ADI 6819	Dias Toffoli	Pará
ADI 6820	Rosa Weber	Tocantins
ADI 6821	Alexandre de Moraes	Maranhão
ADI 6822	Luís Roberto Barroso	Paraíba
ADI 6823	Rosa Weber	Santa Catarina
ADI 6824	Alexandre de Moraes	Rondônia
ADI 6825	Edson Fachin	Rio Grande do Sul
ADI 6826	Alexandre de Moraes	Rio de Janeiro
ADI 6827	Luís Roberto Barroso	Piauí
ADI 6828	André Mendonça	Alagoas
ADI 6829	Ricardo Lewandowski	Acre
ADI 6830	Gilmar Mendes	São Paulo
ADI 6831	Luís Roberto Barroso	Goiás
ADI 6832	Ricardo Lewandowski	Espírito Santo
ADI 6833	Rosa Weber	Distrito Federal
ADI 6834	Edson Fachin	Ceará
ADI 6835	Edson Fachin	Bahia
ADI 6836	Carmen Lucia	Amazonas
ADI 6837	Ricardo Lewandowski	Amapá
ADI 6839	Carmen Lucia	Minas Gerais
ADI 6840	Rosa Weber	Mato Grosso do Sul

Todas essas decisões evidenciam o nefasto resultado decorrente da desinteligência a respeito das funções atribuídas pelo texto constitucional à lei complementar, assim como sobre a extensão do conceito de *normas gerais* adotado pelo artigo 146, III da Constituição e o alcance das disposições do seu artigo 24 e parágrafos, confirmando ainda a superioridade hierárquica da lei complementar na sua função de veicular normas de estrutura, para a delimitação dos contornos da competência tributária dos Estados – e do Distrito Federal – para a instituição do ITCMD sobre as transmissões por doação e sucessão de residentes no exterior.

CONSIDERAÇÕES FINAIS – DESDOBRAMENTOS

Julgados inconstitucionais os dispositivos das leis ordinárias estaduais que previam a incidência do ITCMD sobre as transmissões por doação e sucessão de residentes no exterior, para contornar a ausência de lei complementar em 21.12.2023 o Congresso

Nacional promulgou a Emenda Constitucional 132, a qual, dentre outras disposições, estabeleceu o seguinte acerca do ITCMD:

> Art. 16. Até que lei complementar regule o disposto no art. 155, § 1º, III, da Constituição Federal, o imposto incidente nas hipóteses de que trata o referido dispositivo *competirá*:
>
> I – relativamente a bens imóveis e respectivos direitos, ao Estado da situação do bem, ou ao Distrito Federal;
>
> II – se o doador tiver domicílio ou residência no exterior:
>
> a) ao Estado onde tiver domicílio o donatário ou ao Distrito Federal;
>
> b) se o donatário tiver domicílio ou residir no exterior, ao Estado em que se encontrar o bem ou ao Distrito Federal;
>
> III – relativamente aos bens do de cujus, ainda que situados no exterior, ao Estado onde era domiciliado, ou, se domiciliado ou residente no exterior, onde tiver domicílio o sucessor ou legatário, ou ao Distrito Federal (destacamos).

Observe-se que o transcrito artigo 16 da EC 132/23 não criou qualquer incidência tributária. Apenas estabeleceu que, enquanto não for editada a lei complementar prevista pelo inciso III do parágrafo 1º do artigo 155 da Constituição, os Estados – e o Distrito Federal – têm competência para a instituição do ITCMD sobre transmissões por doação e sucessão de residentes no exterior, observados os critérios estabelecidos em seus incisos para a definição do ente federado titular da respectiva competência tributária.

Assim, em função dessa outorga de competência estabelecida pela EC 132/23, caberia aos Estados, com fundamento em suas disposições, editar as competentes leis ordinárias, instituindo a incidência do ITCMD sobre as transmissões do exterior.

Aparentemente, todavia, os Estados federados estão entendendo que não haveria necessidade de edição de novas leis ordinárias, sob o pressuposto de que a referida EC 132/23 seria suficiente para convalidar as disposições das leis ordinárias vigentes que já estabelecem tal incidência, simplesmente desconsiderando a circunstância de que essas disposições já foram declaradas inconstitucionais pelo STF. Assim, com base na EC 132/23 e nas disposições das leis ordinárias em vigor, vêm exigindo o ITCMD sobre as transmissões por doação e sucessão de residentes no exterior.[14]

Ocorre, todavia, que os dispositivos das leis ordinárias em vigor que tratam da matéria jamais poderiam ser invocados como fundamento de validade para a exigência do ITCMD sobre transmissões do exterior, pois sendo eles inconstitucionais (assim declarados pelo STF), não poderiam ser convalidados pela superveniente EC 132/23.

É que não existe previsão, no ordenamento jurídico pátrio, de que dispositivos de lei inconstitucionais possam ser convalidados em razão de superveniente alteração da própria Constituição. A inconstitucionalidade da lei nasce com eles, é congênita, não pode ser validada *a posteriori*.

---

14. À guisa de exemplo, fazemos referência ao Estado de São Paulo, cujas autoridades fiscais vêm sustentando a legitimidade da exigência do ITCMD sobre transmissões do exterior, com fundamento na EC 132/23 e no artigo 4º da Lei 10.705/00 (já declarado inconstitucional pelo STF).

Verifique-se, nesse sentido, os seguintes precedentes do próprio STF:

Contribuição previdenciária dos inativos – Lei 6.915, de 1995, do Estado da Bahia – Emenda Constitucional 41, de 2003 – constitucionalidade superveniente – Impossibilidade. *Lei estadual que instituiu contribuição de inativo, inconstitucional quando da edição, não se torna válida em razão de mudança do parâmetro normativo superior. O Supremo já assentou inexistir, no ordenamento jurídico nacional, a constitucionalidade superveniente.* Precedentes – Ação Direta de Inconstitucionalidade 2.158/PR, relator ministro Dias Toffoli, Diário da Justiça de 16 de dezembro de 2010 (STF – Ag. Reg. no AI 620.557/ BA, Rel. Min. Marco Aurélio, DJ.: 25.03.2014 – destacamos).

Ação Direta de Inconstitucionalidade. AMB. Lei 12.398/98-Paraná. Decreto estadual 721/99. Edição da EC 41/03. Substancial alteração do parâmetro de controle. Não ocorrência de prejuízo. Superação da jurisprudência da Corte acerca da matéria. Contribuição dos inativos. Inconstitucionalidade sob a EC 20/98. Precedentes.

1. *Em nosso ordenamento jurídico, não se admite a figura da constitucionalidade superveniente. Mais relevante do que a atualidade do parâmetro de controle é a constatação de que a inconstitucionalidade persiste e é atual, ainda que se refira a dispositivos da Constituição Federal que não se encontram mais em vigor. Caso contrário, ficaria sensivelmente enfraquecida a própria regra que proíbe a convalidação.*

(...)

3. *A Lei estadual 12.398/98*, que criou a contribuição dos inativos no Estado do Paraná, *por ser inconstitucional ao tempo de sua edição, não poderia ser convalidada pela Emenda Constitucional 41/03. E, se a norma não foi convalidada, isso significa que a sua inconstitucionalidade persiste e é atual, ainda que se refira a dispositivos da Constituição Federal que não se encontram mais em vigor, alterados que foram pela Emenda Constitucional 41/03.* Superada a preliminar de prejudicialidade da ação, fixando o entendimento de, analisada a situação concreta, não se assentar o prejuízo das ações em curso, para evitar situações em que uma lei que nasceu claramente inconstitucional volte a produzir, em tese, seus efeitos, uma vez revogadas as medidas cautelares concedidas já há dez anos.

(...)

6. Declaração de inconstitucionalidade por arrastamento das normas impugnadas do decreto regulamentar, em virtude da relação de dependência com a lei impugnada. Precedentes.

7. Ação direta de inconstitucionalidade julgada parcialmente procedente (STF – ADI 2.158/PR, Rel. Min. Dias Toffoli, DJ.: 15.09.2010 – destacamos).

Constitucionalidade superveniente – Artigo 3º, § 1º, da Lei 9.718, de 27 de novembro de 1998 – Emenda Constitucional 20, de 15 de dezembro de 1998. *O sistema jurídico brasileiro não contempla a figura da constitucionalidade superveniente* (STF – RE 357.950/RS, Rel. Min. Marco Aurélio, DJ.: 09.11.2005 – g.n.).

Essa é exatamente a hipótese dos dispositivos das leis ordinárias estaduais que preveem a incidência do ITCMD sobre transmissões do exterior, pois tal incidência foi criada sem que tivesse sido editada a lei complementar exigida pelo inciso III do parágrafo 1º do artigo 155 da Constituição. Tais dispositivos, portanto, nasceram – e assim permanecem – inconstitucionais.[15]

E o fato de a superveniente EC 132/23 ter atribuído aos Estados a competência para a instituição e cobrança do ITCMD sobre doações do exterior, enquanto não editada a

---

15. E ainda que o STF tenha modulado os efeitos de suas decisões, de toda forma iniciaram a produção de seus efeitos antes da entrada em vigor da EC 132/23.

aludida lei complementar, não tem – e nem poderia ter – o condão e nem o efeito jurídico de tornar válidos (convalidar) os referidos dispositivos legais.

Nesse sentido, transcrevemos ainda a seguinte passagem do voto proferido pelo então Ministro Marco Aurélio, no julgamento do noticiado RE 851.108:

> É de afastar de nosso sistema jurídico o fenômeno da constitucionalização superveniente. Observados os artigos 146, inciso III, alínea "a", e 155, inciso XII, alínea "a", da Carta da República, não pode norma estadual ser precoce, prematura. Para ter validade, há de suceder, no tempo, legislação complementar pertinente.
>
> Ante a inexistência dessa última, o Estado atuou como entendeu cabível, olvidando-se a isonomia buscada com o requisito de constarem de lei complementar linhas mestras do tributo.
>
> Tampouco no plano da lógica surge viável a tentativa de compatibilizar, com o sistema constitucional, o diploma estadual. A levar em conta ensinamento de Jacob Bazarian, 'quando não se respeitam as leis ou princípios lógicos, o pensamento perde sua precisão, sua coerência e consequência, e torna--se incoerente e contraditório' (O problema da verdade. São Paulo: Alfa-Ômega, 1985. p. 117). Daí a importância, aponta o acadêmico turco radicado no Brasil na década de 1920, de recorrer-se aos princípios lógicos formais consagrados desde Aristóteles: o da identidade – a revelar ser tudo idêntico a si mesmo ("A é A") –; o da não contradição – segundo o qual uma coisa não pode ser e não ser ela mesma, ao mesmo tempo e do mesmo ponto de vista ("A não é não A") –; e o do terceiro excluído – a demonstrar que uma coisa é ou não é, não havendo espaço para o meio termo ("A é B ou A não é B").
>
> Ou bem se tem, presente lei complementar, instituição do Imposto sobre doação realizada por domiciliado ou residente no exterior, ou não se tem, sendo forçoso reconhecer impróprio cogitar de terceiro grupo – disciplina até que sobrevenha norma geral da União –, ao argumento de os Estados e o Distrito Federal permanecerem à míngua de receita tributária tendo em conta desídia do legislador federal.

Deveras, a validade de disposições de lei ordinária deve ser aferida a partir da análise de sua compatibilidade com as exigências constitucionais vigente ao tempo de sua produção, segundo o já mencionado sistema de fundamentação e derivação. Portanto, ou bem a norma é editada em conformidade com seus fundamentos de validade, e então é válida, ou bem não o é, não se podendo cogitar sobre sua superveniente convalidação, em função de alteração do texto constitucional.

Aliás, admitir-se o contrário constituiria violação ao princípio da Separação dos Poderes da República, pois permitiria que o Legislativo aprovasse emendas aptas a constitucionalizar normas cuja inconstitucionalidade já tivesse sido inclusive declarada pelo Judiciário (especialmente pelo STF, enquanto guardião da Constituição Federal).

Ao que tudo indica, todavia, assim não estão entendendo as autoridades fiscais estaduais, razão por que vislumbramos nova batalha judicial a ser enfrentada pelos contribuintes, mais uma vez congestionando o Poder Judiciário com ações judiciais que poderiam ser evitadas, não fosse a sanha arrecadatória dos Estados, em atropelo a regras básicas de interpretação e aplicação das normas jurídicas, no contexto do direito positivo vigente.

Como diria um ex-ministro da nossa Corte Constitucional, tempos estranhos...

REFERÊNCIAS

ÁVILLA, Humberto. *Teoria dos Princípios*. 13. ed. São Paulo: Malheiros, 2012.

BOBBIO, Norberto. *Teoria do Ordenamento Jurídico*. Trad. Maria Celeste Cordeiro Leite dos Santos. 2. reimp. Brasília: Editora Polis, 1991.

BORGES, José Souto Maior. *Lei Complementar Tributária*. São Paulo: RT, 1975.

CARVALHO, Paulo de Barros. *Direito Tributário, Fundamentos Jurídicos da Incidência*. São Paulo: Saraiva, 1998.

DINIZ, Maria Helena. O conceito de norma jurídica como problema de essência. *Revista dos Tribunais*, 1985.

MACHADO NETO, A. L. *Compêndio de Introdução à Ciência do Direito*. São Paulo: Saraiva, 1988.

MACHADO, Hugo de Brito. *Segurança Jurídica e a Questão da Hierarquia da Lei Complementar*. Disponível em: chrome-extension://efaidnbmnnnibpcajpcglclefindmkaj/https://www.fesdt.org.br/docs/revistas/5/artigos/5.pdf.

MACHADO, Hugo de Brito. *Segurança jurídica e lei complementar*. Disponível em: http://periodicos.ufc.br/nomos/article/view/11792/9872.

STF – ADI 2.158/PR, Rel. Min. Dias Toffoli, DJ.: 15.09.2010.

STF – Ag. Reg. no AI 620.557/BA, Rel. Min. Marco Aurélio, DJ.: 25.03.2014.

STF – RE 357.950/RS, Rel. Min. Marco Aurélio, DJ.: 09.11.2005.

VELLOSO, Carlos Mario da Silva. *Lei Complementar Tributária*. Texto básico de palestras proferidas no VIII Simpósio Nacional de Estudos Tributários, realizado em São Paulo, sob o patrocínio da Academia Brasileira de Direito Tributário, em 06.06.97 e no I Congresso de Direito Tributário, realizado em Recife, PE, em 02.10.2001, sob o patrocínio do Instituto Pernambucano de Estudos Tributários. Disponível em: http://www.velloso.adv.br/wp-content/uploads/2015/12/Artigo-Velloso-LEI-COMPLEMENTAR-TRIBUTÁRI1.pdf (sem paginação).

A LEI COMPLEMENTAR COMO AGENTE NORMATIVO ORDENADOR DO SISTEMA TRIBUTÁRIO E DA REPARTIÇÃO DAS COMPETÊNCIAS TRIBUTÁRIAS

Sacha Calmon Navarro Coêlho

Coordenador do curso de especialização em Direito Tributário das Faculdades Milton Campos. Ex-Professor Titular das Faculdades de Direito da Universidade Federal de Minas Gerais (UFMG) e Universidade Federal do Rio de Janeiro (UFRJ). Ex-Juiz Federal. Ex-Procurador Chefe da Procuradoria Fiscal de Minas Gerais. Ex-Presidente da Associação Brasileira de Direito Financeiro (ABDF) no Rio de Janeiro. Autor do "Curso de Direito Tributário Brasileiro" (Forense). Advogado.
scalmon@sachacalmon.com.br

Sumário: 1. As leis complementares da constituição – 2. As leis complementares tributárias – 3. O lugar da lei complementar no ordenamento jurídico – o âmbito de validade das leis em geral – enlace com a teoria do federalismo – 4. A lei complementar e seu relacionamento jurídico com a constituição federal e as leis ordinárias – 5. Como operam as leis complementares em matéria tributária – 6. Os três objetos materiais genéricos da lei complementar tributária segundo a Constituição Federal de 1988 – 7. Conflitos de competência – 8. Regulação das limitações ao poder de tributar – 9. Apreciações críticas sobre a matéria em exame – 10. Normas gerais de direito tributário – 11. O federalismo brasileiro – aspectos – ligação com o tema das leis complementares – 12. O "poder" das normas gerais de direito tributário em particular – 13. O Art. 146-A do texto constitucional – a preservação da concorrência – 14. Temas tópicos constitucionais reservados à lei complementar em matéria tributária – 15. A necessidade de lei complementar prévia para a instituição de impostos e contribuições – 16. Referências.

1. AS LEIS COMPLEMENTARES DA CONSTITUIÇÃO

O art. 59 da Constituição Federal prescreve:

Art. 59. O processo legislativo compreende a elaboração de:

I – emendas à Constituição;

II – leis complementares;

III – leis ordinárias;

IV – leis delegadas;

V – medidas provisórias;

VI – decretos legislativos;

VII – resoluções.

Parágrafo único. Lei complementar disporá sobre a elaboração, redação, alteração e consolidação das leis.

E o art. 69 averba:

Art. 69. As leis complementares serão aprovadas por maioria absoluta.

Infere-se que a lei complementar faz parte do processo legislativo da Constituição.

Nunes Leal, antes da Carta de 1967 e, por suposto, antes da Constituição de 1988, observara que nada distinguia uma lei complementar de outra, ordinária. Eram chamadas de complementares aquelas que tangiam instituições e regulavam os pontos sensíveis do ordenamento jurídico.

Agora a situação é outra. As leis complementares, inclusive as tributárias, são entes legislativos reconhecíveis formal e materialmente (forma e fundo), senão vejamos:

A) sob o ponto de vista formal, lei complementar da Constituição é aquela votada por maioria absoluta (*quorum* de votação de metade mais um dos membros do Congresso Nacional), a teor do art. 69 da CF;

B) sob o ponto de vista material, a lei complementar é a que tem por objetivo (conteúdo) a complementação da Constituição, quer ajuntando-lhe normatividade, quer operacionalizando-lhe os comandos, daí se reconhecer que existem leis complementares normativas e leis complementares de atuação constitucional. A matéria das leis complementares é fornecida pela própria CF expressamente.

2. AS LEIS COMPLEMENTARES TRIBUTÁRIAS

Em matéria tributária, a Constituição de 1988 assinala para a lei complementar os seguintes papéis:

I – emitir normas gerais de Direito Tributário;
II – dirimir conflitos de competência;
III – regular limitações ao poder de tributar;
IV – fazer atuar certos ditames constitucionais.

Os três primeiros *são genéricos*. O quarto é *tópico*. Caso por caso, a Constituição determina a utilização da lei complementar. Podemos dizer, noutras palavras, que a utilização da lei complementar não é decidida pelo *Poder Legislativo*. Ao contrário, a sua utilização é predeterminada pela Constituição. As matérias sob reserva de lei complementar são aquelas expressamente previstas pelo constituinte (âmbito de validade material, predeterminado constitucionalmente).

O assunto convoca necessariamente alguma explicação sobre a ordem jurídica dos Estados federativos. Em que pesem as particularidades dos vários Estados federais existentes, um fundamento é intrinsecamente comum a todos eles: a *existência*, ou melhor, a *coexistência de ordens jurídicas parciais* sob a égide da Constituição.

No Brasil, *v.g.*, existem três ordens jurídicas parciais que, subordinadas pela ordem jurídica constitucional, formam a ordem jurídica nacional. As ordens jurídicas parciais são: (a) a federal, (b) a estadual e (c) a municipal, pois tanto a União, como os estados e os municípios possuem autogoverno e produzem *normas* jurídicas. Juntas, estas ordens jurídicas formam a *ordem jurídica total*, sob o império da Constituição, fundamento do

Estado e do *Direito*. A lei complementar é *nacional* e, pois, subordina as ordens jurídicas parciais (O Distrito Federal é estado e município a um só tempo).

3 O LUGAR DA LEI COMPLEMENTAR NO ORDENAMENTO JURÍDICO – O ÂMBITO DE VALIDADE DAS LEIS EM GERAL – ENLACE COM A TEORIA DO FEDERALISMO

Para bem precisar a noção em exame, de resto fundamental, é preciso atentar para o estudo dos âmbitos de validade das leis teorizado por Kelsen e entre nós por Pontes de Miranda, Miguel Reale e José Souto Maior Borges, sem olvidar Lourival Vilanova, os dois últimos da Universidade Federal de Pernambuco, autores que nos inspiram e com os quais mantemos irrisórias divergências terminológicas ou analíticas.

A lei, toda lei, necessariamente exige um emissor, uma mensagem e um receptor (ou destinatário), porque a função maior da lei consiste em planificar comportamentos humanos e sociais. Todavia, não basta dizer isto. As leis possuem âmbitos de validade e são quatro: o material, o pessoal, o espacial e o temporal:

> A) o âmbito de validade material diz respeito ao seu conteúdo, ou seja, diz respeito à norma que ela encerra. A lei é continente, a norma é conteúdo. Cada norma tem um conteúdo material preciso e, pois, limitado. Daí as classificações de normas pelo objeto: competenciais, organizatórias, técnicas ou processuais, de dever, sancionatórias etc.;
>
> B) o âmbito de validade pessoal diz respeito aos destinatários da norma, ou seja, às classes de pessoas a quem se dirige a lei, com exclusão de todas as demais classes;
>
> C) o âmbito de validade espacial encerra o espaço político onde a lei tem vigência e eficácia, onde produz efeitos, daí as noções de territorialidade e extraterritorialidade das leis;
>
> D) o âmbito de validade temporal liga-se ao tempo de aplicação da lei, daí as questões de Direito intertemporal.

Agora o enlace.

Kelsen e os bons teóricos do federalismo costumam distinguir, utilizando-se do âmbito de validade espacial das leis, as que são válidas em todo o território do Estado federal (normas centrais) das que são válidas apenas para determinadas partes desse mesmo território (normas parciais). Preferimos falar em ordem jurídica federal em vez de central. No Brasil, *v.g.*, "centrais" seriam as leis emitidas pelo Legislativo federal. Em verdade, as leis federais vigem e valem em todo o território nacional. Parciais seriam as leis emitidas pelos Legislativos estaduais e municipais. Vigem e valem, respectivamente, nos territórios pertencentes aos diversos Estados Membros da Federação e nos territórios dos seus municípios. Preferimos falar em ordens jurídicas estaduais e municipais. Para nós, então, a reunião dessas três ordens parciais (a federal, a estadual e a municipal) forma a ordem jurídica total (nacional) sob a ordem jurídica constitucional, fundamento de validez de todas elas. A propósito, Misabel de Abreu Machado Derzi[1] preleciona quanto aos arquétipos federais:

---

1. COÊLHO, Sacha Calmon Navarro; DERZI, Misabel. *O IPTU*. São Paulo: Saraiva, 1982, *passim*.

Já afirmamos, com Reale, que a todo poder social corresponde uma ordem jurídica, sendo a ordenação pelo direito a forma de organização da coerção social. Por conseguinte, com a descentralização política própria do Estado federal se dá, necessariamente, uma descentralização jurídica.

O enfoque estritamente jurídico da questão leva-nos a constatar o inverso. À descentralização jurídica corresponderá a política, já que o poder estatal, sob tal ângulo, é mera validade e eficácia da ordem jurídica.

O emissor da lei complementar posta no Texto Constitucional e aqui tratada é o Congresso Nacional, que também edita as leis ordinárias federais. Vimos por outro lado que a lei complementar é votada por maioria absoluta (metade mais um dos membros do Congresso Nacional), o que fornece o critério formal de seu reconhecimento como ente legislativo autônomo. Vimos, ainda, os seus objetos materiais, isto é, os assuntos que cabem à lei complementar tributária. Inobstante, tais clareamentos nada adiantam sobre o lugar da lei complementar no interior das ordens jurídicas que integram o Estado federal. A lei complementar é lei federal, é lei da ordem jurídica parcial da União? Ou, ao revés, é lei que integra o próprio ordenamento constitucional, não no sentido de ser da Constituição, mas no sentido de ser o instrumento que diz como devem ser certas determinações constitucionais?

A resposta, por certo, é difícil. Contudo, a reunião de certos conceitos e intuições talvez nos permita bem compreender a dinâmica, antes que a estática da lei complementar no sistema jurídico da Constituição brasileira.

Em primeiro lugar, o órgão de emissão da lei complementar é o mesmo que emite a lei federal ordinária, e seu âmbito de validade espacial é igual ao âmbito da lei federal. Por aí, as leis complementares da Constituição são idênticas às leis federais ordinárias.

O âmbito de validade espacial da lei complementar é intratável. Ela tem que viger e valer em todo o território nacional sob pena de se não realizar em seus objetivos. A coincidência com o âmbito de validade espacial da lei federal é fatal e irredutível. Quanto ao órgão legislativo de sua emissão, só pode ser mesmo o Congresso Nacional, uma vez que, terminada a Constituição, a Assembleia Nacional Constituinte extinguiu-se. É preciso, porém, estabelecer quanto ao tema um "escolástico distínguo". É que o Congresso Nacional, ao lado das suas funções normais de órgão legislativo da União Federal (ordem jurídica parcial), outras exerce que não são do exclusivo interesse desta. É o caso, por exemplo, das emendas à Constituição, que são feitas pelo Congresso Nacional em prol da Nação, alterando a própria ordem constitucional. O mesmo se pode dizer da lei complementar, que, a nosso ver, é lei nacional de observância obrigatória pelas ordens parciais, embora reconheçamos que, ao lume da teorização kelseniana, a assertiva não possui fundamento incontestável, pois nacional é também a lei federal, aos fundamentos de que são os mesmos: (a) o órgão de emissão e (b) o âmbito de validade espacial (de ambas as leis), diferentes somente no *quorum* de votação (requisito de forma) e no conteúdo (requisito de fundo). A crítica, forçoso é reconhecer, procede. No entanto, estamos alcunhando de *nacional* a lei complementar com o único intuito de apartá-la da legislação federal ordinária pelo *quorum* (forma) e em razões de seus conteúdos (fundo), os quais, veremos, são sempre fins queridos pelo legislador constituinte, em continuação da própria Lei Maior, através de determinações expressas do texto constitucional. Certo, certíssimo. A lei complementar é utilizada, agora, sim, em matéria tributária, para fins de complementação e atuação constitucional.

    A) Serve para complementar dispositivos constitucionais de eficácia limitada, na terminologia de José Afonso da Silva;

    B) Serve ainda para conter dispositivos constitucionais de eficácia contida (ou contível);

    C) Serve para fazer atuar determinações constitucionais consideradas importantes e de interesse de toda a Nação. Por isso mesmo as leis complementares requisitam *quorum* qualificado por causa da importância nacional das matérias postas à sua disposição.

Noutras palavras, a lei complementar está a serviço da Constituição e não da União Federal. Esta apenas empresta o órgão emissor para a edição das leis complementares (da Constituição). Por isso mesmo, por estar ligada à expansão do texto constitucional, a lei complementar se diferencia da lei ordinária federal, que, embora possua também âmbito de validade espacial nacional, cuida só de matérias de interesse ordinário da União Federal, cuja ordem jurídica é parcial, tanto quanto são parciais as ordens jurídicas dos Estados Membros e dos Municípios. A lei complementar é, por excelência, um instrumento constitucional utilizado para integrar e fazer atuar a própria Constituição. Sendo tal, a lei complementar jamais pode delegar matéria que lhe pertine, por determinação constitucional; tornaria flexível a nossa Constituição.

4. A LEI COMPLEMENTAR E SEU RELACIONAMENTO JURÍDICO COM A CONSTITUIÇÃO FEDERAL E AS LEIS ORDINÁRIAS

A lei complementar na forma e no conteúdo só é contrastável com a Constituição (o teste de constitucionalidade se faz em relação à Superlei) e, por isso, pode apenas adentrar área material que lhe esteja expressamente reservada. Se porventura cuidar de matéria reservada às pessoas políticas periféricas (Estado e Município), não terá valência. Se penetrar, noutro giro, competência estadual ou municipal, provocará inconstitucionalidade por invasão de competência. Se regular matéria da competência da União reservada à lei ordinária, em vez de inconstitucionalidade incorre em queda de *status*, pois terá valência de simples lei ordinária federal. Abrem-se ensanchas ao brocardo processual "nenhuma nulidade, sem prejuízo", por causa do princípio da economia processual, tendo em vista a identidade do órgão legislativo emitente da lei. Quem pode o mais pode o menos. A recíproca não é verdadeira. A lei ordinária excederá se cuidar da matéria reservada à lei complementar. Não valerá. Quem pode o menos não pode o mais.

É oportuno compreender por que as coisas se passam assim, com um pouco mais de profundidade, com esforço na Teoria Geral do Direito. Todo sistema jurídico abriga determinadas técnicas de reconhecimento de suas leis e de suas normas. Sim, porque leis e normas são coisas distintas, assunto que retomaremos mais à frente aproveitando os escólios de Souto Maior Borges. Por ora, aprofundando a teoria dos âmbitos de validade, basta dizer que as leis são como fios por onde correm as energias normativas, isto é, as normas. No caso da lei complementar, há requisitos de forma quanto à sua edição e requisitos de fundo quanto ao seu conteúdo, isto é, quanto ao que pode conter em termos normativos. Os conteúdos são predeterminados na Constituição. Tais requisitos formam a técnica de reconhecimento das leis complementares tributárias no sistema jurídico brasileiro.

Logicamente, o teste de validade formal só é possível ao pressuposto de que a lei existe. A existência da lei é um *prius* em relação à sua validade formal. E a questão da vigência somente pode ser conferida ao suposto de que a lei é formalmente válida, porque se for inválida, não pode viger com validez. Vigerá, mas não valerá.

No plano da norma, isto é, no plano de consideração do "dentro" ou do conteúdo da lei, de sua normatividade, importa primeiramente (a) verificar se o que prescreve possui validade material ou, noutro giro, se está de acordo com o sistema normativo como um todo e com os fundamentos materiais de validez por ele fornecidos. Os conteúdos da lei complementar, vimos, são autorizados pela CF; (b) depois importa verificar a sua eficácia, que é a capacidade de produzir os efeitos jurídicos que lhe são próprios. Norma eficaz é a que tem validade material e que veio a lume através de lei válida formalmente já em vigor.

Poderá, outrossim, ter validade material, mas não ter validez formal. Não valerá, salvo se adaptável. Vejamos uns exemplos. Voltando à lei que, votada como complementar, trata de objeto reservado à lei ordinária federal, temos que ocorre o fenômeno da adaptação: o sistema adapta a pretensa lei complementar à função que lhe determinou o ordenamento *ratione materiae*. No caso de lei complementar regulando matéria de lei ordinária estadual ou municipal, ocorre o fenômeno da rejeição. O sistema jurídico rejeita a norma, vedando o seu ingresso no ordenamento para evitar a invasão das competências fixadas na CF. O mesmo ocorrerá se a lei ordinária federal cuidar de matéria reservada à lei complementar. Já o fenômeno da recepção ocorre quando o sistema reconhece a existência da lei, sua validade formal, sua validade material e, portanto, se vigente, a sua eficácia. As técnicas de reconhecimento, portanto, uma vez utilizadas, levam à adaptação, à rejeição ou à recepção das normas do sistema.

5. COMO OPERAM AS LEIS COMPLEMENTARES EM MATÉRIA TRIBUTÁRIA

Embora já saibamos que as leis complementares, em tema de tributação, têm por objetos materiais: (a) editar normas gerais; (b) dirimir conflitos de competência; (c) regular as limitações ao poder de tributar; e (d) fazer atuar ditames constitucionais, é oportuníssimo vislumbrar *como operam as leis complementares* dentro do sistema (interconexão normativa).

Pois bem, as leis complementares *atuam diretamente* ou *complementam dispositivos constitucionais de eficácia contida* (balizando-lhes o alcance), ou, ainda, integram dispositivos constitucionais de eficácia limitada (conferindo-lhes normatividade plena).

Cuidemos de exemplos:

A) lei complementar integrando dispositivo constitucional de eficácia limitada, necessitado de agregação normativa para poder ser aplicado por não ser bastante-em-si, como diria Pontes de Miranda.

Art. 150, VI, "c", da CF:

(...) é vedado à União, aos Estados, ao Distrito Federal e aos Municípios:

(...)

VI – instituir impostos sobre:

(...)

c) patrimônio, renda ou serviços dos partidos políticos, inclusive suas fundações, das entidades sindicais dos trabalhadores, das instituições de educação e de assistência social, sem fins lucrativos, atendidos os requisitos da lei;

(...)

Sem lei, que só pode ser a complementar, a teor do art. 146, II, da CF, a imunidade sob cogitação é inaplicável à falta dos requisitos necessários à fruição desta (*not self-executing*);

B) lei complementar contendo dispositivo constitucional de eficácia contível e aplicável de imediato, sem peias.

Art. 155, § 2.º, X, "a" (sobre o ICMS):

§ 2.º O imposto previsto no inciso II atenderá ao seguinte:

(...)

X – não incidirá:

a) sobre operações que destinem ao exterior produtos industrializados, excluídos os semielaborados definidos em lei complementar;

(...)

Esta redação é anterior à Emenda Constitucional 42/2003.[2] Hoje já não existem produtos semielaborados, todos são imunes, e, ademais, os exportadores possuem o direito de se creditarem do ICMS pago nas operações anteriores.

O exemplo é dado apenas para fins didáticos. Até e enquanto não sobreveio lei complementar ou convênio com a *lista dos semielaborados* excluíveis da regra de imunidade (limitação ao poder de tributar), todos os produtos industrializados, inclusive os semielaborados, foram *imunes* quando remetidos ao exterior. A lei complementar no caso teve por função comprimir a licença constitucional ampla e autoaplicável (*self-executing*).

---

2. Presentemente a questão não existe. A Lei Complementar 87/1996 isentou exportações que, não imunes, eram tributadas pelos Estados (isenção heterônoma). Essa amplitude foi adotada pela Emenda Constitucional 42/2003 que, alterando a redação da letra "a" do inciso X do § 2º do art. 155 da Constituição Federal, determinou que a regra da imunidade deveria ser aplicada sobre quaisquer operações que destinem ao exterior mercadorias ou serviços que estejam no campo de incidência do ICMS. Atualmente dispõe o parágrafo: "§ 2.º O imposto previsto no inciso II atenderá ao seguinte: [...] X – não incidirá: a) sobre operações que destinem mercadorias para o exterior, nem sobre serviços prestados a destinatários no exterior, assegurada a manutenção e o aproveitamento do montante do imposto cobrado nas operações e prestações anteriores (redação dada pela Emenda Constitucional 42, de 19.12.2003); [...]".

C) lei complementar com função de fazer atuar diretamente dispositivo constitucional.

Art. 148. A União, mediante lei complementar, poderá instituir empréstimos compulsórios:

(...)

Nesse caso, a Constituição atribuiu à lei complementar a função direta de instituir tributo em favor da União (ordem parcial), presentes os motivos previstos no próprio texto constitucional (incisos I e II do art. 148). A mesma função desempenharão as leis complementares que tenham por objeto dirimir conflitos de competência entre as pessoas políticas em matéria tributária. Elas atuarão para diretamente resolver turbulências no *discrímen* das competências na hipótese de ocorrerem.

Bem examinadas as coisas, as leis complementares funcionam como manifestações de expansão da própria Constituição, daí o adjetivo complementar (da Constituição).

José Souto Maior Borges,[3] com percuciente visão científica, classifica as leis complementares em duas espécies. Para ele, as leis complementares: (a) fundamentam a validez de outros atos normativos (leis ordinárias, decretos legislativos, convênios); ou (b) não fundamentam outros atos normativos, atuando diretamente.

E explica a sua sistematização, a qual não confronta a que acabamos de expor, senão que a completa analiticamente. Por oportuno, Souto Maior trabalha em cima da Constituição de 1967, o que não prejudica a teorização.

> O direito regula a sua própria criação, enquanto uma norma jurídica pode determinar a forma pela qual outra norma jurídica é criada, assim como, em certa medida, o conteúdo desta última. Regular a sua própria criação, de modo que uma norma apenas determine o processo mediante o qual outra norma é produzida ou também, em medida variável, o conteúdo da norma a ser produzida, é assim uma particularidade do direito. A validade de uma norma jurídica depende portanto de seu relacionamento com normas superiores processuais, reguladoras da atuação do órgão, e as normas superiores materiais, determinantes, até certo ponto, do conteúdo possível da norma a ser editada. A norma jurídica é válida então porque foi criada na forma estabelecida por outra norma que funciona como o seu fundamento ou razão de validade. Dado o caráter dinâmico do direito, uma norma jurídica somente é válida na medida em que é produzida pelo modo determinado por uma outra norma que representa o seu fundamento imediato de validade. Para Kelsen, a relação entre a norma que regula a produção de outra e a norma assim regularmente produzida por ser figurada por uma imagem espacial de suprainfraordenação. Trata-se pois de um mero recurso a imagens espaciais, figuras de linguagem de índole especial. A norma determinante da criação de outra é superior a esta; a criação de acordo com a primeira, lhe é, ao contrário, inferior. A criação de uma norma – a de grau mais baixo – é determinada por outra – a de grau superior – cuja criação é, por sua vez, determinada por outra norma de grau mais alto. Outro valor e outra significação não tem o problema de hierarquização dos diferentes níveis de normas. O ordenamento jurídico, para atualizarmos a "imagem espacial" de Kelsen, não está constituído por um sistema de normas coordenadas entre si, que encontrassem umas ao lado das outras.

Para Kelsen, mesmo quando a norma de grau superior determina apenas o órgão que deve criar a norma de grau inferior (e não o seu conteúdo), ou seja, quando autoriza esse órgão a determinar, de acordo com seu próprio critério, o processo de criação da

---

3. BORGES, José Souto Maior. *Lei complementar tributária*. São Paulo: RT, 1975.

norma inferior, a norma superior é "aplicada" na criação da norma inferior. E, para ele, a norma superior tem que determinar quando menos o órgão incumbido da criação da norma inferior.[4]

Podemos então denominar fundamento de validade de uma norma a norma reguladora de sua criação.[5]

> [...]
> A doutrina brasileira, consoante exposto, vislumbra indistintamente uma função de intermediação ou intercalar da lei complementar, decorrente da sua inserção formal, na enunciação dos atos normativos do art. 46 da Constituição, entre as emendas constitucionais e as leis ordinárias. Tal, entretanto, nem sempre ocorre, como o demonstra uma análise jurídica mais detida. Essa análise revelará dois grupos básicos de leis complementares: 1º) leis complementares que fundamentam a validade de atos normativos (leis ordinárias, decretos legislativos e convênios); e 2º) leis complementares que não fundamentam a validade de outros atos normativos. Não parece viável, fora dessa perspectiva, uma classificação das leis complementares.

Conquanto a integração das leis constitucionais possa ser feita por leis ordinárias, plebiscitos, referendos etc., dependendo do querer do legislador máximo, como bem observado por José Afonso da Silva, entre nós o constituinte elegeu a lei complementar como o instrumento por excelência dessa elevada função, com os matizes que vimos de ver, embora sem excluir aqui e acolá outros instrumentos integrativos. Em matéria tributária, sem dúvida, a lei complementar é o instrumento-mor da complementação do sistema tributário da Constituição, a começar pelo Código Tributário Nacional, que, material e formalmente, só pode ser lei complementar. Quatro consequências devem ser ditas: a) o legislador não escolhe a matéria da lei complementar, mas, sim, a Constituição; b) o legislador ordinário não pode adentrar matéria de lei complementar, torná-la-ia inútil; c) a lei complementar só é superior às leis ordinárias quando é o *fundamento de validez* destas; e d) a matéria sob reserva de lei complementar é *indelegável*.

6. OS TRÊS OBJETOS MATERIAIS GENÉRICOS DA LEI COMPLEMENTAR TRIBUTÁRIA SEGUNDO A CONSTITUIÇÃO FEDERAL DE 1988

Como dito anteriormente, o art. 146 do atual Texto Constitucional estabelece três funções materiais para a lei complementar: (a) dispor sobre conflitos de competência em matéria tributária entre as pessoas políticas, (b) regulação das limitações constitucionais ao poder de tributar e (c) editar normas gerais de Direito Tributário, com alguns caminhos já pautados pelas letras "a" a "d" do inciso III e parágrafo único, todos do mesmo art. 146. Veremos uma a uma nos itens a seguir, além da novidade do art. 146-A.

---

4. Cf. KELSEN, Hans. *Teoría general del derecho*. México: Imprensa Universitaria, 1949. p. 128 e 138; idem, *Teoría pura del derecho*. 2. ed. Coimbra: Arménio Amado, 1962. v. 2, p. 64; idem, *Teoría pura del derecho*. Introducción a la ciencia del derecho. 10. ed. Buenos Aires: Ed. Universitaria de Buenos Aires, 1971. p. 147.

5. Cf. VERNENGO, Roberto José. *Temas de teoría general del derecho*. Buenos Aires: Cooperadora de Ciencias Sociales, 1971. p. 343.

7. CONFLITOS DE COMPETÊNCIA

O primeiro objeto genérico da lei complementar tributária é o de dispor sobre conflitos de competência em matéria tributária entre as pessoas políticas. A sua função na espécie é tutelar do sistema e objetiva controlar, após a promulgação da Lei Maior, o sistema de repartição de competências tributárias, resguardando-o. Em princípio, causa perplexidade a possibilidade de conflitos de competência, dada a rigidez e a rigorosa segregação do sistema, com impostos privativos e apartados por ordem de governo e taxas e contribuições de melhoria atribuídas com base na precedente competência político-administrativa das pessoas políticas componentes da Federação. Dá-se, porém, que não são propriamente conflitos de competência que podem ocorrer, mas invasões de competência em razão da insuficiência intelectiva dos relatos constitucionais pelas pessoas políticas destinatárias das regras de competência relativamente aos fatos geradores de seus tributos, notadamente impostos. É dizer, dada pessoa política mal entende o relato constitucional e passa a exercer a tributação de maneira mais ampla que a prevista na Constituição, ocasionando fricções, atritos, em áreas reservadas a outras pessoas políticas. Diz-se então que há um conflito de competência. Quando ocorrem fenômenos dessa ordem, o normal é submeter ao Judiciário o desate da questão, o que provoca maior nitidez, dando feição cada vez mais límpida ao sistema de repartição das competências tributárias. E, evidentemente, esta possibilidade existe. Ocorre que o constituinte, para custodiar o sistema, encontra uma fórmula legislativa de resolver o conflito interpretando o seu próprio texto através de lei complementar. Na verdade, o constituinte delegou ao Congresso esta função.

A remoção do conflito pela edição de normas práticas destinadas a solvê-lo, mediante lei complementar, agiliza, em tese, a resolução do problema, mantendo incólume o sistema de repartição de competências, o que não significa ter a lei complementar *in casu* a mesma força de uma decisão judicial, pois o monopólio da jurisdição é atributo do Poder Judiciário. Pode perfeitamente ocorrer que as partes não se convençam e continuem a controverter sobre as próprias regras de interpretação dispostas pela lei complementar, apropositando a intervenção provocada do Poder Judiciário. No passado, sob o regime da Carta de 1967, a regra já existia, o fenômeno ocorreu em relação, *v.g.*, às chamadas "operações mistas" que implicavam ICM e ISS, gerando um confronto amplo entre os Estados Membros e os Municípios, em desfavor dos contribuintes. Era o caso, por exemplo, entre outros, das oficinas, que, além de venderem peças (mercadorias), faziam os serviços (ISS) para os seus clientes. O estado queria tributar com o ICM o valor total da operação e a prefeitura, o valor total do serviço. Cada qual reivindicava para si a ocorrência do "seu fato gerador". Para o estado, houvera circulação de mercadoria. Para o município, prestara-se um serviço. A solução encontrada foi, estando em recesso forçado o Congresso, a edição do Decreto-lei 406/1968, seguido do Decreto-lei 834/1969. Tecnicamente foi adotada a lista *numerus clausus*, *i.e.*, taxativa, que enumerava todos os serviços tributáveis pelo ISS municipal, com exclusão do ICM, seguida de uma regra de atenuação que dizia ficarem sujeitas ao ICM certas mercadorias e somente elas se e quando fornecidas juntamente com os serviços. Quaisquer outros serviços não constantes da lista que implicassem o fornecimento de mercadorias ficavam sujeitos ao ICM. Remarque-se que a solução sofreu sérias críticas doutrinárias. Entendeu-se que o município sofreu restrições em sua competência constitucional.

A lei complementar, nesta espécie, é regra de atuação direta, ou seja, não complementa nem contém dispositivo constitucional, faz atuar a Constituição logo que surge a situação conflituosa, de modo a resguardar a discriminação das fontes de receitas tributárias instituídas na Lei Maior. É lei de resguardo da Constituição, com função tutelar. Mas não pode alterar a tal pretexto a própria Constituição.

Por suposto, a lei complementar que dirime, resolvendo os aparentes conflitos de competência, deve ser recepcionada pelas pessoas políticas. Dissemos aparentes os conflitos porque eles não são objetivos e sim subjetivos. A lei complementar destina-se, então, a eliminá-los através de "regras explicativas do discrímen". Obviamente, a lei complementar, a título de solver "conflito de competência", não pode alterar a Constituição. A uma, porque isto só é possível através de emenda, processo legislativo diverso. A duas, porque, pudesse fazê-lo, teria o legislador da lei complementar poder constituinte permanente (hipóteses impensáveis logicamente).

Por outro lado, não se pode garantir que as pessoas políticas envolvidas submetam-se aos ditames da lei complementar resolutória do conflito de modo absoluto. Não certamente por uma questão de hierarquia vertical das leis, senão porque a lei complementar, na qualidade de lei interpretativa, explicativa e operativa do discrímen constitucional de competências tributárias, não fornece o fundamento de validez ao exercício do poder de tributar *ex lege* das pessoas políticas envolvidas, inclusive da própria União Federal, já que este fundamento é constitucional. Na espécie limita-se a esclarecer a Constituição oferecendo critérios.

O relacionamento Constituição-lei complementar-leis ordinárias, em torno da questão ora sob crivo, oferece instigantes indagações. Aporias surgem a requisitar respostas. Em princípio, impera o texto constitucional. Da sua interpretação pelas pessoas políticas podem surgir conflitos subjetivos de interpretação. Possível a lei complementar para resolvê-los; esta, uma vez editada, deve ser obedecida pelas pessoas políticas. A solução por ela encontrada submete as leis ordinárias. Em tese, estas catam submissão aos critérios da lei complementar resolutórios do conflito. Todavia, podem ocorrer várias situações, entre elas as seguintes:

A) as pessoas políticas ou mesmo os contribuintes podem acusar a lei complementar de exceder o seu objeto, eis que altera o texto da Constituição: eiva de inconstitucionalidade;

B) lei ordinária de dada pessoa política introjeta os ditames da lei complementar *pro domo sua*. A outra pessoa política prejudicada, bem como os contribuintes, opõem-se à dita lei, contrastando-a com a lei complementar: eiva de ilegalidade.

Nesses casos, a solução última e final somente pode ser dada pelo Judiciário. A função jurisdicional (*juris dicere*), cujo fito é a interpretação última das leis, com efeito de coisa julgada, é intransferível e insubstituível.

8. REGULAÇÃO DAS LIMITAÇÕES AO PODER DE TRIBUTAR

O segundo objetivo genérico da lei complementar tributária é a regulação das limitações constitucionais ao poder de tributar. Como ressabido, todo poder emana do povo, que, elegendo representantes, constrói a Constituição, fundamento jurídico do Estado e do Direito Positivo, que a todos submete (o Estado e os seus cidadãos).

Pois bem, ao construir ou reconstruir juridicamente o Estado, o poder constituinte, democraticamente constituído pelo povo (legitimidade da ordem jurídica e do Estado), organiza o aparato estatal, garante os direitos fundamentais, reparte poderes e competências e, ao mesmo tempo, põe restrições ao exercício das potestades em prol da cidadania.

No campo tributário, a Constituição reparte competências tributárias, outorga poderes a pessoas políticas e, ao mesmo tempo, estatui restrições ao exercício do poder de tributar.

Como visto, um dos objetos possíveis da lei complementar é a regulação das limitações ao poder de tributar. Mas não é toda limitação constitucional ao poder de tributar que exige complementação, por vezes desnecessária. Princípio antigo da Teoria do Constitucionalismo, examinado magistralmente por Carlos Maximiliano, tido e havido como da ordem dos sumos hermeneutas, predica que as normas constitucionais proibitivas desnecessitam de regulação. Não obstante, o Direito positivado – objeto de labor do jurista – pode contrariar dito cânone. É uma questão de opção do constituinte. A título propedêutico, podemos firmar as seguintes premissas:

A) quando a Constituição põe uma limitação ao poder de tributar, sem requisitar tópica e expressamente lei complementar, a competência conferida ao legislador da lei complementar para regulá-la é uma competência facultativa. Exercê-la-á o legislador pós-constitucional se quiser (trata-se de poder-faculdade na lição de Santi Romano);

B) quando a Constituição põe uma limitação ao poder de tributar, requisitando tópica e expressamente lei complementar, seja para conter, seja para ditar conteúdo normativo (proibições de eficácia limitada e proibições de eficácia contível), ao legislador da lei complementar é dada uma competência obrigatória (poder-dever na terminologia de Santi Romano);

C) certas proibições ao poder de tributar, pela sua própria natureza e fundamentos axiológicos, repelem regulamentação porque são autoaplicáveis em razão de normatividade plena, daí o acerto de Carlos Maximiliano quanto às vedações constitucionais de eficácia cheia.

Aos exemplos:

A) o artigo 150, VI, "d", dispõe que é vedado instituir impostos sobre livros, jornais, periódicos e o papel destinado a sua impressão. Nesse caso, o legislador regulará a limitação se quiser (regulação facultativa);

B) o artigo 150, VI, "c", dispõe que é vedado instituir impostos sobre o patrimônio, a renda ou os serviços dos partidos políticos, inclusive as suas fundações, das entidades sindicais dos trabalhadores, das instituições de educação e de assistência social, sem fins lucrativos, atendidos os requisitos da lei. Nesta hipótese, o dispositivo constitucional vedatório exige complementação quanto aos requisitos sem os quais não é possível a fruição da imunidade. O legislador, sob pena de omissão, está obrigado a editar lei complementar (regulação obrigatória). Se não o fizer, sendo o dispositivo de eficácia limitada, cabe mandado de injunção. A omissão, no caso, desemboca em inaplicação da Constituição em desfavor dos imunes;

C) o artigo 150, I veda à União, estados e municípios – excluídas as exceções constantes do próprio texto constitucional – exigir ou aumentar tributo, seja lá como for, sem que a lei o estabeleça. Nesse caso, a genealogia histórica e jurídica do princípio da legalidade é tal que dispensa regulamentação por lei complementar (por isso mesmo as exceções estão expressas no próprio texto constitucional).

A lei complementar na espécie de regulação das limitações ao poder de tributar é quase sempre instrumento de complementação de dispositivos constitucionais de eficácia limitada ou contida. Quando a limitação é autoaplicável, está vedada a emissão de lei complementar. Para quê?

9. APRECIAÇÕES CRÍTICAS SOBRE A MATÉRIA EM EXAME

De lege ferenda entendemos que as leis complementares para dirimir conflitos são bem-vindas para zelar pelo *discrímen* de competências, sem exclusão do acesso ao Judiciário, cujas decisões prevalecerão sempre, ainda que contra texto de lei complementar, quando fundadas as decisões na interpretação da Constituição em cotejo com o alcance da sua complementação. As leis complementares para regular limitações ao poder de tributar, repelimo-las por entender que são desnecessárias, só se apropositando em raros casos de dispositivos de eficácia limitada para evitar paralisia constitucional. Mesmo assim, as vedações deveriam sair prontas da CF. A nosso sentir, no Brasil, o campo de eleição da lei complementar tributária é a *norma geral de Direito Tributário*, que examinaremos em seguida. Convém adiantar que, nessa matéria, a lei complementar é lei delegada pelo constituinte. Suas prescrições são questionáveis juridicamente apenas se o Judiciário decretar a incompatibilidade delas em relação à Constituição. Afora isso, as normas gerais de Direito Tributário são sobranceiras. O fundamento de validez das normas gerais é a própria Constituição. A seu turno, pelas normas gerais são fornecidos os critérios para a elaboração material das leis tributárias ordinárias federais, estaduais e municipais, sendo, portanto, materialmente, nexos fundantes da validade dessas leis das ordens jurídicas parciais, que delas só podem prescindir num único caso: *inexistência* (art. 24, § 3.º, da CF). Mas, tão logo sobrevenha a norma geral, as leis ordinárias em contrário ficam paralisadas, sem eficácia (art. 24, § 4º, da CF). Retifique-se: no art. 24, § 4º, onde se lê *lei federal*, leia-se *lei complementar*. No campo das *normas gerais*, os destinatários são os próprios legisladores das três ordens de governo em tema tributário.

10. NORMAS GERAIS DE DIREITO TRIBUTÁRIO

O terceiro objeto genérico da lei complementar é o de editar as normas gerais de Direito Tributário, expressão de resto polêmica à falta de um conceito escorreito de norma geral no Direito Tributário brasileiro, com a doutrina falhando por inteiro no encalço de conceituar o instituto de modo insofismável. O falecido Prof. Carvalho Pinto chegou a ponto de definir o que não era norma geral. Ficou nisso. E Rubens Gomes de Sousa teve a humilde ousadia de afirmar que a doutrina não chegara ainda à norma geral que levasse ao conceito das normas gerais de Direito Tributário. Para logo, o assunto complica-se pelo fato de existir a partilha das competências legislativas entre as pessoas políticas. Fôssemos um Estado unitário, e o problema desapareceria. Mas as dificuldades de modo algum impedem o trato da matéria.

O art. 24 da CF dispõe:

> Art. 24. Compete à União, aos Estados e ao Distrito Federal legislar concorrentemente sobre:
>
> I – direito tributário, financeiro, penitenciário, econômico e urbanístico;
>
> II – orçamento;
>
> III – juntas comerciais;
>
> IV – custas dos serviços forenses;
>
> (...)

Os parágrafos deste artigo prescrevem:

> § 1º No âmbito da legislação concorrente, a competência da União limitar-se-á a estabelecer normas gerais.
>
> § 2º A competência da União para legislar sobre normas gerais não exclui a competência suplementar dos Estados.
>
> § 3º Inexistindo lei federal sobre normas gerais, os Estados exercerão a competência legislativa plena, para atender a suas peculiaridades.
>
> § 4º A superveniência de lei federal sobre normas gerais suspende a eficácia da lei estadual, no que lhe for contrário.

Vale repisar a questão como posta no Texto Constitucional:

> Art. 146. Cabe à lei complementar:
>
> (...)
>
> III – estabelecer normas gerais em matéria de legislação tributária, especialmente sobre:
>
> a) definição de tributos e de suas espécies, bem como, em relação aos impostos discriminados nesta Constituição, a dos respectivos fatos geradores, bases de cálculo e contribuintes;
>
> b) obrigação, lançamento, crédito, prescrição e decadência tributários;
>
> c) adequado tratamento tributário ao ato cooperativo praticado pelas sociedades cooperativas;
>
> d) definição de tratamento diferenciado e favorecido para as microempresas e para as empresas de pequeno porte, inclusive regimes especiais ou simplificados no caso do imposto previsto no art. 155, II, das contribuições previstas no art. 195, I e §§ 12 e 13, e da contribuição a que se refere o art. 239 (incluído pela Emenda Constitucional 42, de 19.12.2003).
>
> Parágrafo único. A lei complementar de que trata o inciso III, "d", também poderá instituir um regime único de arrecadação dos impostos e contribuições da União, dos Estados, do Distrito Federal e dos Municípios, observado que (incluído pela Emenda Constitucional 42, de 19.12.2003):
>
> I – será opcional para o contribuinte (incluído pela Emenda Constitucional 42, de 19.12.2003);
>
> II – poderão ser estabelecidas condições de enquadramento diferenciadas por Estado (incluído pela Emenda Constitucional 42, de 19.12.2003);

III – o recolhimento será unificado e centralizado e a distribuição da parcela de recursos pertencentes aos respectivos entes federados será imediata, vedada qualquer retenção ou condicionamento (incluído pela Emenda Constitucional 42, de 19.12.2003);

IV – a arrecadação, a fiscalização e a cobrança poderão ser compartilhadas pelos entes federados, adotado cadastro nacional único de contribuintes (incluído pela Emenda Constitucional 42, de 19.12.2003).

Praticamente a matéria inteira da relação jurídico-tributária se contém nos preceitos supratranscritos. Diz-se que ali está a epopeia do nascimento, vida e morte da obrigação tributária. Se ajuntarmos a tais "normas gerais" o conteúdo (e aqui não se discute se são ou não excedentes) do atual Código Tributário Nacional, teremos uma visão bem abrangente do que são as normas gerais de Direito Tributário. A grande força da União como ente legislativo em matéria tributária resulta de que o Senado, através de resoluções, fixa bases de cálculo e alíquotas de vários tributos da competência de estados e municípios, e de que, através de normas gerais, o Congresso Nacional desdobra as hipóteses de incidência e, muita vez, o *quantum debeatur* desses tributos, exercitando controle permanente sobre o teor e o exercício da tributação no território nacional. A vantagem está na *unificação do sistema tributário nacional*, epifenômeno da *centralização legislativa*. De norte a sul, seja o tributo federal, estadual ou municipal, o fato gerador, a obrigação tributária, seus elementos, as técnicas de lançamento, a prescrição, a decadência, a anistia, as isenções etc. obedecem a uma mesma disciplina normativa, em termos conceituais, evitando o caos e a desarmonia. Sobre os prolegômenos doutrinários do federalismo postulatório da *autonomia das pessoas políticas* prevaleceu a *praticidade do Direito*, condição indeclinável de sua *aplicabilidade* à vida. A preeminência da norma geral de Direito Tributário é pressuposto de possibilidade do CTN (veiculado por *lei complementar*).

Da conjugação dos vários dispositivos supratranscritos sobram três conclusões:

A) a edição das *normas gerais de Direito Tributário* é veiculada pela União, através do Congresso Nacional, mediante leis complementares (lei nacional) que serão observadas pelas ordens jurídicas parciais da União, dos estados e dos municípios, salvo sua inexistência, quando as ordens parciais poderão suprir a lacuna (§ 3º, art. 24) até e enquanto não sobrevenha a solicitada lei complementar, a qual, se e quando advinda, *paralisa* as legislações locais, no que lhe forem contrárias ou incongruentes (§ 4º, art. 24);

B) a lei com estado de complementar sobre normas gerais de Direito Tributário, ora em vigor, é o Código Tributário Nacional, no que não contrariar a Constituição de 1988, a teor do art. 34, § 5º, do Ato das Disposições Constitucionais Transitórias (*lex legum habemus*);

C) a lei complementar que edita normas gerais é lei de atuação e desdobramento do *sistema tributário*, fator de unificação e equalização aplicativa do Direito Tributário. Como seria possível existir um Código Tributário Nacional sem o instrumento da lei complementar, com império incontrastável sobre as ordens jurídicas parciais da União, dos Estados Membros e dos municípios?

Mas, ao cabo, o que são normas gerais de Direito Tributário? O ditado constitucional do art. 146, III e alíneas inicia a resposta dizendo nominalmente alguns conteúdos (normas gerais nominadas) sem esgotá-los. É dizer, o discurso constitucional é *numerus apertus*, meramente exemplificativo. Razão houve para isto. Certos temas, que a doutrina recusava fossem objeto de norma geral, passaram expressamente a sê-lo. *Roma locuta, tollitur quaestio*. Uma boa indicação do que sejam normas gerais de Direito Tributário, para sermos pragmáticos, fornece-nos o atual Código Tributário Nacional (Lei 5.172, de 25 de outubro de 1966, e alterações posteriores), cuja praticabilidade já está assentada na "vida" administrativa e judicial do país. O CTN, especialmente o Livro II, arrola inúmeros institutos positivados como *normas gerais*. Que sejam lidos. *Quid*, se diante do art. 146, III, "a", da CF, não edita o Congresso Nacional lei complementar a respeito do fato gerador, base de cálculo e contribuintes de dado imposto discriminado na CF? Fica a pessoa política titular da competência paralisada pela inação legislativa? A resposta é negativa. É o caso de se dar aplicação ao art. 24 e §§ 1º a 4º. E onde se lê *União*, leia-se *Congresso Nacional*, e onde se lê *lei federal*, leia-se *complementar*, ao menos em matéria tributária.

As normas gerais de Direito Tributário veiculadas pelas leis complementares são eficazes em todo o território nacional, acompanhando o âmbito de validade espacial destas, e se endereçam aos *legisladores das três ordens de governo da Federação*, em verdade, seus destinatários. A norma geral articula o sistema tributário da Constituição às legislações fiscais das pessoas políticas (ordens jurídicas parciais). São normas sobre como fazer normas em sede de tributação.

Uma forte e esclarecida parcela da doutrina justributária brasileira, com ótimas razões e fortes raízes federalistas, recusa *partes do Código Tributário Nacional* atual ao argumento de que cuidam de temas que, longe de se constituírem em *normas gerais*, imiscuem-se na competência privativa e indelegável das pessoas políticas, invadindo-a, contra a Constituição. Em síntese, são repelidas as regulações do CTN sobre o *fato gerador de impostos da competência* das pessoas políticas e sobre atos administrativos que lhe são privativos, atos de lançamentos fiscais, *v.g.*, além de prescrições sobre interpretação de leis tributárias, tidas por descabidas. Evidentemente, sustentam tais colocações as teorias federalistas e a autonomia constitucional das pessoas políticas, e o próprio sistema de *dação e repartição* de competências, cujo *único fundamento* é a Constituição. É inegável a boa procedência desta postura crítica. O assunto é delicadíssimo. Ocorre que o federalismo brasileiro, como talhado na Constituição de 1988, é *normativamente centralizado, financeiramente repartido e administrativamente descentralizado*. Há tantos federalismos, diversos entre si, quantos Estados federativos existam. O importante é que haja um *minimum* de autodeterminação política, de autogoverno e de produção normativa da parte dos Estados federados. Quanto à repartição das competências legislativas, a questão resolve-se pela opção do legislador. No Brasil, ao menos em tema de tributação, o constituinte optou pelo fortalecimento das prerrogativas do poder central. Este fato, por si só, explica por que avultou a área legislativa reservada à lei complementar tributária. A assertiva é comprovável por uma simples leitura do CTN redivivo e do art. 146, III, da CF, que reforça o centralismo legislativo em sede de tributação, além de matérias esparsas ao longo do capítulo tributário, deferida a lei complementar. Para compreender normas gerais, é preciso entender o federalismo brasileiro.

11. O FEDERALISMO BRASILEIRO – ASPECTOS – LIGAÇÃO COM O TEMA DAS LEIS COMPLEMENTARES

O federalismo americano, telúrico, pragmático, antimonárquico, cresceu na América do Norte da periferia para o centro. Ainda hoje a autonomia dos Estados Membros é grande, em termos jurídicos, conquanto pareça irreversível o impulso para o centro (unitarismo). Legislam sobre muitas matérias: Direito Penal, Civil, Comercial etc. Em certos estados há pena de morte, noutros não. A Louisiana percute o Direito europeu continental, por força da influência francesa, em mistura com o *Common Law*. O Direito de Família, igualmente, é diverso, dependendo do estado. Nuns é fácil divorciar; noutros não, e assim por diante. O Direito Tributário não conhece nenhum sistema, sequer doutrinário, de repartição de competências. E funciona. Entre nós, a federação e o federalismo vieram de cima para baixo, por imposição das elites cultas, a partir de modelos teóricos e exóticos, sem correspondência com o evolver histórico, político e social do povo brasileiro. Então, ao longo do devir histórico, as instituições foram sendo afeiçoadas à nossa realidade. O federalismo brasileiro, pois, reflete a evolução do país, nem poderia ser diferente. A Constituição de 1988 promoveu uma grande descentralização das fontes de receitas tributárias, conferindo aos estados e municípios mais consistência (autonomia financeira dos entes políticos periféricos, base, enfim, da autonomia política e administrativa dos mesmos). À hipertrofia política e econômica da União dentro da Federação e à hipertrofia do Poder Executivo federal em face do Legislativo e do Judiciário, vigorantes na Carta de 67, seguiram-se a distrofia da União na Federação e a hipertrofia do Legislativo federal nos quadros da República federativa.

Em consequência, o *Congresso Nacional* assumiu desmesurados poderes e competências legislativas em desfavor de estados e municípios.

O sistema tributário da Constituição bem demonstra a assertiva. O domínio do Congresso Nacional no campo do Direito Tributário, inegavelmente, é avassalador, pelo domínio das leis complementares.

De lado o sistema tributário, verifica-se que o Direito brasileiro promana seguramente, em sua maior parte, das fontes legislativas federais.

Por outro lado, há condomínio de encargos e atribuições entre União, estados e municípios (art. 23). No campo especificamente tributário, o *instrumento formal* da lei complementar e o *conteúdo material* das normas gerais reafirmam a tese do federalismo concentracionário legiferante.

12. O "PODER" DAS NORMAS GERAIS DE DIREITO TRIBUTÁRIO EM PARTICULAR

O grande risco da lei complementar sobre normas gerais de Direito Tributário reside em o Legislativo federal desandar a baixá-las contra o espírito da Constituição, em desfavor das ordens jurídicas parciais, cuja existência e fundamentos de validez decorrem diretamente da Lei Maior. Os seus poderes e limitações, em suma, são de radicação constitucional. Grande, pois, o poder do Congresso Nacional, a ser exercido com cautela para não arranhar o estado federal armado na Lei Maior. O parágrafo único do art. 22, disposição inspirada na Lei Fundamental de Bonn, contrabalança a expansão federal, permitindo aos estados legislar sobre questões específicas das matérias relacionadas no art. 22, da competência privativa da União.

A sede jurídica de estudo das normas gerais situa-se na área da repartição das competências legislativas nos Estados federais. A doutrina costuma referir-se a dois tipos de repartições: a horizontal e a vertical. Na horizontal, as pessoas políticas, isonômicas, recebem cada qual suas áreas competenciais devidamente apartadas. São lotes, por assim dizer, perfeitamente delimitados. Em se tratando da repartição vertical, o *discrímen* se faz por graus, pois as matérias são regradas por mais de uma pessoa política. Para evitar a promiscuidade impositiva, faz-se necessário graduar, na escala vertical, o ponto de incidência do regramento cabente a cada pessoa política. Entre nós, determinadas províncias jurídicas não ensejam repartição vertical de competências legislativas. Tais são os casos dos Direitos Civil, Comercial, Penal, Trabalhista etc. Estes são Direitos cujas fontes legislativas são privativas da União Federal. Outros ramos jurídicos, mormente aqueles que se incrustam no que se convencionou chamar de Direito Público, oferecem ensejo a que ocorra o fenômeno da repartição vertical de competências legislativas, ocasião em que mais de uma pessoa política normatiza, por graus, uma mesma matéria jurídica. Em Direito Administrativo e Direito Tributário, o fenômeno é evidente. Ora, precisamente em razão da repartição vertical de competências é que surgem as normas gerais. Assim, as normas gerais de Direito Tributário são da competência legislativa da União Federal, através do Congresso Nacional. Na verdade, inexiste aí competência concorrente, senão a partilhada. A concorrência é meramente substitutiva, i.e., se a União não emitir normas gerais, a competência das pessoas políticas (Estados Membros e Municípios) torna-se plena. Emitidas que sejam as normas gerais, cumpre sejam observadas quando do exercício das respectivas competências privativas por parte de estados e municípios, sem prejuízo da eventual e limitada competência supletiva do Estado Membro na própria temática da norma geral, conforme se pode verificar a uma simples leitura da repartição geral de competências levada a efeito pela Constituição de 1988.

A melhor doutrina, na espécie, é a de Raul Machado Horta, ilustre Professor de Direito Constitucional na Faculdade de Direito da UFMG. Dizia ele, sob o regime de 1967, em lição ainda atual:[6]

Continua insuficientemente explorado o campo da repartição vertical de competência, que permite o exercício da legislação federal de normas gerais, diretrizes e bases, e da legislação estadual supletiva, sendo aquela primária e fundamental, enquanto a última é secundária e derivada. A competência comum, que se forma com a matéria deslocada do domínio exclusivo da União, para ser objeto de dupla atividade legislativa, corresponde a uma modernização formal da técnica federal de repartir competências e permite, ao mesmo tempo, que se ofereça ao Estado Membro outra perspectiva legislativa, atenuando

---

6. HORTA, Raul Machado. *Rev. de Estudos Políticos*. Belo Horizonte: Faculdade de Direito da UFMG, 1968.

a perda de substância verificada na área dos poderes reservados em virtude do crescimento dos poderes federais. Perdura na evolução federativa brasileira o retraimento da competência comum, sem explorar as possibilidades do condomínio legislativo, para aperfeiçoar a legislação federal fundamental, de estrutura ampla e genérica, às peculiaridades locais. A evolução do comportamento da federação brasileira não conduz a diagnóstico necessariamente pessimista, preconizando o seu fim. A evolução demonstra que a federação experimentou um processo de mudança. A concepção clássica, dualista e centrífuga, acabou sendo substituída pela federação moderna, fundada na cooperação e na intensidade das relações intergovernamentais. A relação entre federalismo e cooperação já se encontra na etimologia da palavra federal, que deriva de *foedüs*: pacto ajuste, convenção, tratado, e essa raiz entra na composição de laços de amizade, *foedüs amicitae*, ou de união matrimonial, *foedüs thálami*. Em termos de prospectiva, é razoável presumir que a evolução prosseguirá na linha do desenvolvimento e da consolidação do federalismo cooperativo, para modernizar a estrutura do Estado federal.

Embora a teoria das normais gerais situe bem a questão do compartilhamento de competências (verticalizadas) nos Estados federais, afirmando que a norma geral possui eficácia forçada (*loi de cadre*), sempre sobrará uma zona cinzenta na delimitação das fronteiras objetivas da *norma geral, o ponto além do qual não pode ela passar sem ferir a competência das pessoas políticas*. Alfim e ao cabo, somente a contribuição da doutrina e da jurisprudência, ao longo do tempo depurativo, trará solução a este tormentoso problema. Mas não é a sedimentação jurisprudencial que estabiliza a *ordem jurídica*?

Grande, repetimos, é a força e o comando das normas gerais de Direito Tributário emitidas pela União como fator de ordenação do sistema tributário, como ideado pelo constituinte de 1988.

13. O ART. 146-A DO TEXTO CONSTITUCIONAL – A PRESERVAÇÃO DA CONCORRÊNCIA

Ainda a respeito das funções materiais da lei complementar, ditadas pelo Texto Constitucional, a Emenda Constitucional 42, de 19 de dezembro de 2003, introduziu o art. 146-A determinando que a lei complementar poderá "estabelecer critérios especiais de tributação, com o objetivo de prevenir desequilíbrios da concorrência, sem prejuízo da competência de a União, por lei, estabelecer normas de igual objetivo".

A novidade passa por algumas reflexões. Primeiro, quando se mantém a competência da União para legislar sobre tal matéria, por simples lei ordinária, certamente naquilo que se refere aos tributos de sua competência, pois não poderia – a bem do Federalismo – por simples lei ordinária invadir o campo de competência dos demais entes da Federação. Assim, a lei complementar fica para dirimir os desequilíbrios de concorrência entre os entes da federação ou nos casos em que a matéria tratada tenha como exigência lei complementar.

Quanto ao objetivo introduzido pelo art. 146-A, a concorrência tributária é objeto de estudo no mundo moderno, pois na medida em que os agentes econômicos e demais contribuintes buscam, de forma legítima, situar os *signos presuntivos* nos locais onde a tributação é mais amena. Assim, nas bases imponíveis com maior mobilidade teremos a denominada *concorrência tributária*, quando o ente político, para não perder sua base de incidência ou atrair outras bases, busca dois caminhos: (i) incentivos fiscais, com redução da tributação sobre estas bases mais móveis e concentração sobre outras bases menos móveis; (ii) incentivos econômicos, com o retorno ao chamado *imposto-troca*, criando para aquele contribuinte que se tenta atrair ou manter no seu território uma série de vantagens de infraestrutura, criadas com a "destinação" dos impostos arrecadados.

A *concorrência tributária* pode ser saudável para que os entes políticos busquem adequar sua carga às mudanças econômicas do mundo contemporâneo, mas, na maior parte das vezes, trata-se de um processo perigoso e degenerativo da carga tributária, pois tais entes políticos acabam por concentrar a carga tributária (incentivos fiscais) sobre os contribuintes que têm menor capacidade de mobilidade (com ferimento à capacidade econômica) ou revertem a arrecadação para projetos de infraestrutura que serão do agrado dos contribuintes que pretendem sejam mantidos no seu território (imposto-troca). Ao final, dirimir conflitos ou desequilíbrios da concorrência tem papel preservador dos contribuintes e da Federação.

14. TEMAS TÓPICOS CONSTITUCIONAIS RESERVADOS À LEI COMPLEMENTAR EM MATÉRIA TRIBUTÁRIA

Além dos objetos genéricos retroexaminados sob reserva de lei complementar do Congresso Nacional, outros muitos existem ao longo do texto.

Praticamente a matéria inteira da relação jurídico-tributária se contém nos preceitos supratranscritos. Diz-se que ali está a epopeia do nascimento, vida e morte da obrigação tributária. Se ajuntarmos a tais "normas gerais" o conteúdo (e aqui não se discute se são ou não excedentes) do atual Código Tributário Nacional, teremos uma visão bem abrangente do que são as normas gerais de Direito Tributário. A grande força da União como ente legislativo em matéria tributária resulta de que o Senado, através de resoluções, fixa bases de cálculo e alíquotas de vários tributos da competência de estados e municípios, e de que, através de normas gerais, o Congresso Nacional desdobra as hipóteses de incidência e, muita vez, o *quantum debeatur* desses tributos, exercitando controle permanente sobre o teor e o exercício da tributação no território nacional. A vantagem está na *unificação* do sistema tributário nacional, epifenômeno da *centralização legislativa*. De norte a sul, seja o tributo federal, estadual ou municipal, o fato gerador, a obrigação tributária, seus elementos, as técnicas de lançamento, a prescrição, a decadência, a anistia, as isenções etc. obedecem a uma mesma disciplina normativa, em termos conceituais, evitando o caos e a desarmonia. Sobre os prolegômenos doutrinários do federalismo postulatório da *autonomia das pessoas políticas* prevaleceu a *praticidade do Direito*, condição indeclinável de sua *aplicabilidade* à vida. A preeminência da norma geral de Direito Tributário é pressuposto de possibilidade do CTN (veiculado por *lei complementar*).

15. A NECESSIDADE DE LEI COMPLEMENTAR PRÉVIA PARA A INSTITUIÇÃO DE IMPOSTOS E CONTRIBUIÇÕES

Discute-se muito sobre a necessidade de lei complementar, prévia, em relação à edição da lei institutiva de impostos e contribuições sociais. São duas as correntes, uma propugnando não poder a competência institutiva ser exercida sem prévia lei complementar de normas gerais, e outra defendendo a supremacia da competência impositiva das pessoas políticas na hipótese de inação do legislador complementar. A discussão faz-se à volta do art. 146 da CF, inciso III, letra "a", que predica a lei complementar para a *definição de tributos e suas espécies, bem como dos impostos discriminados na Constituição, seus respectivos fatos geradores, bases de cálculo e contribuintes*. A propósito, observamos que o CTN, recepcionado pela Constituição, já define o tributo, suas espécies e os fatos geradores e bases de cálculo da maioria *dos impostos discriminados*. Os impostos novos e, em parte, os modificados é que careceriam de maiores definições em lei complementar de normas gerais. Por isso mesmo o STF suspendeu a exigibilidade do adicional estadual do imposto de renda. O nosso posicionamento é o seguinte:

A) quanto aos impostos residuais e aos restituíveis (empréstimos compulsórios), desnecessária se faz lei complementar normativa prévia, por isso que só podem ser instituídos pelo *processo legislativo da lei complementar*. Esta, ao instituir o *tipo tributário*, regrará aquelas matérias previstas no art. 146 da CF, III, "a", porquanto seria puerícia exigir que um mesmo legislador condicionasse a si próprio, o que ocorreria se, nessas hipóteses, exigíssemos, como *conditio sine qua non*, que uma lei complementar definindo o imposto, suas bases de cálculo e contribuintes precedesse, enquanto fundamento de validez, outras leis complementares, estas *institutivas* dos impostos em causa;

B) no concernente especificamente às contribuições sociais do art. 195 da CF, só possuem legitimidade para exigir lei complementar prévia aqueles que entendem serem impostos tais figuras impositivas. Certo, por isso que a regra do art. 146, III, "a", da CF, endereçada está a impostos e, o que é mais, impostos discriminados na mesma. Consequentemente, os que entendem possuírem as contribuições sociais natureza específica diversa da dos impostos, seja por critérios de *validação finalística*, seja por outros critérios, estão *ipso facto* impedidos de pleitear lei complementar regrando o *fato gerador, a base de cálculo* e os *contribuintes* dessas exações. As contribuições sobre folha de salários, lucro e faturamento (empregadores), receita de prognósticos deveriam ser previamente estruturadas em lei complementar de normas gerais. Mas o exercício da competência impositiva das pessoas políticas é eminentemente constitucional. O Congresso, por inação, não pode paralisar o exercício da tributação pelas pessoas políticas. O Convênio 66/1988 do Confaz – Ministério da Fazenda, em tema de ICMS, ausente lei complementar, confirma a assertiva. Evidentemente a superveniência de lei complementar sobre ditas espécies paralisa a eficácia dos dispositivos constantes das leis que ofereçam contraste às suas prescrições. A competência tributária, portanto, é dominante na CF;

C) as contribuições previdenciárias dos funcionários públicos federais, estaduais e municipais não são impostos e, portanto, são instituíveis por leis ordinárias, federais, estaduais e municipais (são contribuições sinalagmáticas).

A Constituição, para finalizar, contém regra expressa no art. 34, § 3º, do Ato das Disposições Constitucionais Transitórias autorizando a União, os estados e os municípios a editarem as leis necessárias à instituição do sistema tributário no âmbito das respectivas competências.

O Supremo Tribunal assentou tese segundo a qual as contribuições do art. 195 desnecessitam de lei complementar prévia às leis ordinárias institutivas e modificativas, por isso que a própria Constituição já delineava os fatos geradores, os contribuintes e, implicitamente, as bases de cálculo. A contrário senso, tal não é o caso das contribuições de intervenção no domínio econômico. Quanto a estas, a Constituição é lacônica, diz apenas que a União é competente para instituí-las e que são instrumentos de intervenção. No entanto, a Corte parece estar tolerando que dezenas de contribuições de intervenção, verdadeira derrama fiscal dos tempos lusitanos, sejam instituídas até por medidas provisórias. É intolerável.

16. REFERÊNCIAS

BORGES, José Souto Maior. *Lei complementar tributária*. São Paulo: RT, 1975.

COÊLHO, Sacha Calmon Navarro; DERZI, Misabel. *O IPTU*. São Paulo: Saraiva, 1982.

HORTA, Raul Machado. *Rev. de Estudos Políticos*. Belo Horizonte: Faculdade de Direito da UFMG, 1968.

KELSEN, Hans. *Teoría general del derecho*. México: Imprensa Universitaria, 1949.

KELSEN, Hans. *Teoría pura del derecho*. 2. ed. Coimbra: Arménio Amado, 1962. v. 2.

KELSEN, Hans. *Teoría pura del derecho*. Introducción a la ciencia del derecho. 10. ed. Buenos Aires: Ed. Universitaria de Buenos Aires, 1971.

VERNENGO, Roberto José. *Temas de teoría general del derecho*. Buenos Aires: Cooperadora de Ciencias Sociales, 1971.

IV – O PAPEL DO ASSESSOR PROCURADOR

DEVIDO PROCESSO LEGAL EM RISCO. A DELEGAÇÃO DA PRESTAÇÃO JURISDICIONAL AOS ASSESSORES PROCURADORES E OS VIESES COGNITIVOS

Líslie de Pontes Lima Lopes

Professora e empreendedora. Mestra em Direito pela Universidade Federal do Ceará (UFC). Vice-Presidente da Comissão de Direito Tributário da Ordem dos Advogados do Brasil, Seccional do Ceará (2022/2024). Ex-Conselheira do Contencioso Administrativo Tributário do Estado do Ceará (CONAT-CE). Cursou MBA em Planejamento Tributário Estratégico pela Pontifícia Universidade Católica do Rio de Janeiro (PUC-Rio) e Especialização em Direito e Processo Tributário pela Universidade de Fortaleza (UNIFOR). Advogada sócia do escritório LPL Advocacia e Consultoria.

Sumário: Introdução – 1. Devido processo legal – 2. Direitos fundamentais decorrentes do devido processo – 3. Advogados públicos como assessores de julgadores – 4. Julgamento e tomada de decisão. Contribuições da psicologia cognitiva – 5. Devido processo legal em risco – Considerações finais – Referências.

INTRODUÇÃO

A Constituição Federal, em seu artigo 5º, traz uma vasta relação de direitos fundamentais, mas consigna no parágrafo segundo que "os direitos e garantias expressos nesta Constituição não excluem outros decorrentes do regime e dos princípios por ela adotados, ou dos tratados internacionais em que a República Federativa do Brasil seja parte".

Como ensinou o saudoso mestre Hugo de Brito Machado, essa referência no texto constitucional afasta interpretações restritivas de operadores do Direito e de magistrados. Os direitos fundamentais são, segundo ele, os constantes na Constituição, devendo ser observado que a ausência de consagração expressa não é suficiente para afastar seu reconhecimento. É que pode existir previsão implícita, razão pela qual deve-se ter sempre em mente que os direitos fundamentais só podem ser limitados por expressa previsão legal.[1]

No Estado Democrático de Direito, embora o Estado utilize sua soberania para criar leis, uma vez promulgadas, o Estado também se submete a elas, estabelecendo uma relação jurídica com o particular, na qual ambos, Estado e contribuinte, estão sujeitos à observância da lei.[2]

---

1. Machado, Hugo de Brito. *Os direitos fundamentais do contribuinte e a efetividade da jurisdição*. Tese (Doutorado). Programa de Pós-Graduação em Direito, Universidade Federal de Pernambuco, Recife, 2009.
2. Machado, Hugo de Brito. O conceito legalista de renda. *Revista CEJ*, Brasília, ano XIII, n. 47, p. 5-9, out./dez. 2009.

O devido processo legal abrange todo o aparato jurisdicional, incluindo os sujeitos, instituições e órgãos, tanto públicos quanto privados, que exercem funções constitucionais essenciais à justiça, seja de maneira direta ou indireta. As garantias constitucionais têm o papel de limitar o exercício do poder estatal com o objetivo de assegurar os direitos dos cidadãos. Elas regulam e protegem o exercício dos direitos fundamentais, ao mesmo tempo em que disciplinam, dentro dos limites da Constituição, o funcionamento de todas as instituições do Estado.

A Lei 11.890 de 2008 prevê expressamente a cessão de procuradores da Fazenda Nacional, advogados da União, procuradores federais e procuradores do Banco Central do Brasil para atuarem nos gabinetes de Ministros do Supremo Tribunal Federal ou de Tribunais Superiores. O notável nível de conhecimento desses servidores, especialmente na área de Direito Tributário, uma área em que os Tribunais possuem menor domínio, levou ao envio de ofícios solicitando a indicação de membros desses órgãos para cargos de assessoria junto a ministros, desembargadores e juízes.

A despeito da previsão legal autorizativa e da ausência de qualquer limitação legal ou mesmo pelo Conselho Nacional de Justiça, o conhecimento acerca dos vieses cognitivos torna impositivo refletir a respeito do assunto.

No primeiro semestre de 2024, o Supremo Tribunal Federal (STF) proferiu um total de 52.066 decisões, das quais 10.034 foram colegiadas, incluindo decisões das Turmas e do Plenário. O número é realmente impressionante e traz consigo a reflexão sobre o tamanho do papel desempenhado pelas equipes dos gabinetes.

Pesquisa citada neste trabalho mostra o número de advogados públicos na assessoria de ministros representa 42% (quarenta e dois por cento) do total. A relevância da discussão é gritante.

É o que se pretende investigar neste artigo, sempre em torno das lições do Prof. Hugo de Brito Machado, com vistas a responder à seguinte pergunta central: há quebra da imparcialidade, ou violação ao devido processo legal substantivo, caso uma questão tributária seja julgada por um Tribunal cujos membros são assessorados por Procuradores da Fazenda que figura como parte?

1. DEVIDO PROCESSO LEGAL

O Estado Democrático de Direito, segundo José Afonso da Silva,[3] realiza a democracia que consistirá:

> [...] num processo de convivência social numa sociedade livre, justa e solidária (art. 3º, I), em que o poder emana do povo, e deve ser exercido em proveito do povo, diretamente ou por representantes eleitos (art. 1º, parágrafo único); participativa, porque envolve a participação crescente do povo no processo decisório e na formação dos atos de governo; pluralista, porque respeita a pluralidade de ideias, culturas e etnias e pressupõe assim o diálogo entre opiniões e pensamentos divergentes e a

---

3. SILVA, José Afonso. *Curso de Direito Constitucional Positivo*. 36. ed. São Paulo: Malheiros, 2013, p. 121-122.

possibilidade de convivência de formas de organização e interesses diferentes da sociedade; há de ser um processo de liberação da pessoa humana das formas de opressão que não depende apenas do reconhecimento formal de certos direitos individuais, políticos e sociais, mas especialmente da vigência de condições econômicas suscetíveis de favorecer o seu pleno exercício.

O modelo liberal contrapôs-se ao modelo absolutista e formaliza o Estado de Direito, que possui sustentáculo jurídico característico do liberalismo, referendado pela limitação da ação estatal e com adoção da lei como ordem geral. Quando o Estado concilia as restrições à atividade estatal com as prestações implementadas por ele, alcança-se o Estado social. Nesse modelo, a lei é o meio que traz concretude às suas ações, as quais são norteadas pelo ordenamento jurídico.[4]

Ao assumir o caráter democrático, o Estado de Direito objetiva a igualdade, pretendendo alterar o *status quo*. A lei é instrumento para modificação da sociedade, transpondo as funções de limitação do exercício do poder e de promoção, intentando alcançar a cíclica reorganização das relações sociais:

> É com a noção de Estado de Direito, contudo, que liberalismo e democracia se interpenetram, permitindo a aparente redução das antíteses econômicas e sociais à unidade formal do sistema legal, principalmente através de uma Constituição, onde deve prevalecer o interesse da maioria. Assim, a Constituição é colocada no ápice de uma pirâmide escalonada, fundamentando a legislação que, enquanto tal, é aceita como poder legítimo.[5]

A administração da justiça, analisada sob o ponto de vista histórico, iniciou-se com a autotutela, através da defesa privada violenta. Ato contínuo, evoluiu para a intermediação dos conflitos com a colaboração de árbitros, primeiramente, de forma facultativa e, depois, obrigatória (a exemplo do Direito Processual romano, visto anteriormente). Com o tempo, o Estado centralizou a administração da justiça, solucionando os litígios por intermédio de terceiros imparciais que proferiam decisões passíveis de cumprimento coercitivo.[6]

Existem duas justificativas principais para a adoção, no Estado Democrático de Direito, de um devido processo entre o cidadão e a coação estatal incidente sobre seus bens e direitos: (i) o reconhecimento da dignidade humana daquele indivíduo para participar da busca conjunta da verdade por meio de um diálogo que almeja demonstrar a legitimidade da intervenção estatal; (ii) um mecanismo instrumental, um rito adequado para assegurar que as normas jurídicas sejam aplicadas de forma isonômica e imparcial.[7]

Afasta-se, desse modo, a simples manipulação do sujeito, e evita-se transformá-lo em objeto dos processos estatais, razão pela qual há relação intrínseca entre devido processo e dignidade humana. Não há Estado de Direito sem a aplicação escorreita dessas garantias constitucionais. A noção de devido processo está atrelada a um processo justo,

---

4. CANOTILHO, J. J. *Comentários à Constituição do Brasil*. 2. ed. São Paulo: Saraiva Educação, 2018.
5. Ibidem.
6. CAIS, Cleide Previtali. *O Processo Tributário*. 3. ed. São Paulo: RT, 2011, p. 125.
7. CANOTILHO, J. J., op. cit., p. 869.

alcançado não só pelo atendimento das formalidades descritas na lei, mas pelo processo adequado e razoável para proteger os direitos fundamentais.[8]

A *Bill of Rights* inseriu na Constituição dos Estados Unidos da América o devido processo, que deveria tramitar de forma imparcial no Judiciário. Em um primeiro momento, a norma foi interpretada apenas no que se refere às formalidades, como no julgamento *Marbury X Madison*, de 1803, em que foi impugnado um ato administrativo produzido sem a observância das regras de competência. Um século depois, no julgamento do caso *Lochner X New York*, de 1905, a Suprema Corte reconheceu a competência do Judiciário para analisar a legislação sob o crivo dos princípios constitucionais (como liberdade e propriedade).[9]

Atingiu-se a análise da substância da lei, o que oportunizou o desenvolvimento do devido processo substantivo. Esse conceito, como explica Bernardo Fernandes,[10] é bastante criticado por parte da doutrina norte-americana, pois autorizaria a verificação das decisões tomadas pelos representantes eleitos democraticamente por um grupo de supostos especialistas. Segundo o autor, contudo, deve ser lembrado que existe um limite para a atuação do Judiciário, o qual deve intervir somente para garantir a proteção das normas constitucionais, reforçando a superioridade hierárquica da Constituição.

A cláusula *due process of law* possui, portanto, caracterização bipartida: o *substantive due process*, aplicável na apreciação do direito material, e o *procedural due process*, que tutela direitos por meio de processos administrativos ou judiciais. Advém do *substantive due process* o dever de o Legislativo inserir no ordenamento jurídico leis que expressem o interesse público.[11]

Compreende-se o processo como uma série concatenada de atos destinada à prolação de uma decisão final que concretiza o poder estatal, submetendo os envolvidos ao seu poderio. De maneira complementar, estabelece uma relação jurídica entre as partes litigantes e o Poder Público, que viabiliza a prática de atos que possam influenciar no processo psicológico de escolha das alternativas expostas acerca dos fatos.[12]

O devido processo legal, em seu sentido formal, garante que o interessado na conclusão do processo, aquele que seja diretamente afetado por ele, possa intervir efetivamente no seu resultado.[13] O contraditório é característica elementar de qualquer processo, e pode ser compreendida a possibilidade isonômica das partes de influenciar no ato estatal, e expressa verdadeira garantia constitucional.[14]

---

8. Ibidem.
9. FERNANDES, Bernardo Gonçalves. *Direitos fundamentais individuais e coletivos na Constituição de 1988*. 9. ed. rev. ampl. e atual. Salvador: JusPodivm, 2017, p. 516.
10. FERNANDES, Bernardo Gonçalves. *Direitos fundamentais individuais e coletivos na Constituição de 1988*. 9. ed. rev. ampl. e atual. Salvador: JusPodivm, 2017, p. 516.
11. NERY JÚNIOR, Nelson. *Princípios do Processo na Constituição Federal* (processo civil, penal e administrativo). 12. ed. São Paulo: RT, 2016, p. 112.
12. MARTIN, Ricardo Marcondes. O conceito científico de processo administrativo. *Revista de Direito Administrativo* (RDA), Rio de Janeiro, v. 235, jan./mar. 2004.
13. Ibidem.
14. FERNANDES, Bernardo Gonçalves, op. cit., p. 519.

Na realidade norte-americana, em regra, o respeito ao devido processo assegura notificação e oportunidade de ser ouvido antes que o governo prive alguém de um interesse protegido. A Suprema Corte decidiu que o devido processo requer uma oportunidade de ser ouvido antes de que o governo suprima benefícios previdenciários (*Goldberg v. Kelly*, 1970), antes de demitir um funcionário por justa causa (*Cleveland Bd. of Educ. X Loudermill*, 1985), antes de apreender bens imóveis passíveis de confisco (*USA X James Daniel Good Real Prop.*, 1993) e antes de revogar liberdade condicional ou liberdade condicional (*Gagnon X Scarpelli, 1973; Morrissey X Brewer*, 1972).[15]

A supressão de um direito protegido sem o devido processo de lei gera na pessoa afetada o direito de mover uma ação para obter a correspondente reparação financeira, prevista da legislação estadunidense (*Imbler X Pachtman*, 1976). Nesse caso, o servidor público que desempenha função discricionária possui direito a uma defesa, a menos que sua conduta tenha violado uma regra bem estabelecida em estatuto ou direitos constitucionais de que uma pessoa razoável teria conhecimento (*Harlow v. Fitzgerald*, 1982, citado em *Conn X Gabbert*, 1999).[16]

A doutrina brasileira expõe que o devido processo legal, em sentido formal, engloba outras garantias, além do contraditório, como a ampla defesa, a imparcialidade, direito ao duplo grau de jurisdição, ao juízo natural, à representação por advogado, entre outros. Então, a noção de devido processo sobrepõe-se à esfera da legalidade, atinente às normas infraconstitucionais, e insere-se no Direito Constitucional, expressando um verdadeiro devido processo constitucional.[17]

O devido processo legal substancial, por sua vez, conecta-se com a razoabilidade, que, conforme Barroso, traduz-se na necessária relação de coerência entre os instrumentos aplicados pelo legislador e o alcance de determinada finalidade, com a observância da legitimidade desse fim. A partir dessa definição, é possível constatar a diferença entre razoabilidade e proporcionalidade na medida em que aquela consiste apenas na primeira das três subregras da última.[18]

A regra da proporcionalidade divide-se em três subregras: adequação, necessidade e proporcionalidade em sentido estrito. A adequação deve ser compreendida como a pertinência do meio escolhido para fomentar, promover o resultado pretendido. A necessidade traz consigo uma análise comparativa do ato estatal que restringe um direito fundamental, que apenas será necessário se, nas palavras de Virgílio Afonso da Silva, "a realização do objetivo perseguido não possa ser promovida, com a mesma intensidade, por meio de outro ato que limite, em menor medida, o direito fundamental atingido". Por fim, a proporcionalidade, em sentido estrito, expressa um "sopesamento entre a intensi-

---

15. WASSERMAN, Rhonda. Procedural Due Process: *A Reference Guide to the United States Constitution*. Westport, EUA: Greenwood Publishing Group, 2004, p. 69.
16. Idem, p. 116.
17. FERNANDES, Bernardo Gonçalves, op. cit., p. 519.
18. SILVA, Virgílio Afonso da. O proporcional e o razoável. *Revista dos Tribunais*. São Paulo, v. 91, n. 798, p. 23-50, abr. 2002.

dade da restrição ao direito fundamental atingido e a importância da realização do direito fundamental que com ele colide e que fundamenta a adoção da medida restritiva".[19-20]

O Estado deve, portanto, decidir da melhor forma possível. Sobre o devido processo substancial, assim, expõe Cássio S. Bueno:[21]

> Como a melhor interpretação do direito pode depender, muitas vezes, de uma maior, quiçá necessária, interação entre o órgão competente para aplicar a norma jurídica e os valores reinantes na sociedade civil e no próprio Estado – até mesmo pela complexidade, técnica inclusive, que, cada vez mais, tem caracterizado o objeto do regramento jurídico -, não há como negar que a melhor pauta de interpretação do direito pode depender, crescentemente, de uma mais ampla e generosa concepção do próprio processo (devido processo legal 'formal', neste sentido) para permitir que o magistrado possa ter acesso a estes valores que, dispersos pela sociedade e pelo próprio Estado, mostram-se decisivos para interpretação e aplicação da norma jurídica.

Essa cláusula substancial possui dimensão que transcende à ritualística e, em essência, constitui, ainda, um vínculo autolimitativo do poder estatal em sentido amplo, instituidor do dever de autotutela dos atos da administração pública, inclusive, para controlar as leis que edita, reconhecendo eventuais ilegitimidades que confrontem os pilares do regime democrático.[22]

2. DIREITOS FUNDAMENTAIS DECORRENTES DO DEVIDO PROCESSO

O devido processo legal possui um âmbito de aplicação que alcança todo o aparato jurisdicional, os sujeitos, as instituições e órgãos, públicos e privados, que exercem funções constitucionais essenciais à justiça, de forma direta e indireta.

Como esclarecido, as garantias constitucionais limitam o exercício do poder estatal com a finalidade de assegurar os direitos dos cidadãos, membros da sociedade. Elas disciplinam e tutelam "o exercício dos direitos fundamentais, ao mesmo passo que rege[m], com proteção adequada, nos limites da Constituição, o funcionamento de todas as instituições existentes no Estado".[23]

Segundo Paulo Bonavides, "os direitos fundamentais são a bússola das Constituições. A pior das inconstitucionalidades não deriva, porém, da inconstitucionalidade formal, mas da inconstitucionalidade material [...]". Para o autor, essa realidade é comum em países em desenvolvimento, onde as estruturas constitucionais são diretamente

---

19. SILVA, Virgílio Afonso da. O proporcional e o razoável. *Revista dos Tribunais*, São Paulo, v. 91, n. 798, p. 23-50, abr. 2002.
20. No mesmo artigo, o autor explica, ainda, que Gilmar Ferreira Mendes e Suzana de Toledo Barros, ao exporem teoricamente sobre a proporcionalidade, fazem alusão aos exames da adequação, da necessidade e da proporcionalidade em sentido estrito, porém esses mesmos exames não são realizados quando da análise da aplicação da proporcionalidade pelo Supremo Tribunal Federal (STF).
21. BUENO, Cassio Scarpinella. *Curso sistematizado de direito processual civil*: teoria geral do direito processual civil. 3. ed. São Paulo: Saraiva, 2009, v. 1, p. 109.
22. DINAMARCO, Cândido Rangel; LOPES, Bruno Vasconcelos Carrilho. *Teoria Geral do Novo Processo Civil*. 3. ed. São Paulo: Malheiros, 2018, p. 75.
23. BONAVIDES, Paulo. *Curso de Direito Constitucional*. 30. ed. São Paulo: Malheiros, 2015, p. 550.

impactadas pelas estruturas políticas, econômicas e financeiras. Quando as omissões constitucionais materiais estão fortemente presentes no governo, consoante destaca Bonavides, existe uma desvalorização dos direitos fundamentais, o que gera uma administração fora da ordem econômica, social e cultural.[24]

Decorrem do devido processo legal os seguintes direitos: a) à legalidade; b) ao contraditório e à ampla defesa; c) à fundamentação das decisões; d) à isonomia; e) ao juiz natural; f) à inafastabilidade do controle jurisdicional; g) à produção de prova e vedação à prova ilícita; h) à publicidade dos atos processuais; i) duplo grau de jurisdição; j) celeridade processual; entre outros.[25]

Caso a Constituição Federal de 1988 não trouxesse essa relação de direitos fundamentais derivados e fosse limitada a enunciar a necessidade de respeitar o devido processo legal, nada mudaria na elaboração e interpretação das leis no território nacional. A explicitação desses desdobramentos, contudo, enfatiza sua importância, norteando a atuação da Administração Pública, o Legislativo e o Judiciário.[26] O devido processo, portanto, consiste em verdadeiro sobreprincípio, atuando como vetor interpretativo e norma de integração de outras garantias e direitos constitucionais.[27]

A fim de viabilizar o alcance da conclusão deste trabalho, alguns direitos merecem destaque, os quais serão trabalhados a seguir.

A regra da legalidade consiste em instrumento de proteção das liberdades individuais "que permitiu a formação de um Estado de Direito (*Rechtsstaat*) distinto e contraposto ao Estado absoluto (*Machtstaat*) ou ao Estado de Polícia (*Polizeistaat*) dos séculos XVII e XVIII". A legalidade opõe-se a todo modo de autoritarismo e individualismo dos governantes. O texto constitucional deixa claro que somente a lei pode impor obrigações aos indivíduos, vinculando liberdade e legalidade. A liberdade é garantida pela legalidade.[28]

Existe especificidade no que toca à administração pública, prevista no artigo 37 da CF/88, conhecida por submissão da administração à lei, segundo a qual esta "deve agir nos limites de sua atribuição, vedado a ela agir *contra legem* ou *praeter legem*, mas sempre *secumdum legem*, vale dizer, de conformidade com a lei e dentro dos limites dados por ela".[29]

Cleide P. Cais explica que a legalidade deve ser aplicada tanto no seu aspecto formal, observando o rito procedimental, como no aspecto substancial, com sua observância nas decisões prolatadas no curso do processo. O referido direito, segundo a autora, possui estreita vinculação aos direitos ao contraditório e à ampla defesa, os quais, juntos, asseguram a segurança jurídica.[30]

---

24. BONAVIDES, Paulo, op. cit., p. 633.
25. NERY JÚNIOR, Nelson, op. cit., p. 114.
26. Ibidem, p. 114.
27. CANOTILHO, J. J., op. cit., posição 873.
28. CANOTILHO, J. J., op. cit., posição 500.
29. NERY JÚNIOR, Nelson, op. cit., p. 111.
30. CAIS, Cleide Previtali, op. cit.

A Constituição garante aos litigantes e acusados em geral, ainda, o contraditório e a ampla defesa tanto em processos judiciais como administrativos, com todos os recursos que lhes sejam disponíveis.

Em razão do contraditório, é defeso ao julgador encurtar ou diminuir o direito de o litigante expor sua manifestação nos autos; compete àquele viabilizar essa ampla participação, assegurando a atuação das partes na formação de seu convencimento. Na fase instrutória, o contraditório é sinônimo de acompanhamento e participação na produção das provas, para que seja possível apresentar contraposição.[31]

Verifica-se atendida a dimensão formal do contraditório quando é garantido o direito de participação, quando é dada ciência à parte acerca dos atos processuais praticados. A dimensão substancial, conteúdo principal do contraditório, consiste no direito de exercer o poder de influência, de agir para formar o convencimento do órgão jurisdicional.[32]

Os envolvidos no litígio possuem o direito de atuar no processo, seja pela exposição de argumentos ou contra-argumentos, seja pela produção de novas provas, tudo com a finalidade de convencer o magistrado da veracidade de sua versão dos fatos e, consequentemente, ver reconhecidos seus argumentos de direito.

A ampla defesa é direito fundamental de ambas as partes e, pode-se dizer, corresponde ao aspecto substancial do contraditório, razão pela qual se fala em fusão entre os dois, formando uma amálgama de um direito fundamental uno. É o conjunto de meios adequados ao exercício do contraditório.[33]

A ampla defesa e o direito de realizar a prova são indissociáveis. Aquele primeiro direito consiste na permissão das partes para alegar sua versão dos fatos e fazer prova dessas alegações nos processos judiciais e administrativos. Seria inócuo garantir o direito de oposição de seus argumentos sem conceder a oportunidade de prová-los.[34]

O direito à isonomia garante às partes igualdade de tratamento. As partes devem receber igual tratamento pelo magistrado da causa. Segundo Pontes de Miranda "Os homens não são iguais, mas precisam ser tratados igualmente".[35]

A paridade de armas deve ser assegurada pelo julgador em todo o processo. A condução deve ser pautada na segurança, firmeza, imparcialidade, urbanidade, prudência e humildade. Esse dever não significa que exista hierarquia entre ele e os advogados, o que há é uma divisão de tarefas entre todos os agentes envolvidos na resolução do litígio.[36]

---

31. NERY JÚNIOR, Nelson, op. cit., p. 246.
32. DIDIER JÚNIOR, Fredie. *Curso de direito processual civil*: introdução ao direito processual civil, parte geral e processo de conhecimento. 19. ed. Salvador: JusPodivm, 2017, p. 92.
33. DIDIER JÚNIOR, Fredie, op. cit., p. 100.
34. NERY JÚNIOR, Nelson, op. cit., p. 283.
35. PONTES DE MIRANDA, Francisco Cavalcanti. *Comentários ao Código de Processo Civil*. Atual. Prof. Dr. Sergio Bermudez. 2017.
36. NERY JUNIOR, Nelson; NERY, Rosa Maria de Andrade. *Código de Processo Civil comentado* [livro eletrônico]. 3. ed. São Paulo: Thomson Reuters Brasil, 2018, p. 500.

Já a fundamentação consiste na explicação dos motivos pelos quais se resolveu a controvérsia daquela forma, é condição para a legitimidade da decisão, elemento fundamental do Estado Democrático de Direito.[37]

Segundo Gilmar Mendes e Lenio Streck, dois princípios centrais vêm dela: "a integridade e a coerência, que se materializam a partir da tradição filtrada pela reconstrução linguística da cadeia normativa que envolve a querela sub judice". Para os autores, a fundamentação representa um direito fundamental do cidadão, verdadeiro corolário do Estado Democrático de Direito e, portanto, uma obrigação do magistrado ou Tribunal.

O produto obtido ao fim do processo embasará a crença na veracidade de uma variante dos fatos trazida pelas partes, que será expressa na decisão. O dever de esclarecer suficientemente a razão pela qual determinada prova foi acolhida em detrimento de outra é o que afasta arbítrios e relaciona prova e a verdade.[38]

As decisões judiciais estão submetidas a um processo de controle, do qual faz parte eventual direito de impugnação e é consequência a importância da motivação. Devem ser expostos os motivos pelos quais aquele veredito foi adotado, explicitando-se as justificações fáticas e jurídicas relevantes. A legitimidade e a racionalidade da decisão perante as partes ressaem da adequada, suficiente e coerente fundamentação.[39]

O Código de Processo Civil dedicou especial atenção ao direito constitucional à obtenção de decisão fundamentada, ao trazer no parágrafo primeiro, do artigo 489, seis incisos elucidando o que não atenderia esse direito fundamental:

> Artigo 489, § 1º: Não se considera fundamentada qualquer decisão judicial, seja ela interlocutória, sentença ou acórdão, que: I – se limitar era fundamentada qualquer decisão judicial, seja ela interlocutória, sentença ou acórdão, que: da, ao trazer no parágrafo; II – empregar conceitos jurídicos indeterminados, sem explicar o motivo concreto de sua incidência no caso; III – invocar motivos que se prestariam a justificar qualquer outra decisão; IV – não enfrentar todos os argumentos deduzidos no processo capazes de, em tese, infirmar a conclusão adotada pelo julgador; V – se limitar a invocar precedente ou enunciado de súmula, sem identificar seus fundamentos determinantes nem demonstrar que o caso sob julgamento se ajusta àqueles fundamentos; VI – deixar de seguir enunciado de súmula, jurisprudência ou precedente invocado pela parte, sem demonstrar a existência de distinção no caso em julgamento ou a superação do entendimento.

O conteúdo do artigo 489, § 1º, do CPC traduz limitação ao exercício da atividade do julgador, que já não pode invocar amplamente o livre convencimento motivado como fundamentação suficiente para a decisão proferida. Os moldes da fundamentação delimitados pelo dispositivo pretendem afastar arbítrios do magistrado, aproximando a prestação jurisdicional do Estado Democrático de Direito.

---

37. CANOTILHO, J. J., op. cit., posição 2520.
38. MACHADO SEGUNDO, Hugo de Brito; MACHADO, Raquel Cavalcanti Ramos. Responsabilidade do sócio e da sociedade empresária em execução. In: MEIRA, André Augusto Malcher; Malcher Filho, Clóvis Cunha da Gama; OLIVEIRA, Frederico Antonio Lima de (Org.). *As relações comerciais*: a contribuição de Roma à globalização contemporânea. Rio de Janeiro: Lumen Juris, 2016, v. 1, p. 215-226.
39. MENDES, Gilmar Ferreira; BRANCO, Paulo Gustavo Gonet. *Curso de direito constitucional*. 13. ed. rev. e atual. São Paulo: Saraiva Educação, 2018, posição 589.

Como Taruffo explica, o juiz não deve expor apenas o relevante para alcançar sua decisão, mas, sim, manifestar-se expressamente, possivelmente, com maior dedicação, sobre os pontos levantados no processo que são contrários ou incompatíveis com suas conclusões.[40] A decisão que não atender os requisitos inerentes ao dever do julgador de fundamentar, que não demonstrar conformidade com os conceitos jurídicos ou será injusta, ou obscura, ou inválida por vício de motivação.[41]

3. ADVOGADOS PÚBLICOS COMO ASSESSORES DE JULGADORES

A cessão de procurador da Fazenda Nacional, advogado da União, procurador federal e procurador do Banco Central do Brasil para gabinete de Ministro do Supremo Tribunal Federal ou de Tribunal Superior possui expressa previsão na Lei nº 11.890 de 2008.

O elevado nível de conhecimento desses servidores públicos, especialmente em Direito Tributário, área com pouco domínio pelos Tribunais, culminou no envio de ofícios aos órgãos pedindo a indicação de seus membros para os cargos de assessoria de ministros, desembargadores e juízes.

A Ordem dos Advogados do Brasil, por meio da seccional do Rio de Janeiro, provocou o Conselho Nacional de Justiça (CNJ) por meio de Procedimento de Controle Administrativo (PCA), contra o Tribunal Regional Federal da 2ª Região, por violação ao direito à paridade de armas, regra decorrente do devido processo.[42]

Naquele caso, a procuradora da Fazenda Nacional atuou como representante do Fisco contra a empresa indicada como devedora e, em seguida, foi convocada para atuar no gabinete do juiz federal convocado Theophilo Antonio Miguel Filho, relator do mesmo caso.

O representante da Advocacia-Geral da União, em manifestação sobre o caso, afirmou: "Não somos nós que batemos às portas do Judiciário. São os magistrados que solicitam à advocacia pública aquele ou este advogado ou procurador. Não existe a tese de que há infiltrados". Ele também afirmou que não procede imaginar que o procurador licenciado para assessorar um juiz possa sofrer pressões. "Nossa lei orgânica assegura a autonomia, a independência para exercer sua função".[43]

Não parece ser o caso de investigar a existência ou não de infiltrados, até porque não se pretende suscitar a suspeição de forma ampla, geral e irrestrita. Sigamos com os dados.

O CNJ, em decisão proferida pelo conselheiro José Lúcio Munhoz, chegou a deferir a liminar de suspensão do exercício da atividade da procuradora assessora afirmou:

---

40. TARUFFO, Michele. *La semplice verità*. Il giudice e la costruzione dei fatti. Roma: Laterza, 2009, p. 243.
41. DIDIER JÚNIOR, Fredie, op. cit., p. 129.
42. Procedimento de Controle Administrativo (PCA) 0000706-90.2012.2.00.0000.
43. Consultor Jurídico (CONJUR): Caso Vale é discutido em audiência pública no CNJ. Disponível em: https://www.conjur.com.br/2012-jun-20/vale-discutido-cnj-audiencia-cessao-procuradores/. Acesso em: 05 set. 2024.

Uma das partes não pode ou não deve, por seu procurador, ter acesso privilegiado ao julgador e ter a liberdade de ofertar-lhe opiniões ou minuta de julgamento a respeito de caso de seu interesse (ainda que em tese) (...) No caso presente, no entanto, uma representante da Fazenda, vinculada diretamente ao Poder Executivo (com quem mantém seu vínculo jurídico e de quem recebe sua remuneração e que tem como sua atribuição funcional e dever legal a defesa da União), atua como assessora jurisdicional do magistrado que julga os casos de interesse da própria entidade fazendária.[44]

Os efeitos da decisão foram suspensos pelo Supremo Tribunal Federal, nos autos da Medida Cautelar em Mandado de Segurança 32.189/DF, sob o argumento de que "é descabido presumir parcialidade do órgão julgador em função da cessão de servidora pública que exerce o cargo de procuradora da fazenda nacional. Muito menos presumir que, nessa condição, ela possa influenciar as decisões judiciais em favor do Fisco. Ora, assessor não é nem pode ser juiz".

Em julgamento definitivo, CNJ reconheceu o direito da procuradora da Fazenda Nacional atuar como assessora no TRF-2. Durante os debates, o Min. Joaquim Barbosa afirmou que o pedido da OAB:

> (...) é um menoscabo da inteligência, como se o juiz fosse um débil. Ele não toma decisões, é comandado pelo seu assessor? Se fossemos levar a sério essa tentativa de acabar com essas incongruências, as primeiras que deveríamos extinguir são as que beneficiam os advogados. Por exemplo, não há coisa mais absurda do que um advogado ter o seu escritório durante o dia e à noite ele se transformar em juiz. Estou falando da Justiça Eleitoral. É esse tipo de absurdo que devemos acabar.[45]

A questão também foi apreciada na exceção de suspeição 123/DF (2013/0077996-4), autuada em 20/03/2013. Na petição inicial, a empresa Inajá Incorporações Imobiliárias LTDA invocou a matéria da revista Veja, onde o Ministro ex-Presidente do STF, Cezar Peluso, afirma que "Ninguém lê 10.000 ações". A exordial destaca alguns trechos:

> Os ministros do Supremo vivem tão assoberbados que não conseguem ler todos os processos que lhes caem nas mãos. *Acabam tendo de delegar a assessores parte das decisões que deveriam tomar.* (...)
> É humanamente inconcebível para um ministro trabalhar em todos os processos que recebe. Ninguém dá conta de analisar 10.000 ações em um ano. O que acontece? Você faz um modelo de decisão para determinado tema. Depois, a sua equipe de analistas reúne os casos análogos e aplica o seu entendimento. Acaba-se transferindo parte da responsabilidade do julgamento para os analistas. É claro que o ideal seria que o ministro examinasse detidamente todos os casos. (...)
> Não quero afirmar que isso sempre prejudica a qualidade da decisão, mas há o risco de isso ocorrer – e só o risco já é suficiente para tentarmos resolver o problema. Essa transferência de responsabilidade para as assessorias pode causar abusos. Não digo em relação ao STF, que é muito cioso de seus assessores. Refiro-me aos tribunais de segunda instância, em que o volume de trabalho também é enorme. (grifou-se)

A exceção de suspeição tramitou sob a relatoria do ministro Benedito Gonçalves, e foi julgada improcedente pela 1ª Seção do Superior Tribunal de Justiça, sob o enten-

---

44. Procedimento de Controle Administrativo (PCA) 0000706-90.2012.2.00.0000.
45. Consultor Jurídico (CONJUR): "CNJ libera cessão de procurador da Fazenda a gabinete de TRF". Disponível em: https://www.conjur.com.br/2014-fev-25/cnj-permite-cessao-procuradores-fazenda-gabinetes-trfs/. Acesso em: 05 set. 2024.

dimento de que os assessores apenas auxiliam os magistrados, não sendo responsáveis pela formação do convencimento a favor deste ou daquele entendimento.[46]

Sobre o caso, o então ministro Mauro Campbell afirmou: "Meu assessor é meu assessor. Todos os votos e decisões que profiro são minhas e assumo total responsabilidade por elas. *Não delego nenhuma atividade jurisdicional a qualquer assessor, não importa sua procedência*"[47] (grifou-se).

4. JULGAMENTO E TOMADA DE DECISÃO. CONTRIBUIÇÕES DA PSICOLOGIA COGNITIVA

O ser humano possui uma visão limitada acerca dos objetos. Cada indivíduo, na análise e busca pela compreensão dos eventos, impregna a interpretação com sua bagagem de conhecimento, experiências e percepções. Viver requer um sem-número de microdecisões baseadas nessa bagagem.

O processamento cognitivo é, em sua maioria, inconsciente. O ser cognoscente não possui a capacidade de descrever a forma como alcançou determinada conclusão, ou os motivos exatos pelos quais escolheu uma opção em detrimento de outra. Na medida que crescemos e incorporamos hábitos, torna-se cada vez mais frequente a movimentação por impulso inconsciente.[48]

É o que acontece, por exemplo, na rotina matinal. Acordar, tomar banho, escovar os dentes e comer (não necessariamente nessa ordem) são ações que não demandam reflexão de um adulto. Não raro são realizadas de forma tão automática que, se houver alguma mudança na ordem habitual, gera esquecimento sobre a execução ou não de alguma delas.

Em sua maioria, não temos acesso aos nossos processos mentais, o que gera pouco conhecimento acerca dos motivos por trás das próprias ações. Isso traz consigo um dilema: como reconhecer a importância de algo que tramita no inconsciente? Subestimar os processos mentais é a consequência lógica do desconhecimento.[49]

De acordo com Horta,[50] esse campo de pesquisa ficou conhecido inicialmente como o "programa das heurísticas e vieses", o qual foi desenvolvido pelos proponentes da Economia Comportamental, dentre eles Daniel Kahneman, autor do best-seller "Rápido e devagar: duas formas de pensar".

---

46. Ex vi Exceção de Suspeição 123/DF (2013/0077996-4).
47. Consultor Jurídico (CONJUR): "STJ discute se procurador pode assessorar ministro". Disponível em: https://www.conjur.com.br/2013-jul-09/stj-discute-ministro-assessorado-procurador-fazenda-suspeito/. Acesso em: 06 out. 2024.
48. HORTA, Ricardo Lins. Por que existem vieses cognitivos na Tomada de Decisão Judicial? A contribuição da Psicologia e das Neurociências para o debate jurídico. *Revista Brasileira de Políticas Públicas*, Brasília, v. 9, n. 3 p.83-122, 2019.
49. Ibidem.
50. Ibidem.

Kahneman[51] propõe que o cérebro humano funciona dividido em dois sistemas de raciocínio: o Sistema 1, automático e imediato, e o Sistema 2, mais lento e racional. Importante esclarecer que a divisão é apenas para fins didáticos, não existe de fato uma divisão por áreas com funções distintas.

Essas formas de pensar demandam outros processos cerebrais. Dos processos neuronais resultam estratégias, atalhos mentais, simplificações que a mente elabora para facilitar a compreensão rápida de processos complexos, são as heurísticas. Consideram-se incertezas e probabilidades, adotam-se presunções e fazem-se previsões, tudo a fim de encontrar soluções com a maior velocidade possível.[52]

As heurísticas geralmente são eficazes para resolver situações frequentes, no entanto, podem causar erros em casos específicos, resultando em vieses cognitivos, que ocorrem devido a falhas no processamento automático das informações e nas decisões tomadas com base em pistas contextuais, mesmo que sejam irracionais.[53] Os vieses são, portanto, "falhas cognitivas geradas por um pensar tendencioso, que desrespeita uma expectativa de imparcialidade".[54]

A primeira heurística que merece destaque neste trabalho é a heurística da disponibilidade, que se baseia nas informações já presentes na mente, derivadas de sua experiência e conhecimento. No que concerne aos julgadores, por exemplo, esse processo é comum, especialmente em casos rotineiros, devido à alta demanda que os incentiva a decidir com base no que é prontamente acessível em sua memória.[55]

A heurística da disponibilidade leva as pessoas a julgarem a frequência ou relevância de algo com base na facilidade com que isso é recuperado pela memória. Assim, eventos, pessoas ou informações facilmente lembradas são inconscientemente considerados mais frequentes ou importantes, gerando erros sistemáticos na tomada de decisão.[56]

As associações feitas pela mente humana sempre dependem de um parâmetro anterior, sendo a primeira informação sobre algo particularmente influente nas comparações futuras. Esse comportamento reflete o "viés de ancoragem", onde a mente se apega a uma referência passada para guiar decisões subsequentes.[57]

---

51. KAHNEMAN, Daniel. *Rápido e devagar*: duas formas de pensar. Trad. Cássio Arantes de Leite. São Paulo: Editora Objetiva, 2012.
52. Ibidem.
53. Lima, George Marmelstein. A lente da justiça: vieses cognitivos na análise da prova audiovisual. *Revista Brasileira de Ciências Criminais*: RBCCrim, São Paulo, v. 29, n. 184, p. 161-182, out. 2021.
54. ANDRADE, Flávio da Silva. A tomada da decisão judicial criminal à luz da psicologia: heurísticas e vieses cognitivos. *Revista Brasileira de Direito Processual Penal*, Porto Alegre, v. 5, n. 1, p. 507-540, jan./abr. 2019. Disponível em: https://doi.org/10.22197/rbdpp.v5i1.172.
55. Ibidem.
56. CARNEIRO, Raul. Op. cit.
57. Ibidem.

Outro viés bastante conhecido é o viés da confirmação, que pode ser compreendido como a predisposição da mente de buscar e processar informações de forma seletiva, de modo a reforçar crenças já estabelecidas.[58]

Ele ilustra bem o conceito de viés cognitivo, manifestando-se quando as pessoas selecionam informações que corroboram suas crenças pré-existentes, levando a uma interpretação parcial dos dados e a erros de julgamento, por meio de uma predisposição a aceitar apenas aquilo que confirma suas convicções, ignorando evidências contrárias.[59]

Além de influenciar a tomada de decisões, o viés de confirmação também afeta a memória, fazendo com que as pessoas se lembrem mais facilmente de informações que estão em consonância com suas crenças e expectativas, enquanto há uma tendência a esquecer ou ignorar dados que geram desconforto cognitivo ou que contradizem suas convicções.[60]

A heurística da perseverança da crença é outra forma de viés cognitivo e que influencia decisões judiciais, levando o juiz a basear-se em suas preconcepções, mesmo diante de provas ou informações contrárias. Esse viés de confirmação pode comprometer a imparcialidade na valoração das provas e impedir uma análise adequada de argumentos contrários.[61]

Por fim, o viés denominado de "efeito-halo" descreve a tendência da mente de avaliar uma pessoa, empresa ou evento com base em uma única característica marcante, levando a julgamentos globais que podem ser distorcidos por estereótipos. A maneira como um argumento ou prova é apresentado, bem como a credibilidade do apresentador, pode influenciar significativamente a percepção do julgador, resultando em reações diferentes a informações idênticas.[62]

5. DEVIDO PROCESSO LEGAL EM RISCO

Em 2023, o Supremo Tribunal Federal (STF) proferiu um total de 101.970 decisões, das quais 17.320 foram colegiadas e 84.650 individuais. Além disso, o Tribunal recebeu 78.242 novos processos, sendo 23.546 iniciados internamente e 54.696 referentes a recursos de decisões de instâncias inferiores.[63]

O presidente do STF destacou um aumento aproximado de 10% na demanda de processos em comparação ao ano anterior, impulsionado, principalmente, por ações penais relacionadas aos atos antidemocráticos ocorridos em 8 de janeiro e pelo cres-

---

58. KAHNEMAN, Daniel. Op. cit.
59. LIMA, George Marmelstein. Op. cit.
60. CARNEIRO, Raul. Op. cit.
61. ANDRADE, Flávio da Silva. Op. cit.
62. CARNEIRO, Raul. Op. cit.
63. BRASIL. STF. Em balanço, presidente do STF reforça valorização de decisões colegiadas em 2023. Disponível em: https://portal.stf.jus.br/noticias/verNoticiaDetalhe.asp?idConteudo=522869&ori=1. Acesso em: 05 out. 2024.

cimento nas Reclamações, que saltaram de 6.242 para 7.081. A Corte encerrou aquele ano com o acervo de 24.071 processos em tramitação.[64]

No primeiro semestre de 2024, o Supremo Tribunal Federal (STF) proferiu um total de 52.066 decisões, das quais 10.034 foram colegiadas, incluindo decisões das Turmas e do Plenário. Esse número representa um aumento significativo de 29% em comparação ao mesmo período do ano anterior.[65]

Os dados foram divulgados pelo presidente do STF, ministro Luís Roberto Barroso, durante o encerramento da sessão plenária realizada em 26 de junho, que marcou a última do semestre. A apresentação dessas estatísticas destaca a crescente atividade do Tribunal em sua função de julgamento.[66]

Os dados oficiais divulgados pela Suprema Corte deixam difícil a crença de que os Ministram julgam pessoalmente todas as ações, de que não há delegação da prestação jurisdicional, como afirmado no tópico anterior deste trabalho. Não é necessário prolongar a argumentação para que se concordar com o ex-Ministro Cezar Peluso: ninguém lê 10.000 ações. A prestação jurisdicional é delegada a assessores sim.

Na época que o assunto foi levado ao Judiciário (nos idos de 2012), as manifestações defensivas foram no sentido de que não existem infiltrados, que os magistrados não são débeis ou comandados pelos seus assessores, que não se pode apequenar os julgadores.

Neste ponto, é importante consignar a tríade do aparelho psíquico freudiano: id, ego e superego. O id é uma entidade completamente interna, que contém tudo o que é herdado e que está presente desde o nascimento, constituindo a base da psique do indivíduo. Já o ego, que se desenvolve a partir de uma parte do id, atua como uma interface entre os desejos primários do id e o mundo externo. Ele se caracteriza por sua capacidade de receber estímulos, agir como um escudo protetor e adaptar-se às exigências do ambiente, além de armazenar experiências na memória.[67]

Por sua vez, o superego emerge durante a infância, quando o indivíduo vive sob a dependência dos pais. Ele representa a influência parental prolongada, funcionando como um agente que internaliza valores e normas, orientando o comportamento do indivíduo em relação ao que é considerado certo ou errado. Essa estrutura psíquica é fundamental para o desenvolvimento moral e ético do sujeito, moldando suas decisões e ações ao longo da vida.[68]

---

64. Idem.
65. BRASIL. STF aumenta número de decisões colegiadas em 2024. Disponível em: https://noticias.stf.jus.br/postsnoticias/stf-aumenta-numero-de-decisoes-colegiadas-em-2024/#:~:text=No%20primeiro%20semestre%20deste%20ano,29%25%20em%20rela%C3%A7%C3%A3o%20a%202023. Acesso em 05 out. 2024.
66. Idem.
67. OMMATI, José Emílio Medauar; FARO, Julio Pinheiro. De poder nulo a poder supremo – O Judiciário como superego. A&C – Revista de Direito Administrativo & Constitucional, Belo Horizonte, v. 12, n. 49, p. 177–206, 2012. DOI: 10.21056/aec.v12i49.174. Disponível em: https://www.revistaaec.com/index.php/revistaaec/article/view/174. Acesso em: 6 set. 2024.
68. Ibidem.

De acordo com Ommati e Faro:[69] "o ego tem de dar conta de três forças, conciliando-as: os instintos do id, os estímulos da realidade e as influências do superego".

Pois bem.

O avanço do Judiciário pressupõe a superação do ego dos julgadores, no sentido freudiano da palavra. Os magistrados precisam baixar a guarda, sair da posição defensiva e assumir que não analisam todos os processos e delegam sim a prestação jurisdicional à equipe do gabinete. É o que todos sabem, mas ninguém assume.

Até porque não se defende que os assessores atuam de má-fé, com o objetivo de privilegiar as Fazendas Públicas, e os magistrados concordam ou fazem vista grossa em razão dos inúmeros processos pendentes de julgamento. Não. Apenas é necessário reconhecer todos estão suscetíveis aos vieses e heurísticas, inclusive os magistrados e seus assessores.

Damares Medina[70] realizou um levantamento de dados no Portal da Transparência do Supremo Tribunal Federal, que demonstrou que dos 41 (quarenta e um) assessores de ministro cedidos ao STF, 16 (dezesseis) são advogados públicos, 14 (catorze) são servidores de outros tribunais e 11 (onze) são de outros órgãos.

A pesquisa destacou, ainda, que se forem considerados os 2 (dois) procuradores de estado que atuam como "Assessores Especiais" na presidência do Supremo, o número de advogados públicos na assessoria de ministros sobe para 18 (dezoito), representando 42% (quarenta e dois por cento) da assessoria de ministros do STF.

A relevância da discussão é gritante! 42% (quarenta e dois por cento) da assessoria de ministros da Suprema Corte brasileira decorre da advocacia pública.

Voltemos, então, ao exemplo do Procedimento de Controle Administrativo (PCA) 0000706-90.2012.2.00.0000 (citado no tópico 03 deste artigo), onde a procuradora da fazenda atuou no caso como representante do Fisco e, em seguida, foi convocada para trabalhar como assessora no TRF-2, auxiliando o responsável pelo julgamento dos recursos.

Não é difícil concluir as limitações que os vieses e heurísticas trazem ao desempenho das atividades da assessoria em situações como esta. Será que o contraditório e a ampla defesa estão sendo observados? Quais os argumentos primeiro virão à sua mente? Quais provas serão consideradas adequadas e suficientes para provar o direito do contribuinte?

Cabível refletir se os contribuintes possuem sequer a chance de influenciar no convencimento desses assessores, como exige o contraditório real, se há a ponderação real dos argumentos ou simplesmente uma reunião de motivos para afastá-los sem a devida reflexão. Isso porque o viés da confirmação, por exemplo, induz a esquecer ou ignorar dados que geram desconforto cognitivo ou que contradizem suas convicções.

---

69. Ibidem.
70. MEDINA, Damares. *A influência dos assessores de ministro do STF*. Disponível em: https://www.jota.info/artigos/a-advocacia-publica-na-assessoria-de-ministro-do-stf. Acesso em: 1º out. 2024.

O viés da ancoragem, como visto, faz com que a mente se apegue a uma referência passada para guiar decisões subsequentes. Quais as referências passadas dos advogados públicos?

Mais uma vez, não se está dizendo que há dolo, mas sim que o inconsciente de advogados públicos está preenchido com a compreensão dos fatos e argumentos de forma favorável ao Fisco, razão pela qual não se pode conceber que a mera mudança de cargo seja automaticamente suficiente para ajustar seu processamento cognitivo inconsciente para a neutralidade.

O artigo 489, § 1º, do CPC/15 ao detalhar seis hipóteses em que a decisão não pode ser considerada suficientemente fundamentada, representa um avanço do ponto de vista normativo, eis que exige mais clareza na explicação e limita o livre convencimento do julgador.

Tal medida, apesar de fortalecer o dever de fundamentação das decisões, não é suficiente para afastar os prejuízos trazidos pela figura dos assessores procuradores.

Necessário refletir, ainda, sobre a paridade de armas. Como bem ressaltou o conselheiro José Lúcio Munhoz, "Uma das partes não pode ou não deve, por seu procurador, ter acesso privilegiado ao julgador e ter a liberdade de ofertar-lhe opiniões ou minuta de julgamento a respeito de caso de seu interesse".

Imagine-se a seguinte situação: é decretada a repercussão geral de um tema e os ministros da Suprema Corte deverão, naturalmente, solucioná-lo. O estudo, a análise e os debates dos gabinetes serão permeados por ideias e vieses de assessores procuradores. Considere-se a situação, hipoteticamente, sob a ótica do "efeito-halo": se existir a mínima crença de que todo contribuinte é sonegador, esses debates dificilmente terão um resultado contrário ao Fisco.

A situação fica ainda mais agravada quando se acrescenta o fato de que os representantes da Fazenda seguem vinculados ao Poder Executivo, de quem recebem sua remuneração.

Se por um lado não parece viável proibir que advogados públicos ou privados exerçam a atividade de assessoria, a qual consiste em cargo de confiança, o que dificulta a criação de uma carreira institucionalizada por meio de concursos públicos específicos, por outro a ausência de olhar sobre o tema preocupa.

Atualmente, muito se fala nas possíveis consequências das decisões em matéria tributária, especialmente nos impactos que causarão ao orçamento público, o que motiva a frequente modulação dos efeitos das decisões dos Tribunais Superiores proferidas contra o Fisco. A mesma atenção, debate e reflexão deve ser dada às origens das decisões, o que as motivam e enviesam.

Como revela a literatura sobre tomada de decisão, a influência dos vieses é subestimada, pois eles são inconscientes. Até mesmo os "mais experientes, competentes e inteligentes, tendem a não enxergar ou a subestimar os próprios vieses".[71]

---

71. HORTA, Ricardo Lins. Por que existem vieses cognitivos na Tomada de Decisão Judicial? A contribuição da Psicologia e das Neurociências para o debate jurídico. *Revista Brasileira de Políticas Públicas*, Brasília, v. 9, n. 3

É extremamente difícil desenviesar completamente os julgadores e suas equipes, mas isso não deve ser motivo para desestímulo, afinal o que está em jogo é o devido processo legal de um Estado Democrático de Direito.

Para abordar os vieses nas decisões, uma estratégia envolve a implementação de técnicas de conscientização para promover o "desenviesamento" (*debiasing*), enquanto outra alternativa é a utilização de algoritmos treinados em *machine learning* no lugar de tomadores de decisão humanos. Contudo, ambos os métodos apresentam suas próprias limitações: as técnicas de *debiasing* não são sempre eficazes, e os algoritmos podem acabar reproduzindo estereótipos e vieses que estão embutidos nos dados utilizados para o treinamento, perpetuando assim os erros humanos que pretendem corrigir.[72]

O diálogo entre diferentes abordagens possibilita a superação da concepção tradicional de "racionalidade" atribuída ao homem médio na avaliação dos magistrados, promovendo uma visão mais adaptativa. Além disso, ao reconhecermos que muitas decisões são tomadas de forma inconsciente, é fundamental direcionar a discussão para o design institucional dos ambientes decisórios, considerando essa perspectiva como igualmente relevante – ou até mais – do que o debate sobre as justificativas racionais das decisões jurídicas.[73]

A aplicação das conclusões de Horta ao caso dos assessores procuradores, especificamente no que se refere à composição institucional dos ambientes decisórios, nos conduz à necessidade de afastar os advogados públicos das causas tributárias.

A alternativa que se propõe é: advogados públicos podem ser convocados para contribuir nos gabinetes, desde que em áreas diversas daquelas que atuavam originalmente e para as quais retornarão após o encerramento do vínculo de confiança.

A lógica deve ser aplicada inclusive aos casos que versam sobre matéria tributária. Advogados públicos são profissionais com extrema capacidade, haja vista o processo seletivo ao qual se submeteram. Profissionais com competência para aprender e desempenhar com excelência seu trabalho em qualquer área do Direito.

Se os advogados públicos são considerados mais adequados para ocupar cargos de confiança justamente por já pertencerem aos quadros funcionais do Poder Público, que sejam eles vedados de atuar em causas que possuem fortes vieses. Não se pode conhecer a existência de fatores que prejudicam o devido processo legal e escolher ignorá-los.

CONSIDERAÇÕES FINAIS

O modelo atual de delegação de decisões judiciais a assessores procuradores no Supremo Tribunal Federal e nos Tribunais Superiores merece uma reflexão mais profunda. O aumento expressivo de decisões proferidas pelo STF, tanto em 2023 quanto no

---

p.83-122, 2019.
72. HORTA, Ricardo Lins. Op. cit.
73. HORTA, Ricardo Lins. Op. cit.

primeiro semestre de 2024, reforça a relevância desse debate, pois evidencia a carga de trabalho imposta aos magistrados e a necessidade de uma maior transparência quanto ao papel desempenhado pelas equipes de gabinete. A atuação predominante de advogados públicos nas assessorias ministeriais, que representam 42% do total, levanta questionamentos sobre a efetiva neutralidade dessas decisões, uma vez que tais profissionais, vindos de uma cultura jurídica voltada à defesa do Fisco, podem, inconscientemente, inclinar-se a favor da Administração Tributária.

Não se trata de imputar dolo ou má-fé, mas de reconhecer a influência dos vieses cognitivos, como o viés de confirmação e o efeito-halo, sobre a forma como os fatos e argumentos são processados por esses assessores. A percepção, mesmo que inconsciente, de que contribuintes são potenciais sonegadores pode afetar o resultado de julgamentos, sobretudo em casos de repercussão geral, nos quais as decisões possuem impacto abrangente. Essa constatação revela a importância de se discutir, com maior rigor, a paridade de armas entre Fisco e contribuinte no contexto do contraditório real, garantindo que todos os argumentos recebam a devida ponderação.

Por fim, é necessário que o Judiciário, ao avançar, repense a sua estrutura interna, incluindo o papel e a influência dos assessores, a fim de assegurar um processo decisório mais transparente e imparcial. Reconhecer o impacto dos vieses inconscientes e buscar mecanismos para mitigá-los, seja por meio de ajustes no sistema de delegação de funções ou pela implementação de técnicas de "desenviesamento", é um passo crucial para fortalecer o devido processo legal e garantir a justiça das decisões.

Por fim, respondo às perguntas propostas pelos coordenadores da obra:

1. Há quebra da imparcialidade, ou violação ao devido processo legal substantivo, caso uma questão tributária seja julgada por um Tribunal cujos membros são assessorados por Procuradores da Fazenda que figura como parte?

Resposta: Não entendo ser possível afirmar que há quebra de imparcialidade em todos os casos, até por não conhecer as medidas tendentes a afastar vieses adotadas individualmente pelos assessores que tenham conhecimento da sua existência. Contudo, considerando a ausência de regulamentação, bem como a atuação dos advogados públicos nas mesmas áreas que atuavam originalmente, é possível vislumbrar risco ao devido processo legal substancial. Entendo não existir espaços para dúvidas acerca das interpretações favoráveis ao Fisco que compõem o inconsciente e, portanto, fazem parte dos processamentos neurais dos assessores provenientes da advocacia pública.

2. Há diferença caso o Procurador tenha sido convocado pessoalmente, por ser conhecido do julgador, independentemente do cargo que ocupa, ou caso tenha a Corte enviado ofício à respectiva procuradoria requisitando assessores procuradores, a serem escolhidos pela Procuradoria que os remeterá? Poderia um banco enviar seus advogados para assessorar ministro que julgará causa de direito bancário, ou consumerista, em que ele figura como parte? Qual a diferença entre as duas situações, em um Estado de Direito, republicano e democrático?

Resposta: (i) Entendo não haver diferença entre o assessor convocado pessoalmente e o aquele convocado por meio de ofício enviado ao órgão ao qual está vinculado. Os vieses cognitivos estão presentes no ser e, diante dos riscos ao devido processo legal, não podem ser ignorados. Como dito pelo Ministro Cézar Peluso, se há risco, existe motivação suficiente para enfrentar a situação. (ii) Certamente um banco não seria suscitado a enviar um advogado de seus quadros para figurar como assessor. Ainda que isso acontecesse, considerando a mais remota hipótese, a conclusão do artigo se mantém: o advogado não deve atuar em áreas do Direito nas quais trabalhava anteriormente. Por mais que possa parecer contraproducente, defendo que os profissionais possuem diversas competências, sendo o conhecimento técnico apenas uma delas. Ao escolher um assessor, assim como qualquer outro profissional, diversos quesitos devem ser considerados, não apenas o conhecimento que o candidato. Os critérios, talvez, possam ser fixados (exemplificativamente): reputação ilibada, comprometimento, qualificação acadêmica, referências anteriores. Enfim, todas aquelas que compõem um bom profissional de acordo com o Ministro que está selecionando. O conteúdo material pode ser estudado e aprendido, um bom jurista consegue fazê-lo caso escolha desempenhar o papel de assessor. Se não está disposto a aprender, não será selecionado para o cargo. A medida parece drástica, mas busca preservar o devido processo legal.

3. Caso haja alguma irregularidade na atuação de assessores procuradores, como solucioná-la, se o recurso (se judicial) contra essa atuação seria julgado provavelmente também por um julgador assessorado por um procurador? Via legislativa?

Resposta: Sim, há risco ao devido processo legal. A via legislativa pode ser um caminho mais neutro para debater esse tema. Penso que submeter a questão novamente ao Poder Judiciário tem baixas probabilidades de êxito, não apenas pela resistência do ego dos magistrados, mas também pelo risco de danos à imagem do Judiciário.

REFERÊNCIAS

ANDRADE, Flávio da Silva. A tomada da decisão judicial criminal à luz da psicologia: heurísticas e vieses cognitivos. *Revista Brasileira de Direito Processual Penal*, Porto Alegre, v. 5, n. 1, p. 507-540, jan./abr. 2019. Disponível em: https://doi.org/10.22197/rbdpp.v5i1.172.

BONAVIDES, Paulo. *Curso de Direito Constitucional*. 30. ed. São Paulo: Malheiros, 2015.

BUENO, Cassio Scarpinella. *Curso sistematizado de direito processual civil*: teoria geral do direito processual civil. 3. ed. São Paulo: Saraiva, 2009. v. 1.

BRASIL. STF. Em balanço, presidente do STF reforça valorização de decisões colegiadas em 2023. Disponível em: https://portal.stf.jus.br/noticias/verNoticiaDetalhe.asp?idConteudo=522869&ori=1. Acesso em 05 out. 2024.

BRASIL. STF aumenta número de decisões colegiadas em 2024. Disponível em: https://noticias.stf.jus.br/postsnoticias/stf-aumenta-numero-de-decisoes-colegiadas-em-2024/#:~:text=No%20primeiro%20semestre%20deste%20ano,29%25%20em%20rela%C3%A7%C3%A3o%20a%202023. Acesso em 05 out. 2024.

CAIS, Cleide Previtali. *O Processo Tributário*. 3. ed. São Paulo: RT, 2011.

CANOTILHO, J. J. *Comentários à Constituição do Brasil*. 2. ed. São Paulo: Saraiva Educação, 2018.

CARNEIRO, Raul. *O controle da subjetividade nas decisões judiciais em casos de colisão entre direitos fundamentais*: hermenêutica, método e a tensão entre o racional e o irracional. Tese (Doutorado em Direito) – Faculdade de Direito, Programa de Pós-Graduação em Direito, Universidade Federal do Ceará, Fortaleza, 2019.

CONSULTOR JURÍDICO (CONJUR): Caso Vale é discutido em audiência pública no CNJ. Disponível em: https://www.conjur.com.br/2012-jun-20/vale-discutido-cnj-audiencia-cessao-procuradores/. Acesso em: 05 set. 2024.

CONSULTOR JURÍDICO (CONJUR): "CNJ libera cessão de procurador da Fazenda a gabinete de TRF". Disponível em: https://www.conjur.com.br/2014-fev-25/cnj-permite-cessao-procuradores-fazenda-gabinetes-trfs/. Acesso em: 05 set. 2024.

CONSULTOR JURÍDICO (CONJUR): "STJ discute se procurador pode assessorar ministro". Disponível em: https://www.conjur.com.br/2013-jul-09/stj-discute-ministro-assessorado-procurador-fazenda-suspeito/. Acesso em: 06 out. 2024.

DIDIER JÚNIOR, Fredie. *Curso de direito processual civil: introdução ao direito processual civil, parte geral e processo de conhecimento*. 19. ed. Salvador: Juspodivm, 2017.

DINAMARCO, Cândido Rangel; LOPES, Bruno Vasconcelos Carrilho. *Teoria Geral do Novo Processo Civil*. 3. ed. São Paulo: Malheiros, 2018.

FERNANDES, Bernardo Gonçalves. *Direitos fundamentais individuais e coletivos na Constituição de 1988*. 9. ed. rev. ampl. e atual. Salvador: JusPodivm, 2017.

HORTA, Ricardo Lins. Por que existem vieses cognitivos na Tomada de Decisão Judicial? A contribuição da Psicologia e das Neurociências para o debate jurídico. *Revista Brasileira de Políticas Públicas*, Brasília, v. 9, n. 3 p.83-122, 2019.

KAHNEMAN, Daniel. *Rápido e devagar*: duas formas de pensar. Trad. Cássio Arantes de Leite. São Paulo: Editora Objetiva, 2012.

LIMA, George Marmelstein. A lente da justiça: vieses cognitivos na análise da prova audiovisual. *Revista Brasileira de Ciências Criminais*: RBCCrim, São Paulo, v. 29, n. 184, p. 161-182, out. 2021.

MACHADO, Hugo de Brito. *Os direitos fundamentais do contribuinte e a efetividade da jurisdição*. Tese (Doutorado). Programa de Pós-Graduação em Direito, Universidade Federal de Pernambuco, Recife, 2009.

MACHADO, Hugo de Brito. O conceito legalista de renda. *Revista CEJ*, Brasília, ano XIII, n. 47, p. 5-9, out./dez. 2009.

MACHADO SEGUNDO, Hugo de Brito; MACHADO, Raquel Cavalcanti Ramos. Responsabilidade do sócio e da sociedade empresária em execução. In: MEIRA, André Augusto Malcher; Malcher Filho, Clóvis Cunha da Gama; OLIVEIRA, Frederico Antonio Lima de (Org.). *As relações comerciais*: a contribuição de Roma à globalização contemporânea. Rio de Janeiro: Lumen Juris, 2016. v. 1.

MARTIN, Ricardo Marcondes. O conceito científico de processo administrativo. *Revista de Direito Administrativo (RDA)*. Rio de Janeiro, v. 235, jan./mar. 2004.

MEDINA, Damares. *A influência dos assessores de ministro do STF*. Disponível em: https://www.jota.info/artigos/a-advocacia-publica-na-assessoria-de-ministro-do-stf. Acesso em: 1º out. 2024.

MENDES, Gilmar Ferreira; BRANCO, Paulo Gustavo Gonet. *Curso de direito constitucional*. 13. ed. rev. e atual. São Paulo: Saraiva Educação, 2018.

NERY JÚNIOR, Nelson. *Princípios do Processo na Constituição Federal* (processo civil, penal e administrativo). 12. ed. São Paulo: RT, 2016.

OMMATI, José Emílio Medauar; FARO, Julio Pinheiro. De poder nulo a poder supremo – O Judiciário como superego. *A&C – Revista de Direito Administrativo & Constitucional*, Belo Horizonte, v. 12, n. 49,

p. 177-206, 2012. DOI: 10.21056/aec.v12i49.174. Disponível em: https://www.revistaaec.com/index.php/revistaaec/article/view/174. Acesso em: 6 set. 2024.

PONTES DE MIRANDA, Francisco Cavalcanti. *Comentários ao Código de Processo Civil*. Atual. Prof. Dr. Sergio Bermudez. 2017.

SILVA, José Afonso. *Curso de Direito Constitucional Positivo*. 36. ed. São Paulo: Malheiros, 2013.

SILVA, Virgílio Afonso da. O proporcional e o razoável. *Revista dos Tribunais*. São Paulo, v. 91, n. 798, p. 23-50, abr. 2002.

TARUFFO, Michele. *La semplice verità*. Il giudice e la costruzione dei fatti. Roma: Laterza, 2009

WASSERMAN, Rhonda. *Procedural Due Process*: A Reference Guide to the United States Constitution. Westport, EUA: Greenwood Publishing Group, 2004.

V – CRIMES CONTRA A ORDEM TRIBUTÁRIA

CRIMES CONTRA A ORDEM TRIBUTÁRIA

José Eduardo Soares de Melo

Doutor e Livre-Docente em Direito. Professor Titular de Direito Tributário da PUC-SP (2012-2015). *Visiting Scholar* da Universidade da Califórnia (Berkeley). Professor Emérito da Faculdade Brasileira de Tributação. Juiz do Tribunal de Impostos e Taxas da Secretaria da Fazenda de São Paulo (1974-1997). Consultor Tributário.

Sumário: 1. Nos crimes contra a ordem tributária, o que justifica a tipificação do inadimplemento quando ausente a fraude? A inadimplência, ainda que proposital, pode figurar como crime? – 2. Não há incompatibilidade entre essa criminalização e a vedação constitucional à prisão por dívida? – 3. No caso de apropriação indébita, ausente a fraude e declarada a dívida, onde estaria o *animus* de fazer próprio o alheio? – 4. Aliás, em se tratando de dívida de responsável tributário, há apropriação se o sujeito passivo da relação obrigacional é o próprio responsável? – 5. Se não houvesse o dever de retenção, ou mesmo se fosse revogado o tributo a ser retido, e o responsável (V.G. Contratante) tivesse fracionado sua dívida com o contribuinte (V.G. Contratado) em três parcelas, o não pagamento de uma delas configuraria apropriação? – 6. Por que a natureza muda, quando a lei determina que uma dessas parcelas seja entregue ao fisco? – 7. No caso, p. Ex., de contribuições previdenciárias, caso não haja em caixa o valor suficiente para pagar toda a folha de salários, bruta, mas apenas o valor líquido a ser entregue a cada empregado, ou mesmo nem todo a ele, o pagamento de todo ou parte do salário líquido, e o inadimplemento do restante, inclusive da contribuição previdenciária devida pelo empregado, implica apropriação? De que, se não havia recurso? – 8. E, caso haja apropriação, em tese, poder-se-ia cogitar de inexigibilidade de conduta diversa? Ou seria o caso de pagar a contribuição, e não pagar o valor líquido do salário ao empregado? – 9. Caso um contribuinte falsifique um documento (V.G. Nota fiscal), e com isso suprima mais de um tributo (p. ex. ICMS, ISS, IPI, IRPJ, CSLL), há um crime ou vários? Concurso formal, ou material? – 10. E se a falsificação ocorre em notas fiscais de vários meses, há um só crime? Crime continuado? – 11. É possível oferecer-se a denúncia por crime contra a ordem tributária antes do exaurimento da via administrativa? – 12. E se se incluem sócios e contadores no rol de acusados, para configuração do crime de associação criminosa, a denúncia poderia desde já ser oferecida por conta dele? – 13. A súmula vinculante 24 aplica-se ao crime de descaminho? Qual a diferença entre ele o previsto no Art. 1º, I, II e III, da Lei 8.137/90? Se o artigo do Código Penal referente ao descaminho fosse revogado, a conduta nele descrita não se subsumiria ao tipo do Art. 1º, I, II e III, da Lei 8.137/90? – Referências.

1. NOS CRIMES CONTRA A ORDEM TRIBUTÁRIA, O QUE JUSTIFICA A TIPIFICAÇÃO DO INADIMPLEMENTO QUANDO AUSENTE A FRAUDE? A INADIMPLÊNCIA, AINDA QUE PROPOSITAL, PODE FIGURAR COMO CRIME?

A Lei federal 8.137/90 – disciplinando o crime tributário – estabelece o seguinte:

Art. 2º Constitui crime da mesma natureza:

(...)

II – deixar de recolher, no prazo legal, valor de tributo ou de contribuição social, descontado ou cobrado, na qualidade de sujeito passivo de obrigação e que deveria recolher aos cofres públicos.

Importante a distinção das situações relativas a "inadimplemento", "sonegação", "planejamento" e "elisão" fiscal a saber:

O mero inadimplemento, ou seja, o fato de deixar de pagar tributo, por si só, não constitui crime. Assim, se o contribuinte declara todos os fatos geradores à repartição fazendária, de acordo com a periodicidade exigida em lei, cumpre todas as obrigações tributárias acessórias e tem escrita contábil, mas não paga o tributo, *não há crime algum.*

A sonegação fiscal também não pode ser confundida com o planejamento legal tributário ou elisão fiscal, que é a prática legítima do contribuinte consistente em evitar a ocorrência do fato gerador do tributo a pagar, sem a utilização de fraude.

Por fim, a sonegação pressupõe, além da supressão ou redução de tributo devido, também a fraude. Sem um ou outro desses elementos, a saber, supressão ou redução no pagamento de tributo e fraude, não há sonegação fiscal.[1]

O tipo penal implica, necessariamente, na obrigação de estar configurada a fraude, omissão, ou falsidade de informações ao Estado, porque a simples falta de pagamento de tributo, declarada pelo contribuinte, caracteriza mera inadimplência fiscal, acarretando singela obrigação tributária.

No caso de imposto indireto constata-se mera técnica de atribuição da sujeição passivo do tributo, "à luz da manutenção das vantagens pragmáticas hauridas do sistema de cobrança de impostos e contribuições", implicador do "princípio da praticidade tributária" (Tema 201 de Repercussão Geral – RE 593.849-MG – Plenário – rel. Min. Edson Fachin, sessão de 19.10.16).

O inadimplemento de tributo, cujo valor tenha sido declarado pelo contribuinte, caracteriza mero atraso no pagamento do tributo (mora fiscal), sem nenhuma conotação penal.

No caso do ICMS trata-se de imposto lançado por homologação e a sua declaração pelo contribuinte em guia própria, ou em livros fiscais, já é suficiente para constituir o crédito tributário (Súmula 436 do STJ), de modo que o valor do imposto devido ingressa no patrimônio passivo da empresa e na dívida ativa da Fazenda Pública.

Embora não pago, o ICMS declarado não tem jamais o condão, ou o efeito jurídico, de caracterizar efetiva sonegação tributária, porquanto o contribuinte oferece total condição ao Fisco de efetuar a cobrança judicial do crédito tributário.

A omissão do contribuinte, no tocante à liquidação tributária, não causa efetivo prejuízo ao Erário, uma vez que (i) o débito passa a ser atualizado; (ii) a dívida pode ser protestada; (iii) há impossibilidade do pleno exercício das atividades empresariais porque dificulta-se a obtenção de certidão negativa impedindo a participação em concorrência, obtenção de crédito em instituição financeira; e (iv) possibilita inscrições nos serviços de proteção ao crédito.

O inadimplemento do imposto não pode caracterizar, ou sequer evidenciar – ainda que de modo potencial –, a prática de conduta delitiva na medida em que constitua simples falta de pagamento do tributo. Injustificável a singela consideração do "ina-

---

1. GONÇALVES, Victor Eduardo Rios; BALTAZAR JUNIOR, José Paulo. *Legislação Penal Especial Esquematizado.* In: LENZA, Pedro (Coord.). São Paulo: Saraivajur, 2016, p. 549-550.

dimplemento" para a tipificação de crime contra a ordem tributária. Essa assertiva é questionável, contudo, no caso de positivar-se conduta dolosa, como é o caso de ocorrer manifesta fraude (desvio de bens etc.).

2. **NÃO HÁ INCOMPATIBILIDADE ENTRE ESSA CRIMINALIZAÇÃO E A VEDAÇÃO CONSTITUCIONAL À PRISÃO POR DÍVIDA?**

A legitimidade da "prisão por dívida", nos crimes tributário, tem que ser examinada face os preceitos contidos na Constituição Federal (art. 5º), que estabelecem o seguinte:

> LIV – ninguém será privado de liberdade ou de seus bens sem o devido processo legal.
>
> LV – aos litigantes, em processo judicial ou administrativo, e aos acusados em geral são assegurados o contraditório e ampla defesa, com os meios e recursos a ela inerentes.
>
> LVII – ninguém será considerado culpado até o trânsito em julgado da sentença penal condenatória.

Contudo, não se ignora que o poder de cautela judicial objetiva afastar do convívio da sociedade as pessoas violadoras das leis penais, tendo em vista diversificadas circunstâncias, como a gravidade do delito, a periculosidade da pessoa infratora ou o próprio clamor social.

Os postulados constitucionais em pauta impossibilitam o constrangimento à liberdade, porque inexiste, ainda, coisa julgada decretando a condenação definitiva do infrator.

O procedimento criminal se instaura mediante a apuração material de fatos considerados como crimes, e de suficientes indícios de sua autoria; mas, consubstanciando mera presunção de crime e de sua culpabilidade, sem nenhuma segurança da concretização dos mesmos, que permitam a prisão de um presumível criminoso ante a existência de um presumível crime.

Constatando inadimplemento de obrigação tributária, o agente de rendas não necessita perquirir a respeito da causa desta situação, os propósitos, ou a intenção de seu infrator, sequer se agiu com culpa ou dolo.

Todavia, no Direito Penal a condenação e mesmo a prisão devem, necessariamente, decorrer de responsabilidade pessoal do criminoso, de nada importando a simples constatação do fato objetivo (falta ou insuficiência do tributo).

A Declaração Universal dos Direitos dos Homens (1948) preceitua o seguinte:

> Todo o homem acusado de um ato delituoso tem o direito de ser presumido inocente até que a sua culpabilidade tenha sido provada de acordo com a lei, em julgamento público, no qual lhe tenham sido asseguradas todas as garantias necessárias à sua defesa.

A CF contém regras consagradoras da liberdade pessoal (art. 5º), constantes dos preceitos seguintes:

LXII – ninguém será preso, senão em flagrante delito ou por ordem escrita e fundamentada de autoridade judiciária competente, salvo nos casos de transgressão militar ou crime propriamente militar, definidos em lei.

LXV – a prisão ilegal será imediatamente relaxada pela autoridade judiciária.

LXVI – ninguém será levado a prisão ou nela mantido quando a lei admitir a liberdade provisória, com ou sem fiança.

O STF fixou a diretriz seguinte:

Ementa. Prisão civil. Depositário infiel. Alienação fiduciária. Decretação de medida coercitiva. Inadmissibilidade absoluta. Insubsistência da previsão constitucional e das normas subalternas. Interpretação do art. 5º inc. LXVII e §§ 1º, 2º e 3º da CF, à luz do art. 7º, da Convenção Americana dos Direitos Humanos (Pacto de San José da Costa Rica). Recurso improvido. Julgamento conjunto do RE 349.703 e dos HCs 87.585 e 92.566. É ilícita a prisão civil de depositário infiel, qualquer que seja a modalidade do depósito.

(RE 466.343-SP – Plenário – rel. Min. Cesar Peluso – sessão de 13.12.2008).

Não se vislumbra total incompatibilidade entre a criminalização e a vedação constitucional à prisão por dívida, no caso em que exista plena segurança e certeza da prática dolosa de subtrair-se ao pagamento de valores tributários.

3. NO CASO DE APROPRIAÇÃO INDÉBITA, AUSENTE A FRAUDE E DECLARADA A DÍVIDA, ONDE ESTARIA O *ANIMUS* DE FAZER PRÓPRIO O ALHEIO?

Na sistemática operacional do ICMS o consumidor não é contribuinte do imposto, nem sujeito passivo da obrigação, e jamais poderá ser cobrado pelo pagamento do tributo devido na operação.

O comerciante que não recolhe o ICMS, dentro dos prazos que a lei assinala, não comete delito algum, muito menos o capitulado no art. 2º, II, da Lei 8.137/90.

O consumidor não figura no polo passivo da obrigação de pagar o imposto. Se não houver o recolhimento tempestivo do tributo, não será executado ou sancionado; mas somente o comerciante, o industrial ou o produtor que praticou a operação mercantil.

Entendo ser juridicamente inconcebível a fusão (ou confusão) entre crime tributário (Lei federal 8.137/90, art. 2º, II) e crime de apropriação indébita (Código Penal, art. 168).

Precisas e contundentes as críticas e ensinamentos seguintes:

Além da criação doutrinária e jurisprudencial de uma nova figura penal a partir da fusão de elementares normas incriminadoras em vigor ser de duvidosa constitucionalidade (princípio da legalidade), a situação daquele que deve ser tributo como contribuinte e a daquele que se apropria de coisa alheia móvel de que tem a posse são essencialmente diversas.[2]

A jurista esclarece:

---

2. ESTELITA, Heloisa. Inadimplência tributária e crime. Sítio eletrônico do jornal *Valor Econômico*, de 29.08.2018.

A ocorrência do fato imponível (venda da mercadoria, prestação do serviço etc.) cria uma obrigação jurídica pecuniária para o contribuinte, que é a obrigação de entregar ao Fisco determinada quantia em dinheiro, obrigação de dar, portanto.

Não há uma imediata 'perda' da quantia correspondente do patrimônio do contribuinte em benefício do fisco.

Por essa razão, a ocorrência do fato imponível não torna automaticamente 'alheia' a quantia devida pelo contribuinte, apenas cria para ele a obrigação de entregar ao Fisco uma quantia que é sua. A ocorrência de um fato gerador não tem por efeito expropriar o contribuinte da quantia devida a título de tributo.

As consequências do entendimento contrário, aliás, se aplicariam a quaisquer tributos e não creio que a Corte esteja disposta a levar um tal entendimento às suas últimas consequências. Pois bem, se esse valor não é alheio, mas próprio, como assemelhar o não pagamento à apropriação de coisa alheia.

Entretanto, o STF decidira o seguinte:

Direito penal. Recurso em habeas corpus. Não recolhimento do valor de ICMS cobrado do adquirente da mercadoria ou serviço. Tipicidade.
1. O contribuinte que deixa de recolher o valor do ICMS cobrado do adquirente da mercadoria ou serviço, apropria-se de valor de tributo, realizando o tipo penal do art. 2º, II, da Lei 8.137/1990.
(...)
6. A caracterização do crime depende da demonstração do dolo de apropriação, a ser apurado a partir de circunstâncias objetivas factuais, tais como o inadimplemento prolongado em tentativa de regularização dos débitos, a venda de produtos abaixo do preço de custo, a criação de obstáculos à fiscalização, a utilização de 'laranja' no quadro societário, a falta de tentativa de regularização dos débitos, o encerramento irregular das suas atividades, a existência de débitos inscritos em dívida ativa em valor superior ao capital social integralizado etc.
(...)
8. Fixação da tese seguinte: *"O contribuinte que deixa de recolher, de forma contumaz, e com dolo de apropriação, o ICMS cobrado do adquirente da mercadoria ou serviço incide no tipo penal do art. 2º, II, da Lei 8.137/1990."*
(ROHC 163.334-SC – Plenário – rel. Min. Roberto Barroso – sessão de 18.12.2019).

Ausente a fraude e declarada a dívida, não se vislumbra a prática de conduta criminal, inexistindo o ânimo de fazer próprio o alheio.

4. ALIÁS, EM SE TRATANDO DE DÍVIDA DE RESPONSÁVEL TRIBUTÁRIO, HÁ APROPRIAÇÃO SE O SUJEITO PASSIVO DA RELAÇÃO OBRIGACIONAL É O PRÓPRIO RESPONSÁVEL?

A responsabilidade consiste na imputação de obrigação tributária a terceira pessoa vinculada ao fato gerador respectivo, excluindo-se a obrigação do contribuinte, ou atribuindo-a a este em caráter supletivo do cumprimento total ou parcial da referida obrigação (CTN, arts. 121, II, e 128).

Significa a exigência de carga fiscal de pessoa diversa daquela que praticou o negócio jurídico, estabelecendo a legislação os critérios norteadores desse procedimento.

Trata-se de obrigação atribuída a sucessores, a terceiros e aos infratores (CTN, arts. 129 a 137); bem como o dever das fontes pagadoras pela prestação de serviços, aquisição de mercadorias, rendimentos financeiros etc., relativamente à exigência documental.

Na sistemática da substituição tributária "regressiva" atribui-se a responsabilidade da respectiva obrigação concretizada por razões de comodidade, praticidade, como é o caso das operações com sucata em que se exige o ICMS do adquirente (indústria siderúrgica), ao invés do sucateiro (contribuinte).

Não há nenhum fundamento, ou sentido lógico-jurídico, cogitar-se de apropriação no caso de a sujeição passiva tributária concentrar-se no responsável tributário.

5. **SE NÃO HOUVESSE O DEVER DE RETENÇÃO, OU MESMO SE FOSSE REVOGADO O TRIBUTO A SER RETIDO, E O RESPONSÁVEL (V.G. CONTRATANTE) TIVESSE FRACIONADO SUA DÍVIDA COM O CONTRIBUINTE (V.G. CONTRATADO) EM TRÊS PARCELAS, O NÃO PAGAMENTO DE UMA DELAS CONFIGURARIA APROPRIAÇÃO?**

A retenção na fonte é procedimento consistente na cobrança tributária por parte de terceiro (responsável tributário), relativamente à ocorrência do respectivo fato gerador, constituindo medida de antecipação do tributo que vier a ser devido pelo contribuinte.

Exemplos: (a) retenção do IR pela fonte pagadora relativa a rendimentos de distintas naturezas como é o caso do empregador que efetua a retenção de valor tributário em razão de salário pago a empregado; (b) retenção do ICMS em operações e prestações submetidas ao regime de sujeição passiva por substituição, em que o fabricante efetua a retenção de valor do imposto a ser devido pelo adquirente em futura operação mercantil; (c) retenção do ISS pela fonte pagadora tomadora de serviço prestado por profissional autônomo que não tenha inscrição cadastral; (d) retenção de contribuições sociais por parte do responsável pelo recolhimento, inclusive no caso de contratação de serviços prestados mediante cessão de mão de obra, ou empreitada, inclusive em regime de trabalho temporário.

A falta de retenção do imposto pela fonte pagadora não exonera o contribuinte (beneficiário dos rendimentos), da obrigação de incluí-los para tributação, salvo no caso do regime de tributação definitiva na fonte.

Entretanto, na falta de previsão legal para ser efetuada a retenção do tributo, ou mesmo se este for objeto de revogação, penso que o responsável fica totalmente excluído da prática de qualquer ato delituoso.

O fracionamento da dívida constitui procedimento de natureza privada, de natureza mercantil ou civil, estranho ao âmbito tributário, em razão do que no caso de descumprimento do ajuste não tem nenhum significado ou efeito relativo à exigência fiscal, sequer constituindo figura delituosa.

6. POR QUE A NATUREZA MUDA, QUANDO A LEI DETERMINA QUE UMA DESSAS PARCELAS SEJA ENTREGUE AO FISCO?

O Direito constitui um sistema integrado por diversificadas normas que se encontram vinculadas, de modo horizontal e vertical, observando coerência e harmonia. As normas são consideradas de natureza privada quando disciplinam o comportamento das pessoas (naturais ou jurídicas), como é o caso da realização de negócios civis ou mercantis como a transmissão de bens móveis e imóveis entre particulares; serviços prestados por profissionais, negócios societários (fusão, cisão, incorporação), vigorando a liberdade negocial, contratual etc.

As normas terão cunho público na medida em que consubstanciarem a predominância do interesse coletivo, como é o caso do direito tributário que colima a obtenção de valores pecuniários para atingir seus objetivos fundamentais, compreendendo a receita derivada do patrimônio dos particulares, observando sistemática constitucional e regrados por peculiar regime jurídico.

O tributo decorre de fatos, operações, estados, situações, atividades públicas e particulares, sendo que a compulsoriedade constitui elemento essencial, consubstanciando obrigação de dar dinheiro ao Erário, de índole coativa, independente da vontade de seu devedor.

O CTN categoricamente dispõe (art. 3º), que "tributo é toda prestação pecuniária compulsória, em moeda, ou cujo valor nela se possa exprimir, que não constitua sanção de ato ilícito, instituída em lei e cobrada mediante atividade administrativa plenamente vinculada".

Os princípios de direito privado e de direito público são nitidamente distintos, plasmados na autonomia da vontade e na estrita legalidade, respectivamente.

Destarte, na realização do negócio jurídico mercantil devem ser considerados os respectivos valores e seus efeitos, a saber:

a) o preço da mercadoria decorre da liberdade contratual para sua fixação; e, regra geral, deve ser pago pelo comprador ao respectivo fornecedor no prazo avençado. Contém natureza privada e pode ser alterado (majorado ou acrescido) mediante faculdade concedida às partes contratantes;

b) o ICMS incidente na venda deve ser calculado sobre o valor da operação mercantil, e ser obrigatoriamente recolhido, observando-se a sistemática de não cumulatividade. Vendedor e comprador devem obedecer rigorosamente a legislação tributária, não podendo proceder a nenhuma alteração de alíquotas, prazo de recolhimento etc.

A parcela a ser entregue ao Fisco – denominada imposto – contém natureza jurídica tributária, não sofrendo nenhuma modificação desde a sua origem (realização de operação mercantil).

7. NO CASO, P. EX., DE CONTRIBUIÇÕES PREVIDENCIÁRIAS, CASO NÃO HAJA EM CAIXA O VALOR SUFICIENTE PARA PAGAR TODA A FOLHA DE SALÁRIOS, BRUTA, MAS APENAS O VALOR LÍQUIDO A SER ENTREGUE A CADA EMPREGADO, OU MESMO NEM TODO A ELE, O PAGAMENTO DE TODO OU PARTE DO SALÁRIO LÍQUIDO, E O INADIMPLEMENTO DO RESTANTE, INCLUSIVE DA CONTRIBUIÇÃO PREVIDENCIÁRIA DEVIDA PELO EMPREGADO, IMPLICA APROPRIAÇÃO? DE QUE, SE NÃO HAVIA RECURSO?

O Regulamento Geral da Previdência Social (Decreto 3.048 de 6.5.99) estabelece o seguinte:

> Art. 201. A contribuição a cargo da empresa, destinada à seguridade social, é de:
> I – vinte por cento sobre o total das remunerações pagas, devidas ou creditadas, a qualquer título, no decorrer do mês, aos segurados empregado e trabalhador avulso, além das contribuições previstas nos arts. 202 e 204 (redação dada pelo Decreto 3.265, de 1999).

O Código Penal (alterado pela Lei federal 9.983, de 14.7.2000) sofre a inserção do dispositivo seguinte:

> Apropriação indébita previdenciária.
> Art. 168-A Deixar de repassar à previdência social as contribuições recolhidas dos contribuintes, no prazo e forma legal ou convencional:
> Pena – reclusão de 2 (dois) a 5 (cinco) anos, e multa.

Análise dos elementos do crime[3] implicara nas considerações seguintes:

a) *Objeto jurídico protegido* – patrimônio da Previdência Social, que, juntamente com a saúde e a assistência social, integra a Seguridade Social (art. 194, da CF);

b) *Sujeito ativo* – a pessoa que retém na fonte as contribuições devidas por trabalhadores, empregados ou não, para oportuno recolhimento aos cofres da Previdência Social;

c) *Tipo objetivo* – O elemento nuclear do crime é *"deixar de repassar á Previdência Social as contribuições recolhidas dos contribuintes no prazo legal ou convencional"*.

d) *Tipo subjetivo* – Sem o dolo específico, isto é, a vontade livre e consciente de não repassar à Previdência Social a importância que recebeu para esse fim, no prazo legal ou convencional, é que fica caracterizado o crime. A partir de então resta comprovada a intenção do sujeito ativo de passar a usufruir da importância não repassada, como se fosse um bem próprio.

e) *Consumação* – Tratando-se de crime material em que a conduta "deixar de repassar" não comporta fragmentação, o crime ocorre no momento que o agente deixar de encaminhar à Previdência Social a contribuição social retida, momento esse definido em lei ou convenção.

---

3. HARADA, Kiyoshi; MUSUMECCI FILHO, Leonardo; POLIDO, Gustavo Moreno. *Crime Contra a Ordem Tributária*. 2. ed. São Paulo: Atlas, 2015, p. 184-190.

Ressalta-se a postura do saudoso Hugo de Brito Machado, criticando com veemência a posição jurisprudencial que admite o crime de apropriação indébita sem dolo específico:

> Se as normas que dizem ser crime o não recolhimento de tributos nos prazos legais criam tipo novo, diverso da apropriação indébita, são inconstitucionais, porque afrontam a proibição de prisão por dívida. Se apenas explicitam que esse não recolhimento configura tipo do art. 168 do Código Penal, sua aplicação somente há de se dar quando presentes todos os elementos daquele tipo, entre os quais o dolo específico, a vontade consciente de fazer próprio o dinheiro do fisco.[4]

A análise do tipo penal suscitou divergências conceituais acerca da natureza jurídica como crime "comissivo" ("apropriar-se de coisa alheia"), ou "omissivo" ("deixar de recolher", "deixar de repassar"); bem como a característica de crime "material" (dependente do resultado), ou meramente "formal".

Significativas as posturas firmadas pelo Judiciário:

> Ação Direta de Inconstitucionalidade. Lei 9.430/1996. Art. 83. Redação da Lei n. 12.350/2010. Crime de Apropriação Indébita Previdenciária. Representação Fiscal para Fins Penais. Exaurimento do Processo Administrativo-Fiscal. Norma de Natureza Administrativa. Inexistência de Afronta ao Art. 62, Caput, e § 1º, I, "B", da Constituição Federal. Violação aos Arts. 3º; 150, II; 194, *caput*, V; 195; 62, Caput e § 1º, I, "B", da Constituição Federal. Inocorrência. Não comprometimento das Atribuições do Ministério Público. Tutela Adequada dos Bens Jurídicos. Razoabilidade da Opção do Legislador. Linearidade do Procedimento Administrativo-Fiscal. Direito Penal Enquanto Última Ratio.
> (...) 7. A validade da norma atacada independe da controvérsia relacionada à natureza dos delitos nela mencionados – se material ou formal –, notadamente o de apropriação indébita previdenciária (...).
> (ADIn 4.980-DF – Plenário – rel. Min. Nunes Marques – sessão de 10.3.2022).

*

> Ementa
> Recurso especial repetitivo. Penal. Apropriação Indébita Previdenciária (Art. 168-A, § 1º, Inciso I, do Código Penal). Crime Material. Consumação com a Constituição Definitiva do Crédito Tributário. Incidência da Súmula Vinculante n. 24 do Supremo Tribunal Federal. Reafirmação do Entendimento Sedimentado nesta Corte Superior de Justiça. Recurso Especial Parcialmente Provido, com Fixação de Tese Repetitiva.
> 1. O crime de apropriação indébita previdenciária (art. 168-A, § 1º, inciso I, do Código Penal) possui natureza de delito material, que só se consuma com a constituição definitiva, na via administrativa, do crédito tributário. Na hipótese, a importância prática da distinção entre crime formal e crime material diz respeito à necessidade de constituição definitiva do crédito tributário para tipificação do crime do art. 168-A, § 1º, inciso I, do Código Penal, o que repercute na definição acera da data da consumação do delito e no termo inicial da prescrição.
> 2. Desse modo, impõe-se a análise da prescrição à luz da Súmula Vinculante n. 24 do Supremo Tribunal Federal – STF, que dispõe: *"Não se tipifica crime material contra a ordem tributária, prevista no art. 1º, incisos I a IV, da Lei 8.137/90, antes do lançamento definitivo do tributo"*.
> 3. Para fins do art. 927, inciso III, c.c. o art. 1.039 e seguintes do Código de Processo Civil, resolve-se a controvérsia repetitiva com a afirmação da tese: *"O crime de apropriação indébita previdenciária, pre-*

---

4. *Crimes contra a ordem tributária*. 2. ed. São Paulo: Atlas, 2009, p. 408.

visto no art. 168-A, § 1º, inciso I, do Código Penal, possui natureza de delito material, que só se consuma com a constituição definitiva, na via administrativa do crédito tributário, consoante o disposto na Súmula Vinculante 24 do Supremo Tribunal Federal.

(REsp 1982304-SP – Terceira Seção, rel. Min. Laurita Vaz, sessão de 17.10.2023).

A falta de pagamento da folha de salários, por si só, não elimina a obrigação relativa à contribuição previdenciária uma vez que o texto legal (RGPS, art. 201, I) também trata de remuneração "devida", ou mesmo creditada, independente do efetivo pagamento.

O crime se consuma no caso de se proceder ao pagamento (ou crédito) a cada empregado do valor total, ou líquido, implicando em apropriação da verba previdenciária, mesmo no caso de inexistir suficiente recurso (dificuldade financeira etc.).

8. **E, CASO HAJA APROPRIAÇÃO, EM TESE, PODER-SE-IA COGITAR DE INEXIGIBILIDADE DE CONDUTA DIVERSA? OU SERIA O CASO DE PAGAR A CONTRIBUIÇÃO, E NÃO PAGAR O VALOR LÍQUIDO DO SALÁRIO AO EMPREGADO?**

O exclusivo pagamento da contribuição previdenciária, por evidência lógico-jurídica, elimina qualquer possibilidade de imputação de conduta criminosa.

A falta de pagamento do valor líquido do salário ao empregado pode acarretar diversas consequências de natureza privada, como reclamações trabalhistas, e causar demissão, mas sem consequência penal.

Ao contribuinte compete exercer as suas atividades empresariais de modo discricionário, efetuando os pagamentos devidos aos fornecedores, prestadores de serviços, empregados, instituições financeiras, negócios societários, bem como as verbas de natureza pública (caso dos tributos e contribuições previdenciárias).

A ausência do cumprimento das mencionadas obrigações, por si só, não constitui crime, acarretando ao empresário os ônus devidos e os riscos financeiros etc.

9. **CASO UM CONTRIBUINTE FALSIFIQUE UM DOCUMENTO (V.G. NOTA FISCAL), E COM ISSO SUPRIMA MAIS DE UM TRIBUTO (P. EX. ICMS, ISS, IPI, IRPJ, CSLL), HÁ UM CRIME OU VÁRIOS? CONCURSO FORMAL, OU MATERIAL?**

O Código Penal dispõe:

Art. 69 – Quando o agente, mediante mais de uma ação ou ação prática dois ou mais crimes, idênticos ou não, aplicam-se cumulativamente as penas privativas de liberdade em que haja incorrido. No caso de aplicação cumulativa de penas de reclusão e de detenção, executa-se primeiro aquela (redação dada pela Lei 7.209, de 11.07.1984).

Trata-se de concurso material de crimes, caracterizando-se pluralidade de condutas e de crimes, em consequência do que haverá responsabilização do agente para cada um dos delitos cometidos. Prática diversas condutas consistentes na sonegação de imposto e emissão de guia de recolhimento falsa.

> Art. 70. Quando o agente, mediante uma só ação ou omissão prática dois ou mais crimes, idênticos ou não, aplica-se-lhe a mais grave das penas cabíveis ou, se iguais, somente uma delas, mas aumentada, em qualquer caso, de um sexto até a metade.

Caracteriza-se o concurso formal de crimes, porque, mediante uma só conduta, positiva ou negativa, dolosa ou culposa, o agente pratica dois ou mais crimes, idênticos ou não. Ocorre pluralidade de crimes, mas a conduta é única.

A falsificação da nota fiscal caracteriza a sonegação de diversos tributos porque pode implicar nas faltas diretas de recolhimento de ICMS e IPI (operações mercantis com produtos industrializados), IR (renda), PIS e COFINS (receitas), e CSLL (lucro).

Tipifica-se concurso formal de crimes, aplicando-se a penalidade prevista na legislação penal.

10. E SE A FALSIFICAÇÃO OCORRE EM NOTAS FISCAIS DE VÁRIOS MESES, HÁ UM SÓ CRIME? CRIME CONTINUADO?

A falsificação pode decorrer da distorção de diversos elementos da obrigação tributária, alterando os elementos pessoais (sujeitos ativos e passivos), materiais (natureza jurídica das atividades), quantificação (bases de cálculo, alíquotas), e aspectos atinentes ao tempo e ao local do fato gerador.

Em termos objetivos pode mascarar uma alienação mercantil (sujeita ao ICMS, como se fosse prestação de serviço (ISS); excluir reajustes cobrados do preço de venda; considerar como isento um negócio jurídico tributável; postergar o momento da prática do fato gerador etc.

O Código Penal preceitua:

> Art. 71 – Quando o agente, mediante mais de uma ação ou omissão prática dois ou mais crimes da mesma espécie, e pelas condições de tempo, lugar, maneira de execução e outras semelhantes, devem os subsequentes ser havidos como continuação do primeiro, aplica-se-lhe a pena de um só dos crimes, se idênticas, o a mais grave, se diversas, aumentada, em qualquer caso, de um sexto a dois terços (redação dada pela Lei 7.209, de 11.07.1984).

Assinala-se que "a nossa legislação penal adotou a teoria da ficção jurídica, considerando de maneira exclusivamente objetiva o crime continuado, pouco importando a vontade do agente dirigida nesse sentido, de praticar crimes posteriores como continuação do primeiro (...) por questões de política criminal, tem-se que os crimes posteriores são mera continuação do primeiro delito".[5]

---

5. MUSSUMECI FILHO, Leonardo. Aspectos Genéricos do Direito Penal. *Crimes Contra a Ordem Tributária*. 2. ed. São Paulo: Atlas, 2015, p. 132.

Entretanto, a questão em exame caracteriza a prática de várias condutas atinentes à falsificação, e, embora se repita durante considerável lapso de tempo, não deveria ser considerada no âmbito do crime continuado para fins de aplicação da pena.

11. É POSSÍVEL OFERECER-SE A DENÚNCIA POR CRIME CONTRA A ORDEM TRIBUTÁRIA ANTES DO EXAURIMENTO DA VIA ADMINISTRATIVA?

Mediante a instauração de procedimento administrativo, o Fisco tem por objetivo a apuração material de fatos tributários, e que, também, possam ser considerados como crimes, em razão de suficientes indícios de sua autoria.

O STF (Súmula 609) estabelecera que "é pública e incondicionada a ação penal por crime de sonegação fiscal", cuidando apenas da procedibilidade autônoma (esferas administrativa e judicial), não declarando que a ação penal possa concluir tenha havido crime de sonegação.

Firmara diretriz (1998) no sentido de que o Ministério Público pode promover a instauração da ação penal pública mediante o conhecimento de atos criminosos na ordem tributária, não ficando impedido de agir, desde logo, mediante a utilização dos meios de provas a que tiver acesso, independente do curso do processo administrativo" (ADIn 1.571– Plenário – rel. Min. Néri da Silveira, j. 20.03.1997, *DJU* 1 de 25.09.1998, p. 11).

Por consequência, em razão do processo administrativo (fiscal), poderia ser promovida a abertura do inquérito policial, com trâmites distintos, ocorrendo o oferecimento da denúncia pelo MP, o seu recebimento pelo Juiz de Direito, e o andamento do processo criminal. Nesta ambígua situação, o contribuinte (ou responsável) tributário pode até ser condenado (coisa julgada) pela prática de crime; e, posteriormente, ser decretada a insubsistência do lançamento tributário (em decisão administrativa, ou mesmo judicial).

Todavia, reexaminando esta questão, o STF passou a firmar o entendimento seguinte:

> Ementa: I – Crime material contra a ordem tributária (L. 8.137/90, art. 1º): lançamento do tributo pendente de decisão definitiva do processo administrativo; falta de justa causa para a ação penal, suspenso, porém, o curso da prescrição enquanto obstada a sua propositura pela falta do lançamento definitivo.
>
> 1. Embora não condicionada a denúncia à representação da autoridade fiscal (ADInMC 1.571), falta justa causa para a ação penal pela prática do crime tipificado no art. 1º da L. 8.137/90 – que é material ou de resultado –, enquanto não haja decisão definitiva do processo administrativo de lançamento, quer se considere o lançamento definitivo uma condição objetiva de punibilidade ou um elemento normativo do tipo.
>
> 2. Por outro lado, admitida por lei a extinção da punibilidade do crime pela satisfação do tributo devido, antes do recebimento da denúncia (L. 9.249/95, art. 34), princípios e garantias constitucionais eminentes não permitem que, pela antecipada propositura da ação penal, se subtraia do cidadão os meios que a lei mesma lhe propicia para questionar, perante o Fisco, a exatidão do lançamento provisório, ao qual se devesse submeter para fugir ao estigma e às agruras de toda sorte do processo criminal.

3. No entanto, enquanto dure, por iniciativa do contribuinte, o processo administrativo suspende o curso de prescrição da ação penal por crime contra a ordem tributária que dependa do lançamento definitivo".

(HC 81.611-DF, Plenário, rel. Min. Sepúlveda Pertence – j. 10.02.2003, *DJU* 1 de 13.05.2005).

O STJ assentou que "o lançamento definitivo do crédito tributário é condição objetiva de punibilidade dos crimes contra a ordem tributária" (Ação Penal 449-AM, Corte Especial, rel. Min. Humberto Gomes de Barros, j. 21.11.07, *DJU* 1 de 6.12.07, p. 286).

Entretanto, o STF decidiu o seguinte:

O tipo penal previsto no artigo 2º, inc. I, da Lei 8.137/90, é crime formal e, portanto, independe da consumação do resultado naturalístico correspondente à aferição de vantagem ilícita em desfavor do Fisco, bastando a omissão de informações ou a prestação de declaração falsa, não demandando a efetiva percepção do material do ardil aplicado. Dispensável, por conseguinte, a conclusão de procedimento administrativo para configurar a justa causa legitimadora da persecução.

(Emb. Decl. no Recurso em Habeas Corpus 90.532-3-CE, Plenário, rel. Min. Joaquim Barbosa, j. 23.09.2009, *DJe* de 05.11.2009, p. 17).

O STF consolidou o entendimento seguinte:

Não se tipifica crime material contra a ordem tributária, previsto no art. 1º, incisos I a IV, da Lei 8.137/90, antes do lançamento definitivo do tributo.

(Súmula Vinculante 24).

A Portaria 199, de 13.7.2022, da RFB, dispõe sobre representação fiscal para fins penais referentes a crimes contra a ordem tributária, bem como contra a Previdência Social, e de contrabando ou descaminho, sobre representação para fins penais referente a crimes contra a Administração Pública Federal, em detrimento da Fazenda Nacional ou contra administração pública estrangeira, de falsidade de títulos, papéis e documentos públicos e de "lavagem" ou ocultação de bens, direitos e valores, e sobre representação referente a atos de improbidade administrativa.

Entendo que não é possível oferecer-se a denúncia por crime contra a ordem tributária, antes do exaurimento da via administrativa, porque a decisão final proferida pelo CARF (Conselho Administrativo de Recursos Fiscais), e demais órgãos colegiados, integrantes da administração fazendária, é que julgará (e decidira) em caráter definitivo acerca da legitimidade da exigência tributária.

A denominada coisa julgada administrativa pode consagrar (i) a insubsistência do auto de infração (decadência, ausência de provas, violação a normas legais, súmulas vinculantes etc.); ou (ii) a exclusão de determinados valores etc. do lançamento tributário.

12. E SE SE INCLUEM SÓCIOS E CONTADORES NO ROL DE ACUSADOS, PARA CONFIGURAÇÃO DO CRIME DE ASSOCIAÇÃO CRIMINOSA, A DENÚNCIA PODERIA DESDE JÁ SER OFERECIDA POR CONTA DELE?

O procedimento criminal instaura-se mediante a apuração material de fatos considerados como crimes, e face indícios suficientes de sua autoria; mas consubstanciando mera presunção de crime e de sua culpabilidade, sem nenhuma segurança ou certeza de concretização dos mesmos, que permitam a condenação e prisão de um presumível criminoso, antes a existência de um presumível crime.

No Direito Penal, todavia, a condenação e a prisão devem, necessariamente, decorrer de responsabilidade pessoal do criminoso, de nada importando a simples constatação do fato objetivo (falta ou insuficiência de tributo).

Não se admite que alguma pessoa seja denunciada exclusivamente por figurar no contrato social, ou estatuto, presumindo-se, por isso, ser sua a responsabilidade pela administração da empresa, sem que seja narrada qualquer conduta que teria sido por ele praticada.

É formalmente inepta a denúncia que não individualiza a conduta do réu, limitando-se a mencionar o cargo por ele ocupado na empresa (Embargos de Divergência em REsp 687.594-CE, 3ª. Seção, rel. Min. Maria Thereza de Assis Moura, j. 24.02.2010, DJe 14.04.2010).

A persecução dos sócios pelo mero inadimplemento da empresa ofende a separação patrimonial da sociedade em relação aos seus representantes, na medida em que, os patrimônios (direitos e obrigações) não se confundem; e que a cobrança de dívida da sociedade só pode ser cogitada quando ocorre a dissolução irregular da mesma, podendo ensejar o redirecionamento da exigência em processo de execução fiscal (incidente de desconsideração da personalidade jurídica).

A acusação promovida pelo Ministério Público somente pode ser dirigida especificamente a diretores, gerentes ou representantes das pessoas jurídicas que, dolosamente, praticaram atos com excesso de poderes, ou infração de lei, contrato social, ou estatuto.

A responsabilidade penal não pode ser imputada, simplesmente, a todos e quaisquer administradores que estejam relacionados em ficha do CNPJ, ou em Declaração Cadastral, de qualquer natureza.

A insuficiência do pagamento pode ter ocorrido em período em que o administrador se encontrava ausente da sociedade (viagem, doença, férias etc.). Por vezes, também, não tem nenhuma relação com os fatos tributários (exercício de atividades industriais ou culturais), sem nenhuma atuação na gestão tributária.

O CTN (art. 137) determina que a responsabilidade é pessoal do agente quanto às infrações conceituadas como crimes, quando praticadas no exercício regular da administração, mandato, função, cargo ou emprego, e nos casos de dolo específico.

Ademais, os diretores e gerentes da empresa têm que ser intimados no processo administrativo fiscal, para que possam exercer amplamente o seu direito de defesa relativamente à formulação de exigências tributárias que possam decorrer da prática de excesso de poderes, ou infração à lei, ou em desacordo com o contrato social ou estatutos.

Somente com a participação no processo administrativo é que os diretores, gerentes e contadores terão plena condição de questionar a cobrança de valores tributários, e evitar que sejam executados judicialmente na medida em que ocorra a despersonalização da pessoa jurídica de que façam parte.

No direito penal a condenação deve, necessariamente, decorrer de responsabilidade pessoal do criminoso, de nada importando a simples constatação do fato objetivo (falta ou insuficiência do tributo).

Nos crimes tributários as condutas especificadas têm que revelar o caráter doloso do agente mediante fraudes, falsificações, adulterações e artifícios, ou seja, o manifesto propósito de obter o resultado sonegatório.

A denúncia, por conta de pressuposta configuração de associação criminosa, não pode ser oferecida face a sócios e contadores.

13. **A SÚMULA VINCULANTE 24 APLICA-SE AO CRIME DE DESCAMINHO? QUAL A DIFERENÇA ENTRE ELE O PREVISTO NO ART. 1º, I, II E III, DA LEI 8.137/90? SE O ARTIGO DO CÓDIGO PENAL REFERENTE AO DESCAMINHO FOSSE REVOGADO, A CONDUTA NELE DESCRITA NÃO SE SUBSUMIRIA AO TIPO DO ART. 1º, I, II E III, DA LEI 8.137/90?**

A Súmula Vinculante 24, do STF, preceitua o seguinte:

Não se tipifica crime material contra a ordem tributária, previsto no art. 1º, incisos I a IV, da Lei 8.137/90, antes do lançamento definitivo do tributo.

Trata-se de crime de resultado em que os comportamentos especificados revelam o caráter doloso do agente mediante fraudes, falsificações, adulterações, artifícios, revelando manifesto propósito de objetivo sonegatório.

A caracterização do ilícito fiscal obriga à constituição do crédito tributário mediante a prática do respectivo lançamento pela autoridade fazendária. No caso de ocorrer impugnação somente a decisão definitiva no processo administrativo é que tem o efeito de configurar plena liquidez e certeza do tributo devido.

O simples fato de o Fisco haver dado início ao processo administrativo não significa que se esteja diante de ilícito tributário, de natureza criminal, com perfeita caracterização de responsabilidade penal da pessoa do infrator (criminoso).

Entretanto, a Súmula 691 estabelecera que "é pública e incondicionada a ação penal por crime de sonegação fiscal", cuidando da procedibilidade autônoma (esferas administrativa e judicial), não declarando que a ação penal possa concluir tenha havido crime de sonegação.

O STF firmara diretriz no sentido de que o Ministério Público pode promover a instauração da ação penal pública mediante o conhecimento de atos criminosos na ordem tributária, não ficando impedido de agir, desde logo, mediante o curso do processo administrativo (ADIn 1.571-1, Plenário, rel. Min. Néri da Silveira, j. 20.03.1997, *DJU* 1 de 25.09.1998, p. 11).

Por consequência, em razão do processo administrativo (fiscal), poderia ser promovida a abertura do inquérito policial, com trâmites distintos, ocorrendo o oferecimento da denúncia pelo Ministério Público, o seu conhecimento pelo Juiz de Direito, o andamento do processo criminal. Nesta ambígua situação, o contribuinte pode até ser condenado pela prática de crime; e, posteriormente, ser decretada a improcedência do lançamento tributário (em decisão administrativa ou judicial).

O *crime de descaminho* encontra-se previsto no Código Penal (com a redação da Lei 13.008/2014):

> Art. 334. Iludir, no todo ou em parte, o pagamento de direito ou imposto devido pela entrada, pela saída ou pelo consumo de mercadoria.
>
> Pena – reclusão de 1 (um) a 4 (quatro) anos.
>
> § 1º Incorre na mesma pena quem:
>
> I – prática navegação de cabotagem, fora dos casos permitidos em lei;
>
> II – prática fato assimilado, em lei especial, a descaminho;
>
> III – vende, expõe à venda, mantém em depósito ou, de qualquer forma, utiliza em proveito próprio ou alheio, no exercício de atividade comercial ou industrial, mercadoria de procedência estrangeira que introduziu clandestinamente no País ou importou fraudulentamente ou que sabe ser produto de introdução clandestina no território nacional ou de importação fraudulenta por parte de outrem;
>
> IV – adquire, recebe ou oculta, em proveito próprio ou alheio, no exercício de atividade comercial ou industrial, mercadoria de procedência estrangeira, desacompanhada de documentação legal ou acompanhada de documentos que sabe serem falsos.
>
> § 2º Equipara-se às atividades comerciais, para os efeitos deste artigo, qualquer forma de comércio irregular ou clandestino de mercadorias estrangeiras, inclusive o exercido em residências.
>
> § 3º A pena aplica-se em dobro se o crime de descaminho é praticado em transporte aéreo, marítimo ou fluvial.

O descaminho tem por objetivo o ato de furtar-se ao recolhimento do tributo, por parte do sujeito ativo, em prejuízo ao erário público. Trata-se de irregularidade na importação ou exportação do produto, tendo por consequência a respectiva pena de perdimento.

A Lei federal 8.137/90, a seu turno, estabelece o seguinte:

> Art. 1º Constitui crime contra a ordem tributária suprimir ou reduzir tributo, ou contribuição social e qualquer acessório, mediante as seguintes condutas:
>
> I – omitir informação, ou prestar declaração falsa às autoridades fazendárias;
>
> II – fraudar a fiscalização tributária, inserindo elementos inexatos, ou omitindo operação de qualquer natureza, em documento ou livro exigido pela lei fiscal;

III – falsificar ou alterar nota fiscal, fatura, duplicata, nota de venda, ou qualquer outro documento relativo à operação tributável.

A leitura dos textos legais permite firmar a compreensão de que ambas as figuras delituosas contidas no Código Penal (descaminho), e na Lei 8.137/90 (crimes contra a ordem tributária), concernem à prática de atos de natureza assemelhada.

Todavia, o STF tem decidido que o "descaminho" caracteriza-se como crime formal (consumação antecipada), em que não há necessidade de prévia apuração por parte da autoridade fiscal relativamente à obrigação tributária, nos termos seguintes:

> *Habeas corpus*. Descaminho. Importação de produtos de informática e de telecomunicações. Simulação de operações comerciais. Mercadorias importadas de forma irregular. Desnecessidade de cosntituição definitiva do débito tributário. Ordem negada.
> (...) 4. Acresce que, na concreta situação dos autos, o paciente se acha denunciado pelo descaminho, na forma da alínea "c" do § 1º do art. 334 do Código Penal. Delito que tem como elementos nucleares as seguintes condutas: vender, expor à venda, manter em depósito e utilizar mercadoria estrangeira introduzida clandestinamente no País ou importada fraudulentamente. Pelo que não há necessidade de uma definitiva constituição administrativa do imposto devido para, e só então, ter-se por consulado o delito. 5. Ordem denegada.
> (HC 997.740, 2ª. T., rel. Min. Ayres Britto, julgado em 23.11.2020).

*

> Agravo regimental em habeas corpus. Processo penal. Decisão monocrática. Inexistência de argumentação apta a modificá-la. Manutenção da negativa de seguimento. Descaminho. Crime formal. Constituição crédito tributário. Desnecessidade. Agravo regimental desprovido.
> (...) 2. O Supremo Tribunal Federal possui entendimento consolidado no sentido de que o delito de descaminho constitui crime formal e, por essa razão, a ausência de lançamento tributário é desinfluente à tipificação da conduta. Precedentes. 3. Agravo regimental desprovido.
> (RHC 135.549-AGR/BA, rel. Min. Edson Fachin, *DJe* de 22.09.2017).

*

> Descaminho – Processo Administrativo Fiscal – Desnecessidade. Sendo o crime de descaminho formal, inadequado é assentar a necessidade de procedimento administrativo fiscal com a constituição do crédito tributário.
> (HC 121.798 – BA – 1ª. T., rel. Min. Marco Aurélio – sessão de 29.05.2018).

Embora a diretriz jurisprudencial entenda que o crime de descaminho não implique na observância da Súmula Vinculante 24 ("necessidade de lançamento tributário definitivo para tipificação de crime material"), entendo que, na realidade, traduz-se na falta de pagamento de imposto, o que obrigaria o Fisco também promover a cobrança tributária, para sua constituição definitiva, inscrição em dívida pública etc.

É cediço que existe diferença existente entre a figura do descaminho e as situações contidas na Lei 8.137/90. No entanto, trata-se de falta de pagamento de imposto que tipifica crime contra o erário.

A revogação do art. 334 do Código Penal referente a descaminho poderia possibilitar a subsunção ao tipo do art. 1º, I, II, e III, da Lei 8.137/90.

REFERÊNCIAS

ESTELITA, Heloisa. Inadimplência tributária e crime. Sítio eletrônico do jornal *Valor Econômico*, de 29.08.2018.

GONÇALVES, Victor Eduardo Rios; BALTAZAR JUNIOR, José Paulo. *Legislação Penal Especial Esquematizado*. In: LENZA, Pedro (Coord.). São Paulo: Saraivajur, 2016.

HARADA, Kiyoshi; MUSUMECCI FILHO, Leonardo; POLIDO, Gustavo Moreno. *Crime Contra a Ordem Tributária*. 2. ed. São Paulo: Atlas, 2015.

MACHADO, Hugo de Brito. *Crimes contra a ordem tributária*. 2. ed. São Paulo: Atlas, 2009.

MUSSUMECI FILHO, Leonardo. Aspectos Genéricos do Direito Penal. *Crimes Contra a Ordem Tributária*. 2. ed. São Paulo: Atlas, 2015.

STF. ADIn 1.571– Plenário – rel. Min. Néri da Silveira, j. 20.03.1997, *DJU* 1 de 25.09.1998.

STF. ADIn 4.980-DF – Plenário – rel. Min. Nunes Marques – sessão de 10.3.2022.

STF. Emb. Decl. no Recurso em Habeas Corpus 90.532-3-CE, Plenário, rel. Min. Joaquim Barbosa, j. 23.09.2009, *DJe* de 05.11.2009.

STF. HC 121.798 – BA – 1ª. T., rel. Min. Marco Aurélio – sessão de 29.05.2018.

STF. HC 81.611-DF, Plenário, rel. Min. Sepúlveda Pertence – j. 10.02.2003, *DJU* 1 de 13.05.2005.

STF. HC 997.740, 2ª. T., rel. Min. Ayres Britto, julgado em 23.11.2020.

STF. RE 466.343-SP – Plenário – rel. Min. Cesar Peluso – sessão de 13.12.2008.

STF. RHC 135.549-AGR/BA, rel. Min. Edson Fachin, *DJe* de 22.09.2017.

STF. ROHC 163.334-SC – Plenário – rel. Min. Roberto Barroso – sessão de 18.12.2019.

STJ. Embargos de Divergência em REsp 687.594-CE, 3ª. Seção, rel. Min. Maria Thereza de Assis Moura, j. 24.02.2010, *DJe* 14.04.2010.

STJ. REsp 1982304-SP – Terceira Seção, rel. Min. Laurita Vaz, sessão de 17.10.2023.

# VI – SANÇÕES POLÍTICAS

OS LIMITES CONSTITUCIONAIS ÀS SANÇÕES TRIBUTÁRIAS NÃO PATRIMONIAIS DE CARÁTER INTERVENTIVO

Heleno Taveira Tôrres

Professor Titular e Chefe do Departamento de Direito Econômico, Financeiro e Tributário da Faculdade de Direito da Universidade de São Paulo (USP). Acadêmico da Cadeira 44 da Academia Paulista de Direito (APD). Diretor Presidente da Associação Brasileira de Direito Financeiro (ABDF), foi Vice-Presidente e membro do Comitê Executivo da *International Fiscal Association* (IFA), com sede em Amsterdã Holanda. Mestre, Doutor e Livre Docente. Advogado e Parecerista, sócio fundador de *Heleno Torres Advogados*.

Sumário: 1. O poder de polícia da administração e as sanções administrativas interventivas – 2. O direito tributário sancionador e as sanções de caráter interventivo – 3. Metódica das sanções tributárias não patrimoniais de caráter interventivo – 4. Exemplos da jurisprudência do Supremo Tribunal Federal na análise de sanções tributárias de caráter interventivo – Referências.

O Professor Hugo de Brito Machado foi um jurista singular, homem de valores e acadêmico que foi exemplo de amor à docência, cujos ensinamentos constituem inestimável contribuição às letras jurídicas e, em particular, aos estudos do Direito Tributário. Sinto-me honrado em participar desta justa homenagem ao saudoso amigo.

1. O PODER DE POLÍCIA DA ADMINISTRAÇÃO E AS SANÇÕES ADMINISTRATIVAS INTERVENTIVAS

O controle e fiscalização das atividades dos particulares, por parte da Administração, e, eventualmente, a aplicação de sanções, é atividade que se desenvolve sob a égide do chamado "poder de polícia". E isto porque as *sanções administrativas não patrimoniais de caráter interventivo*, objeto de análise neste artigo, têm tanto caráter de intervenção típica de poder de polícia, quanto de modalidade própria de sanção tributária.

De há muito, o papel do poder de polícia em estados democráticos[1] está a merecer considerações e aprofundamentos. Mormente a título de *prevenção* de condutas ilícitas ou incompatíveis com o interesse público.

Porém, o recurso a medidas *repressivas*, para adequado atendimento aos princípios de *individualidade das sanções*, quanto aos efeitos sobre o administrado, e de *eficiência*, quanto à sua utilidade para a Administração, e sempre nos limites da *legalidade*, deve

---

1. Estas são condutas esperadas de uma Administração democrática de um Estado Social de Direito. Para amplas considerações a respeito, veja-se: FREITAS, Juarez. Proposta de revisão conceitual do "poder de polícia administrativa" e o primado dos direitos fundamentais. In: Tôrres, Heleno Taveira (Coord.). *Serviços públicos e direito tributário*. São Paulo: Quartier Latin, 2005, p. 80-102; SCHMIDT-ASSMANN, Eberhard. *La teoría general del derecho administrativo como sistema*. Madrid: Marcial Pons, 2003, 475 p.

ser acompanhado de cautelas essenciais, usando de ponderação e adequação a cada situação, para que não se incorra em atividades odiosas e contrárias aos princípios constitucionais mais caros ao bom andamento de uma Administração própria de Estados democráticos e comprometidos com o curso da ordem econômica e do exercício de direitos fundamentais.

As regulações e controles, restrições de direitos individuais ou determinações de deveres, como modalidades do poder de polícia, quando amparados em competência constitucional, respeitados os direitos fundamentais e atendidos os requisitos de adequação e utilidade, limites intransponíveis ao seu exercício, são plenamente legítimos e devem ser protegidos, em favor da garantia dos interesses públicos da coletividade, que é sua precípua finalidade, mas desde que respeitados os espaços de competência legislativa para tanto.

Deste modo, o poder de polícia será tido como *regular* sempre que desempenhado nos limites legais e com respeito aos direitos individuais, aplicado pelo órgão legalmente competente, com observância de devido procedimento legal, e cabendo a discricionariedade, sem abuso ou desvio de poder. Daí a acurada observação de Celso Antônio Bandeira de Mello, ao dizer que o poder de polícia deveria ser compreendido como limitações ao exercício do direito de propriedade que correspondem à sua natural área de manifestação legítima, *i.e.*, à "*esfera jurídica da liberdade e da propriedade tuteladas pelo sistema*".[2-3]

No nosso direito positivo, o CTN (art. 78) considera como *poder de polícia* "a atividade limitativa ou disciplinadora de direito, interesse ou liberdade, regulando prática de ato ou abstenção de fato, em razão de interesse público, relativo à segurança, higiene, ordem, costumes, disciplina da produção e do mercado, exercício de atividades econômicas dependentes de concessão ou autorização do Poder Público, tranquilidade pública ou respeito à propriedade ou aos direitos individuais ou coletivos". É definição sobremodo alargada, albergando tanto a edição de lei ou de regulação das matérias que servem de objeto, quanto à fiscalização e às sanções aplicáveis em cada caso.

Neste grupo de atividades, excetuadas as faculdades de *editar regulamentos* em matéria de direito à liberdade e à propriedade, remanescem basicamente as funções de *fiscalização* das atividades, bens e sujeitos passíveis de controle administrativo. Neste plano, em se verificando a presença de alguma irregularidade ou ilegalidade, ao agente administrativo cabe o dever de impor as sanções adequadas, conforme a previsão normativa para a matéria.

No âmbito da *função administrativa* em geral, a autoridade administrativa tem poderes para aplicar *sanções administrativas*, mesmo quando a consequência seja a interdição de direitos ou perdimento de patrimônio, mas sempre que presentes as con-

---

2. MELLO, Celso Antônio Bandeira de. *Curso de direito administrativo*. 13. ed. São Paulo: Malheiros, 2001, p. 686.
3. Ver ainda: Meirelles, Hely Lopes. *Direito administrativo brasileiro*. 13. ed. São Paulo: RT, 1988, p. 100; MEDAUAR, Odete. *Direito Administrativo Moderno*. 7. ed. São Paulo: RT, 2003, p. 355-366; DI PIETRO, Maria Sylvia Zanella. *Direito Administrativo*. 17. ed. São Paulo: Atlas, 2004, p. 108-117.

dições exigidas por lei, em face do descumprimento de deveres administrativos ou legais. Porém, a função sancionadora requer prévio exercício de fiscalização e acertamento da conduta do administrado, para os fins de controle, como medida típica do exercício de poder de polícia.

O poder de polícia, ou *administração ordenadora*,[4] é a atividade interventiva da Administração Pública a ser exercida nos termos da lei e observados os direitos fundamentais, disposta para condicionar ou restringir o exercício de liberdades ou de direitos, propriedade ou atuações individuais em favor do interesse público, mediante regulação ou atos executivos próprios. Assim, o poder de polícia não se pode converter no poder de destruir. Ele existe para preservar e manter. Cabível a ação extrema de proibição ao desempenho de atividades econômicas, de destruição de patrimônio, de perdimento de bens ou semelhantes unicamente quando a conduta ilícita a justifique e a finalidade não possa ser alcançada de modo diverso.

O exercício de poder de polícia concretiza-se, portanto, como típica modalidade de intervenção do Estado nas atividades dos particulares, que será legítima sempre que praticada em conformidade com a Constituição. Daí, acertadamente, Diogo de Figueiredo definir a intervenção sancionatória como *"intervenção concreta do Estado na propriedade e na atividade privadas, limitativa ou expropriatória, permanente ou transitoriamente imposta e indelegável, destinada a compelir remissos e infratores ao cumprimento de preceitos legais"*.[5] Ou seja, em presença de descumprimento pelos particulares de leis ou determinações regulamentares no exercício de atividade privada e de natureza econômica, justifica-se a possibilidade de a Administração intervir com medidas adequadas e úteis à finalidade do exercício do poder de polícia, visando a garantir os interesses públicos pertinentes à espécie.

Cumpre, entretanto, recordar que estes atos interventivos são atos vinculados e de execução imediata. Suas consequências, pois, são contundentes e atingem de pronto a liberdade ou a propriedade do administrado. Eis porque sua ação exige adequada motivação e precaução. Diante disso, tais atos interventivos somente serão legitimados quando atendidos os princípios de *proporcionalidade* e de *legalidade*, a justificar uma atuação direta sobre a propriedade ou atividade do administrado, visando a reprimir o abuso praticado, por impedimentos ou restrições ao exercício de direitos.

Dentre tantos outros princípios que poderiam ser alegados, como o próprio princípio do Estado Democrático de Direito, e que merecem evidente proteção, encontram-se aqueles que garantem a livre iniciativa, fundamento do Estado (art. 1º) e da própria ordem econômica (art. 170), que se consubstancia em direito individual, previsto no art. 5º, inciso XIII, da CF/88, a garantir a liberdade profissional, ao afirmar que "é livre o exercício de qualquer trabalho, ofício ou profissão, atendidas as qualificações profissionais

---

4. GORDILLO, Agustín. *Tratado de Derecho Administrativo*. 5. ed. Belo Horizonte: Del Rey, 2003, t. II. p. v-1 a v-28; e SUNDFELD, Carlos Ari. *Direito Administrativo ordenador*. São Paulo: Malheiros, 1993, p. 19.
5. MOREIRA NETO, Diogo de Figueiredo. *Curso de Direito Administrativo*. 14. ed. Rio de Janeiro: Forense, 2005, p. 387.

que a lei estabelecer", além da liberdade de associação, vedada a intervenção do Estado para impedir o início de atividades, promover intervenções sobre o funcionamento ou levá-las à extinção ou suspensão, salvo por decisão judicial. É o que prescrevem os incisos XVIII e XIX do art. 5º. O mesmo verifica-se com o direito de propriedade, garantido no inciso XXII. Cabe ao Estado, sim, o dever de proteção a tais fundamentos, preservando a continuidade, as condições de funcionamento e exercício das empresas, bem como os valores inerentes ao direito de propriedade, cuja "função social" só é limitadora nos casos que a própria Constituição menciona (arts. 182 e 184).

Estes são limites intransponíveis para a aplicação de qualquer sanção administrativa não patrimonial de caráter interventivo como medida de poder de polícia. Resta, contudo, analisarmos os limites das sanções tributárias, para promovermos adequada compreensão dos casos em que prospera essa espécie de sanção no âmbito do direito tributário. Deveras, todo o sistema sancionador do agente de quaisquer atos danosos à sociedade requer delimitação da ilicitude, mediante prévia valoração social da conduta (ação) do sujeito, à qual o ordenamento atribui sua proibição e imputa efeitos de punibilidade, mediante tipicidade do fato[6] e dos pressupostos sancionatórios. O dano social,[7] decorrente de conduta diversa daquela exigida por lei, justifica o emprego do meio coercitivo adequado, a partir da qualificação material do ilícito.

Como é sabido, do ponto de vista da ilicitude, não se destaca qualquer diferença substancial entre infrações penais e infrações administrativas, cabendo falar numa "unidade funcional" do fenômeno sancionador, mesmo que este materialmente possa diferenciar-se em razão dos interesses sociais envolvidos, que apelam para sua tipificação penal. Em qualquer caso, urge verificar-se nexo de causalidade necessária entre o delito consumado e o resultado típico, para motivar a imputação dos efeitos sancionatórios ao seu autor, como consequência da sua ação ilícita. A "causalidade", portanto, é condição para a punibilidade do sujeito.

Desse modo, após a inclusão em lei de alguma conduta valorada como infração, cumpre verificar a presença dos *elementos objetivos do tipo*, quanto à *descrição da ação* (núcleo do tipo, verificada no tempo e no espaço, na sua intrínseca relação com pessoas ou coisas, forma e modo de execução), o *objeto material, o resultado* (a consequência da ação, que não é seu elemento; mas sim do tipo), *as circunstâncias externas do fato* e a *pessoa do autor*. Nada impede que façamos juízos subjetivos desses elementos, pois não se pode confundir "parte objetiva do tipo" (objetivo aqui com sentido de "validade geral")

---

6. Para um estudo do raciocínio tipológico: DERZI, Misabel de Abreu Machado. *Direito tributário, direito penal e tipo*. São Paulo: RT, 1988, p. 32-48. Também nesse sentido: DERZI, Misabel de Abreu Machado. Legalidade material, modo de pensar "tipificante" e praticidade no direito tributário. *Justiça Tributária*. São Paulo: IBET, 1998, p. 436.
7. Sobre o teor do fato ilícito, dentre outros, veja-se: FRISCH, Wolfgang. *Comportamiento típico e imputación del resultado*. Madrid: Marcial Pons, 2004, 716 p.; JAKOBS, Günther. *Derecho penal* – fundamentos y teoría de la imputación. Madrid: Marcial Pons, 2004, p. 184 e ss.; ROXIN, Claus. *Autoría y Dominio del hecho en Derecho Penal*. 7. ed. Madrid: Marcial Pons, 2004, 784 p.; MAURACH, Reinhart; ZIPF, Heinz. *Derecho penal* – parte general. Buenos Aires: Astrea, 1994, p. 209 e ss.

com *caráter objetivo do juízo de antijuridicidade*[8] o que somente ocorre por exceção em matéria sancionatória, como se sabe.

Mesmo que o sentido da sanção seja infligir uma compensação ao autor pela conduta ilícita cometida, a sanção tem fundamento tanto na influência sobre a sociedade como um todo (prevenção geral) quanto sobre o próprio autor (prevenção individual). Deveras, em qualquer ramo do direito, o objetivo das sanções é inibir o desrespeito aos comandos normativos. A culpabilidade,[9] contudo, será sempre o critério para graduação da sanção aplicável, mormente em se tratando de sanções administrativas, pela eficácia dos princípios de impessoalidade, legalidade e eficiência, constantes do art. 37 da CF.

No âmbito administrativo, o administrado se submete às sanções administrativas desde que atenda às seguintes condições:[10] *i*) quando esteja sujeito, por lei, ao cumprimento de um dever administrativo certo e determinado, pois urge que se identifiquem exigências positivas ou negativas relacionadas à ordem administrativa e dependentes da atuação dos particulares, o que deve ser claro e objetivo, em louvor do princípio de certeza do direito; *ii*) que a pessoa deixe de atender à determinação normativa de cunho administrativo que obriga ou proíbe alguma ação, dando ensejo ao *descumprimento* (omissivo ou comissivo) *de um dever administrativo certo e determinado imposto por ato normativo*; e *iii*) que este descumprimento seja objeto da norma sancionadora, por disposição expressa de lei. Essas são as condições pressupostas fundamentais para o emprego de sanções administrativas.

Quanto às limitações impostas por sanções não patrimoniais, as *sanções administrativas* podem ser classificadas nas seguintes possibilidades, como observou Daniel Ferreira:[11] *i*) *restritivas de liberdade* (prisões de militares, etc.); *ii*) *restritivas de atividades*, cujos exemplos coincidem com as chamadas "sanções políticas",[12] como é o caso da inabilitação, perda ou suspensão de direitos, interdição ou fechamento de estabelecimentos, intervenção administrativa, suspensão do direito de licitar ou de contratar, dentre outros; *iii*) *restritivas de patrimônio moral* (advertências, representações, etc.); ou iv) *restritivas de patrimônio econômico*,[13] das quais são exemplos as perdas de bens, que podem vir sob espécie de típicas sanções políticas.

---

8. A esse respeito, veja-se: JESCHECK, Hans-Heinrich; Weigend, Thomas. *Tratado de Derecho Penal* – parte general. 5. ed. Granada: Comares, 2002, p. 297-299.
9. Para uma análise da culpabilidade enquanto vetor do garantismo constitucional brasileiro no âmbito do direito tributário sancionador: DANTAS, Rodrigo Numeriano Dubourcq. *Direito Tributário Sancionador*: Culpabilidade e Segurança Jurídica. São Paulo: Quartier Latin, 2018, 424 p.
10. PRATES, Marcelo Madureira. *Sanção administrativa geral*: anatomia e autonomia. Lisboa: Almedina, 2005, p. 77-80.
11. FERREIRA, Daniel. *Sanção administrativa*. São Paulo: Malheiros, 2001, p. 47.
12. MACHADO, Hugo de Brito. Sanções políticas no direito tributário. *Revista Dialética de Direito Tributário*, n. 30, p. 46-49, 1998.
13. Sobre as sanções administrativas em atividades econômicas, veja-se: SILVA SÁNCHEZ, Jesús-María (Dir.). *¿Libertad económica o fraudes punibles?* Riesgos penalmente relevantes e irrelevantes en la actividad económico-empresarial. Madrid: Marcial Pons, 2003, 339 p.

Importa-nos analisar aqui as sanções *restritivas de atividades*, que são aquelas que estão a exigir nossa atenção na oportunidade. E, nestes casos, justifica-se o recurso à sanção administrativa em razão do poder de intervenção do Estado, desde que nos limites autorizados pelo parágrafo único do art. 170, da CF, para garantir os princípios da ordem econômica, segundo o tipo da atividade exercitada pelas partes. Outrossim, deve-se ainda apreciar se é possível recorrer a tal modalidade de sanções *restritivas de atividades* com o propósito de aplicar sanções tributárias, a título de garantia do crédito tributário ou mesmo de reação ao cometimento de atos que impliquem redução do pagamento do tributo do devido ou evitação da ocorrência do fato jurídico tributário.

2. O DIREITO TRIBUTÁRIO SANCIONADOR E AS SANÇÕES DE CARÁTER INTERVENTIVO

O Estado democrático é o Estado da igualdade, do direito à manutenção e à preservação. E o Estado fiscal, como não pode se afastar desses fundamentos, deve executar seus atos de poder de polícia e sancionatórios com tratamento compatível às infrações, sem qualquer exceção ao regime constitucional,[14] cuja vedação ao efeito de confisco é princípio expresso e exige concretização inequívoca.[15]

Em termos gerais, são infrações tributárias todas as condutas (ações ou omissões) dos sujeitos passivos ou de terceiros que impliquem descumprimento das normas tributárias que determinem o dever de adimplir obrigações principais ou acessórias. Trata-se, assim, de uma especialização pela matéria do fato típico, a justificar a qualificação de "infrações tributárias" nessas hipóteses.

Na prática, impõe-se o mesmo procedimento de verificação de causalidade entre a ação e o resultado das instâncias penal ou cível, para permitir a imputação das consequências jurídicas ao seu autor, que são as "sanções tributárias", na medida que o bem juridicamente protegido encontra-se vinculado à matéria tributária.[16]

Todas as infrações tributárias, mesmo que resguardadas de uma necessária *ordenação tópica e individual*, devem seguir regras lógicas de anteposição e de subordinação,

---

14. Acerca dos limites ao Direito Tributário Sancionador, veja-se: COIMBRA SILVA, Paulo Roberto. *Direito Tributário Sancionador*. São Paulo: Quartier Latin, 2007, 398 p.
15. TÔRRES, Heleno Taveira. *Direito Constitucional Tributário e Segurança Jurídica*: Metódica da Segurança Jurídica do Sistema Constitucional Tributário. 3. ed. São Paulo: Thomson Reuters Brasil, 2019, p. 708-715.
16. "As prestações tributárias, vale dizer, o objeto das obrigações tributárias pode ser um dar (entregar dinheiro aos cofres públicos) ou um fazer, não fazer ou tolerar algo (emitir notas fiscais, não promover a circulação de mercadorias desacompanhadas de notas fiscais, tolerar a fiscalização de livros e documentos). No primeiro caso, quando a prestação é um dar, diz-se que temos uma obrigação principal, e no segundo, quando a prestação é um fazer, um não fazer ou um tolerar, diz-se que temos uma obrigação tributária acessória.
A norma jurídica na qual a prestação seja objeto de uma obrigação tributária principal, ou o objeto de uma obrigação tributária acessória, tem sempre como consequência da não prestação uma sanção tributária." MACHADO, Hugo de Brito. Teoria das Sanções Tributárias. In: MACHADO, Hugo de Brito (Coord.). *Sanções Administrativas Tributárias*. São Paulo: Dialética – ICET, 2004, p. 162.

em favor da sua *ordenação sistemática*. A sanção tributária,[17] a depender da instância, há de vir diferenciada, levando em conta a conduta adotada e o grau de culpabilidade, quando se tratar de matéria penal; ou de modo objetivo, avaliando-se a individualidade e a razoabilidade, sempre que possível, no âmbito da esfera administrativa.

Estas infrações podem ter como *elemento objetivo do tipo,* separada ou conjuntamente, tanto uma ação relacionada com o descumprimento de *obrigações principais,* de cunho patrimonial, quanto de *obrigações acessórias,* na forma de deveres formais em favor da arrecadação ou da fiscalização de tributos.[18] As consequências sancionatórias podem ser distintas, mas o pressuposto não se modifica, cabendo uma avaliação conjunta, entre pressuposto e consequências, ao que chamamos de *princípio da homogeneidade da valoração do ilícito,* para evitar contradições no ordenamento e garantir uma uniformidade de qualificação desses ilícitos. E assim, a depender do tipo de ilícito cometido, em virtude da sua relevância penal ou administrativa, é que irão variar as sanções correspondentes, a título de fraude, sonegação ou de crimes contra a ordem tributária.[19-20]

No espaço das sanções administrativas em matéria tributária cumpre distinguir as seguintes modalidades: *i) sanções patrimoniais*[21] (multas) e *ii) sanções não patrimoniais de caráter interventivo,* mais conhecidas como "sanções políticas" (restrições de direitos, perdimento, imputações de deveres formais mais gravosos, perda de benefícios). Em ambos os casos, a sanção corresponde, nas palavras de Geraldo Ataliba, a uma "reação

---

17. Clarificando o que se pode entender como *"sanção",* Aurélio Pitanga Seixas Filho afirma que, dentre as várias acepções possíveis, a mais apropriada é a que significa a prescrição ou consequência fixada na lei para o seu descumprimento. Assim, sanção é a forma (punição ou pena) determinada pela lei para quem desobedecer a sua ordem ou comando. SEIXAS FILHO, Aurélio Pitanga. Sanções Administrativas Tributárias. In: MACHADO, Hugo de Brito (Coord.). *Sanções Administrativas Tributárias.* São Paulo: Dialética – ICET, 2004, p. 47.

18. "Ora, se a sanção tributária incide toda vez que no mundo real, fenomênico, ocorre uma infração a dever tributário estatuído em lei, é lógico que a dita infração constitui um comportamento típico. (...).
    Seguindo o curso, os deveres tributários (ou, se se prefere, as obrigações tributárias) são deveres ex lege e são de duas espécies: a) pagar tributo; b) cumprir deveres instrumentais (emitir notas fiscais, prestar declarações, não transportar mercadorias desacobertadas de documentação fiscal etc.).
    A seu turno, a tipicidade do ilícito tributário é encontrada por contraste: a) não pagar o tributo e b) não cumprir os deveres instrumentais expressos. Mas as sanções – quase sempre sanções pecuniárias – devem ser previstas em lei." COÊLHO, Sacha Calmon Navarro. Infração Tributária e Sanção. In: MACHADO, Hugo de Brito (Coord.). *Sanções Administrativas Tributárias.* São Paulo: Dialética – ICET, 2004, p. 422.

19. Cf. MACHADO, Hugo de Brito. *Crimes contra a ordem tributária.* São Paulo: Atlas, 2008, p. 431; COIMBRA SILVA, Paulo Roberto. *Direito Tributário sancionador.* São Paulo: Quartier Latin, 2007, p. 398; DECOMAIN, Pedro Roberto. *Crimes contra a ordem tributária.* 5. ed. Belo Horizonte: Fórum, 2010, p. 710; ANDRADE FILHO, Edmar Oliveira. *Infrações e sanções tributárias.* São Paulo: Dialética, 2003, p. 223; FERREIRA, Roberto dos Santos. *Crimes contra a ordem tributária.* 2. ed. São Paulo: Malheiros, 2002, p. 143; TROIANELLI, Gabriel Lacerda. Planejamento tributário e multa qualificada. *Revista Dialética de Direito Tributário,* n. 179, 2010, p. 45.

20. Não se pode olvidar, contudo, que a principiologia do direito punitivo, notadamente o garantismo, aplica-se não apenas ao Direito Penal, mas também ao Direito Administrativo e ao Direito Tributário. Nesse sentido, veja-se: TÔRRES, Heleno Taveira. Direito Tributário Sancionador e o Garantismo Constitucional. In: ROCHA, Valdir de Oliveira (Coord.). *Grandes Questões Atuais do Direito Tributário.* São Paulo: Dialética, 2015, v. 19, p. 119-154; e TÔRRES, Heleno Taveira. Garantismo Sancionador no Direito Tributário. In: BRIGAGÃO, Gustavo et al. *Consultor Tributário:* Estudos Jurídicos. Rio de Janeiro: Topbooks, 2015, p. 203-212.

21. Cf. SANDULI, Maria Alessandra. *Le sanzioni amministrative pecuniarie* – principi sostanziali e procedimentali. Napoli: Jovene, 1983, 266 p. Também: OLIVEIRA, Régis Fernandes de. *Infrações e sanções administrativas.* São Paulo: RT, 1985, p. 114.

da ordem jurídica à circunstância, ao fato de um comportamento não corresponder ao prescrito ou previsto numa determinada norma".[22]

As *sanções patrimoniais* equivalem à espécie de obrigação tributária como "gênero", como as qualificam o art. 113, do CTN, da qual são espécies a obrigação tributária em sentido estrito (decorrente de fato lícito, que gera a prestação tributo) e aquelas que surgem dos ilícitos de descumprimento de obrigações principais ou acessórias, na forma de penalidade pecuniária (desprovida da condição de tributo, mas vinculada a este pela proteção do ordenamento na espécie). Tais sanções administrativas (multas[23]) serão cobradas sob a égide do mesmo regime procedimental que se aplica aos tributos, no âmbito administrativo, inclusive, com idênticas garantias.

Diversamente, as normas tributárias que veiculam *sanções administrativas de caráter interventivo*, estas têm um caráter típico de "garantias do crédito tributário", ao pretenderem, mediante coercitividade ou coatividade, atingir aos resultados projetados pelas normas tributárias que culminam em obrigações patrimoniais ou formais.[24]

Não adotamos a expressão "sanção política"[25-26] para dizer das modalidades de *sanções administrativas não patrimoniais de caráter interventivo*, por entendermos que aquela expressão somente serviria para identificar sanções cujo procedimento de aplicação superasse limites constitucionais ou legais ou não fosse contemplada em lei prévia, o que não é o caso.

Deveras, a questão terminológica, neste ponto, é de extrema importância. Parcela da doutrina adota a expressão "sanções políticas" para se referir a qualquer modalidade de sanção administrativa não patrimonial de caráter interventivo.[27-28] Não é este o significado por nós adotado. Adotamos a expressão "*sanções administrativas não patrimoniais de*

---

22. ATALIBA, Geraldo. *VI Curso de Especialização em Direito Tributário*. São Paulo: Resenha Tributária, 1978, p. 747.
23. Acompanhamos aqui as conclusões de Sacha Calmon, para quem "Multa é prestação pecuniária compulsória instituída em lei ou contrato em favor de particular ou do Estado, tendo por causa a prática de um ilícito". COÊLHO, Sacha Calmon Navarro. *Teoria e prática das multas tributárias – infrações tributárias e sanções tributárias*. 2 ed. Rio de Janeiro: Forense, 1993, p. 41 e 50. Sobre sanções, vide: CARVALHO, Paulo de Barros. *Curso de direito tributário*.15. ed. São Paulo: Saraiva, 2003, p. 501 e ss.
24. Hugo de Brito Machado, que se refere a este fenômeno com a expressão "sanções políticas", afirma que estas "consistem nas mais diversas formas de restrições a direitos do contribuinte como forma oblíqua de obrigá-lo ao pagamento de tributos". MACHADO, Hugo de Brito. *Curso de Direito Tributário*. 32. ed. São Paulo: Malheiros, 2011, p. 509.
25. Veja-se ainda o importante estudo: ZORNOZA PEREZ, Juan J. *El sistema de infracciones tributarias* (los princípios constitucionales del derecho sancionador). Madrid: Civitas, 1992, p. 42.
26. Para diversas posições a respeito: MACHADO, Hugo de Brito (Coord.). *Sanções Administrativas Tributárias*. São Paulo: Dialética – ICET, 2004, 511 p.; PACHECO, Angela Maria da Motta. *Sanções tributárias e sanções penais tributárias*. São Paulo: Max Limonad, 1997, 352 p.
27. "Sanções políticas – Expressão com a qual alguns tributaristas designam o gênero de exigências feitas ao contribuinte, pela Administração Tributária, como uma forma indireta de obrigá-lo ao pagamento do tributo." MACHADO, Hugo de Brito; MACHADO, Schubert de Farias. *Dicionário de Direito Tributário*. São Paulo: Atlas, 2011, p. 209.
28. Leonardo Gandara, ao analisar as diferentes visões doutrinárias acerca das chamadas "sanções políticas", afirma: "Apesar dessas variações terminológicas, as classificações que vêm sendo adotadas pela doutrina jurídica e pela jurisprudência possuem o mesmo sentido, qual seja, o constrangimento do contribuinte a pagar tributo

caráter interventivo" para nos referir às restrições de direitos dos contribuintes perpetradas como forma de assegurar o cumprimento das normas tributárias.

Reservamos a expressão "sanções políticas" apenas e tão somente para as sanções interventivas que superam os limites constitucionais ou não são previstas em lei. Na terminologia por nós adotada, as sanções políticas são, portanto, espécie das sanções administrativas de caráter interventivo, gênero que, em si, não carrega qualquer incompatibilidade com o sistema constitucional tributário.

As hipóteses de sanções administrativas de caráter interventivo são múltiplas. Porém, é importante não formar qualquer juízo *a priori* de plena aceitação ou mesmo de negação sobre todas elas, porquanto a situação presente em cada caso é que determinará seu cabimento e legitimidade ou mesmo sua refutação imediata.

É o caso, por exemplo, da *apreensão de mercadorias*, que se pode revestir de medida odiosa, quando aplicável visando a fatos futuros ou mesmo a constrição oblíqua para satisfação de obrigações tributárias, mas que tem seu cabimento admitido em diversas hipóteses, inclusive no âmbito tributário.

Diga-se o mesmo sobre certos regimes especiais, como exigências de certidão negativa para a prática de certos atos, cancelamento de inscrição em cadastros de contribuintes ou de inscrição estadual ou municipal, perda de benefícios fiscais, declaração de devedor remisso, proibições de despachar mercadorias em repartições aduaneiras, proibição de emitir notas fiscais, adquirir selos ou cupons obrigatórios, ou mesmo o recurso ao *fechamento de estabelecimento*.

No Brasil, entretanto, essas modalidades de sanções, mesmo que encontráveis em outros ordenamentos, alcançaram elevado grau de refutação,[29] em favor dos contribuintes, especialmente a partir da Jurisprudência consolidada no Plenário do Supremo Tribunal Federal,[30] a exemplo:

---

supostamente devido a partir de meios oblíquos e indiretos de persuasão". GANDARA, Leonardo André. *Sanções Políticas e o Direito Tributário*. Belo Horizonte: D'Plácido, 2015, p. 48.

29. MARTINS, Ives Gandra da Silva. *Da sanção tributária*. São Paulo: Saraiva, 1998, p. 36-39.
30. "Recurso extraordinário. Repercussão geral. Direito tributário e administrativo. Conselho de fiscalização profissional. Ordem dos advogados do Brasil – OAB. Sanção. Suspensão. Interdito do exercício profissional. Infração disciplinar. Anuidade ou contribuição anual. Inadimplência. Natureza jurídica de tributo. Contribuição de interesse de categoria profissional. Sanção política em matéria tributária. Lei 8.906/1994. Estatuto da ordem dos advogados do brasil. 1. A jurisprudência desta Corte é no sentido de que as anuidades cobradas pelos conselhos profissionais caracterizam-se como tributos da espécie contribuições de interesse das categorias profissionais, nos termos do art. 149 da Constituição da República. Precedentes: MS 21.797, Rel. Min. Carlos Velloso, Tribunal Pleno, DJ 18.05.2001; e ADI 4.697, de minha relatoria, Tribunal Pleno, DJe 30.03.2017. 2. As sanções políticas consistem em restrições estatais no exercício da atividade tributante que culminam por inviabilizar injustificadamente o exercício pleno de atividade econômica ou profissional pelo sujeito passivo de obrigação tributária, logo representam afronta aos princípios da proporcionalidade, da razoabilidade e do devido processo legal substantivo. Precedentes. Doutrina. 3. Não é dado a conselho de fiscalização profissional perpetrar sanção de interdito profissional, por tempo indeterminado até a satisfação da obrigação pecuniária, com a finalidade de fazer valer seus interesses de arrecadação frente a infração disciplinar consistente na inadimplência fiscal. Trata-se de medida desproporcional e caracterizada como sanção política em matéria tributária. 4. Há diversos outros meios alternativos judiciais e extrajudiciais para cobrança de dívida civil que não obstaculizam a percepção de verbas alimentares ou atentam contra a inviolabilidade do mínimo existencial do devedor. Por isso, infere-se

Tributo – Arrecadação – Sanção política. Discrepa, a mais não poder, da Carta Federal a sanção política objetivando a cobrança de tributos – Verbetes 70, 323 e 547 da Súmula do Supremo.

Tributo – Débito – Notas fiscais – Caução – Sanção política – Impropriedade. Consubstancia sanção política visando o recolhimento de tributo condicionar a expedição de notas fiscais a fiança, garantia real ou fidejussória por parte do contribuinte. Inconstitucionalidade do parágrafo único do artigo 42 da Lei 8.820/89, do Estado do Rio Grande do Sul.[31]

Esta decisão acompanha integralmente os princípios colimados na Jurisprudência uniformizada em súmulas pelo Supremo Tribunal Federal, bem como do Superior Tribunal de Justiça, sucessivamente reafirmadas no tempo, que são as seguintes: Súmula 70 "é inadmissível a interdição de estabelecimento como meio coercitivo para cobrança de tributo"; Súmula 323 "é inadmissível a apreensão de mercadorias como meio coercitivo para pagamento de tributo", e a Súmula 547 "não é lícito à autoridade proibir que o contribuinte em débito adquira estampilhas, despache mercadorias nas alfândegas e exerça suas atividades profissionais".

---

ofensa ao devido processo legal substantivo e aos princípios da razoabilidade e da proporcionalidade, haja vista a ausência de necessidade do ato estatal. 5. Fixação de Tese de julgamento para efeitos de repercussão geral: 'É inconstitucional a suspensão realizada por conselho de fiscalização profissional do exercício laboral de seus inscritos por inadimplência de anuidades, pois a medida consiste em sanção política em matéria tributária.' 6. Recurso extraordinário a que se dá provimento, com declaração de inconstitucionalidade dos arts. 34, XXIII, e 37, § 2º, da Lei 8.906/1994." (BRASIL. Supremo Tribunal Federal – STF. RE 647.885/RS. Relator Ministro Edson Fachin, Tribunal Pleno, j. 27.04.2020, DJe 19.05.2020); "1. Esta Corte orientou-se no sentido de que o regime especial do ICMS, mesmo quando autorizado em lei, impõe limitações à atividade comercial do contribuinte, com violação aos princípios da liberdade de trabalho e de comércio e ao da livre concorrência, constituindo-se forma oblíqua de cobrança do tributo e, por conseguinte, execução política, repelida pela jurisprudência sumulada deste Supremo Tribunal (Súmulas STF 70, 323 e 547). 2. Agravo regimental improvido." (BRASIL. Supremo Tribunal Federal – STF. AI-AgR 529.106/MG. Relatora Ministra Ellen Gracie, Segunda Turma, j. 29.11.2005, DJe 03.02.2006); "Débito fiscal – Impressão de notas fiscais – Proibição – Insubsistência. Surge conflitante com a Carta da República legislação estadual que proíbe a impressão de notas fiscais em bloco, subordinando o contribuinte, quando este se encontra em débito para com o fisco, ao requerimento de expedição, negócio a negócio, de nota fiscal avulsa." (BRASIL. Supremo Tribunal Federal – STF. RE 413.782/SC. Relator Ministro Marco Aurélio, Tribunal Pleno, j. 17.03.2005, DJ 03.06.2005); "Constitucional. tributário. ICMS: regime especial. Restrições de caráter punitivo. Liberdade de trabalho. CF/67, art. 153, § 23; CF/88, art. 5º, XIII. "I – Regime especial de ICM, autorizado em lei estadual: restrições e limitações, nele constantes, à atividade comercial do contribuinte, ofensivas à garantia constitucional da liberdade de trabalho (CF/67, art. 153, § 23; CF/88, art. 5º, XIII), constituindo forma oblíqua de cobrança do tributo, assim execução política, que a jurisprudência do Supremo Tribunal Federal sempre repeliu (Súmulas 70, 323 e 547). II – Precedente do STF: ERE 115.452-SP, Velloso, Plenário, 04.10.90, DJ de 16.11.90. III – RE não admitido. Agravo não provido." (BRASIL. Supremo Tribunal Federal – STF. RE-AgR 216.983/SP. Relator Ministro Carlos Velloso, Segunda Turma, j. 06.10.1998, DJ 13.11.1998); "Constitucional. tributário. ICM: regime especial. Restrições de caráter punitivo. Liberdade de trabalho. CF/67, Art. 153, § 23; CF/88, ART. 5º, XIII. "I – O 'regime especial do 'ICM', autorizado em lei estadual, porque impõe restrições e limitações à atividade comercial do contribuinte, viola a garantia constitucional da liberdade de trabalho (CF/67, art. 153, § 23; CF/88, art. 5º, XIII), constituindo forma oblíqua de cobrança do tributo, assim execução política, que a jurisprudência do Supremo Tribunal sempre repeliu (Súmulas 70, 323 e 547). II – No caso, os acórdãos indicados como divergentes cuidaram do tema sob o ponto de vista legal, enquanto que o acórdão embargado decidiu a questão tendo em vista a Constituição. Inocorrência, por isso, de divergência capaz de autorizar os embargos. III – Embargos não conhecidos" (BRASIL. Supremo Tribunal Federal – STF. RE-ED-EDv 115452-SP. Relator Ministro Carlos Velloso, Tribunal Pleno, j. 04.10.1990, DJ 05.12.1990).

31. BRASIL. Supremo Tribunal Federal – STF. RE 565.048/RS. Relator Ministro Marco Aurélio, Tribunal Pleno, j. 29.05.2014, DJe 09.10.2014.

Tal concepção quanto ao papel do tributo não é recente. O pagar tributo há muito perdeu o sentido de dever moral, tal como propugnava São Tomás de Aquino e os escolásticos. A relação tributária é relação jurídica fundada em preceitos constitucionais, logo, espécie de relação jurídica, não se revestindo como relação de poder.

Por conseguinte, o Estado fiscal, amparado pelos preceitos democráticos, não pode conviver com o efeito de confisco, como regra; há de ser exceção, sempre no limite daquilo que possa ser tido como intolerável pelo ordenamento.

Deveras, no que se refere à eficácia do princípio de vedação ao uso de tributo com efeito de confisco (art. 150, V, da CF), o certo é que ele não é apenas aplicável ao excesso de exação, a exigência de tributos que exorbitem a capacidade contributiva.

Ocorre que mesmo nos casos de evidente demonstração de capacidade contributiva, ainda assim, pode-se conviver com hipóteses de efeitos confiscatórios, que podem decorrer do emprego de multas exorbitantes ou aplicadas sem adequação ao caso concreto, como é a hipótese de perdimento de bens sem que tenhamos identificadas hipóteses de cabimento; do recurso a certos tipos de obrigações acessórias ou mesmo da própria técnica do tributo, como é o mais frequente. Todas estas são espécies de efeito confiscatório, sempre enfrentadas pelo Supremo Tribunal Federal com o vigor necessário, para erradicar do nosso ordenamento essa prática tão nociva, mesmo quando ainda não era regra positivada na Constituição.

Como bem asseverou o Ministro Barros Barreto, do STF, no Recurso Extraordinário 18.976/SP,[32] "atualmente o poder de tributar é o poder de conservar, de manter, conciliando-se, assim, as necessidades do Estado e os direitos assegurados ao indivíduo", o que diz com o firme propósito de retrucar a opinião de Marshall, nunca acolhida na Corte Constitucional americana, de que *o poder de tributar envolve o poder de destruir*. E concluía o Ministro, no seu voto, que a Constituição, apesar de não contemplar, à época (1968), dispositivo que vedasse, de maneira expressa, a tributação excessiva, esta possuía dispositivos fundamentais que assegurariam as liberdades individuais, entre os quais incluir-se-ia o exercício de qualquer profissão, comércio e indústria, os quais "constituem uma implícita limitação ao poder do Estado, no concernente à criação de impostos exagerados". Afastava-se, destarte, de modo objetivo, o recurso ao "tributo proibitivo"[33] no direito brasileiro, pelo arranjo constitucional que este contemplava, como equivalente do efeito de confisco.[34]

---

32. BRASIL. Supremo Tribunal Federal – STF. RE 18.796/SP. Relator Ministro Barros Barreto, Primeira Turma, j. 29.05.2014, DJe 09.10.2014.
33. Cf. DÓRIA, Antonio Roberto Sampaio. *Direito Constitucional Tributário e "Due Process of Law"*. 2. ed. Rio de Janeiro: Forense, 1986, 4º cap.
34. Veja-se, por exemplo, a decisão do Supremo Tribunal Federal, relatada pelo Ministro Celso de Mello: "(...). A proibição constitucional do confisco em matéria tributária nada mais representa senão a interdição, pela Carta Política, de qualquer pretensão governamental que possa conduzir, no campo da fiscalidade, à injusta apropriação estatal, no todo ou em parte, do patrimônio ou dos rendimentos dos contribuintes, comprometendo-lhes, pela insuportabilidade da carga tributária, o exercício do direito a uma existência digna, ou a prática de atividade profissional lícita ou, ainda, a regular satisfação de suas necessidades vitais (educação, saúde e habitação, por

Nesse mesmo sentido, lembra Sacha Calmon que não pode o legislador:

[A] título de sancionar descumprimento de obrigação tributária principal ou acessória, impedir ou mesmo restringir as atividades dos contribuintes, interditando estabelecimentos, negócios ou instrumentos de trabalho. Tais atos só serão possíveis e legítimos quando exercidos com base no poder de polícia da administração pública, havendo motivo real para a interferência estatal e o poder seja exercitado regularmente, sem excesso, abuso ou desvio, conforme o direito administrativo.[35]

Examine-se, por exemplo, o teor da Súmula 323, ao prever que "é inadmissível a apreensão de mercadorias como meio coercitivo para pagamento de tributo". Ora, se a Corte não aceita a *apreensão* de mercadorias (cuja devolução é possível) como meio coercitivo, o que dirá do uso de *perdimento* (sem devolução), declarado com o único propósito de coibir o contribuinte ao cumprimento da legislação tributária da forma como é interpretada pela Fazenda Pública. Para cobrar tributos devidos, há toda uma série de meios outros à disposição do Fisco, como é o caso do lançamento tributário e eventual auto de infração e imposição de multas, até eventual execução fiscal.

Por tudo isso, justifica-se a resistência ao uso de restrições de direito como medida de estímulo ao cumprimento de débitos tributários, pelo fortalecimento dos valores contemplados pela nossa Constituição, ao preservar os princípios de liberdade e propriedade e os fundamentos da ordem econômica, especialmente pela garantia da livre-iniciativa, que é espécie dos princípios fundamentais da República (art. 1º). Mas não só. O princípio de vedação ao efeito confiscatório de tributos também se combina para garantir tal fechamento. Evidentemente que, ao ter-se uma série de garantias ao crédito tributário e outras medidas sancionatórias, tanto penais quanto administrativas, o recurso a tais expedientes deve ser sempre evitado, para atingir êxito arrecadatório, até porque a própria capacidade de solvibilidade de obrigações tributárias por parte do contribuinte queda-se prejudicada, inclusive para o pagamento dos tributos que seriam devidos pelas operações seguintes, no âmbito interno, por ocasião da sua venda e apuração de faturamento e lucros. Mesmo diante de tais limitações, não se pode afastar, em absoluto, a adoção de sanções interventivas na seara tributária. Resta, pois, analisarmos, com precisão, a metódica das sanções tributárias não patrimoniais de caráter interventivo.

3. METÓDICA DAS SANÇÕES TRIBUTÁRIAS NÃO PATRIMONIAIS DE CARÁTER INTERVENTIVO

As *sanções tributárias não patrimoniais de caráter interventivo*, enquanto gênero, não se confundem com as *sanções políticas*. Deveras, *sanções políticas* são apenas as sanções interventivas que desrespeitam os limites constitucionais ou que são aplicadas sem previsão legal. Impõe-se, portanto, uma análise conceitual e metodológica das *sanções*

---

exemplo)". BRASIL. Supremo Tribunal Federal – STF. ADI-MC 2010-DF. Relator Ministro Celso de Mello, Tribunal Pleno, j. 30.09.1999, DJ 12.04.2002.

35. COÊLHO, Sacha Calmon Navarro. *Teoria e prática das multas tributárias* – infrações tributárias e sanções tributárias. 2. ed. Rio de Janeiro: Forense, 1993, p. 63; ver ainda: RIBAS, Lídia Maria Lopes Rodrigues. *Questões relevantes de direito penal tributário*. São Paulo: Malheiros, 1997, 133 p.

tributárias de caráter interventivo, de modo a delimitar as hipóteses nas quais estas se desvirtuam em sanções políticas, incompatíveis com o sistema constitucional tributário.

As "sanções políticas" foram largamente utilizadas durante o Governo de Getúlio Vargas no Estado Novo,[36-37] como meio de obrigar o contribuinte a pagar seus tributos. Remonta a este período, inclusive, a legislação cuja análise de constitucionalidade pelo Supremo Tribunal Federal deu origem à edição das súmulas 70, 323 e 547, que, como visto, consolidaram a jurisprudência daquele Tribunal. Ou seja, o conceito de "sanção política", considerado inconstitucional, foi consolidado no Brasil durante décadas pela jurisprudência do STF, culminando então com a edição dos mencionados verbetes.

Por este motivo, notadamente diante do contexto no qual se desenvolveu a jurisprudência do Supremo Tribunal Federal, as *sanções políticas* encontraram elevado grau de refutação no Brasil, o qual, por vezes, estendeu-se para as sanções de caráter interventivo, em geral. Desenvolveu-se, nesse sentido, posicionamento segundo o qual qualquer medida coercitiva adotada com o intuito de levar o contribuinte ao cumprimento da legislação tributária seria, intrinsecamente, inconstitucional.[38] Sob essa perspectiva, as sanções administrativas de caráter interventivo seriam, sempre, sanções políticas, pois a restrição de direitos do contribuinte seria, *per se*, violação irrazoável e injustificada da livre iniciativa, da livre concorrência e do livre exercício de atividade profissional.[39] Deste modo, qualquer sanção de caráter interventivo seria ilegítima[40] e, portanto, deveria ser afastada em absoluto.[41]

Desenvolveu-se, nesse sentido, uma visão "preconceituosa"[42] das medidas de polícia fiscal, de modo que sanções administrativas consideradas legítimas em outros ramos do direito passaram a ser afastadas de modo absoluto pela doutrina no âmbito tributário. Trata-se, sem dúvidas, de consequência natural do entendimento de que toda sanção

---

36. MACHADO, Hugo de Brito. *Curso de Direito Tributário*. 32. ed. São Paulo: Malheiros, 2011, p. 509.
37. BARROSO, Luís Roberto; BARCELLOS, Ana Paula de. Inconstitucionalidade da aplicação de sanções políticas em razão de débito tributário. In: OSÓRIO, Fabio Medina (Coord.). *Direito Sancionador*: sistema financeiro nacional. Belo Horizonte: Fórum, 2007, p. 238.
38. MACHADO, Hugo de Brito. Sanções políticas no direito tributário. *Revista Dialética de Direito Tributário*, n. 30, p. 46-49, 1998.
39. BARROSO, Luís Roberto; BARCELLOS, Ana Paula de. Inconstitucionalidade da aplicação de sanções políticas em razão de débito tributário. In: OSÓRIO, Fabio Medina (Coord.). *Direito Sancionador*: sistema financeiro nacional. Belo Horizonte: Fórum, 2007, p. 239.
40. CASTRO, Eduardo Moreira Lima Rodrigues de. Cancelamento da inscrição da empresa no Cadastro de Contribuintes: sanção política ou medida protetiva da ordem fiscal? *Revista Dialética de Direito Tributário*, n. 218, p. 56-69, 2013, p. 58.
41. COSTA-CORRÊA, André L.; BORGHI, Marcelo. Da insegurança jurídica e da arrecadação coercitiva perpetrada no Estado Democrático de Direito: considerações sobre o abuso na utilização das sanções políticas para a cobrança dos créditos tributários. In: RIBEIRO, José Horácio Halfeld Rezende; SILVA, Ruy Martins Altenfelder (Coord.). *Direito, Economia e Política*: Ives Gandra, 80 anos do Humanista. São Paulo: IASP, 2015, p. 478-479. Também nesse sentido: COIMBRA SILVA, Paulo Roberto. *Direito Tributário Sancionador*. São Paulo: Quartier Latin, 2007, p. 315-318; MACHADO, Hugo de Brito. Teoria das Sanções Tributárias. In: MACHADO, Hugo de Brito (Coord.). *Sanções Administrativas Tributárias*. São Paulo: Dialética – ICET, 2004, p. 162-165; COÊLHO, Sacha Calmon Navarro. Infração Tributária e Sanção. In: MACHADO, Hugo de Brito (Coord.). *Sanções Administrativas Tributárias*. São Paulo: Dialética – ICET, 2004, p. 429.
42. BATISTA JÚNIOR, Onofre Alves. *O Poder de Polícia Fiscal*. Belo Horizonte: Mandamentos, 2001, p. 274-279.

administrativa de caráter interventivo seria, no âmbito tributário, espécie de sanção política, intrinsecamente inconstitucional. Não é este o entendimento por nós defendido. A delimitação conceitual das sanções políticas, de modo a distingui-las das legítimas sanções administrativas de caráter interventivo, pode ser extraída da jurisprudência tradicional do STF a respeito do tema.

Deveras, duas premissas fundamentam a posição da jurisprudência da Corte em relação às sanções políticas: (*i*) não é qualquer garantia ou privilégio da Administração Tributária na cobrança de seu crédito, sob a justificativa da supremacia do interesse público, que prevalecerá sobre as garantias constitucionais do contribuinte – juízo de proporcionalidade entre a finalidade da medida estatal e o direito do contribuinte violado ou restringido; e (*ii*) a tributação não observa apenas o interesse arrecadatório do Estado, mas serve também de instrumento de promoção de outras finalidades, como o estímulo ou desestímulo de condutas (finalidade extrafiscal).

Dessa forma, afigura-se constitucionalmente inadmissível que atividades regulares do contribuinte, protegidas por cláusulas constitucionais como a livre-iniciativa, o livre exercício profissional, etc., sejam desproporcionalmente cerceadas por motivos exclusivamente arrecadatórios. Por outro lado, isso não significa que o Estado não possa restringir a atividade do contribuinte no caso concreto, com o objetivo de promover outros interesses, que não correspondam à mera arrecadação, desde que constitucionalmente tutelados.

A constitucionalidade da medida, nesse caso, será aferida a partir do sopesamento entre a finalidade almejada pelo Poder Público e o direito do contribuinte que está sendo restringido, a fim de constatar a sua razoabilidade e proporcionalidade. Em outros termos, estaremos diante de *sanção política* apenas nos casos em que a sanção administrativa de caráter interventivo: (*i*) *não estiver prevista em lei*, por patente violação ao princípio da legalidade para o estabelecimento de penalidades na seara tributária (art. 97, V, CTN); ou (*ii*) configurar-se como *desproporcional* tendo em vista a relação *meio-fim* entre a finalidade almejada pelo Estado e o direito do contribuinte restringido pela medida.

A contrario sensu, a sanção administrativa de caráter interventivo será constitucional e legítima, de modo a não se confundir com espécie de sanção política, quando: (*i*) estiver prevista em lei; (*ii*) mostrar-se proporcional diante da ponderação entre os fins visados e os direitos do contribuinte restringidos. Ainda que se trate de exceção, poderá haver hipóteses em que a finalidade almejada pelo Estado é a arrecadação tributária e, a despeito disso, a aplicação de sanção administrativa de caráter interventivo será constitucional. Trata-se, por exemplo, do protesto de certidões de dívida ativa, que será objeto de análise mais detida no tópico seguinte. É evidente, no entanto, que a arrecadação tributária, enquanto finalidade almejada, jamais justificará restrições por demais severas aos direitos dos contribuintes, de modo que as limitações às sanções administrativas de caráter interventivo são ainda mais relevantes nesta seara, a desempenhar papel central na aplicação da garantia constitucional da proporcionalidade.

Dentre aqueles que não adotam o termo "sanção política" para designar toda espécie de sanção administrativa de caráter interventivo no âmbito tributário, diversos são os conceitos propostos para este termo. Identifica-se, além da natureza sancionatória/punitiva (*i*), da finalidade arrecadatória (*ii*) e da limitação aos direitos fundamentais do contribuinte (*iii*), também a natureza abusiva das chamadas sanções políticas (*iv*), por constituírem medida desproporcional.[43] No mesmo sentido, encontra-se, na doutrina, referência aos seguintes requisitos para caracterização das "sanções políticas": exercício do poder de polícia (*i*) com desvio de finalidade (*ii*), mediante constrição dos direitos do contribuinte (*iii*), que o impede de discutir os valores cobrados (*iv*), os quais são referentes a fatos geradores diversos dos ensejadores do exercício do poder de polícia (*v*).[44]

Adotamos, como visto, conceito minimalista para a expressão "sanções políticas", que busca destacar os seus elementos constitutivos em oposição às sanções administrativas de caráter interventivo, em geral. Deveras, a ausência de previsão legal, por si só, importa na inconstitucionalidade da sanção administrativa de caráter interventivo, que se desnatura em sanção política, inconstitucional e, portanto, ilegítima em nosso ordenamento jurídico. Trata-se, no entanto, de um problema de legalidade, que não gera maiores dificuldades conceituais. Não há dúvidas de que a Administração Tributária não pode restringir direitos dos contribuintes tendo em vista o cumprimento da legislação tributária sem que haja previsão legal que autorize a adoção deste expediente sancionatório.

A previsão em lei é, pois, elemento necessário para que a sanção administrativa de caráter interventivo se demonstre legítima na seara tributária. Não se trata, contudo, de elemento suficiente para assegurar a legitimidade da referida medida. A *proporcionalidade* da sanção administrativa de caráter interventivo é o elemento paradigmático para conclusão pela sua legitimidade ou ilegitimidade (hipótese na qual estaremos diante de sanção política, desproporcional e inconstitucional). Deveras, a garantia constitucional da proporcionalidade é central enquanto parâmetro para aplicação de sanções administrativas interventivas.[45-46]

---

43. CALIENDO, Paulo. Sanções Políticas no Direito Tributário: Conteúdo e Vedação. In: MANEIRA, Eduardo; TÔRRES, Heleno Taveira (Coord.). *Direito Tributário e a Constituição*: Homenagem ao Professor Sacha Calmon Navarro Coêlho. São Paulo: Quartier Latin, 2012, p. 687-688.
44. HARET, Florence. Desvendando as sanções políticas em direito tributário: critérios objetivos de delimitação das sanções políticas sob a ótica da jurisprudência do Supremo mais recente. In: CARVALHO, Cristiano (Coord.). *Direito Tributário Atual*. Rio de Janeiro: Elsevier, 2015, p. 340-341.
45. Veja-se, nesse sentido, as referências à proporcionalidade, razoabilidade, ponderação e termos correlatos quando da análise de sanções tributárias de caráter interventivo: BATISTA JÚNIOR, Onofre Alves. As sanções administrativo-fiscais heterodoxas e sua cuidadosa possibilidade de aplicação no direito tributário. In: COIMBRA SILVA, Paulo Roberto (Coord.). *Grandes Temas do Direito Tributário Sancionador*. São Paulo: Quartier Latin, 2010, p. 460; CALIENDO, Paulo. Sanções Políticas no Direito Tributário: Conteúdo e Vedação. In: MANEIRA, Eduardo; TÔRRES, Heleno Taveira (Coord.). *Direito Tributário e a Constituição*: Homenagem ao Professor Sacha Calmon Navarro Coêlho. São Paulo: Quartier Latin, 2012, p. 697-699; GANDARA, Leonardo André. *Sanções Políticas e o Direito Tributário*. Belo Horizonte: D'Plácido, 2015, p. 81-88.
46. Encontra-se, entre aqueles que afastam em absoluto a aplicação de sanções administrativas de caráter interventivo no âmbito tributário, referência à proporcionalidade como fundamentação para esta conclusão. Nesse sentido, veja-se: BARROSO, Luís Roberto; BARCELLOS, Ana Paula de. Inconstitucionalidade da aplicação de sanções

Atualmente, no constitucionalismo do Estado Democrático de Direito, não basta que a Constituição consagre direitos, se o esforço pela sua efetivação não se veja coerente com os valores constitucionais. E assim, para calibrações e balanceamentos necessários, com vistas à estabilidade funcional do sistema jurídico, põem-se as "correções" sistêmicas, a saber: (*i*) para o controle de *restrições infraconstitucionais a direitos e liberdades* não necessárias ou gravosas, cabe o emprego da *proporcionalidade*; (*ii*) nas hipóteses em que se faça cabível adequar o *equilíbrio entre a situação de fato e as normas jurídicas*, a "norma de decisão" pode ser "construída" segundo o parâmetro de aplicação da *razoabilidade*; (*iii*) tratando-se de *excesso do meio* utilizado, nos casos de aplicação administrativa ou judicial do direito, cabe a proibição de excesso ante qualquer outro método.[47]

No caso das *sanções administrativas de caráter interventivo*, as quais constituem restrição infraconstitucional a direitos dos contribuintes, assume relevância a garantia da proporcionalidade. Avancemos, assim, ao estudo da *garantia de proporcionalidade*, parâmetro de controle das restrições infraconstitucionais a direitos ou liberdades, segundo a escolha jurídica do *meio* mais *adequado* ao *fim*, no limite da *necessidade* (ou de *menor restrição possível*, como prefere Larenz), e *proporcional* às circunstâncias materiais e subjetivas das situações concretas, em cotejo com os fins previstos na Constituição.[48]

Deveras, no *constitucionalismo de direitos*[49] do Estado Democrático de Direito, em superação ao constitucionalismo estrutural e organicista do Estado de Direito, o princípio da segurança jurídica efetiva-se pela estabilidade sistêmica, certeza do direito e pela concretização dos valores positivados como direitos e liberdades fundamentais. Nessas funções, o *princípio de proporcionalidade*, pelo quanto contribui para "conciliar o direito formal com o direito material", nas palavras de Paulo Bonavides,[50] assume a

---

políticas em razão de débito tributário. In: OSÓRIO, Fabio Medina (Coord.). *Direito Sancionador*: sistema financeiro nacional. Belo Horizonte: Fórum, 2007, p. 239-240; COIMBRA SILVA, Paulo Roberto. *Direito Tributário sancionador*. São Paulo: Quartier Latin, 2007, p. 315-318.

47. Para uma análise completa das garantias constitucionais da proporcionalidade, razoabilidade e proibição de excesso em matéria tributária: TÔRRES, Heleno Taveira. *Direito Constitucional Tributário e Segurança Jurídica*: Metódica da Segurança Jurídica do Sistema Constitucional Tributário. 3. ed. São Paulo: Thomson Reuters Brasil, 2019, p. 670-721.
48. Na nossa doutrina, destacam-se as seguintes obras sobre o princípio da proporcionalidade em matéria tributária: PONTES, Helenilson Cunha. *O princípio da proporcionalidade e o direito tributário*. São Paulo: Dialética, 2000; TORRES, Ricardo Lobo. *Tratado de direito constitucional financeiro e tributário*. Valores e princípios constitucionais tributários. Rio de Janeiro: Renovar, 2005, v. 2, p. 223-232; CRETTON, Ricardo Aziz. *Os princípios da proporcionalidade e da razoabilidade e sua aplicação no direito tributário*. Rio de Janeiro: Lumen Juris, 2001; ÁVILA, Humberto. *Sistema constitucional tributário*. São Paulo: Saraiva, 2004, p. 407-430; MENDONÇA, Maria Luiza Vianna Pessoa de. Multas tributárias – Efeito confiscatório e desproporcionalidade – Tratamento jusfundamental. In: FISCHER, Octavio Campos (Coord.). *Tributos e direitos fundamentais*. São Paulo: Dialética, 2004, p. 241-259; CAVALCANTE, Denise Lucena. A razoabilidade e a proporcionalidade na interpretação judicial das normas tributárias. In: TORRES, Ricardo Lobo (Org.). *Temas de interpretação do direito tributário*. Rio de Janeiro: Renovar, 2003, p. 33-56.
49. Com semelhante terminologia, não obstante com algumas diferenças de sentido: SANCHÍS, Luis Prieto. El constitucionalismo de los derechos. In: CARBONELL, Miguel (Coord.). *Teoría del neoconstitucionalismo*: ensayos escogidos. Madrid: Trotta, 2007, p. 213-235.
50. Paulo Bonavides foi um dos primeiros a tratar, no início da década de 90, sobre o princípio da proporcionalidade (BONAVIDES, Paulo. O princípio constitucional da proporcionalidade e a Constituição de 1988. *Curso de Direito Constitucional*. 23. ed. São Paulo, Malheiros, 2008, p. 392-436). Ainda: ROSAS, Roberto. Proporcionalidade

natureza de típica "garantia". Este princípio-garantia da proporcionalidade, portanto, é dotado de uma densidade axiológica incontestável. Tratando-se de uma *garantia* destinada a preservar os valores dos demais princípios, nessa condição, sintetiza a própria concretização dos valores "segurança", "igualdade" e "justiça" no ordenamento.

Destarte, a *proporcionalidade* é espécie de princípio jurídico, na modalidade de *garantia* constitucional, ainda que *implícita*, e que tem por finalidade servir como *controle de aplicação de restrições infraconstitucionais a direitos e liberdades fundamentais*. A *implicitude* não prejudica a proporcionalidade na sua natureza normativa de garantia ou na eficácia jurídica de princípio. Sobrelevam-se, entre os seus fins, a efetivação da justiça e da igualdade[51] e as proteções contra o arbítrio e a discricionariedade excessiva nas restrições a direitos e liberdades. Trata-se, pois, de garantia fundamental dos contribuintes contra as sanções administrativas de caráter interventivo que se mostrem desproporcionais.

Em si mesma, a *proporcionalidade* não é um "limite" aos direitos fundamentais. Antes, visa a conferir efetividade a estes, mediante controle das suas restrições infraconstitucionais. Como observa Carlos Bernal Pulido: "No es un límite del límite, sino un instrumento metodológico mediante el cual se hace explícito hasta dónde el derecho fundamental limitado tolera las limitaciones que se le imponen".[52]

De fato, restrições a direitos fundamentais somente serão admitidas como válidas se, e enquanto, mostrem-se adequadas na relação *meio-fim*, e, ademais, avaliadas sobre se não se poderia adotar medida menos restritiva, logo, concebidas como *necessárias*, para então concluir sobre se estas situações afetam de algum modo a efetividade do direito ou da liberdade fundamental, *i.e.*, o seu *conteúdo essencial*.

As sanções administrativas de caráter interventivo, como espécie de restrição infraconstitucional sobre direitos fundamentais, devem observar estritamente a garantia de

---

no controle da constitucionalidade. In: ROCHA, Fernando Luiz Ximenes et al (Coord.). *Direito constitucional contemporâneo*: estudos em homenagem ao professor Paulo Bonavides. Belo Horizonte: Del Rey, 2005, p. 719-726; PECES BARBA, Gregorio; DE LUCAS, Javier (Org.). *El derecho en red* – Estudios en homenaje al profesor Mario G. Losano. Madrid: Dykinson, 2006, p. 727-735; COUTO E SILVA, Almiro do. Princípios da legalidade da administração pública e da segurança jurídica no Estado de Direito contemporâneo. *Revista de Direito Público*, n. 84, São Paulo, out.-dez. 1987.

51. São oportunas as palavras de José Souto Maior Borges, a assentar sua posição firme contra uso desmedido da proporcionalidade como simples critério hermenêutico, esvaziado do seu conteúdo e das suas primordiais finalidades de concretização dos *objetivos de valor constitucional* e do conteúdo essencial dos direitos fundamentais. A saber: "Hoje a proporcionalidade é doutrinariamente havida como um postulado, e, no tratado da União Europeia como um princípio, perdidas as suas íntimas implicações com a justiça. Se a justiça proporcional é o fim do direito, somente é possível negar à proporcionalidade o caráter de princípio, recusando igualmente seu atributo à isonomia (justiça jurídico-positiva), o protoprincípio nas relações intraestatais e interestatais. Insistir-se-á neste livro em manter a vinculação da proporcionalidade com a sua significação original e persistir-se-á na sua utilização como princípio de justiça ou quando menos um subprincípio, contido, em sua implicitude, na isonomia expressa, ao estilo de pensar da doutrina moderna. Não há proporcionalidade sem justiça no direito". BORGES, José Souto Maior. *Curso de direito comunitário*. 2. ed. São Paulo: Saraiva, 2009, p. 359.

52. PULIDO, Carlos Bernal. *El principio de proporcionalidad y los derechos fundamentales*: el principio de proporcionalidad como criterio para determinar el contenido de los derechos fundamentales vinculantes para el legislador. 3. ed. Madrid: Centro de Estudios Políticos y Constitucionales, 2007, p. 532.

proporcionalidade. A proporcionalidade impõe uma conduta da Administração coerente e ajustada às situações concretas, de modo que qualquer *restrição infraconstitucional* sobre direitos, como o de propriedade, ou às liberdades, ao exercício de profissão ou de atividades econômicas do particular, deve vir seguida de uma apuração coerente entre *fins e meios*,[53] com vistas a atender ao valor constitucional, e sem prejudicar o *conteúdo essencial do direito ou da liberdade protegidos*.[54]

A *garantia de proporcionalidade* exige o recurso, em ordem sucessiva, aos critérios da idoneidade ou da adequação (*i*), da medida menos restritiva, logo, no limite da necessidade (*ii*), e aquele da verificação da proporcionalidade *stricto sensu*, apurada entre esses meios e os fins constitucionalmente legítimos (*iii*). Dito de outro modo, deve-se demonstrar a efetiva *idoneidade* do meio empregado para o alcance do resultado pretendido, de forma a garantir que qualquer restrição estatal a direitos fundamentais deva ser examinada quanto à adequação para obter o fim constitucionalmente desejado; em seguida, a partir do exame de adequação, o teste da *necessidade* do meio, ou do melhor "meio" para o atingimento desse *fim*, com preferência sobre aquele de menor restrição e coerente com os valores constitucionais, para atingir os objetivos propostos;[55] e, por fim, atendidos os testes anteriores, a verificação da proporcionalidade *stricto sensu*, para determinar se os sacrifícios decorrentes da restrição ou intervenção estatal sobre direitos ou liberdades são aceitáveis, em face das necessidades ou da justificação das referidas medidas restritivas. E, como defesa contra atos que não atendam aos requisitos assinalados, conjunta e sucessivamente, deve-se reconhecer sua inconstitucionalidade,[56] quando a relação entre meios escolhidos e a finalidade não atenda aos requisitos constitucionais legítimos, pela inadequação (*i*), a desnecessidade da medida restritiva (*ii*), ou mesmo pela desproporcionalidade, identificada na proporcionalidade *stricto sensu* (*iii*).

Deste modo, admite-se adoção de *sanção administrativa não patrimonial de caráter interventivo no Direito Tributário* se a restrição à atividade econômica ou profissional se mostrar a medida *adequada* para atingir a finalidade estatal; *necessária* para o alcance do objetivo pretendido, de modo a se caracterizar como a medida menos restritiva; e *proporcional em sentido estrito*, levando em consideração o conjunto de

---

53. Como observa José Roberto Pimenta Oliveira: "A proporcionalidade implica, afirma a doutrina mais abalizada e atual, o dever de adequação, necessidade e equilíbrio da ação administrativa. Impõe que a limitação de bens ou interesses privados por ato do Poder Público seja adequada e necessária aos fins concretos colimados, bem como seja tolerável quando verificadas as implicações jurídicas da medida". OLIVEIRA, José Roberto Pimenta. *Os princípios da razoabilidade e da proporcionalidade no direito administrativo brasileiro*. São Paulo: Malheiros, 2008, p. 271.
54. CANOTILHO, José Joaquim Gomes. *Direito constitucional e teoria da Constituição*. 7. ed. Coimbra: Almedina, 2003, p. 401; PONTES, Helenilson Cunha. *O princípio da proporcionalidade e o direito tributário*. São Paulo: Dialética, 2000, p. 129-151.
55. SARLET, Ingo Wolfgang. Constituição e proporcionalidade: o direito penal e os direis fundamentais entre proibição de excesso e de insuficiência. *Revista da Ajuris*, a. XXX, n. 98, p. 144, 2005.
56. PULIDO, Carlos Bernal. *El principio de proporcionalidad y los derechos fundamentales*: el principio de proporcionalidad como criterio para determinar el contenido de los derechos fundamentales vinculantes para el legislador. 3. ed. Madrid: Centro de Estudios Políticos y Constitucionales, 2007, p. 43.

interesses em pauta (efeitos positivos em contraposição aos negativos).[57] A jurisprudência do Supremo Tribunal Federal se desenvolveu neste sentido, a partir da distinção entre as "sanções políticas", inconstitucionais, e as legítimas sanções administrativas de caráter interventivo.

4. EXEMPLOS DA JURISPRUDÊNCIA DO SUPREMO TRIBUNAL FEDERAL NA ANÁLISE DE SANÇÕES TRIBUTÁRIAS DE CARÁTER INTERVENTIVO

A jurisprudência do Supremo Tribunal Federal acerca das sanções tributárias de caráter interventivo, em um primeiro momento, desenvolveu-se por meio de decisões nas quais foram analisadas sanções políticas. Diante desta jurisprudência, plasmada nas súmulas 70, 323 e 547, propagou-se no Brasil um elevado grau de refutação não apenas às sanções políticas, mas também às sanções tributárias de caráter interventivo, em geral. Contudo, como analisado acima, extrai-se, desde os primórdios da jurisprudência do STF a respeito do tema, que a observância da *garantia da proporcionalidade* é fundamental na distinção entre *sanções administrativas de caráter interventivo legítimas* e *sanções políticas inconstitucionais*.

Desta feita, consideramos que a "nova vertente"[58] jurisprudencial do Supremo Tribunal Federal, inaugurada com o julgamento da Medida Cautelar na Ação Cautelar 1.657/RJ,[59] trata-se, em verdade, de desenvolvimento jurisprudencial que, ao invés de alterar, apenas confirma os julgados precedentes, notadamente no que se refere à centralidade da garantia da proporcionalidade na aplicação de sanções tributárias de caráter interventivo.

Naquela oportunidade, o Supremo Tribunal Federal analisou o cancelamento, pela Secretaria da Receita Federal do Brasil, do registro especial de fabricante de cigarros para industrialização do produto pelo descumprimento de obrigações tributárias principais e acessórias. A medida havia sido adotada com base no Decreto-Lei 1.577/77.

Na decisão, o Supremo Tribunal Federal, por maioria de votos, reconheceu a constitucionalidade do cancelamento do registro especial no caso concreto, tendo em vista

---

57. Já tivemos a oportunidade de abordar a aplicação da garantia da proporcionalidade como requisito para constitucionalidade de sanções administrativas de caráter interventivo no âmbito tributário. Veja-se, nesse sentido: TÔRRES, Heleno Taveira. As sanções de Perdimento de bens e inaptidão do CNPJ de empresas importadoras – limites e valores constitucionais aplicáveis. In: TÔRRES, Heleno Taveira (Coord.). *Direito Tributário Internacional Aplicado*. São Paulo: Quartier Latin, 2007, v. IV; TÔRRES, Heleno Taveira. Autonomia Privada nas Importações e Sanções Tributárias. In: TREVISAN, Rosaldo (Org.). *Temas atuais de Direito Aduaneiro*. São Paulo: Lex Editora, 2008.
58. BARROS, Flávio Pereira da Costa. Sanções Políticas: uma nova vertente na jurisprudência constitucional brasileira? In: COIMBRA SILVA, Paulo Roberto (Coord.). *Grandes Temas do Direito Tributário Sancionador*. São Paulo: Quartier Latin, 2010, p. 159-160. Ao utilizar a expressão "nova vertente" jurisprudencial para se referir ao julgamento da Ação Cautelar 1.657/RJ, o autor não pretende significar uma mudança de entendimento do Supremo Tribunal Federal a respeito das sanções políticas, mas apenas uma interpretação específica dada pelo Tribunal ao caso concreto.
59. BRASIL. Supremo Tribunal Federal – STF. MC na AC 1.657/RJ. Relator Ministro Joaquim Barbosa, Redator do Acórdão Ministro Cezar Peluso, Tribunal Pleno, j. 21.06.2007, DJ 27.06.2007.

que o inadimplemento sistemático de obrigações tributárias implicava prejuízo à livre concorrência. O Ministro Cézar Peluso, redator do acórdão, deixa claro em seu voto que, *"por conta da singularidade factual e normativa do caso"*, não se estaria diante da sanção política, de modo a afastar a errônea impressão de que teria havido uma modificação do entendimento do STF a respeito do tema.[60]

Deveras, na Medida Cautelar na Ação Cautelar 1.657/RJ, o Supremo Tribunal Federal concluiu, apenas e tão somente, que o cancelamento do registro especial para a industrialização de cigarros se tratava, no caso concreto, de legítima sanção administrativa de caráter interventivo. Ou seja, não se tratava de sanção política, historicamente rejeitada pelo Tribunal. Em outros termos, no caso concreto, o cancelamento do registro especial configurou a escolha jurídica do *meio* mais *adequado* ao *fim*, no limite da *necessidade* (ou de *menor restrição possível*), e *proporcional* às circunstâncias materiais e subjetivas. Na hipótese, o fim almejado não era a mera arrecadação tributária, mas a proteção à livre concorrência, valor constitucionalmente protegido, apto a justificar a referida limitação ao livre exercício da atividade econômica.

No mesmo sentido, ao julgar a Ação Direta de Inconstitucionalidade 395/SP, a Corte entendeu ser constitucional dispositivo da Constituição Paulista que determinava a apreensão de bens desacompanhados de documentação fiscal idônea *somente até a comprovação da posse legítima*, fazendo uma distinção entre a medida e a apreensão de mercadorias para quitação dos tributos devidos. Confira-se:

> Ação Direta de Inconstitucionalidade. art. 163, § 7º, da Constituição de São Paulo: Inocorrência de sanções políticas. ausência de afronta ao art. 5º, inc. XIII, da Constituição da República. 1. A retenção da mercadoria, até a comprovação da posse legítima daquele que a transporta, não constitui coação imposta em desrespeito ao princípio do devido processo legal tributário. 2. Ao garantir o livre exercício de qualquer trabalho, ofício ou profissão, o art. 5º, inc. XIII, da Constituição da República não o faz de forma absoluta, pelo que a observância dos recolhimentos tributários no desempenho dessas atividades impõe-se legal e legitimamente. 3. A hipótese de retenção temporária de mercadorias prevista no art. 163, § 7º, da Constituição de São Paulo, é providência para a fiscalização do cumprimento da legislação tributária nesse território e consubstancia exercício do poder de polícia da Administração Pública Fazendária, estabelecida legalmente para os casos de ilícito tributário. Inexiste, por isso mesmo, a alegada coação indireta do contribuinte para satisfazer débitos com a Fazenda Pública. 4. Ação Direta de Inconstitucionalidade julgada improcedente.[61]

Ressaltou a Relatora que a norma em análise representaria legítimo exercício do poder de polícia administrativa, estabelecida legalmente para os casos de ilícito tributário. Ademais, não se destinaria a ser meio coercitivo para o pagamento de tributo, até porque a nota fiscal poderia ser simplesmente de documentação isenta de tributo. Trata-se, mais uma vez, de conclusão consentânea com a garantia da proporcionalidade, tendo em vista

---

60. BARROS, Flávio Pereira da Costa. Sanções Políticas: uma nova vertente na jurisprudência constitucional brasileira? In: COIMBRA SILVA, Paulo Roberto (Coord.). *Grandes Temas do Direito Tributário Sancionador*. São Paulo: Quartier Latin, 2010, p. 159.
61. BRASIL. Supremo Tribunal Federal – STF. ADI 395/SP. Relatora Ministra Carmen Lúcia, Tribunal Pleno, j. 17.05.2007, DJ 17.08.2007.

que a sanção tributária de natureza interventiva se justifica apenas na medida em que é meio adequado, necessário e proporcional para o atingimento do fim ao qual se propõe.

Ademais, no julgamento das Ações Diretas de Inconstitucionalidade 173 e 394, ocasião em que o STF declarou a inconstitucionalidade do art. 1º, I, III e IV, §§ 1º a 3º, e art. 2º da Lei Federal 7.711/88, que vinculavam uma série de atos dos contribuintes à quitação de créditos tributários exigíveis, mediante apresentação da certidão de regularidade fiscal, o Ministro Joaquim Barbosa assim advertiu:

> 3. Esta Corte tem historicamente confirmado e garantido a proibição constitucional às sanções políticas, invocando, para tanto, o direito ao exercício de atividades econômicas e profissionais lícitas (art. 170, par. ún., da Constituição), a violação do devido processo legal substantivo (falta de proporcionalidade e razoabilidade de medidas gravosas que se predispõem a substituir os mecanismos de cobrança de créditos tributários) e a violação do devido processo legal manifestado no direito de acesso aos órgãos do Executivo ou do Judiciário tanto para controle da validade dos créditos tributários, cuja inadimplência pretensamente justifica a nefasta penalidade, quanto para controle do próprio ato que culmina na restrição. É inequívoco, contudo, que a orientação firmada pelo Supremo Tribunal Federal não serve de escusa ao deliberado e temerário desrespeito à legislação tributária. Não há que se falar em sanção política se as restrições à prática de atividade econômica objetivam combater estruturas empresariais que têm na inadimplência tributária sistemática e consciente sua maior vantagem concorrencial. Para ser tida como inconstitucional, a restrição ao exercício de atividade econômica deve ser desproporcional e não razoável.[62]

Para ser caracterizada como sanção política e, portanto, inconstitucional, é preciso que a restrição ao exercício de atividade econômica (isto é, a sanção administrativa de caráter interventivo) seja desproporcional. Caso contrário, tratar-se-á de legítima medida de poder de polícia fiscal.

Reitere-se, o cerne para legitimidade das sanções administrativas de caráter interventivo é a sua *proporcionalidade como o meio mais adequado para o atingimento do fim objetivado*. A proteção à concorrência ou outras finalidades extrafiscais não justifica, por si só, a adoção de sanções administrativas de caráter interventivo.

Diante das circunstâncias do caso concreto, a restrição aos direitos do contribuinte se mostre proporcional. A finalidade almejada pela medida desempenha, sem dúvida, papel relevante nesta análise, mas não é determinante.

No julgamento do Recurso Extraordinário 550.769/RJ, o Supremo Tribunal Federal teve a oportunidade de analisar a aplicação de sanções administrativas de caráter interventivo no setor tabagista, de modo semelhante à já citada Medida Cautelar na Ação Cautelar 1.657/RJ. Apreciou-se, no caso, os efeitos do art. 2º, inciso II, do Decreto-Lei Federal 1.593/1977, que estabelece a exigência de rigorosa regularidade fiscal para manutenção do registro especial para fabricação e comercialização de cigarros. A Corte entendeu que a inadimplência tributária contumaz, aliada à peculiaridade do setor tabagista, afetaria sobremaneira a livre-concorrência, cuja tutela do Estado justi-

---

62. BRASIL. Supremo Tribunal Federal – STF. ADI 173/DF. Relator Ministro Joaquim Barbosa, Tribunal Pleno, j. 25.09.2008, DJ 20.03.2009.

ficaria a medida. Para o teste de adequação constitucional da norma, o Relator propôs a observância de três parâmetros, plasmados na ementa do julgado:

> 3. A orientação firmada pelo Supremo Tribunal Federal rechaça a aplicação de sanção política em matéria tributária. Contudo, para se caracterizar como sanção política, a norma extraída da interpretação do art. 2º, II, do Decreto-lei 1.593/1977 deve atentar contra os seguintes parâmetros: (1) relevância do valor dos créditos tributários em aberto, cujo não pagamento implica a restrição ao funcionamento da empresa; (2) manutenção proporcional e razoável do devido processo legal de controle do ato de aplicação da penalidade; e (3) manutenção proporcional e razoável do devido processo legal de controle da validade dos créditos tributários cujo não pagamento implica a cassação do registro especial.[63]

Depreende-se, da leitura deste trecho da ementa do julgado, que os parâmetros enunciados pelo Relator se destinam, precipuamente, à garantia da proporcionalidade na aplicação da sanção administrativa de caráter interventivo. A Corte, ao assim decidir, não rompeu com a jurisprudência anterior consubstanciada pelas Súmulas 70, 323 e 547, mas apenas reconheceu que a tributação pode ter finalidades extrafiscais, que justificam certas restrições à atividade econômica, à luz das peculiaridades do caso concreto. Trata-se, em verdade, da aplicação, caso a caso, da garantia da proporcionalidade.

Nesse sentido, no julgamento do Recurso Extraordinário com agravo 914.045/MG, submetido à sistemática da repercussão geral, a Corte fixou a seguinte tese (Tema 856): "(...). II - É inconstitucional a restrição ilegítima ao livre exercício de atividade econômica ou profissional, quando imposta como meio de cobrança indireta de tributos".[64] O posicionamento do STF sobre a matéria das "sanções políticas" pode ser resumido a partir da ementa, em decisão monocrática da lavra do Ministro Celso de Mello, transcrita a seguir:

> Sanções políticas no direito tributário. Inadmissibilidade da utilização, pelo poder público, de meios gravosos e indiretos de coerção estatal destinados a compelir o contribuinte inadimplente a pagar o tributo (Súmulas 70, 323 e 547 do STF). Restrições estatais, que, fundadas em exigências que transgridem os postulados da razoabilidade e da proporcionalidade em sentido estrito, culminam por inviabilizar, sem justo fundamento, o exercício, pelo sujeito passivo da obrigação tributária, de atividade econômica ou profissional lícita. Limitações arbitrárias que não podem ser impostas pelo estado ao contribuinte em débito, sob pena de ofensa ao 'substantive due process of law'. Impossibilidade constitucional de o Estado legislar de modo abusivo ou imoderado (RTJ 160/140-141 – RTJ 173/807-808 – RTJ 178/22-24). O poder de tributar – que encontra limitações essenciais no próprio texto constitucional, instituídas em favor do contribuinte – 'não pode chegar à desmedida do poder de destruir' (min. Orosimbo Nonato, RDA 34/132). A prerrogativa estatal de tributar traduz poder cujo exercício não pode comprometer a liberdade de trabalho, de comércio e de indústria do contribuinte. A significação tutelar, em nosso sistema jurídico, do 'estatuto constitucional do contribuinte'. Doutrina. Precedentes. Recurso extraordinário conhecido e provido.[65]

---

63. BRASIL. Supremo Tribunal Federal – STF. RE 550.769/RJ. Relator Ministro Joaquim Barbosa, Tribunal Pleno, j. 22.05.2013, DJe 03.04.2014 – "*Caso American Virgínia*".
64. BRASIL. Supremo Tribunal Federal – STF. ARE 914.045/MG. Relator Ministro Edson Fachin, Tribunal Pleno, j. 16.10.2015, DJe 19.11.2015.
65. BRASIL. Supremo Tribunal Federal – STF. RE 374.981/RS. Relator Ministro Celso de Mello, Decisão Monocrática, j. 28.03.2005, DJ 08.04.2005.

Proferida em 2005, a decisão, que a partir de uma análise precipitada poderia parecer superada pelos julgados subsequentes, foi, antes, confirmada pela jurisprudência do Supremo Tribunal Federal. As chamadas "sanções políticas", inadmissíveis no direito tributário, são apenas aquelas medidas interventivas que, ao limitar direitos do contribuinte, transgridem a *garantia da proporcionalidade*. Nas hipóteses em que as medidas interventivas observam a garantia constitucional da proporcionalidade, não há que se falar em "sanções políticas", mas sim de sanções administrativas interventivas plenamente legítimas e constitucionais.

Dogmaticamente, a conclusão pela constitucionalidade de uma sanção administrativa de caráter interventivo depende da aplicação da regra da proporcionalidade, nos termos expostos no tópico precedente. Deste modo, não basta que o tributo inadimplido tenha finalidade extrafiscal ou que sejam protegidos valores constitucionais como a livre concorrência para que a sanção administrativa de caráter interventivo seja legítima. É preciso que a sua aplicação respeite os limites impostos pela garantia da proporcionalidade.

Admite-se a restrição à atividade econômica ou profissional, desde que tal medida seja *adequada* para atingir a finalidade estatal; *necessária* para o alcance do objetivo pretendido, de modo a não ultrapassar os limites indispensáveis para tanto, sem que haja meio menos gravoso a ser utilizado; e *proporcional em sentido estrito*, no sentido de levar em consideração o conjunto de interesses em pauta (efeitos positivos em contraposição aos negativos).

A proteção de valores como a livre concorrência por meio da aplicação de sanções tributárias de caráter interventivo não deve ser confundida com o papel desempenhado pelo Sistema Brasileiro de Defesa da Concorrência (estruturado pela Lei 12.529/2011), em especial pelo Conselho Administrativo de Defesa Econômica (CADE) no exercício de seus poderes regulatórios,[66] de recomendação, de fiscalização e sancionatórios.[67]

---

66. "Estado regulador é o novo perfil do Estado contemporâneo, que se afastou da prestação efetiva de diversas atividades, transferindo-as aos particulares, sem, contudo, abandonar totalmente os setores que deixava, já que permaneceu neles regulando e acertando (fiscalizando) a conduta privada, conforme já se pode observar anteriormente". TAVARES, André Ramos. *Direito constitucional econômico*. 2. ed. São Paulo: Método, 2006, p. 306-307. A regulação é um instrumento de intervenção na economia utilizado para assegurar a livre concorrência, assim como para proteger os direitos fundamentais, como notou Marcos Augusto Perez: "A regulação é uma das formas mais antigas de intervenção do Estado no domínio econômico. Consiste, em sentido amplo, na produção de normas destinadas a disciplinar a atuação dos agentes econômicos. Neste sentido, a regulação econômica envolve atividade estatal ou não estatal (a chamada auto regulação); destina-se ao estabelecimento de regras para o Setor Privado, mas também para o Setor Público Empresarial; e, por fim, tem como objeto desde direitos fundamentais individuais – como, por exemplo, o de propriedade e o de livre contratar ou comerciar – até direitos de dimensão social e de solidariedade – como, por exemplo, fixação de salário mínimo, regras de proteção contra a discriminação racial ou sexual e proteção ao meio ambiente –, sempre no sentido de moldá-los a um programa público-governamental ou, caso se prefira, ao interesse público". PEREZ, Marcos Augusto. As vicissitudes da regulação econômica estatal: reflexão sobre as lições do direito norte-americano em comparação com o direito brasileiro. In: CARDOZO, José Eduardo Martins; QUEIROZ, João Eduardo Lopes; SANTOS, Márcia Walquíria Batista da (Org.). *Curso de Direito Administrativo Econômico*. São Paulo: Malheiros, 2006, v. III, p. 149.
67. "A atuação do Estado no ordenamento econômico poderá assumir duas modalidades: ou uma modalidade reguladora, impondo um regime especial para as finanças ou para certos bens de determinadas regiões, ou uma modalidade interventiva, através da imposição de intervenções sobre o mercado, em ambos os casos, para

Não cabe ao poder de polícia fiscal realizar o controle de estruturas ou controle de condutas, típicos instrumentos do CADE na defesa da concorrência. No entanto, as inter-relações entre *livre concorrência* e *tributação* são inquestionáveis.[68] Deste modo, desde que consentâneas com a garantia da proporcionalidade, nada impede que as sanções tributárias de caráter interventivo objetivem impedir que o descumprimento sistemático da legislação tributária se torne uma vantagem concorrencial.

Não cabe à fiscalização tributária a análise do mercado no qual atua o contribuinte (como afirmado, o controle de estruturas é feito pelo CADE), mas apenas e tão somente, diante de previsão legal, aplicar, nos conformes da garantida constitucional da proporcionalidade, sanções administrativas de caráter interventivo, cuja finalidade, por vezes, será a defesa da livre concorrência.

Enfim, ainda que se trate de exceção raramente verificável, podem existir hipóteses de aplicação de sanções administrativas de caráter interventivo cujo objetivo seja meramente a arrecadação tributária. Nestes casos, contudo, para que haja a observância da garantia da proporcionalidade, é essencial que a sanção de caráter interventivo seja medida menos gravosa do que os outros instrumentos de cobrança legalmente previstos. Exemplo paradigmático neste sentido é o parágrafo único do art. 1º da Lei 9.492/1997, inserido pela Lei 12.767/2012, que inclui as Certidões de Dívida Ativa – CDA no rol dos títulos sujeitos a protesto.[69]

Deveras, nos termos do art. 204, do CTN, "a dívida regularmente inscrita goza da presunção de certeza e liquidez e tem o efeito de prova pré-constituída", apta a viabilizar, portanto, o imediato ajuizamento de execução fiscal. Deste modo, o protesto de CDA não se justifica enquanto meio de provar a inadimplência do contribuinte. Tratar-se-ia de medida inócua, já que a dívida se presume líquida e certa. Trata-se, em verdade, de

---

assegurar o império dos princípios e das normas constitucionalmente adotadas para tornar efetivo o ordenamento econômico." MOREIRA NETO, Diogo de Figueiredo. *Curso de Direito Administrativo*. 14. ed. Rio de Janeiro: Forense, 2005, p. 453.

68. CARVALHO, Antonio Augusto Silva Pereira de. Tributação, sonegação e livre concorrência. In: SILVA, Ademir Ramos da. *Estudos em homenagem a José Eduardo Monteiro de Barros*: direito tributário. São Paulo: MP Editora, 2010, p. 115-148; SANTIAGO, Igor Mauler. Free competition: How tax evasion and tax competition distort markets. In: DERZI, Misabel Abreu Machado (Coord.). *Separação de Poderes e Efetividade do Sistema Tributário*: XIV Congresso Internacional de Direito Tributário da Associação Brasileira de Direito Tributário. Belo Horizonte: Del Rey, 2010, p. 311-324; SANTIAGO, Igor Mauler. A evasão fiscal e a concorrência tributária como fatores de distorção do livre mercado. In: TÔRRES, Heleno Taveira (Coord.). *Direito tributário e ordem econômica*: homenagem aos 60 anos da ABDF. São Paulo: Quartier Latin, 2010, p. 351-364; FERRAZ JUNIOR, Tércio Sampaio. Práticas tributárias e abuso de poder econômico. *Revista de Direito da Concorrência*, n. 9, p. 125-138, jan./mar. 2006; FERRAZ, Roberto. Intervenção do estado na economia por meio da tributação – a proteção da empresa e a livre concorrência. *Revista da Academia Brasileira de Direito Constitucional*, v. 10B, p. 627-641, 2006; NUSDEO, Fábio. A principiologia da ordem econômica constitucional. In: VELLOSO, Carlos Mário da Silva; ROSAS, Roberto; AMARAL, Antonio Carlos Rodrigues do (Coord.). *Princípios constitucionais fundamentais*: estudos em homenagem ao professor Ives Gandra da Silva Martins. São Paulo: Lex, 2005, p. 389-402; BRAGANÇA, Marcel. Efeitos da tributação sobre o direito concorrencial: uma visão harmônica do ordenamento. *Revista de Direito Mercantil Industrial, Econômico e Financeiro*, v. 40, n. 121, p. 121-147, jan./mar. 2001.
69. Para considerações críticas à constitucionalidade do protesto de CDA: MACHADO SEGUNDO, Hugo de Brito. *Manual de Direito Tributário*. 9. ed. São Paulo: Atlas, 2017, p. 261-262.

sanção de caráter interventivo, que busca impor ao contribuinte o pagamento do tributo por meio da restrição representada pelo protesto, que torna público o fato de o devedor não possuir crédito.

No Recurso Extraordinário 1.126.515/PR,[70] o Superior Tribunal de Justiça concluiu pela legitimidade da opção legislativa de permitir o protesto de CDA. Posteriormente, o Supremo Tribunal Federal, ao analisar a questão à luz de sua jurisprudência acerca das "sanções políticas", fixou a seguinte tese: "o protesto das Certidões de Dívida Ativa constitui mecanismo constitucional e legítimo, por não restringir de forma desproporcional quaisquer direitos fundamentais garantidos aos contribuintes e, assim, não constituir sanção política".[71]

Não se trata, portanto, da superação da jurisprudência anterior, mas de sua reafirmação. Deveras, nos termos da jurisprudência do STF, a "sanção política", vedada em nosso ordenamento jurídico, é apenas e tão somente a medida coercitiva que restringe de modo desproporcional direitos fundamentais do contribuinte. Não é o caso do protesto de CDAs. Como analisado pela Corte, não há afronta ao devido processo legal, uma vez que a execução fiscal como meio típico de cobrança da dívida ativa não impede a utilização de mecanismos extrajudiciais, como o protesto de CDA, o qual também não impede o contribuinte de acessar o Poder Judiciário para discutir o débito. O STF considerou igualmente que o protesto de CDA não compromete diretamente a organização e condução das atividades empresariais, como é o caso da interdição de estabelecimento ou apreensão de mercadorias.

Veja-se trecho da ementa destinado à aplicação da garantia da proporcionalidade:

> 3.2. Em *segundo lugar*, o dispositivo legal impugnado não viola o princípio da proporcionalidade. A medida é *adequada*, pois confere maior publicidade ao descumprimento das obrigações tributárias e serve como importante mecanismo extrajudicial de cobrança, que estimula a adimplência, incrementa a arrecadação e promove a justiça fiscal. A medida é *necessária*, pois permite alcançar os fins pretendidos de modo menos gravoso para o contribuinte (já que não envolve penhora, custas, honorários, etc.) e mais eficiente para a arrecadação tributária em relação ao executivo fiscal (que apresenta alto custo, reduzido índice de recuperação dos créditos públicos e contribui para o congestionamento do Poder Judiciário). A medida é *proporcional em sentido estrito*, uma vez que os eventuais custos do protesto de CDA (limitações creditícias) são compensados largamente pelos seus benefícios, a saber: (i) a maior eficiência e economicidade na recuperação dos créditos tributários, (ii) a garantia da livre concorrência, evitando-se que agentes possam extrair vantagens competitivas indevidas da sonegação de tributos, e (iii) o alívio da sobrecarga de processos do Judiciário, em prol da razoável duração do processo.[72]

Outrossim, entendeu o Supremo Tribunal Federal que seria recomendável, em observância à impessoalidade e isonomia, a edição de ato infralegal com o estabeleci-

---

70. BRASIL. Superior Tribunal de Justiça – STJ. RE 1.126.515/PR. Relator Ministro Herman Benjamin, Segunda Turma, j. 03.12.2013, DJe 16.12.2013.
71. BRASIL. Supremo Tribunal Federal – STF. ADI 5.135/DF. Relator Ministro Luís Roberto Barroso, Tribunal Pleno, j. 09.11.2016, DJe 07.02.2018.
72. BRASIL. Supremo Tribunal Federal – STF. ADI 5.135/DF. Relator Ministro Luís Roberto Barroso, Tribunal Pleno, j. 09.11.2016, DJe 07.02.2018. (Grifos no original).

mento de critérios claros, objetivos e compatíveis com a Constituição para a delimitação dos créditos passíveis de protesto. Também de modo a evitar abusos, manifestou-se o STF no sentido de que seria necessário a revisão de eventuais atos de protesto que, no caso concreto, gerassem situações inconstitucionais (como o protesto de créditos cuja invalidade tenha sido assentada em julgados de Cortes Superiores por meio das sistemáticas da repercussão geral e de recursos repetitivos) ou ilegais (como o protesto de créditos prescritos).

A utilização do protesto extrajudicial por falta de pagamento de CDA da União encontra-se disciplinada pela Portaria PGFN 429/2014. A única limitação estabelecida reside na garantia de que créditos com exigibilidade suspensa ou em processo de concessão de parcelamento não serão encaminhados a protesto (art. 3º).

Antes da entrada em vigor da Portaria PGFN 693/2015, o art. 1º, § 1º, da Portaria PGFN 429/2014, estabelecia, ainda, que o protesto apenas poderia se dar com relação a dívidas com valor consolidado de até R$ 50.000,00. Atualmente, a Portaria não prevê qualquer limite quantitativo para o protesto de CDA.[73]

Deste modo, ainda que o protesto de CDA, conforme decidido pelo STF, seja constitucional em abstrato, faz-se necessário que a Procuradoria-Geral da Fazenda Nacional estabeleça parâmetros claros para adoção deste procedimento apenas nas hipóteses em que se mostra mais adequado do que a propositura de execução fiscal para a cobrança de créditos tributários. Deveras, o protesto de CDA justifica-se apenas nas hipóteses em que se demonstra alternativa menos gravosa e mais eficiente do que a execução fiscal para a cobrança de créditos tributários. Trata-se, igualmente, de imperativo de isonomia entre os distintos contribuintes.

Afigura-se, claro, portanto, da análise da jurisprudência do Supremo Tribunal Federal, que a distinção entre *"sanções políticas"*, inconstitucionais e de todo inaceitáveis, e *sanções tributárias de caráter interventivo*, legítimas e necessárias, reside na desproporcionalidade daquelas frente ao estrito respeito à garantia constitucional da proporcionalidade por parte destas. Os julgados mais recentes do Supremo Tribunal Federal em nada relativizaram a chamada "jurisprudência tradicional" da Corte, que apenas ganhou profundidade e concretude diante dos casos concretos que se apresentaram e foram apreciados à luz da proporcionalidade.

Conclui-se, pois, pela possibilidade de adoção de *sanções administrativas de caráter interventivo* na seara tributária, mas desde que observadas as *garantias constitucionais da proporcionalidade* ou da proibição de excesso. Logo, deverá mostrar-se *adequada* para atingir a finalidade e *necessária* para o alcance do objetivo pretendido, de modo a se caracterizar-se como a menos restritiva, sem prejuízo à atividade econômica ou profissional;

---

73. Nesse sentido, em defesa da necessidade de limitação quantitativa para o protesto de CDA, a fim de que este se mostre medida legítima, veja-se: SCHOUERI, Luís Eduardo. *Direito Tributário*. 13. ed. São Paulo: SaraivaJur, 2024, p. 916-918.

e *proporcional em sentido estrito*, levando em consideração as circunstâncias materiais e subjetivas das situações concretas, em cotejo com os fins previstos na Constituição.

REFERÊNCIAS

ANDRADE FILHO, Edmar Oliveira. *Infrações e sanções tributárias*. São Paulo: Dialética, 2003.

ATALIBA, Geraldo. *VI Curso de Especialização em Direito Tributário*. São Paulo: Resenha Tributária, 1978.

ÁVILA, Humberto. *Sistema constitucional tributário*. São Paulo: Saraiva, 2004.

BARROS, Flávio Pereira da Costa. Sanções Políticas: uma nova vertente na jurisprudência constitucional brasileira? In: COIMBRA SILVA, Paulo Roberto (Coord.). *Grandes Temas do Direito Tributário Sancionador*. São Paulo: Quartier Latin, 2010.

BARROSO, Luís Roberto; BARCELLOS, Ana Paula de. Inconstitucionalidade da aplicação de sanções políticas em razão de débito tributário. In: OSÓRIO, Fabio Medina (Coord.). *Direito Sancionador*: sistema financeiro nacional. Belo Horizonte: Fórum, 2007

BARROSO, Luís Roberto; BARCELLOS, Ana Paula de. Inconstitucionalidade da aplicação de sanções políticas em razão de débito tributário. In: OSÓRIO, Fabio Medina (Coord.). *Direito Sancionador*: sistema financeiro nacional. Belo Horizonte: Fórum, 2007.

BATISTA JÚNIOR, Onofre Alves. As sanções administrativo-fiscais heterodoxas e sua cuidadosa possibilidade de aplicação no direito tributário. In: COIMBRA SILVA, Paulo Roberto (Coord.). *Grandes Temas do Direito Tributário Sancionador*. São Paulo: Quartier Latin, 2010.

BATISTA JÚNIOR, Onofre Alves. *O Poder de Polícia Fiscal*. Belo Horizonte: Mandamentos, 2001.

BONAVIDES, Paulo. O princípio constitucional da proporcionalidade e a Constituição de 1988. *Curso de Direito Constitucional*. 23. ed. São Paulo, Malheiros, 2008.

BORGES, José Souto Maior. *Curso de direito comunitário*. 2. ed. São Paulo: Saraiva, 2009.

BRAGANÇA, Marcel. Efeitos da tributação sobre o direito concorrencial: uma visão harmônica do ordenamento. *Revista de Direito Mercantil Industrial, Econômico e Financeiro*, v. 40, n. 121, p. 121-147, jan./mar. 2001.

BRASIL. Superior Tribunal de Justiça – STJ. RE 1.126.515/PR. Relator Ministro Herman Benjamin, Segunda Turma, j. 03.12.2013, DJe 16.12.2013.

BRASIL. Supremo Tribunal Federal – STF. ADI 173/DF. Relator Ministro Joaquim Barbosa, Tribunal Pleno, j. 25.09.2008, DJ 20.03.2009.

BRASIL. Supremo Tribunal Federal – STF. ADI 395/SP. Relatora Ministra Carmen Lúcia, Tribunal Pleno, j. 17.05.2007, DJ 17.08.2007.

BRASIL. Supremo Tribunal Federal – STF. ADI 5.135/DF. Relator Ministro Luís Roberto Barroso, Tribunal Pleno, j. 09.11.2016, DJe 07.02.2018.

BRASIL. Supremo Tribunal Federal – STF. ADI 5.135/DF. Relator Ministro Luís Roberto Barroso, Tribunal Pleno, j. 09.11.2016, DJe 07.02.2018.

BRASIL. Supremo Tribunal Federal – STF. ADI-MC 2010-DF. Relator Ministro Celso de Mello, Tribunal Pleno, j. 30.09.1999, DJ 12.04.2002.

BRASIL. Supremo Tribunal Federal – STF. ARE 914.045/MG. Relator Ministro Edson Fachin, Tribunal Pleno, j. 16.10.2015, DJe 19.11.2015.

BRASIL. Supremo Tribunal Federal – STF. MC na AC 1.657/RJ. Relator Ministro Joaquim Barbosa, Redator do Acórdão Ministro Cezar Peluso, Tribunal Pleno, j. 21.06.2007, DJ 27.06.2007.

BRASIL. Supremo Tribunal Federal – STF. RE 18.796/SP. Relator Ministro Barros Barreto, Primeira Turma, j. 29.05.2014, DJe 09.10.2014.

BRASIL. Supremo Tribunal Federal – STF. RE 550.769/RJ. Relator Ministro Joaquim Barbosa, Tribunal Pleno, j. 22.05.2013, DJe 03.04.2014. BRASIL. Supremo Tribunal Federal – STF. RE 374.981/RS. Relator Ministro Celso de Mello, Decisão Monocrática, j. 28.03.2005, DJ 08.04.2005.

BRASIL. Supremo Tribunal Federal – STF. RE 565.048/RS. Relator Ministro Marco Aurélio, Tribunal Pleno, j. 29.05.2014, DJe 09.10.2014.

BRASIL. Supremo Tribunal Federal – STF. RE-ED-EDv 115452-SP. Relator Ministro Carlos Velloso, Tribunal Pleno, j. 04.10.1990, DJ 05.12.1990.

CALIENDO, Paulo. Sanções Políticas no Direito Tributário: Conteúdo e Vedação. In: MANEIRA, Eduardo; TÔRRES, Heleno Taveira (Coord.). *Direito Tributário e a Constituição*: Homenagem ao Professor Sacha Calmon Navarro Coêlho. São Paulo: Quartier Latin, 2012.

CANOTILHO, José Joaquim Gomes. *Direito constitucional e teoria da Constituição*. 7. ed. Coimbra: Almedina, 2003.

CARVALHO, Antonio Augusto Silva Pereira de. Tributação, sonegação e livre concorrência. In: SILVA, Ademir Ramos da. *Estudos em homenagem a José Eduardo Monteiro de Barros*: direito tributário. São Paulo: MP Editora, 2010.

CARVALHO, Paulo de Barros. *Curso de direito tributário*. 15. ed. São Paulo: Saraiva, 2003.

CASTRO, Eduardo Moreira Lima Rodrigues de. Cancelamento da inscrição da empresa no Cadastro de Contribuintes: sanção política ou medida protetiva da ordem fiscal? *Revista Dialética de Direito Tributário*, n. 218, p. 56-69, 2013.

CAVALCANTE, Denise Lucena. A razoabilidade e a proporcionalidade na interpretação judicial das normas tributárias. In: TORRES, Ricardo Lobo (Org.). *Temas de interpretação do direito tributário*. Rio de Janeiro: Renovar, 2003.

COÊLHO, Sacha Calmon Navarro. Infração Tributária e Sanção. In: MACHADO, Hugo de Brito (Coord.). *Sanções Administrativas Tributárias*. São Paulo: Dialética – ICET, 2004.

COÊLHO, Sacha Calmon Navarro. *Teoria e prática das multas tributárias* – infrações tributárias e sanções tributárias. 2. ed. Rio de Janeiro: Forense, 1993.

COIMBRA SILVA, Paulo Roberto. *Direito Tributário Sancionador*. São Paulo: Quartier Latin, 2007.

COSTA-CORRÊA, André L.; BORGHI, Marcelo. Da insegurança jurídica e da arrecadação coercitiva perpetrada no Estado Democrático de Direito: considerações sobre o abuso na utilização das sanções políticas para a cobrança dos créditos tributários. In: RIBEIRO, José Horácio Halfeld Rezende; SILVA, Ruy Martins Altenfelder (Coord.). *Direito, Economia e Política*: Ives Gandra, 80 anos do Humanista. São Paulo: IASP, 2015.

COUTO E SILVA, Almiro do. Princípios da legalidade da administração pública e da segurança jurídica no Estado de Direito contemporâneo. *Revista de Direito Público*, n. 84, São Paulo, out.-dez. 1987.

CRETTON, Ricardo Aziz. *Os princípios da proporcionalidade e da razoabilidade e sua aplicação no direito tributário*. Rio de Janeiro: Lumen Juris, 2001.

DANTAS, Rodrigo Numeriano Dubourcq. *Direito Tributário Sancionador*: Culpabilidade e Segurança Jurídica. São Paulo: Quartier Latin, 2018.

DECOMAIN, Pedro Roberto. *Crimes contra a ordem tributária*. 5. ed. Belo Horizonte: Fórum, 2010.

DERZI, Misabel de Abreu Machado. *Direito tributário, direito penal e tipo*. São Paulo: RT, 1988.

DERZI, Misabel de Abreu Machado. Legalidade material, modo de pensar "tipificante" e praticidade no direito tributário. *Justiça Tributária*. São Paulo: IBET, 1998.

DI PIETRO, Maria Sylvia Zanella. *Direito Administrativo*. 17. ed. São Paulo: Atlas, 2004.

DÓRIA, Antonio Roberto Sampaio. *Direito Constitucional Tributário e "Due Process of Law"*. 2. ed. Rio de Janeiro: Forense, 1986.

FERRAZ JUNIOR, Tércio Sampaio. Práticas tributárias e abuso de poder econômico. *Revista de Direito da Concorrência*, n. 9, p. 125-138, jan./mar. 2006.

FERRAZ, Roberto. Intervenção do estado na economia por meio da tributação – a proteção da empresa e a livre concorrência. *Revista da Academia Brasileira de Direito Constitucional*, v. 10B, p. 627-641, 2006.

FERREIRA, Daniel. *Sanção administrativa*. São Paulo: Malheiros, 2001.

FERREIRA, Roberto dos Santos. *Crimes contra a ordem tributária*. 2. ed. São Paulo: Malheiros, 2002.

FREITAS, Juarez. Proposta de revisão conceitual do "poder de polícia administrativa" e o primado dos direitos fundamentais. In: Tôrres, Heleno Taveira (Coord.). *Serviços públicos e direito tributário*. São Paulo: Quartier Latin, 2005.

FRISCH, Wolfgang. *Comportamiento típico e imputación del resultado*. Madrid: Marcial Pons, 2004.

GANDARA, Leonardo André. *Sanções Políticas e o Direito Tributário*. Belo Horizonte: D'Plácido, 2015.

GORDILLO, Agustín. *Tratado de Derecho Administrativo*. 5. ed. Belo Horizonte: Del Rey, 2003. t. II.

HARET, Florence. Desvendando as sanções políticas em direito tributário: critérios objetivos de delimitação das sanções políticas sob a ótica da jurisprudência do Supremo mais recente. In: CARVALHO, Cristiano (Coord.). *Direito Tributário Atual*. Rio de Janeiro: Elsevier, 2015.

JAKOBS, Günther. *Derecho penal* – fundamentos y teoría de la imputación. Madrid: Marcial Pons, 2004.

JESCHECK, Hans-Heinrich; Weigend, Thomas. *Tratado de Derecho Penal* – parte general. 5. ed. Granada: Comares, 2002.

MACHADO SEGUNDO, Hugo de Brito. *Manual de Direito Tributário*. 9. ed. São Paulo: Atlas, 2017.

MACHADO, Hugo de Brito (Coord.). *Sanções Administrativas Tributárias*. São Paulo: Dialética – ICET, 2004.

MACHADO, Hugo de Brito. *Crimes contra a ordem tributária*. São Paulo: Atlas, 2008.

MACHADO, Hugo de Brito. *Curso de Direito Tributário*. 32. ed. São Paulo: Malheiros, 2011.

MACHADO, Hugo de Brito. Sanções políticas no direito tributário. *Revista Dialética de Direito Tributário*, n. 30, p. 46-49, 1998.

MACHADO, Hugo de Brito. Teoria das Sanções Tributárias. In: MACHADO, Hugo de Brito (Coord.). *Sanções Administrativas Tributárias*. São Paulo: Dialética – ICET, 2004.

MACHADO, Hugo de Brito; MACHADO, Schubert de Farias. *Dicionário de Direito Tributário*. São Paulo: Atlas, 2011.

MARTINS, Ives Gandra da Silva. *Da sanção tributária*. São Paulo: Saraiva, 1998.

MAURACH, Reinhart; ZIPF, Heinz. *Derecho penal* – parte general. Buenos Aires: Astrea, 1994.

MEDAUAR, Odete. *Direito Administrativo Moderno*. 7. ed. São Paulo: RT, 2003.

Meirelles, Hely Lopes. *Direito administrativo brasileiro*. 13. ed. São Paulo: RT, 1988.

MELLO, Celso Antônio Bandeira de. *Curso de direito administrativo*. 13. ed. São Paulo: Malheiros, 2001.

MENDONÇA, Maria Luiza Vianna Pessoa de. Multas tributárias – Efeito confiscatório e desproporcionalidade – Tratamento jusfundamental. In: FISCHER, Octavio Campos (Coord.). *Tributos e direitos fundamentais*. São Paulo: Dialética, 2004.

MOREIRA NETO, Diogo de Figueiredo. *Curso de Direito Administrativo*. 14. ed. Rio de Janeiro: Forense, 2005.

NUSDEO, Fábio. A principiologia da ordem econômica constitucional. In: VELLOSO, Carlos Mário da Silva; ROSAS, Roberto; AMARAL, Antonio Carlos Rodrigues do (Coord.). *Princípios constitucionais fundamentais*: estudos em homenagem ao professor Ives Gandra da Silva Martins. São Paulo: Lex, 2005.

OLIVEIRA, José Roberto Pimenta. *Os princípios da razoabilidade e da proporcionalidade no direito administrativo brasileiro*. São Paulo: Malheiros, 2008.

OLIVEIRA, Régis Fernandes de. *Infrações e sanções administrativas*. São Paulo: RT, 1985.

PACHECO, Angela Maria da Motta. *Sanções tributárias e sanções penais tributárias*. São Paulo: Max Limonad, 1997.

PECES BARBA, Gregorio; DE LUCAS, Javier (Org.). *El derecho en red* – Estudios en homenaje al profesor Mario G. Losano. Madrid: Dykinson, 2006.

PEREZ, Marcos Augusto. As vicissitudes da regulação econômica estatal: reflexão sobre as lições do direito norte-americano em comparação com o direito brasileiro. In: CARDOZO, José Eduardo Martins; QUEIROZ, João Eduardo Lopes; SANTOS, Márcia Walquíria Batista da (Org.). *Curso de Direito Administrativo Econômico*. São Paulo: Malheiros, 2006. v. III.

PONTES, Helenilson Cunha. *O princípio da proporcionalidade e o direito tributário*. São Paulo: Dialética, 2000.

PRATES, Marcelo Madureira. *Sanção administrativa geral*: anatomia e autonomia. Lisboa: Almedina, 2005.

PULIDO, Carlos Bernal. *El principio de proporcionalidad y los derechos fundamentales*: el principio de proporcionalidad como criterio para determinar el contenido de los derechos fundamentales vinculantes para el legislador. 3. ed. Madrid: Centro de Estudios Políticos y Constitucionales, 2007.

RIBAS, Lídia Maria Lopes Rodrigues. *Questões relevantes de direito penal tributário*. São Paulo: Malheiros, 1997.

ROSAS, Roberto. Proporcionalidade no controle da constitucionalidade. In: ROCHA, Fernando Luiz Ximenes et al (Coord.). *Direito constitucional contemporâneo*: estudos em homenagem ao professor Paulo Bonavides. Belo Horizonte: Del Rey, 2005.

ROXIN, Claus. *Autoría y Domínio del hecho en Derecho Penal*. 7. ed. Madrid: Marcial Pons, 2004.

SANCHÍS, Luis Prieto. El constitucionalismo de los derechos. In: CARBONELL, Miguel (Coord.). T*eoría del neoconstitucionalismo*: ensayos escogidos. Madrid: Trotta, 2007.

SANDULI, Maria Alessandra. *Le sanzioni amministrative pecuniarie* – principi sostanziali e procedimentali. Napoli: Jovene, 1983.

SANTIAGO, Igor Mauler. A evasão fiscal e a concorrência tributária como fatores de distorção do livre mercado. In: TÔRRES, Heleno Taveira (Coord.). *Direito tributário e ordem econômica*: homenagem aos 60 anos da ABDF. São Paulo: Quartier Latin, 2010.

SARLET, Ingo Wolfgang. Constituição e proporcionalidade: o direito penal e os direis fundamentais entre proibição de excesso e de insuficiência. *Revista da Ajuris*, a. XXX, n. 98, p. 144, 2005.

SCHMIDT-ASSMANN, Eberhard. *La teoría general del derecho administrativo como sistema*. Madrid: Marcial Pons, 2003.

SCHOUERI, Luís Eduardo. *Direito Tributário*. 13. ed. São Paulo: SaraivaJur, 2024.

SEIXAS FILHO, Aurélio Pitanga. Sanções Administrativas Tributárias. In: MACHADO, Hugo de Brito (Coord.). *Sanções Administrativas Tributárias*. São Paulo: Dialética – ICET, 2004.

SILVA SÁNCHEZ, Jesús-María (Dir.). *¿Liberdad económica o fraudes punibles?* Riesgos penalmente relevantes e irrelevantes en la actividad económico-empresarial. Madrid: Marcial Pons, 2003.

SUNDFELD, Carlos Ari. *Direito Administrativo ordenador*. São Paulo: Malheiros, 1993.

TAVARES, André Ramos. *Direito constitucional econômico*. 2. ed. São Paulo: Método, 2006.

TÔRRES, Heleno Taveira. As sanções de Perdimento de bens e inaptidão do CNPJ de empresas importadoras – limites e valores constitucionais aplicáveis. In: TÔRRES, Heleno Taveira (Coord.). *Direito Tributário Internacional Aplicado*. São Paulo: Quartier Latin, 2007, v. IV.

TÔRRES, Heleno Taveira. Autonomia Privada nas Importações e Sanções Tributárias. In: TREVISAN, Rosaldo (Org.). *Temas atuais de Direito Aduaneiro*. São Paulo: Lex Editora, 2008.

TÔRRES, Heleno Taveira. *Direito Constitucional Tributário e Segurança Jurídica*: Metódica da Segurança Jurídica do Sistema Constitucional Tributário. 3. ed. São Paulo: Thomson Reuters Brasil, 2019.

TÔRRES, Heleno Taveira. Direito Tributário Sancionador e o Garantismo Constitucional. In: ROCHA, Valdir de Oliveira (Coord.). *Grandes Questões Atuais do Direito Tributário*. São Paulo: Dialética, 2015. v. 19.

TÔRRES, Heleno Taveira. Garantismo Sancionador no Direito Tributário. In: BRIGAGÃO, Gustavo et al. *Consultor Tributário*: Estudos Jurídicos. Rio de Janeiro: Topbooks, 2015.

TORRES, Ricardo Lobo. *Tratado de direito constitucional financeiro e tributário*. Valores e princípios constitucionais tributários. Rio de Janeiro: Renovar, 2005. v. 2.

TROIANELLI, Gabriel Lacerda. Planejamento tributário e multa qualificada. *Revista Dialética de Direito Tributário*, n. 179, 2010.

ZORNOZA PEREZ, Juan J. *El sistema de infracciones tributarias* (los princípios constitucionales del derecho sancionador). Madrid: Civitas, 1992.

VII – CLAREZA E SIMPLICIDADE DA LEGISLAÇÃO

CLAREZA E SIMPLICIDADE DA LEGISLAÇÃO TRIBUTÁRIA: CONSEQUÊNCIAS E DESAFIOS DO PRINCÍPIO CONSTITUCIONAL DA EMENDA 132/2023

Antônio Gilson Aragão de Carvalho

Doutor em Ciências Jurídicas e Sociais e Especialização em Direito Tributário pelo IBET. Pós-graduado em Direito Tributário e Gestão Pública. Graduado em Direito.

Sumário: Introdução – 1. Primeiras impressões sobre o tema – 2. O que se sabe sobre o tema – 3. Hermenêutica jurídica e interpretação – 4. Interpretação e o olhar do constructivismo lógico-semântico – 5. Construção do sentido das normas jurídicas: uma abordagem pragmática – 6. Desafios na implementação do princípio: "clareza e simplicidade da legislação" – Conclusão – Referências.

INTRODUÇÃO

Em primeiro lugar, gostaria de expressar meus sinceros agradecimentos pelo honroso convite recebido do Instituto Cearense de Estudos Tributários (ICET) para contribuir com um livro em homenagem ao ilustre Professor Hugo de Brito Machado. Diversos temas foram disponibilizados para que pudéssemos escolher um assunto específico e desenvolver um artigo que integrasse a obra. Todos os temas apresentados são indiscutivelmente relevantes, contudo, um deles chamou particularmente minha atenção. Escolhi esse tema por acreditar que possui um significado profundo e pessoal. O tema escolhido é: "Clareza e simplicidade da legislação – Quais as consequências, o conteúdo e o alcance do princípio inserido na Constituição Federal pela Emenda Constitucional 132/2023, segundo o qual o sistema tributário deve pautar-se pela simplicidade e clareza".

A Emenda Constitucional 132/2023, que trata da Reforma Tributária aprovada em 2023, inseriu um princípio de simplicidade e clareza no sistema tributário brasileiro. Este artigo pretende analisar as consequências, o conteúdo e o alcance deste princípio, à luz da Hermenêutica Jurídica sob as principais teorias, a meu sentir, que versa sobre o tema.

1. PRIMEIRAS IMPRESSÕES SOBRE O TEMA

Em homenagem ao Professor Hugo de Brito Machado e com base em seus valiosos ensinamentos, examinemos sua perspectiva sobre o tema em questão. O nobre professor destaca, em suas análises, a complexidade e a natureza multifacetada da interpretação das normas jurídicas. Ele sublinha que a interpretação não segue uma via única e não alcança um resultado definitivo. Mesmo diante de textos legais aparentemente claros, a interpretação é sempre necessária e pode variar consideravelmente entre diferentes intérpretes.

Machado argumenta que interpretar uma lei envolve tanto uma compreensão técnica quanto um julgamento subjetivo. Cada aplicador da lei traz para o processo suas próprias perspectivas e preconcepções, o que torna a interpretação tanto uma arte quanto uma ciência.

O jurista destaca a diversidade de métodos de interpretação jurídica, cada um apresentando diferentes maneiras de abordar o texto legal. Ele observa que nenhum método é capaz de garantir por si só um resultado completamente objetivo ou isento de controvérsias, reforçando a complexidade do processo interpretativo.

Na prática jurídica, a abordagem de Machado sugere que os intérpretes devem estar cientes das limitações e das possibilidades de cada método de interpretação. Ao entender que a interpretação pode variar, os profissionais do direito são encorajados a buscar uma compreensão mais profunda dos princípios jurídicos envolvidos, além de considerar o contexto mais amplo das normas.

2. O QUE SE SABE SOBRE O TEMA

Na literatura jurídica, deparamos com uma série de teorias sobre a ciência da Hermenêutica Jurídica, a teoria tradicional, liderada pelo jurista Carlos Maximiliano e outra que destaco como relevante, do Constructivismo Lógico-Semântico. Existem outras, porém essas, a meu sentir, são as que mais me movem ao estudo do tema.

3. HERMENÊUTICA JURÍDICA E INTERPRETAÇÃO

Vamos analisar a hermenêutica no âmbito jurídico sob dois enfoques metodológicos: um relacionado à teoria tradicional e outro com um olhar na teoria do Constructivismo Lógico-Semântico, que é diametralmente oposta à teoria tradicional.

A palavra interpretação possui um amplo alcance, não se limitando à Dogmática Jurídica. Interpretar é o ato de explicar o sentido de algo; é revelar o significado de uma expressão verbal ou artística; é descobrir o sentido e alcance da norma, procurando a significação dos conceitos jurídicos; significa, enfim, revelar o "conteúdo possível" da norma.

A interpretação consiste na busca do verdadeiro sentido das coisas e, para isso, o espírito humano lança mão de diversos recursos, analisa os elementos, utiliza-se de conhecimentos da lógica, psicologia e, muitas vezes, de conceitos técnicos, a fim de penetrar no âmago das coisas e identificar a mensagem contida.

Podemos observar, ademais, esse fato na visão da psicologia. Vejamos o comentário do psicólogo e escritor Augusto Cury:

> O processo de interpretação não é linear, matemático, completamente lógico. A cada momento de interpretação, dezenas de variáveis nos fazem produzir cadeias de pensamentos e emoções distintas.

> Um exemplo simples: uma mulher não interpreta do mesmo modo a mesma roupa em dois momentos distintos. Na quarta ou quinta vez que a usa, sua reação psíquica será distinta da primeira vez. Ela se psicoadaptou à roupa. A roupa é a mesma, mas ela não é mais a mesma.

Um olhar mais profundo sobre a matéria em discussão nos revela que o trabalho de interpretação do Direito é uma atividade que tem por objetivo levar ao espírito o conhecimento pleno das expressões normativas, a fim de aplicá-lo às relações sociais. Interpretar o Direito é revelar o sentido e o alcance das expressões. Fixar o sentido de uma norma jurídica é descobrir sua finalidade, é pôr a descoberto os valores consagrados pelo legislador, aquilo que se pretende proteger. Fixar o alcance é demarcar o campo de incidência da norma jurídica, é conhecer sobre quais fatos sociais e em quais circunstâncias a norma jurídica tem aplicação. Ihering afirmou que "a essência do Direito é a sua realização prática", o que significa que o Direito existe para ser vivido, para ser aplicado, para regrar efetivamente a vida social. Tal objetivo requer, para ser alcançado, o conhecimento prévio da ordenação jurídica por parte de seus destinatários. Para cumprir o Direito é indispensável conhecê-lo, e isso é obtido pela interpretação. Interpretar o Direito é conhecê-lo; conhecer o Direito é interpretá-lo.

Toda norma jurídica pode ser objeto de interpretação. Não apenas a lei é interpretável, não apenas o Direito escrito, mas toda forma de experiência jurídica. Assim, a norma costumeira, a jurisprudência e os princípios gerais de Direito devem ser interpretados para esclarecer seu real significado e o alcance de suas determinações. Entendemos que não há espaço na interpretação da norma para o Princípio "In Claris Cessat Interpretatio",[1] tendo em vista que é entendimento universal que toda norma comporta interpretação.

4. INTERPRETAÇÃO E O OLHAR DO CONSTRUCTIVISMO LÓGICO-SEMÂNTICO

Hermenêutica Jurídica é a ciência dedicada ao estudo e à sistematização dos processos aplicáveis para construção e justificação do sentido dos textos do direito positivo. Nos dizeres de Carlos Maximiliano, trata-se da "a teoria da arte de interpretar".[2]

Durante muitos anos, a tradição hermenêutica associou o termo "interpretação" à ideia de revelação do conteúdo contido no texto. Interpretar era mostrar o verdadeiro sentido de uma expressão, extrair da frase ou sentença tudo que ela continha. Tal concepção justificava-se na tradição filosófica anterior ao *giro-linguístico*, que considerava que as coisas possuíam um significado ontológico e que as palavras denotavam tal significado, de modo que existia um conteúdo próprio a cada termo. Assim, o trabalho do intérprete resumia-se a encontrar a significação preexistente no texto, extraindo o sentido que ali existia.

Sob essa perspectiva, o sentido era algo dado, contido no texto, mas escondido na sua implicitude, sendo a função do intérprete exteriorizá-lo. Com a mudança de

---

1. Seu significado literal é "quando uma lei torna-se clara, cessa a interpretação".
2. *Hermenêutica e aplicação do direito*, p. 1.

paradigma da filosofia do conhecimento, as palavras deixaram de ter um significado ontológico (atrelado às coisas), pois é a própria linguagem que cria o objeto. Sob essa nova perspectiva, o conteúdo dos textos deixa de ser algo dado, preexistente, para ser algo construído e vinculado aos referenciais do intérprete.

O sentido não está mais escondido no texto (aqui considerado em acepção estrita) como algo a ser descoberto ou extraído pelo intérprete. Não há um sentido próprio (verdadeiro) para cada palavra, expressão ou frase. Ele é construído por meio de um ato de valoração do intérprete. Sobre esse ponto, Paulo de Barros Carvalho esclarece:

> Segundo os padrões da moderna Ciência da Interpretação, o sujeito do conhecimento não extrai ou descobre o sentido que se achava oculto no texto. Ele o constrói em função de sua ideologia e, principalmente, dentro dos limites de seu mundo, vale dizer, do seu universo de linguagem.[3]

Nestes termos, interpretar não é extrair da frase ou sentença tudo que ela contém, mesmo porque ela nada contém. A significação não está atrelada ao signo (suporte físico) como algo inerente à sua natureza; ela é atribuída pelo intérprete e condicionada às suas tradições culturais. Como prova disso, está na divergência de sentidos interpretados do mesmo texto. Se cada palavra (enquanto marca de tinta presente em um papel, ou onda sonora) contivesse uma significação própria e o trabalho do intérprete se restringisse a encontrar tal significação, todos os sentidos seriam unívocos, ou pelo menos tenderiam à unicidade. Isso não ocorre justamente porque o sentido não está no texto, mas no intérprete e, desta forma, condiciona-se aos seus referenciais linguísticos.[4]

O intérprete constrói o conteúdo textual. O texto (em sentido estrito) é significativo, mas não contém, em si mesmo, significações (seu conteúdo). Ele serve como estímulo para a produção do sentido. As significações são construídas na mente daquele que interpreta o suporte físico, por isso, requerem, indispensavelmente, a presença do homem. Assim sendo, podemos dizer que não existe texto sem conteúdo, mas também não existe conteúdo sem o ser humano. O conteúdo está no homem, apenas é atribuído ao texto.

Transportando essas considerações para a especificidade dos textos jurídicos, vale a crítica de Paulo de Barros Carvalho sobre a afirmação de que "dos textos do direito positivo extraímos normas jurídicas".[5] Tal assertiva pressupõe ser possível retirar, de entidades meramente físicas, conteúdos significativos, da mesma forma que se extrai água de um pano molhado, ou mel de uma colmeia, como se as significações estivessem impregnadas no suporte físico e todo o esforço do intérprete se voltasse para arrancá-las de dentro dos enunciados.

O plano de conteúdo do direito positivo (normas jurídicas) não é extraído do substrato material do texto, como se nele estivesse imerso, esperando por alguém que o encontre. Ele é construído como juízo, na forma de significação, na mente daquele que se propõe a interpretar seu substrato material. O suporte físico do direito posto é apenas

---

3. Direito tributário *linguagem e método*, p. 192.
4. TOMAZINI, Aurora. *Curso de Teoria Geral do Direito*.
5. *Fundamentos jurídicos da incidência tributária*, p. 17.

o ponto de partida para a construção das significações normativas, que não existem senão na mente humana.[6]

Nesta concepção, o homem se torna indispensável à existência do direito em dois momentos: para instaurar o processo comunicacional e emitir a mensagem jurídica (emissor – legislador) e depois, para interpretar o texto produzido e construir os juízos normativos (destinatário – intérprete). Ciente dessa dualidade, Gabriel Ivo enfatiza que "no universo do direito, o próprio objeto de estudo é ele mesmo construído pelo homem. Assim, a presença humana é encontrada não só no plano da ciência, mas também na constituição do objeto. As normas jurídicas não estão aí independentes do homem. O homem as constrói. E constrói em dois momentos. Quando faz ingressar, por meio dos instrumentos introdutores, os enunciados e, depois, quando, a partir dos enunciados postos pelo legislador, constrói sua significação, a norma jurídica".[7]

Para termos acesso às prescrições jurídicas, partimos do texto (em sentido estrito) e, mediante um processo hermenêutico, construímos seu sentido. A mensagem legislativa, assim, só é conhecida se interpretada. Podemos até fazer uma análise do plano de expressão, da forma como o direito se manifesta materialmente: verificar a tinta utilizada, o papel, a fonte das letras, a formatação etc. Mas, o conhecimento do conteúdo jurídico só se atinge mediante um ato de valoração do intérprete.

5. CONSTRUÇÃO DO SENTIDO DAS NORMAS JURÍDICAS: UMA ABORDAGEM PRAGMÁTICA

A Professora Aurora conseguiu sintetizar de forma clara e simples o percurso gerador de sentidos a ser trilhado pelo intérprete, com base nos ensinamentos do professor Paulo de Barros Carvalho, como bem retrata em seu livro "Curso de Teoria Geral do Direito".

Partindo da premissa de que o intérprete é quem constrói o conteúdo textual e que a interpretação é uma revelação do conteúdo do texto a partir da perspectiva humana, é importante destacar a ideia equivocada de que a interpretação se trata apenas de revelar o conteúdo preexistente no texto. Ou seja, interpretar não é meramente mostrar o verdadeiro sentido de uma expressão ou extrair tudo que a frase ou sentença contém.

Nesse contexto, o Professor Paulo de Barros de Carvalho idealizou um método que auxilia o intérprete na construção de seu juízo de valor sobre todas as normas. Esse modelo foi denominado *Percurso da Construção do Sentido dos Textos Jurídicos*. Dessa forma, ele oferece um modelo a ser seguido por todos aqueles que ingressam nesta empreitada, permitindo analisar a trajetória de construção do sentido de qualquer sistema prescritivo (e, propriamente, do direito) em quatro planos: S1 (plano dos enunciados), S2 (plano das proposições), S3 (plano das normas jurídicas) e S4 (plano da sistematização).

---

6. TOMAZINI, Aurora. *Curso de Teoria Geral do Direito*.
7. *A incidência da norma jurídica tributária*, p. 1.

Como já discutido, o ponto de partida para qualquer pessoa que deseja conhecer o direito positivo é seu dado físico, um sistema de enunciados prescritivos, comandos, ordens (S1). Este sistema é o primeiro plano com o qual o intérprete, na busca da construção do sentido legislado, se depara, pois é nele que o direito se materializa.

Ao se deparar com um conjunto de símbolos estruturados na forma de frases e estas organizadas na forma de um texto, a atitude cognoscitiva do jurista para com o direito positivo inicia-se, primeiramente, com a leitura. Ao ler tais enunciados, ele passa a interpretá-los mediante um processo de atribuição de valores aos símbolos presentes e, assim, vai construindo um conjunto de proposições (significações) que, a princípio, aparecem isoladamente.

A partir desse momento, o intérprete ingressa em outro plano, não mais físico, mas imaterial, construído na mente do intérprete e composto pelas significações atribuídas aos símbolos positivados pelo legislador (S2). Tais significações, no entanto, embora proposicionais, não são suficientes, em si, para a compreensão da mensagem legislada, isto é, para a construção do sentido deôntico completo, por meio do qual o direito regula condutas intersubjetivas. É preciso estruturá-las na fórmula hipotético-condicional (H→C), para que se tornem proposições normativas e revelem o conteúdo prescritivo. Nesta etapa, ingressa-se em outro plano (S3): o das proposições estruturadas na forma hipotético-condicional, isto é, o plano das normas jurídicas (em sentido estrito).

Como a norma jurídica não existe isoladamente, depois de construída, resta ao intérprete situá-la dentro de seu sistema de significações, passando, então, a estabelecer os vínculos de subordinação e coordenação que ela mantém com as outras normas construídas. Neste momento, ingressa-se no plano da sistematização (S4).

Ao percorrer todas essas etapas, podemos dizer que o intérprete construiu o sentido dos textos jurídicos e compreendeu o conteúdo legislado. Desmembrando tal processo, temos quatro planos de análise: (i) S1 – sistema dos significantes, composto pelos enunciados prescritivos que constituem o dado jurídico material, plano de expressão do direito positivo; (ii) S2 – sistema das proposições, composto por significações isoladas atribuídas ao campo de expressão do direito, mas ainda não deonticamente estruturadas; (iii) S3 – sistema das significações deonticamente estruturadas, plano das normas jurídicas; e (iv) S4 – sistematização das normas jurídicas, no qual são constituídas as relações entre normas. Estes são os quatro estágios hermenêuticos do direito.

6. DESAFIOS NA IMPLEMENTAÇÃO DO PRINCÍPIO: "CLAREZA E SIMPLICIDADE DA LEGISLAÇÃO"

Uma expressão sempre usada em suas palestras, o professor Hugo de Brito Machado, quando queria se referir a algo que dispensasse explicações devido à sua clareza, utilizava a seguinte frase: "é óbvio e ululante". Porém, como ele mesmo afirmou, mesmo diante de textos legais aparentemente claros, a interpretação é sempre necessária e pode variar consideravelmente entre diferentes intérpretes. Afirma, ainda, que interpretar uma lei envolve tanto uma compreensão técnica quanto um julgamento subjetivo.

Cada aplicador da lei traz para o processo suas próprias perspectivas, seus referenciais teóricos, preconcepções e cargas emotivas, o que torna a interpretação tanto uma arte quanto uma ciência.

CONCLUSÃO

A implementação prática do princípio de simplicidade e clareza na legislação tributária, conforme previsto na Emenda Constitucional 132/2023, apresenta-se como um desafio significativo. Apesar das boas intenções do legislador, a complexidade da legislação permanece um obstáculo substancial. A realização do Direito efetiva-se na prática e na experiência jurídica; interpretar o Direito é compreendê-lo em profundidade. Na interpretação das normas, o princípio "In Claris Cessat Interpretatio" não se aplica. Como discutido, o intérprete constrói o conteúdo textual e as significações são constituídas na mente de quem interpreta o suporte físico, o que torna indispensável a presença do ser humano.

Portanto, ao abordar a clareza e simplicidade na legislação tributária, é crucial reconhecer que a interpretação é um processo intrinsecamente humano. As normas jurídicas não existem de forma isolada; elas ganham vida e significado através da interação com os intérpretes. Este processo de construção de sentido requer não apenas conhecimento técnico, mas também uma compreensão das complexidades e nuances que cada situação particular pode apresentar.

Assim, a homenagem ao Professor Hugo de Brito Machado transcende a celebração de suas contribuições teóricas, abrangendo também a aplicação prática de seus ensinamentos na busca por um sistema tributário mais claro e acessível. Reconhecer a importância da interpretação como um ato que combina técnica e subjetividade é essencial para a evolução contínua do Direito e para a promoção de justiça e equidade na sociedade. Conforme o Professor Hugo de Brito Machado entendia, é "óbvio e ululante" que o princípio da simplicidade e clareza contido na Emenda Constitucional ao sistema tributário nacional é, em sua essência, uma boa intenção. Isso se deve ao fato de que todas as normas, por mais claras que sejam, necessitam de interpretação e aplicação por seres humanos dotados de seus referenciais teóricos e influenciados por suas ideologias.

REFERÊNCIAS

CARVALHO, Paulo de Barros. Direito tributário *linguagem e método*.

CARVALHO, Paulo de Barros. *Fundamentos jurídicos da incidência tributária*.

IVO, Gabriel. *A incidência da norma jurídica tributária*.

MAXIMILIANO, Carlos. *Hermenêutica e aplicação do direito*.

TOMAZINI, Aurora. *Curso de Teoria Geral do Direito*.

A SIMPLIFICAÇÃO TRIBUTÁRIA E SEUS REFLEXOS SOBRE A EXIGÊNCIA DE DEVERES INSTRUMENTAIS

Fredy José Gomes de Albuquerque

Mestrando em Direito Constitucional e Especialista em Direito e Processo Tributários pela Universidade de Fortaleza (UNIFOR). MBA em Gestão de Tributos pela Trevisan. Professor convidado de cursos de Pós-Graduação em Direito, Processo e Planejamento Tributários. Conselheiro Titular do Conselho Administrativo de Recursos Fiscais (CARF) e vice-presidente da Turma 1102. Membro do Instituto Cearense de Estudos Tributários (ICET) e da Academia Cearense de Letras Jurídicas. Ex-julgador do Contencioso Administrativo Tributário do Estado do Ceará (CONAT). Advogado licenciado.

Sumário: Considerações iniciais – 1. Direito à tributação simplificada como fundamento do sistema tributário nacional – 2. A proporcionalidade e sua relevância na construção de soluções que afastem o formalismo interpretativo – 3. Conclusões possíveis: efeitos da ausência de clareza e simplificação da legislação tributária – Referências.

CONSIDERAÇÕES INICIAIS

Honra-me o convite do ICET – Instituto Cearense de Direito Tributário para compor obra em homenagem à saudosa memória do Prof. Dr. Hugo de Brito Machado, um dos maiores Mestres do Direito Tributário de todos os tempos, verdadeiro professor de múltiplas gerações, que continua ecoando ideias e incontáveis lições a todos que se dedicam ao conhecimento de questões tributárias e à formação da Ciência Jurídica.

Agradeço o convite da Diretoria do ICET para escrever essa contribuição acadêmica, na pessoa do Prof. Dr. Schubert de Farias Machado e Prof. Dr. Hugo de Brito Machado Segundo, que têm liderado à frente do Instituto os principais debates relacionados a diversos temas tributários que importam aos contribuintes, à administração tributária e aos estudiosos do setor.

Essa iniciativa revela a verdadeira escola de pensamento que o Prof. Hugo Machado fundou e permitiu ser desenvolvida no âmbito do ICET e em inúmeros fóruns acadêmicos, mediante pensamento crítico, dialético e plural, fruto do entusiasmo com que liderava os debates e propunha a disseminação do conhecimento. A profundidade com que enfrentou temas áridos e a coragem com que defendia freios aos excessos praticados pelo Estado permite-nos relembrar, na esteira do que sempre bradava em palestras e encontros, que "autoridades são apenas alguns, e só durante algum tempo, enquanto cidadãos somos todos nós, e durante toda a nossa vida".[1]

---

1. Conforme registro publicado por seu filho, Prof. Dr. Hugo de Brito Machado Segundo, em memorável texto do Conjur. Ver: MACHADO SEGUNDO, Hugo de Brito. Obrigado, Prof. Hugo de Brito Machado. São Paulo:

A importância em revisitar temas suscitados pelo Prof. Hugo Machado faz parte da ordem do dia de todas as academias. A presente obra contempla questionamentos que o grande Mestre trazia em diversos debates, fruto de sua pujança intelectual que demandava conceber o Direito Tributário à luz da proteção do cidadão contra a atividade estatal. O eixo central da obra, composta cientificamente por questões formuladas a partir de ideias por ele desenvolvidas, apontam controvérsias relacionadas a (i) Direito e poder no âmbito da tributação, (ii) responsabilidade pessoal do agente público, (iii) posição hierárquica da lei complementar, (iv) tributação oculta, (v) o papel do assessor procurador, (vi) crimes contra a ordem tributária, (vii) sanções políticas e (viii) clareza e simplicidade da legislação.

O conteúdo de cada tema continua atual, tanto no âmbito do contencioso administrativo tributário quanto no judicial, o que revela a antevisão com que eram enfrentados pelo notável Professor, em todos os tempos de seu magistério.

Ainda que entenda relevante todos os temas, considero oportuno tratar do último, que trata da clareza e simplicidade da legislação, na perspectiva dos questionamentos formulados pelo coordenador científico da obra, o Prof. Dr. Hugo de Brito Machado Segundo, que assim controverte os principais desdobramentos analíticos:

> a) Quais as consequências, o conteúdo e o alcance do princípio inserido na CF pela EC 132/2023, segundo o qual o sistema tributário se deve pautar pela simplicidade e pela clareza. Uma lei confusa e cheia de remissões desnecessárias será inconstitucional?
>
> b) Quanto ao art. 212 do CTN, finalmente se poderá cogitar de uma sanção pelo seu descumprimento? Caso positivo, qual seria ela?
>
> c) O que custaria ao fisco cumprir tal disposição, anualmente, em benefício de suas próprias autoridades inclusive?
>
> d) Impedi-lo de cobrar multas no caso de mero equívoco ou erro, sem a presença de dolo, não seria uma sanção compatível com o tal princípio, e com o mandamento do art. 212 do CTN?
>
> e) A cobrança de multas em razão de equívocos no cumprimento de obrigações tributárias, sem o dolo na conduta do sujeito passivo, configuraria a atribuição de responsabilidade objetiva? Isso é juridicamente possível?
>
> f) Qual a melhor interpretação do art. 136, do CTN?

Justifica-se a escolha do tema ante o atual debate no Congresso Nacional, fruto da denominada *reforma tributária*, a qual resultou da aprovação da Emenda Constitucional 132/2023, debatida e aprovada sob o mote da *simplificação*.[2] A problemática relacionada

---

Conjur, 2023. Disponível em https://www.conjur.com.br/2023-abr-15/hugo-machado-segundo-obrigado-professor-hugo-brito-machado/.

2. A justificativa da PEC 45/2019, da qual resultou a citada emenda constitucional, previa que "o modelo proposto busca *simplificar radicalmente o sistema tributário brasileiro*", além de que "os efeitos esperados da mudança proposta são extremamente relevantes, caracterizando-se não apenas por uma *grande simplificação do sistema tributário brasileiro* – com a consequente redução do contencioso tributário e do custo burocrático de recolhimento dos tributos –, mas também, e principalmente, por um significativo aumento da produtividade e do PIB potencial do Brasil". Ao final da justificativa, vê-se o registro de que "a presente Proposta de Emenda à Constituição tem como objetivo *promover uma radical simplificação do sistema brasileiro de tributação de bens e serviços*, cujas distorções resultam em iniquidades e, principalmente, em uma enorme redução da produtividade

à clareza e simplicidade da legislação também tem forte influência sobre inúmeros litígios processados no âmbito do Conselho Administrativo de Recursos Fiscais (CARF), onde se discutem as defesas contra lançamentos tributários e pedidos de repetição de indébito no âmbito administrativo federal.

Faz-se necessário investigar se a complexidade da legislação tributária imposta pelo Estado, contrária à clareza e à simplicidade exigidas pela Constituição Federal e pelo Código Tributário Nacional, autoriza afastar a aplicação de sanções tributárias como medida reparadora à omissão da administração tributária em apresentar um sistema jurídico normativo que permita ao cidadão cumprir adequadamente suas obrigações.

É o que se passa a analisar.

1. DIREITO À TRIBUTAÇÃO SIMPLIFICADA COMO FUNDAMENTO DO SISTEMA TRIBUTÁRIO NACIONAL

A reforma tributária que resultou da Emenda Constitucional 132/2023, dentre outros aspectos, trouxe a inovação de tratar a simplificação tributária como um princípio constitucional, nos seguintes termos:

> Art. 145. (...) § 3º O Sistema Tributário Nacional deve observar os princípios da *simplicidade*, da transparência, da justiça tributária, da cooperação e da defesa do meio ambiente.

Tal princípio ecoa, ainda, em relação à instituição do novo imposto sobre o consumo criado pela citada Emenda, no caso, o Imposto sobre Bens e Serviços (IBS), que representa a aglutinação do ICMS e do ISS, com a expressa ressalva constitucional de que caberá à Lei Complementar definir os critérios para a criação de obrigações acessórias relativas ao citado tributo, tendo como objetivo sua simplificação:

> Art. 156-A. Lei complementar instituirá imposto sobre bens e serviços de competência compartilhada entre Estados, Distrito Federal e Municípios. (...) § 5º Lei complementar disporá sobre: (...)
> IX – os critérios para as obrigações tributárias acessórias, *visando à sua simplificação*.

Observa-se que a simplificação tributária representa não apenas uma norma aberta meramente orientadora ou programática, mas um comando constitucional que objetiva garantir o cumprimento adequado de obrigações tributárias, principais e acessórias. Visa desconstruir os excessos praticados pelo Estado na formatação de normas tributárias em todo o país. Tal excedente normativo, muitas vezes repetitivo, desnecessário e reconhecidamente complexo, tem tornado impraticável o pleno adimplemento dos deveres instrumentais, repercutindo no correto pagamento de tributos.

Assim, ao alcançar *status* de princípio constitucional, a simplificação tributária passou a modelar comandos do próprio CTN, dentre eles, o que impõe a exigência para

---

e do potencial de crescimento do Brasil. Ver: Proposta de Emenda à Constituição 45/2019. Disponível em: https://www25.senado.leg.br/web/atividade/materias/-/materia/158930.

os Poderes Executivos expeçam norma com a consolidação da legislação vigente, relativa a cada um dos tributos, repetindo-se esta providência até o dia 31 de janeiro de cada ano.³

Ocorre que tal comando foi aprovado como norma transitória decorrente da aprovação do Código Tributário Nacional, desde o longínquo ano de 1966, quando foi promulgado. Tratava-se de regra fortalecida pelo positivismo formal próprio daquele momento, decorrente de um profundo ambiente de instabilidade política e constitucional causado em período antidemocrático.

Assim, a rigidez de nomas condensadas em normativos consolidados anualmente representava uma tentativa do legislador complementar a exigir do Fisco a apresentação de aglutinação das normas de tributação, como forma de impedir avanços do poder estatal sobre os direitos assegurados aos contribuintes.

No aspecto constitucional da época, tal medida é muito bem exposta na obra de Jeferson Teodorovicz, sob a premissa de que "a defesa da rigidez constitucional, a partir da década de 1960 do século XX, apareceu também como freio teórico para solapar tentativas de flexibilização constitucional que, não raramente, significava a integral substituição da Constituição anterior por outra nova, mais adequada à ideologia política (antidemocrática) dominante".⁴

Evidenciava-se a necessidade de conceber os direitos do contribuinte à luz da tentativa de consolidar um sistema tributário nacional, a partir da conjuração dos freios constitucionais – a permitir a tentativa de assegurar garantias do cidadão – com as normas jurídicas consolidadas em caráter nacional em decorrência da aprovação do CTN no ano de 1966.

Sobre tal aspecto, alerte-se para o fato de que a organicidade sistêmica do Direito Tributária ainda era insipiente e não guardava correlação com a concepção contemporânea de sistema jurídico, dado o formalista e positivista próprio da época, com a característica de junção de elementos e fatores próprios que "se conjugam os três sistemas individuais de cada um dos três níveis de governo, não apenas como mecanismos autônomos, embora concorrentes, mas como partes integrantes de um mesmo todo".⁵

O alerta de Jeferson Teodorovicz acerca da tentativa de sedimentar a *super-rigidez* do ordenamento jurídico merece atenção para conceber a necessidade da existência de regras rígidas como a indicada no citado art. 212 do CTN. A evolução do entendimento sistêmico do Direito Tributário mereceu a atenção do autor:

> Mas verdade seja dita: a concepção de sistemas fechados, pautados na premissa da unidade, completude e na super-rigidez do ordenamento, foi prevalecente na literatura tributária nacional a partir da década de setenta (influenciada pelos fenômenos da década anterior) e seguiu firme nos anos

---

3. CTN. Art. 212. Os Poderes Executivos federal, estaduais e municipais expedirão, por decreto, dentro de 90 (noventa) dias da entrada em vigor desta Lei, a consolidação, em texto único, da legislação vigente, relativa a cada um dos tributos, repetindo-se esta providência até o dia 31 de janeiro de cada ano.
4. TEODOROVICZ, Jeferson. *História disciplinar do direito tributário brasileiro* – Série Doutrina Tributária São Paulo: Quartier Latin / IBDT, 2017, v. XXI. p. 470.
5. SOUSA, Rubens Gomes de. O sistema tributário federal. *Revista de Direito Administrativo*, v. 72, p. 05.

oitenta e noventa do século XX. A configuração da Constituição de 1988, ampliando o tratamento tributário frente às suas antecessoras, reforçou ainda mais essa tendência, mas, por outro lado, promoveu fundamentos para a defesa da abertura sistêmica, notadamente graças a mais expressiva vinculação aos direitos e garantias fundamentais.[6]

Seguiu-se que a busca por um sistema jurídico tributário necessário à preservação de direitos fundamentais. Mas a rigidez interna do sistema que prevaleceu à época do positivismo dogmático posterior à aprovação do CTN nas décadas de 60 e 70 do século XX foram alargados por novos conceitos derivados da Constituição Federal de 1988, com novos horizontes de interpretação possível.

A contribuição doutrinária de Ricardo Lobo Torres trouxe notáveis contribuições ao debate, permitindo identificar os diversos fatores que verdadeiramente promovem a existência de um sistema jurídico, em qualquer de suas áreas, mas na análise tributária ora proposta. Com efeito, Torres propôs um emaranhado de relações plurais que espraiam o conceito de sistema para muito além das relações internas entre princípios, regras e normas, como se vê da lúcida passagem de sua obra:

> A ideia de sistema contém a sua validade, desde que se aplique aos diferentes campos do conhecimento, a perquirir sobre realidades distintas. Recusa-se o sistema total, fechado e completo, suscetível de apreensão por um único método ou ciência. Mas o pluralismo de sistemas, que abrange a gama variadíssima de realidade física, orgânica e social, desdobrando-se esta última por sua vez em sistemas jurídicos, éticos econômicos, financeiros, históricos, estéticos, linguísticos etc., tem consequências valiosas. Ao mesmo tempo as ciências que estudam aqueles objetos também refletem o pluralismo metodológico e se auxiliam na pesquisa multidisciplinar.
>
> (...)
>
> Os sistemas constitucionais tributários, no plano objetivo, ou seja, os sistemas genéricos da Constituição Tributária e do Estado Fiscal se dividem da seguinte forma: a) sobressistemas constitucionais tributários, que abrangem os sobressistemas da tributação da riqueza nacional e da distribuição do poder tributário; b) o cossistema internacional tributário, que se compõe das relações internacionais em matéria fiscal imbricadas na Constituição; c) os subsistemas constitucionais quase fiscais, isto é, os outros subsistemas da Constituição que se encontram na zona fronteiriça com o subsistema tributário; d) o subsistema das limitações constitucionais ao poder de tributar, que é o conjunto das garantias da liberdade individual e dos direitos fundamentais do cidadão frente ao poder do Estado; e) o subsistema dos princípios constitucionais tributários, representado pelos princípios derivados das ideias de justiça fiscal, segurança, utilidade e técnica, f) subsistema de processo constitucional tributário, compreendendo o processo jurisdicional, legislativo e administrativo, coextensivo à ideia do Estado moderno, que pressupõe o *status ativus processualis*; g) o subsistema da interpretação da Constituição Tributária, que, embora se subordine a princípios gerais, não pode olvidar os elementos e a dinâmica do sistema que lhe compete compreender, pelo que se pode falar em um sistema de interpretação com metodologia própria, que não se confunde com o método de interpretação sistemática e não conflita nem contrasta com a tópica.[7]

A análise do tema proposto no presente artigo passa, necessariamente, por uma concepção sistêmica do Direito Tributário, sob pena de se fazer uma leitura literal do

---

6. TEODOROVICZ, Jeferson. Op. cit., p. 477.
7. TORRES, Ricardo Lobo. *Sistemas Constitucionais Tributários*. Tratado de Direito Tributário Brasileiro. Rio de Janeiro: Forense, 1986, v. II. p. 3-5 / 8-11.

art. 212 e concluir que seu conteúdo estaria esvaziado pela ausência de publicação de Decreto anual do Poder Executivo com toda a legislação tributária.

Sobre esse ponto, a análise ocorrerá em momento posterior. O que importa, por ora, é conceber que a existência de um sistema jurídico tributário exige que se concebam suas normas não apenas como seus recortes parciais, ou seja, não é possível realizar o processo interpretativo sem a concepção do todo sistêmico, exatamente para preservá-lo contra conclusões aprioristicas.

É dentro desse contexto que se faz necessário, ao mesmo tempo, dar efetividade ao comando da simplificação tributária em cotejo com a complexidade que o sistema ainda revela. A concepção sistêmica permitirá ao intérprete ir além das amarras que prendem ao formalismo pragmático ou dogmático.

A crítica de Hugo de Brito Machado ao formalismo exagerado revela-se sempre atual, quando tratou dos métodos de interpretação e defendeu que a "reação ao formalismo se faz necessária para evitar um círculo vicioso criado pela atitude dos que o prestigiam. Os formalistas acreditam que a regra jurídica é suficiente em si mesma. Prescinde de qualquer consideração apoiada nos princípios e despreza o raciocínio jurídico, ou lógico-jurídico, preferindo a regulação casuística, do que decorre um emaranhado que cresce em progressão geométrica, tornando inevitável as incongruências, posto que se faz praticamente impossível o conhecimento de todas elas. E, o que é pior, inibe a capacidade de formulação do raciocínio jurídico".[8]

Diante de tais considerações, reitera-se que a concepção do sistema demanda uma postura alerta do intérprete que se depare com questões tributárias a solucionar, sob pena de desconsiderar elementos que o próprio sistema impõe, dentre eles, a simplificação tributária.

Hugo de Brito Machado propõe como métrica interpretativa a utilização de princípios como o da razoabilidade e da proporcionalidade para alcançar soluções justas que promovam os direitos do cidadão e do próprio Fisco. Segundo o autor, eles representam um caminho seguro como reação ao raciocínio formalista e, "no âmbito da tributação, e especialmente no que diz respeito às sanções tributárias, é enorme a importância da consideração desses dois princípios jurídicos, como padrões valiosos para o intérprete e aplicados das normas jurídicas e, em especial, das normas da Constituição".[9]

Uma vez conhecida a importância de preservação do Sistema Jurídico Tributário e da necessária promoção da sua análise conjuntural, segue-se a breve estudo dos princípios defendidos por Hugo de Brito Machado como bastões de solução a controvérsias jurídicas, para se chegar aos resultados propostos no presente estudo.

---

8. MACHADO, Hugo de Brito. *Curso de direito tributário*. 37. ed. São Paulo: Malheiros, 2016, p. 120.
9. MACHADO, Hugo de Brito. Op. cit., p. 121.

2. A PROPORCIONALIDADE E SUA RELEVÂNCIA NA CONSTRUÇÃO DE SOLUÇÕES QUE AFASTEM O FORMALISMO INTERPRETATIVO

Os princípios constitucionais não representam um fim em si mesmos. Atuam como mandatos imperativos que visam a otimização do sistema jurídico,[10] moldando-o de forma a efetivar valores constitucionais de cada país, estabelecendo diretrizes fundamentais que orientam a interpretação e a aplicação das normas jurídicas. Conformam o ordenamento jurídico para que se alinhe os objetivos e valores essenciais do Estado.

Além disso, ao estabelecerem vetores interpretativos úteis ao sistema jurídico, os princípios constitucionais desempenham um papel vital na promoção da justiça, equidade e segurança jurídica. Eles servem como parâmetros para a resolução de conflitos e a ponderação de interesses, assegurando que as decisões respeitem direitos fundamentais e garantias protetoras dos cidadãos.[11]

Assim, os princípios não se prestam apenas à formulação e validação de normas jurídicas integrantes do sistema, mas são importantes para resolver litígios concretos, sobretudo no campo tributário, onde as divergências são sensíveis e implicam na atividade de lançamento. Na prática processual, administrativa ou judicial, os princípios podem – e devem – comandar a construção de soluções concretas, sem generalismos ou abstrações, mas afiando a interpretação para alcançar resultados úteis.

Em processos administrativos fiscais, a aplicação de princípios permite ao intérprete emoldurar adequadamente os cenários fáticos que envolvem as autuações fiscais para conectá-los ao regramento jurídico próprio. Essa análise interpretativa é realizada inicialmente pela autoridade fazendária no instante do lançamento, inclusive nos casos de desconsideração de negócios jurídicos para fins fiscais. Passa pela defesa do interessado, ao apresentar os fundamentos de sua insurgência e demonstração do possível desacerto da autuação, chegando ao ato de julgamento, quando o crédito tributário constituído é testado pelo filtro final da legalidade.

A aplicação das regras jurídicas, em todos esses cenários de construção interpretativa para uma solução final, pode ser realizada independente do cotejo com princípios. Afinal, as regras "desempenham uma função importantíssima de solução previsível, eficiente e geralmente equânime de solução de conflitos sociais".[12]

Porém, no que pertine aos casos nos quais o Fisco desconsidera negócios jurídicos realizados pelos contribuintes e realiza o consequente lançamento de tributos, a

---

10. Cf. ALEXY, Robert. *Teoría de los derechos fundamentales*. Madrid: Centro de Estudos Constitucionales, 1993.
11. Em verdade, princípios são categorias lógicas e, tanto quanto possível, universal, muito embora não possamos esquecer que, antes de tudo, quando incorporados a um sistema jurídico-constitucional-positivo, refletem a própria estrutura ideológica do Estado, como tal, representativa dos valores consagrados por uma determinada sociedade (DANTAS, Ivo. *Princípios constitucionais e interpretação constitucional*. Rio de Janeiro: Lumen Juris, 1995, p. 59).
12. ÁVILA, Humberto. *Teoria dos princípios*: da definição à aplicação dos princípios jurídicos. 7. ed. rev. e atual. São Paulo: Malheiros, 2007, p. 112-114.

aplicação das regras jurídicas não é uma tarefa retilínea, uma vez que as circunstâncias fáticas envolvidas são bastante diferentes umas das outras. A regra geral antielisiva do CTN (parágrafo único do art. 116) não indica quando efetivamente ocorre a pretensa dissimulação para escamotear a verdade, que justifica a desconsideração do negócio. A função passa a ser do intérprete, caso a caso, análise a análise.

Exige-se do intérprete – seja ele agente autuante, contribuinte ou julgador – realizar raciocínio *não monotônico*[13] que considere a lógica que subjaz à realização do negócio jurídico, ou seja, pressupõe o pleno conhecimento dos motivos que ensejaram a escolha da parte interessada. Só assim poderá justificar adequadamente a aplicação da norma jurídica, sem premissas interpretativas preconcebidas que escondam a verdade muito mais que a revelem.

Para chegar a conclusões adequadas, necessárias e justas, faz-se necessário conceber corretamente a realidade, a fim de afastar conclusões apriorísticas sobre as escolhas que levam contribuintes a buscarem, por exemplo, estruturas societárias para realizar operações lícitas em diversos contextos. O desconhecimento dos cenários econômicos por parte de agentes administrativos quanto às demandas da sociedade costuma ocasionar tensões interpretativas que levam a lançamentos bastante controvertidos, a ensejar autuações fiscais com baixa aderência à legalidade tributária.

Com efeito, em estudo doutrinário sobre o tema relacionado ao planejamento tributário potencialmente abusivo e seu reflexo na erosão das bases tributárias, cite-se as lições de José André Wanderley Dantas Oliveira e João Marcelo Holmes para esclarecer que a tomada de decisões de companhias transnacionais para realizar investimentos depende de muitos fatores interdisciplinares, sem que o planejamento tributário em si seja o principal deles:

> Embora a tributação seja um influenciados na atração de empresas, não é ele o que prepondera. Quando o assunto é investimento estrangeiro direto (IED) genuíno, os tributos ocupam a quarta ou quinta posição na ordem do que é considerado pelos investidores. Antes, são apontados outros fatores tidos como mais importantes, a exemplo de: estabilidade política e instituições fortes, infraestrutura, acesso a mercados e matérias-primas e mão de obra qualificada.

> No mesmo sentido, a OCDE estende que a política fiscal e seus incentivos ocupam um espaço limitado na tomada de decisão do local onde será alocado o IED. Assim, é errado analisar a questão a partir de uma lógica essencialmente do país, mas, numa perspectiva nacional, não é estatisticamente tão

---

13. Sobre o raciocínio *não monotônico*, cite-se a lição de David Markinson, que assim o define (em tradução livre): "Em termos formais, dizemos estar raciocinando não-monotonicamente quando nós permitimos que uma conclusão que seja bem determinada a partir da informação dada possa precisar ser retirada quando tomemos posse de informações adicionais, mesmo quando nenhuma das premissas anteriores são abandonadas. Em síntese, a relação de consequência é não monotônica se pode ocorrer da proposição x ser consequência do conjunto A de proposições, mas não consequência de um superconjunto A ∪ B de A" (In formal terms, we are said to be reasoning nonmonotonically when we allow that a conclusion that is well drawn from given information may need to be withdrawn when we come into possession of further information, even when none of the old premises are abandoned, In brief, a consequence relation is nonmonotonic if it can happen that a proposition x is a consequence of a set A of propositions, but not a consequence of some superset A • B of A). MAKINSON, David. *Bridges from Classical to Nonmonotonic Logic*. London: Kings College Publications, 2005, p. 2.

relevante, uma vez que isso não torna o país desinteressante a investimentos externos por si, o que parece ser verificado no mundo real.[14]

Compreender os aspectos além da relação tributária formal requer um interesse pela investigação da realidade circundante do intérprete e aplicador do Direito. Este deve estar atento ao conteúdo interdisciplinar com áreas correlatas à tributação, tradicionalmente restrito a repetições apriorísticas. No contexto real, o direito é mais cumprido do que descumprido, tanto quanto o propósito negocial mais frequentemente genuíno do que simulado. No entanto, reconhecer isso como uma realidade demanda uma escolha hermenêutica, exigindo do intérprete a análise minuciosa dos motivos e das finalidades da fenomenologia jurídica em paralelo à realidade econômica, que nem sempre é transparente aos olhos de quem a examina.

Examinar a interdisciplinaridade desses aspectos, conforme a notável lição do Professor e também Conselheiro do CARF, Jeferson Teodorovicz, "representa uma atitude de abertura epistemológica ou 'abertura de pensamento'. O diálogo (recíproco) entre disciplinas é essencial para a efetivação da interdisciplinaridade. O cientista avança sobre o campo de interesse comum de outros ramos do conhecimento, permitindo-se receber contribuições de outras áreas".[15]

Nesse cenário de desconsideração de negócios jurídicos praticados pelos contribuintes, pautado por incompreensões e dissonâncias, caberá ao intérprete analisar não apenas os fatores normativos aplicáveis, mas deverá avaliar e evidenciar o contexto fático que subjaz as respectivas operações. Sem esse cotejo, corre-se o grande risco de tornar a literalidade da lei o fator único de aplicação do Direito.

É na compreensão contextualizada de negócios jurídicos que a proporcionalidade pode verdadeiramente realizar acertos, quando adequadamente compreendida e aplicada para validar a existência e regularidade dos respectivos atos jurídicos, ou evidenciar graves equívocos interpretativos, se a sua desconsideração se basear em fundamentos genéricos de ausência de propósito negocial que não estejam evidenciados em fatos reais, mas em ilações hipotéticas não espelhadas na fenomenologia que a realidade demonstre.

Todas essas considerações revelam a importância da proporcionalidade na solução de casos concretos. Em muitas situações, o comando normativo aplicável pode exigir conformação de regras e princípios. Ficando claro que aquelas encontram fundamento de validade nestes, em caso de conflito entre ambos, a regra deve ser afastada. Isso revela o caráter de derrotabilidade (*defeasibility*)[16] da regra jurídica e a necessidade de preservação do princípio.

---

14. OLIVEIRA, José André Wanderley Dandas de; HOLMES, João Marcelo. O planejamento tributário abusivo das transnacionais e a erosão das bases tributárias: entre a legalidade e a moralidade. *RDTA Revista Direito Tributário Atual*. v. 48. São Paulo: Instituto Brasileiro de Direito Tributário, 2021, p. 658.
15. TEODOROVICZ, Jeferson. O Direito Tributário brasileiro e a interdisciplinaridade: perspectivas, possibilidades e desafios. *RDTA Revista Direito Tributário Atual*. v. 48. São Paulo: Instituto Brasileiro de Direito Tributário, 2021, p. 578.
16. HART, Herbert Lionel Adolphus. *The ascription of responsibility and rights*: Proceedings of the Aristotelian Society. Londres, XLIX, p. 171-194, 1948.

Em outras situações, a colisão ocorre diretamente entre princípios que estão em patamares constitucionais idênticos. Nesse caso, o intérprete deve recorrer a um sobreprincípio que busque equilibrá-los, protegendo o próprio ordenamento jurídico e alcançando um balanceamento possível entre ambos (*balancing*).[17] Por meio do critério da ponderação, deve-se promover a aplicação adequada daquele que, ao ser privilegiado, cause menos prejuízo ao outro.

A proporcionalidade é um conceito fundamental, elevado ao patamar constitucional pela doutrina alemã no período pós-guerra, durante o julgamento dos nazistas acusados de crimes de extermínio, que defendiam suas ações com base nas normas jurídicas do terceiro Reich, analisadas pela corte constitucional alemã. Segundo Gilmar Ferreira Mendes, "exatamente a experiência com o regime nazista ensinou-nos que o legislador é capaz de perpetrar injustiças graves, de modo que a prática do exercício do direito não pode ficar indiferente a esses desenvolvimentos históricos, sendo-lhes lícito, nos casos extremos, preservar a ideia de justiça material diante do princípio da segurança jurídica".[18]

Em razão da necessidade de sua aplicação, mesmo que não esteja explicitamente escrito na Constituição Alemã, o princípio da proporcionalidade alcançou o *status* constitucional como regra geral de ponderação jurídica.

Paulo Bonavides faz expressa correlação com a Constituição Federativa do Brasil, independente de expressa indicação escrita, informando que, "embora não haja sido ainda formulado como 'norma jurídica global', flui do espírito que anima em toda sua extensão e profundidade o § 2º do art. 5º, o qual abrange a parte não escrita ou não expressa dos direitos e garantias, a saber, aqueles direitos e garantias cujo fundamento decorre da natureza do regime, da essência impostergável do Estado de Direito e dos princípios que este consagra e que fazem inviolável a unidade de Constituição".[18]

O princípio da proporcionalidade é essencial para o próprio Estado Democrático de Direito, ainda que não esteja – e nem necessite estar – explicitamente formalizado. É impensável um sistema de normas que não seja submetido à lógica, à ponderação, e aos critérios de equidade e justiça, que os antigos gregos já empregavam como mecanismos para limitar excessos. Conforme ensinava Aristóteles:

> Chegamos à conclusão de que a justiça realiza um certo tipo de proporção. Raciocínio legítimo, porque o fato de ser proporcional é uma característica própria do número abstrato, mas uma propriedade numérica geral. A proporção é uma igualdade de razões, ou uma relação entre grandezas da mesma espécie, que não requer menos de quadro termos. [...] E o justo assim entendido é um meio com relação aos extremos, que prejudicam a proporção (o proporcional é de fato meio; e o justo, por outro

---

17. LIMA, Francisco Gérson Marques de. *Fundamentos constitucionais do processo*: sob a perspectiva da eficácia dos direitos e garantias fundamentais. São Paulo: Malheiros, 2002. Segundo o autor, "O balancing (ou contrapeso de valores e bens constitucionalmente protegidos) colima estabelecer esquemas de hierarquização entre os valores e busca apresentar soluções harmonizadoras equilibradas, numa perspectiva de hierarquização matizada. Almeja responder às tensões ou conflitos constitucionais, os quais facilmente ocorrem na aplicação de normas envolvendo direitos e garantias fundamentais" (p. 21).
18. MENDES, Gilmar. *Jurisdição constitucional*. São Paulo: Saraiva, 1996.

lado, é proporcional). [...] Tudo isto nos possibilita concluir que o justo – em sentido em que aqui o entendemos – é o proporcional, e que o injusto, ao contrário, é o que nega a proporção. Na injustiça, um dos termos torna-se, então, muito grande e o outro, muito pequeno.[19]

Portanto, entender a proporcionalidade como um princípio orientador dos demais[20] e como uma garantia constitucional para a proteção de direitos fundamentais permite ao intérprete aplicar corretamente a legislação infraconstitucional, incluindo a tributária, para validar ou rejeitar a aplicação de normas jurídicas com base na falta de adequado contexto fático desafiado pelas exigências da proporcionalidade, quando os excessos atingirem o núcleo essencial de direitos fundamentais do contribuinte.[21]

Compreendida a relevância do princípio como "o que há de mais novo, abrangente e relevante em toda a teoria do constitucionalismo contemporâneo",[22] é necessário investigar os requisitos que o compõem para realizar o cotejo com a regra jurídica aplicada ao caso concreto. Seus fundamentos advêm da construção da jurisprudência alemã, conforme decisão inaugural de 1971, que identifica três elementos fundamentais: (a) necessidade/exigibilidade, (b) adequação/conformidade e (c) proporcionalidade em sentido estrito (julgamento BVerfGE 30, 316).[23]

No contexto da aplicação de normas tributárias tendente a desconsiderar atos jurídicos praticados pelo contribuinte, é a proporcionalidade que permite ao intérprete avaliar se a moldura fática apresentada autoriza a administração tributária a considerar preenchidos os requisitos legais exigidos para invalidar negócios jurídicos. Somente com tal verificação é possível validar ou não a interpretação que leva a considerar condutas simuladas ou dissimuladas, reconhecer planejamentos tributários como abusivos ou artificiais, conceber ilegítimas práticas comerciais ou vislumbrar a ausência de propósitos econômicos ou negociais.

Destaca-se que o Código Tributário Nacional eleva expressamente os princípios gerais do direito e a equidade como métodos para a interpretação e integração da legislação tributária, conforme determinação do art. 108. Além disso, determina que a interpretação da legislação sobre penalidades ou definição de infrações deve ser realizada de maneira mais favorável ao acusado (art. 112). Portanto, a ponderação e o

---

19. ARISTÓTELES. *Obra jurídica*. Livro I. São Paulo: Ícone Editora, 1997.
20. GUERRA FILHO, Willis Santiago. *Processo Constitucional e Direitos Fundamentais*. 3. ed. São Paulo, Celso de Bastos ed., 2003.
21. Cf. Humberto Ávila: "A proibição de excesso fundamenta-se na ideia de que todos os direitos e princípios fundamentais, ainda que possam ser restringíveis, não podem ser atingidos no seu núcleo essencial, sendo esse núcleo definido como aquela parte do conteúdo de um direito sem a qual ele perde a sua mínima eficácia e, por isso, deixa de ser reconhecível como um direito fundamental" (ÁVILA, Humberto. *Teoria da igualdade tributária*. 3. ed. São Paulo: Malheiros, 2015, p. 108).
22. BONAVIDES, Paulo. *A constituição aberta*. Belo Horizonte: Del Rey, 1993, p. 353.
23. "O meio empregado pelo legislador deve ser adequado e exigível, para que seja atingido o fim almejado. O meio é adequado, quando com o seu auxílio se pode promover o resultado desejado; ele é exigível, quando o legislador não poderia ter escolhido outro igualmente eficaz, mas que seria um meio não prejudicial ou portador de uma limitação menos perceptível a direito fundamental" (GUERRA FILHO, Willis Santiago. *Processo Constitucional e Direitos Fundamentais*. 3. ed. São Paulo, Celso de Bastos ed., 2003, p. 27).

sopesamento, utilizados como métodos da proporcionalidade, estão autorizados pela legislação infraconstitucional na análise de casos concretos.

O intérprete deve, portanto, verificar se a desconsideração do negócio jurídico no caso concreto atende ao requisito da *adequação ou idoneidade*, devendo-se questionar se o meio utilizado pelo contribuinte para a realização do negócio jurídico é apropriado e oportuno para atingir a finalidade pretendida. Deve-se avaliar a pertinência do ato jurídico ao objetivo almejado, considerando todos os parâmetros estabelecidos pelo Ordenamento Jurídico. O ato jurídico só deve ser afastado quando o resultado pretendido por sua realização se revelar inadequado às regras que o autorizam ou quando confirmada hipótese normativa que objetivamente desautorize sua ocorrência.

Ademais, a desconsideração do ato realizado pelo contribuinte deve ser *necessária ou exigível*, de forma a perquirir do intérprete se há elementos que impõem a providência de impedir a realização do negócio, ante hipóteses menos gravosas para alcançar a finalidade pretendida. É necessário averiguar se é possível atingir a pretensão estatal de maneira alternativa, menos prejudicial, que leve a um resultado semelhante, para que se cumpra o segundo requisito: a necessidade ou exigibilidade. Cabe ao intérprete analisar a existência de outros meios possíveis para atingir a finalidade pública almejada.

Por fim, mesmo que determinada circunstância atenda aos critérios de adequação e necessidade, a pretensão fazendária deve ainda satisfazer a proporcionalidade em sentido estrito. Isso implica que a medida escolhida entre duas alternativas possíveis deve ser a que cause menos dano àquela que se afaste, servindo à ponderação e ao balanceamento dos preceitos presentes no ordenamento jurídico. Nesse sentido, "de um lado da balança, devem ser postos os interesses protegidos com a medida, e, do outro, os bens jurídicos que serão restringidos ou sacrificados por ela".[24]

Essa análise leva ao controle da atividade estatal,[25] tanto no sentido de impedir que a administração tributária imponha regras jurídicas além dos limites objetivos da proporcionalidade (status protetivo negativo), quanto no que se refere à remoção de normas existentes que afetem diretamente os direitos fundamentais do contribuinte, mediante declaração de sua inconstitucionalidade (*status* protetivo positivo),[26] sendo essa última hipótese afeta exclusivamente na seara judicial.[27]

---

24. SARMENTO, Daniel. *A ponderação de interesses na Constituição Federal*. Rio de Janeiro Lumen Juris, 2001, p. 89. No mesmo sentido, MACHADO SEGUNDO, Hugo de Brito. *Contribuições e federalismo*. São Paulo: Dialética, 2005, p. 140-141; e MENDES, Gilmar Ferreira. *Direitos fundamentais e controle de constitucionalidade*. São Paulo: Celso Bastos Editor, 1999, p. 72.
25. PONTES, Helenilson Cunha. *O princípio da proporcionalidade e o direito tributário*. São Paulo: Dialética, 2000, p. 46-47.
26. BRAGA, Valeschka e Silva. *Princípios da proporcionalidade & da razoabilidade*. Curitiba: Juruá, 2004.
27. Cite-se o precedente do Recurso Extraordinário 200844 – AgR/PR, Rel. Min. Celso de Melo, DJ 16.08.2002, segundo o qual "O Estado não pode legislar abusivamente, eis que todas as normas emanadas do Poder Público – tratando-se, ou não, de matéria tributária – devem ajustar-se à cláusula que consagra, em sua dimensão material, o princípio do "substantive due process of law" (CF, art. 5º, LV). O postulado da proporcionalidade qualifica-se como parâmetro de aferição da própria constitucionalidade material dos atos estatais". No mesmo sentido, ADIN 1.407, Plenário, Rel. Min. Celso de Mello, DJ 24.11.2004. No aspecto doutrinário, ver: GODOI, Marciano Seabra de; SALIBA, Luciana Goulart Ferreira. Razoabilidade e Proporcionalidade. *Sistema tributário*

Tem-se, até aqui, a perspectiva de que a proporcionalidade tem enorme potencial de irradiar efeitos sobre o método analítico promovido pelo intérprete da norma jurídica ao buscar uma solução concreta. Passa-se então à análise dos questionamentos que são objeto deste estudo.

3. CONCLUSÕES POSSÍVEIS: EFEITOS DA AUSÊNCIA DE CLAREZA E SIMPLIFICAÇÃO DA LEGISLAÇÃO TRIBUTÁRIA

Importa registrar que Emenda Constitucional 132/2023 afetou diretamente as regras que tratam sobre obrigações acessórias previstas no CTN, uma vez que passou a exigir aplicação imediata do princípio da simplicidade tributária como corolário de todo o Sistema Jurídico Tributário, conforme passou a preceituar o art. 145, § 3º, da Constituição Federal.

Isso porque o dispositivo do CTN que trata da regra geral de obrigação acessória determina que ela *decorre da legislação tributária* e tem por objeto as prestações, positivas ou negativas, nela previstas no interesse da arrecadação ou da fiscalização dos tributos.[28]

Significa dizer que a administração tributária tem plena autonomia para criar deveres instrumentais necessários ou auxiliares à arrecadação ou controle de tributos. Até o advento da atual reforma tributária, o exercício dessa autonomia autorizava a administração tributária a criar um enorme emaranhado de normas instrumentais e acessórias sem freios, cuja complexidade, em grande parte, torna impraticável o adequado cumprimento das mesmas.

A partir da Emenda Constitucional 132/2023, a aplicação imediata do princípio simplificação da legislação tributária, nela incluídas os deveres instrumentais cujas regras são produzidas unilateralmente pelos entes tributantes, desautoriza-os a continuar produzindo normas contrárias à exigência de simplicidade tributária. É dizer: a legislação tributária há de pautar-se por novos instrumentos que permitam tornar efetivo o princípio da simplificação do Sistema Jurídico Tributária, sob pena de afastamento de qualificação de multas e responsabilidade solidária, ante a inexistência de dolo na conduta causada pela falta de simplificação.

A partir de uma interpretação proporcional, permite-se afirmar ser necessário, adequado e justo em sentido estrito que, uma vez reconhecida a ausência de simplicidade da nova legislação tributária que leve o contribuinte a não compreender, integral ou parcialmente, seu conteúdo ou a equivocar-se no trato tributário que deva imprimir às

---

nacional na jurisprudência do STF. São Paulo: Dialética, 2002, p. 325: "O Estado não pode legislar abusivamente. A atividade legislativa está necessariamente sujeita à rígida observância da diretriz fundamental que, encontrando suporte teórico no princípio da proporcionalidade veda os excessos normativos e as prescrições irrazoáveis do Poder Público. [...] A norma estatal, que não veicula qualquer conteúdo de irrazoabilidade, presta obséquio ao postulado da proporcionalidade, ajustando-se à cláusula que consagra, em sua dimensão material, o princípio do substantive 'due processo of law' (CF. art. 5º, LIV)."

28. CTN. Art. 113. § 2º: A obrigação acessória decorre da legislação tributária e tem por objeto as prestações, positivas ou negativas, nela previstas no interesse da arrecadação ou da fiscalização dos tributos.

suas atividades, será lícito afastar a aplicação de penalidades qualificadas pelo próprio Sistema Jurídico e respectiva responsabilização solidária.

Não se trata de afastar a aplicação de norma jurídica por suposto desconhecimento da lei. Não é isso que está aqui sendo defendido! O que se pretende, ao contrário, é manter a aplicação da norma tida como infringida, seja para exigir tributo ou aplicar sanção por descumprimento de dever instrumental acessório, mas, em nenhum caso, será lícito admitir a cobrança de penalidades qualificadas, quando seja notório o descumprimento pelo ente tributante do princípio da simplificação tributária.

No que tange ao art. 212 do CTN, que faz parte dos questionamentos trazidos neste estudo, ele contempla a regra de que cabe aos entes tributantes publicarem anualmente "a consolidação, em texto único, da legislação vigente, relativa a cada um dos tributos, repetindo-se esta providência até o dia 31 de janeiro de cada ano".

Aplicando-se o mesmo critério de interpretação pela proporcionalidade, demonstra-se inverossímil exigir tal consolidação em Decreto único, pois tal providência traria muito mais complexidade do que soluções. Imaginar um ato normativo que condensasse, em um único texto, todas as incontáveis normas que compõem o Sistema Tributário – ainda que vinculado a cada um dos entes federais – deporia contra a instrumentalidade das formas, contra a praticabilidade da medida e contra a própria possibilidade de compreensão pela leitura do texto.

Em tempos modernos, onde é plenamente possível estruturar e dar conhecimento da legislação tributária através de acesso eletrônico de dados – e essa é uma providência já realizada por grande parte das administrações tributárias –, tem-se que a regra prevista no art. 212 do CTN é plenamente satisfeita com o acesso do cidadão a esse banco de dados normativo, razão pela qual não se conclui adequado afastar exigências tributárias pela suposição que tal dispositivo estaria sendo anualmente descumprido.

Mas isso não afasta o dever de simplificação das normas, conforme acima mencionado. Assim, a interpretação que melhor admite a razoabilidade de aplicação das citadas normas consiste em (a) admitir a validade temporária das normas publicadas até a EC 132/2023 até que sobrevenham outras, (b) inadmitir que aquelas que tenham sido publicadas em data posterior estejam em descompasso com o princípio da simplificação tributária, de modo a afastar todas as multas qualificadas delas decorrentes e sua consequência lógica relacionada à responsabilidade tributária solidária.

Tal interpretação responde, ainda, o questionamento final acerca da melhor interpretação sobre a melhor interpretação do art. 136 do CTN, segundo o qual, *salvo disposição de lei em contrário, a responsabilidade por infrações da legislação tributária independe da intenção do agente ou do responsável e da efetividade, natureza e extensão dos efeitos do ato.*

Com efeito, a responsabilidade por infração tributária deve ser mantida, independentemente da intenção do agente e dos efeitos do ato praticado. Por isso mesmo, não é possível exonerar plenamente as multas por descumprimento de deveres instrumentais. Mas é plenamente possível afastar os excessos (multas qualificadas ou optar pela aplicação de multas regulamentares módicas) a fim de dar cumprimento ao princípio da simplificação tributária.

De outra parte, no que tange à responsabilidade solidária, as hipóteses legais derivam da existência de "interesse comum na situação que constitua o fato gerador da obrigação principal" (art. 124, I, do CTN) e da responsabilidade objetiva pela prática do ato em si (art. 135 do CTN).

A esse respeito, o STJ[29] firmou o entendimento segundo o qual "o interesse comum na situação que constitua o fato gerador da obrigação principal implica que as pessoas solidariamente obrigadas sejam sujeitos da relação jurídica que deu azo à ocorrência do fato imponível". De forma complementar, aquele Tribunal decidiu que "feriria a lógica jurídico-tributária a integração, no polo passivo da relação jurídica, de alguém que não tenha tido qualquer participação na ocorrência do fato gerador da obrigação".[30]

O que define a atração da responsabilidade solidária pela existência de *interesse comum* demanda que se confirme a prática de ato consciente para ocultar a real intenção de realizar negócios injustificáveis e irreais, a fim de modificar características do fato gerador ou impedir seu conhecimento.[31]

---

29. Ver: REsp 834.044/RS, DJe: 15 de dezembro de 2008 e REsp 884.845/SC, DJ: 18 de fevereiro de 2009. No mesmo sentido: REsp 611.964/SP, DJ: 10 de outubro de 2005; REsp 859.616/RS, DJ: 15 de outubro de 2007; AgInt no REsp 1.558.445/PE, DJe: 03 de maio de 2017; AgInt no AREsp 942.940/RJ, DJe: 12 de setembro de 2017; AgInt no AREsp 1.035.029/SP, DJe: 30 de maio de 2019.
30. REsp 884.845/SC.
31. Cite-se, de modo ilustrativo, decisões do CARF nesse sentido, onde o tema é bem explorado:
    Responsabilidade tributária. Conduta do administrador. Nexo causal. Descrição dos fatos.
    A responsabilidade tributária de dirigentes, gerentes ou representantes de pessoas jurídicas de direito privado - resumidamente sócio-gerente -, prevista no art. 135, III, do CTN, não se confunde com a responsabilidade do sócio. Afinal, não é a condição de ser sócio da pessoa jurídica que atrai a responsabilidade tributária, mas sim a conduta, a atuação como gestor ou representante da pessoa jurídica e a prática de atos com excesso de poder, infração à lei, contrato social ou estatutos que resultaram em descumprimento de obrigação tributária. É necessário, portanto, a existência de nexo causal entre a conduta praticada e o respectivo resultado prejudicial ao Fisco. É imperioso que tal conduta esteja descrita nos autos.
    O que atrai a responsabilidade solidária prevista no art. 124, I, do CTN, é a participação do terceiro no procedimento de atribuir ao fato ocorrido no mundo concreto uma roupagem diversa da hipótese descrita na lei, com vistas a alterar as características essenciais do fato gerador ou impedir o seu conhecimento; o interesse econômico nessa hipótese também pode existir, mas não é primordial, o que importa é a conduta do terceiro, tal qual na responsabilidade do art. 135, III, do CTN. (Acórdão 1201-005.960 – 1ª Seção de Julgamento / 2ª Câmara / 1ª Turma Ordinária, Sessão de 18 de julho de 2023, maioria, Conselheiro Relator Efigênio de Freitas Júnior, disponível em https://acordaos.economia.gov.br/acordaos2/pdfs/processados/15956720178201462_6906804.pdf).
    Sujeição passiva solidária. Art. 124, I, CTN. Responsabilidade tributária. Por interesse comum. Ausência de dolo. A responsabilidade tributária prevista no artigo 124, inciso I do CTN pressupõe a partilha dolosa entre o sujeito passivo e o solidariamente responsável da conduta tendente a omitir o fato gerador, não sendo bastante para a definição de tal liame jurídico obrigacional a existência de proveito econômico mútuo. (Acórdão 1201-006.262 – 1ª Seção de Julgamento / 2ª Câmara / 1ª Turma Ordinária, Sessão de 22 de fevereiro de 2024, maioria, Conselheiro Relator José Eduardo Genero Serra, disponível em https://acordaos.economia.gov.br/acordaos2/pdfs/processados/16561720082202049_7038726.pdf).

Portanto, não há interesse comum nos casos que não houver relação entre o fato gerador e a conduta praticada por terceiro, quando esse não atuar de forma direta ou indireta para realizar atos que resultem na situação que constitua fatos jurídicos ou infracionais, quando sua participação não for determinante nem cause nenhum vínculo com o ilícito ou com o nascimento da obrigação tributária e quando não houver elemento intencional que revele interesse jurídico ou econômico com o fato objeto do lançamento.

No que tange à responsabilidade tributária prevista no 135, III, do CTN, ela trata dos casos de atos praticados em infração à lei e o excesso de poderes contrários à própria sociedade. Tal questão foi pacificada pelo Supremo Tribunal Federal, com repercussão geral, objeto do RE 562.276 onde se apreciava a possibilidade de sócios de empresas responderem pessoalmente por tributos previdenciários. Naquela ocasião, o art. 135, III, do CTN (aqui analisado) foi controvertido no julgamento, em decisão assim ementada:

> Direito tributário. Responsabilidade tributária, normas gerais de direito tributário. Art. 146, III, da CF. Art. 135, III, do CTN. Sócios de sociedade limitada. Art. 13 da lei 8.620/93. Inconstitucionalidades formal e material. Repercussão geral. Aplicação da decisão pelos demais tribunais.
>
> (...)
>
> 4. A responsabilidade tributária pressupõe duas normas autônomas: a regra matriz de incidência tributária e a regra matriz de responsabilidade tributária, cada uma com seu pressuposto de fato e seus sujeitos próprios. A referência ao responsável enquanto terceiro (dritter Persone, terzo ou tercero) evidencia que não participa da relação contributiva, mas de uma relação específica de responsabilidade tributária, "inconfundível corri àquela: O "terceiro" só pode ser chamado responsabilizado "na hipótese de descumprimento de deveres próprios de colaboração para com a Administração Tributária, estabelecidos, ainda que a *contrario sensu*, na regra matriz de responsabilidade tributária; e desde que tenha contribuído para a situação de inadimplemento pelo contribuinte.
>
> 5. O art. 135, III, do CTN responsabiliza apenas aqueles que estejam na direção, gerência ou representação da pessoa jurídica *e tão somente quando pratiquem atos com excesso de poder ou infração à lei, contrato social ou estatutos*. Desse modo, apenas o sócio com poderes de gestão ou representação da sociedade é que pode ser responsabilizado, *o que resguarda a pessoalidade entre o ilícito (má gestão ou representação) e a consequência de ter de responder pelo tributo devido pela sociedade*. (grifou-se)

Vê-se que a decisão do STF expressamente estabelece a exigência de um *ilícito qualificado, do qual decorra a obrigação ou seu inadimplemento*, para caracterização de infração à lei. É dizer: a mera ausência de pagamento de tributos não é causa automática de responsabilização dos sócios por infração à lei, exigindo-se que a conduta esteja qualificada pelos elementos inequívocos da prática de dolo, simulação ou conluio para alcançar tal finalidade.

Assim, a responsabilidade tributária solidária é *subjetiva*, demandando-se que a administração tributária comprove o elemento da ilicitude intencional na prática comissiva ou omissiva de ato tendente a infringir a lei, mediante os tipos do dolo, simulação ou conluio.

Cite-se também decisão do STJ, em regime de repercussão geral, que trata do mesmo assunto:

Tributário. Recurso especial. Execução fiscal. Tributo declarado pelo contribuinte. Constituição do crédito tributário. Procedimento administrativo. Dispensa. *Responsabilidade do sócio. Tributo não pago pela sociedade.*

1. A jurisprudência desta Corte, reafirmada pela Seção inclusive em julgamento pelo regime do art. 543-C do CPC, é no sentido de que "a apresentação de Declaração de Débitos e Créditos Tributários Federais – DCTF, de Guia de Informação e Apuração do ICMS – GIA, ou de outra declaração dessa natureza, prevista em lei, é modo de constituição do crédito tributário, dispensando, para isso, qualquer outra providência por parte do Fisco" (REsp 962.379, 1ª Seção, DJ de 28.10.2008).

2. *É igualmente pacífica a jurisprudência do STJ no sentido de que a simples falta de pagamento do tributo não configura, por si só, nem em tese, circunstância que acarreta a responsabilidade subsidiária do sócio, prevista no art. 135 do CTN. É indispensável, para tanto, que tenha agido com excesso de poderes ou infração à lei, ao contrato social ou ao estatuto da empresa (EREsp 374.139/RS, 1ª Seção, DJ de 28.02.2005).*

3. Recurso especial parcialmente conhecido e, nessa parte, parcialmente provido. Acórdão sujeito ao regime do art. 543-C do CPC e da Resolução STJ 08/08.

(Recurso Especial 1.101.728 – SP (2008/0244024-6) Relator: Ministro Teori Albino Zavascki, Julgado: 11.03.2009).

Portanto, tem-se que responsabilização tributária, seja vinculada ao próprio contribuinte ou a pessoa a ele relacionada, pode e deve ser afastada nos casos em que se configure o descumprimento pelo ente tributante do princípio da simplificação tributária, tanto quanto exonerada a qualificação de qualquer multa de ofício.

REFERÊNCIAS

ARISTÓTELES. *Obra jurídica*. Livro I. São Paulo: Ícone Editora, 1997.

ÁVILA, Humberto. *Teoria da igualdade tributária*. 3. ed. São Paulo: Malheiros, 2015.

ÁVILA, Humberto. *Teoria dos princípios*: da definição à aplicação dos princípios jurídicos. 7. ed. rev. e atual. São Paulo: Malheiros, 2007.

ALEXY, Robert. *Teoría de los derechos fundamentales*. Madrid: Centro de Estudos Constitucionales, 1993.

BRAGA, Valeschka e Silva. *Princípios da proporcionalidade & da razoabilidade*. Curitiba: Juruá, 2004.

BONAVIDES, Paulo. *A constituição aberta*. Belo Horizonte: Del Rey, 1993.

DANTAS, Ivo. *Princípios constitucionais e interpretação constitucional*. Rio de Janeiro: Lumen Juris, 1995.

GODOI, Marciano Seabra de; SALIBA, Luciana Goulart Ferreira. Razoabilidade e Proporcionalidade. *Sistema tributário nacional na jurisprudência do STF*. São Paulo: Dialética, 2002.

GUERRA FILHO, Willis Santiago. *Processo Constitucional e Direitos Fundamentais*. 3. ed. São Paulo, Celso de Bastos ed., 2003.

HART, Herbert Lionel Adolphus. *The ascription of responsibility and rights*: Proceedings of the Aristotelian Society. Londres, XLIX, p. 171-194, 1948.

LIMA, Francisco Gérson Marques de. *Fundamentos constitucionais do processo*: sob a perspectiva da eficácia dos direitos e garantias fundamentais. São Paulo: Malheiros, 2002.

MACHADO, Hugo de Brito. *Curso de direito tributário*. 37. ed. São Paulo: Malheiros, 2016.

MACHADO, Hugo de Brito. *Comentários ao Código Tributário Nacional*. São Paulo: Atlas, 2004. v. II.

MACHADO, Hugo de Brito. Obrigação tributária acessória e abuso do poder-dever de fiscalizar. *Revista Dialética de Direito Tributário*, n. 24. São Paulo: Dialética, 1997.

MACHADO, Hugo de Brito. Fato gerador da obrigação acessória. *Revista Dialética de Direito Tributário*, n. 96. São Paulo: Dialética, 2003.

MACHADO, Hugo de Brito. *Sanções administrativas tributárias*. São Paulo: Dialética, 2004.

MACHADO SEGUNDO, Hugo de Brito. *Contribuições e federalismo*. São Paulo: Dialética, 2005.

MACHADO SEGUNDO, Hugo de Brito. Obrigado, Prof. Hugo de Brito Machado. São Paulo: *Conjur*, 2023. Disponível em: https://www.conjur.com.br/2023-abr-15/hugo-machado-segundo-obrigado-professor-hugo-brito-machado/.

MAKINSON, David. *Bridges from Classical to Nonmonotonic Logic*. London: Kings College Publications, 2005.

MENDES, Gilmar Ferreira. *Direitos fundamentais e controle de constitucionalidade*. São Paulo: Celso Bastos Editor, 1999.

MENDES, Gilmar Ferreira. *Jurisdição constitucional*. São Paulo: Saraiva, 1996.

OLIVEIRA, José André Wanderley Dandas de; HOLMES, João Marcelo. O planejamento tributário abusivo das transnacionais e a erosão das bases tributárias: entre a legalidade e a moralidade. *RDTA Revista Direito Tributário Atual*. v. 48. São Paulo: Instituto Brasileiro de Direito Tributário, 2021.

PONTES, Helenilson Cunha. *O princípio da proporcionalidade e o direito tributário*. São Paulo: Dialética, 2000.

SARMENTO, Daniel. *A ponderação de interesses na Constituição Federal*. Rio de Janeiro Lumen Juris, 2001.

SOUSA, Rubens Gomes de. O sistema tributário federal. *Revista de Direito Administrativo*, v. 72.

PROPOSTA DE EMENDA À CONSTITUIÇÃO 45/2019. Disponível em: https://www25.senado.leg.br/web/atividade/materias/-/materia/158930.

TEODOROVICZ, Jeferson. *História disciplinar do direito tributário brasileiro* – Série Doutrina Tributária. São Paulo: Quartier Latin / IBDT, 2017. v. XXI.

TEODOROVICZ, Jeferson. O Direito Tributário brasileiro e a interdisciplinaridade: perspectivas, possibilidades e desafios. *RDTA Revista Direito Tributário Atual*. v. 48, p. 578. São Paulo: Instituto Brasileiro de Direito Tributário, 2021.

TORRES, Ricardo Lobo. *Sistemas Constitucionais Tributários. Tratado de Direito Tributário Brasileiro*. Rio de Janeiro: Forense, 1986. v. II.

A RELAÇÃO ENTRE O DEVER DE CONSOLIDAÇÃO DA LEGISLAÇÃO TRIBUTÁRIA COM O (NOVO) PRINCÍPIO CONSTITUCIONAL DA SIMPLICIDADE SOB O PARADOXO DO PENSAMENTO COMPLEXO

Paulo Rosenblatt

Doutor em Direito Tributário Pela Universidade de Londres. Mestre em Direito Tributário e Bacharel em Direito pela Faculdade de Direito do Recife (FDR/UFPE). Professor de Direito Tributário da Universidade Católica de Pernambuco (Unicap). Procurador do Estado de Pernambuco. Advogado.

Sumário: Introdução – 1. A contribuição de Hugo de Brito Machado para o dever de consolidar a legislação dos tributos de cada ente da federação – 2. A simplicidade e o paradoxo da complexidade – 3. A simplificação como segurança jurídica: cognoscibilidade – Conclusão – Referências.

INTRODUÇÃO

A iniciação de várias gerações nos estudos fiscais começou com o Curso de Direito Tributário, do professor Hugo de Brito Machado.[1] Posteriormente, vieram outros livros e os artigos dele, todos escritos em linguagem clara e objetiva, ainda que sobre temas difíceis, e que fazem parte da formação do pensamento jurídico-tributário nacional. Esse vasto conjunto dessa rica produção acadêmica e profissional deixou um legado inestimável para o direito brasileiro, que precisa ser preservado e constantemente revisitado.

Em vários desses escritos, ele defendeu que a legalidade e a isonomia exigem simplicidade e clareza das leis tributárias, em respeito à segurança jurídica dos destinatários das normas, os contribuintes. No entanto, no Brasil, a vagueza e a obscuridade são características inerentes ao sistema tributário, como há muito alardeou Alfredo Augusto Becker.[2] Isso não é um demérito nosso, mas uma característica comum dos ordenamentos jurídicos contemporâneos.[3]

Os motivos são diversos, mas destacam-se a excessiva constitucionalização do direito tributário, com uma intrincada hierarquia normativa apoiada em requisitos formais e materiais de validade, e uma carta significativa de limitações constitucionais

---

1. MACHADO, Hugo de Brito. *Curso de Direito Tributário*. São Paulo: Malheiros, 1988.
2. BECKER, Alfredo Augusto. *Carnaval tributário*. 2. ed. São Paulo: LEJUS, 1999, p. 13.
3. TIPKE, Klaus. *Moral Tributária do Estado e dos Contribuintes*. Trad. Luiz Dória Furquim. Porto Alegre: Sergio Antonio Fabris Editor, 2012. p. 74. Vide também: ROCHA, Sérgio André. *Da Lei à Decisão*: A segurança jurídica Tributária Possível na Pós-Modernidade. Lumen Juris. Rio de Janeiro, 2017, p. 78-79.

ao poder de tributar ordenadas por meio de princípios gerais e imunidades, com recorrente necessidade de atualização para novas realidades socioeconômicas. A Constituição Federal e as leis exigem regulamentação por outras fontes, com visando uniformizar sua aplicação diante de diferentes opções interpretativas.

A profusão normativa se agrava com problemas de definição e de qualificação dos fatos geradores, além de debates infindáveis sobre restrições à dedutibilidade de despesas nos tributos sobre a renda/lucro, ou aos direitos de créditos no regime não cumulativo dos impostos e contribuições especiais incidentes sobre o consumo.

Existe um número crescente de exceções e ficções jurídicas fruto da política fiscal de ocasião. As exceções casuísticas, por meio de diversas técnicas, configuram convites a planejamentos tributários agressivos, os quais, por sua vez, estimulam cada vez mais regras reativas na legislação, em um movimento de moto-contínuo. Já as ficções jurídicas provocam litígios e questionamentos sobre limites da praticabilidade no Direito Tributário.[4]

E tudo isso ainda é potencializado por um federalismo fiscal assimétrico, que já foi até apelidado de "canibal",[5] com uma repartição conflitante e não raro superposta de competências tributárias entre os entes da federação, um excesso de obrigações tributárias acessórias, inigualável custo de conformidade, incentivos fiscais descoordenados com estímulo à guerra fiscal, e uma perda de competitividade. Essa situação se agrava com uma relação fisco-contribuinte litigiosa, e que é exacerbada por uma cultura punitivista, em que todos os níveis de inadimplemento são objeto das mais variadas sanções, incluídas as penalidades pecuniárias elevadas e até a excessiva criminalização de condutas como instrumentos de cobrança de tributo por meio do aparato persecutório estatal.

Enfim, as razões e consequências desse estado caótico são diversas, embora sinalizem para um quadro de perda de legitimidade do tributo, quanto maior a percepção de distribuição desigual do ônus sobre os contribuintes. Não à toa, o Brasil é destaque negativo em rankings internacionais de percepção de complexidade.[6]

---

4. "[...] a simplificação fiscal constitui uma das questões centrais dos sistemas fiscais contemporâneos, quer pela via da redução do número excessivo de benefícios fiscais, que destrói a coerência sistemática do ordenamento jurídico tributário, quer pela via da limitação das soluções de personalização do imposto ou de ajustamento deste a situações peculiares, que, apesar de feitas como um projecto de aumento da justiça, são pela sua difícil praticabilidade, fontes de efectiva injustiça.

A solução, contudo, não passa pela pura e simples extinção dos benefícios fiscais: a sua atribuição pode ser um instrumento essencial para estimular exportações ou conseguir a instalação de indústrias com elevada tecnologia, além de justificação indiscutível das isenções de mecenato social. A questão principal está, repita-se, na possibilidade de abusos e distorções que a sua existência implica e que qualquer discurso sobre justiça fiscal deve encarar". SANCHES, Saldanha J. L. *Justiça Fiscal*. Lisboa: Relógio D'Água / Fundação Francisco Manuel dos Santos, 2010, p. 52.

5. BATISTA JÚNIOR, Onofre Alves; MARINHO, Marina Soares. Do federalismo de cooperação ao federalismo canibal: a Lei Kandir e o desequilíbrio do pacto federativo. *Revista de informação legislativa*: RIL, v. 55, n. 217, p. 159-160, jan./mar. 2018.

6. No *Tax Complexity Index*, por exemplo, o Brasil ocupa a última posição em avaliação de complexidade tributária, dentre 100 países pesquisados. Disponível em: https://www.taxcomplexity.org/. Acesso em: 13 jan. 2021.

Nesse sentido, discordo de Alfredo Augusto Becker ao equiparar o nosso sistema tributário a um carnaval,[7] já que os festejos de Momo, embora desordenados, são um convite à alegria, e a irreverência é direcionada à crítica social e política. Talvez ele não tenha tido a oportunidade de conhecer e desfrutar do carnaval do Recife e de Olinda!

É nesse contexto que a Emenda Constitucional 132, de 20 de dezembro de 2024, embora tivera por foco a "Reforma da Tributação do Consumo", trouxe, de "carona" outras alterações no sistema. Destaca-se aqui a introdução do princípio constitucional da simplicidade tributária, por meio do novel § 3º acrescido ao artigo 145 da Constituição Federal de 1988.[8]

Tratando-se de um dispositivo aparentemente novo – ao menos agora explícito como princípio constitucional – é de se perquirir sobre significado e alcance, sobretudo à luz do pensamento de Hugo de Brito Machado a respeito de clareza e segurança jurídica.

Nesse caminho, busca-se enfrentar algumas das indagações propostas pelos organizadores da presente coletânea:

> Quais as consequências, o conteúdo e o alcance do princípio inserido na CF pela EC 132/2023, segundo o qual o sistema tributário se deve pautar pela simplicidade e pela clareza? Uma lei confusa e cheia de remissões desnecessárias será inconstitucional? Quanto ao art. 212 do CTN, finalmente se poderá cogitar de uma sanção pelo seu descumprimento? Caso positivo, qual seria ela? O que custaria ao fisco cumprir tal disposição, anualmente, em benefício de suas próprias autoridades inclusive? Impedi-lo de cobrar multas no caso de mero equívoco ou erro, sem a presença de dolo, não seria uma sanção compatível com o tal princípio, e com o mandamento do art. 212 do CTN?

A partir dessas considerações, e sem se esquivar dessas provocações lançadas há muito tempo, embora atuais, pelo professor Hugo de Brito Machado, o presente artigo pretende debater a relação do princípio da simplicidade com o pensamento complexo.

A hipótese aqui lançada é que a consolidação da legislação tributária faz parte do pensamento complexo, à luz da teoria de Edgar Morin, no sentido de "complexus", "o tecido que junta o todo".[9] Trata-se do paradoxo da complexidade, em que a simplicidade pode representar também um risco. Isto porque, como será debatido no presente artigo, a consolidação pode criar mais legislação, o que redundaria, ao contrário do pretendido, em menor simplicidade.[10] E simplificar, por outro lado, não é o único objetivo do sistema tributário nacional, já que isonomia, desenvolvimento social, diminuição de

---

7. BECKER, Alfredo Augusto. Idem.
8. Art. 145. [...]
   § 3º O Sistema Tributário Nacional deve observar os princípios da simplicidade, da transparência, da justiça tributária, da cooperação e da defesa do meio ambiente.
9. MORIN, Edgar; TAVARES, José Maria. *Iniciação ao pensamento complexo*. [Kindle]. Posição 1851.
10. Braithwaite, John, 'Making tax law more certain: a theory', 2002. Disponível em: http://ctsi.anu.edu.au/publications/WP/44.pdf. Acesso en 23 Ago. 2011. No mesmo sentido, cf. KREVER, Richard. 'Plain English drafting, purposive drafting, principle-based drafting: Does any of it matter?' In: J. FREEDMAN (Ed). *Beyond boundaries*: developing approaches to tax avoidance and tax risk management (Oxford: Oxford University Centre for Business Taxation, 2008, p. 189.

desigualdades regionais, saúde e meio ambiente, dentre outros, também são valores importantes que não podem ser olvidados e precisam ser devidamente equacionados.

Além disso, o presente artigo aponta para o dado de que a Constituição Federal e a Lei Complementar 95/1998 ampliaram as competências envolvidas na atividade consolidadora da legislação tributária, e enfatiza a importância da coordenação entre os poderes Executivo e Legislativo para uma consolidação eficaz e harmoniosa no âmbito do direito tributário.

1. A CONTRIBUIÇÃO DE HUGO DE BRITO MACHADO PARA O DEVER DE CONSOLIDAR A LEGISLAÇÃO DOS TRIBUTOS DE CADA ENTE DA FEDERAÇÃO

A discussão sobre a consolidação da legislação de cada um dos tributos da União, Estados, Distrito Federal e Municípios esteva esquecida desde que Aliomar Baleeiro afirmou que "O art. 212 é outro sino sem badalo", pela ausência de sanção ao Poder Executivo pelo seu descumprimento e que "[o] dispositivo vale como diretriz programática a benefício do conhecimento da legislação e da comodidade de funcionários e contribuintes".[11]

Essa realidade perdurou até que o professor Hugo de Brito Machado revigorou o assunto, com um viés provocador.[12] Primeiro, defendeu que o dispositivo que prescreve a consolidação periódica das leis tributárias representa comando essencial para manter a clareza e a atualidade da legislação tributária, evitando a proliferação de normas obsoletas ou contraditórias. Ele afirmou que o cumprimento dessa norma teria como benefício a melhoria da eficiência administrativa, a redução de litígios tributários e a promoção de maior segurança jurídica para os contribuintes.

Aliás, esse era o objetivo do anteprojeto do CTN:

> Segundo o relatório apresentado por Rubens Gomes de Sousa, relator-geral da Comissão Especial nomeada pelo então Ministro da Fazenda Oswaldo Aranha, responsável pela elaboração do projeto do CTN, o objetivo da regra do art. 202 do projeto – que acabou sendo incorporada no código no art. 212 – era "facilitar o conhecimento da legislação tributária, podendo mesmo concorrer para melhorar sua sistemática [...]". Ainda segundo o relatório, modificou-se o texto do correspondente art. 453 do anteprojeto de autoria de Rubens Gomes de Sousa, "de modo a prever a consolidação da legislação

---

11. BALEEIRO, Aliomar. *Direito tributário brasileiro*. Atual. Misabel Abreu Machado Derzi. 12. ed. Rio de Janeiro: Forense, 2013, p. 1505. Segundo Maria Helena Rau de Souza, "A norma tem natureza programática de acordo com majoritário entendimento doutrinário, funcionando como diretriz, cujo descumprimento, todavia, não vem acompanhado de qualquer sanção". Comentários aos arts. 183 a 218. In: FREITAS, Vladimir Passos de (Coord.). *Código Tributário Nacional Comentado*. 4. ed. São Paulo: RT, 2007, p. 1085. E para Roberto Wagner Lima Nogueira: "Esta disposição transitória de preceito pedagógico tem como objetivo sistematizar o ordenamento tributário brasileiro [...]". *Comentários ao Código Tributário Nacional*. In: PEIXOTO, Marcelo Magalhães, LACOMBE, Rodrigo Santos Masset (Coord.). 2. ed. São Paulo: MP ed., 2008, p. 1515.
12. MACHADO, Hugo de Brito. A Consolidação da Legislação de cada Tributo e Possíveis Consequências da Inobservância do art. 212 do CTN. *Revista Dialética de Direito Tributário*, n. 77, fev. 2002, p. 42-56.

de cada tributo, o que apresenta maior adequação prática e atende às finalidades visadas, melhor que um texto único necessariamente heterogêneo".[13]

O professor Hugo de Brito Machado também foi claro ao diferenciar a competência regulamentar dos decretos[14] do seu papel de consolidar a legislação tributária vigente. Ainda que o instrumento seja o mesmo, e mesmo que determinados regulamentos tenham também consolidado a legislação, estes não se limitaram ao ato de consolidar, introduzindo-se regras para a exequibilidade das leis.

Porém, ele afirmou que a falta de consolidação pode levar a um sistema tributário fragmentado e confuso, dificultando a aplicação justa e eficiente das leis tributárias. Nesse caso, ele entendeu que essa omissão impõe um ônus significativo para o contribuinte, que muitas vezes se vê obrigado a contratar serviços especializados para entender as leis vigentes, o que poderia ser desnecessário se houvesse a consolidação. Ele afirmou também que a desinformação gerada pela não-consolidação pode levar a ações fiscais injustas, nas quais o agente fiscal pode optar por cobrar tributos ou impor penalidades mesmo na dúvida, para evitar acusações de negligência. Além disso, ele destacou que a ausência de consolidação nega ao contribuinte a segurança e a certeza necessárias em suas relações com o fisco, exacerbando as obrigações acessórias impostas principalmente por conveniência da administração tributária.

A parte mais contundente do artigo é que ele exigiu uma abordagem mais rigorosa para garantir o cumprimento do artigo 212, que não teria, no entendimento dele, um caráter programático nem seria uma regra de caráter transitório, sugerindo que falhas na consolidação devem levar a responsabilidades administrativas e, potencialmente, sanções civis para os responsáveis pela omissão. Ele defendeu que a consolidação deveria ser vista como uma obrigação legal fundamental da administração tributária, não apenas como uma formalidade administrativa.

Nesse caso, ele argumentou que, se a Administração Tributária falha em consolidar a legislação tributária anualmente conforme o artigo 212 do CTN, então não deveria ter o direito de impor penalidades ao sujeito passivo por violações desta legislação não consolidada. Ele viu isso como uma forma de responsabilizar a administração por sua própria inação e de proteger o contribuinte contra penalidades injustas devido à desorganização ou falta de clareza legal causada pela omissão administrativa.

E, além de afastar penalidades, ele sugeriu que os contribuintes que sofreram danos devido à falta de consolidação da legislação tributária deveriam ser indenizados. Isso abrange tanto penalidades financeiras quanto outros prejuízos que possam ter resultado de interpretações equivocadas ou da aplicação de uma legislação desatualizada. Portanto, para ele, o art. 212 não se trata de uma norma sem sanção.

---

13. MOREIRA, Bernardo Motta. *O devido processo legislativo tributário*. Tese (Doutorado em Direito Tributário). Belo Horizonte: Faculdade de Direito da Universidade Federal de Minas Gerais, 2021, p. 354.
14. A respeito da competência regulamentar no direito tributário: ROSENBLATT, Paulo. *Competência Regulamentar no Direito Tributário Brasileiro*. São Paulo: MP Editora, 2009.

De todo modo, a partir de uma leitura cuidadosa desse artigo, verifica-se que ele disse que "É certo que ninguém pode escusar-se de cumprir a lei alegando que a desconhece. Não se trata, porém, de invocar o desconhecimento da lei para deixar de cumpri-la". E mais: "Ninguém se escusará de cumprir a lei tributária, vale dizer, ninguém deixará de pagar tributos, alegando que desconhece a lei que o instituiu, ou aumentou". Diante disso, ele deixa claro que:

> É certo que estamos falando de situações nas quais o descumprimento da lei, pelo sujeito passivo, possa ser razoavelmente admitido como fruto da ausência daquela consolidação, em texto único, da legislação tributária respectiva. Nossa tese, assim, não se aplica a todos os casos de infração de lei tributária. Preconizamos, simplesmente, a não-aplicação de sanções ao sujeito passivo da obrigação tributária por infrações que possam ser atribuídas a erros de direito escusáveis.

Assim é que a exclusão de penalidades se daria em casos nos quais a ausência de consolidação haveria impedido o contribuinte de conhecer em sua totalidade as regras, como uma proteção dos contribuintes de boa-fé ou da proteção da confiança legítima. Aliás, a confusão causada pela legislação obscura ou contraditória não deveria prejudicar o contribuinte, conforme regra contida no parágrafo único do artigo 100 do CTN.

Dos questionamentos apresentados na introdução, essa seria uma combinação razoável do art. 212 com o parágrafo único do artigo 100, para excluir a penalidade quando o emaranhado da legislação induz o contribuinte a erro, não fosse essa de difícil verificação ou comprovação na prática. Acerca do direito à indenização ou mesmo a imposição de penalização de agentes fiscais, estas não são parte da tradição do nosso Direito Tributário, e dificilmente encontrariam espaço nos tribunais.

Ademais, em tempos nos quais se expandem os bancos de dados e mecanismos de pesquisa de legislação e jurisprudência, reduzem-se as oportunidades para que se possa demonstrar um emaranhado tal de legislação, cuja obscuridade e errônea aplicação teriam se dado pela ausência de sua consolidação.

O mais importante de toda essa provocação, contudo, é chamar a atenção para as necessidades de clareza e cognoscibilidade da legislação tributária em vigor, agora um imperativo de índole constitucional.

O professor Hugo de Brito Machado afirmou que a consolidação requer a difícil coordenação entre diferentes níveis de governo e enfrenta desafios administrativos e políticos significativos. Os obstáculos incluem a resistência à mudança dentro da administração tributária e a dificuldade em manter atualizado um corpo normativo que está constantemente sujeito a modificações.

Desse modo, cabe perquirir o que se pretende com o princípio da simplicidade e a sua relação com as regras de consolidação em vigor.

2. A SIMPLICIDADE E O PARADOXO DA COMPLEXIDADE

O novo princípio da simplicidade tributária está contido no § 3º acrescido ao artigo 145 da Constituição Federal pela Emenda Constitucional 132/2023. De acordo com ele, o Sistema Tributário Nacional deve observar o princípio da simplicidade, dentre outros. Não é um conceito tão inovador, já que a redação original da Constituição Federal, já previa, em seu artigo 179, tratamento diferenciado para as micro e pequenas empresas, "visando a incentivá-las pela simplificação de suas obrigações administrativas, tributárias, previdenciárias e creditícias, ou pela eliminação ou redução destas por meio de lei". Depois, a ideia de regimes tributários "simplificados" foi incluída no artigo 146 pela Emenda Constitucional 42/2003 (e alterações posteriores) e a simplificação do cumprimento das obrigações tributárias, principais e acessórias, decorrentes da relação de trabalho doméstico e suas peculiaridades, foi prevista no parágrafo único do art. 7º do texto constitucional (com a redação dada pela Emenda Constitucional 72, de 2013). Porém, diferente dos demais, trata-se agora de um princípio aplicável a todo o Sistema Tributário Nacional.[15]

A partir dele, certamente surgirão questões a respeito da sua efetividade, caso se entenda que é uma regra programática sem sanção, ou caso nela se visualize um comando concreto – como, por coerência ao pensamento sobre a consolidação da legislação tributária, poderia ter sido a posição do professor Hugo de Brito Machado. Nessa segunda hipótese, caberia enfrentar a discussão do possível controle de constitucionalidade das leis em virtude do seu descumprimento, bem como da responsabilização de autoridades e das proteções ao contribuinte.

Cabe perquirir, então, o que seria essa simplicidade, a partir do entendimento paradoxal da complexidade. A esse respeito, Edgar Morin indicou, a partir de seus estudos sobre o pensamento complexo, que o termo "complexidade" carece de uma definição única e universal. Sobre isso, veja os seguintes trechos destacados:

> Utilizamos frequentemente a palavra complexidade, mas somos incapazes de separar e rejuntar os elementos dos quais estamos falando. Não conseguimos encontrar uma explicação e uma definição, é por isso que a palavra complexidade se torna uma palavra vazia, que tapa buracos. E se ela é cada vez mais utilizada, isso só prova nossa importância, cada vez maior, de poder falar desses fenômenos que chamamos de complexos.[16]
>
> [...]
>
> Ter um pensamento que responda à complexidade, não é ter uma ideia total e exaustiva. É preciso ter consciência das múltiplas dimensões implicadas num mesmo fenômeno. O que chamamos por economia, é um holograma que contém outros aspectos da vida, contém as aspirações, os desejos da humanidade, e todo o resto; bem como a psicologia sobre o estado de uma sociedade. A consciência da multidimensionalidade não é conhecer todas as dimensões. É ser consciente de que colocamos entre parêntese outras dimensões. É preciso ter claro que não dispomos de um domínio claro e bem assegurado.[17]
>
> [...]
>
> O pensamento complexo é a consciência do inacabado do pensamento humano. É próprio do pensamento racionalizador (racionalização oposta à racionalidade) a busca de coerência e sua aplicação,

---

15. A mesma EC 132/2023 previu, no Art. 156-A, inciso IX, que a lei complementar do IBS disporá sobre "os critérios para as obrigações tributárias acessórias, visando à sua simplificação".
16. MORIN, Edgar; TAVARES, José Maria. *Iniciação ao pensamento complexo*. [Kindle] . Posição 1846.
17. MORIN, Edgar. Idem, posição 1750.

mas num esquema fechado. Já a racionalidade deve dialogar com o que não pode ser racionalizado – o racionalizável que escapa. A racionalização fecha o mundo num sistema pobre.[18]

Portanto, complexidade não é um termo pejorativo. Na verdade, a realidade é complexa e multidimensional, e há uma dificuldade que é inerente à condição humana de captar todas as perspectivas e dimensões, com domínio totalizante de um fenômeno.

Por outro lado, como bem esclareceram André Folloni e Camila Beatriz Simm:

> [...] complexidade não pode ser confundida com dificuldade, mas refere-se a conjuntos de elementos heterogêneos em constante interação. Essas interações são responsáveis pelo aparecimento de emergências, padrões que surgem das interações e que não são redutíveis à soma das partes.[19]

Destarte, a dificuldade pode refletir a complexidade do sistema tributário, como um de seus sintomas, mas não a esclarece completamente. Trata-se de um ideal iluminista demonstrar a realidade por leis claras, simples e elegantes, como as leis da física, mas a evolução do pensamento, a partir do século XX, já a encaminharam para outros ventos do indeterminismo.[20] Segundo Carlo Rovelli: "O futuro não é determinado pelo passado: o mundo é probabilístico".[21]

Ricardo Lobo Torres escreveu sobre a sociedade de riscos que, para ele, "se caracteriza por algumas notas relevantes: a ambivalência, a insegurança e o redesenho do relacionamento entre as atribuições das instituições do Estado e da própria sociedade",[22] e que, "é necessariamente uma sociedade litigiosa.[23]

A complexidade, portanto, é uma qualidade dos sistemas tributários em sociedades hipercomplexas e heterogêneas, e não há evidências de que qualquer ordenamento jurídico esteja caminhando em direção a uma simplificação.[24]

De acordo com Saldanha Sanches, "um sistema fiscal complexo é necessário para tornar exequível a cobrança de impostos elevados que acudam a um sistema de despesas de igual grau de complexidade".[25] E José Souto Maior Borges alertou que o esforço

---

18. MORIN, Edgar. Idem, posição 1759.
19. . FOLLONI, André; SIMM, Camila Beatriz. Direito tributário, complexidade e análise econômica do Direito. *Revista Eletrônica do curso de Direito da UFSM*. v. 11, n. 1, p. 56, 2016. Disponível em: https://periodicos.ufsm.br/revistadireito/article/view/19726. Acesso em: 13 jan. 2021.
20. NEVES; Clarissa Eckert Baeta. NEVES, Fabrício Monteiro. O que há de complexo no mundo complexo? Niklas Luhmann e a Teoria dos Sistemas Sociais. *Sociologias*, Porto Alegre, ano 8, n. 15, p. 183-186, jan./jun. 2006.
21. ROVELLI, Carlo. *O Abismo Vertiginoso*: um mergulho nas ideias e nos efeitos da física quântica. Rio de Janeiro: Objetiva, 2021. Recurso Eletrônico.
22. TORRES, Ricardo Lobo. Legalidade Tributária e Riscos Sociais. *Revista Dialética de Direito Tributário*, n. 59, ago. 2000, p. 95-112.
23. TORRES, Ricardo Lobo. Idem, p. 95-112.
24. ROSENBLATT, Paulo; TRON, Manuel E. *Anti-avoidance measures of general nature and scope* – GAAR and other rules. Cahiers de droit fiscal international / Studies on international fiscal law n. 103(a). International Fiscal Association, 2018.
25. SANCHES, Saldanha J. L. *Justiça Fiscal*. Lisboa: Relógio D'Água / Fundação Francisco Manuel dos Santos, 2010, p. 14.

simplificador pode não contribuir para a compreensão do direito tributário, que exige conhecimento e profundidade.[26]

Nesse contexto, a complexidade social do ambiente gera complexidade para o sistema, com a introdução de novas possibilidades para enfrentar as situações originadas.[27]

> O direito tributário é notadamente um ramo complexo do direito. A massificação do direito, o desenvolvimento tecnológico, a erosão das fronteiras nacionais, e tantos outros fatores contribuíram para que o direito tributário se tornasse cada vez mais complexo. A sociedade atual, vivenciando fenômenos até pouco desconhecidos (forte presença de tecnologia, comércio virtual, serviços prestados remotamente, facilidade de locomoção entre países, entre tantos outros) faz com que o legislador tributário tenha que se adequar à "enorme quantidade de situações fáticas da vida imagináveis" tornando o direito tributário ainda mais complexo.[28]

Por outro lado, tratar a complexidade com mais legislação pode não ser eficaz. Pode, ao contrário, significar tratar a intoxicação medicamentosa aguda por superdosagem, administrando-se o mesmo medicamento ao paciente que se automedicou. Isso não quer dizer que a complexidade não seja um problema e que não deva ser enfrentada, mas sim que os métodos nem sempre são eficazes.

> O que é claro para todos os envolvidos é que a complexidade legislativa embutida no imposto gera enormes perdas irrecuperáveis em termos de custos de conformidade e administração. O discurso de "reforma" e "simplificação" é tão antigo quanto o próprio imposto. De alguma forma, mais de meio século de "reformas" que visavam em parte à simplificação resultou apenas em maior complexidade e confusão.[29]

A esse respeito, a praticabilidade tributária, entendida como um conjunto de instrumentos para facilitar a fiscalização e a arrecadação tributárias, é um meio de simplificação, mas que, sem os devidos cuidados, pode trazer inúmeros prejuízos para a segurança jurídica.

Cumpre observar que a profusão normativa do sistema tributário não apenas tende a dificultar o acesso e entendimento do seu conteúdo por parte dos contribuintes, mas também por parte dos administradores e auditores fiscais. Essa questão afeta

---

26. BORGES, José Souto Maior. Um ensaio interdisciplinar em direito tributário: superação da dogmática. *Revista Dialética de Direito Tributário* (RDDT), 211 (abr. 2013), p. 106-121. Vide também a esse respeito: FOLLONI, André. *Clareiras e caminhos do direito tributário*: crítica da ciência do direito tributário a partir da obra de José Souto Maior Borges. Tese de doutorado em Direito do Estado. Universidade Federal do Paraná. Setor de ciências jurídicas. Programa de Pós-Graduação em Direito, p. 420.
27. VIANA, Ulisses Schwarz. *Horizontes da justiça*: complexidade e contingência no sistema jurídico. 2013. Tese (Doutorado em Filosofia e Teoria Geral do Direito) – Faculdade de Direito, Universidade de São Paulo, São Paulo, 2013. p. 112. Disponível em: https://teses.usp.br/teses/disponiveis/2/2139/tde-11062014-110504/pt-br.php.
28. ADAMY, Pedro. Complexidade, simplificação e divulgação do Direito Tributário. In: KUNZ, Lena; MESE, Vivianne Ferreira (Org.). *Rechtssprache und Schwächerenschutz*. Baden-Baden: Nomos, 2018, p. 295.
29. KREVER, Richard. Plain English drafting, purposive drafting, principle-based drafting: Does any of it matter?. In: J. FREEDMAN (Ed.). *Beyond boundaries*: developing approaches to tax avoidance and tax risk management, Oxford: Oxford University Centre for Business Taxation, 2008, p. 189-195 (tradução do autor).

negativamente a administração tributária, aumentando custos e reduzindo a eficácia das políticas tributárias.[30]

O que se deve atacar, por um lado, são as dificuldades. É preciso identificar, dentro da complexidade, onde se encontram os gargalos que criam problemas à interpretação pelos destinatários das normas e a sua aplicação. A simplificação a qualquer custo pode causar sérios prejuízos, seja por falhar em responder às contingências necessárias, seja porque pode ter um efeito contrário e atrair maiores dificuldades na sua aplicação. Além disso, a simplificação pura e simples, como já dito, pode trazer prejuízos à isonomia, capacidade contributiva e outros valores constitucionais que necessitam de diferenciações – muitas das quais complexas – para a sua concretização.

3. A SIMPLIFICAÇÃO COMO SEGURANÇA JURÍDICA: COGNOSCIBILIDADE

A clareza deve perseguir a compreensibilidade da legislação tributária. "Se bem compreendida, a simplificação pode ser o elemento principal que gera maior compreensibilidade do direito tributário, aproximando o contribuinte e o Estado na sua relação jurídico-tributária".[31] Segundo Humberto Ávila, a segurança jurídica promove os ideais de calculabilidade, confiabilidade e cognoscibilidade. Para ele, este último significa ter acesso formal e material e, portanto, cognitivo aos conceitos jurídicos, isto é, a cognoscibilidade confere a capacidade de compreensão das alternativas interpretativas e dos critérios necessários para a sua concretização.[32]

Nesse quadro, o princípio da simplificação não pode ser interpretado como um vetor reducionista de uma realidade complexa. Tratar todas as situações da mesma maneira, sem examinar as suas particularidades, é perigoso. Isso porque há riscos de que a simplificação inadvertida comprometa a própria equidade do sistema e seu conjunte de valores e objetivos, das limitações constitucionais ao poder de tributar, e da própria segurança jurídica. Simplificar não é um fim em si mesmo e deve ser interpretado em conjunto com outros princípios. "Os direitos e garantias individuais do contribuinte representam um limite da simplificação tributária".[33]

A ideia de que uma reforma tributária é, por si só, passível de simplificar o direito tributário como um passe de mágica é ilusória. Basta ver a quantidade de novos dispositivos provenientes da Emenda Constitucional n. 132/2023, bem como a extensão

---

30. SOARES, Fabiana de Menezes. Simplificação e elaboração da legislação tributária infralegal: notas sobre o acesso ao direito vigente e a gestão da elaboração legislativa pelo Executivo. *Cadernos de Finanças Públicas* (ESAF), n. 12, dez/2012, p. 219-254.
31. ADAMY, Pedro. Complexidade, simplificação e divulgação do Direito Tributário. in: KUNZ, Lena; MESE, Vivianne Ferreira (Org.). *Rechtssprache und Schwächerenschutz*. Baden-Baden: Nomos, 2018, p. 298.
32. ÁVILA, Humberto. *Segurança Jurídica*. Entre permanência, mudança e realização no direito tributário. 2. ed. São Paulo: Malheiros, 2012, p. 247 e 256. No mesmo sentido, TÔRRES, Heleno Taveira. *Direito Constitucional Tributário e Segurança Jurídica*: Metódica da Segurança Jurídica do Sistema Constitucional Tributário. 2. ed. São Paulo: RT, 2012, p. 248.
33. ZILVETI, Fernando Aurelio. Tipicidade e Simplicidade no Direito Tributário. *Revista Direito Tributário Atual* n. 50. ano 40. p. 502-521. São Paulo: IBDT, 1º quadrimestre 2022, p. 502-521.

da proposta de lei complementar que está em discussão no Congresso Nacional para regulamentá-la (PLC 68/2024). A reforma tributária do consumo irá eliminar certas dificuldades, mas criará outras tantas previstas e imprevistas.

Nesse sentido, é preciso que os textos normativos, como instrumentos de comunicação entre o legislador e o cidadão, sejam redigidos, na medida do possível, com certo grau de clareza e objetividade, diminuindo as indeterminações, vagueza e obscuridade. Ou seja, as normas precisam ser compreensíveis e coerentes.

Pedro Adamy, a esse respeito, afirma que há dois enfoques principais para simplificar o direito tributário: (1) a simplificação do objeto de tributação em si e (2) a simplificação na forma como as leis tributárias são comunicadas aos cidadãos. Ele enfatiza ainda a importância de uma legislação que seja compreensível para os não especialistas, permitindo uma maior transparência e engajamento público.[34]

Em tal perspectiva, pode-se inferir que o recém-introduzido princípio constitucional da simplicidade, além da substituição de regras que criem dificuldades desnecessárias (como obrigações acessórias sobrepostas, por exemplo), da indicação da vigência das normas, ou da revogação de normas obsoletas ou repetidas, decorrentes de uma produção legislativa excessiva e desordenada, traz acima disso, a ideia fundamental de clareza e compreensibilidade.

A consolidação é uma das estratégias utilizadas nesse contexto de simplicidade como cognoscibilidade, ao conferir unidade, completude e sistematização ao direito tributário. A consolidação não cria, mas reorganiza o direito positivo, a partir de critérios formais de racionalidade e simplificação do conjunto normativo disperso em uma multiplicidade de normas veiculadas desordenadamente por fontes do direito diversas.

> Importa, portanto, analisar o problema da complexidade da lei tributária brasileira e perquirir se a técnica de consolidação das leis poderia contribuir para um sistema mais racional e inteligível. Não se trata de uma defesa a esmo da "limpeza do ordenamento" ou de um fetiche pela "pureza" da lei. Diante de um problema real da existência de um conjunto desordenado e muitas vezes incompreensível da matéria legislada, o que se almeja é facilitar a compreensão pelo leitor da lei, seja ele o destinatário da lei, o profissional do direito ou mesmo o parlamentar. A justiça somente será feita ou desprezada se as leis forem ou não acessíveis.[35]

Trata-se, portanto, não de um trabalho criativo, mas de rearranjo normativo. Isso não lhe retira a importância; ao contrário, é um meio importante para dar cognoscibilidade às normas jurídicas, por um processo de fusão de atos pré-existentes, com o mesmo objeto, mesmo âmbito de aplicação (até mesmo, em alguns casos, análogos ou conexos). Nesse processo, são feitas alterações formais para identificar e permitir que sejam eliminadas possíveis divergências, conflitos ou repetições de normas. O objetivo é criar um conjunto normativo coeso e harmonioso, incorporando todas as disposições

---

34. ADAMY, Pedro. Complexidade, simplificação e divulgação do Direito Tributário. in: KUNZ, Lena; MESE, Vivianne Ferreira (Org.). *Rechtssprache und Schwächerenschutz*. Baden-Baden: Nomos, 2018, p. 298.
35. MOREIRA, Bernardo Motta. *O devido processo legislativo tributário*. Tese (Doutorado em Direito Tributário). Belo Horizonte: Faculdade de Direito da Universidade Federal de Minas Gerais, 2021, p. 329.

necessárias, como uma eficiente ferramenta de organização legislativa diante do caos normativo.[36] A atividade consolidativa é um imperativo de simplificação, porque melhora a clareza e a eficiência do sistema tributário.[37]

A esse respeito, Hugo de Brito Machado já apontou que a Constituição Federal, no parágrafo único do artigo 59, trouxe a exigência de que "Lei complementar disporá sobre a elaboração, redação, alteração e consolidação das leis". Ao reunir a legislação em um único diploma, revogando-se os dispositivos incorporados, sem solução de continuidade normativa, tem-se uma imensa contribuição para o acesso formal e material do conteúdo das leis, removendo-se as opacidades, redundâncias e prolixidades, repetições desnecessárias, e demais dificuldades.

E ele explicou que a Lei Complementar 95/1998, que "estabeleceu normas sobre a redação, a alteração e a consolidação das leis", trouxe as condições necessárias à sua regulamentação.[38] No seu artigo 11, determinou que "as disposições normativas serão redigidas com clareza, precisão e ordem lógica", prevendo também um rol de requisitos para instituir normas claras e compreensíveis. Dentre os seus dispositivos, prevê-se que a consolidação irá revogar formalmente as leis. Essa lei complementar trata tanto da consolidação das leis como da consolidação de outros atos normativos. A Lei Complementar 107/2001 trouxe alterações à Lei Complementar 95/1998.

O presente artigo não abordará a discussão se o art. 212 do CTN prevalece ou não em relação à Lei Complementar 95/1998, com fundamento no princípio da especialidade previsto no art. 2º, § 2º, da LINDB (Decreto-lei 4.657/1942), na medida em que há mais compatibilidade entre eles do que antinomias. Na verdade, o artigo 212 do CTN prevê a consolidação da legislação via decreto, de maneira que não poderia ser empregado para revogar as leis consolidadas. Teria o papel de mero compêndio. Daí porque as regras contidas na Lei Complementar 95/1998 são mais eficientes por essa perspectiva, ao determinar a revogação expressa pela lei consolidadora dos dispositivos legais incorporados, com a sua expressa indicação.

Sobre isso, o artigo 14, inciso I, dessa lei complementar estabelece o procedimento de que "O Poder Executivo ou o Poder Legislativo procederá ao levantamento da legislação federal em vigor e formulará projeto de lei de consolidação de normas que tratem da mesma matéria ou de assuntos a ela vinculados, com a indicação precisa dos diplomas legais expressa ou implicitamente revogados". Esse dispositivo foi introduzido pela Lei Complementar 107/2001, enquanto a redação original previa que "os órgãos diretamente subordinados à Presidência da República e os Ministérios, no prazo de cento e oitenta dias, contado da vigência desta Lei Complementar, procederão ao exame, triagem e

---

36. RIZEK JUNIOR, Rubens Naman. *O processo de consolidação e organização legislativa*. Tese (Doutorado em Direito do Estado). São Paulo: Faculdade de Direito da Universidade de São Paulo, 2009, p. 255-271.
37. SOARES, Fabiana de Menezes. Simplificação e elaboração da legislação tributária infralegal: notas sobre o acesso ao direito vigente e a gestão da elaboração legislativa pelo Executivo. *Cadernos de Finanças Públicas* (ESAF), n. 12, dez/2012, p. 219-254.
38. MACHADO, Hugo de Brito. A Consolidação da Legislação de cada Tributo e Possíveis Consequências da Inobservância do art. 212 do CTN. *Revista Dialética de Direito Tributário*, n. 77, fev. 2002, p. 42-56.

seleção das leis complementares, delegadas, ordinárias e decretos-leis relacionados com as respectivas áreas de competência, agrupando e consolidando os textos que tratem da mesma matéria ou de assuntos vinculados por afinidade, pertinência ou conexão, com indicação precisa dos diplomas legais ou preceitos expressa ou implicitamente revogados". Houve um compartilhamento do dever de consolidação entre o Poder Executivo e o Poder Legislativo (este último mais apto a tal demanda, ainda que por provocação do Executivo).

E se, por um lado, eliminou-se o prazo dado ao Poder Executivo para realizar a tarefa consolidadora, por outro, permaneceu a regra, no seu artigo 15, de que "Na primeira sessão legislativa de cada legislatura, a Mesa do Congresso Nacional promoverá a atualização da Consolidação das Leis Federais Brasileiras, incorporando às coletâneas que a integram as emendas constitucionais, leis, decretos legislativos e resoluções promulgadas durante a legislatura imediatamente anterior, ordenados e indexados sistematicamente".

Já a houve a edição de três decretos federais para dar exequibilidade ao comando consolidador: o Decreto 4.176, de 28 de março de 2002 e o Decreto 9.191, de 1º de novembro de 2017, nos capítulos que trataram da consolidação de(dos) atos normativos foram praticamente idênticos; e o recentíssimo Decreto 12.002, de 22 de abril de 2024, que, além de repetir parte dos dispositivos dos decretos anteriores, incluiu algumas regras de competência, mas sem prever prazos e condições para o seu cumprimento. Esses são instrumentos ainda insuficientes, especialmente porque se referem apenas à consolidação a ser exercida no âmbito do Poder Executivo e não legislativo, e porque não há previsão de prazos e sanções pelo seu descumprimento.

A consolidação não é uma atividade menor. Na verdade, trata-se de uma tarefa complexa que visa, paradoxalmente, à simplicidade, na medida em que o reagrupamento de normas aplicáveis a determinados tributos – com a preservação do seu conteúdo original, sem a inovação normativa – facilitaria o seu conhecimento com maior clareza. Dizer que não tem papel inaugural não significa que não tenha uma função modificativa do direito, já que remove antinomias, lacunas, erros, redundâncias, contradições, inconstitucionalidades (cumprindo-se as decisões do Supremo Tribunal Federal) e outros defeitos sistêmicos. É, portanto, um processo legislativo especial.

Nesse ponto, discordo de Bernardo Motta Moreira, em cuja tese de doutorado afirmou que:

> A premissa básica da técnica de consolidação é a de que deve ser preservado o conteúdo normativo original dos dispositivos consolidados. A partir desse parâmetro é permitida a alteração dos textos legais base pela introdução de novas divisões; pela mudança e alteração da posição dos artigos consolidados; e pela junção de disposições repetitivas ou de valor normativo idêntico. Merece realce o fato de que consolidar não é legislar: é agrupar legislação já elaborada, reunir essa legislação em volume único e, in extremis, em alguns textos únicos. Ou seja, o Direito não é inovado é apenas sistematizado, tratado metódica e sistematicamente. Consolidar, então, não é uma atividade típica do Legislativo, mas do Executivo.
>
> Dessa forma, o fundamento da ação do Poder Legislativo no processo de consolidação não é legislativo, mas fiscalizatório. A ação desse poder é amparada pelo art. 49, XI, da CRFB/88, que impõe ao

Congresso Nacional o dever de zelar pela preservação de sua competência normativa em face das atribuições normativas de outros Poderes. O Poder Legislativo age, então, concomitantemente ou a posteriori, controlando a perfeição do procedimento consolidatório e, principalmente, zelando para que os textos consolidados não apresentem inovações jurídicas, o que poderia redundar em atribuição legislativa ao consolidador.[39]

Não se trata de ato exclusivo do Poder Executivo, mas compartilhado com o Poder Legislativo. Este não realiza mera fiscalização, mas possui a atribuição de consolidar as leis, revogando-se os atos incorporados, por iniciativa própria ou do Poder Executivo. A consolidação realizada por decreto, por este último, sem prejuízo da utilidade, é uma consolidação do tipo compêndio, sem a força corretiva e saneadora atribuída ao Parlamento.

Aliás, o ideal é que, consolidadas as leis pelo Parlamento, com ou sem a iniciativa do Poder Executivo, este realize a consolidação da legislação federal, incluída a parte consolidada pelo legislador e acrescentando, como um compêndio, também de forma consolidada, o restante da legislação tributária (decretos e normas complementares).

A cognoscibilidade e o cumprimento do princípio constitucional da simplicidade exigem esse trabalho conjunto entre o Executivo e o Legislativo, para, saneando-se a dispersão normativa, promover uma real e efetiva consolidação.

O verdadeiro papel do artigo 59, parágrafo único, da Constituição Federal, cujo mandamento foi cumprido pela Lei Complementar 95/1998, foi o de ampliar a atividade de consolidação de todo o conjunto de fontes do direito tributário brasileiro com uma força tarefa do Executivo e Legislativo.

Por fim, observe-se que a Lei de Acesso à Informação (Lei 12.527, de 18 de novembro de 2011) prevê que ela se destina a assegurar o direito fundamental de acesso à informação, incluída a diretriz de que haja a utilização de meios de comunicação viabilizados pela tecnologia da informação. Nesse sentido, é importante que se utilize da legislação para que haja a disponibilização de informação e que a consolidação da legislação esteja disponível nos meios eletrônicos de acesso público (sítios oficiais), com todos os dados necessários para a pesquisa e amplo conhecimento.

CONCLUSÃO

A consolidação da legislação tributária é uma necessidade atual e que merece destaque a partir da criação do princípio constitucional da simplicidade para todo o sistema tributário, agora contido no § 3º adicionado ao artigo 145 da Constituição Federal de 1988 (redação dada pela Emenda Constitucional 132/2024).

As ideias de simplicidade, complexidade e dificuldade ainda são conceitos imprecisos e que merecem o devido cuidado, sob pena de desrespeito as valores constitucionais destinados à justiça fiscal, como isonomia, capacidade contributiva e as regras voltadas à diminuição de desigualdades sociais e regionais.

---

39. MOREIRA, Bernardo Motta. *O devido processo legislativo tributário*. Tese (Doutorado em Direito Tributário). Belo Horizonte: Faculdade de Direito da Universidade Federal de Minas Gerais, 2021, p. 349.

Não apenas o artigo 202 do CTN, mas a própria Constituição Federal, no seu artigo 59, parágrafo único, regulamentada pela Lei Complementar 95/1998 e, no âmbito do Poder Executivo pelo recente Decreto 12.002/2024 (em substituição a decretos anteriores), impõem a consolidação como uma tarefa permanente do estado. Antes atribuída ao Poder Executivo, agora se tem por inegável que tal dever competir também e principalmente ao Poder Legislativo. Aqui, concordo com Bernardo da Motta Moreira, segundo o qual:

> [...] esse processo permanente de consolidação, simplificação e revisão legislativa somente poderá ser implementado com a evolução da concepção do Parlamento e da produção legislativa, além da expansão dos canais de comunicação com os demais Poderes, em especial com o Poder Executivo. É urgente, para o devido PLT, desenvolver mecanismos institucionalizados e permanentes de cooperação entre os Poderes Executivo e Legislativo, para produzir regras consentâneas com os magnos princípios da segurança jurídica e da separação dos poderes.[40]

A consolidação, como aqui defendido, tem um escopo multidisciplinar, do que se extrai a sua complexidade no sentido dado por Edgar Morin:

> Separamos os objetos de seus contextos, separamos a realidade em disciplinas compartimentadas umas das outras. Mas, como a realidade é feita de laços e interações, nosso conhecimento é incapaz de perceber o "complexus" – o tecido que junta a todo.[41]

Significa dizer que o complexo tecido que forma a legislação tributária (leis, tratados e convenções internacionais, decretos e normas complementares) precisa de uma "atividade de tecelagem" combinada entre os órgãos "têxteis" do governo e os legisladores, para o fim de conferir clareza e cognoscibilidade a todos os destinatários das normas tributárias. É importante, cada vez mais, que a consolidação se utilize dos meios eletrônicos de acesso à informação, o que dará grande agilidade na revisão permanente, além de ampla transparência.

O alerta do professor Hugo de Brito Machado foi fundamental, ao identificar os desafios e recomendações à consolidação da legislação tributária, enfatizando a necessidade de comprometimento político e administrativo para garantir que a consolidação seja realizada de forma regular e sistemática. Para ele, a consolidação da legislação tributária é um passo crucial para garantir um sistema tributário mais claro, acessível e justo, facilitando tanto a administração quanto o cumprimento das obrigações tributárias, principais e acessórias.

Ao final, a respeito da consolidação da legislação tributária, esse artigo faz uma análise "Machadiana", não no sentido daqueles que admiram ou se dedicam à leitura, ao estudo e à investigação da obra literária de Machado de Assis – nos quais me incluo também –, mas na que se destina a todos aqueles que, como eu, são profundos admiradores, estudiosos e pesquisadoras da indispensável e vasta obra do professor Hugo de Brito Machado.

---

40. MOREIRA, Bernardo Motta. *O devido processo legislativo tributário*. Tese (Doutorado em Direito Tributário). Belo Horizonte: Faculdade de Direito da Universidade Federal de Minas Gerais, 2021, p. 360.
41. MORIN, Edgar; TAVARES, José Maria. *Iniciação ao pensamento complexo*. [Kindle]. Posição 1851.

REFERÊNCIAS

ADAMY, Pedro. Complexidade, simplificação e divulgação do Direito Tributário. In: KUNZ, Lena; MESE, Vivianne Ferreira (Org.). *Rechtssprache und Schwächerenschutz*. Baden-Baden: Nomos, 2018.

ÁVILA, Humberto. Segurança Jurídica. *Entre permanência, mudança e realização no direito tributário*. 2. ed. São Paulo: Malheiros, 2012.

BALEEIRO, Aliomar. *Direito tributário brasileiro*. Atual. Misabel Abreu Machado Derzi. 12. ed. Rio de Janeiro: Forense, 2013.

BECKER, Alfredo Augusto. *Carnaval*. 2. ed. São Paulo: LEJUS, 1999.

BRAITHWAITE, John. 'Making tax law more certain: a theory', 2002. Disponível em: http://ctsi.anu.edu.au/publications/WP/44.pdf. Acesso em: 23 ago. 2011.

BATISTA JÚNIOR, Onofre Alves; MARINHO, Marina Soares. Do federalismo de cooperação ao federalismo canibal: a Lei Kandir e o desequilíbrio do pacto federativo. *Revista de informação legislativa*: RIL, v. 55, n. 217, p. 159-160, jan./mar. 2018.

BORGES, José Souto Maior. Um ensaio interdisciplinar em direito tributário: superação da dogmática. *Revista Dialética de Direito Tributário* (RDDT), 211 (abr. 2013).

FOLLONI, André; SIMM, Camila Beatriz. Direito tributário, complexidade e análise econômica do Direito. *Revista Eletrônica do curso de Direito da UFSM*. v. 11, n. 1, 2016.

FOLLONI, André. *Clareiras e caminhos do direito tributário*: crítica da ciência do direito tributário a partir da obra de José Souto Maior Borges. Tese de doutorado em Direito do Estado. Universidade Federal do Paraná. Setor de ciências jurídicas. Programa de Pós-Graduação em Direito.

KREVER, Richard. 'Plain English drafting, purposive drafting, principle-based drafting: Does any of it matter?' In: J. FREEDMAN (Ed.). *Beyond boundaries*: developing approaches to tax avoidance and tax risk management (Oxford: Oxford University Centre for Business Taxation, 2008.

MACHADO, Hugo de Brito. *Curso de Direito Tributário*. São Paulo: Malheiros, 1988.

MACHADO, Hugo de Brito. A Consolidação da Legislação de cada Tributo e Possíveis Consequências da Inobservância do art. 212 do CTN. *Revista Dialética de Direito Tributário*, n. 77, fev. 2002.

MOREIRA, Bernardo Motta. *O devido processo legislativo tributário*. Tese (Doutorado em Direito Tributário). Belo Horizonte: Faculdade de Direito da Universidade Federal de Minas Gerais, 2021.

MORIN, Edgar; TAVARES, José Maria. *Iniciação ao pensamento complexo*. [Kindle]

NEVES; Clarissa Eckert Baeta. NEVES, Fabrício Monteiro. O que há de complexo no mundo complexo? Niklas Lhumann e a Teoria dos Sistemas Sociais. *Sociologias*. Porto Alegre, ano 8, n. 15, jan./jun. 2006.

NOGUEIRA, Roberto Wagner Lima. In: PEIXOTO, Marcelo Magalhães, LACOMBE, Rodrigo Santos Masset (Coord.). *Comentários ao Código Tributário Nacional*. 2. ed. São Paulo: MP ed., 2008.

ROCHA, Sérgio André. *Da Lei à Decisão*: A segurança jurídica Tributária Possível na Pós-Modernidade. Rio de Janeiro: Lumen Juris, 2017.

ROSENBLATT, Paulo. *Competência Regulamentar no Direito Tributário Brasileiro*. São Paulo: MP Editora, 2009.

ROSENBLATT, Paulo; TRON, Manuel E. Anti-avoidance measures of general nature and scope – GAAR and other rules. Cahiers de droit fiscal international / *Studies on international fiscal law* n. 103(a). International Fiscal Association, 2018.

ROVELLI, Carlo. *O Abismo Vertiginoso*: um mergulho nas ideias e nos efeitos da física quântica. Rio de Janeiro: Objetiva, 2021. Recurso Eletrônico.

SANCHES, Saldanha J. L. *Justiça Fiscal*. Lisboa: Relógio D'Água / Fundação Francisco Manuel dos Santos, 2010.

SOARES, Fabiana de Menezes. Simplificação e elaboração da legislação tributária infralegal: notas sobre o acesso ao direito vigente e a gestão da elaboração legislativa pelo Executivo. *Cadernos de Finanças Públicas* (ESAF), n. 12, dez. 2012.

SOUZA, Maria Helena Rau de. Comentários aos arts. 183 a 218. In: FREITAS, Vladimir Passos de (Coord.). *Código Tributário Nacional Comentado*. 4. ed. São Paulo: RT, 2007.

TORRES, Ricardo Lobo. Legalidade Tributária e Riscos Sociais. *Revista Dialética de Direito Tributário*, n. 59, ago. 2000.

TÔRRES, Heleno Taveira. *Direito Constitucional Tributário e Segurança Jurídica:* Metódica da Segurança Jurídica do Sistema Constitucional Tributário. 2. ed. São Paulo: RT, 2012.

TIPKE, Klaus. *Moral Tributária do Estado e dos Contribuintes*. Trad. Luiz Dória Furquim. Porto Alegre: Sergio Antonio Fabris Editor, 2012.

VIANA, Ulisses Schwarz. *Horizontes da justiça*: complexidade e contingência no sistema jurídico. 2013. Tese (Doutorado em Filosofia e Teoria Geral do Direito) – Faculdade de Direito, Universidade de São Paulo, São Paulo, 2013.

ZILVETI, Fernando Aurelio. Tipicidade e Simplicidade no Direito Tributário. *Revista Direito Tributário Atual* n. 50. ano 40. p. 502-521. São Paulo: IBDT, 1º quadrimestre 2022.

CLAREZA E SIMPLICIDADE DA LEGISLAÇÃO TRIBUTÁRIA

Ricardo Mariz de Oliveira

> Graduado em Ciências Jurídicas e Sociais pela Faculdade de Direito da USP em 1963. Pós graduação (Especialização) em Direito Civil pela mesma faculdade. Presidente do Instituto Brasileiro de Direito Tributário – IBDT e membro de diversas entidades, como a ABDF, o IET, a ABRADT e a FESDT. Professor em cursos de direito tributário pós-graduação "lato sensu" do IBDT e professor convidado por várias faculdades e entidades no País. Palestrante em vários congressos sobre direito tributário. Relator nacional do Brasil perante o Congresso da International Fiscal Association realizado em Cancún em 1992, para o tema "Tax Consequences of International Acquisitions and Business Combination". Autor de vários artigos e livros, inclusive do livro Fundamentos do Imposto de Renda.

O título deste artigo tem tudo a ver com o Professor Hugo de Brito Machado, por duas razões:

– ele foi um incansável defensor da prevalência do direito na regulação da vida social, o que, por evidente, requer que as leis sejam bem feitas, e serem bem feitas significa serem claras e simples;

– ele, como professor, como magistrado, como doutrinador e como conferencista, sempre exibiu uma invejável precisão e clareza na exposição das suas convicções, e sempre pelo modo simples, próprio dos homens cultos que não dependem de floreios linguísticos para se exprimir.

A partir destas duas verdades, penso que escrever sobre a clareza e a simplicidade da legislação tributária, numa obra coletiva em homenagem ao Professor Hugo, é uma maneira muito adequada, apesar de que não seria preciso dedicar um trabalho a este tema, pois é intuitivo a qualquer pessoa, e não uma demanda apenas de juristas, que as leis sejam escritas de modo claro e simples.

Realmente, o principal objetivo de qualquer lei é disciplinar o comportamento dos jurisdicionados em torno do objeto de que trate, tendo em vista direitos individuais e valores coletivos, com o objetivo de estabelecer bom e pacífico convívio social. Ora isto somente é possível se houver uma compreensão coletiva dos mandamentos legais, para que ninguém seja surpreendido com a decretação de algum comportamento que deveria ter tido, mas que não estava facilmente perceptível na lei.

E o mesmo é necessário quando qualquer disputa seja submetida a algum órgão judicante, ninguém devendo ser surpreendido por uma interpretação inesperada, mas calcada num texto legal falho.

Em outras palavras, é mais desejável que a norma legal segundo a qual "ninguém pode alegar ignorância da lei" seja um imperativo real na sociedade, e não apenas uma prescrição destinada a assegurar a eficácia das leis, mas aplicável num cenário legislativo confuso, contraditório, divorciado da realidade ou contaminado por outros defeitos.

No direito tributário, tais exigências se impõem superlativamente em virtude da complexidade inerente à matéria. Muitas vezes o assunto específico é cercado de aspectos difíceis de serem compreendidos, mesmo por especialistas, extravasando do campo da tributação para adentrar na seara de outros ramos do direito, ou mesmo de outras ciências.

Ora, se a lei tributária for mal elaborada, as consequências serão, como todos sabemos, a geração de conflitos, as perdas que os processos para suas soluções acarretam para todos, e, ao cabo, a incerteza, pois a norma se prestará a interpretações dúbias ou mesmo distorcidas.

Não há a menor dúvida de que determinadas matérias têm algumas características inevitáveis que tornam difícil a tarefa de legislar, e muito mais difícil fazê-lo de modo simples e claro. Não obstante, sempre é possível melhorar o trabalho legislativo com o concurso de especialistas e de pessoas que tenham a virtude de bem exprimir ideias e conceitos, através de linguagem articulada que se torne compreensível pela maioria dos destinatários e pouco sujeita a controvérsias de intelecção, especialmente infensas a interpretações que sejam verdadeiras alterações da mensagem legislativa emitida, e que se escondem nas sombras da incerteza ou da vaguidade.

Por isso, a despeito de que a exigência de clareza e simplicidade não deveria precisar de defensores nem de apreciação doutrinária, a realidade mostra que, sim, ela jamais pode ser colocada de lado.

Mas é paradoxal que vivamos numa realidade em que a melhor técnica legislativa é maltratada por inúmeras razões, isto apesar de haver normas legais – e não apenas reclamos doutrinários – que visem assegurar a boa produção de leis e de outros diplomas normativos.

De fato, em 1988 a Assembleia Nacional Constituinte, embora perdida no emaranhado de regras minuciosas que resolveu inserir na Constituição, teve a sábia iniciativa de determinar que lei complementar deveria dispor *"sobre a elaboração, redação, alteração e consolidação das leis"* (art. 59, parágrafo único).

Somente num país como o Brasil pode-se conceber que a Lei Magna tenha descido ao nível de determinar a promulgação de uma lei, de caráter complementar, com a finalidade de dizer como as leis devem ser elaboradas, ou redigidas, ou alteradas, ou ainda consolidadas.

A verdade, contudo, é que o constituinte teve a percepção da realidade nacional e da lamentável produção legislativa que ocorria por aqui. Assim, aquilo que seria uma exigência natural passou a ser objeto de regras impositivas, por incrível que pareça, destinadas principalmente a quem faz as leis e outras normas.

Hoje em dia, trinta anos após, sabemos que a pretensão da Constituição, por mais justificada que tenha sido, ainda não se concretizou, pois a observação dos trabalhos legislativos e dos resultados que produzem reflete a continuidade piorada do cenário existente até outubro de 1988. E, obviamente, os resultados não poderiam ser piores, pois vivemos em ambiente de enorme insegurança jurídica, nascida de leis mal elaboradas – sem simplicidade e sem clareza – e fomentada por interpretações judiciais que certamente não encontrariam espaço perante um ordenamento jurídico mais apurado.

Mas a Constituição foi respeitada quando, quase dez anos após a sua promulgação, o Congresso Nacional editou a Lei Complementar 95, em 26.02.1998.

Eu não tive a ventura de discutir essa lei com o Professor Hugo, mas tenho a impressão de que ele deve tê-la considerado satisfatória na perseguição de leis claras e simples, ainda que devam disciplinar assuntos complexos.

Realmente, por mais complexa que seja determinada matéria, sempre é possível empregar conhecimentos e experiência para tratar dela com as possíveis clareza e simplicidade.

Nós conhecemos a noção do legislador racional, que alude a um legislador ideal, dotado de certas qualidades e virtudes necessárias ao fazimento de uma boa lei, e que também pode ser invocado na árdua tarefa de interpretar o ordenamento jurídico positivo.

Com razão, a ideia do legislador racional é um recurso de hermenêutica que, por paradoxal que possa parecer, mais se impõe exatamente quando estamos perante textos legais falhos. De fato, principalmente quando a redação normativa é deficiente (embora também deva ser assim quando a redação legal seja escorreita e precisa) a exegese jurídica deve partir do pressuposto teórico de que há um legislador racional, não um determinado homem ou um grupo de homens, mas um legislador impessoal e ideal presente na boa elaboração do direito, porque, afinal, a interpretação busca uma boa solução jurídica e esta deve corresponder ao objetivo de qualquer norma.

No linguajar jurídico, é muito comum haver referência ao legislador desta ou daquela lei, quando se quer identificar alguma norma com o respectivo órgão emissor. Entretanto, o legislador racional não é alguém ou algum órgão específico, que esteja em algum lugar do espaço ou em determinado momento do tempo, pois é o legislador ideal e necessário para a segurança jurídica.

Tercio Sampaio Ferraz Júnior, que, por sua vez, se reporta às propriedades do legislador racional propostas por Santiago Nino, ensina o seguinte a respeito desse ser ideal:[1]

> Kelsen pode nos fornecer uma pista do que estamos procurando. Ao distinguir entre *norma* e *proposição jurídica*, ele nos diz que aquela *prescreve* condutas e esta *descreve* as normas. Assim, a norma 'matar alguém, pena x' é descrita pela proposição doutrinária 'no Direito Brasileiro, matar alguém deve ser punido com a pena x'. Este 'dever-ser', porém, diz Kelsen (1960), não é prescritivo mas descritivo. Que significa, contudo, um 'dever-ser descritivo'? Kelsen explica que as proposições doutrinárias não produzem normas, são apenas atos de conhecimento, não de vontade. Não obstante, não fica esclarecido o uso do conectivo *deve-ser* cuja carga prescritiva é transparente e, apesar disso, não se confunde com o *ser* descritivo. Não se trata, pois, nem de língua normativa (LN) nem de língua-realidade (LR).

---

1. FERRAZ JÚNIOR, Tercio Ferraz. *Introdução ao Estudo do Direito*. 2. ed. São Paulo: Atlas, 1996, p. 279 e s.

Para entender esta peculiaridade da língua hermenêutica (LH) temos de fazer referência a um pressuposto importante da hermenêutica quando interpreta: o *legislador racional*. Trata-se de uma construção dogmática que não se confunde com o legislador normativo (o ato juridicamente competente conforme o ordenamento) nem com legislador real (a vontade que *de fato* positiva normas). É uma figura intermédia, que funciona como um terceiro metalinguístico em face de língua normativa (LN) e da língua-realidade (LR). A ele a hermenêutica se reporta quando fala que 'o legislador pretende que...', 'a intenção do legislador é que...' ou mesmo 'a *mens legis* nos diz que...'

Santiago Nino (1980:331[2]), nos dá, em resumo inteligente, as propriedades que caracterizam o legislador racional:

Em primeiro lugar, trata-se de uma figura *singular*, isto é, apesar da multiplicidade concreta (colegiados, parlamentos, diversos atores num processo legislativo), deve-ser pressupor a sua identidade: *o legislador*.

Em segundo lugar, é uma figura *permanente*, isto é, não desaparece com a passagem do tempo e com a morte das vontades concretas.

Em terceiro lugar, é *único*, isto é, é o mesmo para *todas* as normas do ordenamento, não obstante diferenças no tempo e no espaço e as diversas competências normativas, como se todo o ordenamento obedecesse a uma única vontade.

Em quarto lugar, é *consciente*, ou seja, conhece todas as normas que emana, passadas e presentes, tendo ciência global do ordenamento.

Em quinto lugar, é *finalista*, isto é, ao sancionar uma norma sempre tem alguma intenção.

Em sexto lugar, é *omnisciente*, pois conhece todos os fatos e condutas, nada lhe escapando, sejam eventos passados, presentes ou futuros.

Em sétimo lugar, é *omnipotente*, suas normas vigem até que ele próprio as substitua soberanamente.

Em oitavo lugar, é *justo*, pois jamais deseja uma injustiça, tudo se resumindo numa questão de compreendê-lo bem.

Em nono lugar, é *coerente*, ainda quando, aparentemente, se contradiz, bastando para isso invocar a *lex superior, posterior e specialis*.

Em décimo lugar, é *omnicompreensivo*, pois o ordenamento tudo regula, explícita ou implicitamente.

Em décimo primeiro lugar, *é econômico*, isto é, nunca é redundante, nunca usa palavras supérfluas e cada norma, ainda que aparentemente esteja a regular a mesma *facti species*, tem na verdade uma função própria e específica.

Em décimo segundo lugar, é *operativo*, pois todas as suas normas têm aplicabilidade, não havendo normas nem palavras inúteis.

Em décimo terceiro lugar, é *preciso*, pois apesar de se valer de palavras da língua natural, vagas e ambíguas, sempre lhes confere um sentido rigorosamente técnico.

Estas propriedades confirmam, na verdade, os dois princípios da hermenêutica dogmática: o da inegabilidade dos pontos de partida (deve haver um sentido básico) e o da proibição do non liquet (não deve haver conflito sem decisão). A figura do legislador racional esclarece o dever-ser descritivo de Kelsen como um dever-ser ideal que não assume nem uma competência jurídica nem se confunde com a vontade real. Como regra básica da estrutura da língua hermenêutica (LH), o dever-ser ideal permite entender-se a construção linguística da dogmática interpretativa, por meio da qual se faz

---

2. NINO, Santiago. *Introducción al analisis del derecho*. Buenos Aires: Astrea, 1980 (bibliografia de Tercio Sampaio Ferraz Jr.).

a passagem da norma – LN – para a realidade – LR. É a esta terceira língua que se atribui o enfoque privilegiado (competente) que confere sentido à norma em face da realidade. Por meio da língua hermenêutica reconstrói-se o discurso do ordenamento, como se o intérprete 'fizesse de conta que' suas normas compusessem um todo harmônico, capaz, então, de ter um sentido na realidade. (os grifos correspondem a destaques em itálico no original)

Marco Aurélio Greco, louvando-se em Tercio Ferraz e se reportando a julgados do Supremo Tribunal Federal, segue na mesma senda:[3]

> Um dos pressupostos mais importantes da hermenêutica jurídica, quanto interpreta o ordenamento positivo, é a figura que a doutrina denomina de legislador racional, aqui entendido não como uma determinada entidade subjetiva ou órgão específico, mas como a figura abstrata e impessoal do editor normativo que produz o ordenamento positivo. A ele, por exemplo, doutrina e jurisprudência se referem quando afirmam que a 'mens legis indica que ...' ou que 'o legislador pretende que ...'
>
> Reconhecer a existência da figura do legislador racional, como figura intermediária entre a lei e a realidade, permite compreender o ordenamento e viabilizar a passagem e a sintonia entre o preceito normativo e o mundo concreto que visa regular.
>
> O legislador racional possui várias características, melhor dizendo, propriedades. Na lição de Tercio Sampaio Ferraz Júnior ...
>
> ...
>
> A noção de legislador racional, que subjaz ao processo interpretativo, espraia reflexos em vários planos. Partindo desta figura, assume-se que a interpretação do direito positivo não pode ser aleatória e que os pontos de partida que forem adotados não podem ser alterados ao bel-prazer dos partícipes no curso do processo interpretativo. É o que a doutrina denomina de inalterabilidade dos pontos de partida.
>
> A inalterabilidade dos pontos de partida conduz à ideia de mínimo de racionalidade do discurso normativo, requisito indispensável para se viabilizar uma saudável comunicação. Este mínimo de racionalidade impõe-se como condição de possibilidade de compreensão das normas editadas, pois, somente na medida em que ele se configure, pode ser possível definir o sentido e alcance de suas disposições.
>
> A identificação de tais propriedades (e as demais apontadas pela doutrina) permite detectar quando certas interpretações ou textos contidos em determinadas normas atentam contra o mínimo de racionalidade de que deve se revestir o ordenamento positivo. Esta agressão haverá quando a conclusão da interpretação levar ao oposto de uma destas propriedades, como, por exemplo, se a interpretação conduzir a uma injustiça, a uma redundância, a uma imprecisão etc.
>
> A racionalidade, como pressuposto do ordenamento positivo e da sua interpretação, tem sido tema constante das preocupações não apenas da doutrina mas, principalmente, da jurisprudência mais recente. É o que se verifica da leitura de diversas decisões, em especial do Supremo Tribunal Federal, proferidas sobre os mais diversos temas.

---

3. GRECO, Marco Aurélio. *Cofins na Lei 9.718/98 – Variações Cambiais e Regime da Alíquota Acrescida*. São Paulo: *Revista Dialética de Direito Tributário* n. 50, 1999, p. 110 e ss. (o texto transcrito está nas p. 133 a 135); GRECO, Marco Aurélio. Cofins na Venda de Imóveis. São Paulo: *Revista Dialética de Direito Tributário* n. 51,, p. 119 e ss. (o texto transcrito está nas p. 128-129).

Assim, por exemplo, a decisão proferida no AgrAg. 168149-RS, Rel. Min. Marco Aurélio,[4] no RE 224861-CE, Rel. Min. Octávio Gallotti[5] e no RE 118958-RJ, Rel. Min. Octávio Galotti,[6] bem como está subjacente à decisão proferida em sede de medida cautelar na ADIn 1158, Rel. Min. Celso de Mello.[7]

Em suma, o ordenamento positivo deve ser compreendido a partir da premissa de ter sido produzido por um legislador racional revestido de propriedades bem nítidas, e de que a comunicação normativa se dá a partir de um mínimo de racionalidade. Isto implica reconhecer que o sentido das normas não é aleatório ou arbitrariamente definido pela interpretação, mas deve resultar de um trabalho construtivo do intérprete e de uma compreensão sistemática dos seus preceitos.

Voltando ao nosso tema, certamente o legislador racional seria, e será, quando ele se manifestar através de textos legislativos claros e simples.

E o mesmo teríamos se a edição das leis obedecesse ao que o próprio Congresso Nacional inseriu na referida Lei Complementar 95.

De fato, quem analisa com atenção todas as disposições dessa lei constata que ela é uma cartilha para a confecção de normas jurídicas. Ela é de clareza tão meridiana que dispensa comentários ou explicações.

Sendo assim, é suficiente fazer alusão a algumas das suas determinações, apenas com o objetivo de exemplificar o que vem sendo dito.

O autor dessa lei tinha exata noção da sua missão de ensinar a fazer leis, tanto que adicionou a leis, propriamente ditas, outros atos de legislação, inclusive decretos e atos de regulamentação, e começou por determinar, mandatoriamente, que "a elaboração, a redação, a alteração e a consolidação das leis obedecerão ao disposto nesta Lei Complementar".

A seguir, para colocar ordem nas leis, chegou a disciplinar como numerá-las, e passou a verdadeiramente explicar as técnicas de elaboração, redação e alteração das leis, determinando que sejam estruturadas em três partes básicas: uma parte preliminar, compreendendo a epígrafe, a ementa, o preâmbulo, o enunciado do objeto e a indicação do âmbito de aplicação das disposições normativas; uma parte normativa, compreendendo o texto das normas de conteúdo substantivo relacionadas com a matéria regulada; e uma parte final, compreendendo as disposições pertinentes às medidas necessárias à implementação das normas de conteúdo substantivo, às disposições transitórias, se for o caso, à cláusula de vigência e à cláusula de revogação, quando couber.

---

4. "O julgamento de plano pelo órgão fracionado de um Tribunal (de inconstitucionalidade já declarada pelo Supremo Tribunal), sem deslocamento processual do feito para julgamento pelo Plenário de Tribunal "homenageia a racionalidade (DJ – 04.08.1995)". (nota do original)
5. "Tratando de Portaria Decex que proibia importação de veículos usados, entende que o tratamento discriminatório "guarda perfeita correlação lógica e racional (DJ – 06.11.1998)". (nota do original)
6. Em que se decidiu que "presentes a racionalidade e a correlação lógica do fato discriminatório" não há ofensa à garantia da igualdade (DJ – 21.08.1992)". (nota do original)
7. Na qual se repeliu norma legal que concedia ao servidor inativo uma gratificação de férias porque "'ofende o critério de razoabilidade que atua, enquanto concretizadora da cláusula do 'substantive due process of law', como insuperável limitação ao poder normativo do Estado (DJ – 26.05.1995)". (nota do original)

Não seguro de que seria compreendido, definiu didaticamente o que sejam a epígrafe, a ementa, o preâmbulo, e, para evitar a balbúrdia legislativa e o cipoal de normas perdidas, prescreveu que o primeiro artigo do texto deve indicar o objeto da lei e o respectivo âmbito de aplicação, observados alguns princípios, que se resumem na exigência de que cada lei que não seja codificação trate de um único objeto, e não contenha matéria estranha a seu objeto ou a este não vinculada por afinidade, pertinência ou conexão. Acrescentou que o âmbito de aplicação da lei deve ser estabelecido de forma tão específica quanto o possibilite o conhecimento técnico ou científico da área respectiva, e que o mesmo assunto não pode ser disciplinado por mais de uma lei, exceto quando a subsequente se destine a complementar lei considerada básica, vinculando-se a esta por remissão expressa.

A vigência da lei também não foi olvidada, inclusive com as exigências de que o termo inicial seja indicado expressamente e com prazo razoável para que dela se tenha amplo conhecimento, e proibindo a cláusula "entra em vigor na data de sua publicação" a todas as leis, com exceção das de pequena repercussão. Desceu a minúcias para contagem do prazo de *vaccatio*, e procurou eliminar as múltiplas dúvidas quanto à revogação através da regra geral de que a cláusula de revogação deve enumerar, expressamente, as leis ou disposições legais revogadas, bem como prescrevendo como devem ser feitas as alterações legislativas, com regras que podem ser traduzidas como modos de fazer revogação tácita, muito mais seguras do que a simples verificação da possível contrariedade de uma norma posterior com outra anterior.

Pois bem, agora diretamente quanto à clareza e simplicidade das leis, a Lei Complementar 95 define como devem ser articuladas e redigidas, com devem ser agrupadas as suas várias disposições, e nos brinda com a regra do art. 11, que diz que as disposições normativas serão redigidas com clareza, precisão e ordem lógica, observadas, para este propósito, várias normas:

– umas destinadas à obtenção de clareza – a) usar as palavras e as expressões em seu sentido comum, salvo quando a norma versar sobre assunto técnico, hipótese em que se empregará a nomenclatura própria da área em que se esteja legislando; b) usar frases curtas e concisas; c) construir as orações na ordem direta, evitando preciosismo, neologismo e adjetivações dispensáveis; d) buscar a uniformidade do tempo verbal em todo o texto das normas legais, dando preferência ao tempo presente ou ao futuro simples do presente; e) usar os recursos de pontuação de forma judiciosa, evitando os abusos de caráter estilístico;

– outras para a obtenção de precisão: a) articular a linguagem, técnica ou comum, de modo a ensejar perfeita compreensão do objetivo da lei e a permitir que seu texto evidencie com clareza o conteúdo e o alcance que o legislador pretende dar à norma; b) expressar a ideia, quando repetida no texto, por meio das mesmas palavras, evitando o emprego de sinonímia com propósito meramente estilístico; c) evitar o emprego de expressão ou palavra que confira duplo sentido ao texto; d) escolher termos que tenham o mesmo sentido e significado na maior parte do território nacional, evitando o uso de expressões locais ou regionais; e) usar apenas siglas consagradas pelo uso, observado o princípio de que a primeira referência no texto seja acompanhada de explicitação de seu significado; f) grafar por extenso quaisquer referências feitas, no texto, a números e percentuais; f) grafar por extenso quaisquer referências a números e percentuais, exceto data, número de lei e nos casos em que houver prejuízo para a compreensão do texto; g) indicar, expressamente o dispositivo objeto de remissão, em vez de usar as expressões 'anterior', 'seguinte' ou equivalentes;

– outras para a obtenção de ordem lógica: a) reunir sob as categorias de agregação – subseção, seção, capítulo, título e livro – apenas as disposições relacionadas com o objeto da lei; b) restringir o conteúdo de cada artigo da lei a um único assunto ou princípio; c) expressar por meio dos parágrafos os aspectos complementares à norma enunciada no *caput* do artigo e as exceções à regra por este estabelecida; d) promover as discriminações e enumerações por meio dos incisos, alíneas e itens.

Tudo isso, enfim, é fácil ver, se resume à clareza e simplicidade dos textos normativos.

Infelizmente, a despeito de tanto tempo decorrido desde a promulgação da Lei Complementar 95, muita gente não lhe dá valor e muitas e muitas vezes ela é simplesmente ignorada e não aplicada pelos órgãos legislativos e dos poderes executivos, além dos do Poder Judiciário. Temos leis que continuam a prescrever sua vigência na data da sua publicação, sem um tempo razoável para ser apreendida e aplicada. Continuamos a aceitar revogações não tácitas e vemos sempre o cuidado apenas com coisas de menor importância, como a aposição da sigla NR em novas disposições de normas anteriores ou em suas alterações.

Se acima foi dito que hoje em dia, trinta anos após 1988, sabemos que a pretensão da Constituição com seu art. 59, parágrafo único, por mais justificada que tenha sido, ainda não se concretizou, podemos acrescentar que, depois de mais de vinte anos da Lei Complementar 95, também as suas prescrições não se arraigaram nas nossas práticas legislativas, pois tudo continua como antes.

Talvez isso se deva à falta de sanção expressa na lei complementar para as hipóteses de descumprimento das suas diretrizes, aliada ao seu art. 18, segundo o qual a "eventual inexatidão formal de norma elaborada mediante processo legislativo regular não constitui escusa válida para o seu descumprimento".

Porém, nada justifica o descaso com os mandamentos (não meras recomendações) dessa lei, que existe para dar cumprimento à determinação constitucional merecedora de todo o apoio porque não se trata apenas de mais uma norma da lei maior, mas uma norma com profundo objetivo de diminuir as dificuldades e se assegurar maior garantia jurídica.

E o respeito à Lei Complementar 95, seja pelo Poder Legislativo ou Executivo, seja pelo Judiciário, adquire maior importância quando se constata a enorme insegurança jurídica que grassa em nosso país.

Ademais, não é minimamente admissível que se confunda "eventual inexatidão formal" com inobservância do conteúdo substantivo das normas dessa lei complementar, ademais inobservância não eventual, mas constante e repetida, e que diz respeito ao plano de validade das normas! Afinal, toda e qualquer lei não obriga tão somente os cidadãos, mas também os Poderes Públicos, mormente essa que é dirigida primordialmente a eles, quando fazem leis e atos normativos e quando os aplicam ou julgam.

Mas, se temos esse ambiente desolador, por outro lado também temos algumas manifestações positivas em torno dessa lei complementar.

Realmente, em 26.13.2024 tivemos o julgamento da Ação Direta de Inconstitucionalidade 4.876-DF pelo Plenário do Supremo Tribunal Federal (relator Ministro Dias Toffoli), na qual tivemos, em seu voto-modulação, a seguinte eloquente referência da Ministra Carmen Lúcia a respeito do pouco caso que a lei em questão tem de todos:

> A Lei Complementar 95, que é tão pouco lida no Brasil, e que é a lei que afirma e afirmou como se devem fazer as leis, para que a gente superasse formas de elaboração legislativa que querem se fazer desentender, ao invés de se fazer entender, fixa, no artigo 11, inciso II, alínea "a", que:
>
> 'Art. 11. As disposições normativas serão redigidas com clareza, precisão e ordem lógica, observadas, para esse propósito, as seguintes normas: (...) II – Para a obtenção de precisão: a) articular a linguagem, técnica ou comum, de modo a ensejar perfeita compreensão do objetivo da lei e a permitir que seu texto evidencie com clareza o conteúdo e o alcance que o legislador pretende dar à norma'
>
> Eu faço menção a essa norma, porque essa lei complementar veio logo após a Constituição, em 93, porque tínhamos uma técnica infeliz de fazer leis no Brasil, especialmente na área da Administração Pública.

Mais adiante diz a ministra a respeito da lei então sob apreciação:

> Por isso o Ministro Marco Aurélio tem absoluta razão ao afirmar que também o inciso III parece ter sido criado para alcançar algo que não é o que está escrito. Isto foi feito para que não se entendesse. Não tenho dúvida.
>
> Então, só chamo a atenção para isso, Ministro, porque é evidente que estamos declarando a inconstitucionalidade.
>
> Portanto, se o objetivo era o de esconder, acabou se mostrando claro, tanto que o Supremo conclui – e conclui por unanimidade – quanto à inconstitucionalidade, ainda que numa parcela maior no caso do Ministro Marco Aurélio. Mas apenas para afirmar que acho que já passou da hora, desde 88, de se acabar com esse tipo de redação de norma que o cidadão não entende. E é isso que gera, muitas vezes, situações que são absolutamente contrárias à Constituição.
>
> Então, não queria deixar de fazer essa referência. Isso era denunciado, infelizmente – infelizmente para mim –, em vários casos, por Rui Barbosa, no Estado de Minas Gerais, em relação a leis tributárias. Os pareceres de Rui sobre isso vêm de 1903/1904 e, tantos anos depois, mais de um século depois, estamos nos deparando com igual situação. Acho que o Brasil precisa superar e resolver que as leis devem ser claras e dizer com clareza a que vêm, para que vêm e porque vêm.

São palavras fortes, porém muito apropriadas e justificadas!

Em outra assentada, na Ação Direta de Inconstitucionalidade 5.127-DF, julgada em 15.10.2015, o relator, Ministro Dias Toffoli, afirmando em seu voto que "o art. 7º, inciso

II, da Lei Complementar 95/1998, por sua vez, ao dispor sobre a estruturação das leis em geral, determina que 'a lei não conterá matéria estranha a seu objeto ou a este não vinculada por afinidade, pertinência ou conexão'", abordou a prática indevida e ilegal da inserção, na tramitação de medidas provisórias, de emendas contendo matéria estranha ao objeto da medida baixada pelo Poder Executivo, tendo vários ministros aludido a que tal prática é conhecida na doutrina e na jurisprudência como *"contrabando legislativo"*.

Lá no Superior Tribunal de Justiça também encontramos ecos da lei complementar ora comentada. A Ministra Eliana Calmon relatou o acórdão do Recurso Especial 1.050.430-DF (2ª Turma, 02.09.2010), e já na ementa mencionou que "a Lei Complementar 95/98 é fundamento de validade formal das demais normas jurídicas e como tal exige que a cláusula de revogação das leis expressamente disponha sobre os dispositivos incompatíveis com a nova regulamentação da matéria"

Além disso, no seu voto condutor do julgado asseverou a ministra:

Sobre o papel da Lei Complementar 95, de maio de 1998, disserta Paulo de Barros Carvalho:

'Foi no terreno da hierarquia formal que a Constituição de 1988 trouxe uma inovação de grande alcance para o estudo e o entendimento adequado da categoria legislativa que examinamos. Logo no parágrafo único do art. 59 (CF) instituiu que Lei complementar disporá sobre a elaboração, redação, alteração e consolidação das leis. Se, como dissemos, as relações de subordinação entre normas, bem como as de coordenação, são tecidas pelo sistema do direito positivo, o nosso, inaugurado em 1988, houve por bem estabelecer que as leis, todas elas, com nome ou com status de lei, ficam sujeitas aos critérios que o diploma complementar previsto no art. 59, parágrafo único (CF) veio a prescrever com a edição da Lei 95/98. Note-se que seu papel é meramente formal, porque nada diz sobre a matéria que servirá de conteúdo significativo às demais leis. Entretanto, nenhuma lei ordinária, delegada, medida provisória, decreto legislativo ou resolução poderá inobservar as formalidades impostas por essa lei complementar. É a consagração da superioridade hierárquica formal dessa espécie do processo legislativo com relação às previstas nos outros itens. (in Curso de Direito Tributário. 20ª. ed. São Paulo: Saraiva, 2008, pp. 229/230)'.

Portanto, já passa da hora do legislador e aplicador do Direito respeitar as disposições dessa norma que é fundamento de validade formal de todas as demais normas jurídicas componentes do ordenamento.

Em seu voto-vista nesse mesmo julgado, o Ministro Herman Benjamin manifestou que não vislumbrou que a disciplina introduzida pela Lei Complementar 95/1998 represente a exclusão, do nosso ordenamento jurídico, da revogação tácita das leis, dizendo isto dado que se discutia a possível revogação não expressa de um dispositivo legal, contrariado por outro posterior.

De qualquer modo, este ponto é controvertido, havendo várias decisões do Superior Tribunal de Justiça em torno de revogação tácita nos termos da Lei de Introdução às Normas do Direito Brasileiro, passando ao largo da Lei Complementar 95.

A este respeito, ressalte-se novamente que revogação, expressa ou tácita, é forma de alteração de norma anterior, para eliminá-la ou modificá-la, e na Lei Complementar 95, além da exigência de revogação expressa, encontram-se outros métodos para alteração normativa, os quais podem ser considerados modos de revogação tácita quando não acompanhados de cláusula de revogação expressa de alguma regra.

À doutrina de Paulo de Barros Carvalho, acima aludida, pode-se juntar a seguinte observação de Carlos Mário Da Silva Velloso em substancioso estudo sobre a estatura e as funções das leis complementares em geral, segundo a Constituição Federal de 1988:[8]

> A lei complementar, por exemplo, inscrita no parágrafo único do art. 59 da Constituição – lei complementar disporá sobre a elaboração, redação, alteração e consolidação das leis – ostenta posição hierárquica superior, dado que servirá de fundamento de validade dos demais atos normativos.

Enfim, o seguimento da Lei Complementar 96 indubitavelmente seria um meio para atingir a simplificação e a clareza das leis.

Este não é um trabalho de pesquisa completa de jurisprudência ou de doutrina, sendo as remissões ora feitas apenas ilustrativas, mas vale apontar para que há vários outros julgados do Supremo Tribunal Federal e de outras cortes que aplicaram disposições da Lei Complementar 95, tais como, exemplificativamente, as Ações Diretas de Inconstitucionalidade 2.251-AL e 2.348-DF.

Ainda em atitude de respeito a essa normatização, é justo dizer que o Poder Executivo Federal, seguindo ditame da Lei Complementar 95, vem cuidando, de tempos em tempos, de relacionar, em decretos do Presidente da República, atos, sobre diversas matérias, que perderam vigência ou eficácia (exemplo, o Decreto 6.923, de 10.12.2018). E também vem procurando aprimorar o regulamento dessa lei, através de vários decretos, o último dos quais é o de n. 12.002, de 22.4.2024, não cabendo aqui adentrar no exame desses regulamentos, mas destacar a preocupação em dar aplicação à lei complementar. Também temos outros exemplos de observância dessa lei complementar, como, por exemplo, a consolidação de atos normativos do Poder Executivo Federal relativos à gestão coletiva de direitos autorais e fonogramas, editada pelo Decreto 9.574, de 22.11.2019.

Sem dúvida, estes são alguns casos de iniciativas que contribuíram e contribuem para maior clareza na edição e interpretação do nosso intrincado direito positivo.

Lamentavelmente, não é comum encontrarmos interpretações que se socorram de normas da Lei Complementar 95, as quais, se assim tivessem procedido, quiçá poderiam ter chegado a conclusões diversas ou adicionado fundamentos para seus entendimentos.

Mas é possível, sim, algumas vezes nos deparamos com a busca de fundamento em alguma norma dessa lei, como, por exemplo, na Solução de Consulta COSIT 132/19, que se socorreu das alíneas "b" e "c" do inciso III do art. 11, artigo este que, como vimos, determina, em prol da clareza, precisão e ordem lógica, entre outras diretrizes, restringir o conteúdo de cada artigo da lei a um único assunto ou princípio, e expressar por meio dos parágrafos os aspectos complementares à norma enunciada no *caput* do artigo e as exceções à regra por este estabelecida.

Assim, vamos aos poucos dando passos, ainda que esparsos e pequenos, no sentido do aprimoramento do nosso direito, inclusive na recente Emenda Constitucional 132,

---

8. VELLOSO, Carlos Mário da Silva. Lei Complementar Tributária. São Paulo: *Revista de Direito Tributário* n. 88, p. 10.

relativa à reforma tributária dos tributos sobre o consumo, que inseriu a disposição de caráter geral determinando que o Sistema Tributário Nacional deve observar os princípios da simplicidade, da transparência, da justiça tributária, da cooperação e da defesa do meio ambiente (art. 154, § 3º).

Simplicidade não se encontra sem clareza, e esta não existe no nosso ordenamento eivado de leis confusas, ou com remissões que somente acarretam dúvidas quanto ao seu alcance. Outrossim, será preciso um esforço enorme de mentes iluminadas para que a implantação dos novos tributos não siga pelo mesmo caminho, cujo resultado pode ser até, em grau extremo, a inconstitucionalidade de regras que descumpram o mandamento constitucional da simplicidade.

Além disso, seria necessário haver uma conscientização dos homens públicos quanto aos seus encargos e suas responsabilidades, para que não aconteça o que sempre houve com o art. 212 do CTN. Esse dispositivo, impregnado da sabedoria e da experiência dos membros da comissão de juristas e economistas que redigiu o projeto do código, inseriu a determinação no sentido de que os Poderes Executivos federal, estaduais e municipais expediriam, por decreto, dentro de noventa dias da entrada em vigor da Lei 5.172, a consolidação, em texto único, da legislação então vigente, relativa a cada um dos tributos, repetindo-se esta providência até o dia 31 de janeiro de cada ano.

Todos sabemos o total descaso com o cumprimento dessa obrigação, bastando lembrar, a título de apenas um exemplo, que houve um regulamento sobre o imposto de renda em 1999 e o próximo somente foi baixado em 2018, assim mesmo declarando expressamente que não abrangia todas as leis em vigor na sua data.

Há muitas décadas, alguém escreveu que o descumprimento da obrigação imposta pelo art. 212 era suficiente para escusar os contribuintes de cumprir suas obrigações tributárias. Se não se chega a essa consequência drástica, alguma deve existir, pois certamente a omissão dos sucessivos governos contribui para a já difícil tarefa de entender a intrincada e esparsa legislação tributária.

Se havia infringência ao CTN desde 1967, quando a primeira consolidação não foi baixada, a falta de consolidação também não observou a sistematização legislativa perseguida pela Lei Complementar 95, podendo servir em muitos casos, conforme as respectivas circunstâncias, para evitar punições em casos nos quais infrações possam ser atribuídas à falta de simplicidade e clareza das normas e à falta da sua adequada consolidação e regulamentação, a propósito do que não custa recordar que decretos e regulamentos devem ser emitidos para assegurar a fiel execução das leis (Constituição, art. 84, inciso IV).

A este propósito, surge a noção generalizada de que a responsabilidade pelo descumprimento de obrigações tributárias é objetiva, e que as penalidades independem da intenção do infrator, salvo norma em contrário, para o que muito contribui o art. 136 do CTN.

Numa compreensão simplista desse dispositivo do código, é fácil perceber que o agravamento de penalidades depende da intenção do infrator se houver disposição legal neste sentido, como, por exemplo, há no art. 44 da Lei Federal 9.430.

Porém, se isto é verdade indiscutível, também não é tudo, uma vez que se impõe muito mais num Estado de Direito como o da República Federativa do Brasil, cuja Constituição declara no seu preâmbulo que o povo brasileiro, através de seus representantes, institui um Estado Democrático destinado a assegurar a justiça entre outros valores supremos, cujo art. 3º declara que um dos objetivos fundamentais desse Estado é construir uma sociedade justa, bem como livre e solidária, além de que, a partir da Emenda 132, passou a prescrever que o Sistema Tributário Nacional deve observar, entre outros, os princípios da simplicidade, da transparência e da justiça tributária (art. 154, § 3º).

Não é demais dizer aqui que consolidações refletem transparência, além de simplificar a vida de contribuintes e agentes do fisco, e contribuir para a justiça.

Com razão, sob pena de tais palavras serem vãs e ineficazes, ao invés de determinações verdadeiras, não se pode afastar a possibilidade de que, conforme as circunstâncias de cada caso, a equidade requeira a interpretação e a aplicação do ordenamento sem penalização que se mostre descabida ante a realidade, e que, se imposta, representaria *"summum jus, summa injuria"*, vale dizer, apego cego à letra da lei com desprezo do seu sentido e daqueles superiores preceitos da justiça preconizados pela Suprema Carta Legal.

É de toda evidência que não se pode generalizar esta afirmação, mas também não deixa de ser evidente que leis que não se componham por normas claras e simples (na medida das possibilidades da matéria) podem conduzir a situações em que a afirmação se aplique com justeza.

Enfim, clareza e simplicidade são virtudes necessárias nas normas jurídicas, para serem fielmente cumpridas e aplicadas, em prol da segurança jurídica.

REFERÊNCIAS

FERRAZ JÚNIOR, Tercio Ferraz. *Introdução ao Estudo do Direito*. 2. ed. São Paulo: Atlas, 1996.

GRECO, Marco Aurélio. *Cofins na Lei 9.718/98 – Variações Cambiais e Regime da Alíquota Acrescida*. São Paulo: *Revista Dialética de Direito Tributário* n. 50, p. 110 e ss., 1999.

NINO, Santiago. *Introducción al analisis del derecho*. Buenos Aires: Astrea, 1980.

VELLOSO, Carlos Mário da Silva. Lei Complementar Tributária. São Paulo: *Revista de Direito Tributário* n. 88, p. 10.

CLAREZA E SIMPLICIDADE DA LEGISLAÇÃO

Schubert de Farias Machado

Presidente do Instituto Cearense de Estudos Tributários – ICET. Advogado.

Sumário: Introdução – 1. A clareza – 2. O feitio das normas – 3. Ausência de consolidação de normas – 4. A consulta fiscal – 5. A dúvida – 6. Erro e responsabilidade – 7. A clareza como determinação constitucional – Conclusões – Referências.

INTRODUÇÃO

Para compor esta edição especial em homenagem ao professor Hugo de Brito Machado escolhemos tratar da *clareza e simplicidade da legislação*, tema que lhe era caro. Defendia com energia a importância de uma legislação clara, coerente e consolidada de forma a conferir segurança jurídica a todos, cidadãos e Estado, contribuintes e fisco.

Em um ambiente onde a legislação tributária se mostra cada vez mais complexa e confusa, com alterações constantes, minucias casuísticas e dispositivos repletos de remissões que levam a novas remissões, obrigando o interessado a abrir muitos volumes ou "janelas" para conseguir ler um único artigo de lei, levando os próprios agentes do fisco, por vezes, a apresentar diferentes respostas para uma mesma questão, a busca de clareza se mostra como a tábua salva-vidas em um revolto mar de incertezas.

Ao ler o roteiro de temas elaborado com tanto zelo por Hugo Segundo, quase ouvimos a voz imponente do professor Hugo Machado evocando o artigo 212 do CTN e questionando, com sua determinação habitual, quais seriam as consequências do descumprimento contínuo do dever de editar regulamentos anuais para cada tributo, omissão que ele considerava inadmissível e profundamente prejudicial à segurança jurídica.

A Emenda Constitucional 132/2023, ao incluir a *simplicidade* e a *transparência* dentre os princípios orientadores da legislação tributária, parece ecoar de suas batalhas incansáveis em favor de um ambiente jurídico mais seguro.

Escrevemos nosso artigo procurando responder a uma pergunta muitas vezes repetida pelo professor Hugo Machado: quais os caminhos para se conferir simplicidade e transparência à lei tributária?

1. A CLAREZA

Norma clara não é aquela cujo texto admite apenas uma interpretação ou sentido. Isso não se consegue. As palavras permitem que nelas se coloque ou delas se retire mais de um significado. Tal constatação, contudo, não deve paralisar quem busca aclarar o que diz a lei. Afinal, as normas devem primeiro ser compreendidas para que possam ser cumpridas. E essa compreensão somente é adequadamente alcançada quando se considera a norma no contexto no qual deve estar inserida. O Conselho Nacional de Justiça – CNJ, preocupado em melhorar a qualidade na comunicação dos atos judiciais, propôs o Pacto Nacional do Judiciário pela Linguagem Simples.[1] É um passo na direção da clareza.

Em matéria tributária, todavia, a situação continua extremamente confusa. Becker, há mais de meio século e com profunda ironia, criticou fortemente o ordenamento tributário de então dizendo que *a finalidade da lei não é a de fazer pagar o imposto com o máximo rendimento para o Estado e com o mínimo incomodo para os contribuintes, mas criar burocracia com infinidade de confusas obrigações acessórias de modo a fazer o contribuinte, a cada momento, correr o risco de pagar alguma multa*. Acrescenta Alfredo Augusto, que *as leis devem ser modificadas a fim de que novos problemas sociais e econômicos que proliferam vertiginosamente na aceleração da história recebam as respectivas soluções pela criação de outras novas leis. A substituição das normas é tal modo intensa, que hoje se assiste a caducidade precoce de um direito tributário recém-nascido*.[2]

Não obstante as fundadas advertências de Becker, o nosso sistema tributário está cada vez mais incoerente, confuso e afetado por grave incontinência legislativa, composto de normas contraditórias, esparsas, casuísticas e repletas de remissões a se sobrepor.[3] Ao mesmo tempo, a ausência da periódica consolidação das regras de cada tributo deixa o cidadão sem os instrumentos necessários para acompanhar tais e tantas alterações e conhecer o sentido atribuído pelo fisco às normas em vigor.

O Poder Judiciário também contribui de especial forma para agravar esse problema, com radicais mudanças de orientação na jurisprudência e decisões proferidas com base em fundamentos conflitantes, deixando o contribuinte ainda mais confuso. A frequente modulação dos efeitos de importantes decisões em matéria tributária, por sua vez, admite a inconstitucionalidade ou a ilegalidade útil e força o contribuinte a ingressar em *litígios preventivos* como único caminho para evitar possível perecimento do direito.[4]

Os advogados, do mesmo modo, contribuem para a falta de clareza do ordenamento tributário, aprimorando-se na criação de "*teses*" que põem em dúvida tudo e qualquer coisa, sem a menor preocupação com a coerência dos institutos jurídicos ou com a previsibilidade que deve decorrer do regramento. Buscam a álea na tentativa de obter algum ganho, mesmo que isso leve ao esfacelamento do Direito. Esquecem, ou não se

---

1. Pacto-nacional-do-judiciario-pela-linguagem-simples.pdf (cnj.jus.br).
2. BECKER, Alfredo Augusto. *Teoria Geral do Direito Tributário*. 3. ed. São Paulo: Lejus, 1998, p. 09-10.
3. Temos como exemplo as leis que regulam as contribuições para o PIS/COFINS, que são alteradas com excessiva frequência e nas quais encontramos múltiplas e confusas remissões, tratamentos casuísticos e não justificados para diversos setores da economia, bens e serviços, delegações (indevidas) ao Poder Executivo para tratar de alíquotas e muitas outras particularidades que negam a não cumulatividade e tornam incompreensível o seu regramento. A legislação do ICMS consegue ser ainda mais incompreensível, com cada estado agindo por conveniência e conta própria, tratando de alíquota, base de cálculo, fato gerador e regimes tributários especiais por decreto, instruções normativas ou mesmo por termos de acordo.
4. Disponível em: https://www.conjur.com.br/2024-set-13/tese-sobre-rescisoria-mostra-que-contribuinte-deve-investir-no-litigio-preventivo/.

importam, com o fato de que a advocacia predatória destrói o objeto do seu trabalho e sua razão de existir.

O *manicômio jurídico tributário* descrito por Becker está cada dia mais insano, gerando um desgaste intenso, constante e insuportável ao Direito Tributário. Algo precisa ser feito. Não podemos ficar inertes. Lembrando o pedido dos sambistas Edson Conceição e Aloísio Silva, lançamos um apelo a você, caro leitor, *não deixe o direito morrer, não deixe o direito acabar, O Estado é de direito, de direito pra liberdade guardar.* Faremos adiante algumas considerações na busca da clareza necessária à legitimação da lei tributária.

2. O FEITIO DAS NORMAS

O professor Hugo de Brito Machado costumava dizer que a atenção às determinações contidas na Lei Complementar 95, de 26 de fevereiro de 1998, seria valiosíssima contribuição para o aprimoramento do ato de fazer leis, e lamentava, com tristeza, o seu total e completo desprezo pelos legisladores. A falta de compromisso de nossos legisladores com a boa forma implica em desferir duplo e poderoso golpe no ordenamento. Primeiro, por simplesmente descumprir a norma que determina que a *elaboração, a redação, a alteração e a consolidação das leis obedecerão ao disposto nesta Lei Complementar* (LC 95), deixando a amarga sensação de desvalia da lei. E mais, se permanece a produzir normas obscuras.

O texto da LC 95 mostra, por si só, sua enorme importância para a produção de normas claras, estabelecendo, dentre outras coisas, como as leis devem ser estruturadas, como deve ser a articulação e a redação de seus termos, com regras específicas para a obtenção de clareza, precisão e ordem lógica, como o uso de palavras e expressões em seu sentido comum, com frases curtas e concisas. As orações devem ser construídas na ordem direta, sem neologismos ou adjetivos desnecessários, buscando uniformidade no tempo verbal. Deve ser feito o uso de linguagem articulada de modo a ensejar a perfeita compreensão do objetivo da lei e permitir que seu texto evidencie com clareza o conteúdo e o alcance que se pretende dar à norma. E determina, ainda, a consolidação de todas as leis e decretos-leis então em vigor e a sua reedição com as atualizações necessárias no início do primeiro ano do mandato do Presidente da República. Lamentavelmente, nada disso tem sido obedecido.

Talvez a grande falha da LC 95 esteja no seu artigo 18, quando permite que: eventual *inexatidão formal de norma elaborada mediante processo legislativo regular não constitui escusa válida para o seu descumprimento.* Isso tem levado a que leis de péssima qualidade continuem a ser feitas em profusão. Não podemos compactuar com esse desastroso quadro.

A LC 95 tem seu fundamento de validade no parágrafo único, do artigo 59, da Constituição Federal, determinando que *lei complementar* disporá sobre a elaboração, redação, alteração e consolidação das leis. É preciso dar efetividade a esse mandamento constitucional. Suscitar a inconstitucionalidade de lei que esteja em desacordo com os preceitos da LC 95 é um modo de luta contra a falta de clareza do ordenamento tributário.

3. AUSÊNCIA DE CONSOLIDAÇÃO DE NORMAS

Outra causa da obscuridade da legislação tributária é a ausência de consolidação em texto único da legislação vigente relativa a cada um dos tributos, que deveria ser repetida até o dia 31 de janeiro de cada ano, como determina o artigo 212 do CTN.[5]

O regulamento atualizado é de imensa utilidade. Saber que um único e determinado volume contém *todas* as regras do tributo que estamos a examinar é um grande conforto, que infelizmente ainda não temos.

O imposto sobre a renda e proventos de qualquer natureza tem recebido alguma atenção no que diz respeito à atualização de seu regulamento, mas a última iniciativa nesse sentido se deu com o Decreto 9.580, de 22.11.2018, que já conta com mais de seis anos.

A infração ao artigo 212 do CTN é cometida pela Administração Tributária de forma contumaz, deixando o contribuinte mergulhado na incerteza. É muito importante, portanto, que seja atribuída uma consequência prática a essa tão grave violação da lei.

Uma forma de proteger o particular e motivar a Administração Tributária a regulamentar anualmente cada tributo será a exclusão da punibilidade por erros cometidos pelo contribuinte no desempenho da atividade de cooperação na apuração dos tributos e na prestação de informações, sem dolo, por desconhecimento ou má interpretação da legislação tributária não consolidada anualmente. Até porque é tremendamente injusto transferir para o contribuinte as consequências dessa injustificável omissão da Administração Tributária.

4. A CONSULTA FISCAL

No cenário caótico em que estamos mergulhados ganha relevo o direito de formular consulta sobre dispositivos da legislação tributária.[6] A consulta fiscal funciona (ou deveria funcionar) como um importantíssimo mecanismo para se buscar clareza, ou, pelo menos, se obter o entendimento do fisco sobre as normas aplicáveis (e o sentido destas) em determinada situação de fato. O professor Hugo Machado tem estudo específico sobre a consulta fiscal, ao qual remetemos o leitor interessado em aprofundar o estudo.[7]

Responder às consultas que lhe são dirigidas é dever do fisco, não só porque decorre diretamente da lei, mas, também e principalmente, por ser uma atitude de mínima cooperação e lealdade nesse ambiente de insegurança jurídica. Sendo assim, é

---

5. Art. 212. Os Poderes Executivos federal, estaduais e municipais expedirão, por decreto, dentro de 90 (noventa) dias da entrada em vigor desta Lei, a consolidação, em texto único, da legislação vigente, relativa a cada um dos tributos, repetindo-se esta providência até o dia 31 de janeiro de cada ano.
6. Decreto 70.235/1972, arts. 46 e ss.
7. MACHADO, Hugo de Brito. *Consulta Fiscal*. 2. ed., rev., atual. e ampl. São Paulo: JusPodivm/Malheiros, 2024.

lamentável a atitude da Administração tributária que nega efeito a consulta, depois de tecer longa exposição demonstrando a boa e completa compreensão da dúvida, dizendo apenas que "não produz efeitos a consulta formulada que não identifique o dispositivo da legislação tributária sobre cuja aplicação haja dúvida, sobre fato disciplinado em ato normativo publicado na Imprensa Oficial antes de sua apresentação, bem como aquela sem a descrição precisa e completa do fato a que se referir ou sem os elementos necessários à sua solução".[8]

O fisco não pode se valer de dúvida por ele mesmo criada (ou imaginada) para negar efeito a uma consulta que lhe foi dirigida, retirando do contribuinte o direito de pagar o tributo sem multa e juros. Se demora houver na resposta – e há –, a causa deve ser atribuída ao fisco, pois somente a ele cabe gerir essa atividade consultiva e arcar com as consequências do seu possível mau funcionamento.

Negando efeito à consulta o fisco desestimula o contribuinte a pedir orientação sobre o melhor caminho a tomar e, de forma oblíqua, viola o § 2º, do artigo 161, do Código Tributário Nacional, sem prestar a menor ajuda para amenizar as inconsistências do ordenamento tributário, ao contrário, muito as aprofunda, criando um ambiente de animosidade na relação tributária.

Assim, insistir na formulação de consultas e se insurgir contra as manifestações que indevidamente lhes negarem efeito é mais uma medida a ser tomada na luta contra a falta de clareza.

5. A DÚVIDA

A obscuridade de nosso ordenamento tributário confere grande importância à dúvida do particular no cumprimento de suas obrigações para com o fisco. A razoabilidade, a proporcionalidade e o bom senso recomendam que se dê uma solução adequada a cada caso, evitando que o contribuinte de boa-fé seja punido de forma injusta.

O princípio do *in dúbio pro reo,* por exemplo, não pode deixar de ser aplicado. No campo tributário está positivado no art. 112 do Código Tributário Nacional, que o professor Hugo Machado examina com profundidade, abordando os pontos relacionados com cada uma das hipóteses nele previstas, evidenciando que é norma que decorre do princípio da legalidade e encerra a presunção de inocência em matéria tributária.[9]

O artigo 108 do CTN dispõe no mesmo sentido, deixando clara a possibilidade de o aplicador da lei tributária usar a equidade, que embora não possa dispensar o pagamento do tributo, poderá, sendo o caso, afastar a aplicação da multa. Na medida em que a legislação é frequentemente alterada, o feitio das normas é de péssima qualidade e não há a periódica edição de regulamentos consolidadores, a dispensa de penalidade em casos de dúvida no cumprimento das obrigações tributárias com fundamento na

---

8. Processo Administrativo 10166.745105/2021-95 – Despacho Decisório 0.016 – DISIT07, de 04.02.2022.
9. MACHADO, Hugo de Brito. *Comentários ao Código Tributário Nacional.* 2. ed. São Paulo: Atlas, 2008, v. II, p. 265.

equidade é cabível e em muitos casos necessária,[10] sobretudo quando buscamos uma consequência prática pelo descumprimento do art. 112 do CTN e da LC 95/1998. É uma questão de Justiça!

6. ERRO E RESPONSABILIDADE

O lançamento de tributos é ato estatal por excelência, cuja competência pertence exclusivamente à Administração Tributária.[11] Ao Estado, representado por seu Poder Executivo, cabe dizer o *quantum* devido, enquanto ao contribuinte é reservado o direito de buscar o controle da legalidade dessa cobrança.[12] Ainda assim, a Administração vem delegando ao contribuinte um volume crescente de obrigações acessórias, transformando a atividade estatal em uma mera verificação de dados previamente apurados pelo particular.

Tal inversão de papéis tem sérias consequências. Como ensina Misabel Derzi, *deve ser levado em conta que o particular realizará operações que, em princípio, deveriam permanecer reservadas à Administração, que, ao menos em teoria, tem os meios pessoais e estruturais especializados para essa tarefa. O particular pratica aquelas operações e as apresenta ao fisco, sob a forma de uma declaração-liquidação ou materializadas no pagamento diretamente, mas sempre corre o risco de equivocar-se e cometer erros, sejam de fato ou de direito.*[13]

Ao transferir para o sujeito passivo atribuições inerentes ao lançamento tributário, a Administração também assume o risco de que tais obrigações acessórias não sejam adequadamente cumpridas, mesmo quando o contribuinte estiver imbuído do propósito de cumpri-las de maneira correta. Esse fenômeno, conhecido na doutrina como um "*risco permitido*" pelo ordenamento,[14] coloca o contribuinte em situação vulnerável frente ao poder sancionador do Estado. Eventuais erros nas declarações prestadas ao fisco, quase sempre involuntários e que muitas vezes sem impacto na apuração e no pagamento do valor do tributo, não configuram uma lesão ao ordenamento jurídico que justifique multas proporcionais ao tributo devido. A mera falha no cumprimento do dever de colaboração com a Administração Tributária, sem dolo ou culpa, não deve ser motivo de sanção. Há de estar presente a intenção de suprimir ou reduzir o pagamento do tributo devido.

Como ensina Hugo de Brito Machado Segundo, "quando a Administração atribui ao sujeito passivo da relação tributária obrigações acessórias cada vez mais complexas e que

---

10. MACHADO, Hugo de Brito. *Comentários ao Código Tributário Nacional*. 2. ed. São Paulo: Atlas, 2008, v. II, p. 200.
11. CTN, art. 142.
12. MACHADO, Schubert de Farias. O ingresso da Fazenda Pública em juízo para anular a Decisão final proferida em processo administrativo. In: MARTINS, Ives Gandra da Silva (Coord.). *Processo Judicial Tributário*. São Paulo: Quartier Latin, 2005, p. 337.
13. DERZI, Misabel Abreu Machado. Nas notas de atualização do *Direito Tributário Brasileiro de Aliomar Baleeiro*. Rio de Janeiro: Forense, 1999, p. 834.
14. ANDRADE FILHO, Edmar Oliveira. *Infrações e sanções tributárias*. São Paulo: Dialética, 2003, p. 45-46.

em princípio competem a ela própria Administração, não pode, ao mesmo tempo, impor uma penalidade em caso de erro involuntário na execução dessas mesmas obrigações".[15]

A Administração Tributária, contudo, insiste em defender a responsabilidade objetiva do contribuinte, buscando fundamento no art. 136 do Código Tributário Nacional, que estabelece "salvo disposição de lei em contrário, a responsabilidade por infrações da legislação tributária independe da intenção do agente ou do responsável e da efetividade, natureza e extensão dos efeitos do ato".

Tal dispositivo, todavia, não institui – e nem poderia instituir – a responsabilidade objetiva, e deve ser interpretado em harmonia com os artigos 108, IV e 112 do Código, que determinam a aplicação do princípio *in dubio pro* contribuinte na interpretação da norma tributária sancionadora e da equidade para a dispensa de multas injustas, como vimos nos tópicos anteriores deste breve estudo. Aliomar Baleeiro destaca que, no que pese a dicção do 136, há casos em que se deve dar lugar à equidade, considerando a boa-fé do contribuinte.[16]

A jurisprudência do Superior Tribunal de Justiça, embora ainda não consolidada, aponta para uma interpretação mais flexível do artigo 136 do CTN, cabendo destacar decisão onde está dito que no "caso de cometimento de infrações, alvitra-se a chamada (e abominável) responsabilidade tributária objetiva, que se ancoraria (no dizer dos que a sustentam) no art. 136 do CTN, mas essa sugestão é absolutamente contrária aos princípios do Direito Público moderno e, em especial, ao sistema do CTN, porquanto esse Código proclama, nos seus arts. 108, IV e 112, que a interpretação da lei tributária se fará com a aplicação da equidade e do princípio *in dubio pro contribuinte*, conforme já assinalou o preclaro Ministro Teori Albino Zavascki (REsp 494.080/RJ, DJ 16.11.2004)".[17]

Além disso, se na apuração do crédito tributário não são permitidas presunções absolutas de ocorrência do fato gerador (*iures et iure*), admitindo-se apenas presunções relativas (*iures tantum*), muito menos poderemos admitir as presunções absolutas de culpa (responsabilidade objetiva) no direito tributário sancionador, pois, como alerta Paulo Roberto Coimbra e Silva, isso seria escancarar "as estreitas portas de acesso das potestades punitivas da administração fiscal ao arbítrio e caprichos mais escabrosos.[18]-[19]

---

15. MACHADO SEGUNDO, Hugo de Brito. Sanções Tributárias. In: MACHADO, Hugo de Brito (Coord.). *Sanções Administrativas Tributárias*. São Paulo: Dialética, 2004, p. 207.
16. BALEEIRO, Aliomar. *Direito Tributário Brasileiro*. 11. ed. Atual. Misabel Abreu Derzi. Rio de Janeiro: Forense, 2010, p. 758.
17. REsp 1.574.489/SP, relator Ministro Napoleão Nunes Maia Filho, Primeira Turma, julgado em 21.09.2017, DJe de 03.10.2017.
18. SILVA, Paulo Roberto Coimbra. *Direito Tributário Sancionador*. São Paulo: Quartier Latin, 2007, p. 257.
19. Conhecemos caso em que determinado contribuinte, acusado de extraviar documentos fiscais, foi apenado com pesada multa, mesmo restando incontroverso que todos os tributos devidos foram pagos e o referido extravio decorrera de inundação de seu estabelecimento comercial, situado no centro da capital cearense, provocada por pesadas chuvas. Se erro houve foi do Estado, que não efetuou a drenagem da rua alagada. Noutro caso, o fisco estadual aplicou multa por extravio de documento em face de o contribuinte ter sofrido assalto de carro forte que transportava valores em dinheiro e malotes com documentos fiscais. Mais uma vez erra o Estado, que deixa de conferir segurança para que o cidadão possa trafegar livremente nas ruas. Em mais um caso, o fisco federal aplicou multa isolada pelo fato de o contribuinte não ter apresentado a tempo e a hora uma planilha

Mais adiante, Coimbra Silva nos lembra que a atribuição de "responsabilidade objetiva é compatível, única e exclusivamente, nos casos em que a lei prever, para a imposição de sanções ressarcitórias. Somente o dever de indenizar, uma vez demonstrado o nexo causal e o dano, poderá prescindir de culpa do responsável".[20]

Em outro escrito, já pontuamos que, a rigor, a única hipótese na qual podemos desconsiderar a subjetividade do infrator é na de aplicação da multa de mora em face do puro e simples inadimplemento. Como muito bem observa Rubens Gomes de Souza, o caráter objetivo das infrações fiscais só pode ser aplicado de maneira absoluta às infrações de caráter civil, isto é, à simples mora, porque esta resulta automaticamente do caráter fatal dos prazos de vencimento.[21]

Ao transferir ao contribuinte a tarefa de apurar, declarar e pagar o tributo, além de outras obrigações e ao sancionar eventuais erros involuntários – sobretudo em um sistema notoriamente muito complexo – o fisco parece conferir ao contribuinte a condição divina da infalibilidade e guardar a certeza de utilizar as multas como mecanismo arrecadatório adicional.

Em síntese, a simples ocorrência de erro pelo contribuinte, sem intenção de fraude, não justifica a aplicação de multas, pois tal prática viola as máximas do princípio da proporcionalidade: adequação, necessidade e proporcionalidade em sentido estrito.[22]

7. A CLAREZA COMO DETERMINAÇÃO CONSTITUCIONAL

A Emenda Constitucional 132, de 20 de dezembro de 2023 acrescentou o § 3º, ao art. 145, determinando que o *Sistema Tributário Nacional deve observar os princípios da simplicidade, da transparência, da justiça tributária, da cooperação e da defesa do meio ambiente*. Ao elevar esses valores ao *status* constitucional, a emenda reafirma o dever de o Estado conferir clareza à legislação tributária de forma a corrigir uma das falhas mais críticas do sistema atual: a complexidade desnecessária que afasta o contribuinte e fragiliza o próprio ideal de justiça tributária.

Hugo de Brito Machado Segundo destaca a importância desse novo dispositivo da Constituição asseverando que a falta de simplicidade do sistema tributário que não decorra da necessidade de atender a um outro princípio igualmente relevante, sobretudo quando for fruto da pura burocracia ou desejo de atender à comodidade das autoridades fazendárias, deve ser imperiosamente erradicada. E diz, ainda, que pelo princípio da

---

solicitada (documento que não é obrigatório por lei), e mesmo que tal omissão não tenha dificultado o cálculo e a cobrança do tributo que entendeu devido. O agente fiscal disse que a aplicação da multa independia de ter havido embaraço à fiscalização.
20. SILVA, Paulo Roberto Coimbra. *Direito Tributário Sancionador*. São Paulo: Quartier Latin, 2007, p. 258.
21. MACHADO, Schubert de Farias. *Sanções Administrativas Tributárias*. In: MACHADO, Hugo de Brito (Coord.). São Paulo: Dialética, 2004, p. 465.
22. STF, HC 82.969-PR, rel. Min. Gilmar Mendes, 30.09.2003, Informativo STF.

simplicidade impõe-se o uso de linguagem clara e acessível, sem rebuscamentos desnecessários, e evitando-se ao máximo remissões.[23]

A adoção de uma linguagem clara e objetiva nas leis e o desenvolvimento de ferramentas que tornem o acesso às informações tributárias mais transparente e direto são passos fundamentais para efetivar o que a Emenda Constitucional 132 determina. Assim, o desafio da implementação do princípio da simplicidade e transparência caberá, em grande parte, ao Legislativo e ao Executivo, devendo o primeiro passar a cumprir o que determina a LC 95/1998 e o segundo editar regulamentos periódicos para cada tributo e modificar posturas refratárias como a de negar resposta a consultas formuladas pelos contribuintes. Ao Judiciário também compete agir, evitando lançar os contribuintes em litígios preventivos e dando mais importância à sua própria orientação jurisprudencial, como determinado no artigo 926 do CPC.

Ao contribuinte, enquanto o Poder Público não adotar tais providências, cabe invocar o § 3º, do art. 145, combinado com o parágrafo único, do artigo 59, e com o inciso I, do art. 150 da Constituição Federal de 1988, como fundamento do pedido de declaração de inconstitucionalidade das normas elaboradas em desacordo com o que determina a Lei Complementar 95/1998, assim como pedir a relevação de multas decorrentes de infração tributária praticada sem dolo, com fundamento nos artigos 108, 112 e 212 do Código Tributário Nacional. E, os advogados, podem procurar evitar o uso de *teses* que inflamem ainda mais a grave situação de insegurança jurídica em que estamos mergulhados.

CONCLUSÕES

(a) a obediência ao que determina a LC 95, que disciplina como deve ser a elaboração, redação, alteração e consolidação das leis, é valioso instrumento para a obtenção da clareza da lei tributária;

(b) o contribuinte pode invocar o § 3º do art. 145, combinado com o parágrafo único, do artigo 59, e com o inciso I, do art. 150, todos da Constituição Federal de 1988, como fundamento para pedir a declaração de inconstitucionalidade das normas elaboradas em desacordo com o que determina a Lei Complementar 95/1998;

(c) formular consultas e se insurgir contra as manifestações que lhes neguem efeito é uma importante iniciativa que pode ser tomada pelo contribuinte na busca por clareza;

(d) é inválida a disposição de lei que prevê o mero erro involuntário do contribuinte como conduta a ensejar aplicação de multa, pois nega a necessária subjetividade que dá sentido e justifica as sanções e não atende às três máximas do princípio da proporcionalidade (adequação, necessidade e proporcionalidade em sentido estrito);

---

23. MACHADO SEGUNDO, Hugo de Brito. *Reforma Tributária Comentada, Emenda Constitucional 132, de 20 de dezembro de 2023*. Barueri-SP: Gen/Atlas, 2024, p. 18-19.

(e) a obscuridade de nosso ordenamento jurídico tributário possibilita ao contribuinte pedir a relevação de multas decorrentes de infração tributária praticada sem dolo, com fundamento nos artigos 108, 112 e 212 do Código Tributário Nacional;

(f) os advogados podem contribuir para tornar mais claro o ambiente da tributação evitando a criação e o uso de *teses* que inflamem ainda mais a grave situação de insegurança jurídica em que estamos mergulhados.

REFERÊNCIAS

ANDRADE FILHO, Edmar Oliveira. *Infrações e sanções tributárias*. São Paulo: Dialética, 2003.

BALEEIRO, Aliomar. *Direito Tributário Brasileiro*. 11. ed. Atual. Misabel Abreu Derzi. Rio de Janeiro: Forense, 2010.

BECKER, Alfredo Augusto. *Teoria Geral do Direito Tributário*. 3. ed. São Paulo: Lejus, 1998.

DERZI, Misabel Abreu Machado. *Notas de atualização do Direito Tributário Brasileiro de Aliomar Baleeiro*. Rio de Janeiro: Forense, 1999.

MACHADO SEGUNDO, Hugo de Brito. *Reforma Tributária Comentada Emenda Constitucional 132, de 20 de dezembro de 2023*. Barueri-SP: Gen/Atlas, 2024.

MACHADO SEGUNDO, Hugo de Brito. Sanções Tributárias. In: MACHADO, Hugo de Brito (Coord.). *Sanções Administrativas Tributárias*. São Paulo: Dialética, 2004.

MACHADO, Hugo de Brito. *Comentários ao Código Tributário Nacional*. 2. ed. São Paulo: Atlas, 2008. v. II.

MACHADO, Hugo de Brito. *Consulta Fiscal*. 2. ed. São Paulo: JusPodivm/Malheiros, 2024.

MACHADO, Schubert de Farias. O ingresso da Fazenda Pública em juízo para anular a Decisão final proferida em processo administrativo. In: MARTINS, Ives Gandra da Silva (Coord.). *Processo Judicial Tributário*. São Paulo: Quartier Latin, 2005.

MACHADO, Schubert de Farias. *Sanções Administrativas Tributárias*. In: MACHADO, Hugo de Brito (Coord.). São Paulo: Dialética, 2004.

SILVA, Paulo Roberto Coimbra. *Direito Tributário Sancionador*. São Paulo: Quartier Latin, 2007.